RATIONALITÄT IM GESPRÄCH – RATIONALITY IN CONVERSATION

PHILOSOPHISCHE UND THEOLOGISCHE PERSPEKTIVEN –
PHILOSOPHICAL AND THEOLOGICAL PERSPECTIVES

CHRISTOPH SCHWÖBEL ZUM 60. GEBURTSTAG

MARBURGER THEOLOGISCHE STUDIEN

126

begründet von

Hans Graß und Werner Georg Kümmel

herausgegeben von

Friedhelm Hartenstein und Michael Moxter

RATIONALITÄT IM GESPRÄCH – RATIONALITY IN CONVERSATION

PHILOSOPHISCHE UND THEOLOGISCHE PERSPEKTIVEN – PHILOSOPHICAL AND THEOLOGICAL PERSPECTIVES

CHRISTOPH SCHWÖBEL ZUM 60. GEBURTSTAG

in Gemeinschaft mit Christina Drobe, Dirk-Martin Grube, Alexander Kupsch, Paul Silas Peterson, Martin Wendte

herausgegeben von Markus Mühling

EVANGELISCHE VERLAGSANSTALT
Leipzig 2016

Bibliografische Information der Deutschen Bibliothek

Die Deutsche Bibliothek verzeichnet diese Publikation in der Deutschen Nationalbibliografie; detaillierte bibliografische Daten sind im Internet über http://dnb.ddb.de abrufbar.

ISBN 978-3-374-04543-3

INHALTSVERZEICHNIS

EINLEITUNG

Die theologische Reflexion der Rationalität hat sich – vergleicht man die Gegenwart mit der klassischen Moderne – deutlich verändert. Stand in letzterer die Beziehung einer allgemein verstandenen Vernunft zur Offenbarung im Vordergrund, so erweisen sich die mit dem Rationalitätsbegriff verbundenen Probleme als vielschichtiger und komplexer. Das zeigt sich schon daran, dass das Thema nicht einfach der klassischen Prinzipienlehre oder philosophischen Theologie vorbehalten bleiben kann, sondern vielfältige philosophische, materialtheologische, biblische, historische – kurz, nur inter- und transdisziplinär erforschbare Betrachtungen erfordert. Rationalität erscheint so nicht mehr einfach als ein allen Phänomenen vorauszusetzender Sachverhalt, sondern selbst als ein Phänomen, das, wie alle Phänomene, nur in seiner Einbettung im Kontext erscheint. Aus dieser einfachen Feststellung ergeben sich schon zwei unterschiedliche Aspekte des Titels „Rationalität im Gespräch": *Erstens* wird *über* Rationalität gesprochen werden müssen, so dass die Rationalität mehr denn je selbst im Gespräch ist. *Zweitens* aber sind die Kontexte, in denen Rationalität erscheint, selbst *als Gespräch* zu bestimmen: Rationalität muss also nicht erst ins akademisch-reflektierende Gespräch gebracht werden, sie ist vielmehr immer schon *im* Gespräch, unabhängig davon, ob das im reflektierenden Gespräch über die Rationalität erkannt wird oder nicht. Diese These, die durch die Beiträge dieses Bandes belegt wird, darf allerdings nicht missverstanden oder enggeführt werden. Eine solche Engführung würde geschehen, wenn Rationalität nur als Phänomen sozialer Gespräche missverstanden werden würde. Umfassend zu verstehen ist die Rationalität *drittens* nur dann, wenn die menschlich-kreatürliche Rationalität auch schon in der ihr vorgegebenen, göttlichen Rationalität – die dann ebenfalls *als Gespräch* zu verstehen ist – die Bedingung ihrer Möglichkeit findet. Damit wird auch die Frage, was ein Gespräch sein kann, zu einer nicht vorauszusetzenden, mit Rationalität stets verbundenen Grundfrage. Zu diesen drei Bedeutungen des Titels gesellt sich noch eine *vierte*: Dieser Band ist nicht nur eine Sammlung von theologisch-philosophischen Forschungsbeiträgen zur Frage der „Rationalität im Gespräch", sondern zugleich auch eine Festschrift für Christoph Schwöbel zum 60. Geburtstag 19.2.2015, und spielt mit seinem Titel auf einschlägige Publikationen Schwöbels an.

Hervorzuheben ist aber auch eine *fünfte* Bedeutung des Titels dieses Bandes. Denn dieser Band stellt den Abschluss eines real geführten Gesprächs der Teilnehmer in mehreren Gesprächsgängen dar. Der erste Gesprächsgang ereignete sich auf dem internationalen Forschungskongress „Rationalität im Gespräch" anlässlich Christoph Schwöbels 60. Geburtstag in Tübingen vom 6.–7.2.2015. Zu den Vortragenden gehörten Anton Friedrich Koch, Eilert Herms, Werner G. Jeanrond, Pan-chiu Lai, Hans-Joachim Eckstein und Alan J. Torrance. Aus diesen Vorträgen und den anschließenden Diskussionen entstanden die hier vorliegenden Beiträge der genannten Autoren. Diese Beiträge wurden anschließend allen Beitragenden dieses Bandes zugesandt, wobei es den weiteren Beitragenden freistand, in welcher Weise sie das so inaugurierte Gespräch aufnehmen. Die Leserin und der Leser werden bemerken, dass dies z.T. in direkter Form, in indirekter Form, durch das Einbeziehen weiterer Aspekte oder auch in lockerer Form geschehen ist. All diese unterschiedlichen Gespräche zu diesen so gut 14 Monate andauernden internationalen Forschungsgesprächen werden nun hier – jeweils in den beiden Originalsprachen Deutsch und Englisch – dokumentiert.

Teil A sammelt unter der Überschrift „Im Gespräch von Philosophie und Theologie" die folgenden Beiträge:

Anton Friedrich Koch nimmt in seinem Beitrag „Rationalität im Gespräch: Grundlegendes aus philosophischer Perspektive" eine zentrale Doppelbestimmung Schwöbels auf. Sie besagt, dass das dialogisch sich entwickelnde Erkennen einerseits perspektivisch ist, andererseits aber nicht in Relativismen oder Kulturalismen enden muss, da es sich auf eine gemeinsame, lesbare Welt bezieht. Koch entwickelt präzise erstphilosophische Begründungen für diese Doppelbestimmung und endet mit der These, dass es dann auch eine unaufhebbare Alterität in Gott geben muss.

Jens Halfwassen thematisiert, ausgehend von Ps.-Dionysius, die Möglichkeit rationaler Rede von Gott als dem Absoluten. Inwiefern ist sie vollziehbar, wenn um der Transzendierung alles Seienden willen stets gezielt das Grundprinzip rationaler Rede, das Kontradiktionsprinzip, verletzt wird? Halfwassen zeigt, dass eine „transrationale" Rede vom Absoluten schon bei Platon bestimmend ist und von hier aus – in unterschiedlicher Auslegung je bei Plotin und Proklos – über den Neuplatonismus und die negative Theologie weiterwirkt bis zu Hegel.

In seinem Beitrag „Das Absolute und die Freiheit. Schellings Weg zur Freiheitsschrift" eröffnet *Friedrich Hermanni* durch das Konzept eines Internen Dualismus die Möglichkeit einer Freiheitstheodizee. Diese formuliert er als Antwort auf das Theodizeeproblem höherer Ordnung, indem er ausgehend von Schelling die Aporien eines pantheistisch konzipierten Gottesverständnisses erörtert.

Eilert Herms entwickelt in seinem Beitrag „Kommunikative Vernunft. Grundlegendes aus theologischer Perspektive" diejenigen universalen Züge, die der Umgang-mit-unsselbst impliziert. Dieser Umgang setzt Reflexivität, Gemeinschaftlichkeit, Geregeltheit, Leiblichkeit und Übersprachlichkeit sowie – die anderen aufnehmend und qualifizierend – Verantwortlichkeit voraus. Dabei sind alle diese Dimensionen begleitet von demjenigen Grundakt, in dem wir in unserer kommunikativen Vernunft Bezug nehmen auf Gott als dasjenige Vorgegebene, in dem wir leben und weben und sind.

Die Rationalität des christlichen Glaubens kann durch den Glauben selbst expliziert werden. In *David H. Kelseys* Aufsatz, „On Showing the Rationality of Christian Belief", wird diese These von verschiedenen Perspektiven betrachtet und analysiert. Sowohl Christoph Schwöbel als auch Bruce Marshall haben gezeigt, dass es möglich ist, die Rationalität des Glaubens durch „a six-themed account of the rationality of belief" darzustellen. Bei Schwöbel wird aber die ontologische Dimension dieser Aufgabe hervorgehoben.

Christina Drobe erläutert in ihrem Beitrag „*Fides quaerens intellectum* im Gespräch mit Anselm von Canterbury" das Verhältnis von Glaube und Vernunft im Zusammenhang seines theologischen Programms *credo ut intelligam*, um herauszuarbeiten, dass aufgrund der dem Menschen wesentlichen Relationalität Rationalität ausschließlich im Gespräch zu finden ist – im Gespräch mit Gott, mit dem Anderen und mit sich selbst.

Im Teil B „Im Gespräch des Glaubens" finden sich theologische Rationalitätsreflexionen, die materialdogmatische Themen stärker einbeziehen.

Der eminent wichtige Impuls, den Christoph Schwöbel gemeinsam mit Colin Gunton der englischen Theologie gab, so *Alan J. Torrance* in seinem Beitrag „Theological Rationality and Triune Participation", besteht darin, dass Theologie ohne ihr externe epistemologische oder ontologische Voraussetzungen zu betreiben ist. Diese gleichsam gegen die Aufklärung gewendete Position eines christlichen Realismus wird heute auch unter Bezug auf Barth und Plantinga von vielen englischen Theologen und Philosophen vertreten. Sie ermöglicht es, die Theologie als durch Sohn und Geist vermittelte, dialogische Teilnahme am Gespräch des dreieinigen Gottes zu verstehen.

Lubomir Žak nimmt in seinem Beitrag „Struktur als Relation – Relation als Struktur. Die Komplexität der Realität im Licht der trinitarischen Offenbarung" den Impuls Christoph Schwöbels auf, eine komplexe und damit realitätsgemäße Beschreibung der Wirklichkeit zu entwickeln, die diese als durch Gespräch und Relationalität geprägt sieht. Dazu vergleicht er grundlegende Einsichten von Florensky und Guardini mit denen von Edith Stein. Laut ihnen ist die Wirklichkeit durch einen hierarchisch geformten Aufbau bestimmt und dadurch, dass der dreieinige Gott von innen heraus – pan-en-theistisch – allem endlichen Sein Kraft und Gestalt gibt.

Anselm K. Min formuliert in seinem Aufsatz kritische Anfragen an die gegenwärtige Theologie und auch an einige der im Band enthaltenen Texte. Er diagnostiziert in Teilen der theologischen und philosophischen Diskussion zur relationalen Ontologie eine Tendenz zur Abstraktion von materialen, insbesondere soziohistorischen Bedingungen der Theoriebildung. Dem stellt er den Ansatz einer an Hegel und Marx geschulten dialektischen und von Thomas inspirierten trinitarischen Ontologie gegenüber. Ziel ist eine solche dialogische Rationalität, die menschliches Leid und dessen Bearbeitung als Gegenstand und Bedingung ihrer Bemühungen durchgehend im Blick behält.

In „Leibhafte Vernunft. Rationalität im Feld von Christologie, Leiblichkeit und Gespräch – 9 Thesen" entwickeln *Markus Mühling* und *Martin Wendte* gegen gereinigte Vernunftbegriffe der Moderne das Konzept einer vertrauenden Vernunft auf Basis der Leiblichkeit, welche zwischen Eigenem und Fremdem verschränkt ist. Dieses Vernunftkonzept steht im Gespräch mit theologischen, leibphänomenologischen und kulturanthropologischen Debatten, ist inkarnatorisch durch Leben, Tod und Auferstehung Jesu Christi informiert und bietet eine wechselseitige Resonanz zwischen innertrinitarischem Gespräch und geschöpflichem Vernunftgebrauch.

Werner G. Jeanrond untersucht in seinem Aufsatz „Liebe, Hoffnung und Glaube als Kategorien relationaler Theologie" das relationale Potential der im Hohelied genannten drei theologischen Tugenden Glaube, Liebe und Hoffnung. Sie sollen für eine kritische relationale Theologie fruchtbar gemacht werden, in der nicht der Glaube, sondern die Liebe im Zentrum steht.

Was ist Theologie? Nach *John Webster* in „Theology and the Order of Love" ist die christliche Theologie eine intellektuelle Beschäftigung in einer Ordnung der Liebe. Wie jede Handlung des geschaffenen Intellekts braucht die Theologie ein „network of relationships of giving and receiving". Die „intellectual society of God and creatures" besteht aus einem gemeinsamen Streben nach dem Guten des Anderen und nach einer gegenseitigen Beziehung der Liebe.

Unter der Fragestellung „Werden alle gerettet oder nur Wenige?“ formuliert *Jürgen Moltmann* „Ein unvollendbares Gespräch zwischen Gnadenerfahrung und Glaubensentscheidung“. Eben jenes Gespräch überlässt die Antwort auf die Frage nach dem Ausgang des Gerichts Gott, da alles menschliche Antworten zeitlich und vorläufig bleibt.

Was heißt Gebet angesichts des inner-trinitarischen Gesprächs? *Robert W. Jensons* Aufsatz „Divine Converse, and the Possibility of Prayer“ hält daran fest, dass wir uns am Ereignis der göttlichen Vorsehung beteiligen, wenn wir beten. Unsere Bitte ist insofern „noch nicht“ entschieden, da die Zeit durch ein vom Geist Gottes befreites Gespräch strukturiert ist.

In seinem Aufsatz „Two views of prayer“ vergleicht *Marcel Sarot* eine katholische mit einer evangelischen Konzeption der Theologie des Gebets. Evangelische und katholische Christinnen und Christen können voneinander lernen. In der katholischen Konzeption wird v.a. die christliche Gemeinschaft hervorgehoben. In der evangelischen Konzeption steht die persönliche Beziehung mit Gott im Vordergrund.

Michael Welker geht in „‚Christus spricht‘. Zur Liturgie-assistierten Logik geistlicher Kommunikation“ von der realen durch den Geist vergegenwärtigten Gegenwart Christi im Gespräch von Gott und Mensch aus, das sich im Gottesdienst konzentriert, aber nicht auf diesen beschränken lässt. Diese Christus- und zugleich Geistgegenwart lässt sich nicht reduzieren, sondern geschieht stets multi-relational und poyphon. Sie ist keine Gegenwart um ihrer selbst willen, sondern in ihr werden die Kräfte Christi, die sich mit Calvin in der Lehre von Christi dreifachem Amt ausdrücken lassen, auf die Gemeinde übertragen. Damit stellt sich die Frage nach der „Unterscheidung der Geister“, also die Frage nach dem Verhältnis des menschlichen Geistes zum Geist Gottes und die Frage, welche Phänomene Ausdruck der Gegenwart Gottes sein können und welche nicht. Ort dieser Frage ist das lebendige und selbst multi-relationale Gewissen, das genausowenig wie der Geist subjektivistisch oder intellektualistisch enggeführt werden darf.

Im Teil C finden sich unter der Überschift „Im biblisch-reformatorischen Gespräch“ die folgenden Beiträge:

Hans-Joachim Eckstein legt in seinem Beitrag die Wurzeln einer relationalen Theologie in den paulinischen Texten frei. Dabei erweist sich einerseits die Schrift als Zeugnis vom Sprechen Gottes durch seinen Sohn, das selbst zu einem Gespräch der Angesprochenen führt. Andererseits wird der dadurch geweckte Glaube in seiner Vieldimensionalität als Beziehungsbegriff einsichtig gemacht.

Alexander Kupsch geht in seinem Beitrag „Dogmatik und Exegese im Gespräch. Johannes Calvin und Robert W. Jenson als Ausleger der Schrift“ den disziplinären Rationalitäten von Dogmatik und Exegese anhand einer Fallstudie zu den Hesekiel-Auslegungen von Johannes Calvin und Robert W. Jenson nach. Der Vergleich einer ‚vorkritischen‘ mit einer ‚nachkritischen‘ Schriftauslegung sucht dabei Konvergenzen und Differenzen einer dogmatisch orientierten Bibellektüre vor und nach dem Einschnitt der historisch-kritischen Wende zu erhellen.

In seinen Überlegungen zur „Reformatorische Rationalität. Luthers Verständnis der Vernunft“ präsentiert *Wilfried Härle* zentrale, einander scheinbar widersprechende Charakteristika von Luthers Vernunftverständnis. So wird die Vernunft einerseits als Hure bezeichnet und andererseits als größte göttliche Gabe. Aufgelöst wird dieser scheinbare Widerspruch dadurch, dass die Vernunft in Bezug auf die weltlichen Dinge als gute Gabe operieren kann und auch in Bezug auf die göttlichen Dinge. Dies gilt, solange sie hilft, die kategoriale Differenz zwischen Gott und Mensch zu betonen und nicht sich selbst zum Gott aufschwingt und aus sich selbst heraus Gutes und Böses bestimmen will.

In *Volker Leppins* Untersuchung des Verhältnisses von Theologie und Philosophie bzw. Glaube und Vernunft bei Luther stehen dessen späte Disputationen im Mittelpunkt. Leppin findet dort Aussagen, die den Wert menschlicher Vernunft äußerst ambivalent beurteilen und der Philosophie darum ein Eigenrecht in der Theologie verwehren. Im konkreten historischen Kontext der universitären Reorganisation in Wittenberg weist dies in Richtung einer Ablehnung der *artes*-Fakultäten als Basis des Theologie-Studiums – eine Position, die sich nicht durchsetzen sollte.

In seinem Aufsatz „The Law and Gospel Distinction as a Frame of Reference for Communicative Rationality" vergleicht *Maarten Wisse* die Versöhnungslehren von Faustus Socinus und John Owen. Dabei wird die Funktion des Gesetz-und-Evangelium-Paradigmas in den jeweiligen Systemen analysiert. Das Paradigma stellt sicher, dass die Transzendenz Gottes und der Unterschied zwischen dem Werk Gottes und dem Werk des Menschen bewahrt werden.

Im abschließenden Teil D, „Im Gespräch mit Anderen" sind ökumenisch, pluralistisch, interkulturell, postchristlich und interdisziplinär orientierte Beiträge zu finden.

Die zeitgeschichtlichen Bedingungen und gegenwärtigen Herausforderungen der Ökumene werden in *Paul Silas Petersons* Aufsatz „Die Ökumene nach der ökumenischen Bewegung" behandelt. Auf Grund der sich ändernden Situation der globalen Christenheit bedarf die kirchliche Situation heute einer neuen Vermittlung zwischen den zum Teil sehr konservativen Strömungen des Christentums und den westlichen Traditionen des theologischen Liberalismus.

In „Schwöbels Thesen zum religiösen Pluralismus und seine Kritik an John Hick" entwickelt *Dirk-Martin Grube* in Auseinandersetzung mit der Theologie Christoph Schwöbels das Konzept *gerechtfertigter religiöser Differenz* als Möglichkeit einer aktiven und konstruktiven Auseinandersetzung mit anderen Religionen.

Walter Homolka untersucht in seinem Aufsatz „Jewish Jesus Research and its Challenge to Christology Today" die Bedeutung der neueren historischen Jesusforschung für die gegenwärtige Christologie. Um eine neue Christologie zu entwickeln, sollte die christliche Theologie einen Mittelweg zwischen „the substitution model of the ‚old' and the ‚new' covenant and the participation model" finden.

In einem konstruktiven Gespräch zwischen Konfuzianismus und Christentum zeigt *Pan-chiu Lai* in „A Confucian Understanding of Humanity and Rationality in Conversation: A Chinese Christian Perspective", welche Bedeutung ein konfuzianisches Verständnis des Menschen und der Rationalität für christliche Theologie haben könnte. Dabei wird klar, dass es keine rationalen Gedanken ohne Gefühl und keine Gefühle ohne kognitiven Inhalt gibt.

Pilgrim W.K. Lo erkundet in seinem Beitrag „Rationalität und Gewissen" das Konzept von Rationalität im Kontext der chinesischen Moralphilosophie. Sie stellt sich dort in Form eines Doppelbegriffs dar (*Lǐxìng*), in dem sowohl die kosmische und moralische Ordnung als auch deren Erkenntnisfähigkeit auf Seiten des Menschen zusammengefasst sind. Die klassische chinesische Philosophie betont dabei den besonderen Wert der Intuition im Erkennen dieser rationalen Ordnung.

In seiner Vergleichsstudie der exegetisch-theologischen Auslegungen der *dicta probantia* der natürlichen Theologie (v.a. Röm 1) von Herman Bavinck, Karl Barth und Wolfhart Pannenberg skizziert *Gijsbert van den Brink* eine Antwort auf die Frage: „Is it Natural for Humans to Believe in God?" Auch naturwissenschaftliche Argumente beantworten die Fragestellung affirmativ.

Die epistemische Rationalität der Aufklärung führte zu einer neuen Form des „foundationalism". *Vincent Brümmer* geht der Frage nach, ob es trotzdem möglich sei eine „Rationality in Dialogue with Secular Society" zu entwickeln. Die in der Aufklärung vorausgesetzte These, dass „Religion" in den Bereich der epistemischen Phänomene fällt, sollte aber revidiert werden, um ein hermeneutisches Gespräch über die Kohärenz und Verständlichkeit der Religion zu ermöglichen.

Susanne Heine stellt Robert Musils poetische Konzeption von Rationalität dar. Sie ergibt sich aus dem Kontrast zur empirisch-objektiven Vernunft, indem ein Anderes zur technischen Rationalität gesucht wird, ohne hinter die Einsichten der modernen Wissenschaften zurückzufallen. Als unzulänglich stellt Heine dabei Musils Idee eines völlig ungegenständlichen Glaubenszustandes dar, in der die kommunikative Rationalität des Glaubens als Aneignung auch von gegenständlichen Traditionen nicht integriert werden kann.

Hans Wißkirchen schildert in seinem Beitrag „Von der ästhetischen zur religiösen Rede. Thomas Manns Kampf gegen Adolf Hitler" anhand des 1938 erschienenen Textes „Bruder Hitler" sowie den zwischen 1940 und 1945 im deutschen Programm der BBC ausgestrahlten Radioansprachen „Deutsche Hörer!" Thomas Manns Auseinandersetzung mit der Frage, auf welche Weise ein Ende der nationalsozialistischen Herrschaft erreicht werden könnte.

Friedrich Schweitzer plädiert in seinem Beitrag „Theologische Rationalität im Dialog – mit Jugendlichen und in der Theologie. Herausforderungen, Gesprächsabbrüche und neue Chancen" dafür, die Anfragen Jugendlicher aufzunehmen, ob die Religion überhaupt eine Rationalität hat. Von dort aus kann eine Jugendtheologie entwickelt werden, die in der Methode selbst dialogisch ist, die Dimensionen dialogischer Rationalität zum Inhalt hat und die Anreiz gibt zum vertieften Gespräch zwischen den theologischen Disziplinen.

Es ist all jenen zu danken, ohne die dieses gesamte Projekt nicht hätte zustande kommen können: Der „Udo-Keller Stiftung – Forum Humanum", dem „Universitätsbund Tübingen", dem Lehrstuhl „Religious Diversity and the Epistemology of Religion/Theology, Vrije Universiteit Amsterdam" und dem „Institut für Theologie und theologisch-naturwissenschaftliche Forschung der Leuphana Universität Lüneburg" sei für die Finanzierung der Tagung und der Druckkosten gedankt. Heide Klose-Alpers und Margot Theurer haben einen Großteil der organisatorischen Arbeit übernommen, zusammen mit Akira Ueda, Miriam Hechler, Katrin Bosse, Christian Sikorski, Stefanie Stooß, Katja Schlumpberger, Jan Vicari, Lena Hupas, Friedhelm Meier und Julius Trugenberger. Bei der Drucklegung haben Jaana Kampling, Charlotte Worreschk, Jessica Fleischer, Gita Sen Gupta, Philipp Diestel und David A. Gilland unverzichtbare Dienste geleistet. Dank gebührt auch Friedhelm Hartenstein und Michael Moxter für Aufnahme des Bandes in die Reihe Marburger Theologische Studien sowie Marieke Lohse und der Evangelischen Verlagsanstalt für die reibungslose Hilfe bei der Drucklegung. An letzter Stelle sei schließlich Christoph Schwöbel selbst dank gesagt: Ohne seine z.T. jahrzehntelangen theologischen Gespräche mit den Herausgebern und Beitragenden wäre dieses Projekt und seine Dokumentation nicht möglich gewesen. In Dankbarkeit für vielfache Anregung und Unterstützung und in der Hoffnung, ihm eine kleine Freude zu machen, sei ihm dieser Band gewidmet.

Die Herausgeber *Trinitatis 2016*

A

Rationalität im Gespräch von Philosophie und Theologie

Anton Friedrich Koch

RATIONALITÄT IM GESPRÄCH

Grundlegendes aus philosophischer Perspektive

Vernunft geht aufs Ganze: ins Unbedingte, Notwendige, Universale. Aber der Zug ins Universale darf nicht ans Ziel gelangen, denn spätestens dort, meistens aber schon früher, tritt Inkonsistenz ein. Vollständigkeit und Widerspruchsfreiheit vertragen sich nicht, weder im Wollen noch im Denken noch im Rechnen.

Damit sind drei wesentliche Dimensionen der Rationalität angesprochen, eine praktische, eine epistemische und eine technische Dimension: Vernunft im Wollen und Handeln, Vernunft im Denken und Erkennen und Vernunft im Rechnen und Prognostizieren. In allen diesen Dimensionen dringt die Vernunft auf Universalisierung, doch in keiner darf die Universalisierung vollständig gelingen, weil die Vollständigkeit den Widerspruch wecken und aktivieren würde.

Vernunft hat ihre Wurzeln im Gespräch und bleibt als praktische und epistemische Rationalität auch wesentlich ans Gespräch gebunden, bleibt dialogische Vernunft. In dieser Gestalt ist sie unser Thema: als *Rationalität im Gespräch*. Die technische Vernunft hingegen hat sich durch Mathematisierung von ihren dialogischen Wurzeln entfernt, erst langsam, in der euklidischen Geometrie, dann schnell, in der Newtonschen Physik, und seither immer schneller, mit inzwischen schwindelerregendem Erfolg. Um der Profilbildung willen wird auch von ihr mitunter die Rede sein müssen. Sie ist das Medium und der Schmierstoff der Globalisierung.

Doch zur Einstimmung seien zunächst zwei Passagen aus Christoph Schwöbels Tübinger Antrittsvorlesung „Gott im Gespräch. Die Gottesfrage im Dialog der Kulturen" angeführt. Die erste lautet:

> „Können wir dem Dilemma zwischen einem abstrakten Universalismus, der die Differenz der Kulturen ignoriert und die Perspektivität der eigenen Erkenntnis verkennt, und einem Kulturalismus, der mit der Behauptung der je differenten Identität der Kulturen jede Kultur in ihrer eigenen Zeichenwelt verschließt, entgehen? Gibt es eine Möglichkeit, die radikale Perspektivität aller kulturellen Wirklichkeitsdeutung anzuerkennen und dennoch an der Möglichkeit der Verständigung zwischen den Kulturen festzuhalten – und sei es nur, um zunächst ihre Differenzen zu verstehen, was eine keinesfalls geringfügige Bedingung für die Bewältigung der Situation des Konflikts der Kulturen wäre?"[1]

Das umrissene Dilemma hat uns fest im Griff – und beginnt daheim. Denn die hier mit Blick auf ganze Kulturen gestellten Fragen betreffen en miniature schon die Individuen innerhalb einer Kultur und sogar die Lebensabschnitte innerhalb einer Biographie. Nicht selten wird ein früheres Ich „uns fremd, wie ein Bild von daheim" (wie es im Lied heißt). Alterität, so müssen wir anerkennen, gibt es überall: interkulturell, innerkulturell und sogar innerindividuell.

[1] *C. Schwöbel*, Gott im Gespräch. Die Gottesfrage im Dialog der Kulturen, in: NZSTh 49 (2007), 516-533, 522.

An der zweiten Textstelle, die ich zitieren möchte, spricht Christoph Schwöbel von der Lesbarkeit der Welt:

„Kosmologisch ist die Welt, wenn sie durch das göttliche Wort geschaffen ist, nicht eine Akkumulation von bloßem Seienden, sondern ein Sinnzusammenhang. Die Schöpfung durch das Wort begründet die Lesbarkeit der Welt. Das Lesen der Welt aber ist keine arbiträre Konstruktion auf Seiten des Menschen, sondern die Rekonstruktion des der Welt vom Schöpfer verliehenen inhärenten Sinns. Mit anderen Worten: Die Interpretation der Welt ist wahrheitsfähig – ohne diese Voraussetzung wäre keine Wissenschaft möglich. Und deswegen kann in den Dialogen der Menschen über die Welt – wir reden miteinander über etwas – Wahrheit erzielt werden.“[2]

Diese Passage steckt voller wichtiger Details, auf die zurückzukommen sein wird. Vorerst nur so viel: Wenn wir in der Philosophie (im Unterschied zur Theologie) von Gott als Schöpfer oder Schreiber der Welt abstrahieren, gewinnen wir hier die Skizze eines *hermeneutischen Realismus,* der in methodischem (nicht inhaltlichem) Atheismus zwar keinen Weltschreiber ansetzt, aber dennoch an der Lesbarkeitsthese festhält gemäß Gadamers bekanntem Diktum: „Sein, das verstanden werden kann, ist Sprache.“[3]

Die Welt – alles Weltseitige – ist der Fall *auf Perspektiven hin* und ist *lesbar* aus Perspektiven, die nicht restlos aufeinander abgebildet werden können und gleichwohl nicht fremd und unverständlich füreinander sind. Wenn sie aufeinander bezogen werden, dann nicht durch die technisch-mathematische Vernunft, nicht durch Transformationsgleichungen wie die Beobachterstandpunkte in der speziellen Relativitätstheorie, sondern durch dialogische Vernunft, durch Faustregeln der wechselseitigen Interpretation und zugleich auch der Lektüre und Interpretation derjenigen Sätze, aus denen die Welt besteht und die wir Tatsachen nennen.

Soweit das komplexe Thema, das ich mir von der Tagungsregie und von Christoph Schwöbel habe vorgeben lassen. Es folgen Variationen in drei Sätzen und viertens ein kleines Nachspiel über ein weiteres Thema aus der Antrittsvorlesung: I. Dialogische Rationalität als Triangulation, II. Die Antinomie der Negation, III. Perspektivität und Lesbarkeit, IV. Alterität in Gott?

1. Dialogische Rationalität als Triangulation

Rationalität vollzieht sich im Gespräch als eine Dreiecksgeschichte zwischen zwei Subjekten und einem Objekt. Mindestens. Natürlich können mehr als zwei Subjekte und mehr als ein Objekt beteiligt sein; aber das Dreieck ist die Grundstruktur des Diskurses, die Grundstruktur der Rationalität. Und es prägt nicht nur das *Faktum* des Diskurses, sondern auch seine *Inhalte.*

Für bestimmte grundlegende Überzeugungen, grob gesprochen Wahrnehmungsmeinungen, gilt, wie Donald Davidson bemerkt, dass ihr Inhalt durch die Gegenstände oder Ereignisse bestimmt wird, die die betreffende Überzeugung hervorrufen. Mit anderen

[2] *C. Schwöbel,* Gott im Gespräch, 531.

[3] *H.-G. Gadamer,* Wahrheit und Methode. Grundzüge einer philosophischen Hermeneutik. Gesammelte Werke Bd. 1, 478.

Worten, die „kausale Geschichte" solcher Überzeugungen und Urteile liefert „ein konstitutives Hauptmerkmal ihres Inhalts".[4]

Wenn zum Beispiel etwas Weißes in meinem Gesichtsfeld auftritt, so ist dieses Weiße der Reiz und die Ursache dafür, dass ich wahrnehmend urteile, etwas Weißes sei präsent. Allerdings sieht Davidson „hinsichtlich der Ortung des Reizes ein Problem".[5] Denn die kausale Vorgeschichte meines Urteils lässt sich als eine lange Reihe von hintereinandergeschalteten Einzelursachen darstellen.

Wenn etwa das Weiße in meinem Gesichtsfeld ein Tisch war und ich geurteilt habe: „Da steht ein weißer Tisch", so war der Tisch die Ursache meines Urteilens. Aber ebenso waren es die Lichtwellen zwischen dem Tisch und meinen Augen, ebenso der Zustand meiner Netzhäute, ebenso mein Gehirnzustand und ebenso zuletzt mein phänomenal-qualitativer Bewusstseinszustand. Ferner geht in der Gegenrichtung die Ursachenkette jenseits des Tisches weiter in unbestimmte Ferne: Jemand hat den Tisch hingestellt, und jemand hat ihn hergestellt, jemand das Holz geliefert usw. usf. – womöglich zurück bis zum Urknall oder noch weiter.

Dies vor Augen, hat der Außenweltskeptiker scheinbar leichtes Spiel: Woher will ich wissen, dass ich nicht stets nur meinen Bewusstseinszustand wahrnehme und alles andere hinzuphantasiere? Die Solipsistin macht aus der Skepsis vollends eine These und behauptet: Es gibt nur mich und meine Bewusstseinszustände.

Aber damit ist das Blatt der Skepsis und des Solipsismus auch schon überreizt, was Davidsons gewitzter Aufmerksamkeit nicht entgeht:

> „Wenn wir ein einzelnes Lebewesen allein betrachten, können seine Reaktionen […] nicht zeigen, dass sich seine Reaktionen oder Überlegungen auf Ereignisse beziehen, die sich in einer gewissen Entfernung von ihm abspielen, und nicht etwa auf seiner Haut. Die Welt des Solipsisten kann jede beliebige Größe annehmen, was nichts anderes besagt, als dass sie keine Größe hat und gar keine Welt ist."[6]

Weil die Welt des Solipsisten jede beliebige Größe annehmen könnte, gibt es keine solipsistische Welt. Damit die Welt eine wohlbestimmte Größe annehmen und unsere Urteile und Überzeugungen einen wohlbestimmten Inhalt haben können, müssen wir über unsere Subjektivität hinaus auch Intersubjektivität und Objektivität ins Spiel bringen. Das ermöglicht dann eine Art *Triangulation* zur Bestimmung der Inhalte unseres Wahrnehmens und Denkens.

Wenn ein Feldvermesser die Entfernung zu einem schwer zugänglichen Punkt bestimmen will, muss er triangulieren. Dazu braucht er eine Grundseite, deren Länge er messen kann, und die beiden Winkel von den Endpunkten der Grundseite hin zu dem entfernten Punkt. Etwas Analoges vollzieht sich im Spracherwerb, etwa wenn wir einem Kind das Wort „Tisch" beibringen:

> „Eine Linie verläuft vom Kind aus zum Tisch hin, eine weitere Linie verläuft von uns aus zum Tisch hin, und eine dritte Linie geht von uns hin zum Kind. Der betreffende Reiz liegt [nicht in unserem Gehirn oder im Gehirn des Kindes, nicht auf unseren Netzhäuten oder denen des Kindes, auch nicht im Urknall oder

[4] *D. Davidson*, „Voraussetzungen für Gedanken", in: *Ders.*, Der Mythos des Subjektiven. Philosophische Essays, Stuttgart 1993, 5–15, 8.

[5] *D. Davidson*, „Voraussetzungen für Gedanken", 10.

[6] *D. Davidson*, „Voraussetzungen für Gedanken", 13.

Schöpfungsakt, sondern] dort, wo die Linie vom Kind zum Tisch sich schneidet mit der Linie von uns zum Tisch [also im Tisch].“[7]

Das Dreieck, durch das die semantische Triangulation ermöglicht und der Solipsismus ausgeschaltet wird, hat als Eckpunkte also zwei Subjekte und ein Objekt, als Grundseite die Intersubjektivität und als die beiden anderen Seiten jeweils eine Subjekt-Objekt-Beziehung.

So weit, so gut. Nun müssen jedoch die beiden Subjekte, wenn sie über ein Objekt reden, einander verstehen, und das bedeutet: interpretieren. Sofern sie dieselbe natürliche Sprache sprechen, scheint dies eine triviale Angelegenheit zu sein. Aber Quine und Davidson haben mit ihren Begründungen entsprechender Unbestimmtheitstheoreme (Unbestimmtheit der Übersetzung bzw. Unbestimmtheit der Interpretation) gezeigt, dass dem nicht so ist. Im Prinzip gibt es immer, auch innerhalb derselben Sprachgemeinschaft, einen Spielraum für alternative Interpretationen, von denen keine eindeutig besser ist als die anderen.

Nach dem letzten Grund und Ursprung dieses Spielraums haben Quine und Davidson aber nicht gefragt. Nach meiner Überzeugung liegt er darin, dass der Diskurs, das Gespräch, die Rationalität, mit einem fundamentalen Widerspruch behaftet ist, der nicht sein *darf* und dennoch *ist* und der nicht effektiv behoben, sondern höchstens verdrängt oder zum Schläfer gemacht werden kann. Darin gleicht er manchen Krankheiten, die nicht geheilt, aber heilsam gelindert, gedämpft, unterdrückt werden können.

2. Die Antinomie der Negation

Ich nenne die Behauptung, dass es einen unbehebbaren Grundwiderspruch des Denkens gibt, *die Antinomiethese* und identifiziere die betreffende Antinomie als die der Negation. Die Negation führt in der stets möglichen Selbstanwendung zu der Antinomie eines Satzes, der sich selbst verneint. Sie ist im Logischen und im Ontologischen gleichsam die böse Fee. Die gute Fee, die das Schlimmste verhindert, ist der Satz vom zu vermeidenden Widerspruch oder das Nichtwiderspruchsprinzip, also die Logik.

Die Antinomie der Negation, genauer ihre unscheinbare, kleine Spitze, ist uns aus Titus 1,12 geläufig: Ein Kreter bezeugt, dass die Kreter stets lügen, und verneint damit auch sein eigenes Zeugnis. Spitzen wir die Spitze noch ein wenig zu: „Der Satz, den ich gerade äußere, ist nicht wahr.“ Wenn das stimmt, so ist es falsch; stimmt es aber nicht, so ist es wahr – ein Widerspruch, den wir nicht beheben können. Denn wenn wir ihn, wie es sich bei Widersprüchen ziemt, verneinen, sagen wir nur, was er schon selber sagt, und bekräftigen ihn gegen unsere Absicht. Wir sind in ihm gefangen als in einer echten Antinomie.

In der Mathematik zwar gibt es Auswege aus dieser Unwegsamkeit: Man verzichtet in der mathematischen Sprache auf volle Ausdrucksstärke und schrammt knapp am Widerspruch vorbei.[8] Aber die Alltagssprache, die den unverzichtbaren begrifflichen Hinter-

[7] *D. Davidson*, „Voraussetzungen für Gedanken“, 12.
[8] Vgl. *W.V. Quine*, Pursuit of Truth, Cambridge (Mass.) und London ^{2}1992, §§ 34–36.

grund auch der Mathematik bildet, ist eine Universalsprache, in der sich alles sagen, alles formulieren lässt, auch die Lügner-Antinomie.

Unser Sprechen und Denken ist folglich wesentlich mit der Antinomie behaftet; sie ist kein Betriebsunfall des Denkens, sondern dessen untilgbarer blinder, bösartiger Fleck und Kern. Und da wir im Sprechen und Denken triangulieren und Wahrheitsansprüche erheben, die wir auf eine als objektiv gedachte, äußere Realität beziehen, gerät ferner auch das Reale selbst in den Sog der Antinomie. Alles Sein, alles Leben, alles Denken ist im Kern beschädigt.

Die Antinomie ist nach meiner Diagnose nicht, wie sonst angenommen wird, eine semantische, sondern eine logische Antinomie, nicht eine Antinomie des Wahrheitsprädikates, das hier nur Formulierungshilfe leistet, sondern die große Antinomie der Negation. Sie hat zu Beginn der westlichen Philosophiegeschichte Parmenides bewogen, die Negation aus dem logischen Raum, d.h. der Gesamtheit dessen, was der Fall sein und gedacht werden kann, ganz zu verbannen.

Nun ist freilich die Negation die einfachste und elementarste Operation des Denkens. Wenn sie aus dem logischen Raum ausgeschlossen wird, verliert dieser seine Struktur und regrediert zu dem homogenen, undifferenzierten, singulären Sein oder Seienden, als welches Parmenides ihn tatsächlich darstellte. Wollen wir diesem eleatischen Verdikt nicht folgen, so kommen wir nicht umhin, die Negation und damit die Antinomie zum logischen Raum zuzulassen, selbst auf die Gefahr hin, dass er, wenn wir die Antinomie nicht in Schach halten, uns dann ebenfalls zu einer undifferenzierten Singularität, der des absoluten Nichts, regrediert.

Heutzutage stellt man sich den logischen Raum als die Menge aller möglichen Welten vor. Doch wenn er prinzipiell von der Antinomie bedroht ist, sollten wir uns ihn besser als einen ephemeren Freiraum mitten im logischen Chaos der Negativität denken. Im umgebenden Chaos herrscht größtmögliche logische Entropie, völlige Bestimmungslosigkeit. Die Logik gilt dort nicht. Nichts ist dort möglich, nichts unmöglich, nichts wirklich, nichts unwirklich; die logischen Bestimmungen greifen nicht; sie greifen nur in dem kleinen Freiraum, in dem die logische Entropie mit großer Mühe auf einem erträglich niedrigen Niveau gehalten wird.

In jenem Freiraum – auf jener Lichtung, mit Heidegger zu reden – gelten heilsam der Nichtwiderspruchssatz und das Tertium non datur, also die Prinzipien der klassischen Logik. Aber sie gelten als bloße Normen, fast schon Beschwörungsformeln und Absichtserklärungen, d.h. eher als regulative denn als konstitutive Prinzipien. Immerhin, sie *gelten*, und zwar so lange, wie mit Not und großer Mühe die logische Entropie im Freiraum unter einem bestimmten Niveau gehalten werden kann, und ermöglichen dann das Sein und Leben und Denken.

Der Preis für die relative Widerspruchsarmut im logischen Freiraum besteht in Abstrichen von der vernunftgetriebenen Universalisierung. Die Universalisierung kann nach verschiedenen Richtungen erfolgen und muß in allen diesen Richtungen eingeschränkt werden. Eine kurze Erinnerung an Kants drei *Kritiken* möge illustrieren, wie dies zu verstehen ist.

Kants erste *Kritik* handelt von Erkenntnisurteilen über Gegenstände und von ihrer objektiven Gültigkeit. Die zweite *Kritik* handelt von normativen Urteilen oder praktischen Gesetzen und von ihrer objektiv-intersubjektiven Gültigkeit. Die *dritte* Kritik handelt (in ihrem ersten Teil) von ästhetischen Urteilen und ihrer teils nur subjektiven, teils intersubjektiven, niemals aber objektiven Gültigkeit. Ein vergleichender Blick in die erste und in die dritte *Kritik* hilft uns, die Verallgemeinerung in der Dimension der Objekte und die Verallgemeinerung in der Dimension der sprechenden Subjekte gegeneinander zu profilieren.

In der *Kritik der reinen Vernunft* wird unter der Quantität der Urteile der Umfang ihres objektiven Geltungsbereiches verstanden. Die objektive Quantität eines Urteils bemisst sich daran, ob das Urteil *von* einem, einigen oder allen Objekten eines Bereiches gilt. Urteile haben aber auch eine subjektive Quantität, die sich daran bemisst, ob sie *für* einen, einige oder alle Sprecher gelten. Wir müssen also zwischen der *Geltung-von* und der *Geltung-für* eines Urteils bzw. zwischen seiner objektiven und subjektiven Quantität unterscheiden.

Anhand des Sonderfalls der ästhetischen Urteile, die Kant in der *Kritik der Urteilskraft* untersucht, tritt dieser Sachverhalt augenfällig hervor. Ästhetische Urteile, sei es über das Angenehme, sei es über das Schöne, sind nach ihrer objektiven Quantität allesamt singulär und gelten jeweils nur mit Blick auf einen einzelnen Gegenstand: den einzelnen Duft einer Rose, der angenehm ist, die einzelne Hügellandschaft, die schön ist.

Was hingegen die subjektive Quantität angeht, so muss man differenzieren. Urteile über das Angenehme sind nach Kants Analyse nur privatgültig, also auch der subjektiven Quantität nach singulär. Urteile über das Schöne hingegen, wiewohl nicht im Spiel der Gründe ausweisbar, sollen dennoch intersubjektiv, d.h. für alle Sprecher gelten. Ihrer subjektiven Quantität nach sind sie also allgemein.

Dieser Exkurs über die ästhetischen Urteile hatte den Zweck, unser Problembewusstsein für die subjektive Quantität von Urteilen überhaupt zu schärfen. Sie wird an den objektiven oder Erkenntnisurteilen allzu leicht übersehen, weil diese bei oberflächlicher Betrachtung allesamt von universaler subjektiver Quantität zu sein scheinen: Sie sollen durchgängig für alle Sprecher gelten. Doch in Wahrheit unterliegen auch sie einer subtilen, unsichtbaren Einschränkung ihrer subjektiven Quantität.

Dies jedenfalls ist die Erwartung und These des Perspektivismus. Die perspektivistische These besagt, dass auch die Erkenntnisurteile, die ja mit dem Anspruch auf objektive Geltung vorgetragen werden, namentlich moralische, religiöse und politische Urteile, jeweils aus einem bestimmten zeitlichen, individuellen oder kulturellen Blickwinkel gefällt werden und dementsprechend in ihrer Geltung für Sprecher auf subtile Weise eingeschränkt sind.

Die Einschränkung macht sich dadurch bemerkbar, dass unsere Wahrheitspraxis kein unangefochtenes Sein in der Wahrheit, sondern eine Praxis des Erhebens von Wahrheits-*Ansprüchen* ist, deren Berechtigung prinzipiell umstritten bleibt. Die Menschheit als die Gemeinschaft der vernünftigen Wesen verliert sich an ihren zeitlichen Rändern in ferner Prähistorie und luftigen Zukunftsvisionen, auch wenn sie räumlich (noch) durch die Erdoberfläche definiert ist. Nie also kann ein Wahrheitsanspruch gegenüber allen vergangenen, gegenwärtigen und künftigen Sprechern konklusiv verteidigt werden, zumal dies in den meisten Fällen schwierige und prekäre Übersetzungsarbeit einschließen würde. Von der subjektiven Quantität der Erkenntnisurteile gilt also, dass ihre durchgängige Allgemeinheit wesentlich ein Sollen bleibt.

Prinzipiell gilt dies natürlich auch für die Sätze der Mathematik und der exakten Wissenschaften. Aber hier können wir uns im Prinzip und teilweise auch tatsächlich durch Rechenmaschinen vertreten lassen, was den Schein einer vollkommenen Perspektiven-transzendenz erzeugt. Demgemäß gehen Mathematik, Physik und Technik ungehindert durch alle Kulturgrenzen hindurch. Es gibt wenig Meinungsstreit in der Mathematik, weil ihre intuitiv beweisbaren Sätze allesamt auch mechanisch beweisbar sind. Insoweit kann die mathematische Vernunft sich effektiven Verfahren anvertrauen und sich an abstrakte oder konkrete Rechenmaschinen delegieren, die immer und überall rund um den Globus zum Laufen gebracht werden können.

Die faktisch unbeschränkte Geltung-*für* ist hier aber erkauft durch Beschränkungen der Geltung-*von*. *Erstens* sind mathematische Sprachen keine Universalsprachen, wie nicht nur Lügnersätze illustrieren, sondern auch indexikalische Sätze wie „Ich habe Hunger" oder „Hier ist es kalt", deren Wahrheitswert mit den Gelegenheiten ihrer Äußerung variiert. Die Mathematik kennt keine Indikatoren, keine Demonstrativa, kein Tempus verbi. Zwar werden mathematische Sätze in der Umgangssprache grammatisch im Tempus Präsens formuliert, aber logisch liegt das Tempus brach; in formalen Sprachen kommt es daher auch grammatisch nicht vor. Die vollen Begriffe der Zukunft, Gegenwart und Vergangenheit lassen sich folglich in den exakten Wissenschaften nicht bilden.

Zweitens sind bewiesenermaßen nicht alle mathematischen Wahrheiten beweisbar und ist insbesondere die Widerspruchsfreiheit der Mathematik nicht beweisbar. Wie gesagt, die Mathematik leidet weltseitig an beschränkter Ausdrucksstärke, die sie den exakten Wissenschaften vererbt, die sich ihrer als ihres universalen Ausdrucksmittels bedienen.

Wo andererseits das Reale in voller Konkretion und ohne Einschränkung zum Thema der Rede gemacht wird, in unserer universalen Umgangssprache, droht die Antinomie insbesondere dann, wenn die Geltung-*für*, also die sprecherseitige Universalisierung, nicht in subtiler Weise beschränkt wird. Hier gilt insgeheim das Goethe'sche: *Eines schickt sich nicht für alle; sehe jeder, wie er's treibe.*

Für ästhetische Urteile ist das nach Kant auch gar nicht anders zu erwarten, weil sie ohne Objektivitätsanspruch vorgetragen werden. Aber auch für objektive Urteile muss es in gewisser Weise gelten, sofern die Antinomie nicht die Oberhand gewinnen soll. Aus diesem Sachverhalt gewinnt der Perspektivismus seine argumentative Stärke. Er darf nur, indem er der Charybdis des Universalismus ausweicht, der Skylla des Kulturalismus nicht zu nahe kommen.

3. Perspektivität und Lesbarkeit

Schauen wir zunächst, wie es der technischen Vernunft gelingt, unbeschadet zwischen Skylla und Charybdis hindurchzusteuern. In der reinen Mathematik ist sie in ihrem Element und in ihrer mathematischen Grundform noch ganz bei sich. Um der Widerspruchsvermeidung willen gilt dort, dass eine Theorie, die die Arithmetik einbetten kann, nicht vollständig axiomatisierbar ist. Es gibt also mehr mathematische Wahrheiten, als sich aus irgendeinem Axiomensystem herleiten lassen.

Insbesondere lässt sich die Widerspruchsfreiheit eines Axiomensystems nicht mit seinen eigenen Ressourcen beweisen. Man kann jeweils nur in einem stärkeren Axiomensystem die Widerspruchsfreiheit eines schwächeren Axiomensystems ableiten und hoffen, dass das stärkere seinerseits widerspruchsfrei ist. Dieses Spiel kann für immer stärkere Axiomensysteme, die jeweils die vorigen einbetten, ins schlecht Unendliche fortgesetzt werden.

Die theoretische Physik ist angewandte Mathematik, für die die Höhenflüge der reinen Mathematik irrelevant sind. Aber auch in ihr muss die Universalisierung objektseitig begrenzt werden, und zwar schon im historischen Akt der Konstitution der modernen mathematischen Physik zu Zeiten Keplers und Galileis. Der Konstitutionsakt war der Akt einer durchgreifenden Generalabstraktion, die nicht nur das Psychische, sondern auch wesentliche Züge des konkret Physischen selber aus dem Blick entließ.

Die mathematische Physik abstrahiert nämlich von allen indexikalischen und allen phänomenalen Eigenschaften der Dinge, von ihrem Hiersein oder Dortsein, ihrem Zukünftig-, Gegenwärtig- oder Vergangensein und von ihren phänomenalen Farb- und Klangqualitäten, Texturen, Düften und Gerüchen. Um der Mathematisierbarkeit willen wird das konkret Physische reduziert auf ein abstrakt Physikalisches, das aber gleichwohl unter den universalen Erkenntnisanspruch der Physik gestellt bleibt.

Die Physik strebt wesentlich danach, eine mathematisch formulierte und experimentell überprüfte *Weltformel* oder *Theorie-von-allem* zu entwickeln. Doch wie in der Mathematik ein Progress von immer stärkeren Axiomensystemen den Weg zur vollständigen Axiomatisierung ins Endlose gehen lässt, so muss in der Physik mit einem Progress von immer angemesseneren Nachfolgertheorien gerechnet werden, durch den die endgültige *Theorie-von-allem* auf den logischen St. Nimmerleinstag verschoben wird. Die Generalabstraktion am Anfang – von allem Indexikalischen und Phänomenalen – kann im potentiell unendlichen Theoriefortschritt nie mehr restlos abgearbeitet werden.

Nun zur anderen Seite, dem der Umgangssprache, deren sich die hermeneutischen Wissenschaften, also auch die Philosophie bedient. Hier steht uns das konkret Physische unverkürzt vor Augen, dies aber zum Preis eines unaufhebbaren Begründungsdefizits unserer Aussagen über es. In den allermeisten Dingen, all den vielen Trivialitäten des Alltags sind wir uns zwar über alle Kulturen, Individuen und Lebensabschnitte hinweg einig. Ja, es gibt schwarze Hunde, und ja, vor dem Essen sind wir in der Regel hungriger als nachher usw. Aber dann bleibt stets noch Spielraum für Meinungsstreit.

Bezüglich der konkreten physischen Realität, die auch das Lebendige, Psychische, Mentale, Soziale einschließt, haben wir nämlich keinerlei effektive epistemische Entscheidungsverfahren, nichts, was auch nur annähernd an die mathematischen Beweisverfahren heranreichte, von denen die theoretische Physik zwanglos profitiert. Wir haben nur das Gespräch, nur die dialogische Vernunft.

Die unbeschränkte Universalität unseres umgangssprachlichen Denkens auf der Objektseite hat auf der Sprecherseite eine unhintergehbare Perspektivenvielfalt zur Folge, mittels deren die Antinomie, die sonst unvermeidlich wäre, abgefedert und auf verschiedene Standpunkte verteilt wird. Jeder einzelne Meinungsstreit zwar mag im Prinzip behoben werden können, aber nie alle zusammen.

Wenn aus einem löchrigen Kessel Wasserdampf entweicht, so können wir zwar das eine oder andere Leck schließen, aber lieber nicht alle zusammen, sonst explodiert der Kessel. Und bevor wir alle Löcher gestopft hätten, wären wohl an Schwachstellen des Materials neue entstanden. Die dialogische Vernunft stopft Löcher, heilt Inkonsistenzen und beseitigt Inkonsequenzen, aber nie alle, und stets auch tun sich neue auf.

Was hat dies nun aber mit der Frage der Lesbarkeit Welt zu tun? Ich zitiere noch einmal abgekürzt die betreffende Stelle aus Christoph Schwöbels Antrittsvorlesung:

„Das Lesen der Welt [...] ist keine arbiträre Konstruktion auf Seiten des Menschen, sondern die Rekonstruktion des der Welt [...] inhärenten Sinns. [...] Die Interpretation der Welt ist wahrheitsfähig [...]. Und deswegen kann in den Dialogen der Menschen über die Welt [...] Wahrheit erzielt werden.“[9]

Achten wir auf den Kontrast von Konstruktion und Rekonstruktion des der Welt inhärenten Sinns. Er ist nicht verwandt mit Kants Unterscheidung zwischen Spontaneität und Rezeptivität; denn Konstruktion und Rekonstruktion müssen eine wie die andere in diskursiver Spontaneität geleistet werden.

Ein Analphabet und eine Leserin, die einen Text sehen, nehmen rezeptiv mehr oder weniger das Gleiche wahr. Gebeten, das Gesehene zu zeichnen, würde vielleicht sogar der Analphabet die getreuere Zeichnung anfertigen, weil er keine Handschrift hat, die das Gesehene verfremden könnte. Sprachlicher Sinn kann nicht mittels der Sinne rezipiert, sondern muss in spontaner diskursiver Aktivität konstituiert und auf oder in das sinnlich Rezipierte projiziert werden.

Aber die lesende Sinnprojektion ist nicht kreativ, sondern konservativ, keine ontische, sondern eine epistemische Konstitution, keine erfinderische Konstruktion, sondern eine möglichst getreue Rekonstruktion des Sinns, der im gesehenen Text unsichtbar vorhanden ist, weil die Schreiberin den Text so und nicht anders geschrieben hat. Wir wurden zu Lesern der Welt, als wir lernten, miteinander über die Dinge zu sprechen. Und weil das Sprechen über die Dinge eine konservative, rekonstruierende Projektion des der Welt inhärenten Sinnes, also ein Lesen ist, ist es wahrheitsfähig.

Wenn wir Kant nicht als Konstitutionsidealisten, sondern einmal als Realisten auffassen, dürfen wir die kategoriale Objektkonstitution, von der er spricht, rein epistemisch, nicht ontisch verstehen: als eine konservative Projektion und Re-Konstruktion der kategorialen Struktur, die den raumzeitlichen Dingen immer schon inhärent ist, aber nicht sinnlich wahrgenommen werden kann und den Tieren daher verborgen bleibt.

Kant, als Realist aufgefasst, ist besonders lehrreich, weil er keinen Schreiber der raumzeitlichen Dinge in Ansatz bringt. Er legitimiert die Projektion des kategorialen Sinns als eine konservative statt dessen aus der ursprünglichen Verschränkung der Raum-Zeit-Struktur mit der menschlichen Subjektivität. Damit präsentiert er uns einen Präzedenzfall ursprünglichen Lesens, das keinen vorgängigen Schreiber benötigt. Das gewöhnliche Lesen hingegen erfolgt in einem Dreieck von Schreiber, Text und Leserin und ist kein Gespräch von Angesicht zu Angesicht mehr. Es setzt dieses Gespräch vielmehr voraus, das seinerseits im Dreieck zweier Subjekte und eines Objektes stattfindet. Zwei Subjekte reden miteinander und lesen ipso facto die Welt als die ursprüngliche und ungeschriebene Schrift. Und nur weil das intersubjektive Sprechen eine gemeinsame Weltlektüre ist, kann nachher die gesprochene Sprache verschriftlicht, damit dinglich fixiert und dann in Abwesenheit ihres Urhebers gelesen werden.

So verweist das Dreieck des gewöhnlichen Lesens – von Schreiber, Text und Leserschaft – auf das ursprünglichere Dreieck des stimmlich verlautbarten Gesprächs, in dem zwei Sprecher über einen Gegenstand reden. Sprechen geht gewöhnlichem Schreiben und Lesen voraus.

Derrida, dem damit scheinbar widersprochen wird, hat aber trotzdem recht, wenn er auf dem Primat der Schrift beharrt. Denn es gibt die ursprüngliche Schrift, die entweder

[9] *C. Schwöbel*, Gott im Gespräch, 531.

ungeschrieben ist oder von Gott im Schöpfungsakt geschrieben wurde und die als Schrift gelesen wird in der menschlichen Rede, in der das Dreieck des Gesprächs sich konstituiert. Dass es sich dabei tatsächlich um eine Lektüre handelt, in einem vielleicht ungewöhnlichen, aber kaum metaphorischen und dabei zugleich ursprünglichen Sinn, bleibt abschließend zu zeigen.

Im *Sophistes* bemerkt Platon, dass noch die kürzesten Sätze zusammengesetzt sind und aus einem *onoma* und einem *rhêma* bestehen, allgemeiner aus einem oder mehreren Namen und einem einstelligen oder mehrstelligen Prädikat. Beispiele sind „Theaitetos sitzt" oder „Phaidon ist größer als Simmias". Wilfrid Sellars hat die Position vertreten, solche Elementarätze seien logische Bilder. Aber er fügt hinzu, dass in den logischen Bildern nur die Namen etwas bezeichnen, während die Prädikate die Hilfszeichen sind, die im logischen Abbilden gleichsam die Farbpalette des Malers ersetzen.

Es geht im logischen Abbilden darum, die Namen der Objekte systematisch zu modifizieren, sie gleichsam mit logischem Rot, Grün, Blau oder Gelb einzufärben. De facto modifizieren wir sie durch Hinzufügung weiterer Zeichen, der Prädikate, was uns leicht zu dem Irrtum verleitet, auch die Prädikate repräsentierten irgendwelche welthaften Objekte: allgemeine Eigenschaften oder Universalien. Logisch durchsichtiger wäre es, die Namen direkt zu modifizieren, wie es beispielsweise auf Landkarten geschieht.

Sei etwa eine Linie auf einer Karte der kartographische Name des Neckars und ein Fleck der kartographische Name von Tübingen. Dass der Neckar ein Fluss ist, wird auf der Karte nicht durch Hinzufügung eines Hilfszeichens ausgedrückt, sondern dadurch, dass die Linie, die den Neckar bezeichnet, blau gefärbt ist. Dass Tübingen eine Stadt ist, wird ausgedrückt dadurch, dass der Fleck, der Tübingen bezeichnet, rot gefärbt ist. Das Tübingen am Necker liegt, wird ausgedrückt dadurch, dass die blaue Linie den roten Fleck berührt.

Wenn wir aber mit Sellars einmal so weit gegangen ist, können wir getrost noch einen Schritt weiter gehen und die Dinge selber, Tübingen und den Neckar, als Eigennamen ihrer selbst betrachten, die in vielerlei Weisen durch ihre Qualitäten und Relationen zu Sätzen über sich selbst modifiziert sind.

Wir betrachten die Dinge dann doppelt, einmal als weltseitige Namen ihrer selbst, zum anderen als Bündel von weltseitigen (Elementar-)Sätzen über sich selbst. Qua weltseitige Namen nennen wir sie *Objekte*, qua weltseitige Sätze nennen wir sie *Tatsachen*. Dinge in Abstraktion von ihren Qualitäten und Relationen betrachtet, sind also bloße Objekte, weltseitige Eigennamen ihrer selbst. In ihrer vollen Konkretion aber versammeln sie weltseitige Elementarsätze über jeweils sie selber zu Bündeln von elementaren Tatsachen.

Dass Dinge versammeln, hat Heidegger unter Verweis auf die Etymologie zu einer philosophischen Pointe erhoben. Das dänische Parlament heißt noch heute „Volksding" (folketing), und wenn wir sagen: „Das ist ein Ding", so meinen wir: Das ist eine Fakultätsratssitzung wert. Bei Heidegger lesen wir, das Ding versammle Himmel und Erde, Göttliche und Sterbliche ins Geviert.

Aber so hoch brauchen wir gar nicht zu greifen. Für den Anfang ist alles viel schlichter: Wenn wir ein Objekt als Ding betrachten, wird es uns zu einer Versammlung der weltseitigen Sätze, d.h. der Tatsachen, über es selber. Diese Tatsachen stehen qua Sätze in logischen Beziehungen zueinander und zu weiteren Tatsachen. Ein Ding kommt daher niemals allein, sondern begegnet uns aus einer Welt, d.h. aus einem lesbaren Sinnzusammenhang.

Wenn wir die Dinge hingegen als Objekte betrachten, werden sie uns zu distinkten Entitäten, die, wie Hume richtig bemerkte, nicht in logischen, begrifflichen, modalen Beziehungen zueinander stehen können. Es gibt keine notwendigen Verknüpfungen zwischen Dingen qua Objekten, wohl aber, was Hume nicht sah, zwischen Dingen qua Tatsachenbündeln.

Die Welt ist der offene Sinnhorizont, aus dem uns die Dinge begegnen, sei es als Objekte, d.h. weltseitige Namen, sei es als Tatsachen, d.h. weltseitige Sätze. Wir lesen die Welt, indem wir die wahrnehmbaren Tatsachen in Beobachtungssätze unserer gesprochenen Sprache übersetzen. Tatsachen nämlich haben eine propositionale, satzartige Struktur, wie sich daran erkennen lässt, dass wir sie mit nominalisierten Sätzen bezeichnen. Der nominalisierte Satz „Dass Schnee weiß ist" kann sowohl den Gehalt einer Überzeugung als auch eine weltseitige Tatsache bezeichnen. Strikt ein und dasselbe, etwa dass Schnee weiß ist, kann sowohl geglaubt werden als auch der Fall sein.

Andererseits können Tatsachenbündel als Dinge und dann, abstrakter noch, als Objekte betrachtet werden. So werden sie zu weltseitigen Namen ihrer selbst, „lagadonischen Namen", wie David Lewis sich in Anspielung auf eine Episode aus *Gullivers Reisen* ausdrückt. Tatsachen wären dann lagadonische Sätze zu nennen. Dinge schließlich wären lagadonische Namen unter Einschluss ihrer Rollen als lagadonische Sätze: Objekte, die als Bündel von Sätzen über sich selbst gelesen, nämlich in Beobachtungssätze unserer Wortsprachen übersetzt werden können.

Alles Lesen und Übersetzen unterliegt der von Quine und Davidson herausgearbeiteten Unbestimmtheit der Übersetzung und Interpretation, die jedoch keine vollständige ist und keine arbiträren Übersetzungen legitimiert. Aus ihr lässt sich daher kein Kulturalismus, wohl aber ein gemäßigter Perspektivismus folgern. Dieser lässt echte Alterität zu, statt sie durch präzise Transformationsgleichungen vollkommen transparent zu machen und zu trivialisieren.

Indem wir im Gespräch zugleich die Welt lesen, werden weder Dinge noch Gesprächspartner vollkommen transparent für uns, aber hinreichend transparent für die Praxis des Erhebens von Wahrheitsansprüchen, die jeweils von Objekten und für alle Mitsprecher gelten sollen. So steuert die dialogische Vernunft zwischen der Skylla des Kulturalismus und der Charybdis des widerspruchsvollen Universalismus halbwegs unbeschadet hindurch.

Halbwegs unbeschadet, aber nicht völlig unbeschädigt ist das Leben des vormaligen Tieres, das die Rede erwarb und aus der Spur des tierischen Lebens kam. Wenn wir unsere neue Spur in Gedanken hinter ihren Anfang zurückverlängern, nimmt sie daher nicht mehr die fällige Kurve ins Tierreich, aus dem wir kamen, sondern läuft schnurgerade auf einen imaginären Fluchtpunkt zu, der uns als supralapsarisches Ideal erscheinen muss.

Aber das Ideal zwingt Unvereinbares zusammen: das Verwalten des Logos, das wir in zweiwertigen Sätzen vollziehen und das somit die Kenntnis von Wahr und Falsch, Gut und Böse voraussetzt, und andererseits die uns durch die Rede abhanden gekommene Unschuld der Tiere, die einander ohne Gewissensbisse töten und verzehren.

4. Alterität in Gott?

Ganz zum Schluss sei noch angemerkt, dass Christoph Schwöbel in seiner Antrittsvorlesung den Dialog der Kulturen auf denjenigen Dialog bezog, der nach einem Diktum Luthers Gott selber ist.[10] Der immer schon *gewesene* Vater spricht das lebendige, *gegenwärtige* Wort, welches der Sohn ist, und der Heilige Geist hört das Wort und vermittelt es weiter an die hinzukommende – im Wortsinn *zu-künftige* – Gemeinde, die sich im Geist konstituiert.

Gott also ist, für sich betrachtet, ein Gespräch, an dem drei Seiten beteiligt sind, ein Sprecher, ein Wort und ein Hörer. Dürfen wir das Wort zugleich als Text und damit als das Objekt denken, das der Geist liest? Aber das Wort ist der Sohn. Ist etwa der Sohn das Objekt im göttlichen Dreieck, während Vater und Geist die Grundseite der Intersubjektivität bilden?

Vermutlich dürfen wir Luthers Diktum nicht überstrapazieren, weil sonst Abwegiges aus ihm folgt. Halten wir einfach fest, dass Gott hier als Gespräch gedacht wird und ferner sowohl als objektive Realität wie auch in der Dreiheit seiner Personen als Intersubjektivität und in jeder einzelnen Person als Subjekt. Ein Gespräch aber können wir ohne Alterität nicht denken. Die Alterität löst sich nur dann in Transparenz auf, wenn wir die Standpunkte abstrakter physikalischer Beobachter mittels Transformationsgleichungen ineinander umrechnen können.

Wenn Gott ein Gespräch ist, sollten wir demzufolge Alterität in Gott, zwischen den göttlichen Personen, annehmen. Dann aber kann die Einigkeit Gottes in seiner Dreifaltigkeit, keine transparente Identität, sondern muss eine wesentlich dunkle, selbst für Gott und die göttlichen Personen dunkle Identität sein.

Die Relationalität in Gott wäre also eine wesentliche und wäre prinzipiell nicht in durchsichtige Klarheit überführbar. Gott offenbart sich und bleibt im Sich-Offenbaren stets auch verborgen, ein deus absconditus, und dies nicht nur für uns, sondern auch für sich selbst. Ob das eine theologisch attraktive Position ist, weiß ich nicht. Aber es scheint mir eine Konsequenz des Lutherschen Diktums zu sein, dass Gott selber ein Gespräch ist.

[10] *C. Schwöbel*, Gott im Gespräch, 531.

Jens Halfwassen

WIE RATIONAL KANN DIE REDE VOM ABSOLUTEN SEIN?[1]

Der bedeutendste christliche Platoniker der Spätantike, den wir bis heute nur unter seinem Pseudonym Dionysius Areopagita kennen,[2] spricht über das Absolute: Gott oder das Eine gewöhnlich so, daß er dabei das logische Prinzip vom zu vermeidenden Widerspruch offen – und offensichtlich gezielt – verletzt. So schreibt er z.B. mit gewollter Paradoxie: „Das Sein von allem ist die überseiende Gottheit“ (τὸ γὰρ εἶναι πάντων ἐστὶν ἡ ὑπερούσιος θεότης, *De cael. hier.* IV 1). Gemeint ist damit die Einsicht Platons, daß der Urgrund des Seins, durch den alles Seiende überhaupt ist, dem es sowohl seine Existenz als auch sein Wesen verdankt, selbst über das Sein – und d.h. über jede positiv denkbare Bestimmtheit – hinausliegen muß (vgl. Platon, *Politeia* 509 B; *Parmenides* 141 E; *Test. Plat.* 50 Gaiser). Dionysius spitzt diese alte Einsicht aber bewußt auf die Paradoxie zu, daß es das Übersein ist, welches das Sein von allem konstituiert. Damit aber stellt sich die Frage, wie rational die Rede von Gott oder dem Absoluten sein kann, wenn das Absolute negativ-theologisch als absolute Transzendenz konzipiert wird? Denn die Grundregel logisch-rationaler Rede, der Grundsatz vom zu vermeidenden Widerspruch, wird von Dionysius in seiner Rede von Gott suspendiert – und diese Suspendierung erfolgt bewußt und methodisch: für Dionysius ist sie die einzige Möglichkeit, die *Transzendenz* des Absoluten, des übergöttlichen Einen, mit sprachlichen und logischen Mitteln auszudrükken, ohne das Absolute dabei prädikativ oder kategorial zu bestimmen, wodurch es sofort zu einem Seienden – und damit zu einem Nicht-Absoluten – würde.[3] Die Suspendierung des Kontradiktionsprinzips bringt die Transzendenz des Absoluten dadurch zum Ausdruck, daß sie seine *Transrationalität* ausspricht, und zwar eben durch die bewußte und gewollte Verletzung des Prinzips logisch-rationaler Rede.

Daß die Suspendierung des Widerspruchsprinzips für ihn die methodische Maxime der Rede von Gott oder dem Absoluten ist, formuliert Dionysius ganz ausdrücklich: Gott oder das Eine, so sagt er, sei „die Setzung von allem und zugleich die Verneinung von allem und doch über alle Setzung und über alle Verneinung zugleich erhaben“ (ἡ πάντων θέσις καὶ ἡ πάντων ἀφαίρεσις καὶ ὑπὲρ πᾶσαν καὶ θέσιν καὶ ἀφαίρεσιν, *De*

[1] Dieser Beitrag ist zuerst erschienen unter dem Titel „Wie rational kann die Rede vom Absoluten sein? Zu den Grenzen des Widerspruchsprinzips bei Dionysius Areopagita und im antiken Platonismus“ als Kapitel XVI meines Bandes: Auf den Spuren des Einen. Studien zur Metaphysik und ihrer Geschichte, Tübingen 2015 (= Spuren des Einen). Dem Verlag Mohr Siebeck sei für sein Einverständnis zum erneuten Abdruck gedankt.

[2] Für die philosophische Interpretation des Ps.-Dionysius Areopagita im Horizont des Neuplatonismus sind die Arbeiten von *Werner Beierwaltes* maßgebend: Identität und Differenz, Frankfurt am Main 1980, 49–56; Denken des Einen. Studien zur neuplatonischen Philosophie und ihrer Wirkungsgeschichte, Frankfurt am Main 1985, 147–154, 211–216 und 314 ff; Platonismus im Christentum, Frankfurt am Main 1998, 2., verb. Aufl. 2001, 3. erw. Auflage 2014, 44–84 und 229–247. – Vgl. auch *C. Schäfer*, The Philosophy of Dionysius the Areopagite. An Introduction to the Structure and the Content of the Treatise On the Divine Names, Leiden 2006.

[3] Zum Verhältnis der Metaphysik des Einen zur Logik und ihrem Prinzip, dem Satz vom Widerspruch, und zur Notwendigkeit von dessen Einschränkung, siehe das hochanregende und zum Nachdenken provozierende Buch von *K. Flasch*, Die Metaphysik des Einen bei Nikolaus von Kues. Problemgeschichtliche Stellung und systematische Bedeutung, Leiden 1973 (= Metaphysik des Einen).

divinis nominibus II 4). Der Satz vom Widerspruch tritt also bezüglich des überseienden Einen in *doppelter* Weise außer Kraft: vom Absoluten gelten Bejahung und Verneinung zugleich, jedoch so, daß es in seiner Transzendenz zugleich über beide hinaus ist, so daß Affirmation und Negation weder getrennt noch verbunden das Eine selbst, die reine Über-Gottheit, zu erfassen vermögen (vgl. *De mystica theologia* I 2). Affirmation und Negation sind bezüglich des Einen also *sowohl gültig als auch nicht gültig*, sie müssen darum ständig in einer dialektischen Schwebe gehalten werden, die jede Aussage nur macht, um sie sofort zu widerrufen, weil die Behauptungen, in denen wir über das Eine sprechen, es nicht kategorial bestimmen, und weil die Verneinungen, durch die wir es von seinen Prinzipiaten abheben, nicht seine sterile Leere und privative Nichtigkeit zum Ausdruck bringen, sondern die Überfülle (ὑπερβολή, ὑπερπλῆρες) des Überseins. Anders als durch solche *transrationale* Redeweise, welche die Paradoxie bewußt nicht vermeidet, sondern gerade sucht, kann die Transzendenz des Absoluten für Dionysius und die Tradition, aus der er kommt, sprachlich nicht formuliert werden. Rationale, vom Widerspruchsprinzip geleitete und geregelte Rede vermag immer nur Seiendes in dem, was es ist oder was es nicht ist, durch Affirmation oder durch Negation zum Ausdruck zu bringen. Sie ist notwendig gegenstandsgebunden und genau darum ungeeignet, das Überseiende, das absolut *un*-gegenständlich ist, sprachlich auszudrücken.

Den paradoxen Gedanken der absoluten Transzendenz, des Überseins oder der Seinstranszendenz hatte Platon zum ersten Mal formuliert (*Politeia* 509 B, 511 B, 534 BC; *Parmenides* 137 C – 142 A; *7. Brief* 341 C; *Test. Plat.* 50). Er bestimmt schon in der Alten Akademie die Spekulation über das absolute Prinzip (vgl. Speusipp, Fr. 57, 62, 72, 88 Isnardi Parente; Aristoteles, *Περὶ εὐχῆς* Fr. 1 Ross; *Eudemische Ethik* 1248 a 27 ff), ist also nicht erst neuplatonisch.[4] Nachdem er im Mittelplatonismus eher in den Hintergrund getreten war, auch dort aber bei Platonikern wie Eudoros von Alexandria und Moderatos von Gades, auch bei Gnostikern wie Basilides präsent blieb,[5] bildete die Seinstranszendenz des Absoluten seit Plotin das zentrale – und jetzt rigoros durchgeführte – Motiv der neuplatonischen Metaphysik des Einen.[6] Diesen Platonischen und Plotinischen Grundgedanken der absoluten Transzendenz innerhalb des Christentums unverkürzt zur Geltung zu bringen, darf wohl als das wesentliche Anliegen des Ps.-Dionysius gelten. Sein Denken umkreist das absolut Transzendente in nicht-begreifender Weise, und das logische Mittel dieses nicht-begreifenden Denkens ist die Paradoxie, weil von Absoluten *Behauptung und Verneinung zugleich gelten und auch nicht gelten.* Dieses der Gegenstandsbezogenheit des rationalen Denkens entgegen denkende Denken setzt die Suspension des

[4] Vgl. dazu *J. Halfwassen*, Der Aufstieg zum Einen. Untersuchungen zu Platon und Plotin, Stuttgart 1992, 2., erweiterte Aufl. München/Leipzig 2006 (= Aufstieg zum Einen) und *Ders.*, Spuren des Einen, Teil II.

[5] Vgl. *J. Whittaker*, ΕΠΕΚΕΙΝΑ ΝΟΥ ΚΑΙ ΟΥΣΙΑΣ, in: Vigiliae Christianae 23 (1969), 91–104 und *J. Halfwassen*, Speusipp und die metaphysische Deutung von Platons Parmenides, in: *L. Hagemann/R. Glei* (Hgg.), ΕΝ ΚΑΙ ΠΛΗΘΟΣ – Einheit und Vielheit. Festschrift für Karl Bormann zum 65. Geburtstag (Religionswissenschaftliche Studien Band 30), Würzburg/Altenberge 1993, 339–373, jetzt wieder abgedruckt als Kapitel XI in: *J. Halfwassen*, Spuren des Einen.

[6] Vgl. dazu *J. Halfwassen*, Aufstieg zum Einen, Teil I; *Ders.*, Hegel und der spätantike Neuplatonismus. Untersuchungen zur Metaphysik des Einen und des Nous in Hegels spekulativer und geschichtlicher Deutung, Bonn 1999, 2. Aufl. Hamburg 2005 (=Hegel und der spätantike Neuplatonismus), 257–273; *Ders.*, Plotin und der Neuplatonismus, München 2004 (= Plotin und der Neuplatonismus), Kapitel III.

Kontradiktionsprinzips voraus, die für die paradoxale Denkform der negativen Theologie bei Dionysius darum konstitutiv ist.

Das logische Gesetz vom zu vermeidenden Widerspruch wurde zum ersten Mal von Platon formuliert, und zwar im Zusammenhang mit der Ableitung der drei Seelenteile in der *Politeia* (436 B ff).[7] Doch weist Platon unmittelbar vorher deutlich auf die begrenzte Tragweite und eingeschränkte Gültigkeit der in diesem Zusammenhang verwendeten Methoden hin (435 D 1–2: ἀκριβῶς μὲν τοῦτο ἐκ τοιούτων μεθόδων ... οὐ μή ποτε λάβωμεν) und deutet eine μακροτέρα καὶ πλεῖον ὁδός an[8] – damit ist, wie an späterer Stelle (504 B–E) deutlich wird, die Dialektik als Prinzipienwissenschaft gemeint, die bis zum „Unbedingten" (ἀνυπόθετον), „dem Urgrund des Ganzen" (ἡ τοῦ παντὸς ἀρχή) aufsteigt und absteigend die Entfaltung dieses absoluten Urgrundes (ἀνυπόθετος ἀρχή) im Ganzen des Ideenkosmos aufzeigt (511 B–E, 532 A – 534 D, vgl. *Politikos* 284 CD). Man könnte daraus schließen, daß der Widerspruchssatz nur das mathematisch-diskursive Denken der διάνοια als Prinzip bestimmt, nicht aber die Dialektik und das intuitiv-ganzheitliche Denken des νοῦς, das auf die Ideen und die Prinzipien selber gerichtet ist – Plotin hat es so verstanden. Bei Platon ist der Sachverhalt jedoch komplizierter: Platon hat das Widerspruchsprinzip auch in seiner Ideendialektik beachtet, es ist für sie sogar grundlegend, wie z.B. der ideentheoretische letzte Unsterblichkeitsbeweis im *Phaidon* (102 A ff) beweist: Entgegengesetzte Ideen wie „gerade" und „ungerade" schließen einander immer aus und können nicht aneinander teilhaben. Für die obersten, alle anderen Ideen und damit alles Seiende bestimmenden Metaideen, die μέγιστα γένη, gilt dies ebenfalls. Obwohl sich Ruhe und Bewegung, Identität und Andersheit nicht miteinander vermischen, verbindet Platon sie jedoch in allseitiger κοινονία miteinander, und zwar ausdrücklich auch „die am meisten entgegengesetzten (ἐναντιότατα) Ideen" Ruhe und Bewegung (*Sophistes* 252 B ff, spez. 256 B).[9] Denn die μέγιστα γένη gehen durch *alle* Ideen hindurch (*Sophistes* 254 B 9), also auch durch ihren eigenen Gegensatz, wobei Platon aber durch Unterscheidung der Hinsichten den Widerspruch vermeidet.

Das Kontradiktionsprinzip basiert ontologisch auf der Disjunktion von Sein und Nichtsein. Der Ideenkosmos als Ganzheit umfaßt aber auch das Nichtsein in Gestalt der Andersheit – er ist eine koinzidentale Einheit, welche die Gegensätze, die sich in jeder einzelnen Idee ausschließen, in sich selbst umgreift. Platon schränkt damit die Geltung des Kontradiktionsprinzips in gewisser Weise ein: es bestimmt zwar jede *einzelne* Idee – und darum auch alle Dinge, die an den Ideen teilhaben –, aber *nicht* das Ganze aller Ideen; diesem kommen die entgegengesetzten Fundamentalbestimmungen wie Ruhe und Bewegung, Identität und Andersheit, Ähnlichkeit und Unähnlichkeit, Gleichheit und Ungleichheit *zugleich zu* (*Parmenides* 142 B – 155 E).

[7] Vgl. zum Widerspruchsprinzip bei Platon auch *A. Schmitt*, Denken und Sein bei Platon und Descartes. Kritische Anmerkungen zur „Überwindung" der antiken Seinsphilosophie durch die moderne Philosophie des Subjekts, Heidelberg 2011, 96ff.

[8] Vgl. zur Bedeutung dieser Einschränkung und dieses Hinweises *Th.A. Szlezák*, Platon und die Schriftlichkeit der Philosophie. Interpretationen zu den frühen und mittleren Dialogen, Berlin/New York 1985, 306ff.

[9] Siehe dazu *H.-G. Gadamer*, Dialektik ist nicht Sophistik. Theaitet lernt das im ‚Sophistes' (1990), in: *Ders.*, Gesammelte Werke, Bd. 7 (Griechische Philosophie III: Plato in Dialog), Tübingen 1991, 338–369, spez. 359ff.

Das Kontradiktionsprinzip versagt jedoch nicht nur bezüglich der allumfassenden Einheit des Ideenganzen, des „seienden Einen". Die Prinzipien des Ideenganzen, das absolute Eine und die unbestimmte Zweiheit des Groß-Kleinen, ermöglichen allererst die Disjunktion von Sein und Nichtsein, unterliegen ihr also selber nicht. Das Eine selbst, der absolute Ursprung aller Einheit und Bestimmtheit, liegt über alle Bestimmungen hinaus: Es ist „jenseits des Seins, an Ursprünglichkeit und Mächtigkeit über das Sein hinaus" (ἐπέκεινα τῆς οὐσίας πρεσβείᾳ καὶ δυνάμει ὑπερέχοντος, *Politeia* 509 B 9), weshalb Platon ihm in der ersten Hypothesis des *Parmenides* alle konträr und kontradiktorisch entgegengesetzten Fundamentalbestimmungen *zugleich abspricht* (137 C – 142 A)[10] – und damit den Satz vom ausgeschlossenen Dritten verletzt, der unmittelbar aus dem Widerspruchssatz folgt. Das Prinzip der Vielheit, die unbestimmte Zweiheit, dagegen ist an sich selbst völlig leer und privativ nichtig (*Test. Plat.* 31 Gaiser mit *Parmenides* 159 B – 160 B; vgl. 165 E – 166 C), vermag aber in jeder Bestimmung und ebenso in ihrem Gegenteil zu erscheinen und ist darum *in sich selbst widersprüchlich*: klein ebenso wie groß, weniger ebenso wie mehr, Mangel ebenso wie Überschuß, unähnlich ebenso wie ähnlich, Identität und Differenz, Gleichheit und Ungleichheit in eins und zumal (*Parmenides* 158 E ff mit 164 B – 165 E, vgl. *Test. Plat.* 31 und 23 B Gaiser).[11] „Es nimmt nur auf eine höchst unerklärliche Weise (ἀπορώτατα) am Intelligiblen teil und ist äußerst schwer zu erfassen (δυσαλώτατον)" (*Timaios* 51 AB), so daß es sich rationaler Denkbarkeit entzieht und nur „durch eine Art unechten Gedankengang" (λογισμῷ τινι νόθῳ, *Timaios* 52 B) erfaßt werden kann, durch ein Denken also, das gegen sich selbst denkt, gegen sein Wesen als Denken: nämlich Erfassung von Sein und Bestimmtheit zu sein, und das im Verschwindenlassen aller Gegensätze ineinander ein Trugbild von Unbestimmtheit vorstellt.

Erst durch die Teilhabe an dem überseienden Einen wird die an sich selbst nichtige Vielheit geeint und dadurch bestimmt und zum Sein erhoben (*Parmenides* 157 C – 158 C). Das absolut Eine ist also der Einheit und Sein verleihende Urgrund von allem, selbst aber über Sein und Bestimmtheit schlechthin hinaus. Platon sagt darum wie Plotin: „Das Eine ist Alles und doch nicht einmal Eines" (*Parmenides* 160 B 2–3; Plotin, *Enneade* V 2, 1, 1) – in seiner Entfaltung ins Sein begründet es Alles, gerade weil es als „Es Selbst" in absoluter Transzendenz über alles hinaus ist, sogar über Sein und Einessein (*Parmenides* 141 E mit *Test. Plat.* 50). Das Eine selbst ist somit über den Gegensatz von Affirmation und Negation erhaben, die es weder getrennt noch verbunden zu erfassen vermögen. Daß diese paradoxe Dialektik des Einen im *Parmenides* das Vorbild für die negative Theologie des Ps.-Dionysius war, steht seit den Forschungen von Ettore Corsini und Endre von Ivánka fest.[12]

Abweichend von Platon hatte Aristoteles das Kontradiktionsprinzip zum *obersten Prinzip* der Ontologie und Logik erhoben (*Metaphysik* IV 3–4): es sei die βεβαιοτάτη ἀρχὴ πασῶν (1005 b 11 f und 17 f). Plotin zitiert diese Aristotelische Formel (*Enneade* VI 5, 1, 9), bezeichnet damit aber nicht das Widerspruchsprinzip, sondern die göttliche Einheit,

[10] Dazu im einzelnen *J. Halfwassen*, Aufstieg zum Einen, 220–405.

[11] Dazu genauer *J. Halfwassen*, Spuren des Einen, Kapitel VII („Platons unbestimmte Zweiheit").

[12] *E. Corsini*, Il trattato De divinis nominibus dello Pseudo-Dionigi e i commenti neoplatonici al Parmenide, Torino 1962; *E. v. Ivánka*, Plato Christianus. Übernahme und Umgestaltung des Platonismus durch die Väter, Einsiedeln 1964.

die ungeteilt überall ist (*Enneade* VI 5, 1). Deutlicher kann man die Absage an den Widerspruchssatz als oberstes Prinzip der Ontologie kaum formulieren. Trotzdem anerkennt Plotin Widerspruchsfreiheit als negatives Kriterium der Wahrheit einer Argumentation. Der Satz vom zu vermeidenden Widerspruch ist für ihn das Prinzip des diskursiven, argumentativ begründenden Denkens; er gründet in der trennenden Natur der διάνοια, die nach Hinsichten unterscheidet und auseinanderlegt, was im νοῦς als dem Inbegriff aller Ideen ungetrennte Einheit ist; seine Geltung beschränkt sich auf die Sphäre der diskursiv durchlaufenen Einzelbestimmungen (λόγοι). Das Widerspruchsverbot ist für Plotin ein Verstandesprinzip und primär zur Erfassung der getrennten Einzeldinge in der Welt des Werdens bestimmt. Es ist nicht geeignet zur Erfassung der Struktur des intelligiblen Seins, an seine Stelle tritt hier das Prinzip der Einheit, die ungeteilt überall und in allem ist (*Enneade* VI 5, 2).[13]

Damit schränkt Plotin die Gültigkeit des Satzes vom Widerspruch ein: er gilt nicht universal, sondern nur *regional*, für die Sphäre des diskursiven Denkens und der von diesem erfaßten sinnlichen Einzeldinge und ihrer logischen und ontologischen Bestimmungen. Hier gilt er nicht nur als Denkregel, sondern auch ontologisch: er bestimmt die Endlichkeit der erscheinenden Einzeldinge, die immer nur dieses Bestimmte und alles andere nicht sind – und genau darum endlich. Er gilt aber nicht für das intuitiv-ganzheitliche Denken des νοῦς, dem Entgegengesetztes zugleich zukommt, und auch nicht für das absolute Eine. Weil es alle Gegensätze erst ermöglicht, ist das Eine selbst in absoluter Transzendenz über alle Gegensätze hinaus, auch über den Gegensatz von Sein und Nichtsein, von Bejahung und Verneinung: „Es ist in Wahrheit unsagbar" (ἄρρητον τῇ ἀληθείᾳ, *Enneade* V 3, 13, 1; vgl. V 5, 6, 24; VI 8, 8, 6 f; VI 9, 4, 11 f); darum sind von ihm bejahende und verneinende Aussagen *zugleich falsch*. Auch wenn die negativ ausgrenzende Redeweise der reinen Transzendenz des Einen angemessener ist als jede Affirmation, selbst wenn diese nur in metaphorischer und analoger Bedeutung verstanden wird, bezieht sich auch die negative Redeweise nach Plotin strenggenommen nicht auf das Eine selbst in seiner Transzendenz, sondern auf unser Transzendieren auf Es hin (*Enneade* VI 9, 3–6; VI 8, 8; VI 8, 21, 25 ff; V 5, 6, 15 ff. 30 ff; V 3, 14; vgl. V 3, 17, 38). Weil das Absolute ἄρρητον ist, unterliegt es nicht dem Gesetz des Sagens, dem Kontradiktionsprinzip.

Aber auch der νοῦς unterliegt dem Widerspruchsverbot nach Plotin nicht, obwohl er für Plotin sagbar ist, wenngleich nur in der Paradoxie. Als die Totalität aller Ideen ist der Geist die allumfassende Einheit, in der alle Gegensätze zusammenfallen wie im „seienden Einen" des Platonischen *Parmenides* (2. Hypothese), mit dem Plotin den νοῦς gleichsetzt.[14] Vom Geist sind darum kontradiktorisch entgegengesetzte Aussagen *zugleich wahr:* in ihm als „All-Einheit" (ἓν πάντα, *Enneade* III 6, 6, 23; V 3, 15, 23 – vgl. Platon, *Parm.*

[13] Zur Einzelerklärung von *Enneade* VI 5, 1–2 vgl. den vorzüglichen Kommentar von *C. Tornau*, Plotin. Enneaden VI 4–5 (22–23), Stuttgart/Leipzig 1998, 320–346. – Zum Verhältnis von dianoetischem und noetischem Denken bei Plotin *J. Halfwassen*, Plotin als Denker des Nichtpropositionalen, in: *J. Bromand/G. Kreis* (Hgg.), Was sich nicht sagen läßt. Das Nicht-Begriffliche in Wissenschaft, Kunst und Religion. Festschrift für Wolfram Hogrebe zum 65. Geburtstag, Berlin 2010, 691–707, jetzt wieder abgedruckt als Kapitel XIII unter dem Titel „Aufwachen zu sich selbst: Plotins Begriff der Einsicht" in: *J. Halfwassen*, Spuren des Einen.

[14] Dazu *J. Halfwassen*, Plotin und der Neuplatonismus, Kapitel IV. Zur Einheit der Gegensätze spez. 77ff.

160 B 2) ist das Kleine zugleich groß (*Enneade* V 8, 4, 9), in ihm ist das Viele zugleich Einheit und das Eine zugleich Vielheit (*Enneade* VI 2, 3, 24–26; VI 4, 11, 15 f; VI 5, 6, 1–3), er ist einfach (ἁπλοῦν) und nicht-einfach zugleich (*Enneade* V 6, 1, 13; VI 4, 11, 15 f), in sich ununterschieden und zugleich unterschieden (*Enneade* VI 9, 5, 16), in sich ruhende, stillstehende Bewegung (*Enneade* VI 9, 5, 14 f), er ist „gleichsam unentfaltet entfaltet" (*Enneade* VI 8, 18, 18), weil er in seiner Selbstentfaltung in die Ideen als ungeteilte Einheit bei sich selbst bleibt. Eine Hinsichtenunterscheidung, welche die Paradoxie dieser Aussagen auflösen würde und die an sich durchaus möglich wäre, unterläßt Plotin bewußt. Denn das Unterscheiden nach Hinsichten ist das Wesen der διάνοια, es ist gerade nicht das In-Eins-Sehen des Ganzen, das der Geist ist, sondern dessen Auseinanderlegen, also das Verlassen der Einheit des Geistes, der Abstieg ins diskursive Denken des Verstandes. Dahinter steht Plotins Aufnahme der zweiten Hypothesis des *Parmenides*, in der Platon dem seienden Einen kontradiktorisch entgegengesetzte Bestimmungen wie Unterschied und Ununterschiedenheit (142 C–E), Grenze und Unbegrenztheit (145 A), Ruhe und Bewegung (146 A), Identität und Andersheit (146 B), Ähnlichkeit und Unähnlichkeit (147 C), Gleichheit und Ungleichheit (149 D) sowie Größe und Kleinheit (151 A) zugleich zuspricht. Platon leitet diese entgegengesetzten Bestimmungen des seienden Einen zwar jeweils aus unterschiedlichen Hinsichten ab, unter denen das seiende Eine betrachtet werden muß; insofern verletzt er das Widerspruchsverbot selbst hier nicht. Aber bei der zusammenfassenden Formulierung der Ergebnisse dieser Ableitungen läßt er die Hinsichtenunterscheidungen weg und formuliert bewußt widersprüchlich. Plotin interpretiert das so, daß gerade die Paradoxie die der allumfassenden Einheit des seienden Einen angemessene Aussageweise ist. Dieses Fallenlassen der unterschiedenen Hinsichten beim Zugriff auf die ungeteilte Einheit des Seins ist gerade die dem einheitlichen Wesen des Geistes angemessene Redeweise, der in eins und zumal Alles ist (ὁμοῦ πάντα, *Enneade* I 1, 8, 8; V 9, 6, 3; VI 6, 7, 4; VI 7, 33, 9 und oft) und in dem jedes Moment – jede einzelne Idee – selber zugleich das Ganze ist (*Enneade* I 8, 2, 17 ff; V 8, 4, 6 ff. 22 ff; V 9, 8, 2 ff und oft). So ist die Paradoxie die dem Wesen des Geistes als All-Einheit und konkrete Totalität angemessene Redeweise, weil sie den Gegenstandsbezug des rationalen Sprechens, in dem nur Einzelnes und Endliches gesagt werden kann, bewußt durchbricht und aufhebt.

Proklos folgt Plotin bezüglich des Einen selbst, aber nicht bezüglich des Geistes. Die negative Dialektik des absolut Einen kulminiert bei Proklos in der Negation der Negation (ὑπεραπόφασις), die nicht in die Affirmation umschlägt, sondern in der sich das dialektische, negierende Denken selbst aufhebt und übersteigt.[15] Das überseiende absolute Eine läßt als ἄρρητον *weder* Bejahung *noch* Verneinung zu. Proklos betont aber, das Kontradiktionsprinzip versage *ausschließlich* bezüglich des Einen selbst, und zwar nur in der Weise, daß vom Einen einander widersprechende Sätze zugleich *falsch* seien, aber nicht so, daß sie zugleich *wahr* seien; das letztere tritt nach Proklos niemals ein (*In Parm.* VII 72, 2–22 Klibansky).[16] Die Koinonie der γένη und die kontradiktorischen Prädikate des

[15] Dazu *W. Beierwaltes*, Proklos. Grundzüge seiner Metaphysik, Frankfurt am Main 1965, 2., erw. Aufl. 1979, 357–366.

[16] Vgl. zur universalen ontologischen Gültigkeit des Widerspruchsverbots bei Proklos auch *J. Halfwassen*, Hegel und der spätantike Neuplatonismus, 410ff; zu Hegels Umdeutung des Proklos in diesem Punkt dort 429ff.

seienden Einen deutet Proklos durch die Einführung von Hinsichtenunterscheidungen so, daß ein Widerspruch durchgängig vermieden wird. Die von Platon durch das Weglassen der Hinsichtenunterscheidungen formulierten Paradoxien des seienden Einen werden von Proklos somit rational, die Paradoxien auflösend ausgelegt. Auch die All-Durchdringung der Ideen in der konkreten Totalität des Geistes ist für Proklos eine ἀσύγχυτος δι' ἀλλήλων διΐξις, aber keine Koinzidenz der Gegensätze wie bei Plotin (vgl. *In Parm.* 748, 9–760, 18 Cousin).

Kehren wir nun zu Dionysius zurück, so zeigt sich, daß er mit der Zulassung des Widerspruchs in der doppelten Form, daß bezüglich des übergöttlichen Einen Affirmation und Negation zugleich gelten und nicht gelten (*De mystica theologia* I 2), nicht Proklos folgt, sondern Plotin, dessen Henologie und Noologie Dionysius dabei verbindet. Denn trotz des Vorherrschens der negativen Theologie sagt Dionysius von seinem Gott auch, was Plotin vom νοῦς und Platon vom *seienden* Einen gesagt hatte: so ist Gott zugleich ähnlich und unähnlich, zugleich bewegt und ruhend usw. (*De divinis nominibus* IX 1; vgl. IX 2; IX 3 und öfter). Das Eine enthält in sich alles, auch das Entgegensetzte (ebd. I 7).

Wahrscheinlich ist Dionysius hierbei von einem verlorenen neuplatonischen *Parmenides*-Kommentar beeinflußt, der das überseiende absolute Eine der ersten Hypothese in bestimmter Hinsicht mit dem seienden Einen der zweiten Hypothese identifiziert haben dürfte. Wir wissen, daß Porphyrios dies getan hat, und wir können vermuten, daß ihm andere Neuplatoniker darin gefolgt sind – so sehr wahrscheinlich Theodoros von Asine, der das Eine wohl mit dem Seinsakt (ὕπαρξις) gleichgesetzt haben dürfte (*Test.* 9, spez. p. 37, 16 f Deuse). Außerdem hat Jamblich gelehrt, das Eine habe die Gründe aller Bestimmungen auf absolut einfache und ununterschiedene Weise in sich, so daß es ὅλον πρὸ ὅλων sei und ihm προουσία, προζωότης und προνοότης zugesprochen werden (vgl. Proklos, *In Parm.* 1107, 9 ff Cousin; Marius Victorinus, *Adversus Arium* IV 23, 27 ff Hadot).[17]

Dionysius konnte also auf neuplatonische Theorien zurückgreifen, die dem Überseienden zugleich die Eminenzmodi der Fundamentalbestimmungen des Seins zusprachen. Indem Dionysius dies aufnahm und dem Einen die Urbestimmungen *modo eminentior* zuschrieb, wurde er zum Ausgangspunkt und Anreger der mittelalterlichen Transzendentalienlehre.[18] Durch seine Einschränkung des Kontradiktionsprinzips und die Koinzidenz der Gegensätze, auch der Widersprüche, im unendlichen Einen aber weist er voraus auf Johannes Eriugena und Nikolaus von Kues, die Plotin nicht kannten und dieses Motiv von Dionysius bezogen.[19] Von Cusanus aber gelangte der Gedanke der Koinzidenz der Gegensätze und Widersprüche, die der Verstand nicht denken kann, ohne zugrunde zu gehen, die aber das Wesen des Geistes ausmacht, auf dem Weg über Giordano Bruno und Hamann zu Hegel, der Cusanus nicht kannte (wohl aber Plotin, Dionysius und Eriugena).

[17] Dazu *J. Halfwassen*, Das Eine als Einheit und Dreiheit. Zur Prinzipientheorie Jamblichs, in: Rheinisches Museum für Philologie 139 (1996), 52–83, jetzt wieder abgedruckt als Kapitel XV in *J. Halfwassen*, Spuren des Einen.

[18] Vgl. *J.A. Aersten*, Art. „Transzendental II", in: *J. Ritter/K. Gründer* (Hgg.), Historisches Wörterbuch der Philosophie, Bd. 10, Basel 1998, Sp. 1360.

[19] Dazu *K. Flasch*, Metaphysik des Einen.

Friedrich Hermanni

DAS ABSOLUTE UND DIE FREIHEIT

Schellings Weg zur Freiheitsschrift

Lange Zeit galt Schelling, weil verwandt mit jenem Meergreis aus Homers Odyssee, der sich in allerlei Gestalten verwandeln konnte, als Proteus des deutschen Idealismus. Nach Hegel hat Schelling „seine philosophische Ausbildung vor dem Publikum gemacht“[1], sein Denken also an den wechselnden Bedürfnissen der Zeitgenossen orientiert. Entsprechend spottet Marx im Brief an Feuerbach vom Oktober 1843 über Schellings Wandlungsfähigkeit: „Den französischen Romantikern und Mystikern ruft er [Schelling] zu: ‚Ich, die Vereinigung von Philosophie und Theologie‘, den französischen Materialisten: ‚Ich, die Vereinigung von Fleisch und Idee‘, den französischen Skeptikern: ‚Ich, der Zerstörer der Dogmatik‘, mit einem Wort: ‚Ich ... Schelling!‘.“[2] Hegels Urteil fand Eingang in die Philosophiegeschichtsschreibung seiner Schüler (E. Zeller, J. E. Erdmann, K. Fischer), und noch im Jahre von Schellings hundertstem Todestag beginnt Hermann Zeltner ein Kapitel seiner Schellingmonographie mit der Feststellung: „Kaum ein Philosoph hat so viele Wandlungen in seinem Denken durchgemacht wie Schelling.“[3] Dieser These von der Diskontinuität und Brüchigkeit Schellingschen Denkens, die zur Unterscheidung von fünf[4] oder mehr Epochen[5] führte und die Berufung der unterschiedlichsten Denker auf Schelling ermöglichte, wurde in der neueren Forschung der Abschied gegeben. Statt Wandel und Sprunghaftigkeit meint man heute Grundprobleme des Schellingschen Denkens identifizieren zu können, die die Entwicklung seiner Philosophie vorangetrieben haben.

Die folgenden Überlegungen wollen zur Konsolidierung dieser Einsicht in die Kontinuität Schellingschen Denkens beitragen. Schellings Denkweg erweist sich nämlich, so werde ich zu zeigen versuchen, als eine von hoher Konsequenz getragene Entwicklung, die die Weise betrifft, in der die Beziehung zwischen dem Gottesbegriff und der menschlichen Freiheit aufgefasst wird. Dabei können, so meine ich, drei Stufen oder Phasen unterschieden werden. Ich stelle diese Phasen zunächst kurz vor, bevor ich sie dann im Einzelnen entfalte.

In der *ersten* Phase geht Schelling von einem formalen Begriff menschlicher Freiheit aus, wonach Freiheit im Sinne Kants und Fichtes als Autonomie und Selbstbestimmung zu verstehen ist. Auf der Basis dieses Freiheitsbegriffs verwirft der junge Schelling einen

[1] *G.W.F. Hegel*, Vorlesungen über die Geschichte der Philosophie III, in: *Ders.*, Werke in zwanzig Bänden. Auf der Grundlage der „Werke“ von 1832–1845 neu edierte Ausgabe. Redaktion: *E. Moldenhauer* und *K. M. Michel*, Frankfurt/M 1969–1971 (= Werke), hier: Bd. 20, 421.

[2] *X. Tilliette* (Hg.), Schelling im Spiegel seiner Zeitgenossen, Torino 1974 (= Zeitgenossen), 484.

[3] *H. Zeltner*, Schelling, Stuttgart 1954, 45.

[4] Vgl. *N. Hartmann*, Die Philosophie des deutschen Idealismus, 2. Auflage, Berlin 1960, 112 ff.

[5] Vgl. *W. Metzger*, Die Epochen der Schellingschen Philosophie von 1795–1802. Ein problemgeschichtlicher Versuch, Heidelberg 1911 und *O. Braun*, Schellings geistige Wandlungen in den Jahren 1800–1810, Leipzig 1906.

der menschlichen Freiheit gegenüberstehenden Gott. Er vertritt mithin einen Freiheits-Atheismus. In der *zweiten,* identitätsphilosophischen Phase hingegen, die man von 1801 bis 1806 ansetzen kann, entwickelt Schelling den Gedanken eines Gottes, der die menschliche Freiheit umfasst und ermöglicht. Weil menschliche Freiheit im Gegenüber zu Gott unmöglich erscheint, versucht Schelling sie nun in das göttliche Wesen zu retten. Das Konzept dieser Phase kann deshalb als Freiheitspantheismus bezeichnet werden. Die *dritte* Phase beginnt mit Schellings *Freiheitsschrift* von 1809. Dort hat Schelling den formalen Begriff von Freiheit inhaltlich entfaltet, das heißt, er versteht Freiheit nicht mehr nur als Selbstbestimmung, sondern auch als Vermögen des Guten und des Bösen. Weil das pantheistische Verständnis von Gott mit diesem inhaltlichen Begriff von Freiheit aber nicht vereinbar ist, musste es modifiziert werden. Der Pantheismus weicht nun einem Konzept, das ich als *Internen Dualismus* bezeichne, weil es zwischen Gott selbst und der Natur in Gott unterscheidet. Dieser *Interne Dualismus* soll zeigen, dass eine missbrauchbare menschliche Freiheit mit der Güte und Allmacht eines Schöpfergottes durchaus vereinbar ist. Nach Schelling hat damit eine Freiheitstheodizee, die mit dem Hinweis auf die menschliche Freiheit Gott von den Übeln entlastet, erstmals in ihrer langen Geschichte seit Augustin gewisse Erfolgschancen.

1. Freiheitsatheismus

In kritischer Auseinandersetzung mit Kants Postulatenlehre und ihrer theologischen Rezeption im Tübinger Stift gelangte Schelling schon Mitte der 1790er Jahre in seinen ersten Schriften sowie in den Briefen an Hegel zu einem *Freiheitsatheismus.* Kants Postulatenlehre, die uns aus moralischen Gründen zur Annahme göttlicher Existenz verpflichtet, war für Schellings theologische Lehrer in Tübingen eine willkommene Gelegenheit, um die Vereinbarkeit der neuen kantischen Freiheitsphilosophie mit der traditionellen Kirchenlehre nachzuweisen.[6] Die Ideen der kritischen Moraltheologie gerieten zu Prolegomena der supranaturalistischen Dogmatik, und die kirchliche Gotteslehre, die Annahme einer Offenbarung, ja selbst die Kirchenpraxis und die Teilnahme am Abendmahl wurden als Postulate der praktischen Vernunft ausgegeben. Aus dieser theologisch-dogmatischen Instrumentalisierung Kants entstand jenes Amalgam aus Autonomie und Autorität, das bei vielen jungen Kantianern Unwillen erregte. Stein des Anstoßes war vor allem Gottlob Christian Storrs Untersuchung *Bemerkungen über Kants philosophische Religionslehre* (Tübingen 1794).

„Alle möglichen Dogmen" – so schreibt Schelling im Januar 1795 an Hegel – „sind schon zu Postulaten der praktischen Vernunft gestempelt und, wo theoretisch-historische Beweise nimmer ausreichen, da zerhaut die praktische (Tübingische) Vernunft den Knoten."[7] Schelling und Hegel sind gleichermaßen empört, dass der „alte Aberglaube" der natürlichen und positiven Religion „in den Köpfen der Meisten schon

[6] Vgl. *D. Henrich*, „Philosophisch-theologische Problemlagen im Tübinger Stift zur Studienzeit Hegels, Hölderlins und Schellings", in: *Ders.*, Konstellationen. Probleme und Debatten am Ursprung der idealistischen Philosophie (1789–1795), Stuttgart 1991, 171–213 und 282–290, besonders 198 ff.

[7] *F.W.J. Schelling*, Briefe und Dokumente, Band I–III, hrsg. von *H. Fuhrmans*, Bonn 1962, 1973 und 1975 (= Briefe und Dokumente), hier: Band II, 56 f.

wieder mit den Kantischen Buchstaben combinirt ist."[8] Einen Monat später berichtet Schelling wiederum im Brief an Hegel, dass er im Ärger über den Unfug der Tübinger Theologen schon oft „zur Satire die Zuflucht nehmen und die ganze Dogmatik – mit allen Anhängseln der finstersten Jahrhunderte auf praktische Glaubensgründe zurückführen [wollte]"[9]. Gegenüber dem Vulgärkantianismus der Tübinger Theologen, die Kant zum frommen Kirchenlicht machten, waren Schelling und andere junge Kantianer der Überzeugung, dass die menschliche Freiheit ohne Rekurs auf Gott gedacht werden könne, ja mehr noch: um der menschlichen Freiheit willen sei der orthodoxe Begriff von Gott zu verabschieden.

Die antitheologische Polemik Schellings ist Folge einer Einsicht, die für seine frühe Philosophie grundlegend ist. Sie besagt, dass der Gedanke der menschlichen Freiheit im Sinne einer Selbstmacht neben und außer der Übermacht eines vorausgesetzten Gottes ebenso unvollziehbar ist wie der Gottesgedanke bei der Voraussetzung menschlicher Freiheit. Philosophie als konsistentes Unternehmen ist für den jungen Schelling daher nur in zwei einander ausschließenden Systemen möglich: Entweder man optiert für den „Dogmatismus", der ausgehend von Gott als absolutem Objekt keine von ihm unabhängige Macht der Freiheit zulässt, oder man versucht einen „Kriticismus" zu erarbeiten, der – ausgehend vom Autonomiegedanken – jede absolute Macht neben der Freiheit leugnet. „Die Vernunft muß", schreibt Schelling, „entweder auf eine objective intelligible Welt, oder auf subjective Persönlichkeit; auf ein absolutes Object, oder auf ein absolutes Subject – auf Freiheit des Willens – Verzicht thun"[10]. Tertium non datur.

Positionen, die diese „einfachste, begreiflichste – ursprünglichste Antithese aller philosophirenden Vernunft"[11] verschleiern, erfahren die unnachgiebige Kritik des jungen Schelling. Solche Inkonsistenzen findet Schelling nicht nur in der kantischen Theorie sittlichen Gottesglaubens und im traditionellen christlichen Theismus überhaupt, sondern ebenso im Weltverständnis der griechischen Tragödie. Im ersten und letzten seiner *Philosophischen Briefe über Dogmatismus und Kriticismus* von 1795 spielt Schelling mehrfach auf Sophokles' *König Ödipus* an, der das vom Orakel vorausgesagte Verbrechen zu vermeiden suchte, gleichwohl aber ahnungslos sein Schicksal erfüllte und die Strafe für das Unvermeidliche empfing. Im Streit mit der Übermacht des Schicksals muss die menschliche Freiheit so zwar notwendig unterliegen, die Tragödie ehrt die Freiheit aber dadurch, dass sich ihr Untergang nicht kampflos vollzieht und dass sie den Menschen durch die Bestrafung auch des unvermeidlichen Verbrechens jener Verantwortung für würdig hält, die nur unter Voraussetzung der Freiheit Sinn macht. „Es war ein *großer* Gedanke", schreibt Schelling, „willig auch die Strafe für ein *unvermeidliches* Verbrechen zu tragen, um so durch den Verlust seiner Freiheit selbst eben diese Freiheit zu beweisen, und noch mit einer Erklärung des freien Willens unterzugehen."[12] Dieser tragische Gedanke des Widerstandes menschlicher Freiheit, die sich gegen die Übermacht des Unvermeidlichen

[8] A.a.O., 58.

[9] A.a.O., 64.

[10] *F.W.J. Schelling*, Philosophische Briefe über Dogmatismus und Kriticismus, in: *Ders.*, Historisch-kritische Ausgabe, im Auftrag der Bayerischen Akademie der Wissenschaften hrsg. von *H.M. Baumgartner, W.G. Jacobs, H. Krings* und *H. Zeltner*, Stuttgart/Bad Cannstatt 1976 ff. (= AA), hier: AA, I, 3, 109.

[11] Ebd.

[12] A.a.O., 107.

wendet, ist freilich nur im Medium der Kunst realisierbar. Die Größe der griechischen Tragödie liegt nach Schelling darin, dass sie die menschliche Freiheit noch innerhalb eines Weltverständnisses würdigen konnte, über dessen Zerstörung der Freiheit sie sich keiner Illusion hingab. In der Philosophie aber muss das System, das die absolute Kausalität eines Gottes voraussetzt, als dasjenige identifiziert werden, das die menschliche Freiheit ausschließt.

Die Philosophie des jungen Schelling hat höchstes Interesse daran, diese, wie er sagt, „Antithese aller philosophirenden Vernunft" präzise herauszuarbeiten, und zeigt sich darin, so meine ich, als ein von Jacobi belehrter Kantianismus. Mit Jacobi nimmt Schelling an, dass jeder Weg einer rational verfahrenden Theorie des Absoluten im Fatalismus endet; denn der Gedanke eines Absoluten bedeutet einen mit keinem Mittel zu begrenzenden Einbruch einer göttlichen Übermacht, neben der die menschliche Autonomie als zweite Macht nicht bestehen kann. Angesichts dieses von Jacobi in den *Spinozabriefen* erdachten Szenarios zog der junge Schelling als Kantianer folgenden Schluss: Die kantische Autonomiethese ist nur dann zu retten, wenn man sie von der Moraltheologie befreit. Für den jungen Schelling müssen Kantianer daher Atheisten sein.

Diese theologiekritische Lesart, die ich vorschlage, unterscheidet sich von derjenigen O. Marquards, wonach schon Schellings frühe Philosophie als Theodizeeprojekt zu deuten ist.[13] Nach Marquard hat die Autonomieposition des frühen Idealismus, die die menschliche Freiheit Gott gegenüber in einer Weise radikalisiert, dass schließlich auf die Gottesrede überhaupt verzichtet wird, ein theologisch honoriges Motiv. Sie ist, schreibt Marquard, „keine Abkehr von Gott, sondern (als Theodizee) die Abkehr einzig von jener verhüllten Weise der Blasphemie, die angesichts einer schlimmen Welt in der Aussage steckt, Gott habe sie geschaffen."[14] Der Autonomieposition liege das Bedürfnis zugrunde, die menschliche Freiheit für die Weltübel verantwortlich zu machen, um Gott zu entlasten. Denn mit dem Faktum einer schlimmen Welt sei die Güte Gottes nur vereinbar, wenn seine Nichtexistenz eingeräumt werde. Nur ein toter Gott bleibt ein guter Gott, oder, mit dem Bonmot Stendhals gesprochen, um das ihn Nietzsche beneidete: „Die einzige Entschuldigung Gottes ist, daß er nicht existiert."[15] In ihrer Reingestalt soll diese Theodizee zwischen 1781 und 1800, der „Zeit der extremen Autonomiethese"[16], vertreten worden sein. Wäre das richtig, dann müsste Schellings Frühphilosophie ein Paradebeispiel für Marquards These sein. Das Gegenteil ist allerdings der Fall. Die Minimalbedingung für eine sinnvolle Rede von Theodizee (selbst wenn sie um Gottes willen zum rabiaten Mittel seiner Tötung greift) besteht darin, dass an Gott sittliche Ansprüche gestellt werden können. Aber schon diese Bedingung erfüllt Schellings frühe Philosophie nicht. Die von Kant ausgehende und in der damaligen Moraltheologie gängige Vorstellung von Gott als einem unter moralischen Gesetzen stehenden Wesen[17] ist für

[13] Vgl. *O. Marquard*, „Idealismus und Theodizee", in: *Ders.*, Schwierigkeiten mit der Geschichtsphilosophie. Aufsätze, Frankfurt/M 1982, 52–65 und 167–178, hier: 57 ff.

[14] A.a.O., 59.

[15] Vgl. *F. Nietzsche*, Ecce homo, „Warum ich so klug bin", 3, in: *Ders.*, Sämtliche Werke, Kritische Studienausgabe in 15 Bänden, hrsg. von *G. Colli* und *M. Montinari*, 2. Auflage, München/Berlin/New York 1988, hier: Bd. 6, 286.

[16] *O. Marquard*, „Idealismus und Theodizee", 58.

[17] Für die Belege bei *L. H. Jakob, J. G. Fichte* und *F. G. Süskind* vgl. AA, I, 3, 201 f.

Schelling „so *leer,* als jede andre anthropomorphistische Vorstellung“[18]. Den theistischen Gott der Tradition verspottet er in Anspielung auf Herder[19] als „das persönliche individuelle Wesen, das da oben im Himmel sitzt!“[20] Der Gottesgedanke ist, meint der junge Schelling, allenfalls in der „dogmatistischen“ Form rational vertretbar, nämlich im Sinne der amoralischen, unpersönlichen und absoluten Substanz Spinozas. Im Gegenzug gegen diesen freiheitszerstörenden Dogmatismus arbeitet Schelling seit Beginn des Jahres 1795 an einem kritizistischen System, einem Gegenstück zu Spinozas *Ethik,* das statt von der absoluten Substanz von der Annahme ausgeht, dass „das Wesen des Menschen nur in absoluter Freiheit bestehe“[21].

Schellings frühe Philosophie ist, wie Marquard zu Recht betont, wesentlich durch die Doppelbewegung einer Verabschiedung Gottes und einer Radikalisierung der menschlichen Freiheit ins Absolute gekennzeichnet. Sie ist allerdings gerade nicht theologisch motiviert, denn sie hat keinen Theodizeesinn: Die menschliche Freiheit wird nicht zur Rettung der Güte Gottes verabsolutiert, wie Marquard meint, sondern Gott wird verabschiedet, um die menschliche Freiheit zu retten. Marquard überschätzt den historischen Erklärungswert des neuzeitlichen Theodizeeprojektes derart, dass man, medizinisch gesprochen, eine Theodizitis diagnostizieren möchte.

2. *Freiheitsphilosophischer Pantheismus*

Schellings Konfliktthese, wonach die menschliche Freiheit und ein von ihr unterschiedener Gott sich gegenseitig ausschließen, erlaubt zwei Folgerungen, eine negative und eine konstruktive. Die erste hat Schelling, wie wir sahen, schon in seiner frühen Philosophie gezogen. Sie lautet: Die „Philosophie, die von *Freiheit* ausgeht, hebt ebendamit alles Absolute außer uns auf.“[22] Daran hat er auch später festgehalten, kam zugleich aber zu der Überzeugung, dies müsse nicht das einzige und letzte Wort in der Sache sein. Unter der Voraussetzung, dass sich Gott und menschliche Freiheit gegenüberstehen, ist der im Namen der Freiheit vertretene Atheismus in der Tat zwingend. Indes: Muss Gott als ein der Freiheit gegenüberstehendes, absolutes Objekt gedacht werden? Wird diese Voraussetzung aufgegeben, dann lässt die Konfliktthese eine weitere, konstruktive Folgerung zu, die Schelling in der Einleitung zur *Freiheitsschrift* gezogen hat. Dort heißt es:

> „Gibt es gegen diese Argumentation einen andern Ausweg, als den Menschen mit seiner Freiheit, da sie im Gegensatz der Allmacht undenkbar ist, in das göttliche Wesen selbst zu retten, zu sagen, daß der Mensch nicht außer Gott, sondern in Gott sey, und daß seine Thätigkeit selbst mit zum Leben Gottes gehöre? Gerade von diesem Punkt aus sind Mystiker und religiöse Gemüther aller Zeiten zu dem Glauben an die Einheit des Menschen mit Gott gelangt, der dem innigsten Gefühl ebenso sehr oder noch mehr als der Vernunft und Speculation zuzusagen scheint. Ja die Schrift selbst findet eben in dem Bewußtseyn der Freiheit das Siegel und Unterpfand des Glaubens, daß wir in Gott leben und sind. Wie kann nun *die* Lehre noth-

[18] *F.W.J. Schelling,* Philosophische Briefe über Dogmatismus und Kriticismus, AA, I, 3, 51.

[19] In Herders *Gott* bekennt Philolaus: „Das müßige Wesen, das außerhalb der Welt sitzt [...], ist nicht für mich“ (*J.G. Herder,* Gott. Einige Gespräche, in: *Ders.,* Sämtliche Werke, hrsg. von *B. Suphan,* Bd. XVI, Nachdruck der Ausgabe Berlin 1887, Hildesheim 1967, 495).

[20] *F.W.J. Schelling,* Briefe und Dokumente II, 58.

[21] *F.W.J. Schelling,* Vom Ich als Prinzip der Philosophie, AA, I, 2, 78.

[22] *F.W.J. Schelling,* Abhandlungen zur Erläuterung des Idealismus der Wissenschaftslehre, AA, I, 4, 190.

wendig mit der Freiheit streiten, welche so viele in Ansehung des Menschen behauptet haben, gerade um die Freiheit zu retten?"[23]

Ist aber nicht auch dieser pantheistische „Ausweg", den Schelling im Rückblick als freiheitstheoretischen Ertrag seines Identitätssystems (1801–1806) ansah, ein Holzweg? Geht nicht die menschliche Freiheit, die sich im Gegenüber zu einem absoluten Objekt nicht halten konnte, jetzt in dem als absolute Identität gedachten Gott unter? Hegel und Friedrich Schlegel haben diesen Verdacht gehegt. Ist nicht Schellings Absolutes – wie Hegel mutmaßt – der „Abgrund des Leeren", der alle Differenz absorbiert, die Nacht, „worin, wie man zu sagen pflegt, alle Kühe schwarz sind"?[24] So gesehen, wäre es müßig von einer Selbständigkeit und Freiheit des Besonderen im Absoluten zu sprechen. Hat nicht Friedrich Schlegel recht, wenn er in seiner Untersuchung *Über die Sprache und Weisheit der Indier* (1808) mit kaum verhülltem Bezug auf Schelling behauptet, für das Unendliche stehe dem Pantheismus nur der leere Begriff der „Indifferenz" zur Verfügung, vor dem alles Besondere verschwindet?[25] Führt der Pantheismus deshalb nicht zwangsläufig zur Leugnung jedweder Individualität und Selbständigkeit des Einzelnen?[26]

Mit dieser Kritik seines Identitätssystems, die diesem die Leugnung von Freiheit und Selbständigkeit vorwirft, weil es alles Besondere in Gott auflöse, hat sich Schelling in der Einleitung zur *Freiheitsschrift* (VII, 345–347) auseinandergesetzt. Nachdem er (vgl. VII, 339f.) gezeigt hatte, dass vom Gedanken menschlicher Freiheit her der Pantheismus naheliegt, zeigt er jetzt umgekehrt, dass der rechtverstandene Pantheismus zum Gedanken der menschlichen Freiheit führt. Schelling macht dabei zwei Argumente geltend. Das erste Argument wendet sich gegen eine falsche Deutung der absoluten Identität. Die Doktrin von der absoluten Identität des Seienden zielt nach Schelling nicht auf dessen „Einerleiheit", das heißt nicht auf eine begriffliche Ununterschiedenheit, sondern auf eine Einheit, die nach Analogie des Organismus gedacht wird. Wie die Organe und Funktionen des menschlichen Körpers verschieden sind und doch ein unteilbares Leben bilden, so bleibt auch in der absoluten Identität die Differenz gewahrt. Schelling schreibt: „Das einzelne Glied, wie das Auge, ist nur im Ganzen eines Organismus möglich; nichtsdestoweniger hat es ein Leben für sich, ja eine Art von Freiheit, die es offenbar durch die Krankheit beweist, deren es fähig ist."[27] Das zweite Argument stützt sich auf die Idee des göttlichen Wesens und schließt, dass das aus Gott Folgende nur ein Selbständiges sein kann. Weil „Gott", schreibt Schelling, „nicht ein Gott der Todten, son-

[23] *F.W.J. Schelling*, Freiheitsschrift, in: *Ders.*, Sämmtliche Werke, hrsg. von *K.F.A. Schelling*, 1. Abteilung: 10 Bde. (= SW I–X), 2. Abteilung: 4 Bde. (= SW XI–XIV), Stuttgart/Augsburg 1856–186, hier: SW VII, 339 f.

[24] *G.W.F. Hegel*, Phänomenologie des Geistes, Werke 3, 22.

[25] Vgl. *F. Schlegel*, Über die Sprache und Weisheit der Indier, in: Kritische Friedrich-Schlegel-Ausgabe, hrsg. von *E. Behler* unter Mitwirkung von *J.-J. Anstett* und *H. Eichner*, Bd. 8: Studien zur Philosophie und Theologie, eingeleitet und hrsg. von *E. Behler* und *U. Struc-Oppenberg*, München/Paderborn/Wien/Zürich 1975, 217 und 243. Diesen Einwand hat Schlegel schon länger gehegt und äußerte ihn in einer Form, die Hegels Kritik in der *Phänomenologie* vorwegnahm. In seiner Autobiographie berichtet Steffens: Als „ich Fr. Schlegel kennen lernte, waren beide [sc. Fr. Schlegel und Schelling] schon feindlich getrennt. Er [sc. Fr. Schlegel] erschöpfte sich in Witzen über die absolute Identität, und den sonst wohl Hegel zugeschriebenen Einfall: ‚Im Dunkeln sind alle Katzen grau' habe ich schon damals von Fr. Schlegel gehört" (*X. Tilliette* [Hg.], Zeitgenossen, 63).

[26] Vgl. *F. Schlegel*, Über die Sprache und Weisheit der Indier, 199 und 247.

[27] *F.W.J. Schelling*, Freiheitsschrift, SW VII, 346.

dern der Lebendigen" ist, ist nicht einsichtig, wie er „an der möglich vollkommensten Maschine seine Lust fände."[28] Dasselbe ergibt sich unter der Voraussetzung, dass die Welt eine Selbstoffenbarung Gottes ist. Gott kann sich nämlich nur „offenbar werden in dem, was ihm ähnlich ist, in freien aus sich selbst handelnden Wesen"[29].

Diese in der Einleitung zur *Freiheitsschrift* rückblickend durchgeführte Verteidigung des Identitätssystems gibt das identitätsphilosophisch ausgearbeitete Verhältnis zwischen Gott und der Freiheit des Besonderen präzise wieder. Man kann das durch einen Blick auf Schellings *Würzburger System* von 1804[30] gut erkennen. Dort versucht Schelling, die Freiheit des Besonderen mit seinem Sein im Absoluten zusammenzudenken. Er spricht deshalb von einem „*gedoppelte[n] Leben*"[31], das dem Besonderen verliehen ist. Es hat einerseits ein „Leben im Absoluten"[32], insofern es ein Moment im Akt der Selbstsetzung des Absoluten ist. Andererseits hat das Besondere ein „Leben *in sich selbst*"[33], weil sich das Absolute nur setzen kann durch die Allheit freier Einzelner. Dieses gedoppelte Leben ist freilich kein Doppelleben, in dem das eine vom anderen getrennt wäre. Vielmehr bestehen die Momente der Selbständigkeit des Einzelnen und seine Existenz *im* Absoluten nur durch ihre Verknüpfung. Damit dürfte deutlich sein, inwiefern Schelling es in der Freiheitsproblematik für einen „Ausweg" ansehen konnte, „den Menschen mit seiner Freiheit [...] in das göttliche Wesen selbst zu retten"[34].

3. Der Interne Dualismus

Gegenüber den Einwänden von Hegel und Friedrich Schlegel glaubte Schelling zeigen zu können, dass sein Pantheismus menschliche Freiheit im Sinne absoluter Selbstbestimmung ermöglicht. Als er dieses bislang leitende formelle Verständnis von Freiheit inhaltlich entfaltete, kehrten die Schwierigkeiten jedoch zurück. Der inhaltlich komplettierte Begriff der Freiheit ist nämlich weder mit der Wirkmacht noch mit der Vollkommenheit von Schellings pantheistisch verstandenem Gott vereinbar. Um diese Schwierigkeiten zu beheben, ohne den freiheitstheoretischen Ertrag des Pantheismus preiszugeben, hat Schelling Elemente eines modifizierten Dualismus in die pantheistische Konzeption aufgenommen. Dies führt ihn zu einem Gottesverständnis, das ich als *Internen Dualismus* bezeichne, weil es in Gott zwischen demjenigen unterscheidet, was *Er selbst*, und demjenigen, was der *Grund seiner Existenz* ist. Mit diesem Internen Dualismus lässt sich nach Schellings Überzeugung eine menschliche Freiheit zum Bösen denken, ohne die Allmacht und Güte des Schöpfergottes zu tangieren. Damit wird zugleich eine Freiheitstheodizee möglich, freilich in einem ganz anderen Sinne als diejenige, die O. Marquard beim jungen Schelling zu finden glaubt.

[28] A.a.O., 346.

[29] A.a.O., 347.

[30] Vgl. *F.W.J. Schelling*, System der gesammten Philosophie und der Naturphilosophie insbesondere (= Würzburger System), SW VI.

[31] A.a.O., 187.

[32] Ebd.

[33] Ebd.

[34] *F.W.J. Schelling*, Freiheitsschrift, SW VII, 339.

Um diese letzte freiheitstheoretische Anstrengung Schellings darzulegen, die ihn vom Freiheitspantheismus zum *Internen Dualismus* führt, werde ich zunächst anhand der Schrift *Philosophie und Religion* von 1804 die besagten Schwierigkeiten aufzeigen, die sich aus einem pantheistisch konzipierten Gottesgedanken ergeben.

Das vorgeführte Modell des *Würzburger Systems*, das die Freiheit des Besonderen mit seiner Immanenz im Absoluten verknüpft, wird auch in *Philosophie und Religion* (1804) vertreten. Die erste Folge aus dem Absoluten, in der sich das Absolute aufgrund seines „*Selbsterkennen[s]*“[35] verwirklicht, muss nach Schelling seinerseits ein Absolutes und Selbständiges sein. Denn das Absolute kann sich in ihm nur dann unmittelbar und adäquat erkennen, wenn es ihm gleich, mithin selbst ein Absolutes ist. Schelling schreibt: „Das ausschließend Eigenthümliche der Absolutheit ist, daß sie ihrem Gegenbild mit dem Wesen von ihr selbst auch die Selbständigkeit verleiht.“[36] Was für die erste Folge gilt, gilt nun aus gleichem Grund auch für deren Folgen, für die „Ideen“. Auch sie sind absolut und *frei*, insofern das Absolute sich in ihnen erkennen soll. Zugleich aber sind sie *im Absoluten*, weil sie nur als Momente der Selbsterkenntnis des Absoluten Bestand haben.[37]

Den freiheitsphilosophischen Schwierigkeiten dieses Modells kommt man nun am besten durch folgende Frage auf die Spur: Welche Art von Freiheit ist es eigentlich, die dem Besonderen durch seine Immanenz im Absoluten eröffnet wird? Die Antwort muss lauten: Der pantheistische Gottesgedanke eröffnet genau diejenige Freiheit, um derentwillen er entwickelt worden war, nämlich Freiheit im Sinne unbedingter Selbstbestimmung, das heißt Freiheit als eine in ihren Äußerungen nicht fremdbestimmte Macht, die ja neben und außer der unbedingten Macht eines Gottes nicht möglich ist. In diesem Sinne definiert Schelling in seinem *Würzburger System*: „*Eine freie Ursache kann nur diejenige heißen, welche, kraft der Nothwendigkeit ihres Wesens, ohne alle andere Bestimmung, nach dem Gesetz der Identität handelt.*“[38] Freiheit steht demnach nicht vor alternativen Möglichkeiten ihrer Äußerung, sondern wird spinozistisch[39] als alternativlose Entfaltung der Wesensgesetzlichkeit verstanden. Inkonsistenzen ergeben sich nun, weil Schelling in *Philosophie und Religion* einen darüber hinausgehenden Begriff von Freiheit in Anspruch nehmen muss, der identitätsphilosophisch nicht gedeckt ist. Er ist dazu gezwungen, um die Entstehung einer endlichen Welt erklären zu können. Der Grund ist folgender: Weil das Absolute immer nur Absolutes produziert, entsteht bei der Entfaltung Gottes in den Ideenkosmos keine endliche Welt. Daher versucht Schelling die endliche Welt als Resultat eines kontingenten Abfalls der Ideen zu erklären. Aufgrund ihrer Freiheit sollen sich die Ideen gegen ihre Immanenz im Absoluten gewendet und infolge dieses Abfalls die endliche Welt produziert haben. Diese angenommene Freiheit zum Abfall steht aber vor zwei Schwierigkeiten: Erstens ist sie mit der von Schelling unterstellten Güte Gottes nicht vereinbar, und zweitens kann sie aus der skizzierten schöpferischen Tätigkeit des Absoluten nicht verständlich gemacht werden.

[35] *F.W.J. Schelling*, Philosophie und Religion, SW VI, 31, vgl. auch Würzburger System, SW VI, 168 f.

[36] *F.W.J. Schelling*, Philosophie und Religion, SW VI, 39.

[37] Vgl. a.a.O., 34 f.

[38] *F.W.J. Schelling*, Würzburger System, SW VI, 538.

[39] Vgl. *B. de Spinoza*, Die Ethik, lateinisch und deutsch, revidierte Übersetzung von *J. Stern*, Nachwort von *B. Lakebrink*, Stuttgart 1977, I, Def. 7 und Lehrs. 17 mit Zusätzen und Anmerkung.

Zunächst zur ersten Schwierigkeit: In *Philosophie und Religion* kritisiert Schelling die Ableitung der Materie aus Gott, denn dadurch werde „Gott selbst zum Urheber der Privation, der Beschränkungen und des daraus resultirenden Uebels“[40] gemacht und seine Güte in Frage gestellt. Demselben Einwand ist aber auch die Lehre vom Abfall der Ideen ausgesetzt. Vergeblich versucht Schelling Gott zu entlasten, indem er zwischen der in Gott fundierten Möglichkeit des Abfalls und der Verwirklichung dieser Möglichkeit unterscheidet, die „einzig *im Abgefallenen* selbst“[41] liegen soll. Auch eine durch Gott begründete Möglichkeit zum Abfall wirft einen Schatten auf die Gottheit. Denn das Freiheitsvermögen steht dem Abfall nicht als einer ihm fremden Möglichkeit gegenüber, die es erst zu der seinigen zu machen hätte, sondern diese Möglichkeit ist ein der Freiheit zugehöriger Vollzugsmodus, in dem sie sich selbst verwirklicht. Freiheit ist das positive Vermögen zum Abfall.

Die zweite Schwierigkeit ist folgende: Nach Schellings freiheitspantheistischem Konzept ist die Freiheit der Ideen durch ihre Existenz *im* Absoluten begründet. Denn absolut und selbständig sind die Ideen nur, insofern sie Momente innerhalb der Tätigkeit göttlicher Selbstobjektivierung sind. Daher gilt, wie Schelling im *Würzburger System* schreibt: „*Nur eine solche Handlung, die aus dem Wesen der Seele oder, was dasselbe ist, aus dem Göttlichen, sofern es das Wesen der Seele ist, mit absoluter Nothwendigkeit folgt, ist eine absolut freie Handlung.*“[42] Nun wendet sich der Fall der Ideen, den Schelling in *Philosophie und Religion* ansetzt, aber gerade gegen das Absolute, statt aus ihm zu folgen. Daher ist die Freiheit, die im Fall tätig ist, nicht die Entfaltung einer von Gott verliehenen Wesensgesetzlichkeit. Sie ist vielmehr eine Freiheit, die auch die Fähigkeit einschließt, sich gegen ihre eigene Konstitutionsbedingung, nämlich gegen die Existenz *im* Absoluten, zu wenden. Eine solche Freiheit ist aber nicht als Folge der Tätigkeit eines pantheistisch gedachten Gottes denkbar.

Nun ist die Abfall-Lehre von *Philosophie und Religion* sicher keine Theodizee. Gleichwohl sind ihre Schwierigkeiten auch diejenigen, mit denen eine Theodizee konfrontiert ist, die mit Freiheit operiert. Denn auch sie nimmt eine absolute Selbstbestimmung in Anspruch, die missbrauchbar ist, also Freiheit als „Vermögen des Guten und des Bösen“[43]. Da diese Freiheit aber mit dem identitätsphilosophischen Gott in zweifacher Weise konfligiert, ist die *Freiheitstheodizee* auf dem Boden des Pantheismus zum Scheitern verurteilt. Schelling sah sich deshalb zu einer erneuten Revision des Gottesgedankens gezwungen. Um die erste freiheitstheoretische Schwierigkeit des Pantheismus, den Konflikt zwischen einem inhaltlich entfalteten Begriff menschlicher Freiheit und der Güte Gottes auszuräumen, entwickelt er, so soll nun gezeigt werden, seinen *Internen Dualismus*. Dieser Interne Dualismus ist nach Schelling zugleich in der Lage, auch die zweite freiheitstheoretische Schwierigkeit des Pantheismus zu lösen, worauf abschließend nur noch hingewiesen wird.

Der Versuch von 1804, die Abfallenden für ihren Abfall allein verantwortlich zu machen, um Gott zu entlasten, hat Schelling auf Dauer selbst nicht überzeugen können. In

[40] *F.W.J. Schelling*, Philosophie und Religion, SW VI, 47.
[41] A.a.O., 40.
[42] *F.W.J. Schelling*, Würzburger System, SW VI, 539.
[43] *F.W.J. Schelling*, Freiheitsschrift, SW VII, 352.

der Einleitung zur *Freiheitsschrift* erkennt Schelling, dass der inhaltlich entfaltete Begriff menschlicher Freiheit der Güte seines identitätsphilosophischen Urhebers widerstreitet. Daher kann es, schreibt er, mit der identitätsphilosophischen „Ableitung der Freiheit aus Gott wohl nicht seine Richtigkeit“[44] haben. Denn wenn man Freiheit nicht zu einer bloßen Indifferenz gegenüber Gut und Böse verkürzt, sondern sie „als ein lebendiges positives Vermögen zum Guten und zum Bösen [denkt], so ist nicht einzusehen, wie aus Gott, der als lautere Güte betrachtet wird, ein Vermögen zum Bösen folgen könne.“[45]

Man kann vermuten, dass nicht zuletzt der Verlauf der Französischen Revolution Schelling veranlasst hat, die menschliche Freiheit schließlich als jenes gefährliche Vermögen zu betrachten, das auf einen als „lautere Güte“ verstandenen Gott nicht zurückgehen kann. In seiner *Phänomenologie des Geistes* hat Hegel die Freiheit in ihrer subjektiven Verwirklichung als Wurzel der Schreckensherrschaft der Jakobiner bestimmt. Nach Hegels Analyse ist der Terror – wie Hermann Lübbe resümiert – „als ein moralisches Phänomen zu verstehen – als eine Praxis der Tugend. Nicht Barbarei, nicht Verwilderung, sondern der Mensch in der Verwirklichung äußerster Möglichkeiten ist das Subjekt des Terrors. Er ist kein Zufall in der Geschichte der Freiheit, vielmehr eine Form ihres politischen Daseins.“[46] Wie Hegel stand der junge Schelling in einem zustimmenden Verhältnis zu den Freiheitsidealen der Französischen Revolution, ihre „Greuel“[47] werden deshalb auch ihm zur theoretischen Herausforderung geworden sein. Vermutlich hat man die *Freiheitsschrift* deshalb auch als Reaktion Schellings auf die Schrecken der Freiheit zu lesen, die in der Revolution zutage traten, obgleich sich Schelling darüber ausschweigt.

Wie dem auch sei, die Frage, ob die fehlbare und zutiefst ambivalente menschliche Freiheit nicht selbst ein Übel ist, ist zeitgeschichtlich ebenso verständlich, wie sie systematisch unvermeidlich ist. Sie belastet nicht nur den Pantheismus, vielmehr bleibt, schreibt Schelling, „das erste Vermögen zu einer Gottwiderstrebenden That in allen bisherigen Systemen unerklärbar.“[48] Hier liegt in der Tat eine der fundamentalen Schwierigkeiten einer Freiheitstheodizee. Dies lässt sich durch einen kurzen Vergleich der Lösung Augustins mit derjenigen Schellings erläutern.

Die besagte Schwierigkeit wurde schon von Augustin in *De libero arbitrio* aufgeworfen. Um Gott von der Verantwortung für die Sünde und ihre Folgen zu entlasten, hatte Augustin den Menschen mit einem seiner selbst mächtigen und für Gott unüberwindlichen freien Willen ausgestattet. Diese Willensfreiheit wird nun in der Folge ihrerseits zum Problem, zu einem *Theodizeeproblem höherer Ordnung*. Nachdem die Verteidigung Gottes mit Hilfe der Willensfreiheit schon gelungen schien, fragt Euodius am Ende des ersten Buchs von *De libero arbitrio*: „Doch nun frage ich, ob es auch gut war, daß uns vom Schöpfer der freie Wille verliehen ward, der uns, wie wir feststellten, zum Sündigen befähigt. Denn es scheint, wir würden ohne ihn nicht gesündigt haben, und man muß

[44] A.a.O., SW VII, 354.

[45] Ebd.

[46] *H. Lübbe*, „Freiheit und Terror“, in: *J. Simon* (Hg.), Freiheit. Theoretische und praktische Aspekte des Problems, Freiburg/München 1977, 115–135, hier: 117 f.

[47] *F.W.J. Schelling*, Antikritik, AA, I, 3, 192.

[48] *F.W.J. Schelling*, Freiheitsschrift, SW VII, 354.

fürchten, dass nunmehr Gott (doch) als Urheber unserer Missetaten (malefactorum nostrorum auctor) dasteht."[49]

Aufgrund dieser unvermeidlichen Fragestellung ist der Hinweis auf die Freiheit für sich allein noch keine hinreichende Theodizeestrategie, sie benötigt vielmehr eine Zusatztheorie, die ihr den Rücken deckt. Denn alle Übel kann man auf den Missbrauch der menschlichen Freiheit zurückzuführen versuchen, bis auf eines: sie selbst.

Bedrängt durch dieses *Theodizeeproblem höherer Ordnung* aktiviert Augustin in *De libero arbitrio* seine Privationstheorie des Bösen, die bis weit in die Neuzeit bestimmend blieb. Sie besagt: Kein Seiendes ist substantiell schlecht, denn als Seiendes hat es eine „Natur", realisiert eine Norm und ist deshalb gut: „Ein jedes Wesen", schreibt Augustin, „soweit es Wesen ist (natura in quantum natura), ist gut."[50] Da das Schlechte kein eigenes Wesen ist, gibt es nur verschiedene Grade des Guten. Auf dieser ontologischen Bonitätsskala ist die missbrauchte Willensfreiheit sogar relativ hoch anzusiedeln: „Denn", bemerkt Augustin weiter, „wie ein durchgehendes Pferd besser ist als ein Stein, der nicht durchgehen kann, weil ihm Eigenbewegung und Gefühl fehlen, ist auch ein Geschöpf, das mit freiem Willen sündigt, vortrefflicher als eins, das darum nicht sündigt, weil es keinen freien Willen hat."[51] Gott trifft deshalb nach Augustin kein Vorwurf, wenn er die ganze Skala der Güter schafft und neben solchen Seelen, die ihren freien Willen nicht missbrauchen, auch andere schafft, die es tun[52]. Denn auch sie sind gut, wenngleich in geringerem Grade[53].

In seiner *Freiheitsschrift* hat Schelling diese Privationstheorie nun aus guten Gründen zurückgewiesen. Auf das *Theodizeeproblem höherer Ordnung* reagiert er deshalb statt mit der Deutung des Bösen als Seinsmangel mit einer Unterscheidung in Gott. Schelling argumentiert wie folgt: Wenn man erstens die inhaltliche Seite der menschlichen Freiheit ernst nimmt und Freiheit als ein Vermögen des Bösen bestimmt und wenn zweitens nicht einsichtig ist, wie „aus Gott, der als lautere Güte betrachtet wird, ein Vermögen zum Bösen folgen könne"[54], dann muss die Freiheit „eine *von Gott unabhängige Wurzel* haben."[55] Diese von Gott unabhängige Wurzel der Freiheit kann aber kein von Gott völlig geschiedenes und mit ihm gleichursprüngliches Prinzip sein. Denn durch die Analyse der formellen Seite der Freiheit war Schelling bereits zum pantheistischen Gottesbegriff gelangt. Die von Gott „unabhängige" Wurzel muss deshalb ihrerseits in Gott „lokalisiert" werden, sie muss ein von Gott selbst unabtrennliches und doch unterschiedenes Wesen sein. Um diese doppelte Beziehung zum Ausdruck zu bringen, unterscheidet die *Freiheits-*

[49] *A. Augustin*, De libero arbitrio, in: *Ders.*, Theologische Frühschriften (De libero arbitrio, De vera religione), lateinisch und deutsch, übersetzt und erläutert von *W. Thimme*, Zürich/Stuttgart 1962, hier: Buch I, 16, 35.

[50] A.a.O., III, 13, 36.

[51] A.a.O., III, 5, 15.

[52] Zu diesen zwei Typen von Seelen vgl. a.a.O., III, 11, 32 ff.

[53] Nun könnte man einwenden: Gott hätte besser anstelle der Gesamtheit der „Güter" nur die höheren Güter schaffen sollen. Auf diesen Einwand antwortet Augustin: „Preiswürdiger ist seine Güte in den großen als in den mittleren Gütern und in den mittleren als in den kleinsten, aber noch preiswürdiger in allen, als wenn er nicht alle gewährt hätte" (A.a.O., II, 19, 50).

[54] *F.W.J. Schelling*,Freiheitsschrift, SW VII, 354.

[55] Ebd., kursiv von F. H.

schrift in Gott zwischen *Gott selbst als Existierendem* und Gott, insofern er bloß der *Grund seiner Existenz* ist.[56]

Der schwierigen Frage, wie diese Unterscheidung genau zu verstehen ist, kann ich im gegenwärtigen Zusammenhang nicht nachgehen. Dennoch lässt sich folgendes festhalten: Der *Interne Dualismus* besetzt bei Schelling die Systemstelle einer Zusatzstrategie zur Freiheitstheodizee, die bei Augustin die Privationstheorie des Bösen einnahm.

Fällt Schelling damit aber nicht in jenen Manichäismus zurück, den Augustin mit der Deutung des Bösen als Mangel des Guten überwinden wollte? Diese Frage lässt sich aus zwei Gründen verneinen. Schellings Dualismus ist erstens nicht die Lehre von zwei verschiedenen, voneinander unabhängigen Prinzipien, sondern ein *Interner* Dualismus, der, wie Schelling schreibt, „zugleich eine Einheit zuläßt."[57] Schon in der Einleitung zur *Freiheitsschrift* lehnt Schelling den absoluten Dualismus ab, denn dieser sei ein „System der Selbstzerreißung und Verzweiflung der Vernunft."[58] Entsprechend versucht er am Ende der *Freiheitsschrift* nachzuweisen, dass „*vor* allem Grund und vor allem Existirenden, also überhaupt vor aller Dualität, ein Wesen seyn" muss, das er in Anlehnung an Jacob Böhme als „Urgrund oder vielmehr *Ungrund*"[59] bezeichnet. Schellings *Interner Dualismus* ist aber zweitens auch kein in Gott hineingenommener Manichäismus. Denn der göttliche Grund ist kein böses Prinzip in Gott, er entspricht mithin nicht der manichäischen Macht der Finsternis. Das Böse kann, schreibt Schelling, „nur in der Creatur entspringen [...], indem nur in dieser Licht und Finsterniß oder die beide Principien auf zertrennliche Weise vereinigt seyn können. Das anfängliche Grundwesen kann nie an sich böse seyn, da in ihm keine Zweiheit der Principien ist."[60] Der *Interne Dualismus* ist eine Metaphysik des Bösen jenseits von augustinischer Marginalisierung der Übel und gnostischer Dämonisierung des Schöpfergottes.

Beim *Internen Dualismus* handelt es sich also um Schellings Antwort auf das *Theodizeeproblem höherer Ordnung*, das innerhalb des pantheistisch konzipierten Gottesverständnisses nicht bewältigt werden konnte. Darüber hinaus leistet der *Interne Dualismus* ein weiteres: Er impliziert einen Begriff göttlicher Schöpfungstätigkeit, durch den es denkbar wird, dass die von Gott verliehene menschliche Freiheit sich gegen ihn wenden kann. Im

[56] Vgl. a.a.O., SW VII, 357 f. Mit dieser Differenzierung wird die schon in der *Darstellung meines Systems der Philosophie* (1801) durchgeführte, dort aber systematisch nicht zentrale Unterscheidung zwischen der absoluten Identität, insofern sie seiend ist und insofern sie bloß Grund ihres Seins ist, aufgenommen (vgl. SW IV, 146 f., 163 und 203 f.).

[57] *F.W.J. Schelling*, Freiheitsschrift, SW VII, 359 Anmerkung.

[58] A.a.O., 354. Zu weiteren Einwänden Schellings gegenüber dem zoroastrischen Dualismus vgl. *Philosophie der Mythologie*, SW XII, 219. In der *Freiheitsschrift* richtet sich Schellings Absage nur mittelbar gegen den antiken Parsismus, unmittelbar aber gegen F. Schlegels Untersuchung *Über die Sprache und Weisheit der Indier*, die den Dualismus, der als „Wiederherstellung des ursprünglichen [...] Lichtes göttlicher Wahrheit" (*F. Schlegel*, Über die Sprache und Weisheit der Indier, 229) und als Vorläufer idealistischer Philosophie gepriesen wurde, zu aktualisieren schien. In der *Freiheitsschrift* kritisiert Schelling zwar, dass Schlegel seine Ansicht über den Ursprung des Bösen nicht mitgeteilt habe (vgl. SW VII, 353 Anmerkung und 411), im Brief an Schubert vom 28. 4. 1809 erkundigt er sich aber, ob „Fr. S. wirklich ein böses Ur- u. Grundwesen, im Manichäischen oder [...] Parsischen Sinn" annimmt (Briefe und Dokumente III, 597). Der Brief an Windischmann vom 9. 5. 1809 identifiziert Schlegels Position schließlich eindeutig: „Die Privatmeinung Fr. Schlegel's ist ein Alles zerreißender Dualismus, ein eigentlich böses Grundwesen, das über das böse Princip im Christenthum noch weit hinausgeht" (a.a.O., 604).

[59] *F.W.J. Schelling*, Freiheitsschrift, SW VII, 406.

[60] A.a.O., 374 f.

Internen Dualismus wird die menschliche Freiheit nämlich als Ergebnis eines Zusammenspiels zwischen Gott selbst und dem von ihm unterschiedenen Grund seiner Existenz gedacht. Dadurch gewinnt sie, weil nicht durch *eine* Herkunft bestimmt, Gott gegenüber einen Spielraum. Darauf wird hier, wie gesagt, nur noch hingewiesen.[61] Am Ende kommt Schelling zu dem Ergebnis: Der *Interne Dualismus* löst nicht nur die erste, sondern auch die zweite freiheitstheoretische Schwierigkeit des Pantheismus und empfiehlt sich nach Schelling damit als ein Konzept, auf dessen Boden eine Freiheitstheodizee erstmals gewisse Erfolgsaussichten hat.

[61] Vgl. zum Theodizeeprojekt der Freiheitsschrift *Th. Buchheim*, „Freispruch durch Geschichte. Schellings verbesserte Theodizee in Auseinandersetzung mit Leibniz in der Freiheitsschrift", Neue Zeitschrift für Systematische Theologie und Religionsphilosophie 51 (2009), 365–382.

Eilert Herms

KOMMUNIKATIVE VERNUNFT

Grundlegendes aus theologischer Perspektive

Mit drei Fragen konfrontiert jede Einladung ihren Empfänger: Wozu bin ich eingeladen? Warum wurde ich eingeladen? Warum akzeptiere ich die Einladung oder nicht?

Die letzte Frage verlangt auf jeden Fall eine Antwort, und ich will ihnen die meine nicht verhehlen. Warum habe ich die Einladung angenommen? Weil sie mir die Gelegenheit gibt, Christoph ein Geburtstagsgeschenk zu machen, das Ausdruck meiner Freude darüber ist, dass er beste Aussichten hat, in Kürze das sechste Lebensjahrzehnt zu vollenden – und dies in einer Verfassung, die die schöne Erwartung berechtigt, dass er im siebten Lebensjahrzehnt seine vielen seit langem verfolgten Pläne vollends realisieren und zum guten Ende bringen wird.

Die Antwort auf die zweite Frage – „Warum wurde ich eingeladen?" – ist ebenfalls unabweisbar, aber schwer zu finden. Meine vorläufigen Antwortversuche sind einerseits von der Art, dass sie mich nicht an der Annahme der Einladung gehindert haben, und andererseits für mich wichtiger als für Sie und dürfen daher in pectore verbleiben.

Die begründete Annahme der Einladung setzt aber auch eine Antwort auf die erste Frage voraus – „Wozu wurde ich eingeladen?" –, und zwar eine Antwort, die einschließen darf und muss, wie ich selbst dieses in der vorgegebenen Themenformulierung artikulierte Wozu verstehe und annehme. Diese Antwort darf Ihnen keinesfalls vorenthalten werden:

Ich gehe davon aus, dass die Wendung „Rationalität im *Gespräch*" jedenfalls eine Manifestation und Spielart der Realität unserer *kommunikativen* Vernunft meint, und fühle mich somit dazu eingeladen, Ihnen das Resultat meiner Besinnung auf das vorzutragen, was für dieses Reale, kommunikative Vernunft, grundlegend ist. *Vortragen* kann ich Ihnen das nicht anders als so, dass ich Sie (für nun noch eine knappe Stunde) zu Adressaten einer apophantischen Anrede mache, die beabsichtigt, auch Sie das sehen zu lassen, was mir präsent geworden ist als das Grundlegende für kommunikative Vernunft.

Vorgreifend sei das Ziel dieses Aufweisversuches benannt. Ich möchte sie sehen lassen, was für unsere kommunikative Vernunft grundlegend ist, nämlich für unsere Vernunft, die mit ihrem Grund kommuniziert, der mit ihr kommuniziert, und zwar durch uns-selbst-und-unseresgleichen, und die daher – und zwar am Ort jedes einzelnen von uns – mit diesem Grund kommuniziert, *indem* sie mit unseresgleichen kommuniziert, und die, *indem* wir mit unseresgleichen kommunizieren, mit ihrem Grund kommuniziert.

Der Weg dahin umfasst zwei Strecken, von denen die erste die längere und anstrengendere ist. Auf ihr geht es um eine genaue Beschreibung dessen, worin sich unsere „kommunikative Vernunft" manifestiert: Das ist unser verantwortlicher Umgang-mit-uns-selbst.[1] Im zweiten Abschnitt kann dann gezeigt werden, was darin das Grundlegende ist.

1. Kommunikative Vernunft: unser verantwortlicher Umgang-mit-uns-selbst

Unsere kommunikative Vernunft manifestiert sich in unserem verantwortlichen Umgang-mit-uns-selbst. Dieser ist uns gegenwärtig und präsentiert uns seine ihn jetzt hier prägenden individuellen Züge als eine besondere Variation (oder Ausprägung) seiner wesentlichen Züge, die er auch unter allen möglichen vergleichbaren anderen Umständen besitzt. Diese universalen Züge unseres verantwortlichen Umgangs-mit-uns-selbst sind die folgenden fünf:

– seine Reflexivität,
– seine Gemeinschaftlichkeit,
– seine Geregeltheit,
– seine Leibhaftigkeit und Übersprachlichkeit,
– seine Verantwortlichkeit.

1.1. Der Autor des verantwortlichen Umgangs-mit-uns-selbst, dem dieser Umgang zuzuschreiben ist, sind wir selbst. Zugleich aber sind wir auch der Gegenstand, auf den er sich richtet und an dem er wirksam wird.

Wir sehen also: Das was die realitätsgerechte Beschreibung unseres verantwortlichen Umgangs-mit-uns-selbst, seiner besonderen und seiner wesentlichen Züge, möglich macht, nämlich sein *Gegenwärtigsein für uns selbst*, präsentiert sich uns zugleich als die *Möglichkeitsbedingung* des ersten und umfassenden Wesenszugs dieses unseres verantwortlichen-Umgangs-mit-uns-selbst: das Faktum, dass wir, die wir den Umgang-mit-uns-selbst vollziehen, uns in diesem Vollzug zugleich auf uns richten. Dieser Wesenszug unseres verantwortlichen-Umgangs-mit-uns-selbst manifestiert das, worauf er fußt: eben unser Gegenwärtigsein für uns selber.

1.2. Zweitens: Unser verantwortlicher Umgang-mit-uns-selbst ist ein *gemeinschaftlicher*. Das heißt: Er vollzieht sich am Ort jedes beteiligten Einzelnen als *dessen* verantwortlicher Umgang-mit-allen-anderen unter *individuellen* Bedingungen, die aber nichts anderes sind als jeweils eine unverwechselbare Variation derjenigen Bedingungen, die für uns und alle möglichen unseresgleichen *dieselben* sind. Wobei zu diesen universalen identischen *Bedingungen* auch der Zug gehört, dass sie selbst zu variieren sind und immer nur in individueller Variiertheit real sind.

Das hat Rückwirkungen auf den zuerst benannten Zug unseres verantwortlichen-Umgangs-mit-uns-selbst: Sein *Autor* sind *wir*, also jeder von uns – aber keiner für sich alleine, sondern jeder nur im Zusammenwirken mit allen anderen. Sodass also dieser Umgang und seine Wirkungen zuzuschreiben sind: immer zugleich den beteiligten Einzelnen, aber nie ihnen allein, sondern immer ihnen im Zusammenwirken mit anderen, an

[1] Beachte: Es heißt nicht „*mein* verantwortlicher Umgang mit *mir* selbst". Die Wendung „unser verantwortlicher-Umgang-mit-uns-selbst" meint immer den gemeinschaftlichen Umgang mit unserem Zusammensein, der als gemeinschaftlicher gleichwohl am Ort aller einbezogenen Einzelnen als ein individueller verläuft. Alles Individuelle existiert *als solches* in Gemeinschaft.

dem auch diese anderen beteiligt sind. Durch diese Beteiligung aller verschwinden jedoch Unterschiede in der Beteiligung eines jeden einzelnen von uns an unserem Umgang mit einander gegenüber der Beteiligung der anderen keineswegs, sondern sie bleiben in dem Ganzen unseres Umgangs-mit-uns-selbst erhalten – ohne dass diese Unterschiede ihrerseits wiederum aufhören könnten, Unterschiede des jeweils von *Einzelnen-in-ihrem-Zusammensein-mit-den-anderen* vollzogenen Umgangs-mit-uns-selbst zu sein. Zuzuschreiben ist somit der Umgang-mit-uns nie ausschließlich *Einzelnen* oder allen Einzelnen unter uns, sondern immer auch *Uns*, eben der *Gemeinschaft*.[2]

Ebenso wie der Urheber ist auch der *Gegenstand* unseres Umgangs mit uns nie jemand anderes als wiederum *Wir*, also die *Gemeinschaft*, die jeden von uns in seiner Besonderheit umschließt. Das wird nicht widerlegt, sondern gerade bestätigt dadurch, dass es zwei relativ verschiedene Weisen gibt, in denen wir Gegenstand unseres Umgangs-mit-uns-selbst sind. Wir können beides nicht vermeiden: einerseits dass jeder von uns *direkt* mit sich selbst oder mit einer anderen Person als Individuum umgeht, andererseits dass jeder auch *direkt* mit der Gemeinschaft, d. h. mit den für alle gemeinsamen Bedingungen, umgeht. Aber jeder direkte Umgang, den jeder von uns auf sich selbst oder einen anderen als Individuum richtet, ist unausweichlich de facto zugleich indirekt auf die alle umschließenden Bedingungen, also auf die Gemeinschaft, gerichtet und wird auch an ihnen wirksam; und jeder direkt auf diese gemeinsamen Bedingungen, auf die Gemeinschaft, gerichtete Umgang ist unausweichlich de facto zugleich indirekt auf die Einzelnen gerichtet und an ihnen wirksam.

1.3. Dritter Charakterzug: Unser Umgang-mit-uns-selbst ist ein *bestimmter*, nämlich bestimmten *Regeln* folgender; und zwar nicht nur, soweit er unser-Umgang-untereinander-und-miteinander ist, sondern auch soweit er Umgang jedes einzelnen mit sich selbst ist. Kraft dieser Geregeltheit weist unser Umgang-mit-uns-selbst eine dauerhafte Gestalt auf, die der Dauerhaftigkeit dieser Geregeltheit entspricht.

Diese Dauerhaftigkeit der Geregeltheit und damit der bestimmten Gestalt unseres Umgangs-mit-uns-selbst ist insofern begrenzt, als unserem Umgang-mit-uns-selbst diese Geregeltheit nicht von außen auferlegt, sondern durch ihn selbst hervorgebracht ist und durch ihn selbst aufrechterhalten, und somit eben auch modifiziert und verändert wird.

Dieser Zug unseres Umgangs-mit-uns-selbst schließt ein, dass seine einzelnen Vollzüge stets auf zwei Ebenen wirksam sind: auf der *Ebene der leibhaften Einzeleffekte* und auf der *Regelungsebene*. Alle einzelnen Vollzüge unseres Umgangs-mit-uns-selbst sind wirksam einerseits, indem sie ihren speziellen leibhaften Effekt für die betroffenen interagierenden Einzelnen hervorbringen;[3] sie sind aber zugleich andererseits immer auch wirksam, indem sie als Befolgung oder Verstoß gegen die aus dem Umgang selbst stammende Geregeltheit des Umgangs diese Geregeltheit stabilisieren oder schwächen.

[2] Bei dieser Zuschreibung muss natürlich die Differenz des Modus der Beteiligung der Gemeinschaft gegenüber dem Modus der Beteiligung der Einzelnen berücksichtigt werden (etwa: dass die Gemeinschaft sich stets vermittelt durch ihre Repräsentanten beteiligt, u. a.) – was hier nicht näher ausgeführt werden kann

[3] Es gibt de facto keinen Effekt des Interaktionsvollzugs eines Einzelnen, der nicht die Situation aller Beteiligten betreffen würde. Das ist eine der notwendigen Voraussetzungen dafür, dass jeder Einzelne für sein – stets effektives – Interagieren von anderen zur Verantwortung gezogen werden *kann*.

1.4. Charakterzug vier: Unser Umgang-mit-uns-selbst, der seine eigene Regelungsgestalt hervorbringt, unterhält und modifiziert, ist ein *leibhaft-ganzheitlicher* und *überspachlicher*. Das heißt zweierlei: Erstens, dass unser verantwortlicher Umgang-mit-uns-selbst als ein leibhafter ipso facto auch ein *wirksamer* Umgang-mit-uns-selbst ist. Er setzt und hinterlässt unvermeidlich unwiderrufliche Effekte in den leibhaften Bedingungen unseres Zusammenseins und verantwortlichen-Umgehens-miteinander.

Es heißt zweitens, dass dieser unser verantwortlicher leibhaft-ganzheitlicher Umgang-mit-uns-selbst als *über*sprachlicher immer (wesentlich) *auch* sprachliche Interaktion (die – nota bene – ihrerseits leibhaft ist) einschließt, aber *keineswegs* mit ihr beginnt und auch nicht mit ihr endet, sondern über sie hinausreicht. Wir gehen *schon* verantwortlich mit uns um, wenn noch kein Wort gesprochen wurde, und *noch*, wenn nichts mehr zu sagen ist. Das Sprechen unterbricht auch keineswegs unseren hinter es zurück- und über es hinausreichenden verantwortlichen-Umgang-miteinander, sondern dieser hält sich *ununterbrochen* durch und nimmt durch den Hinzutritt des Sprechens nur eine neue Gestalt seiner Leibhaftigkeit an. – Das ist so, obwohl es *keineswegs zufällig* ist, dass im Zuge unseres verantwortlichen Umgangs-mit-uns-selbst immer auch Worte gewechselt werden.

1.5. Dies hat seinen Grund in dem fünften Zug unseres uns gegenwärtigen verantwortlichen-Umgangs-mit-uns-selbst: eben in der *Verantwortlichkeit* dieses Umgangs – mit der wir uns nun etwas länger zu beschäftigen haben.

Diese Verantwortlichkeit besteht darin, dass wir unseren wirksamen leibhaften Umgang mit einander auf eine *spezifische Weise* vollziehen, nämlich so, dass wir auf ihn *zurückkommen*, uns auf ihn beziehen, uns auf ihn besinnen können, und zwar

– auf ihn als jeweils *diesen bestimmten* Umgang im Unterschied zu ebenso möglichen gewesenen *anderen* Weisen des Umgangs und

– auf die *Gründe* für den tatsächlich vollzogenen Umgang statt seiner möglichen Alternativen.

Nur weil es immer Gründe für unseren Umgang miteinander *gibt*, *können* wir und *können wir auch nicht umhin*, uns auf sie zu besinnen und uns über sie Rechenschaft zu geben.

Das Begründetsein unseres Umgangs-mit-uns-selbst ermöglicht und veranlasst jedenfalls diese *retrospektive* Besinnung auf ihn. Aber es ermöglicht zugleich auch die *prospektive* Besinnung auf ihn, ja verlangt diese prospektive Besinnung gebieterisch. Und dies vermöge der *wesentlichen Struktur der Gründe*, auf die unser verantwortlicher Umgang-mit-uns-selbst als solcher stets gestützt ist.

Diese Struktur zeichnet sich durch einen nie fehlenden formalen und ebenso einen nie fehlenden inhaltlichen Zug aus.

In formaler Hinsicht gilt: a) Die Gründe sind möglicher Gegenstand unserer Besinnung und somit jedenfalls uns gegenwärtig. Sie sind mitenthalten in demjenigen uns-Gegenwärtigsein unseres verantwortlichen-Umgangs-mit-uns-selbst, das sich – wie schon gezeigt – in unserem verantwortlichen Umgang-mit-uns-selbst als dessen *Möglichkeitsgrund* manifestiert und zugleich als das *Medium*, in dem dieser verantwortliche Umgang sich vollzieht. b) Sie sind uns gegenwärtig als Gründe für Vollzüge unseres verantwortlichen Umgangs-mit-uns-selbst, die wir schon hinter uns haben, und die uns als bereits vollzogene *gegenwärtig* sind. Sie sind uns gegenwärtig als die *erinnerten* Gründe für *erinnerte* Vollzüge unseres verantwortlichen Umgangs-mit-uns-selbst. Unser uns-Gegenwärtigsein hat wesentlich die Form des gegenwärtig-Erinnertseins-von-schon Geschehenem.[4]

Diese universale *Form* der Gründe unseres Umgangs-mit-uns-selbst bestimmt auch die universale Form ihres *Inhalts*: Dieser Inhalt unseres uns-Gegenwärtigseins sind stets: wir-selbst in unserem uns gegenwärtigen Umgang-mit-uns-selbst. Der Inhalt ist stets das *uns-Gegenwärtigsein der Gegenwart unseres verantwortlichen Umgangs-mit-uns-selbst.* Und dieser Inhalt ist stets und ausschließlich in der soeben beschriebenen formalen Weise gegenwärtig: also in der Weise des *gegenwärtig erinnerten* uns-Gegenwärtigseins der Gegenwart unseres Umgangs-mit-uns-selbst.

Wir sehen also: das uns-Gegenwärtigsein der Gegenwart unseres-Umgangs-mit-uns-selbst schließt ein das uns-Gegenwärtigsein dieser *Gegenwart* unseres Umgangs-mit-uns-selbst als einer *solchen*, die auch die schon hinter uns liegenden Vollzüge dieses Umgangs-mit-uns-selbst mitumfasst. Sie hält diese Vollzüge gegenwärtig als die *in ihr*, *in dieser Gegenwart* schon hinter uns liegenden Vollzüge. Und eben dadurch – also dadurch, dass sie die schon hinter uns liegenden Vollzüge unseres Umgangs-mit-uns-selbst als solche gegenwärtig bleiben lässt – gewinnt sie ihre jeweilige inhaltliche Gefülltheit. Die besteht genau und nichts anderem als in dem Ganzen des hinter uns liegenden Vollzugs unseres leibhaften-Umgangs-mit-uns-selbst, der *in* dieser *Gegenwart* als hinter uns liegender *gegenwärtig gehalten* wird.

Somit zeigt sich: Was uns im Gegenwärtigsein der Gründe unseres Umgangs-mit-uns-selbst gegenwärtig ist, ist nichts anderes als die *Gegenwart* unseres Umgangs-mit-uns-selbst *in ihrer eigenartigen Verfasstheit*: In der Besinnung auf die uns gegenwärtigen *Gründe* unseres Umgangs-mit-uns-selbst wird uns *gegenwärtig*, *zeigt* sich uns, dass die uns *gegenwärtige Gegenwart* unseres Umgangs-mit-uns-selbst das *Medium* ist, in dem sich unser Umgang-mit-uns-selbst vollzieht. Und zwar das *Medium* unseres Umgangs-mit-uns-selbst, das zugleich eben diesen Umgang-mit-uns-selbst ermöglicht, indem es (dieses Medium) *sich* (und darin zugleich uns) *für uns* selbst *gegenwärtig sein lässt* (gegenwärtig hält), und zwar uns-im-Vollzug-unseres-leibhaft-ganzheitlichen-Umgangs-mit-uns-selbst-in-dessen-Medium (eben in der Gegenwart unseres begründeten und damit verantwortlichen Umgangs-mit-uns-selbst).

Festzuhalten ist hier, dass Gegenwart in dieser Sicht, also gesehen als das *Medium* und der *Möglichkeitsraum* unseres verantwortlichen, weil auf Gründe gestützten, Umgangs-mit-uns-selbst, weder als Differenzpunkt zwischen Zukunft und Vergangenheit in Betracht kommt, noch als Referenzpunkt für die Bestimmung des in Bezug auf ihn Früheren und Späteren. Weder McTaggarts A-Reihe noch seine B-Reihe[5] erfasst Gegenwart als Medium und Möglichkeitsraum unseres begründeten Umgangs-mit-uns-selbst. Und Gegenwart wie wir sie hier gesichtet haben, ist auch nicht das, was der Heidegger von *Sein und*

[4] Es hat diese Form ganz unabhängig von dem Umfang und von der Genauigkeit dieses unserem uns Gegenwärtigsein wesentlich inhärierenden Erinnertseins von Geschehenem, die in Abhängigkeit von verschiedenen Bedingungen (etwa leiblicher Art) variieren.

[5] *J. E. McTaggart*, The Nature of Existence, Cambridge ²1968. – Vgl. zu dieser Theorie die Interpretation von Peter Bieri in: *Peter Bieri*, Zeit und Zeiterfahrung, Heidelberg 1972, 79ff., 121ff., 177ff. Dieser scharfsichtige und erhellende Text ist gleichwohl von sachlichen Unklarheiten belastet, nämlich erstens von der Unklarheit, die der in ihm durchgehenden Rede von „*unserer Erfahrung*" von Zeit anhaftet, und zweitens von der Unklarheit, die aus dem Abblenden der Möglichkeitsbedingung für die Reflektion auf Zeit, eben dem Gegenwärtigsein, also der Gegenwart von Zeit, resultiert.

Zeit als „Gegenwart" vor Augen hat, nämlich das „Gegenwärtigen", vermöge dessen die Entschlossenheit ist, was sie ist, nämlich: „das unverstellte Begegnenlassen dessen, was sie handelnd ergreift" oder „das handelnde Begegnenlassen des umsichtig Anwesenden".[6] Denn erstens ist Gegenwart, wie sie hier als Medium und Möglichkeitsgrund unseres verantwortlichen Umgangs-mit-uns-selbst gesichtet ist, nicht durch irgendeinen Akt des Daseins konstituiert, sondern das Medium und der Möglichkeitsraum für jeden möglichen Akt des Daseins (also für jeden möglichen Vollzug unseres Umgangs-mit-uns-selbst);[7] und zweitens schließt unser verantwortlicher Umgang-mit-uns-selbst in diesem Medium unserer Lebensgegenwart zwar immer den Umgang mit „Zuhandenem" ein, erschöpft sich darin aber nicht, sondern hat *uns* in unserem leibhaften in-der-Weltsein als ganzes zum Gegenstand. Im Unterschied zu dem, was in den erwähnten literarischen Kontexten „Gegenwart" genannt wird, hat uns der Blick auf das Begründetsein unseres Umgangs-mit-uns-selbst und die *Betrachtung der Verfasstheit der Gründe* dieses unseres Umgangs-mit-uns-selbst *Gegenwart* eben als das *Medium* und den *Möglichkeitsraum* dieses unseres begründeten und damit verantwortlichen Umgangs-mit-uns-selbst zu sehen gegeben – und zwar als das Medium und den Möglichkeitsraum unseres (wie wir vorhin schon gesehen haben) *leibhaften* Umgangs-mit-uns-selbst.

Das aber heißt: Mit Gegenwart als dem Medium und Möglichkeitsraum unseres verantwortlichen leibhaften Umgangs-mit-uns-selbst tritt uns *das* vor Augen, was alle einzelnen Vollzüge des Umgangs-mit-uns-selbst *überdauert.*

Kraft dieses ihres *überdauernden* Charakters hält unsere Lebensgegenwart nun aber nicht nur die schon *hinter* uns liegenden Vollzüge des verantwortlichen Umgangs-mit-uns-selbst gegenwärtig, sondern damit ipso facto zugleich auch den gesamten Möglichkeitsraum von noch *vor* uns liegenden Vollzügen des Umgangs-mit-uns-selbst – und zwar der noch vor uns liegenden Vollzüge unseres Umgangs-mit-uns-selbst als solche, die genau so wie die schon hinter uns liegenden samt und sonders mögliche *begründete* und damit *verantwortliche* Vollzüge sind.

Das aber heißt: *Indem* unsere Lebensgegenwart vermöge ihrer Eigenschaft als das *überdauernde* Medium unseres Umgangs-mit-uns-selbst uns mit den schon *hinter* uns liegenden Vollzügen unseres Umgangs-mit-uns-selbst *zugleich* auch den gesamten Möglichkeitsraum der noch *vor* uns liegenden Vollzüge unseres Umgangs-mit-uns-selbst gegenwärtig hält, ist *sie* (eben *unsere Lebensgegenwart*) *in sich selbst* nicht nur die gegenwärtige *Erinnerung* unseres schon hinter uns liegen Umgangs-mit-uns-selbst, sondern ipso facto zugleich die gegenwärtige *Verheißung* eines solchen noch vor uns liegenden Umgangs-mit-uns-selbst. Und zwar eines noch vor uns liegenden Umgangs-mit-uns-selbst, der unter *denselben* Bedingungen stehen wird, wie der schon hinter uns liegende, nämlich genau unter den *in* unserer überdauernden Lebensgegenwart *selbst enthaltenen*, ebenfalls überdauernden Bedingungen unseres Umgangs-mit-uns-selbst. Und das sind genau die Bedingungen unseres Umgangs-mit-uns-selbst, die wir schon seit langem im Blick haben: nämlich die Bedingungen unseres Umgangs-mit-uns-selbst als eines solchen, für den beides zugleich

[6] SuZ 326,9–16

[7] Daran ändert die Tatsache nichts, dass wir nur im Zuge der Besinnung auf die Gründe unseres Umgangs-mit-uns-selbst und auf die Verfasstheit dieser Gründe zu Sichtung von Gegenwart als Medium und Möglichkeitsraum dieses unseres Umgangs-mit-uns-selbst gelangt sind. Der Weg zur Entdeckung des Entdeckten schafft nicht das Entdeckte.

gilt: *Verantwortlichkeit* und *Leibhaftigkeit*. In unserer Lebensgegenwart als dem überdauernden Medium unseres Umgangs-mit-uns-selbst ist uns – und zwar vermöge des *eigenen* Erinnerungs- und Verheißungscharakters, der diesem überdauernden Medium selbst zu eigen ist – unser Umgang-mit-uns-selbst gegenwärtig als das *Kontinuum eines begründeten (und damit verantwortlichen) leibhaften Prozedierens*. Indem sich unser verantwortlicher leibhafter Umgang-mit-uns-selbst in unserer Lebensgegenwart als seinem überdauernden Medium findet, findet er sich als Kontinuum eines begründeten (verantwortlichen) Prozedierens *eingebettet* in ein Kontinuum leiblichen Prozedierens.

Dies letztere wirkt prima vista unplausibel: Unser verantwortlicher Umgang-mit-uns-selbst ist ja selber ein *Prozedieren*, und zwar – wie schon gezeigt – ein Prozedieren, durch das wir auf uns selbst einwirken, also ein Prozedieren von der Art der *Selbstbestimmung*, dessen Autoren wir selber sind, das wir also – und zwar einschließlich seiner Regelungsgestalt – nicht vorfinden, sondern unsererseits hervorbringen. Gleichwohl zeigt der Blick auf die *Leiblichkeit* unseres Umgangs-mit-uns-selbst, dass dieses unser uns-selbst-bestimmendes Prozedieren sich eben als *leibhaftes* in der Tat eingebettet findet in das Prozedieren (in die Prozesse), die die prozessuale Existenz unserer Leiblichkeit ausmachen und die ihrerseits ermöglicht und getragen sind vom Ganzen der sie umgreifenden innerkosmischen Prozesse. Diese Prozesse sind uns in unserer Lebensgegenwart gegenwärtig und zwar als solche, von denen zweierlei gilt: a) Sie sind nicht konstituiert durch das verantwortliche Prozedieren unserer Selbstbestimmung, b) sie tragen auch in sich selbst nicht den Charakter eines Prozedierens in der Weise des begründeten und verantwortlichen Umgangs seiner Autoren mit sich selbst, also nicht den Charakter eines Prozedierens in Selbstbestimmung (eines Prozedierens, durch das seine Autoren sich selbst bestimmen).

ad a: Diese Prozesse sind uns als solche gegenwärtig, deren Regelungsgestalt nicht von unserem verantwortlichen-leiblichen-Umgang-mit-unserer-Leiblichkeit abhängt und – im Unterschied zu der aus unserem Umgang-mit-uns-selbst stammenden und durch ihn unterhaltenen Regelungsgestalt dieses unseres Umgangs-mit-uns-selbst – weder von ihm hervorgebracht sind, noch durch ihn geändert werden können. Vielmehr hält sich die Effektivität unseres verantwortlichen leiblichen Umgangs mit unserer Leiblichkeit ehern in den Grenzen desjenigen Korridors, der durch die Geregeltheit dieser Prozesse, die unsere Leiblichkeit konstituieren, vorgezeichnet ist. Das zeigt sich gerade an unserem technischen Umgang mit diesen Prozessen, durch den wir sie für die Erreichung eigener Ziele ausnutzen.[8]

ad b: Die innerkosmischen Prozesse, die unsere Leiblichkeit konstituieren, sind uns samt und sonders als solche gegenwärtig, die von den Systemen, an denen sie sich vollziehen und auswirken, lediglich erlitten werden – erlitten in dem Sinne, dass weder die einzelnen Schritte in diesen Prozessen den ihnen unterliegenden Systemen als ihren verantwortlichen Urhebern zugeschrieben werden können, noch gar die Regeln, die die Bestimmtheit dieser Prozesse ausmachen. Beides widerfährt den einzelnen Systemen, die diesen Prozessen unterliegen, von außen, von jenseits ihrer selbst her. Alle durch diese Prozesse konstituierten Systeme sind uns in unserer Lebensgegenwart, die das Medium

[8] Zur Struktur von Technik vgl. *A. Anzenbacher/E. Herms*, Technikrisiken – Zum Beispiel Kernenergie, in: *E. Herms*, Zusammenleben im Widerstreit der Weltanschauungen, Tübingen 2007, 247.267.

und der Möglichkeitsraum unseres verantwortlichen Umgangs-mit-uns-selbst ist, als solche gegenwärtig, die ihrerseits nicht im Medium und Möglichkeitsraum einer solchen Gegenwart verantwortlich mit sich selbst umgehen; alle diese Systeme prozedieren nicht im Modus der Selbstbestimmung; die sie konstituierenden und im Werden haltenden Prozesse sind sämtlich nichtverantwortliche Prozesse. Somit bleibt auch die Frage nach dem Urheber (oder den Urhebern) dieser Prozesse und nach dem Urheber (den Urhebern) ihrer Bestimmtheit (Geregeltheit) offen, weil dafür jedenfalls weder die durch diese Prozesse konstituierten und in ihnen im Werden verbleibenden Systeme in Betracht kommen, noch gar wir.

Soviel zu den unsere Leiblichkeit konstituierenden Prozessen.

Indem nun unsere Lebensgegenwart uns das Kontinuum unseres verantwortlichen Umgehens mit uns selbst, sofern dieses zugleich das Kontinuum unseres leiblichen Umgehens mit unserer Leiblichkeit ist, gegenwärtig sein lässt als eingebettet in dieses Ganze der unsere Leiblichkeit konstituierenden und erhaltenden Prozesse, finden wir uns (sind wir uns gegenwärtig) ipso facto in einem Verhältnis unauflöslicher asymmetrischer Wechselbedingung zwischen unserem verantwortlichen Prozedieren (Umgehen-mi-uns-selbst) und diesem Ganzen von nichtverantwortlichen Prozessen: *Unauflöslich* ist diese Wechselbedingung, weil keine der beiden Seiten der hinreichende Grund für die Realität der anderen ist. *Asymmetrisch* ist es, weil jede Seite die andere auf andere Weise bedingt: Einerseits ist das nichtverantwortliche Prozedieren durch das verantwortliche bedingt, weil auch dieses nichtverantwortliche Werden nur innerhalb derjenigen Gegenwart, die das Medium und der Möglichkeitsraum unseres verantwortlichen Prozedierens ist, überhaupt als Werden gegenwärtig (und damit real!) ist und weil es durchgehend dem Zugriff, dem Erfasst-, dem Benutzt und Beeinflusstwerden durch unser verantwortliches Prozedieren ausgesetzt ist. Andererseits ist aber zugleich auch unser verantwortliches Prozedieren in Selbstbestimmung durch das Ganze jener nichtverantwortlichen Prozesse bedingt: nämlich

– erstens in der Weise, dass das gesamte Prozedieren unseres verantwortlichen Umgehens mit uns, eben deshalb, weil es ein leibliches ist, ehern eingeschränkt ist auf den Möglichkeitsraum, innerhalb dessen sich das unsere Leiblichkeit konstituierende nichtverantwortliche Prozedieren bewegt, und

– zweitens in der Weise, dass das Kontinuum unseres verantwortlichen Umgangs-mit-uns-selbst irresistibel mitgenommen wird von dem es umgreifenden nichtverantwortlichen Prozedieren und dessen faktischer Irreversibilität.

Soviel zu der Verheißung die in unserer Lebensgegenwart, dem überdauernden Medium unseres Umgangs-mit-uns-selbst, enthalten ist. Und diese Verheißung besagt nun offenkundig ein Doppeltes:

Einerseits besagt sie jedenfalls, dass der uns gegenwärtige Möglichkeitsraum von noch ausstehenden möglichen Vollzügen unseres verantwortlichen Umgangs-mit-uns-selbst nur solche Vollzüge enthält, die eingebettet sind in dasjenige Prozessganze, welches für unsere Leiblichkeit konstitutiv ist und das zwar unseren eigenen begründeten und damit verantwortlichen Umgang-mit-uns-selbst keineswegs determiniert, ihn aber als einen leiblichen Umgang mit unserer Leiblichkeit sehr wohl notwendig bedingt, ihn nämlich umgreift und ihn irresistibel und irreversibel auf sein eigenes Ziel hin mitnimmt. – Wobei nun weiterhin – wie sich gezeigt hat – dieses Prozessganze, das für unsere Leiblichkeit konstitutiv ist und uns in seiner irresistiblen Irreversibiltät mitnimmt, in sich selbst *zwei* wohl unterschiedene Ebenen umfasst: nämlich *einerseits* die Ebene der für unsere Leiblichkeit konstitutiven nichtverantwortlichen *inner*kosmischen Prozesse, aber zugleich *andererseits* auch dasjenige Prozesskontinuum, welches diese innerkosmische Prozessualität als ganze *umgreift*, also *deren* überdauerndes Medium ist, also das überdauernde Medium, in der die innerkosmische Prozessualität als solche dauernd – in ihrer Bestimmtheit und Identität – gegenwärtig ist. Irresistibel und irreversibel mitgenommen wird unser leiblicher Umgang mit unserer Leiblichkeit nicht nur a) von den unsere Leiblichkeit konstituierenden innerkosmischen Prozessen, sondern ebenso auch b) von demjenigen Prozessganzen, welches die innerkosmische Prozessualität ihrerseits konstituiert und unterhält. – Soviel zur *einen* Seite der Verheißung, die unsere Lebensgegenwart (das überdauernde Medium unseres Umgangs-mit-uns-selbst) in sich selbst ist.

Andererseits ist sie aber zugleich auch die Verheißung, dass es im Möglichkeitsraum der noch ausstehenden Vollzüge unseres leiblichen Umgangs-mit-uns-selbst keinen Vollzug geben wird, der nicht unser eigenverantwortlicher, auf unsere eigenen Gründe gestützter, sein wird. Diese eigenen Gründe unseres Umgangs-mit-uns-selbst sind – wie schon gesehen – von der Art, dass sie unsere eigene Verantwortlichkeit für die Vollzüge unseres leiblichen Umgangs-mit-uns-selbst konstituieren und insofern auch schon ein Gegenstand unserer Verantwortlichkeit sind (sie gehören schon zu dem, wofür wir verantwortlich sind). Das aber sind sie, weil sie nicht einfach *zusammenfallen* mit der Verheißung, die unsere Lebensgegenwart, das überdauernde Medium unseres Umgangs-mit-uns-selbst ist, wohl aber auf diese bezogen sind, nämlich als das Ergebnis der Art und Weise, in der wir jeweils selber die *objektive Verheißung* in Anspruch genommen und *dadurch* in eine *subjektive Erwartung* umgesetzt haben: Die *Gründe* für unseren verantwortlichen leibhaften Umgang mit unserer Leiblichkeit sind jeweils die *gewissen Erwartungen*, die das Resultat unserer Inanspruchnahme der objektiven Verheißung[9] ist, die im überdauernden Medium unseres Umgangs-mit-uns-selbst, in unserer Lebensgegenwart, selber steckt. Diese objektive Verheißung schließt ein, dass der Möglichkeitsraum aller noch ausstehenden Vollzüge des leiblichen Umgangs-mit-uns-selbst kein Element (also keinen Vollzug) enthalten wird, der nicht verantwortlich vollzogen wird und daher unter der Alternative steht, begründet zu sein entweder in einer subjektiven Erwartung, die der objektiven Verheißung der Gegenwart mehr oder weniger *angemessen* ist (die aus einer angemessenen Inanspruchnahme der Verheißung resultiert), oder in einer dieser objektiven Verheißung mehr oder weniger *unangemessenen* Erwartung (die aus einer mehr oder weniger unangemessenen Inanspruchnahme der objektiven Verheißung resultiert).

Indem aber die in unserer Lebensgegenwart (dem überdauernden Medium unseres verantwortlichen leibhaften Umgangs-mit-uns-selbst) enthaltene objektive Verheißung *dies* besagt, ist sie ipso facto zugleich eine unabweisbare *Zumutung*. Nämlich die Zumutung eines solchen *eigenen* verantwortlichen leibhaften Umgangs mit unserer Leiblichkeit, der *begründet* ist in einer der objektiven Verheißung *angemessenen* subjektiven Erwartung, die ihrerseits durch eine angemessene Inanspruchnahme der objektiven Verheißung konstituiert ist – also letztlich schon die unabweisbare Zumutung, die objektive Verheißung

[9] Der Inhalt dieser Verheißung ist so komplex, dass seine reflexive Beschreibung nicht umhin kann, ihn als ein systematisches Bündel von Verheißungen unterschiedlicher Art (nämlich hinsichtlich der Zukunft des Selbstverhältnisses, des Umweltverhältnisses, des Weltverhältnisses und des Gottesverhältnisses) zu beschreiben.

und die schon in dieser steckende objektive Zumutung *angemessen* in Anspruch zu nehmen.

Soweit die Beschreibung des fünften Wesenszuges unseres Umgangs-mit-uns-selbst, seiner *Verantwortlichkeit*, die aus in der Natur der Sache liegenden Gründen weniger leicht zu geben – und wohl auch mitzuvollziehen – war als die Beschreibung der vier vorangegangenen Wesenszüge.

Entscheidend ist nun, dass diese vier anderen Wesenszüge unseres Umgangs-mit-uns-selbst nicht außer Acht gelassen werden. Denn sie prägen auch die Verantwortlichkeit unseres Umgangs-mit-uns-selbst. Und das heißt zweierlei:

Erstens: In der beschriebenen Weise verantwortlich sind alle Vollzüge unseres Umgangs-mit-uns-selbst im gesamten Umfang seines *übersprachlichen* Vollzugs. Verantwortlich sind sie, schon bevor eine Besinnung auf die Gründe von Vollzügen unseres Umgangs-mit-uns-selbst stattfindet und zu einem Ergebnis (eben einer Erfassung dieser Gründe) kommt. Keineswegs schafft erst eine Besinnung und ihr Ergebnis Verantwortlichkeit, so dass Verantwortlichkeit erst und nur dort und soweit real wäre, wie eine Besinnung auf die Gründe unseres Umgangs-mit-uns-selbst stattgefunden hat. Zwar kommen wir regelmäßig in Situationen, in denen wir mögliche Vollzüge des Umgangs-mit-uns-selbst, zu denen wir uns herausgefordert finden, vom Ergebnis einer Besinnung abhängig machen, aber eben dies geschieht schon *aufgrund* der Verantwortlichkeit unseres Umgangs-mit-uns-selbst, *manifestiert* diese Verantwortlichkeit schon und *schafft* sie keineswegs erst.

Ebenso wenig herrscht Verantwortlichkeit unseres Umgangs-mit-uns-selbst erst und nur dort, wo die Besinnung auf die Gründe auf sprachliche Nachfrage hin erfolgt und deren Ergebnis in Gestalt einer Rechenschaft im Medium von Sprache artikuliert wird. Zwar kommen wir regelmäßig in Situationen, in denen über die Verantwortlichkeit unseres Tuns gesprochen wird und werden muss. Aber auch in diesen Fällen ist Verantwortlichkeit nicht durch den Diskurs über sie konstituiert, sondern für ihn schon vorausgesetzt. Was einschließt, dass auch das Begründetsein unseres Umgangs-mit-uns-selbst, das in der Tat für seine Verantwortlichkeit konstitutiv ist, keineswegs erst durch einen Diskurs zustande kommt. Begründet ist unser gesamter Umgang-mit-uns-selbst keineswegs erst aufgrund von „Argumenten", sondern nur: weil immer schon Gründe für unseren Umgang-mit-uns-selbst da sind, kann und muss gegebenenfalls nach „Argumenten" für sie gesucht werden. Was nota bene nicht ausschließt, dass es auch Gründe gibt, die ihrerseits durch ein Sprechen mitbestimmt sind, das stattgefunden hat, bevor wir über die durch solch ein vorangehendes Sprechen mitbestimmten Gründe dann wiederum sprechen. Auch dieses Sprechen über sprachbeeinflusste Gründe unseres Umgangs-miteinander schafft diese sprachbeeinflussten Gründe nicht, sondern findet sie schon vor.

Zweitens: Die Verantwortlichkeit unseres Umgangs-mit-uns-selbst in ihrer ganzen beschriebenen Komplexität verlässt nicht den Raum der Gemeinschaftlichkeit unseres Umgangs-mit-uns-selbst. Daran ändert die unbestreitbare Tatsache gar nichts, dass die Verantwortlichkeit unseres Umgangs-mit-uns-selbst real ist am Ort jedes Einzelnen von uns und dass kein Einzelner der Herausforderung, sich auf die Gründe seines Umgangs mit unserer Leiblichkeit, auf ihre relative oder Angemessenheit oder Unangemessenheit zu besinnen (habe diese Herausforderung ihn nun vorsprachlich, sprachlich oder auch nachsprachlich getroffen), gerechter Weise den Rücken kehren kann. Die Verantwortlichkeit ist auch keineswegs erst dann und nur insoweit eine gemeinschaftlich, als sie die

Verantwortlichkeit für einen Umgang-mit-uns-selbst ist, der von einer Gemeinschaft (in mehr oder wenige genau geregelter Aufgabenteilung) vollzogen wurde.

Vielmehr: Verantwortlichkeit ist deshalb immer am Ort von Einzelnen real und zugleich gemeinschaftlich, weil kein Einzelner an unserem Umgang-mit-uns-selbst teilhaben kann, ohne de facto die menschliche Lebensgegenwart als das überdauernde Medium für jeden möglichen – schon vollzogenen oder noch ausstehenden – verantwortlichen leiblichen Umgang von Menschen mit unserer Leiblichkeit in Anspruch zu nehmen. Zweifelsohne kann niemand umhin, auch die individuelle eigene Lebensgegenwart als das überdauernde Medium für seinen individuellen Umgang mit der menschlichen Leiblichkeit in Anspruch zu nehmen. Aber eben dies kann niemand, ohne diese *seine* individuelle Lebenswirklichkeit, die das überdauernde Medium aller *seiner* individuellen und *nur* seiner individuellen Vollzüge des Umgangs-mit-der-menschlichen-Leiblichkeit ist, als das in Anspruch zu nehmen, was sie selbst faktisch immer schon ist: nämlich individuelle Teilhabe an menschlicher Lebensgegenwart überhaupt, die das eine überdauernde Medium *aller möglichen* Vollzüge des Umgangs-mit-unserer-Leiblichkeit durch uns und unseresgleichen ist – mögen diese Vollzüge (u. U. samt ihren Autoren) nun in den Bereich des von uns und unseresgleichen schon vollzogenen Umgangs-mit-uns-selbst real sein, der im Modus des Erinnertseins gegenwärtig ist, oder in den Möglichkeitsbereich des noch möglichen, noch nicht vollzogenen Umgangs-mit-uns-selbst-fallen, der im Modus des objektiven Verheißen- und des subjektiven Erwartetseins gegenwärtig ist.

Nur weil das so ist, weil also jede individuelle Lebensgegenwart von Menschen, die das überdauernde Medium von individuellen Zügen des Umgangs mit menschlicher Lebenswirklichkeit ist, als solche nur real ist als individuelle, variierte Teilhabe an der Lebensgegenwart von Menschen überhaupt, deren *Einheit* das überdauernde Medium jedes möglichen menschlichen Umgangs mit menschlicher Lebenswirklichkeit ist, nur deshalb leben wir in der Einheit der Sphäre von allem möglichen leibhaften Umgang-von-Menschen-mit-menschlicher-Leibhaftigkeit, also in der *Einheit* unserer *gemeinsamen Welt*. Und nur, weil diese eine Welt die *eine* universale Sphäre des *verantwortlichen* leibhaften Umgangs mit unserer Leiblichkeit ist, leben wir nicht in einer *Herde* zusammen, sondern in der Menschheit als der einen universalen *Gemeinschaft* von leibhaft-innerweltlichen Personen.[10] Das gilt jedenfalls dann, wenn der Vorschlag zutreffend ist, unter „Personein" das Füreinandersein-in-Verantwortlichkeit zu verstehen.[11]

Damit ist die Beschreibung des Umgangs-mit-uns-selbst als der Manifestation von kommunikativer Vernunft in der hier erforderlichen Explizitheit abgeschlossen.

[10] Zu dieser Sicht von Gemeinschaft vgl. *E. Herms*, Kirche als durch das Wort gestiftete Gemeinschaft (2013), in: Grenzgänge der Gemeinschaft. Eine interdisziplinäre Begegnung zwischen sozial-politischer und theologisch-religiöser Perspektive, hrsg. von *E. Gräb-Schmidt* und *F.G. Menga*, Tübingen 2016 (im Esch.); dort vor allem der Abschnitt 1: „Gemeinschaft" als Zusammenleben in Wahrheit.

[11] *E. Herms*, Art.: Person, dogmatisch / ethisch, in: RGG^4 VI 1123–1129.

2. Grundlegendes

2.1. Im zweiten Teil kann nun beschrieben werden, was für kommunikative Vernunft, wie sie sich in unserem verantwortlichen leiblichen Umgang mit unserer Leiblichkeit manifestiert, das *Grundlegende* ist.

Das, was für das Leben in Personengemeinschaft grundlegend ist, kann ihm nicht einfach *äußerlich* sein. Um das Leben in Personengemeinschaft zu begründen, muss es selbst *in* diesem Leben wirksam sein. Somit kommt als das Grundlegende für kommunikative Vernunft, wie sie sich im verantwortlichen leiblichen Umgang mit unserer Leiblichkeit manifestiert, der *Grundakt* dieses Umgangs in Betracht, der in allen möglichen Einzelakten solchen Umgangs mitläuft und sie dadurch alle eben zu Akten solchen Umgangs macht (alle sind nur Variationen dieses Grundaktes).

Diese Leistung erbringt der Grundakt nun aber durch nichts anderes als dadurch, dass er genau diejenige unhintergehbaren und unübersteigbaren *Inanspruchnahmen* vollzieht, die in jedem möglichen Einzelakt, in dem sich dieser Grundakt manifestiert, ebenfalls vollzogen werden.

Akte der Inanspruchnahme sind per se solche, die sich auf ihnen *Vorgegebenes* beziehen. Somit ist der Grundakt kommunikativer Vernunft, der in allen möglichen Vollzügen des verantwortlichen leiblichen Umgangs mit unserer Leiblichkeit, mitläuft, der Akt, welcher diejenige unhintergehbare und unübersteigbare Inanspruchnahme von Vorgegebenem vollzieht, welche in jedem Akt kommunikativer Vernunft, in jedem verantwortlichen leiblichen Umgang-mit-unserer-Leiblichkeit, vollzogen wird.

2.2. Was in jedem derartigen Akt, und also auch im Grundakt des verantwortlichen leiblichen Umgangs mit unserer Leiblichkeit. als das Vorgegebene in Anspruch genommen wird, ist nun auf jeden Fall, wie wir gesehen haben, die *Welt*:

- das ist der Möglichkeitsraum schlechthin aller Akte kommunikativer Vernunft, also aller Akte des verantwortlichen leiblichen Umgangs mit unserer Leiblichkeit,

– der seinerseits nichts anderes ist als das eine, alle möglichen derartigen Akte überdauernde Medium aller derartigen Akte, also eben menschliche Lebensgegenwart überhaupt, die unseren verantwortlichen leiblichen Umgang mit unserer Leiblichkeit in allen seinen möglichen Vollzügen überdauert und ermöglicht.

2.3. Nun haben wir aber gesehen, dass die Inanspruchnahme der Welt (dieser Sphäre aller möglichen Akte des verantwortlichen leiblichen Umgangs mit unserer Leiblichkeit) die Inanspruchnahme eines in sich nach Ebenen differenzierten Vorgegebenen ist:

– *Erstens* ist das mit Welt in Anspruch genommene Vorgegebene das *inner*kosmische Prozessganze, in welches das Kontinuum unserer Akte des verantwortlichen leiblichen Umgangs mit unserer Leiblichkeit so eingebettet ist, dass es von diesem Prozessganzen – und zwar einschließlich aller Spuren, die dieser Umgang in diesem Prozessganzen hinterlässt – irresistibel und irreversibel in sein Ziel hinein mitgenommen wird.

– *Zweitens* ist das in Anspruch genommene Vorgegebene aber auch die *Einheit* von Welt (menschlicher Lebensgegenwart, Personengegenwart) selbst als des einen überdauernden Mediums innerhalb dessen und unter dessen Bedingungen sich alle innerweltlichen Prozesse (alle ihrer verschiedenen Arten und Schritte) vollziehen. Und zwar wird als vorgegeben in Anspruch genommen Welt (die Sphäre in der und unter deren Bedingungen alle innerweltlichen Prozesse real sind) just in ihrer Bestimmtheit, die als solche die Möglichkeitsbedingung der Bestimmtheit aller Prozesse *in ihr* ist. Das aber heißt

– *Drittens:* Als vorgegeben wird in Anspruch genommen auch die in dieser Bestimmtheit von Welt manifeste Kontingenz von Welt-als-eben-*dieser* und das damit gegebene irgendwie-Begründetsein von unserer Welt als eben dieser bestimmten. Diese dritte Inanspruchnahme ist unvermeidlich, weil sie nichts anderes in Anspruch nimmt als ein *Implikat* dessen, was in den beiden zuvor genannten Weisen der Inanspruchnahme als Vorgegeben in Anspruch genommen wird. Dass diese dritte Inanspruchnahme faktisch unvermeidlich ist, heißt nicht, dass sie nicht verleugnet werden oder die Besinnung auf sie verweigert werden könnte. – Geschieht das nicht, so kann dann als dieses dritte Vorgegebene – also als der Grund für die Realität von Welt-als-dieser-bestimmten – Unterschiedliches in Anspruch genommen werden:

2.3.1. Erste Möglichkeit: Als vorgegebener Grund für das Vorgegebensein dieser Welt in ihrer Kontingenz und Bestimmtheit wird diese Welt selbst in Anspruch genommen. Das ist jedoch unangemessen: Denn damit wird das Kontingente in Anspruch genommen als das Absolute, was logisch irrig ist und vom realen Befund – eben der kontingenten Verfasstheit dieser unserer Welt – widerlegt wird.

2.3.2. Zweite Möglichkeit: Von dem, was als diese unsere Welt in ihrer Bestimmtheit als vorgeben in Anspruch genommen wird, wird unterschieden das, was als der Grund des Vorgegebenseins unserer Welt-in-ihrer-Bestimmtheit in Anspruch genommen wird. Geschieht das, so wird als dieser Grund von unserer Welt-in-ihrer-Bestimmtheit jedenfalls ein sie übergreifendes Prozedieren in Anspruch genommen, welches sie in demjenigen Medium, welches alle *seine* Schritte – die samt und sonders Schritte eines Welt in ihrer Bestimmtheit *realisierenden* und *dauern lassenden* Prozedierens sind – überdauert.

Die Inanspruchnahme eines solchen, die Bestimmtheit der vorgegebenen Welt realisierenden und dauern lassenden, Welt übergreifenden Prozedierens steht dann wiederum vor der Alternative, dieses Prozedieren seinerseits wiederum entweder als ein nichtverantwortliches oder als ein verantwortliches in Anspruch zu nehmen.

2.3.3. Die erste dieser beiden Möglichkeiten scheitert. Denn für alles nicht verantwortliche Prozedieren gilt, dass seine eigene Bestimmtheit nicht in ihm selbst gründet, sondern ihm von jenseits seiner selbst her zufällt. Ein derartiges Prozedieren als Welt in ihrer Bestimmtheit realisierend und unterhaltend in Anspruch zu nehmen, heißt, den Weg des unendlichen Regresses zu beschreiten.[12] Die Inanspruchnahme chaotischer Prozesse geht ebenfalls fehl, weil derartige Prozesse zwar als Voraussetzung oder Bedingungen für ein Prozedieren in Betracht kommen können, das Welt in ihrer Bestimmtheit realisiert und unterhält, aber nicht als dieses Welt bestimmende Prozedieren selbst. Der Bestimmtheit setzende und unterhaltende sogenannte „Zufall" ist nämlich selbst kein chaotisches Prozedieren, sondern *beendet* das chaotische Prozedieren, wobei die Inanspruchnahme dieses Schrittes als „Zufall" ihn im Übrigen unbestimmt lässt.

2.3.4. Die Inanspruchnahme des Geschehens, welches Welt-in-ihrer-Bestimmtheit übergreift, sie realisiert (realisierend wählt) und unterhält, als eines verantwortlichen Prozedierens scheint unmöglich zu sein, weil der einzige Fall eines verantwortlichen Prozedierens, der uns immer schon vertraut ist, eben das verantwortliche Prozedieren von uns

[12] Vgl. hierzu: *E. Herms*, Prozeß und Zeit. Überlegungen eines Theologen zu Friedrich Cramers Essay „Der Zeitbaum", in: *Ders.*, Phänomene des Glaubens, Tübingen 2006, 262–287. Und auch schon: *Ders.*, Radical Empiricism. Studien zur Psychologie, Metaphysik und Religionstheorie William James´, Gütersloh 1977, 102–118.

und unseresgleichen *in* der Welt ist, dessen überdauerndes Medium menschliche Lebensgegenwart überhaupt, also die Sphäre aller möglichen Akte des von uns und unseresgleichen vollzogenen verantwortlichen leiblichen Umgangs-mit-unserer-Leiblichkeit ist, mithin unsere Welt selbst.

Von dieser Schwierigkeit frei ist allerdings die Inanspruchnahme des Welt realisierenden und unterhaltenden Prozedierens als eines verantwortlichen, wenn dessen Verantwortlichkeit als eine solche in Anspruch genommen wird, die von dem Eingebettetsein und irresistiblen und irreversiblen Mitgenommen werden durch nichtverantwortliche Prozesse frei ist, also seine Selbstbestimmung im Medium einer alle deren Schritte überdauernden Persongegenwart vollzieht, die nicht nur – wie unsere Persongegenwart – alle möglichen Schritte eines kontingent bestimmten Prozedierens überdauert, sondern als absolute, und allbefassende Persongegenwart alles überhaupt mögliche reale Geschehen und die als solche das Medium der absoluten Selbstbestimmung des absoluten Personseins ist.

Vollzieht sich der Grundakt kommunikativer Vernunft, also der Grundakt des verantwortlichen leiblichen Umgangs mit unserer Leiblichkeit als Inanspruchnahme *dieses* Prozesses, also des Prozesses der absoluten Selbstbestimmung des absoluten Personseins im Medium seiner absoluten, allbefassenden (nämlich alles mögliche Geschehen überdauernden) Persongegenwart als des Prozesses des Realisierens und Unterhaltens unserer Welt in ihrer Bestimmtheit, so unterscheidet er sich von allen anderen Vollzugsweisen dieses Grundaktes durch folgende Züge:

Erstens: Er nimmt als das unhintergehbar und unübersteigbar Vorgegebene in Anspruch

– nicht nur die innerkosmische Prozessualität, in die der verantwortliche leibliche Umgang von uns und unseresgleichen mit der Leiblichkeit von uns und unsersgleichen eingebettet ist und von der sie irresistibel und irreversibel mitgenommen wird,

– sondern auch das Medium, das alle möglichen Vollzüge solchen Umgangs überdauert, das Ganze der Lebensgegenwart von Menschen als Personen, also Welt als die Sphäre aller möglichen Vollzüge unseres Umgangs-mit-uns-selbst,

– und darüber hinaus drittens auch das Geschehen, welches diese unsere Welt in ihrer Bestimmtheit realisiert und erhält, und zwar in einer Weise, die logisch wie sachlich nicht widersprüchlich ist.

Zweitens: Er nimmt damit als allen Vollzügen unseres verantwortlichen leiblichen Umgangs mit unserer Leiblichkeit unhintergehbar und unübersteigbar vorgegeben die Einheit unserer gemeinsamen Welt in Anspruch. Aber in Anspruch nimmt er diese unsere so bestimmte Welt nicht nur als den Grund der Gemeinschaft leibhaft-innerweltlicher Personen, also aller Menschen, sondern eben diese Welt zugleich auch als das Medium derjenigen Gemeinschaft, in der das absolute Personsein die Gemeinschaft der Menschen mit sich, dem absoluten Personsein, existieren lässt (und dies im Zuge seiner absoluten Selbstbestimmung durch das Realisieren und Erhalten der *einen* Sphäre aller möglichen Vollzüge des Umgangs von uns und unsersgleichen mit uns selbst). In dieser Form nimmt der Grundakt des verantwortlichen leiblichen Umgangs mit unserer Leiblichkeit die Einheit der *Lebensgegenwart menschlicher Personen*, die das *eine* und überdauernde universale Medium aller möglichen Vollzüge der Selbstbestimmung von leibhaft-innerweltlichen Personen ist, in Anspruch als unhintergehbar und unübersteigbar vorgegeben in der absoluten, allbefassenden *Persongegenwart* des absoluten Personseins durch dessen sich in ihr vollziehende absolute Selbstbestimmung. Kurz: In dieser Form nimmt der Grundakt des verantwortlichen leibhaften Umgangs-mit-uns-selbst (also von kommunikativer Vernunft) das allen möglichen Vollzügen solchen Umgangs unhintergehbar und unübersteigbar Vorgegebene in derjenigen unüberbietbaren Konkretheit in Anspruch, in der schon der lukanische Paulus diesen Grundakt auf dem Athener Areopag vollzogen hat: Im Medium seiner absoluten, allbefassenden Persongegenwart lässt Gottes absolutes Personsein im Zuge seiner absoluten Selbstbestimmung die Welt als den Grund der Personengemeinschaft der Menschen so existieren, dass für alle Glieder dieser Gemeinschaft nun gilt: „*In ihm* leben, weben und sind wir" (Act. 17,28).

Der Grundakt kommunikativer Vernunft nimmt also in dieser seiner christlichen Konkretheit das unhintergehbare und unübersteigbare Vorgegebensein der *Gemeinschaft der Menschen* in Anspruch als begründet durch die *Gemeinschaft, die Gott den Menschen mit sich gewährt durch die Gewährung ihrer Welt*; und er nimmt das unhintergehbare und unübersteigbare Vorgegebensein dieser Gemeinschaft mit Gott, die uns in Gott von Gott gewährt ist, in Anspruch, indem er als das Medium dieser Gemeinschaft die dauernd gegenwärtige Vorgegebenheit der Welt in Anspruch nimmt.

Und das heißt dann: Jeder Akt, in welchem Menschen die Vorgegebenheit der menschlichen Gemeinschaft in Anspruch nehmen durch ihren verantwortlichen leibhaften Umgang-mit-dieser-leibhaften-Gemeinschaft, ist in sich selbst ein Akt der Inanspruchnahme der ihnen *in* Gott *von* Gott gewährten Gemeinschaft *mit* Gott.

David H. Kelsey

ON SHOWING THE RATIONALITY OF CHRISTIAN BELIEF

1. Introduction

This essay locates Christoph Schwöbel's remarkable early book *God: Action and Revelation*[1] in relation to a type of discussion of the rationality of Christian belief that has been widely influential in academic theology for the past several decades. *God: Action and Revelation* is an essay in systematic theology, which Schwöbel defines as an activity, viz. 'the self-explanation of Christian faith with respect to the truth-claims and norms of action that are asserted, presupposed or implied in it.'[2] That in turn calls for a definition of 'faith.' Schwöbel ties 'faith' closely to human agency. Faith is 'the unconditional trust which forms the fundamental orientation of human agency.'[3] As *unconditional* trust 'faith is passively constituted'[4] by God's revelatory act of relating to creatures.

God's revelatory active relating to creatures has a Trinitarian structure:

'The divine Spirit ["third person"] authenticates the Gospel of Jesus Christ ["second person"] as the revelation of the true relationship of the creator ["first person"] to the whole of creation and thereby makes possible the unconditional trust in God which determines the whole life of the Christian believer.'[5]

As unconditional *trust* faith is also a rational certainty 'about the constitution and character of reality.'[6] It is a certainty that reality offers the conditions of the possibility of one's own *personal* agency, namely, 'the possibilities of action, the aims of action and the conditions for [actions'] realization.'[7] What distinguishes properly 'personal' agency from 'causal' acts or behaviors, for Schwöbel, seems to be the (human or divine) actor's capacity for *intentional* actions ordered to the actualization of freely selected ends.

The activity of doing theology proposes some consensus within the faith community (in this case regarding doctrine of God) in response to the perpetual condition of theological dissensus. It does so by addressing two tasks: 'the attempt to justify the present validity and relevance of Christian faith in our situation today' and 'validating the intelligibility and coherence of the truth-claims implied in Christian faith.'[8]

The way Schwöbel goes about the second task comports well, I suggest, with a type of discussion of the rationality of Christian belief that I shall sketch in the next section. His discussion has two parts: Part I, Divine Action; Part II, Divine Revelation. It is no accident that – insofar as discussion of the relation between 'revelation' and 'experience' en-

[1] *Christoph Schwöbel*, God: Action and Revelation (Kampen: Kok Pharos Publishing House, 1992)
[2] Ibid., 10.
[3] Ibid., 28.
[4] Ibid., 28.
[5] Ibid., 11.
[6] Ibid., 28 [emphasis added].
[7] Ibid., 29.
[8] Ibid., 13.

gages in a 'discussion of the rationality of Christian belief' – explicit discussion of 'rationality' does not come until the second of those two Parts. Schwöbel only moves to reflection on the relation between the particularity of Christian claims about God's self-revelation in Jesus Christ and the most general features of human experience after a reflection on the relation between, on one side, the highly particular Christian claims about the three-fold way in which God relates to creatures through Jesus Christ (creation, reconciliation, redemption) and, on the other, the implications of those claims regarding the most general features of reality. The more 'epistemological' reflection follows after and is warranted in part by the more 'ontological' reflection. I seek to locate Schwöbel's work in relation to the type of discussion of the rationality of specifically Christian belief outlined in the next section because his work so clearly brings out the unavoidable ontological aspects of any adequate account of the rationality of Christian belief, which are variously denied, ignored, or under-played in most iterations of that type of discussion. We will return to Schwöbel's book in Section 4 below.

2. A Six-Themed Account of the Rationality of Belief

There is a broadly influential type of philosophical account of the nature of the rationality of belief in general that is frequently used to explain the rationality of Christian belief in particular. An account of 'the rationality of belief in general' is an account of the rationality of believing *any* sentence asserted about anything. The type of account in view here has been defended by a variety of philosophical strategies ('pragmatist,' 'Wittgensteinian,' 'scientific realist,' 'transcendental phenomenological,' etc.). There is conceptual space in this type of discussion for disagreement not only about how best to formulate each of the themes philosophically, but also about whether one or another of the themes is valid. In that sense this type of discussion has no 'essence.' However the proposals represented in this type of discussion exhibit six very familiar themes that do fall together in various patterns that share certain family resemblances:

a) 'Belief' is in general best understood as a propositional attitude. 'Propositional attitude' is a term of art for a certain human disposition, viz, the disposition to hold true a sentence in some ordinary language that expresses a proposition.

b) The meaning of any sentence that expresses a proposition that is believed is learned by grasping how it is used by the group of persons that commonly employ the sentence (and the words that make it up) in conversation with one another. Since the meaning of words and sentences lies in their use, one must attend to the way in which those words and sentences are used if one wants to learn how to interpret them correctly.

c) Persons use sentences, and the words they employ, in communal inter-actions. Persons' uses of sentences and words are part and parcel of communally established patterns of action, so-called 'forms of life.' Their use of those sentences and words as part of those forms of life is governed by implicit rules analogous to the rules of a game such as chess, so-called 'language games.' The rules of some language game(s) are intrinsic to and implicit in the practice of some particular form of life. Those implicit 'rules' are also often referred to metaphorically as 'grammars' (especially 'generative grammars') or as 'logics.'

d) The rationality of holding some sentence true is justified by giving good reasons for having the disposition to hold that particular sentence true, i.e., 'epistemic justification.' What count as reasons for holding a sentence true are other beliefs which may, in turn, themselves need to be justified. What count as 'good' reasons are beliefs that are conceptually related to, i.e. in the conceptual neighborhood of, the belief being justified; and the conceptual moves that relate the reasons to the sentence whose rationality is being justified conform to the implicit 'rules' of the language game in which that sentence is used. The standards for reasons good enough to show the rationality of holding a given sentence true are relative to the particular form of life, and the language game that is intrinsic to it, to which the sentence in question is integral.

Together themes *c)* and *d)* are usually taken to suggest two things: first, that such neighboring concepts are related to one another in relations, some presupposing others, whose overall pattern is like a 'system' or 'noetic structure;' second, that often one or a few concepts in that structure are conceptually basic to the entire conceptual structure, at least in the minimal sense that any sentence held true by communities engaged in those forms of life must be consistent with them – or else those forms of life will become incoherent and un-liveable. The coherence of those beliefs is essential to the continuing identity of communities of persons engaged in one and the same forms of life to which those beliefs are integral.

e) That, in turn, brings to light an important distinction between two senses in which the question of the rationality of belief can be raised: i) As a question about the rationality of joining the community that participates in the set of 'forms of life' to whose noetic structure some particular belief (say, 'God exists') is basic. Here the question is about the rationality of *transition into* (or out of) a set of forms of life and the grammar-ruled language games integral to them. It is sometimes referred to as the question of the *external* rationality of such a transition. ii) As a question about the rationality of holding true a particular sentence within the context of a given set of forms of life, given the noetic structure of beliefs that are intrinsic to it. Given that within communities engaged in the same forms of life there is conceptual space to interpret in differing ways sentences expressing beliefs, this can be a question put by one member of the same community to another. Here the question is about the rationality of certain conceptual moves made *internal* to a enactment of a set of forms of life and its language games as assessed in light of the latter's grammar.[9]

f) The giving of reasons to justify any belief must come to an end. Although there has been conceptual room in this type of discussion of the internal and external rationality of Christian belief for divergent proposals about what properly brings an end to the giving of reasons to justify the rationality of holding a particular belief true, there is a virtually unanimous judgment about what *cannot* bring the giving of reasons to an end: The giving of reasons to justify the rationality of a belief cannot be brought to an end by producing a belief or set of beliefs that are incorrigible, self-evident, or evident to the senses, in short reasons that are indubitably true such as sense experience (I cannot doubt that I

[9] I owe the distinction between moves into or out of given language games and moves within language games to *Gary Gutting's* reference in Religious Belief and Religious Skepticism (Notre Dame: University of Notre Dame Press, 1982), 17, fn. 3, to *Wilfred Sellars*, "Some Reflections on Language-Games," in Science, Perception, and Reality (London: Routledge & Kegan Paul, 1963), chapter 11.

now see a red patch) or analytic self-evidence (if I understand the concept of a triangle I cannot doubt that a triangle is necessarily a plain figure with three angles and three sides). Trying to provide such indubitable justification for beliefs is often referred to as the project of 'strong foundationalism.'[10]

Schwöbel's Postscript to his book offers eight 'criteria' of rationality in theology that are consonant with those six themes. This is especially clear in his contentions that assessment of the rationality of a belief must be done in the context of dialogue with those who hold the belief true; that the beliefs' rationality must always be assessed in relation to the personal actions (cf., 'forms of life') to which they are integral; that (fifth criterion) a belief is shown to be rational when it is shown to be coherent with other sentences (i.e., good reasons) already held true;[11] that (sixth criterion) rational beliefs are always corrigible,[12] thus ruling out 'hard foundationalism;'[13] that (seventh criterion) 'there are material criteria [of rationality] which are internal to certain activities, forms of life or spheres of culture,' i.e. ways of speaking or language games with their own intrinsic rules, such that it 'would appear irrational to demand that one specific set of material criteria of rationality be normative for all different spheres of activity;'[14] and that there is a difference between 'internal and external rationality'[15] (e.g. between the internal rationality of beliefs integral to Christian forms of life) and the rationality of entering into Christian form of life).

3. Misfiring by Changing the Subject

Donald MacKinnon has remarked that any concept of truth which we bring into a theological account of truth but have acquired without reference to Christian belief will be 'radically disciplined and changed' by its re-location into the context of Christian theological reflection.[16] The same can equally well be said about any concept of the *rationality* of beliefs that we have acquired without reference to particularly Christian belief and bring into a theological account of the rationality of Christian belief in particular. The six-themed philosophical discussion of the rationality of belief in general outlined above has been used to frame discussion of the rationality of Christian beliefs in several ways. In very few of them has the discussion been 'radically disciplined and changed' by the particularities of the Christian beliefs whose rationality they seek to exhibit. We shall make a quick tour of three of them that, I suggest, systematically change the subject, failing to address the rationality of Christian beliefs in their concrete particularity. We will then contrast them to two other ways of engaging the six-themed discussion of the rationality of belief (including Schwöbel's), but do so without changing the subject.

[10] For a helpful overview on philosophical and theological non-foundationalism see *John E. Thiel*, Nonfoundtionalism (Minneapolis: Fortress Press, 1994).

[11] *Schwöbel*, God, 141.

[12] Ibid., 142.

[13] Cf. also ibid., 144.

[14] Ibid., 143.

[15] Ibid., 143.

[16] *Donald MacKinnon*, 'The Problem of the "System of Projection" Appropriate to Christian Theological Statements,' in Explorations in Theology 5 (London: SCM Press, 1979), 81.

In general, I suggest, the subject is changed materially when Christian theological sentences are construed as a species of instances of a more inclusive genus, viz., 'religious' sentences. This has been done in at least three ways.

One is to construe Christian theological sentences as religious sentences inasmuch as they are justified by *sui generis* religious experience. For example in *Religious Belief and Religious Skepticism*[17] Gary Gutting argues that the rationality of religious belief, including Christian religious belief, is justified by a perceptual 'experience-of' the presence in the world of a good and powerful nonhuman being concerned about us, whom we call 'God.'[18] Gutting holds there are no reasons to doubt that such experiences occur and are veridical. That experience, and the 'core' Christian belief it justifies ('God exists.'), is 'religious' in that it is about the presence of God, a particular non-human being having the qualities of goodness, power, and concern for us. However, Gutting acknowledges, religious experience-of-God 'provides us much more with *access* to than with *accounts* of God.'[19] No truth claims about God's nature or way(s) of relating to us necessarily follow from reports of such religious experiences. But the core beliefs of the 'noetic structure' of specifically Christian accounts of God consist of far more Christologically particular claims than the comparatively vague claim that 'a good and powerful nonhuman being concerned about us' is present in the world. It is their rationality that is supposed to be under discussion. The subject has systematically been changed by construing Christian theological sentences as instances of sentences that are 'religious' inasmuch as they are justified by 'perceptual experience' of the presence of 'God.'

A second way in which the question is changed materially is when Christian theological sentences are construed as religious sentences inasmuch as they are justified by being instances of a *sui generis* type of discourse, 'religious' discourse. What marks such discourse as 'religious' is that it is governed by the distinctive 'grammar' governing proper use of the word 'God.' The work of D. Z. Phillips provides a much discussed example. Building on remarks in Ludwig Wittgenstein's later writings Phillips urges that the internal rationality of 'religious' discourse lies in its conformity with grammatical 'rules' according to which God's existence must be construed as 'necessary' in contradistinction to the 'contingency' of the existence of all else. Accordingly, scientific research used to justify the rationality of beliefs about contingent creatures' engagements with one another cannot be used to explain the rationality of beliefs about the necessarily existing God's engagements with contingent creatures. The 'grammars' of the two sorts 'explanation' are fundamentally different.[20] Where the sentences of scientific explanations make fact claims, Phillips argues, generically 'religious' sentences – including Christian theological sentences – express *attitudes* toward life as a whole, e.g., veneration or thanksgiving. Here too the material question has been changed from the question about the rationality of holding true Christian theological sentences making truth-claims about God to a question about the rationality of sentences expressing attitudes.

[17] Notre Dame: University of Notre Dame Press, 1982.

[18] Cf., *Gutting*, Religious Belief and Religious Skepticism, 171.

[19] Ibid., 172.

[20] Cf. *D. Z. Phillips*, The Concept of Prayer (London: Routledge & Kegan Paul, 1965). Phillips is building here on *Norman Malcolm*, "The Groundlessness of Belief," in Reason and Religion, ed. *S. Brown* (Ithica, N.Y.: Cornell University Press, 1977).

Finally Alvin Plantinga demonstrates a third way of changing the subject by bringing the six-themed discussion of the rationality of belief in general to bear on discussion of the rationality of Christian beliefs in particular. Initially that suggestion may seem incorrect. Plantinga[21] holds that Christian theological beliefs are inter-related in a 'noetic structure' to which the belief that God exists is conceptually basic. It is a 'properly basic belief' in that the rationality of holding it true does not itself require justification. The justification for that claim is a theological belief. Following John Calvin, Plantinga believes that in creating us God implants in all of us 'an innate tendency, or nisus, or disposition to believe in him [...]'[22] Sin weakens and clouds that disposition. But in some people in their particular life circumstances that disposition is triggered by grace and they find they hold the belief that God exists as a properly basic belief. Such belief is not anomalous. We have many beliefs that, in the appropriate contexts, require no justification to be entirely rational: beliefs that other persons exist, that material objects exist, that the world has existed for more than five minutes, that a certain person is in pain, etc.[23] Here Christian theological sentences are construed as *religious* sentences inasmuch as they are justified by being instances of a *sui generis* type of discourse that makes 'theistic' reality claims that are justified by their basis in a 'properly basic' belief in the reality of God. Unlike Phillips, Plantinga's identifying description of God is not framed metaphysically in terms of 'necessary existence' (not that he denies that God exists 'necessarily') but rather in terms of a personal 'theism' that is shared by Christians and Jews.[24] He characterizes God as 'a *person* of a certain sort – a being who acts, holds beliefs, and has aims and purposes.'[25]

One might conclude that, unlike the previous two ways of framing discussion of the rationality of holding true Christian sentences, this one does not simply change the subject. However I suggest that that would be a mistake. Arguably the sentence that is central and basic to the Christian theological 'noetic structure' is not 'personal God exists.' Calvin himself contends that holding that sentence true is not the heart of the matter; evil spirits also hold it true, and tremble. Rather it is arguable that the central sentence in that noetic structure is 'God is triune,' and holding it true requires justification by beliefs that have traditionally been based on the three ways in which God goes about relating to creatures: to create, to reconcile, and to redeem.

The three was of exhibiting rationality of Christian beliefs share at least two characteristics. First, they each seek to exhibit the rationality of holding true specifically Christian theological sentences by exhibiting the rationality of holding true generically 'religious'

[21] See *Plantinga*, "Reason and Belief in God," in Faith and Rationality, ed. *Alvin Plantinga* and *Nicholas Wolterstorff* (Notre Dame: University of Notre Dame Press, 1983), pp. 16– 93.

[22] Ibid., 65. Cf. *John Calvin*, Institutes of the Christian Religion, transl. *Ford Lewis Battles* (Philadelphia: Westminster Press, 1960), book 1, chapter 3, 43–44. *Plantinga* distinguishes between himself and evidentialist foundationalism on the question of the need to justify the rationality of 'properly basic' beliefs on the grounds that is based on (a theological) theory of human reason ('God creates human reason such that it is as universally inherent in human reason to believe that God exists as it is to believe that material objects exist.') rather than on a (philosophical) theory ('We are entitled to hold true only sentences warranted by incorrigible evidence.')

[23] Ibid., 17,59–60,76.

[24] 'Which God do I mean to speak of? The answer, in brief, is: the God of Abraham, Isaac, and Jacob; the God of Jewish and Christian revelation: the God of the Bible." Ibid., 19.

[25] Ibid., 20.

sentences, whether that is justified by a type of 'religious' perceptual experience, by a *sui generis* type of 'religious' discourse, or by an analysis of creaturely reason in terms provided by a generically 'theistic' discourse. In so doing they explain the 'internal' rationality of holding true theological sentences in their frequently odd Christian particularity in terms of an explanation of the 'external' (to Christian beliefs) rationality of entering into generically 'religious' forms of life. Clearly this is an 'apologetic' move. Second, in each that move seeks to exhibit the rationality of Christian belief by showing that it is justified by human's access to God, but in such a way that it does not justify any particular account of God's nature or ways of relating to us.

In each case the pattern of movement of thought fails to radically discipline and change the six-themed way of discussing the rationality of belief, which was acquired without reference to particularly Christian beliefs, by relocating it in the context of particularly Christian theological reflection. In consequence all three end up, however unintentionally, changing the subject from the rationality of holding true particularly Christian theological claims to the rationality of entering into generically religious forms of life, without the latter implying anything about the rationality of the former – which was the point of the enterprise in the first place.

4. Reversing the Order of the Discussion

To be clear: On my analysis what is problematic about the three ways in which the six-themed philosophical discussion of the rationality of belief in general has been used to frame discussion of the rationality of Christian beliefs, as illustrated by Gutting, Phillips, and Plantinga, is *not* that they engage in apologetics, much less that they engage a philosophical discussion of the rationality of belief in general. The problem is their inadequacy to the 'noetic structure' (to adopt Plantinga's phrase) of Christian theological beliefs in their concrete particularity. That problem can be overcome, I suggest, by reversing the order of the movement of thought in an account of the internal and external rationality of Christian belief: Locating discussion of the 'external' rationality of entering into Christian forms of life and the language games intrinsic to them within and subordinate to a logically prior discussion of the 'internal' rationality of holding true Christian theological sentences. This will be illustrated below by a brief discussion of two quite different examples, Bruce Marshall's *Trinity and Truth*[26] and Christoph Schwöbel's *God: Action and Revelation.*

Granted, there is an important trade-off attached to this reversal in the order in which the six-themed discussion of the rationality of belief is engaged in discussion of the 'internal' and 'external' rationality of specifically Christian beliefs. Self-identified 'communities of Christian faith' seem always to have disagreed about beliefs, some of which have been very near the center of their 'noetic structure.' Indeed, we noted above, Schwöbel urges that it is precisely such dissensus that calls for 'doing systematic theology' in order to propose possible consensus. In any case, however, an account of the rationality of holding true 'Christian' beliefs cannot hope to be adequate to the noetic structure of all

[26] *Bruce Marshall,* Trinity and Truth (Cambridge: Cambridge University Press, 2000).

self-identified communities of Christian faith. Nor can it be deferred until the (eschatological?) time when it is shown that all such communities have misunderstood one another and 'really' do agree on all things theological. Nor is the account entitled to arrogate to itself the role of deciding which self-described 'communities of Christian faith' are or are not truly 'Christian' and discuss only for the former. It can only specify the particular 'communities of Christian faith' the rationality of whose beliefs it seeks to exhibit and acknowledge that its account is limited to them. Marshall and Schwöbel share a focus on communities of Christian faith that are self-identified as classically 'trinitarian.'[27]

Marshall distinguishes sharply between deciding what to hold true, on one side, and defining what 'true' means, on the other. He devotes the first six of his book's nine chapters to the first topic, the question of the 'internal' rationality of Christian beliefs. Only against the background of that discussion and in its context does he turn to the second topic, the 'external' question of the rationality of entering into Christian forms of life.[28]

Marshall grounds his account of the 'internal' rationality of Christian beliefs in Christian-particular forms of life and the language games intrinsic to them, especially liturgical practices centered on eucharistic worship.[29] He postulates that there are always beliefs that are essential to a community's vitality because they are necessary for the group's identity to be sustained. They are 'epistemically primary' in respect to the community's other beliefs. In cases of conflict between beliefs they are the ones consistently held true. The greater the range of beliefs to which they have this relation, the more 'central' they are.[30]

In order for it to be rational one's decision to hold true some sentence requires

> 'criteria of truth, by appeal to which [one] can distinguish true beliefs and utterances from false ones, [...] To ask what criteria should be applied in deciding whether our beliefs are true, [...] is to ask concerning their justification – literally, what gives us right to hold them.'[31]

The criteria are essential 'epistemically prior' beliefs. For any other sentence to be held true it must be coherent with some 'essential' belief. Thus the 'internal' rationality of holding true a Christian theological sentence lies in its epistemic justification.

Marshall acknowledges that in addition to being able to show one's epistemic right to hold true a particular Christian theological sentence, a 'full account of deciding what is true' also needs an account of one's of 'willingness to believe'[32] it. We take up his account of the 'willing' below and focus here on the criteria that must be met by justifying reasons that give 'epistemic right.'

Marshall's thesis is that the 'epistemically primary' belief of the sort of 'Christian' communities he has in mind is a Trinitarian identification of God:

[27] Here 'classical trinitarian' belief may be made somewhat more precise by describing it as 'beliefs about God that are consistent with the Nicene-Constantinopolitan Creed' and the 'Apostles Creed.'

[28] Cf. ibid., 6. Marshall's version of the six-themed type of discussion of the 'internal' rationality of holding Christian theological sentences true is framed in a conversation with the work of the philosopher Donald Davidson.

[29] Cf. ibid., 24– 44.

[30] Cf. Ibid., 45.

[31] Ibid., 6.

[32] Ibid., 7.

'God is the Father who raised the crucified Jew Jesus from the dead and poured out their common Spirit upon all flesh. The one God is identified as the Trinity through the unfolding of a complex narrative which links Israel, Jesus and the church; this narrative identification of the triune God organizes a comprehensive view of all things, and especially of human nature, history, and destiny.'[33] Its scope is 'unrestricted; it must range across all possible beliefs. [...] If we hold true the canonical identification of Jesus we cannot decide about the truth of our philosophy, our politics, or even our science without seeing whether those beliefs are consistent with, and to that extent subject to correction by, the beliefs which identify Jesus.'[34]

By beginning as he does with a focus on concrete forms of life and the language games intrinsic to them, rather than on generically 'religious' forms of life and discourse, Marshall's account avoids systematically changing the question concerning the rationality of a certain sort of Christian community (viz., a 'trinitarian' one) holding true Christian theological sentences.

His proposal is more modest than it might seem.

'Taking the narrative identification of Jesus and the Trinity as *primary* in decisions about truth, [...] is not at all the same thing as taking the beliefs which make up that identification as the *sole* criteria of truth. [...] Thus the unrestricted epistemic primacy of the church's central beliefs can be stated only negatively: no sentences which are *in*consistent with these beliefs can be true [...].'[35]

Moreover, the concrete particularism of the Christological and trinitarian theological sentences that Christian communities centrally hold true can 'permit the acceptance of alien beliefs when its holders meet with good reasons to hold them true.'[36] 'Alien' claims are novel in relation to the community's belief system. The community's central epistemically primary beliefs have the power to assimilate such novel beliefs by finding 'a plausible interpretation of the novel claims which is at least consistent with the church's central beliefs.'[37]

Marshall turns to the question of the 'external' rationality of entering into Christian forms of life and taking on their intrinsic language games in the context of that background account of their 'internal' rationality. It is rational to take on particularly Christian forms of life if the beliefs intrinsic to them are 'true.' Discussion of their truth requires a definition of truth. Marshall develops a theological account of the nature of the truth as 'personal' and not merely propositional. He frames it in terms of the particularities of Christian narratival identification of God as Trinity. It is, he urges, a narrative of the triune God's 'truth bestowing act'[38]: God the 'Father' arranges how things are in the world such that the truth conditions of our beliefs are met.[39] God the risen crucified in-

[33] Ibid., 3; cf. 116.

[34] Ibid., 117–118. This thesis puts Marshall directly at odds with much modern theology which assumes what he calls 'an epistemic dependence thesis.' According to that thesis 'the primary criteria for deciding about the truth of Christian beliefs [...] must not themselves be distinctively Christian' (50), e.g., a theory of veridical religious experience-in-general or a discourse that is religious-in-general. Thus Marshall's analysis of the way the rationality of holding Christian beliefs true is justified completely inverts the more customary analysis that assumes the validity of the 'epistemic dependence' thesis.

[35] Ibid., 118–11

[36] Ibid.

[37] Ibid.,148.

[38] Ibid., 278.

[39] Ibid.

carnate 'Son,' as 'the [visible] icon of the unseen God' (Col. 1:15),' makes accessible[40] to us that God can be trusted to see to it that the truth conditions of our beliefs are met. As such the *person* Jesus *is* the 'truth,' viz., 'the truth of the Father.'[41] Sent among us by the 'Father' the person Jesus is our access to the truth expressed in central Christian beliefs that are, in turn, the criteria by which we decide whether other sentences may be held true. The Spirit 'sees to the holding true of any sentences whose truth conditions are met by the Father and presented to the world by the Son [...].'[42] Here Marshall relies on a distinction we noted above: Entering into forms of life in which Jesus Christ has such unrestricted epistemic primacy requires not only a change of mind that follows on having good reasons to justify the rationality of entering into that form of life but also a certain willingness, a change of heart. '[W]e will have to fall in love with the God who gives himself to the world in Jesus Christ.'[43] Part of the Spirit's role is to effect that change of heart.

Throughout his account of the internal and external rationality of Christian beliefs Marshall is in conversation with the philosopher Donald Davidson. He shares Davidson's insistence that 'truth outruns justification' and cannot simply be defined as 'justified belief.'[44] He agrees with Davidson that 'the notion of truth is much more clear to us – we have a much firmer grip on it – than any concept we might use to analyze of explain it.'[45] He defends Davidson's rejection of coherentist, realist, and anti-realist epistemological theories of truth.[46] But finding Davidson's proposal about the nature of truth inadequate to Christian theological claims,[47] Marshall radically disciplines and changes the Davidsonian account of truth 'acquired without reference to Christian belief' by relocating it in the context of Christian trinitarian reflection.

Where Marshall's account of the rationality of Christian belief focuses on how we decide the truth of theological sentences Schwöbel's account focuses on how best to describe the reality of God. He focuses on the concept of divine personal agency that is fundamental in 'all activities expressing Christian faith'[48] (i.e., in Christian 'forms of life'). '[D]iscourse of divine action must be strictly related to what enables faith as the fundamental act of human agency,'[49] viz. God's prevenient agency passively constituting faith. As we noted in Section 1 above, for Schwöbel the hallmark of 'personal' agency that distinguishes it from 'causal' acts or behaviors is the actor's capacity for intentional actions ordered to the actualization of freely selected ends. In it lies the similarity of human creatures to God by which they bear the 'image of God.'[50] The profoundest dis-similarity between creature and God also lies in their respective personal agency: God as personal

[40] Cf. ibid., 278. 279.

[41] Ibid., p. 270.

[42] Ibid., 280.

[43] Ibid., Cf. 7.

[44] Ibid., 7.

[45] Ibid., 233.

[46] Cf. ibid., 223–241

[47] Cf. ibid., 245–51.

[48] *Schwöbel*, God, 23; cf. 10: Theology 'is the rational reconstruction of what is given manifold expressions in Christian faith as they are presented in prayer, confession of faith and Christian proclamation.'

[49] Ibid., 30.

[50] Ibid., 32.

agent, Schwöbel holds, is always *unconditionally* prior and God's action utterly prevenient. This focus on divine personal agency provides Schwöbel a way to address systematically two theological problems that this essay has noted.

It provides him, first, with a way to clarify how an account of our access to God also entails an account of the 'internal' rationality of Christian claims about the concretely particular ways in which God relates to us and about God's intrinsic reality. We saw in Section 2 above that efforts to exhibit the rationality of holding true Christian theological sentences by construing them as instances of a more generic class of 'religious' sentences may show how we have access to God but in ways that systematically fail to exhibit the rationality of any particularly Christian reality-claims about God and how God relates to us. In contrast to that, the revelatory way in which God relates to us in personal agency has a trinitarian structure (the so-called 'economic trinity): God's personal action 'is essentially creative and universal so that everything that exists presupposes God's creative activity as the condition for its being'[51] (God the 'Father.') It is 'unconditional' personal agency. It 'rests on no other condition than God's creativity.'[52] It passively constitutes creatures, including human personal agents. God's creative relating to them is in no way conditioned by them. That marks the basic ontological distinction. As contingent personal agents they are capable of actively relating to God's relating to them as well as to other creatures' relating to them.[53] They are also capable of denying their contingency on God's personal agency. That is sin. Given the asymmetry of creatures' relation to God, they cannot repair their lost relation to God.[54] That is the 'fall.' God, however, remains faithful to that relation, a truth revealed in the person of Jesus Christ[55] (God the 'Son'). That divine faithfulness reconciles estranged human creatures, restoring the relation that sin had broken. It makes God accessible to creatures in the context of the brokenness of their relation to God, revealing the true character of their reality. Certainty about that truth comes by 'inspiration of the believer by God the Holy Spirit.'[56]

Because of its radical prevenience, the trinitarian structure of God's personal agency in relating to creatures entails a trinitarian identity description of God in Godself independently of and unconditioned by God's relating to creatures at all:

'[D]istinguishing and relating the three types of divine action in creation, revelation, and inspiration as actions of father, Son, and Spirit [in the economy ...] enables us to individuate three different types of action and, at the same time, to identify God as the *one* agent in these three types of action,'[57]

[51] Ibid., 31.

[52] Ibid.

[53] Cf. ibid., 32.

[54] Cf. ibid.

[55] 'The revelation in Jesus Christ reveals nothing other than the relationship of God to the world and to humanity which is established in God's creative action as the condition for the possibility of the appropriate relationship of human beings to God' (ibid., 35).

[56] Ibid., 34.

[57] Ibid. 43; emphasis added. Cf. 91: 'The immanent relationality of God's being is the source and basis of God's relations to the world [...]. God's relational being in the mutual communion of the persons of Father, Son and Spirit, whose relationship toward one another is constituted in forms of action particular to each person [...] is the condition of the possibility of the unitary intention which regulates God's action in the divine economy.'

intrinsically triune (traditionally, the 'immanent trinity'). Because our access to God's ways of actively relating to us are Christocentric, the doctrine of the trinity provides 'the summary description' of 'a fundamental matrix which structures all material statements in Christian dogmatics,'[58] not only about the nature of faith (see Section 1 above) but also about God's being and action.

Second, closely related, Schwöbel's focus on divine personal agency gives him a way to show how address to the question of the 'exterior' rationality of entering into Christian 'forms of life' and their inherent 'language games' can be grounded in a logically prior account of the 'interior' rationality of holding true particularly Christian reality claims. He turns to this in Part II in an account of revelation and experience. His interpretation of each in light of the other[59] is framed in terms of his account of human personal agency.[60] His thesis:

'The self-communication of the triune God as the disclosure of the determination of reality through God's action in creation, reconciliation and perfection is the condition of the possibility of human experience as it is practiced in the determination of reality in acts of interpretation and organization [...],'[61]

practices that are intrinsic to and inseparable from the exercise of human personal agency. Interpreting experience and revelation in light of each other, he argues that the rationality of a move 'into' Christian 'forms of life' can be exhibited in terms of what counts as rationality in experience generally when it is understood in terms of a particularly Christian account of revelation.

Schwöbel's focus on the concept of personal agency in his accounts of the rationality of holding true Christian sentences about God's being offers a fascinating re-formulation of the classical distinction between 'metaphysical' attributes centered on divine perfection and 'relational' attributes framed throughout in terms of God's personal agency.[62] He honors the important role of traditional accounts of the metaphysical attributes in showing the implications of God's creativity for understanding the most general features of the being of creatures. At the same time he urges that the traditional insistence that God's metaphysical attributes cannot be construed as 'personal' is theologically inadequate and can be overcome by explicating them in terms of the personal agency that constitutes the relations among the persons of the 'immanent' trinity, and not in terms of a metaphysical account of 'divinity' that methodologically brackets out God's triunity.

In short, Schwöbel's and Marshall's work show that it is possible to engage in the influential six-themed type of discussion of the rationality of religious belief to illumine the rationality of holding true specifically Christian theological sentences without methodologically changing the subject. At the same time Schwöbel's approach in *God: Action and Revelation* makes an additional major contribution by bringing out the ontological entailments of framing the account in just that way for an account of God's nature. Marshall would not deny that, although he might very well question some of the ways in which Schwöbel formulates his account. Nonetheless Schwöbel's project brings out something

[58] Ibid., 42.
[59] Ibid., 113.
[60] Cf., ibid., 107–9.
[61] Ibid., 119.
[62] Ibid., 46–62

fundamental for both theologians: To commit oneself to framing an account of the rationality of Christian belief in terms of the six-themed type of discussion of the rationality of religious belief is not necessarily to commit oneself to a 'purely formal' procedure that methodologically rules out the possibility of including ontological truth claims in one's account of God.

Christina Drobe

FIDES QUAERENS INTELLECTUM IM GESPRÄCH MIT ANSELM VON CANTERBURY

Die Formulierung *fides quaerens intellectum* erweist sich gemäß der Vorrede von Anselm von Canterburys *Proslogion* als ursprünglicher Titel eben jenes Werkes, dessen Titel im Deutschen mit „Anrede" übersetzt wird.[1] Anselm formuliert damit das Programm seiner Ausführungen, in welchen er sucht, „seinen Geist zur Betrachtung Gottes zu erheben und das zu verstehen [...], was er glaubt."[2] Diese Erhebung des Geistes zur Betrachtung Gottes im Sinne des „*Glaube[ns], der Einsicht sucht*"[3], erfolgt in Form der *Anrede* Gottes: „Wohlan denn, nun auch Du, Herr, mein Gott, lehre mein Herz, wo und wie es Dich suchen soll, wo und wie es Dich finden soll."[4] Die Form der Anrede erachtet Anselm im Hinblick auf die Benennung seines Werkes als so zentral, dass er für seine Überlegungen *Proslogion* als Titel *fides quaerens intellectum* als „angemessener"[5] vorzieht. Nachdem Anselms *Proslogion* (1077/78)[6] seine Abhandlung *Monologion* (1076/77), die im Deutschen den Titel „Selbstgespräch" trägt, vorausgeht, in welcher er „die Rolle von jemandem übernommen [hat], der still bei sich überlegt und dem nachforscht, was er nicht weiß"[7] und die „aus einer Verkettung von Argumenten zusammengesetzt ist"[8], die sich der „Betrachtung der Wesenheit der Gottheit und [...] einige[m] andere[n], das mit einer solchen Betrachtung zusammenhängt,"[9] widmet, stellt sich Anselm im *Proslogion* die Frage, „ob sich nicht vielleicht *ein* Argument finden lasse, das keines anderen als seiner allein bedürfe, um sich zu beweisen, und das allein genüge, um sicherzustellen, dass Gott wahrhaft ist und dass er das höchste Gut ist, das keines anderen bedarf und dessen alles bedarf, um zu sein und gut zu sein [...]."[10] In ähnlicher Weise ergründet Anselm in *Cur deus homo* (1098) im Rahmen eines Gespräches mit seinem Glaubensbruder Boso die Frage „mit welcher Notwendigkeit nämlich und aus welchem Grunde Gott, der doch allmächtig ist, die Niedrigkeit und Schwachheit der menschlichen Natur zu ihrer Wiederherstellung an-

[1] Vgl. *Anselm von Canterbury*, Proslogion. Anrede, Stuttgart 2005, 9.

[2] *Anselm*, Proslogion (s.o. Anm. 1), 9: *[...] conantis erigere mentem suam ad contemplandum deum et quaerentis intellegere quod credit [...]* (8).

[3] *Anselm*, Proslogion (s.o. Anm. 1), 9: *Fides quaerens intellectum* (8).

[4] *Anselm*, Proslogion (s.o. Anm. 1), 15: *Eia nunc ergo tu, domine deus meus, doce cor meum ubi et quomodo te quaerat, ubi et quomodo te inveniat* (14).

[5] *Anselm*, Proslogion (s.o. Anm. 1), 9: *aptius* (8).

[6] Vgl. zur Datierung der Werke Anselms auch im Folgenden: *L. Hödl*, Art. „Anselm von Canterbury", in: *H. R. Balz* et al. (Hg.), Theologische Realenzyklopädie, Band 02, Berlin/New York 1978, 764ff.

[7] *Anselm*, Proslogion (s.o. Anm. 1), 7: *[...] in persona alicuius tacite secum ratiocinando quae nesciat investigantis [...]* (6).

[8] *Anselm*, Proslogion (s.o. Anm. 1), 7: *multorum concatenatione conextum argumentorum* (6).

[9] *Anselm von Canterbury*, Monologion, Stuttgart–Bad Canstatt 1966, 27: *[...] meditanda divinitatis essentia et quibusdam aliis huiusmodi meditationi cohaerentibus* (26).

[10] *Anselm*, Proslogion (s.o. Anm. 1), 7: *[...] si forte posset inveniri unum argumentum, quod nullo alio ad se probandum quam se solo indigeret, et solum ad astruendum quia deus vere est, et quia est summum bonum nullo alio indigens, et quo omnia indigent ut sint et ut bene sint [...], sufficeret* (6).

genommen hat."[11] Somit weisen die drei genannten Werke von Anselm – *Monologion*, *Proslogion* und *Cur deus homo* – eine zentrale Gemeinsamkeit auf: Grundlegende christliche Glaubensinhalte sollen der Vernunft in Form eines Gespräches – als Selbstgespräch, als Anrede Gottes sowie als Gespräch mit einem Glaubensbruder – *sola ratione* als einsichtig erschlossen werden. So heißt es in Bezug auf das Selbstgespräch im *Monologion*: „Wenn einer die *eine* Natur, die höchste von allem, was ist, [...] nicht kennt – sei es, daß er nicht von ihr gehört hat oder daß er nicht an sie glaubt –: so meine ich, daß er sich selbst von dem zum großen Teil [...] wenigstens durch die bloße Vernunft überzeugen kann."[12] In seiner Anrede Gottes im *Proslogion* formuliert Anselm:

„Ich versuche nicht, Herr, Deine Tiefe zu durchdringen, denn keineswegs messe ich meinen Verstand mit ihr; doch ein wenig will ich Deine Wahrheit verstehen, die mein Herz glaubt und liebt. Ich suche ja auch nicht zu verstehen, um zu glauben, sondern glaube, um zu verstehen. Denn auch das glaube ich: Wenn ich nicht glaube, werde ich nicht verstehen."[13]

Analog dazu lässt Anselm in *Cur deus homo* Boso zu Beginn des Gespräches folgende Bitte äußern:

„Wie die rechte Ordnung verlangt, daß wir die Tiefen des christlichen Glaubens zuerst glauben, bevor wir uns erkühnen, sie mit der Vernunft zu erörtern: scheint es mir eine Nachlässigkeit, wenn wir, nachdem wir im Glauben gefestigt sind, uns nicht zu verstehen bemühen, was wir glauben. Darum ersuche ich dich [...], mir zu erschließen, was, wie du weißt, viele mit mir erbitten [...]."[14]

In diesen drei die jeweilige Abhandlung einleitenden Bemerkungen setzt Anselm im Hinblick auf die Rolle der Vernunft im Verstehensprozess sowie das Verhältnis von Glaube und Vernunft unterschiedliche Akzente: Im *Monologion* schreibt er der Vernunft eines Menschen, der Gott *nicht* kennt und für den Gott dementsprechend wenigstens nicht explizit ein Gegenstand des Glaubens zu sein vermag, die Fähigkeit zu, den Menschen vermittelt durch ein Selbstgespräch in Bezug auf Dinge, welche die höchste Natur betreffen, überzeugen zu können, wobei er diese Annahme durch die Formulierung „zum größten Teil" einschränkt sowie ihr ausschließlich Überzeugungskraft und gerade nicht die Wirkung des Glaubens zuschreibt. In welchem Verhältnis eine die Vernunft adressierende Überzeugungskraft und der Glaube an Gott stehen, präzisiert Anselm im *Proslogion*, in dem der Glaube mit der Formel *credo ut intelligam* als Voraussetzung, als Bedingung allen Verstehens erscheint, was insofern in *Cur deus homo* noch einmal gesteigert wird, als ein gefestigter Glaube nicht nur als Bedingung des Verstehens begriffen wird, sondern es solcher sogar fordert. Aus eben jenen einleitenden Bemerkungen ergeben sich hinsichtlich des Verhältnisses von Glaube und Vernunft bei Anselm verschiedene Fragen:

[11] *Anselm von Canterbury*, Cur deus homo. Warum Gott Mensch geworden, Darmstadt 1965, 13: *qua necessitate scilicet et ratione deus, cum sit omnipotens, humilitatem et infirmitatem humanae naturae pro eius restauratione assumpserit* (12).

[12] *Anselm*, Monologion (s.o. Anm. 9), 41: *Si quis unam naturam, summam omnium quae sunt [...], aut non audiendo aut non credendo ignorat: puto quia ea ipsa ex magna parte, [...] potest ipse sibi saltem sola ratione persuadere* (40).

[13] *Anselm*, Proslogion (s.o. Anm. 1), 21: *Non tento, domine, penetrare altutudinem tuam, quia nullatenus comparo illi intellectum meum; sed desidero aliquatenus intelligere veritatem tuam, quam credit at amat cor meum. Neque enim quaero intelligere ut credam, sed credo ut intelligam. Nam et hoc credo: quia ‚nisi credidero, non intelligam'* (20).

[14] *Anselm*, Cur deus homo (s.o. Anm. 11), 11ff.: *Sicut rectus ordo exigit ut profunda Christianae fidei prius credamus, quam ea praesumamus ratione discutere, ita negligentia mihi videtur, si, postquam confirmati sumus in fide, non studemus quod credimus intelligere. [...] a te peto mihi aperiri quod, ut scis, plures mecum petunt* (10ff.).

- Aus welchem Grund sind nach Anselm christliche Glaubensinhalte *sola ratione* zu verstehen?
- Inwiefern erweisen sich Anselm folgend die Wahrhaftigkeit Gottes sowie die Menschwerdung vernunftgemäß als notwendig?
- Weshalb wählt Anselm zur Erörterung der christlichen Glaubensinhalte die Form des Gespräches im Allgemeinen bzw. die Form des Selbstgesprächs, der Anrede Gottes sowie des Gespräches mit einem Glaubensbruder im Besonderen?

Anhand der genannten Fragen soll im Folgenden das Verhältnis von Glaube und Vernunft im Sinne Anselms gleichermaßen in Form eines fiktiven Gespräches zwischen der Verfasserin des vorliegenden Beitrages, die im Folgenden als *Christin* bezeichnet wird, und Anselm erörtert werden, das verstehen möchte, warum und auf welche Weise der Glaube nach Einsicht sucht. Dabei tritt Anselm (A.) als derjenige auf, der (der) Christin (C.) Verständnisfragen im Hinblick auf seine theologischen Ausführungen stellt, die (die) Christin mit Bezug auf Anselm nach Möglichkeit so zu erläutern und zu interpretieren hat, dass Anselm dem zustimmen könnte.

1. *Die vernünftige Natur in ihrer Bestimmung zur* beatitudo

A. Kannst du mir erklären, aus welchem Grund meiner Ansicht nach der Glaube nach Einsicht suchen soll? Denn in der biblischen Überlieferung heißt es doch immer wieder, dass das Heil des Menschen allein im Glauben an Jesus Christus liegt, dass allein der Glauben rechtfertigt und rettet: Dem Gelähmten werden aus Glauben seine Sünden vergeben (Mt 9,2), wer glaubt, dem wird das ewige Leben verheißen (Joh 3,16), und das Evangelium offenbart die Gerechtigkeit Gottes, „welche kommt aus Glauben in Glauben" (Röm 1,17).

C. In *Cur deus homo* erörterst du, warum Gott zur Wiederherstellung[15] der menschlichen Natur Mensch werden musste, indem du in Buch I die Erlösungsbedürftigkeit des Menschen aufzeigst und in Buch II erläuterst, auf welche Weise Christus den Menschen erlöst und bewirkt, „daß das mit dem Menschen geschehe, um dessentwillen er geschaffen wurde."[16] „Wiederherstellung" bedeutet demnach in diesem Zusammenhang kein Zurücksetzen auf einen Urzustand, was sich heute zum Beispiel mit dem Neustart einer Systemsoftware vergleichen ließe und eindrücklich in der Filmtrilogie *Matrix* (USA 1999-2003) illustriert wurde, sondern meint in einem teleologischen Sinn die Verwirklichung der dem Menschen von Gott her zuteil werdenden Bestimmung, die du als *beatitudo* bezeichnest:

„Daß die vernünftige Natur von Gott gerecht erschaffen wurde, um in seinem Genusse selig zu werden, darf nicht bezweifelt werden. Denn deshalb ist sie vernünftig, daß sie zwischen gerecht und ungerecht, zwischen gut und bös, zwischen mehr und weniger gut unterscheiden könne. Sonst wäre sie vergebens vernünftig geschaffen worden. Aber Gott hat sie nicht vergebens vernünftig geschaffen. Auf ähnliche Weise läßt sich beweisen, daß sie dazu die Fähigkeit zu unterscheiden erhielt, damit sie das Böse hasse und

[15] Vgl. u.a. *Anselm*, Cur deus homo (s.o. Anm. 11), 17: *restauratio* (16).

[16] *Anselm*, Cur deus homo (s.o. Anm. 11), 3: *[...] ut hoc fiat de homine propter quod factus est* (2).

meide und das Gute liebe und erwähle und das mehr Gute mehr liebe und erwähle. [...] Damit sie also nicht umsonst vernünftig sei, wurde sie dafür zugleich vernünftig und gerecht erschaffen. Wenn sie gerecht geschaffen wurde, um das höchste Gut zu erwählen und zu lieben, wurde sie dazu geschaffen, um entweder einst zu erlangen, was sie lieben und erwählen soll, oder nicht. Ist sie aber nicht dazu gerecht gemacht worden, um das, was sie so liebt und erwählt, zu erlangen, ist sie umsonst so geschaffen worden, um es so zu lieben und zu erwählen [...]. Deshalb ist die vernünftige Natur gerecht geschaffen worden, damit sie im Genusse des höchsten Gutes, das ist Gottes, selig sei."[17]

Somit bildet die vernunftgemäße Erkenntnis Gottes als des höchsten Gutes ein wesentliches Element zur Verwirklichung der Seligkeit, wie du sie verstehst, weil eine vernünftige Natur nur auf diese Weise gerecht zu sein und darin im Genuss Gottes selig zu werden vermag, denn die Fähigkeit, das Gute zu erkennen, erweist sich als Voraussetzung dafür, das Gute zu lieben und zu erwählen. Dementsprechend sagst du, dass es der vernünftigen Natur „gegeben ist zu verstehen, was sie soll. Will sie, was sie soll, ehrt sie Gott [...], weil sie sich freiwillig seinem Willen und seiner Anordnung unterwirft und ihren Platz in der Dinge All und die Schönheit dieses Alls, soweit es an ihr liegt, wahrt."[18] Daher soll aller

„Wille der vernunftbegabten Schöpfung [...] dem Willen Gottes unterworfen sein. [...] Das ist die Gerechtigkeit oder Geradheit des Willens, die gerecht oder geraden Herzens, das heißt Willens, macht. [...] Denn einzig ein solcher Wille wirkt Gott wohlgefällige Werke, falls er handeln kann; und wenn er es nicht kann, so ist er für sich allein wohlgefällig, denn kein Werk ist ohne ihn wohlgefällig."[19]

Der Maßstab für das, was die vernünftige Natur als gut und gerecht erfasst, liegt demnach in dem, der sie geschaffen hat, in Gott selbst, denn „der Wille Gottes ist niemals unvernünftig."[20] Damit kann für den Menschen als von Gott geschaffene vernünftige Natur nur das als vernünftig erkannt werden, was dem Willen Gottes entspricht. Ist der Mensch in diesem Sinne vernünftig und gerecht, verwirklicht er deiner Argumentation folgend seine Bestimmung zur *beatitudo*, die biblisch nach Gen 1,17 der Bestimmung des Menschen zum Ebenbild Gottes entspricht, was du im *Monologion* wie folgt auslegst:

„Denn wenn dieser [der geschöpflich-vernünftige, C.D.] Geist allein aus allem, was geschaffen wurde, sich seiner bewußt und erkennend und liebend sein kann, sehe ich nicht, warum verneint werden soll, daß in ihm das wahre Abbild jener Wesenheit ist, die durch Bewußtsein ihrer selbst und Erkenntnis und Liebe in einer unaussprechlichen Dreifaltigkeit besteht. Oder sicherlich beweist er dadurch wahrer, ihr Abbild zu sein, als er sich ihrer bewußt werden, sie erkennen und lieben kann. [...] Es kann aber durchaus nicht ge-

[17] *Anselm*, Cur deus homo (s.o. Anm. 11), 91ff.: *Rationalem naturam a deo factam esse iustam, ut illo fruendo beata esset, dubitari non debet. Ideo namque rationalis est, ut discernat inter iustum et iniustum , et inter bonum et malum, et inter magis bonum et minus bonum. Alioquin frustra facta esset rationalis. Sed deus non fecit eam rationalem frustra. Quare ad hoc eam factam esse rationalem dubium non est. Simili ratione probatur quia ad hoc accepit postestatem discernendi, ut odisset et vitaret malum, ac amaret et eligeret bonum, atque magis bonum magis amaret et eligeret. [...] Ut igitur frustra non sit rationalis, simul ad hoc rationalis et iusta facta est. Quod si ad summum bonum eligendum et amandum iusta facta est, aut talis ad hoc facta est, ut aliquando assequeretur quod amaret et eligeret, aut non. Sed si ad hoc iusta non est facta, ut quod sic amat et eligit assequatur, frustra facta est talis, ut sic illud amet et eligat [...]. Quapropter rationalis natura iusta facta est, ut summo bono, id est deo, fruendo beata esset* (90). Ein ähnlicher Gedanke findet sich bereits in den Kapiteln 68 und 69 des *Monologion.*

[18] *Anselm*, Cur deus homo (s.o. Anm. 11), 49: *[...] datum est intelligere quid debeat. Quae cum vult quod debet, deum honorat [...], quia sponte se eius voluntati et dispositioni subdit, et in rerum universitate ordinem suum et eiusdem universitatis pulchritudinem, quantum in ipsa est, servat* (48).

[19] *Anselm*, Cur deus homo (s.o. Anm. 11), 41: *[...] voluntas rationalis creaturae subiecta debet esse voluntati dei. [...]. Haec est iustitia sive rectitudo voluntatis, quae iustos facit sive rectos corde [...]. Sola namque talis voluntas opera facit placita deo, cum potest operari; et cum non potest, ipsa sola per se placet, quia nullum opus sine illa placet* (40).

[20] *Anselm*, Cur deus homo (s.o. Anm. 11), 25: *[...] voluntas manque dei numquam est irrationabilis* (24).

dacht werden, daß dem vernünftigen Geschöpfe von Natur aus etwas so Vorzügliches und der höchsten Weisheit so Ähnliches gegeben wurde wie dies, daß es dessen gedenken und das erkennen und lieben kann, was das Beste und Größte von allem ist. Nichts anderes also ist in ein Geschöpf hineingelegt worden, das so das Abbild des Schöpfers zur Schau trägt."[21]

Der Mensch erfüllt also dann seine Bestimmung zum Bild Gottes, wenn er seinen Willen dem göttlichen Willen freiwillig unterwirft, indem er eben jenen als vernünftig und gerecht (an-)erkennt, so dass er durch die Wahrung der gottgegebenen Ordnung und Schönheit des Alls seinem Herrschaftsauftrag nach Gen 1,18 gerecht wird. Nun dankst du Gott im *Proslogion* dafür, dass er dich zu seinem Bild erschaffen hat, und bekennst aufgrund der Macht der Sünde gleichzeitig deine Unfähigkeit deine Bestimmung zum Bild Gottes zu verwirklichen:

„Ich bekenne, Herr, und sage Dank, dass Du in mir dieses Dein Bild erschaffen hast, auf dass ich, Deiner eingedenk, Dich denke, Dich liebe. Aber so sehr ist es durch das nagende Laster zerstört, so sehr durch den Rauch der Sünden geschwärzt, dass es nicht bewirken kann, wozu es gemacht ist, wenn Du es nicht wieder neu machst und wiederherstellst."[22]

Wenn der Mensch zur Verwirklichung des Bildes Gottes vernünftig und gerecht erschaffen wurde, dann geht eine solche Zerstörung des Bildes Gottes im Menschen einher mit der Unfähigkeit, Gut und Böse, gerecht und ungerecht voneinander unterscheiden zu können, so dass der Mensch die Güte und Gerechtigkeit des göttlichen Willens wegen der Knechtschaft seines Willens nicht lieben, im Genuss Gottes nicht selig werden und somit seine Bestimmung nicht verwirklichen kann. Soll nun wie oben angeführt mit dem Menschen das geschehen, um dessentwillen er gemäß des göttlichen Willens geschaffen wurde, muss Gott die vernünftige und gerechte Natur des Menschen in einer Weise wiederherstellen, die es ihm erlaubt, seiner Bestimmung zu entsprechen. Dies geschieht nach der biblischen Überlieferung wie in den oben genannten Beispielen angeführt durch den Glauben an Jesus Christus, in welchem Gott dem Menschen seine Güte und seine Gerechtigkeit offenbart, ihn seinen Willen dem göttlichen Willen unterwerfen und ihn dementsprechend leben lässt. Da du jedoch in *Cur deus homo* davon ausgehst, dass der Mensch zu einer Seligkeit geschaffen ist, „die in diesem Leben nicht erreicht werden kann"[23], sucht der Mensch im Glauben an Jesus Christus bis zur vollendeten Verwirklichung seiner Seligkeit im vollen Genusse Gottes nach Einsicht in den vernünftigen und gerechten Willen Gottes, was du im *Proslogion* beschreibst: „Du hast mich erschaffen und wiederhergestellt und all meine Güter hast Du mir zuteil werden lassen – und noch kenne ich Dich nicht. Ja, um Dich zu schauen, bin ich geschaffen worden – doch habe ich noch nicht getan, wozu ich erschaffen wurde."[24] Indem sich im Glauben

[21] *Anselm*, Monologion (s.o. Anm. 9), 195: *Nam si mens ipsa sola ex omnibus quae facta sunt, sui memor et intelligens et amans esse potest: non video cur negetur esse in illa vera imago illius essentiae, quae per sui memoriam et intelligentiam et amorem in trinitate ineffabili consistit. Aut certe inde verius esse illius se probat imaginem, quia illius potest esse memor, illam intelligere et amare. […] Omnino autem cogitari non potest rationali creaturae naturaliter esse datum aliquid tam praecipuum tamque simile summae sapientiae, quam hoc quia potest reminisci et intelligere et amare id, quod optimum et maximum est omnium. Nihil igitur aliud est inditum alicui creaturae, quod sic praeferat imaginem creatoris* (194).

[22] *Anselm*, Proslogion (s.o. Anm. 1), 21: *Fateor, domine, et gratias ago, quia creasti in me hanc imaginem tuam, ut tui memor te cogitem, te amem. Sed sic est abolita attritione vitiorum, sic est offuscata fumo peccatorum, ut non possit facere ad quod facta est, nisi tu renoves et reformes eam* (20).

[23] *Anselm*, Cur deus homo (s.o. Anm. 11), 39: *[…] quae in hac vita haberi non potest […]* (38).

[24] *Anselm*, Proslogion (s.o. Anm. 1), 17: *Tu me fecisti et refecisti, et omnia mea bona tu mihi contulisti, et nondum novi te. Denique ad te videndum factus sum, et nondum feci propter quod factus sum* (16).

an Christus die Güte und Gerechtigkeit Gottes, die Bestimmung zum Bilde Gottes sowie das Verfehlen der Verwirklichung eben jener Bestimmung erschließt, wird der Wille des Menschen frei zur Geradheit des Willens, der freiwillig dem göttlichen Willen vernünftig und gerecht entsprechen will. Dass somit in deinem Sinne nicht die menschliche Vernunft zum Glauben, sondern der Glaube zur Vernunft im Hinblick auf die freiwillige Unterwerfung des menschlichen Willens unter den guten und gerechten Willen Gottes führt, entspricht dem oben angeführten biblischen Zeugnis, nach dem allein der Glaube gerecht macht und rettet, was du wie bereits zitiert wie folgt formulierst: „Ich suche ja auch nicht zu verstehen, um zu glauben, sondern glaube, um zu verstehen. Denn auch das glaube ich: Wenn ich nicht glaube, werde ich nicht verstehen."[25] Der Glaube an Christus kann, soll und darf also aufgrund der sich ihm erschließenden Bestimmung der menschlichen Natur zur *beatitudo*, die in der Verwirklichung des Bildes Gottes besteht, nach Einsicht in die Güte und Gerechtigkeit des Willens Gottes suchen.

2. Die vernunftgemäße Notwendigkeit der Wahrhaftigkeit und der Menschwerdung Gottes

A. Das hast du nachvollziehbar erklärt. Um entscheiden zu können, inwieweit ich dem voll zustimmen kann, muss ich darüber noch eine Weile nachdenken. Zunächst möchte ich dich jedoch erst einmal um Folgendes bitten: Nachdem du nun erläutert hast, *warum* der Glaube nach Einsicht suchen soll, interessiert mich, zu welchen vernunftgemäßen Einsichten der Glaube zu gelangen, also *was* der Glauben einzusehen vermag. Kannst du mir hierfür Beispiele ausführen?

C. Bevor ich dazu konkrete Beispiele aus deinen Schriften heranziehe, lässt sich meines Erachtens nach allgemein sagen, dass im Sinne des oben Geschilderten der Glaube seine Inhalte als vernunftgemäß erkennt oder negativ formuliert: Der Glaube erkennt, dass seine Inhalte nicht widervernünftig sind und der Vernunft nicht widersprechen. Dies veranschaulichst du durch deine Argumentation im *Proslogion* hinsichtlich der Wahrhaftigkeit Gottes, die wir als ontologischen Gottesbeweis bezeichnen: Gemäß des christlichen Glaubens ist Gott in deinem Verständnis etwas,

> „über das hinaus nichts Größeres gedacht werden kann. [...] Und gewiss kann das, über das hinaus nichts Größeres gedacht werden kann, nicht allein im Verstande sein. Denn wenn es nur im Verstande allein ist, so kann man denken, es sei auch in der Wirklichkeit, was größer ist. Wenn also das, über das hinaus Größeres nicht gedacht werden kann, im Verstande allein ist, so ist eben das, über das hinaus Größeres nicht gedacht werden kann, dasjenige, über das hinaus Größeres gedacht werden kann. Das aber kann mit Sicherheit nicht der Fall sein. Es existiert also ohne Zweifel etwas, über das hinaus Größeres nicht gedacht werden kann, [und zwar] sowohl im Verstande als auch in der Wirklichkeit."[26]

[25] *Anselm*, Proslogion (s.o. Anm. 1), 21: *Neque enim quaero intelligere ut credam, sed credo ut intelligam. Nam et hoc credo: quia ‚nisi credidero, non intelligam'* (20).

[26] *Anselm*, Proslogion (s.o. Anm. 1), 23: *[...] aliquid quo nihil maius cogitari possit. [...] Et certe id quo maius cogitari nequit, non potest esse in solo intellectu. Si enim vel in solo intellectu est, potest cogitari esse et in re, quod maius est. Si ergo id quo maius cogitari non potest, est in solo intellectu: id ipsum quo maius cogitari non potest, est quo maius cogirati potest. Sed certe hoc esse non potest. Existit ergo procul dubio aliquid quo maius cogitari non valet, et in intellectu et in re* (22).

Das zitierte Argument bewirkt bei demjenigen, der sagt, es sei kein Gott,[27] nicht den Glauben an Gott, denn die Quelle der Glaubenseinsicht ist Gott selbst und nicht der menschliche Verstand, was dem bereits dargestellten Gedanken, dass nicht die menschliche Vernunft zum Glauben führt, sondern der Glaube nach Einsicht sucht, entspricht: „So denn, Herr, *der Du die Glaubenseinsicht schenkst*, gib mir, soweit Du es für nützlich erachtest, dass ich verstehe, dass Du bist, wie wir es glauben, und dass Du das bist, was wir glauben.“[28] Demnach erschließt der ontologische Gottesbeweis für denjenigen, dem der Glaube gegeben ist, die Vernunftgemäßheit des Glaubens an die Wahrhaftigkeit Gottes: „Dank Dir, guter Herr, Dank Dir, weil ich das, was ich früher durch Dein Geschenk geglaubt habe, jetzt durch Deine Erleuchtung so verstehe, dass ich, wollte ich nicht glauben, dass Du bist, es nicht nicht verstehen könnte.“[29] Wird die Wahrhaftigkeit Gottes von einem Glaubenden als vernünftig erfasst, lässt sich der Gedanke, Gott sei nicht, verstandesgemäß nicht mehr begreifen: „Niemand freilich, der versteht, was Gott ist, kann denken, Gott sei nicht [...]. Gott nämlich ist das, über das hinaus Größeres nicht gedacht werden kann. Wer das recht versteht, der versteht durchaus, dass dies so ist, dass es nicht einmal im Denken so sein kann. Wer also versteht, dass Gott derart ist, kann ihn nicht als nicht seiend denken.“[30] Dennoch zeigt sich der ontologische Gottesbeweis auch für denjenigen, der „in seinem Herzen gesprochen hat: Es ist kein Gott“[31], verstandesgemäß nicht als völlig unzugänglich. Um das herauszuarbeiten, unterscheidest du zwei verschiedene Arten des Verstehens: Wenn einer, der annimmt, es sei kein Gott, hört, wie du Gott verstehst, nämlich als

> „etwas, über das hinaus nichts Größeres gedacht werden kann, so versteht er ganz gewiss, was er hört, und was er versteht, ist in seinem Verstande, auch wenn er nicht [im Herzen, C.D] versteht, dass dies ist. Eines nämlich ist es, wenn eine Sache im Verstande ist, etwas anderes, wenn man [im Herzen, C.D.] versteht, *dass* eine Sache ist. [...] So wird also auch der Tor überzeugt, dass etwas, über das hinaus nichts Größeres gedacht werden kann, zumindest im Verstande ist, weil er das versteht, wenn er es hört; und was auch immer verstanden wird, ist im Verstande. [...] Anders nämlich denkt man ein Ding, wenn der bezeichnende Laut gedacht wird, anders [jedoch], wenn eben dasjenige, was ein Ding ist, verstanden wird. Daher kann man auf die erste Weise denken, Gott sei nicht, auf die letztere hingegen keinesfalls.“[32]

Somit liegt den beiden Arten des Verstehens eine Unterscheidung von Zeichen und Bezeichnetem zugrunde, weshalb es verstandesgemäß möglich ist, ein Zeichen dem Laut nach zu verstehen, was jedoch nicht notwendig mit der Erkenntnis des Bezeichneten – im vorliegenden Argument mit der Erkenntnis Gottes – selbst einhergeht, weil du eben

[27] Vgl. *Anselm*, Proslogion (s.o. Anm. 1), 23: *non est deo* (22).

[28] *Anselm*, Proslogion (s.o. Anm. 1), 21 [kursiv, C.D.]: *Ergo, domine,* qui das fidei intellectum, *da mihi, ut quantum scis expedire intelligam, quia es sicut credimus, et hoc es quod credimus* (20).

[29] *Anselm*, Proslogion (s.o. Anm. 1), 27: *Gratias tibi, bone domine, gratias tibi, quia quod prius credidi te donante, iam sic intelligo te illuminante, ut si te esse nolim credere, non possim non intelligere* (26).

[30] *Anselm*, Proslogion (s.o. Anm. 1), 27: *Nullus quippe intelligens id quod deus est, potest cogitare quia deus non est [...]. Deus enim est id quo maius cogitari non potest. Quod qui bene intelligit, utique intelligit id ipsum sic esse, ut nec cogitatione queat non esse. Qui ergo intelligit sic esse deum, nequit eum non esse cogitare* (26).

[31] *Anselm*, Proslogion (s.o. Anm. 1), 23: *[...] dixit [...] in corde suo: non deus est* (22).

[32] *Anselm*, Proslogion (s.o. Anm. 1), 23ff. [kursiv, C.D.]: *[...] ‚aliquid quo maius nihil cogitari potest', intelligit quod audit; et quod intelligit in intellectu eius est, etiam si non intelligat [in corde, C.D.] illud esse. Aliud enim est rem esse in intellectu, aliud intelligere [in corde, C.D.] rem esse. [...] Convincitur ergo etiam insipiens esse vel in intellectu aliquid quo nihil maius cogitari potest, quia hoc cum audit intelligit, et quidquid intelligitur in intellectu est. [...] Aliter enim cogitatur res cum vox eam significans cogitatur, aliter cum id ipsum quod res est intelligitur. Illo itaque modo potest cogitari deus non esse, isto vero minime* (22ff.).

jene Erkenntnis als Einsicht des Glaubens, die du im Herzen verortest, begreifst, deren Quelle Gott allein ist und die durch den menschlichen Verstand nicht konstituiert werden kann. Eine solche Unterscheidung von Zeichen und Bezeichnetem in Bezug auf Glaubensinhalte bietet im Zusammenhang der Herausforderungen unserer heutigen globalisierten, auch religiös pluralisierten multikulturellen Gesellschaft nach Christoph Schwöbel Schutz vor religiös motiviertem Fundamentalismus, indem zum einen die Glaubenseinsicht als durch Gott extern konstituiert begriffen werden darf und zum anderen das religiöse Zeichen als das ebenfalls extern von Gott im Rahmen der Erleuchtung der Vernunft konstituierte Symbol für das Bezeichnete nicht mit dem Gegenstand des Glaubens selbst verwechselt werden kann.[33] Dementsprechend ist der ontologische Gottesbeweis für denjenigen, der annimmt, Gott sei nicht, auf der sprachlichen Ebene nachvollziehbar, im Sinne der Glaubenseinsicht, in der dem Menschen die Wahrhaftigkeit Gottes im Herzen erschlossen ist, jedoch nicht, weshalb du denjenigen, der spricht, Gott sei nicht, im Hinblick auf die Ermangelung dieser Einsicht in Gott als den Bezeichneten auch als „Tor“[34] bezeichnest. Ist allerdings einem Menschen die Glaubenseinsicht der Wahrhaftigkeit Gottes durch Gott gegeben, lässt sich der Gedanke, Gott sei nicht, nicht mehr denken, weil er die Notwendigkeit der Wahrhaftigkeit Gottes begreift und im ontologischen Gottesbeweis vernunftgemäß als Erleuchtung des Verstandes auszudrücken vermag. Indem nun als vernünftig gelten darf, dass Gott als der, über den hinaus nichts Größeres gedacht werden kann, notwendig auch wahrhaftig ist, darf deiner Argumentation folgend auch angenommen werden, dass „Gott all das ist, was besser zu sein als nicht zu sein ist [...]. Darum bist Du gerecht, wahrhaftig, selig und alles, was besser ist zu sein, als nicht zu sein. Denn es ist besser, gerecht zu sein, als nicht gerecht, selig, als nicht selig.“[35]

[33] Die Aufhebung der Unterscheidung von Zeichen und Bezeichnetem hingegen kann in konkreten Auseinandersetzungen verschiedener Glaubensgemeinschaften zu einem „Krieg der Symbolwelten“ führen, was *C. Schwöbel* angesichts der heutigen gesamtgesellschaftlichen Situation in seinem Aufsatz „Ist der Konflikt der Zivilisationen ein Religionskrieg?“, in: *Ders.*, Gott im Gespräch, Tübingen 2011, 48f. wie folgt beschreibt: „Es ist kein Zufall, daß die dramatischen Konfliktsituationen im Konflikt der Kulturen als Symbolauseinandersetzungen erscheinen, als Krieg der Symbolwelten. Nicht nur der Angriff auf das World Trade Center und das Pentagon am 11. September 2001 hatte eine unübersehbare symbolische Dimension eines Angriffs auf das symbolische Zentrum der globalisierten kapitalistischen Wirtschaft oder das Herz des als hegemoniale Macht interpretierten amerikanischen Militärs. Diese symbolische Dimension charakterisiert auch die Symbolauseinandersetzungen in der Gesellschaft der Bundesrepublik, vom ‚Kruzifix–Streit‘ zum ‚Kopftuch–Streit‘ [...] [wie auch, C.D.] den Auseinandersetzungen um die Moscheebaupläne. [...] Damit verschiebt sich der Charakter der Auseinandersetzung. Es geht nicht mehr um die Frage, wie das Kruzifix die Erinnerung an das Leiden Jesu Christi als Versöhnung Gottes mit der Welt und als Aufruf zur Versöhnung unter den Menschen zur Darstellung bringt, sondern allein um die Zulässigkeit der Dominanz des zentralen christlichen Symbols in öffentlichen Räumen. Der Streit um das Kopftuch beschäftigt sich nicht mit der Stellung von muslimischen Frauen, die ihre Identität durch das Kopftuch demonstrieren wollen, im öffentlichen Leben der Gesellschaft, sondern allein mit der Berechtigung, in dieser Weise seine religiöse Identität z.B. in staatlichen Institutionen darzustellen. [...] Eine ebenso problematische Ausrichtung zeigt sich auch in der gegenwärtigen Auseinandersetzung um Moscheebauten in deutschen Großstädten: Geht es noch darum, daß muslimische Gläubige einen Ort für ihre religiöse Praxis finden und damit auch eine religiöse Beheimatung in einer Gesellschaft, die mehrheitlich von anderen religiösen und weltanschaulichen Orientierungen geprägt ist, oder geht es um symbolische Repräsentation von religiöser Präsenz in einer Gesellschaft und um die Frage, inwieweit diese toleriert werden kann?“

[34] *Anselm*, Proslogion (s.o. Anm. 1), 23ff.: *insipiens* (22ff.).

[35] *Anselm*, Proslogion (s.o. Anm. 1), 29: *[...] deus sit quidquid melius est esse quam non esse [...]. Tu es itaque iustus, verax, beatus, et quidquid melius est esse quam non esse. Melius namque est esse iustum quam non iustum, beatum quam non beatum* (28).

Ein weiteres Beispiel für deine Absicht, christliche Glaubensinhalte als vernunftgemäß aufzuzeigen, ist deine Abhandlung *Cur deus homo*, in der du erläuterst, warum sich die Menschwerdung Gottes als vernunftgemäß auffassen lässt, wobei auch hier den oben unterschiedenen Arten des Verstehens folgend die vernünftige Argumentation nicht die Glaubenseinsicht konstituiert, sondern die Glaubensinhalte durch die Gott gegebene Erleuchtung der Vernunft im Zusammenhang der Bestimmung der vernünftigen Natur zur *beatitudo* verstanden werden dürfen. Als Gott gegebene Glaubenseinsichten, die du als Voraussetzungen für deine Argumentation, welche du mit „Beiseitesetzung Christi"[36] sowie „einzig mit der Vernunft"[37] führen willst, legst du fest, dass „unter uns fest[stehe], daß der Mensch zur Seligkeit geschaffen sei, die in diesem Leben nicht erreicht werden kann, und daß niemand ohne Nachlaß der Sünden dazu gelangen kann; ferner daß kein Mensch ohne Sünde durch dieses Leben geht; und anderes mehr, dessen Glaube zum ewigen Heile notwendig ist."[38] Als Voraussetzungen deiner Ausführungen sind die genannten Glaubenseinsichten also in *Cur deus homo* nicht Gegenstand deiner Argumentation, welche ausschließlich auf Grundlage der genannten Voraussetzungen zu erörtern beabsichtigt, „aus welchem Grunde nämlich und aus welcher Notwendigkeit Gott Mensch geworden sei und durch seinen Tod, wie wir glauben und bekennen, der Welt das Leben wiedergeschenkt habe, da er das doch entweder durch eine andere Person [...] oder durch den bloßen Willen hätte tun können."[39] Demnach bedeutet *remoto Christo* und *sola ratione*, dass die Argumentation ausschließlich die Menschwerdung Gottes außer Acht lassen und allein mit der Vernunft als vernunftgemäß – jedoch unter den genannten Voraussetzungen – erschließen will. *Remoto Christo* wie auch *sola ratione* bedeuten somit *nicht*, dass *sämtliche* Glaubensinhalte im Zusammenhang der Argumentation außer Acht zu lassen sind. Nur wenn die Bestimmung des Menschen zur Seligkeit, die Unmöglichkeit von deren Verwirklichung in diesem Leben, die Notwendigkeit des Nachlasses der Sünde zur Seligkeit sowie die Sündhaftigkeit jedes Menschen als Voraussetzungen für deine Argumentation akzeptiert werden – sei es aufgrund der Glaubenseinsicht in diese Dinge selbst oder aufgrund eines rein verstandesgemäßen Nachvollziehens der genannten Aussagen –, vermögen deine Ausführungen die Vernunftgemäßheit der Menschwerdung Gottes zur Rettung des Menschen herauszuarbeiten. Dies gilt dann insbesondere für Menschen christlichen Glaubens, die wie der von dir gewählte Gesprächspartner Boso ihren Glauben zu verstehen oder aber beispielsweise im Gespräch mit Menschen jüdischen oder muslimischen Glaubens erklären wollen, da Judentum und Islam in Bezug auf die Bestimmung und Sündhaftigkeit des Menschen ähnliche Glaubenseinsichten teilen, aber am christlichen Glaubensinhalt der Erlösung des Menschen durch Christus als Mensch gewordenem Gott Anstoß nehmen.[40] Mit jenen Einwürfen der dergestalt „Un-

[36] *Anselm*, Cur deus homo (s.o. Anm. 11), 3: *remoto Christo* (2).

[37] *Anselm*, Cur deus homo (s.o. Anm. 11), 75: *sola ratione* (74).

[38] *Anselm*, Cur deus homo (s.o. Anm. 11), 39: *[...] et constet inter nos hominem esse factum ad beatitudinem, quae in hac vita haberi non potest, nec ad illam posse pervenire quemquam nisi dimissis peccatis, nec ullum hominem hanc vitam transire sine peccato, et alia quorum fides ad salutem aeternam necessaria est* (38).

[39] *Anselm*, Cur deus homo (s.o. Anm. 11), 11: *[...] qua scilicet ratione vel necessitate deus homo factus sit, et morte sua, sicut credimus et confitemur, mundo vitam reddiderit, cum hoc aut per aliam personam [...] aut sola voluntate facere potuerit* (10).

[40] Dass Anselm beispielsweise seine Schrift *Cur deus homo* möglicherweise aufgrund konkreter Begegnungen mit einer Gruppe von Londoner Juden verfasst hat, erörtert: *R. W. Southern*, St. Anselm. A Portrait

gläubigen, die den christlichen Glauben, weil er nach ihrer Meinung der Vernunft widerspreche, zurückweisen, und d[en] Erwiderungen der Gläubigen"[41] setzt sich *Cur deus homo* hinsichtlich der Menschwerdung Gottes zur Rettung des Menschen auseinander. Die möglichen Einwände gegen die Vernunftgemäßheit der Menschwerdung Gottes lässt du von Boso vortragen: „Dulde also, daß ich die Worte der Ungläubigen gebrauche. [...] Obschon nämlich jene deshalb nach Gründen fragen, weil sie nicht glauben, wir dagegen, weil wir glauben, so ist es doch ein und dasselbe, wonach wir forschen."[42] Zusammengefasst lauten die derart vorgebrachten Einwände folgendermaßen: Wenn die Menschwerdung Gottes in sämtlichen Dimensionen des menschlichen Lebens, indem er

> „in den Schoß eines Weibes herabgestiegen, aus einer Frau geboren, mit Milch und menschlichen Speisen ernährt aufgewachsen [ist] und [...] Ermüdung, Hunger, Durst, Schläge und zwischen Räubern Kreuz und Tod erduldet"[43],

zur Wiederherstellung des Menschen notwendig ist, dann erweist sich das insofern als eine Erniedrigung oder auch Entehrung Gottes, als Gott entweder nicht über die Macht oder den Willen verfügt, den Menschen auf eine andere Weise zu retten, beispielsweise durch sein „bloßes Erbarmen"[44] oder aber durch eine andere Person, was jedoch der Vernunft zu widersprechen scheint, weil Allmacht, Gerechtigkeit und Güte in Gottes Wesen liegen.[45] Entbehrt Gott der Macht, den Menschen auf andere Weise zu retten, so gibt es eine Notwendigkeit im Sinne einer Gott vorgegebenen Ordnung, die Gott, wenn er den Menschen retten will, zur Menschwerdung zwingt, um für die Sünde des Menschen die Genugtuung zu leisten, die der sündige Mensch selbst nicht zu leisten vermag.[46] Könnte Gott den Menschen aber auf andere Weise retten, stellt sich angesichts der Gott wesentlichen Gerechtigkeit und Güte die Frage, warum

in a landscape, Cambridge 1991. Insbesondere im Gespräch mit Menschen, welche die genannten Voraussetzungen nicht nur nicht teilen, sondern explizit ablehnen, dürfte jede Art der Argumentation für die Notwendigkeit der Menschwerdung Gottes wenig überzeugend sein, da zum Beispiel die Annahmen, jeder Mensch sei sündhaft und zu einer Seligkeit bestimmt, die in diesem Leben nicht erreicht werden kann, grundsätzlich in Frage gestellt werden. So lauten zeitgenössisch populäre christentumskritische Äußerungen im Internet in Form von Fotos, auf denen Kinder mit den entsprechenden Texten abgebildet sind, z.B. wie folgt: „I am not broken because some lady wanted an apple" oder auch „According to religion I am: broken, flawed, sinful, dumb, weak, nothing. According to science I am: full of wonder, smart, a great learner, beautiful, potential for greatness. Which do you think is Damaging?" (Quellen: https://de.pinterest.com/ pin/104075441363318334/ sowie https://de.pinterest.com/pin/411305378440 789731 [Zugriff: 10.02.2016]). In einem solchen Gespräch wäre es dann angemessener, u.a. für die Vernunftgemäßheit der Glaubenseinsicht der Sündhaftigkeit des Menschen zu argumentieren.

[41] *Anselm*, Cur deus homo (s.o. Anm. 11), 3: *[...] infidelium Christianam fidem, quia rationi putant illam repugnare, respuentium continet obiectiones et fidelium responsiones* (2).

[42] *Anselm*, Cur deus homo (s.o. Anm. 11), 15: *Patere igitur ut verbis utar infidelium. [...] Quamvis enim illi ideo rationem quaerant, quia non credunt, nos vero, quia credimus: unum idemque tamen est quod quaerimus* (14).

[43] *Anselm*, Cur deus homo (s.o. Anm. 11), 15: *[...] cum eum asserimus in uterum mulieris descendisse, natum esse de femina, lacte et alimentis humanis nutritum crevisse, et [...] lassitudinem, famen, sitim, verbera et inter latrones crucem mortemque sustinuisse* (14).

[44] *Anselm*, Cur deus homo (s.o. Anm. 11), 41: *sola misericordia* (40).

[45] Vgl. für die mit unterschiedlichen Akzentsetzungen vorgebrachten Einwände z.B. *Anselm*, Cur deus homo (s.o. Anm. 11), Buch I, Kapitel 3–10.

[46] Vgl. zur Notwendigkeit der Genugtuung für die Sünde sowie und der diesbezüglichen Unfähigkeit des sündigen Menschen *Anselm*, Cur deus homo (s.o. Anm. 11), Buch I, Kapitel 11–15 sowie 19–25. Dieser Einwand wird in ähnlicher Form wiederholt von Gustaf Aulén, der Anselms Satisfaktionslehre als lateinischen Typus der Satisfaktionslehre bezeichnet und damit folgendes meint: „Der lateinische Typus faßt [...] die Versöhnung legalistisch im Rahmen eines ungebrochenen Rechtsverhältnisses auf, und deshalb

„Gott sich so sehr am Blute eines Unschuldigen ergötzte oder seiner bedürfte, daß er nur nach dessen Tötung dem Schuldigen verzeihen wollte oder könnte. [...] Nämlich, wenn Gott so frei ist, daß er keinem Gesetze, niemandes Urteil unterliegt, und so gütig, daß sich nichts Gütigeres denken läßt, und nichts recht oder geziemend, außer was er selber will: so scheint es verwunderlich, wenn wir behaupten, er wolle durchaus nicht oder es sei ihm nicht gestattet, das ihm zugefügte Unrecht nachzulassen [...].“[47]

Auf diese Einwände[48] formulierst du Folgendes als Erwiderungen der Gläubigen: Der Mensch ist wie bereits dargestellt zur *beatitudo* bestimmt, in welcher er im schauenden Genuss Gottes das Bild Gottes verwirklichen darf, indem er aufgrund der Erkenntnis Gottes seinen vernunftbegabten Willen dem Willen Gottes freiwillig unterwirft.[49] Wenn du also sagst, dass die vernunftbegabte Natur es Gott schuldet, ihm ihren Willen zu unterwerfen, dann zeigt sich dies nicht als willkürlich durch Gott von der vernunftbegabten Natur geforderte Leistung, um derentwillen der Mensch mit der *beatitudo* belohnt wird, die jedoch in keinem Zusammenhang mit der zu erfüllenden Forderung steht, sondern als wesentliches Element der *beatitudo* selbst. Denn die vernunftbegabte Natur schuldet es Gott *um ihrer Seligkeit willen*, das zu verstehen, was sie soll, so dass sie freiwillig das Bild Gottes verwirklichen und ihrem Herrschaftsauftrag entsprechen kann. Leistet nun die vernunftbegabte Natur Gott nicht, was sie ihm zur Verwirklichung ihrer Seligkeit schuldet, kann sie eben jene Seligkeit in Ermangelung der zum Genuss Gottes notwendigen Schau Gottes nicht verwirklichen. Schaut sie nämlich Gott, so unterwirft sie ihren Willen freiwillig dem göttlichen Willen, weil sie dies als vernünftig begreift und nicht weil sie gegen ihren Willen dazu gezwungen wird. Ein ähnliches Argument hast du bereits im

nur teilweise als Gottes Tat [...], eine Gottestat, die von unten her durchbrochen ist. Gott ist Urheber der Versöhnung. Von ihm ist Christus gesandt. [...] Aber andrerseits ist die Gottestat der Versöhnung von unten durchbrochen. Man muß genau beachten, daß Anselm nie seinen Ausgangspunkt verläßt: die *Menschen* müssen die satisfaktorische Leistung fertigbringen. Dieser Satz steht felsenfest. Das Ziel der ganzen Beweisführung in Cur deus homo ist, zu zeigen, wie *der* Mensch hervorgebracht wird, der qualifiziert ist, die Satisfaktion, die Gott unbedingt fordert, zu geben. Man darf nie vergessen, daß Christus *seiner menschlichen Natur nach* die Satisfaktion leistet. Durch ihn wird also Gott die Satisfaktion für die Menschheit gegeben.“ *G. Aulén*, Die drei Haupttypen des christlichen Versöhnungsgedankens, in: Zeitschrift für Systematische Theologie 8 (1931), 503.513f. Vgl. hierzu auch die Aufnahme der Argumentation von Aulén in: *W. Härle*, Dogmatik, 4. Aufl., Berlin 2012, 328.

[47] *Anselm*, Cur deus homo (s.o. Anm. 11), 37ff.43: *[...] deus sic delectatur aut eget sanguine innocentis, ut non nisi eo interfecto parcere velit aut possit nocenti. [...] Nam cum deus sic sit liber ut nulli legi, nullius subiaceat iudicio, et ita sit benignus, ut nihil benignius cogitari queat, et nihil sit rectum aut decens nisi quod ipse vult: mirum videtur si dicimus quia nullatenus vult aut non ei licet suam iniuriam dimittere [...]* (38.42). Auch dieser Einwand wurde von Härle noch einmal aufgenommen und neu formuliert: „Fordert denn die (moralische) Weltordnung irgendein Opfer, oder fordert sie nicht vielmehr die Bestrafung des oder der Schuldigen? Schließlich: Was besagt es, daß Gott diese Weltordnung zwar offenbar nicht aufheben, wohl aber so „interpretieren“ kann, daß der stellvertretende Tod Jesu Christi dieser Sühneforderung Genüge tut? [...] Wie sollte die (vergebende) Liebe, die das Wesen Gottes ist, das nicht einschließen, was das Evangelium uns zutraut und zumutet?“ *Härle*, Dogmatik (s.o. Anm. 46), 329.

[48] Anselm verwendet in seiner Argumentation in *Cur deus homo* aus unserer heutigen Sicht eine stark ökonomisch–rechtliche Sprache, indem beispielsweise Sünde als Gott das Geschuldete nicht leisten oder die Wiedergutmachung für die Sünde in Form einer Genugtuung erfolgen soll, die unserem Verständnis eines zu leistenden Schmerzensgeldes sehr nahe kommt. Dies mag aus christlicher Perspektive in unserer heutigen Gesellschaft, die oft als Leistungsgesellschaft bezeichnet wird und von deren Werten sich einige christliche Gemeinschaften abgrenzen möchten, befremdlich wirken und möglicherweise ein Grund für die genannten Kritikpunkte an Anselms Theologie sein. Ein Aspekt hinsichtlich der Begründung von Anselms Sprache wird möglicherweise hier beschrieben: *W. Beiweis*, Anmerkungen zur Säkularisierung im 11. Jahrhundert, in: *P. Gilbert*, Cur deus homo: atti del Congresso Anselmiano Internatzionale, Rom 1999, 27–38.

[49] Vgl. zum Verständnis der *beatitudo* bei Anselm *„1. Die vernünftige Natur in ihrer Bestimmung zur* beatitudo“ dieses Beitrages sowie *Anselm*, Cur deus homo (s.o. Anm. 11), 41.49.91ff. (40.48.90ff.).

Zusammenhang des ontologischen Gottesbeweises formuliert, da derjenige, der im Herzen die Wahrhaftigkeit Gottes geschaut hat, nicht mehr sagen kann, Gott sei nicht, nicht, weil er gegen seinen Willen dazu gezwungen wird, sondern weil er es nicht wollen kann. Deshalb sagst du, dass

„sowie der Mensch sündigend raubt, was Gottes ist, so nimmt Gott strafend, was des Menschen ist. Denn nicht nur das nennt man Eigentum eines Menschen, was er bereits besitzt, sondern was er zu haben die Macht hat. Da also der Mensch so geschaffen wurde, daß er die Seligkeit erwerben konnte, falls er nicht sündigte: wenn er wegen der Sünde der Seligkeit und alles Guten beraubt wird, so zahlt er, obwohl gegen seinen Willen, von dem Seinen, was er geraubt hat; denn obgleich Gott, was er wegnimmt, nicht in seinen eigenen Gebrauch überführt [...], beweist er, daß der Sünder und was ihm gehört ihm unterworfen sind."[50]

Der Verlust der Seligkeit stellt demnach keine von Gott willkürlich verhängte Strafe für den Ungehorsam der vernünftigen Natur dar, sie ergibt sich aus der dem Menschen von Gott her zuteil werdenden Bestimmung zur *beatitudo*, zu der wesentlich die freiwillige Unterwerfung seines Willens als Gerechtigkeit oder Geradheit des Willens aufgrund der Schau Gottes im Genuss Gottes gehört:

„Wer diese schuldige Ehre Gott nicht erweist, nimmt Gott, was ihm gebührt, und entehrt Gott; und das heißt ‚sündigen'. Solange er aber nicht einlöst, was er geraubt, bleibt er in Schuld. Und es genügt nicht, nur das zurückzugeben, was geraubt wurde, sondern wegen der zugefügten Entehrung muß er mehr erstatten, als er genommen hat. [...] So muß also jeder, der sündigt, Gott die geraubte Ehre einlösen, und das ist die ‚Genugtuung', die jeder Sünder Gott leisten muß."[51]

Da aber der Mensch sich selbst und alles, was er ist und kann, auch wenn er nicht sündigt, Gott im Dienste der Seligkeit schuldet, ist er nicht imstande, die zusätzliche Schuld, die sich aus der Sünde ergibt, auszugleichen.[52] Somit verletzt der Mensch durch die Sünde insofern Gottes Ehre, als er „Gott alles [nimmt], was er [sich] mit der menschlichen Natur zu tun vorgenommen hatte"[53] und seine Bestimmung zur *beatitudo* nicht verwirklicht. Wenn nun vorausgesetzt wird, dass kein Mensch ohne Sünde durch dieses Leben geht und alles der göttlichen Ordnung unterworfen ist, dann würde sich ohne Genugtuung für die Sünde mit dem Menschen nicht das vollziehen, um dessentwillen er geschaffen wurde.[54] Gäbe Gott nun den Menschen der mit dem Verlust der Seligkeit einhergehenden Verdammnis preis, hätte Gott

[50] *Anselm*, Cur deus homo (s.o. Anm. 11), 47ff.: *[...] sicut homo peccando rapit quod dei est, ita deus puniendo aufert quod hominis est. Quippe non solum id suum alicuius esse dicitur quod iam possidet, sed quod in eius potestate est ut habeat. Quoniam ergo homo ita factus est, ut beatitudinem habere posset, si non peccaret: cum propter peccatum beatitudine et omni bono privatur, de suo quamvis invitus solvit quod rapuit; quia licet deus hoc ad usum sui commodi non transferat quod aufert [...], peccatorem et quae illius sunt, sibi subiecta esse probat* (46ff.).

[51] *Anselm*, Cur deus homo (s.o. Anm. 11), 41: *Hunc honorem debitum qui deo non reddit, aufert deo quod suum est, et deum exhonorat; et hoc est ‚peccare'. Quam diu autem non solvit quod rapuit, manet in culpa. Nec sufficit solummodo reddere quod ablatum est, sed pro contumelia illata plus debet reddere quam abstulit. [...] Sic ergo debet omnis qui peccat, honorem deo quem rapuit solvere; et haec est 'satisfactio', quam omnis peccator deo debet facere* (40).

[52] Vgl. *Anselm*, Cur deus homo (s.o. Anm. 11), 73 (72) sowie Buch I, Kapitel 24.

[53] *Anselm*, Cur deus homo (s.o. Anm. 11), 79: *Nonne abstulit deo, quidquid de humana nutura facere proposuerat?* (78).

[54] Vgl. hierzu auch „*1. Die vernünftige Natur in ihrer Bestimmung zur* beatitudo" dieses Beitrages sowie *Anselm*, Cur deus homo (s.o. Anm. 11), 3 (2).

„eine solch erhabene Natur vergebens zu einem solch hohen Gute erschaffen […]. Aber wenn erkannt wird, daß Gott nichts Kostbareres geschaffen hat als die vernünftige Natur, damit sie sich an ihm erfreue, so ist es mit ihm unvereinbar, daß er eine vernünftige Natur völlig zugrunde gehen lasse“[55],

weil dies sowohl seiner Allmacht im Hinblick auf die Verwirklichung der Bestimmung des Menschen zur *beatitudo* als auch seiner Güte widerspräche, indem er den Menschen seiner Verdammnis überließe, weshalb die Forderung einer Rettung des Menschen durch bloßes Erbarmen ohne eine Genugtuung für die Sünde gerade nicht der göttlichen Güte, Gerechtigkeit und Barmherzigkeit entspricht[56]:

„Es ist also notwendig, daß er mit der menschlichen Natur vollende, was er begonnen hat. Das kann aber, wie wir sagten, nur durch eine völlige Genugtuung für die Sünde geschehen, die kein Sünder leisten kann.“[57]

Damit aber die menschliche Natur dergestalt wiederhergestellt wird, dass sie im Dienste ihrer Seligkeit ihren Willen freiwillig dem göttlichen Willen unterwirft, ist es notwendig, dass sie gleichermaßen den Verlust ihrer Seligkeit angesichts der Sünde sowie ihr Angewiesensein auf die göttliche Gnade zur Wiederherstellung der menschlichen Natur erkennt. Gott kann demnach nicht wollen, dass der Mensch nicht durch Gott, sondern durch eine andere Person gerettet wird, „denn dann wäre der, der nur Gottes Knecht […] sein sollte, der Knecht dessen, der nicht Gott wäre […].“[58] Sprichst du aber davon, dass die Vollendung der menschlichen Natur notwendig sei, so darf darunter kein Zwang Gottes in Form eines Gott übergeordneten Gesetzes verstanden werden, denn wenn

„Gott dem Menschen etwas Gutes, das er begonnen, erweist, müssen wir es […] ganz der Gnade zuschreiben, weil er es um unseretwillen begonnen hat, nicht um seinetwillen, der ja keines Dinges bedarf. Denn ihm blieb, als er den Menschen schuf, nicht verborgen, was dieser tun würde, und dennoch hat er sich, indem er ihn aus seiner Güte heraus schuf, gleichsam freiwillig verpflichtet, das begonnene Werk zu vollenden. Schließlich macht Gott nichts aus Zwang, weil er in keiner Weise sich zwingen oder hindern läßt, etwas zu tun […]. Diese Notwendigkeit nämlich ist nichts anderes als die Unwandelbarkeit seiner Ehrbarkeit, die er aus sich und nicht von einem anderen hat und deshalb nur im uneigentlichen Sinne Notwendigkeit genannt wird. Sagen wir dennoch, daß es notwendig sei, daß die Güte Gottes wegen seiner Unveränderlichkeit am Menschen vollende, was er begonnen, obwohl all das Gute, das er tut, gänzlich Gnade ist.“[59]

[55] *Anselm*, Cur deus homo (s.o. Anm. 11), 93ff.: *[…] in vanum fecit tam sublimem nauram ad tantum bonum. At si nihil pretiosius cognoscitur deus fecisse quam ratinalem naturam ad gaudendum de se, valde alienum est ab eo, ut ullam rationalem naturam penitus perire sinat* (92ff.).

[56] Vgl. zur Ablehnung einer Rettung des Menschen durch das bloße Erbarmen Gottes *Anselm*, Cur deus homo (s.o. Anm. 11), Buch I, Kapitel 12.

[57] *Anselm*, Cur deus homo (s.o. Anm. 11), 95: *Necesse est ergo, ut de humana natura quod incepit perficiat. Hoc autem fieri, sicut diximus, nequit, nisi per integram peccati satifactionem, quam nullus peccator facere potest* (94). Vgl. zu dieser Notwendigkeit auch das Perlengleichnis in *Anselm*, Cur deus homo (s.o. Anm. 11), Buch I, Kapitel 19.

[58] *Anselm*, Cur deus homo (s.o. Anm. 11), 19: *[…] cum ipse, qui non nisi dei servus […] futurus erat, servus esset eius, qui deus non esset […]* (18).

[59] *Anselm*, Cur deus homo (s.o. Anm. 11), 97: *[…] si deus facit bonum homini quod incepit, […] totum gratiae debemus imputare, quia hoc propter nos, non propter se nullius egens incepit. Non enim illum latuit quid homo facturus erat, cum illum fecit, et tamen bonitate sua illum creando sponte se ut perficeret inceptum bonum quasi obligavit. Denique deus nihil facit necessitate, quia nullo modo cogitur aut prohibetur facere aliquid […] Quae scilicet necessitas non est aliud quam immutabilitas honestatis eius, quam a se ipso et non ab alio habet, et idcirco improprie dicitur necessitas. Dicamus tamen quia necesse est, ut bonitas dei propter immutabilitatem suam perficiat de homine quod incepit, quamvis totum sit gratia bonum quod facit* (96).

Demnach ergibt sich eine Notwendigkeit aus zweierlei Gründen, einmal aufgrund eines Zwanges oder eines Hindernisses gegen den eigenen Willen und einmal aufgrund einer freiwilligen Verpflichtung in Form eines Versprechens oder auch Gelübdes, wie es beispielsweise in einem Ordens- oder Ehegelübde vorliegt.[60] Deshalb unterscheidest du insofern „eine zwingende Notwendigkeit und eine nicht zwingende Notwendigkeit“[61], als es eine „vorausgehende Notwendigkeit, welche die Ursache ist, daß ein Ding ist, und [...] eine nachfolgende [Notwendigkeit gibt], welche das Ding schafft.“[62] In Bezug auf Gott gibt es keine vorausgehende Notwendigkeit, die ihn gegen seinen Willen dazu zwingt, die menschliche Natur zu vollenden, sondern ausschließlich eine dem Willen Gottes nachfolgende Notwendigkeit, die – so er den Menschen retten will – im Sinne einer freiwilligen Verpflichtung die Wiederherstellung der menschlichen Natur schafft: Nichts zwingt Gott gegen seinen Willen dazu, den Menschen zu retten, den er in seiner Allmacht, Gerechtigkeit und Güte in einer freiwilligen Selbstverpflichtung zu der ihm bestimmten *beatitudo* führen will. Somit fordert Gott um der *beatitudo* des Menschen willen Genugtuung für die Sünde, nicht um seiner selbst willen, damit der Mensch sein kann, was er sein darf und soll – nämlich selig. Eben jene Seligkeit eröffnet Gott dem Menschen durch die Glaubenseinsicht, dass Jesus Christus als wahrer Gott und wahrer Mensch in freiwilligem Gehorsam die von Gott hinsichtlich der *beatitudo* des Menschen geforderte Genugtuung leistet, in der sich dem Menschen die Schwere seiner Sünde zusammen mit dem Verlust der ihm bestimmten Seligkeit sowie die ihm durch die göttliche Gnade in Christus zuteil werdende Wiederherstellung seiner Natur dergestalt erschließt, dass er seinen Willen freiwillig dem göttlichen Willen unterwirft, der das mit der menschlichen Natur vollenden möchte, was er für den Menschen mit dem Menschen begonnen hat. Der Tod Christi am Kreuz erweist sich dementsprechend nicht als Zwang Gottes, sondern als von Gott in freiwilliger Selbstverpflichtung gewählter Weg zur Rettung des Menschen, indem der Sohn als wahrer Gott und wahrer Mensch „mit dem Vater und dem Heiligen Geist beschlossen hatte, nicht anders als durch den Tod die Erhabenheit seiner Allmacht der Welt zu zeigen“[63], denn: Wenn feststeht, dass der Mensch ohne Genugtuung für die Sünde im schauenden Genuss der Allmacht, Gerechtigkeit und Barmherzigkeit Gottes nicht selig zu werden vermag, dann hat zur Vollendung des Menschen eben jene Genugtuung zu erfolgen,

„die einerseits nur Gott leisten kann und andererseits nur ein Mensch leisten darf“[64], weshalb es notwendig ist, „daß sie ein Gott-Mensch leiste. [...] Damit das also ein Gott-Mensch leiste, ist es notwendig, daß ein und derselbe, der die Genugtuung leisten soll, vollkommener Gott und vollkommener Mensch sei; denn sie kann nur ein wahrer Gott und darf nur ein wahrer Mensch leisten.“[65]

[60] Vgl. zu dieser Unterscheidung auch *Anselm*, Cur deus homo (s.o. Anm. 11), Buch II, Kapitel 5.

[61] *Anselm*, Cur deus homo (s.o. Anm. 11), 135: *necessitas cogens et necessitas non cogens* (134).

[62] *Anselm*, Cur deus homo (s.o. Anm. 11), 139: *Est namque necessitas praecedens, quae causa est ut sit res; et est necessitas sequens, quam res facit* (138).

[63] *Anselm*, Cur deus homo (s.o. Anm. 11), 31: *[...] cum patre sanctoque spiritu disposuerat se non aliter quam per mortem celsitudinem omnipotentiae suae mundo ostensurum* (30).

[64] *Anselm*, Cur deus homo (s.o. Anm. 11), 97ff.: *[...] quam nec potest facere nisi deus nec debet nisi homo [...]* (96).

[65] *Anselm*, Cur deus homo (s.o. Anm. 11), 99: *[...] necesse est ut eam faciat deus-homo. [...] Ut ergo hoc faciat deus-homo, necesse est eundem ipsum esse perfectum deum et perfectum hominem, qui hanc satifactionem facturus est; quoniam eam facere nec potest nisi verus deus, nec debet nisi verus homo* (96ff.).

Durch den Tod dieses Gott-Menschen, der gemäß des trinitarischen Ratschlusses Jesus Christus ist, erfährt und begreift der Mensch durch die von Gott gegebene Glaubenseinsicht in seinem Sünder-Sein die Gerechtigkeit und Barmherzigkeit Gottes, die den Sünder angesichts des Todes Jesu Christi gleichermaßen die Schwere seiner Sünde, seine Unfähigkeit, für sie Genugtuung zu leisten, sowie die ihm in Christus zuteilwerdende göttliche Gnade der Zurechtbringung seiner menschlichen Natur zur *beatitudo* im Genuss Gottes einsehen lässt. Da Gott all das aus freiwilliger Selbstverpflichtung und nicht aus Zwang schenkt, darf der Mensch Gott für sein Heilshandeln dankbar sein, ihm in diesem Dank freiwillig seinen Willen unterwerfen und ihm die ihm in seiner Gnade gebührende Ehre zukommen lassen[66]: „So wird also bei der Menschwerdung Gottes keineswegs seine Erniedrigung verstanden, sondern es wird die Erhöhung des Menschen geglaubt“[67], die Erhöhung des Menschen zu der ihm bestimmten *beatitudo*, die Gott in Jesus Christus als wahrer Gott und wahrer Mensch dem Menschen in *freiwilliger* Selbstverpflichtung schenkt und dergestalt seine Allmacht zeigt, den Menschen nicht der Sünde preisgeben zu wollen oder zu müssen, sowie ihn im Glauben, der nach Einsicht sucht, dazu führt, dass er freiwillig sein will, was er sein kann, sein soll und sein darf: Gott hält in seiner Gerechtigkeit und Barmherzigkeit an der von ihm geschaffenen Ordnung in freiwilliger Selbstverpflichtung zum Guten des Menschen fest, richtet die Sünde und vollendet sein Werk.[68] Modern gesprochen könnte man sagen: Gott ist gesetzgebende, richtende Gewalt und ausführende Gewalt, Legislative, Judikative und Exekutive zugleich. Nichts kann ihn dazu zwingen oder ihn daran hindern, seinen Heilswillen mit dem Menschen zu verwirklichen. Demnach zeigst du im Sinne des *fides quaerens intellectum* durch dein Gespräch mit Boso in *Cur deus homo* auf, dass die Menschwerdung Gottes als vernunftgemäß zu begreifen ist, indem sie der Allmacht, Gerechtigkeit und Güte Gottes nicht widerspricht, sondern sich gerade in ihr erschließt.

3. Fides quaerens intellectum *im Gespräch*

A. Auch dies hast du zusammenhängend erklärt, doch ob ich dem Zustimmen möchte, kann ich erst nach einiger Überlegung entscheiden. Deshalb möchte ich dich abschließend fragen, nachdem du nun dazu Stellung bezogen hast, *warum* der Glaube nach Einsicht suchen und *was* unter anderem Gegenstand eben jener Einsicht sein soll, ob du

[66] Vgl. *Anselm*, Cur deus homo (s.o. Anm. 11), Buch I, Kapitel 15 sowie Buch II, 5.

[67] *Anselm*, Cur deus homo (s.o. Anm. 11), 27: *Non ergo in incarnatione dei ulla eius humilitas intellegur facta, sed natura hominis creditur exalta* (26).

[68] Er ist nicht wie beispielsweise in der Neuinterpretation von *Battlestar Galactica*, einer US–amerikanischen und kanadischen Science Fiction Serie aus den Jahren 2004–2009, eine Naturgewalt, die jenseits von Gut und Böse alles Leben ermöglicht hat und dieses dann sich selbst überlässt. So heißt es in *Battlestar Galactica*, Staffel 4, Episode 18 bzw. Episode 8 (USA/CAN 2009): „Gott ist eine Naturgewalt, jenseits von Gut und Böse. Gut und Böse haben wir erschaffen. […] Ab einem gewissen Punkt ist der Glaube an uns selbst, an unser Recht als Art und als Volk zu überleben, nicht Gott gegeben, sondern eine Entscheidung.“ Anders als dieses Zitat aus *Battlestar Galactica* veranschaulicht, legt Anselm seinen Schwerpunkt auf die Allmacht, Gerechtigkeit und Barmherzigkeit Gottes, in der die Verantwortung zur Überwindung der Sünde nicht auf dem Menschen lastet, sondern Gott ihm diese Last in Jesus Christus abnimmt und ihn von der Sünde zur *beatitudo* befreit.

mir erläutern kannst, *auf welche Weise* meiner Ansicht nach der Glaube nach Verstehen suchen kann.

C. Weil der Mensch *sola ratione* zwar in der Lage ist, die christlichen Glaubensinhalte verstandesgemäß zu erfassen, *sola ratione* jedoch weder zur Glaubenseinsicht noch zur eben jene im Sinne der göttlichen Vernunft als vernünftig begreifenden Erleuchtung gelangen kann, ist der Mensch, der in seiner Glaubenseinsicht nach Verstehen sucht, auf das Einsicht und Erleuchtung schenkende Handeln Gottes angewiesen. Im Glauben an Gott versteht der Mensch – wie du im *Proslogion* schreibst –, dass Gott nicht nur etwas ist,

> „über das hinaus Größeres nicht gedacht werden kann, sondern etwas Größeres, als gedacht werden kann. Da nämlich gedacht werden kann, dass es etwas Derartiges gibt: wenn Du dies nicht bist, dann kann man etwas denken, das größer ist als Du, was unmöglich ist."[69]

Dementsprechend kann nur Gott in einer Weise ein Verstehen des Glaubens wirken, das seine Inhalte nicht ausschließlich *in intellectu* erfasst, sondern den bezeichneten Inhalt selbst versteht. Dies zeigt sich in besonderer Weise in der bereits erwähnten Form deiner Texte als Selbstgespräch (*Monologion*), als Gespräch mit Gott bzw. als Anrede Gottes (*Proslogion*) sowie als Gespräch mit einem anderen Menschen (*Cur deus homo*), was sich meines Erachtens nach wie folgt in Beziehung zu deinen theologischen Ausführungen setzen lässt: Wie du im *Monologion* beschrieben hast, ist der Mensch als vernünftige Natur ein Abbild der göttlichen Wesenheit, welches dazu bestimmt ist, sich der göttlichen Wesenheit bewusst zu werden und ihr zu entsprechen, weshalb der Glaube im vernünftigen Selbstgespräch nach Einsicht zu suchen vermag:

> „Was also ist offenkundiger, als daß der vernünftige Geist umso wirksamer zu ihrer Erkenntnis [der göttlichen Wesenheit] aufsteigt, je eifriger er sich anstrengt, sich kennenzulernen, und umso mehr von ihrer Schau herabsinkt, je mehr er es vernachlässigt, sich selbst anzuschauen?"[70]

Wenn jedoch das, was als vernünftige Wahrheit erkannt werden kann, ausschließlich von Gott kommt, so findet der Glaube wie du es im *Proslogion* schilderst, zentrale Einsichten im Gespräch mit Gott bzw. in der Anrede Gottes. Weil jedoch der Mensch in seiner vernünftigen Natur als Gattungswesen im Gesamtzusammenhang der Schöpfung von Gott zur *beatitudo* erschaffen worden ist, eröffnet sich ihm – wie du es in *Cur deus homo* veranschaulichst – Einsicht gleichermaßen im Gespräch mit anderen Menschen, unter anderem „weil das, was mittels Frage und Antwort erforscht wird, vielen [...] besser einleuchtet und deshalb mehr zusagt [...]."[71] Einsicht stiftet daher nicht nur das Gespräch mit anderen Menschen christlichen Glaubens, sondern auch das Gespräch mit in jeder Hinsicht Andersgläubigen, was zum Beispiel in *Cur deus homo* deutlich wird, wenn in der Auseinandersetzung mit dem Argument, die Menschwerdung Gottes sei eine Erniedrigung und Beschränkung der göttlichen Allmacht, erschlossen werden kann, dass sich

[69] *Anselm*, Proslogion (s.o. Anm. 1), 49: *[...] quo maius cogitari nequit, sed es quiddam maius quam cogitari possit. Quoniam namque valet cogitari esse aliquid huiusmodi: si tu non es hoc ipsum, potest cogitari aliquid maius te; quod fieri nequit* (48).

[70] *Anselm*, Monologion (s.o. Anm. 9), 195: *Quid igitur apertius, quam quia mens rationalis, quanto studiosius ad se discendum intendit, tanto efficacius ad illius cognitionem ascendit; et quanto seipsam intueri negligit, tanto ab eius speculatione descendit?* (194).

[71] *Anselm*, Cur deus homo (s.o. Anm. 11), 11: *[...] quoniam ea quae per interrogationem et responsionem investigantur, multis [...] magis patent et odeo plus placent [...]* (10).

gemäß des christlichen Glaubens gerade in der Menschwerdung Gottes seine Allmacht zeigt und durchsetzt.[72] Somit steht der Mensch aufgrund seiner Geschöpflichkeit in ihrer Bestimmung zur Verwirklichung des Bildes Gottes wesentlich in Beziehung zu Gott, dem anderen Menschen sowie sich selbst. Dementsprechend ist im Sinne deiner Theologie Rationalität *sola ratione* nur im Gespräch zu finden – im Gespräch mit Gott, dem anderen Mensch wie auch sich selbst.

A. Hoffen wir, dass mit Gottes Hilfe unser Gespräch uns und anderen Einsicht geschenkt haben möge.[73]

[72] Denn wenn nach Einsicht suchender Glaube durch Gott und nicht durch die menschliche Vernunft konstituiert wird, dann darf der Mensch, ohne um sein Fundament fürchten zu müssen, beispielsweise im interreligiösen Dialog sowohl im Hinblick auf seine eigenen Inhalte als auch in Bezug auf konkrete gesamtgesellschaftliche Herausforderungen hinsichtlich eines friedlichen Zusammenlebens nach Einsicht suchen. Ein solcher Dialog könnte dann *C. Schwöbel* folgend auf Grundlage einer im christlichen Glauben selbst liegenden Toleranz erfolgen, die im Sinne des friedlichen Zusammenlebens auf *common aims* und nicht auf einen *common ground* zielt. Vgl. hierzu z.B.: *C. Schwöbel*, Pluralismus und Toleranz aus der Sicht des Christentums. Eine protestantische Perspektive, in: *Ders.*, Gott im Gespräch. Theologische Studien zur Gegenwartsdeutung, Tübingen 2011, 91–112.

[73] Viele Einsichten in Bezug auf die Theologie Anselms verdanke ich dem Gespräch mit den Teilnehmenden an einem von mir im WS 2015–16 an der Ev.-theol. Fakultät der Universität Tübingen angebotenen Lektürekurs zu *Cur deus homo*.

B

Rationalität im Gespräch des Glaubens

Alan J. Torrance

THEOLOGICAL RATIONALITY AND TRIUNE PARTICIPATION

It is a privilege and an honour to contribute to a volume in recognition of the intellectual leadership and inspiration with which Christoph Schwöbel has provided the theological world. German academics need no reminding of the extent of his contribution within his homeland. As a British theologian, however, I can testify to the unparalleled impact on theology within the UK and the English-speaking world that the Schwöbel-Gunton duo has had. That was, without doubt, the most significant and constructive theological partnership that the UK has witnessed in a century. The contribution of each was significant. The contribution of the whole, however, was immense – and considerably greater than the sum of its parts.

To ask what it is to be rational in theology is to enquire about the conditions and criteria of God-talk (*theologein*). It is to ask what is involved in the theologian's being faithful to her subject-matter. For Christian theology, truthfulness is a function of faithfulness rather than the other way round. Both terms can be used to refer *either* to our subjective orientation and intentionality or to whether or not our statements successfully "track" the Reality they seek to articulate. Although the subjective and objective reference of the terms "faithful" and "truthful" are distinct, they are intrinsically interrelated. For the Fathers there was an integral relation between our statements being *alethos* and our participating in the *ekklesiastikon phronema.* Theology was seen as taking place within an intentional community, namely, the Body of Christ – those who, by the grace of God, are given to recognise God's Self-disclosure as the incarnate Lord and are given to exist in a manner that Paul describes as *aletheuontes en agape* – being true in love and where "being true" includes speaking the truth. The possibility of the theologian's capacity to "track" the reality of God veridically, therefore, stems from and is grounded in God's reconciling Self-disclosure.

This picture suggests that theological rationality is a function of our existence within a context, that is, participation within a semantic community, the Body of Christ. Participation within this community is to be conceived as a "gifted condition", namely, the gift of sharing (*koinonein, metechein*) by the Spirit in the incarnate Son's communion with the Father. We are given to share in *his* "being true" and "speaking the truth" in love, as spelled out by John in Jesus' "great high priestly prayer". The rather amorphous metaphor of sharing, as used by the New Testament writers, appears to mean a number of things at least one of which is the acquisition of knowledge in and through participation in the semantic life of this unique community.

A theological account of truth, therefore, assumes not a traditional correspondence theory of truth but a *sui generis* correspondence in which our thoughts and language games are given to conform to the unique object of theological enquiry, namely, God's self-disclosure in space-time. To combine insights from Wittgenstein and Polanyi, a statement is "faithful" because it complies with the rules of use that facilitate our indwelling of reality – in this case, *koinonein en Christo.*[1] To be rational in theology, therefore, is to be faithful to the way in which this unique Object determines to be known. And, as Karl Barth emphasised, as also Eberhard Jüngel in *Gottes Sein ist im Werden*, God is the "Object" of theological enquiry precisely by virtue of his being its Subject – a Subject that addresses us while simultaneously transforming our frame of reference or epistemic bases in order to facilitate recognition and acknowledgement of God's Address and Self-disclosive claim on us. As we shall see, this stems from a form of *Gespräch* between God and humanity – where God addresses the questions we put to God in Jesus Christ but in such a way that our questions are questioned – metamorphosed and reschematised, to use Paul's terms. It is in and through our participating *en Christo* (in this unique *Gespräch*) that recognition deepens as our thought-forms are given to conform to and "track" God's gracious Self-disclosure. As Jüngel argues, our true being is our correspondence to God's condescension in Jesus Christ which is made possible for us through a Word that addresses us.[2]

Participants in theological *Gespräch* are faithful, therefore, (*aletheuontes en agape*) to the extent that they are given to participate in the *Gespräch* between the incarnate Son and the Father. That is because, if it is theological, it requires to be conceived as an intra-ecclesial event, sharing in the commandeered and reconciled language-games constitutive of the new humanity.[3]

But even if this seems to interpret the Biblical witness "what could it possibly mean?" I can hear my contemporary Christian philosophers ask! Moreover, to many contemporary theologians, the above account will appear circular at best and, at worst, endemic of the kind of *sacrificium intellectus* that is the betrayal of academic theology.

To address the latter charge first, it is necessary to engage in some ground-clearing. When Kant was awoken from his dogmatic slumbers by David Hume's empiricism, he sought to defend science against what he perceived to be Hume's sceptical conclusions by arguing that all *Objekte* were *objektiviert* by means of what is a necessarily law-governed generation (*Erzeugung*) of objects. The fundamental laws sustaining the scientific developments that so excited him were endorsed by being argued to be the necessary condition for the possibility of thought and the synthesis of the objective world – causality was secured against scepticism by being demonstrated to be a synthetic *a priori*.

A century later, Paul Natorp took Neo-Kantianism one step further arguing that Kant's *Ding-an-sich* was itself a *Grenzbegriff* that belonged to the thought-world of the subject and did not, therefore, denote anything that is mind-independent. What resulted in Neo-Kantianism was an idealism unfettered by any postulation of the existence of things-in-themselves.

Given that God cannot be objectified, that is, a construct generated in accordance with the necessary laws of human thought, God cannot belong to the sphere of human knowledge and necessarily belonged to the sphere of *Erlebnis* devoid of objective, cogni-

[1] I'm indebted here to comments by my son, David Torrance.

[2] *E. Jüngel*, "Humanity in Correspondence to God", in *E. Jüngel*, Theological Essays, ed. *J. B. Webster* (Edinburgh: T&T Clark, 1989), 152.

[3] As Eberhard Jüngel writes, "For in Christo (in Christ) there is given an eschatologically new context, which stands over against *all* other contexts in which words have hitherto been used; words used in *this* context necessarily acquire a new meaning." *E. Jüngel*, "Metaphorical Truth', in *E. Jüngel*: Theological Essays, ed. *J. B. Webster* (Edinburgh: T&T Clark, 1989), 23.

tive focus. This meant, of course, that Christian God-talk required to be demythologised accordingly. As Roger Johnson[4] and A.C. Thiselton[5] have argued, Rudolf Bultmann's programme constituted a rigorous and sustained outworking of the essential tenets of Marburg Neo-Kantianism. The recent dramatic recovery of interest in Kant, Schleiermacher and Bultmann in the English-speaking world is indicative of the ongoing draw of an inclination that has characterised theology since the early 19th century – one which denies *a priori* any possibility of divine Self-disclosure. Alexander Pope brilliantly and mockingly satirised this quasi-solipsistic and anti-realist trajectory that came to characterise European theology, "Know then thyself, presume not God to scan, the proper study of mankind is man."[6] One of the significant contributions of the Gunton-Schwöbel partnership was the courage shown in challenging Enlightenment assumptions that had captivated Anglo-Saxon theology with its inversion of the subject-object relationship – what Gunton famously identified as a form of alienation.

When the impact of Neo-Kantianism waned, largely due to the failure of its philosophy of science (failings exemplified in Ernst Mach for whom scientific laws described sensations rather than reality as it exists beyond sensations), its theological legacy continued under the widespread assumption that the existence of God was devoid of explanatory power outside the sphere of spirituality and thus the sphere of the *Geisteswissenschaften*. This led to two contrasting and mutually incompatible commitments that, as Alvin Plantinga has demonstrated so convincingly, characterise the contemporary "university". On the one hand, we have metaphysical naturalism. As old as Lucretius, the magnitude of its impact on contemporary culture is unprecedented courtesy of, among others, the "four horsemen" of modern atheism (Dawkins, Dennett, Harris and Hitchens), Wolpert, Atkins, Pinker *et al.* Metaphysical naturalism defines the epistemic base of the significant majority of academics in the biological sciences, evolutionary psychology and the like. The assumption is that

> "there is no God, and we human beings are insignificant parts of a giant cosmic machine that proceeds in majestic indifference to us, our hopes and aspirations, our needs and desires, our sense of fairness, or fittingness".[7]

The other major academic influence that is the legacy of Modernity comes to the diametrical opposite conclusion. Far from making humanity insignificant in the grand scheme of things, it places the self at the very centre of reality – the source and, indeed, creator not just of meaning and values but of truth. The *reductio ad absurdum* of Neo-Kantianism's anti-realist thrust can be found in the kind of Post-Modernist anti-realism exemplified by Richard Rorty in the States and Foucault, Derrida and Baudrillard in Europe. In theology, we have Don Cupitt, DZ Philips in England and the Glasgow school

[4] *R. Johnson*, The Origins of Demythologizing: Philosophy and Historiography in the Theology of Rudolf Bultmann (Leuven: Brill, 1974).

[5] *A.C. Thiselton*, The Two Horizons: New Testament Hermeneutics and Philosophical Description, (Grand Rapids: Eerdmans, 1980).

[6] Ironically, postmodernists have gone on to do to the self what the Neo-Kantians did to the *Ding-an-sich* – a spectre that haunted not only Kant but Hume himself. (App. C of his Treatise).

[7] *A. Plantinga*, The Twin Pillars of Christian Scholarship, The Stob Lectures of Calvin College and Seminary (Grand Rapids: Calvin College, 1989), 9-10. Trigg defines it as the view that "reality is wholly accessible (at least in principle) to the natural sciences. Nothing […] can exist beyond their reach." *R. Trigg*, Philosophy Matters (London: Blackwells, 2001), 149.

in Scotland – David Jasper, George Newlands and George Pattison! On this account, truth is "the state of play" (Cupitt), "Truth is what my peers will let me get away with" (Rorty).

The consequence of this is that the contemporary "*Universitas*" is divided against itself representing two intrinsically and mutually incompatible world-views.

The Recovery of Realist, Christian Theism in Post-Kantian, Analytic Philosophy.

In stark contrast to these two trajectories, the last three decades have witnessed a remarkable sea-change in the field of analytic philosophy and a dramatic recovery of realist forms of Christian theism. So much so that, the leading atheist metaphysician and logician, Quentin Smith, wrote a 10,000 word editorial article, in *Philo: The Journal of the Society of Humanist Philosophers* documenting the

> "Desecularization of the Academy that (has) evolved in Philosophy Departments since the late 1960s". "By the second half of the twentieth century," he writes, "universities and colleges had become in the main secularized."[8]

Theism was regarded as possessing "such a low epistemic status that it did not meet the standards of an 'academically respectable' position to hold."[9] But this situation began to unravel quickly, however, largely due to the work of Alvin Plantinga,

> "Naturalists passively watched as realist versions of theism, most influenced by Plantinga's writings, began to sweep through the philosophical community, until today perhaps one-quarter to one-third of philosophy professors are theists, with most being orthodox Christians." "God is not 'dead' in academia [...]".[10]

Such is the

> "erudite brilliance of theistic philosophizing today', he suggests that any naturalist philosopher refereeing a debate between theists and naturalists would be likely to determine 'that the theists definitely had the upper hand in every single argument or debate."[11]

He then concludes that the justification of naturalism has been defeated by arguments developed by theistic philosophers, and now "naturalist philosophers, for the most part, live in darkness about the justification of naturalism [...]. If naturalism is true, then their belief in naturalism is *accidentally true*."[12]

What has come to the fore is the unrivalled explanatory power of realist accounts of Christian theism – something that analytic philosophers appear to appreciate to a greater extent than theologians. A realist approach to Christian theism can provide an explanation of why there is contingent reality of any kind ("why there is something rather than nothing"[13]), the intelligibility of the contingent order (which is, of course, the supposition of all scientific enquiry), the existence of a moral order (without which science loses

[8] *Q. Smith*, "The Metaphilosophy of Naturalism", *Philo* Vol 4, No 1, 1.

[9] *Q. Smith*, "The Metaphilosophy", 2.

[10] *Q. Smith*, "The Metaphilosophy", 3.

[11] *Q. Smith*, "The Metaphilosophy", 5.

[12] *Q. Smith*, "The Metaphilosophy", 5.

[13] Although this is the usual way of articulating the issue, it is not technically correct given that, if God is a necessary being then 'nothing' is not logically possible.

the very grounds of its concept of truth, accountability and obligation) but also fine-tuning and the like. Still further, advances in modal logic (the modal form of the ontological argument) expose the significant logical problems involved in philosophical atheism – the requirement that one deny that there is a possible world in which God exists.

In short, the courageous and influential work of the Tübingen school (Eberhard Jüngel, Jürgen Moltmann and Christoph Schwöbel) and formerly of King's College London (Colin Gunton and Christoph Schwöbel) in refusing to allow the Christian theological agenda to be driven by Enlightenment commitments is now receiving unprecedented support from the most rigorous and technically sophisticated representatives of analytic philosophy, logic and metaphysics – subjects which, until the 1970s, appeared to be home to Christian theism's arch-enemies!

Despite the above, the sea-change to which I refer carries with it its own dangers not the least of which is the Siren call of unreconstructed forms of natural theology and Perfect Being theologies.

But it is precisely here that a further development is pertinent, namely the Reformed epistemologies of Paul Moser, C. Stephen Evans, Nicholas Wolterstorff and, again, Alvin Plantinga (as articulated in his lengthy trilogy culminating in *Warranted Christian Belief*). The theological import of these developments has found impressive expression in Kevin Diller's recent work in Christian revelation and epistemology. The effect is to challenge those forms of idealism that have so served to undermine the very possibility that historical events could have 'decisive significance' to use Kierkegaard's expression in mediating knowledge of God. In his 2014 monograph entitled, *Theology's Epistemological Dilemma: How Karl Barth and Alvin Plantinga provide a Unified Response*, we have a remarkable integration of Barth's theology of revelation and the most significant outworking of Christian analytic epistemology, namely, the externalist account offered by Plantinga. His arguments are highly significant for the argument of this paper.

The fundamental dilemma at the heart of Christian theology and that bears on its credibility, reliability and relevance results from two indispensable but conflicting affirmations. These are affirmations that, since the Enlightenment, theologians have sought to side-step either by downplaying history and any contingency attaching to the grounds of theological affirmation OR endorsing Enlightenment humanism or creative anti-realism and evacuating theological statement of any objective reference. The *tertium datur* that Christian thought offers presents us with a simple problem that Diller articulates in the following way:

> "Christian theologians are required to adopt a high view of theological knowledge while also maintaining a low view of the unaided capacities of the human knower to secure such knowledge. To use the biblical imagery, Christian theology must acknowledge itself an impoverished earthen vessel while daring not to diminish the value of the treasure it confesses."[14]

What Karl Barth provides, he argues, is a theological account of revelation that strongly affirms the possibility of knowing God while, at the same time, recognising fully the inadequacy of the knower. For Barth, the grounds and conditions for the knowledge of

[14] *K. Diller*, Theology's Epistemological Dilemma: How Karl Barth and Alvin Plantinga Provide a Unified Response (Madison: IVP Academic, 2014), 17.

God are given in the context of the relationship with God that is freely established by God with all humans in Jesus Christ.

What Alvin Plantinga contributes is a rigorous epistemology of Christian belief that he demonstrates to be philosophically defensible. By integrating these, Kevin Diller establishes what he terms

> "a theo-foundational epistemology" that is "rooted in the self-revealing action of the trinity, who, by drawing us to himself, makes possible a human participation in a warranted, cognitive and personally transforming knowledge of God."[15]

The provision of a theological epistemology that is philosophically credible and cogent requires us, Diller argues, to acknowledge the following integrated package integral to the Biblical witness[16]:

a) Knowledge of God is a "real gift" of God's self-revealing that is both *real* and *free.* That means that it cannot be grasped from below – by its very nature, it cannot be deduced or demonstrated or endorsed by unaided human reason. What Plantinga and Barth together recognise is that knowledge of God is a response to "the inbreaking of the independent reality of God himself" who emerges "within but not from human conceptuality" and who both commandeers and judges our human conceptuality.
b) It is irreducibly *theo-foundational.* God in his act of self-revelation, creates and enables our capacity to receive the knowledge of God. Echoing Barth, "God is not just the object of theological knowledge, but is also the means and even cosubject of that knowledge."[17]
c) The revelation of God involves an act that is not only free but *transformational.*[18] As Kierkegaard demonstrated so convincingly via his pseudonymous *Philosophical Fragments*, it does not simply communicate ideas or data that are appropriated by our immanent human capacities and frameworks of thought. Rather, it is transformative of these frameworks. As Bonhoeffer famously argued, with respect to our immanent categories and frames of reference, the Logos is to be regarded as the Counter-Logos. The "Who" question defines how we approach the "how" question. The event of revelation impacts our epistemic bases and probability assessments such that we can recognise Who God is. Revelation is miraculous.
d) It is *corporately known* and thus not to be regarded as an isolated, solipsistic experience. God-talk emerges in the context of divine self-revelation that is irreducibly ecclesial.[19] It involves the reschematisation not simply of individual minds but of the mind of the Body of Christ commandeering our human vocabulary and generating ecclesial language games such that our *logoi* and *noiai* undergo metanoia or metamorphosis within the koinonial context of the new humanity. In sum, the miracle is not a series of hermetically sealed individual events but the creation of a New Humanity.

[15] *K. Diller*, Theology's Epistemological Dilemma, 296.

[16] The main points in this section constitute an edited précis of Diller's summary, *K. Diller*, Theology's Epistemological Dilemma, 169ff.

[17] *K. Diller*, Theology's Epistemological Dilemma, 170.

[18] *K. Diller*, Theology's Epistemological Dilemma, 170.

[19] *K. Diller*, Theology's Epistemological Dilemma, 170.

This contrasts radically, therefore, with the private language games that underpin the existentialist, Neo-Kantian accounts grounding the meaning of terms on our own individual, existential (or *existentiell*) Self-understanding and *Erlebnis*. As Thiselton argues so convincingly, such approaches are inevitably casualties of Wittgenstein's "beetle in the box" critique of private language. We do not discover the divine address by looking into our own private boxes.

e) It is "by grace alone" and it is personal and cognitive. "The legitimate starting-point of theology is one that grasps the knower but is not grasped *by* the knower independent of the given knowing relation."[20]

f) It is mediated, as "conveyed by, but not reducible to, a creaturely medium."[21] This recognises the importance of a theological epistemology as opposed to a prolegomenon.

g) It is "coherent and warranted"[22] despite the fact that the warrant for theological knowledge is "not provided by a general theory of knowledge."

What this points to, he suggests, is that the sole ground of Christian hope is that what is impossible with humanity remains possible with God. Consequently, hope in the *possibility* of rational God-talk is grounded in the *actuality* of God's engagement with human creatures in Christ – an engagement that includes our being provided with the condition, to use Kierkegaard's term, for the recognition and acknowledgement of this Actuality. In sum, revelation is a miracle.

So what does this mean? As I have argued elsewhere, both the recognition that God does indeed speak and the recognition of *where* and *how* God speaks are intrinsic to God's Self-communication.[23] Both belong to the divine address.

Consequently, to assume that it is necessary to be able to establish the possibility of God's Self-communication in advance of its recognition constitutes a *de facto* rejection of the actuality of God's speech. That is because to do so is to try and secure the possibility of God's speaking on immanent and internal foundations within oneself and not in the free, creative act of God. Moreover, as Kierkegaard has shown so convincingly, if recognition is grounded in our immanent capacities, then revelation inevitably can be nothing other than mere illustration of what we already know. Revelation is reduced to exemplification and nothing *new* can take place.[24] And as Kierkegaard shows further, Socratic approaches that insist *a priori* that all discovery must be conceived as *anamnesis* involve the denial that Christian revelation can involve the discovery of anything new. Consequently, no historical event or moment can have "decisive significance" for the knowledge of God. History, on such an account, can never be anything other than illustrative of what we all already know.

[20] *K. Diller*, Theology's Epistemological Dilemma, 170.

[21] *K. Diller*, Theology's Epistemological Dilemma, 232.

[22] *K. Diller*, Theology's Epistemological Dilemma, 172.

[23] *A. Torrance*, "*Auditio Fidei*: Where and how does God speak? Faith, Reason and the Question of Criteria", in Reason and the Reasons of Faith, ed. *P. Griffiths* and *R. Hütter* (London: T&T Clark, 2005), 27–52.

[24] As Stewart Sutherland argues in "The Concept of Revelation", it belongs to the very concept of revelation that it communicates that which is new. *S. Sutherland*, "The Concept of Revelation", in Religion, Reason and the Self: Essays in Honour of H.D. Lewis, ed. *H.R. Sutherland* and *T.A. Roberts* (Cardiff: University of Wales Press, 1989), 43.

For a Christian account of knowledge of God, it is the actuality of revelation alone that contains the answer to our questions about the possibility of divine address and of the human capacity to recognise it. The reason for this is that God's Self-disclosure is radically free. We cannot predetermined the condition of its possibility. Second, to the extent that God's self-disclosure presents us with what we do not know and could not therefore anticipate, the divine address provides the conditions for its recognition – the 'ears to hear'. These conditions, which constitute our redemption from the erroneous suppositions that characterise our interpretation of reality and meaning, are new. God's Self-disclosure is thus constitutive of a New Humanity – an act which is, quite simply, a miracle – a miracle grounded in the incarnation and the reconstituting, creative presence of the Spirit.

In radical contrast to the view that the content of the Christian faith be demonstrable with reference to prior (foundational) epistemological grounds independent of the event of divine self-communication, Alvin Plantinga and the epistemological externalists provide a view of warrant that is compatible with grounding knowledge in an event of transformed recognition. For Plantinga, knowledge of God involves true belief that is warranted – and the beliefs are warranted when the recognition is consequent upon the proper epistemic function of the new humanity – where its believing is in accord with the design plan of the "New Creation".

So wherein lies the place of reason in theological deliberation and what is its relation to faith?

First, we must reject the widely held assumption that there are two separate sources of justified or warranted belief, namely, reason and the deliverances of philosophy, on the one hand, and faith and the deliverances of revelation, on the other.[25] It is precisely this assumption that drives the interpretation of the relationship between faith and reason in the papal encyclical *Fides et Ratio.* It refers to the "two-fold order of knowledge, distinct not only as regards their source, but also as regards their object".[26] The deliverances of reason and faith are assumed, however, to be in harmony and to lead to "truth in all its fullness" – the truth "which God reveals to us in Jesus Christ, is not opposed to the truths which philosophy perceives." (34) As Plantinga points out that is truistic – "no truth of any kind can contradict any truth of any kind." He then continues, "What is not truistic is the encyclical's further claim that since God is the author both of faith and of our reason, God would not bring it about or permit it to be that faith and reason were in conflict."[27] It is this confusion that has led so many not only in the Catholic but also in the Reformed traditions to think that reason and philosophy provide a "truly propaedeutic path"[28] that prepares the way for the deliverances of faith. Any such view immediately begs a question: is this conviction based on reason (in which case it is circular) or is it based on faith (in which case it is self-refuting)?

The underlying problem here, however, is a simple one, namely, the failure to appreciate that reason invariably operates from an epistemic base – an epistemic base that rea-

[25] Cf. Plantinga's review of *Fides et Ratio* in *Books and Culture*, July/August, 1999.

[26] Fides et Ratio, 9.

[27] Cf. Plantinga's review of *Fides et Ratio* in *Books and Culture*, July/August, 1999.

[28] Fides et Ratio, 90.

son itself does not, and cannot, deliver from within its own resources.[29] This failure results from the further confused assumption. Given that "reason" is a noun and hence an "object word", it is assumed that it denotes some form of independent capacity for discernment – a capacity with its own special objects that are recognised in the light of its own unique powers. By contrast, reason actually refers to processes – processes of deliberation from suppositions or premises that reason does not and cannot deliver in and of itself. "Rational" denotes, quite simply, the proper function of processes of deduction and inference that deliver us to appropriate conclusions. The primary use of the word is thus adverbial – we come to our conclusions "rationally". Reason either denotes an appropriate process of deliberation in response to the nature of the subject-matter under consideration, in which case its conclusions are rational, or they do not, in which case they are irrational.

For Christian faith, therefore, reason requires to be regarded as the descriptor of a process (reasoning). In the case of God's self-disclosure, rational deliberation presupposes and is grounded in events of recognition intrinsic to God's Self-disclosure. The recognition itself is not delivered by reason nor, indeed, is it accessed by means of a propaedeutic that reason can deliver. Rather, the event of recognition is God's ecclesial, Self-identification most fully actualised in the incarnation – a divine Self-identification, therefore, that is irreducibly historical.

What this means is that all attempts to predetermine the conditions of knowledge of God violate the conditions of theological rationality – which requires to be conceived as faithful objectivity! This is what led Barth to insist that theology is to be conceived as a form of *Nachdenken* and Eberhard Jüngel to question forms of approach that repose in *Voraus-setzungen*, *Vor-verständnisse*. It is also what Jürgen Moltmann, Colin Gunton and Christoph Schwöbel have upheld with such consistency in their conviction that the doctrine of the Trinity should both define and redefine our conception of God.

So what are the implications of the faithful articulation of the biblical witness for how we conceive of this ecclesial event? To answer this requires overcoming a deeply entrenched obstacle with respect to how we understand the nature of God – an obstacle which is itself the result of an attempt to predetermine in a priori ways a determinative divine property. This results from what I would suggest is a misuse of reason in Aquinas' approach to the doctrine of God, specifically, his decision that God is necessarily to be regarded as metaphysically simple. The effect of divine simplicity has been to subvert the irreducibly Trinitarian conditions of the recognition and endorsement of God's Self-disclosure and Self-definition to which the New Testament bears such profound and unambiguous witness. The knock-on effect of this on Western theology, both Catholic and Protestant, has been to anaesthetise or, indeed, vitiate our capacity to interpret knowledge of God in ways that take the New Testament witness seriously.

Aquinas turned to the doctrine of God in the "third question" of the *Prima Pars* of his *Summa*. This section, which frames his subsequent exposition of the doctrine of God, purports to establish *a priori* that God is metaphysically simple. His conclusions submit

[29] As Charles Taylor has commented, "totally unaided Reason probably doesn't get you farther than your nose." *C. Taylor*, "Engaging the Citadel of Secular Reason", in Reason and the Reasons of Faith, ed. *P. Griffiths* and *R. Hütter* (London: T&T Clark, 2005), 343.

every facet of the Biblical witness as also Christian worship and practice to the predeterminations of this Procrustean bed.

Divine Simplicity and the Subversion of the Grammar of Godtalk.

Various understandings of divine simplicity have been apparent in Christian theology from the patristic era. It was in Aquinas, however, that we find the Christian doctrine of God being interpreted in the light of a prior exposition of divine simplicity. One of the key concerns since Aquinas has been the fear that if we suggest that God is distinguishable from his defining properties, then that appears to make him contingent on them in some sense. Divine aseity means that we cannot say, therefore, that God *possesses* his defining attributes. Rather, he must be *identical* with them – that is, he *is* them. God and all God's properties require to be understood as mutually identical. To affirm divine aseity, therefore, involves affirming God's metaphysical simplicity.

This has generated a great deal of discussion in recent decades not least the problems to which such an approach gives rise. One famous response is that properties are abstract entities and, thus, causally inert. Persons are causally active. So, as Plantinga argued back in 1980 and Richard Gale in 1991, if God is a property, then God cannot be a person for the simple reason that persons cannot be identical with abstract entities. In addition to this particular argument, myriad *theological* problems with affirming divine simplicity conceived in these terms come to the fore. As Duns Scotus realised long ago, to suggest that God is Creator, Redeemer and Lord is inevitably "repugnant to divine simplicity."[30] Still further, there are obvious problems associated with the incarnation not to mention the Trinity.[31]

Let us suppose, however, that it *were* possible to affirm coherently divine simplicity and the incarnation, how could the incarnation possibly constitute any kind of disclosure of who God is? First, there would need to be such radical discontinuity between the meanings of the terms applied both *to Christ* and also *by Christ* to the Father, on the one hand, and the reference of those terms in relation to the Being of God, on the other, that it is hard to see how any such revelation would not quickly give way to agnosticism. This is due to the fact that simplicity involves "property collapse" – every property affirmed of God has to be assumed to be identical with every other property. This results

[30] Cited in *R. Mullins*, "Something Much too Radical to Believe: Towards a Refutation of Divine Simplicity", 186. Cf. *R. Mullins*, "Simply Impossible: A Case against Divine Simplicity", in Journal of Reformed Theology 7 (2013), 181–203.

[31] *E. Stump*, "Aquinas' Metaphysics of the Incarnation", in The Incarnation: An Interdisciplinary Symposium on the Incarnation of the Son of God, ed. *S. Davis, D. Kendall,* and *G. O'Collins* (Oxford: Oxford University Press, 2002). She writes: "In his divine nature, he (Christ) has the operation proper to the deity. In his human nature, Christ has a complete and fully human mind, and he also has a rational appetite, that is to say, a complete and fully human will. Since intellect and will also characterize the divine nature, in virtue of having two natures Christ also has two intellects and two wills, one human and one divine." The problem, which she notes in footnote 40 is that: "Strictly speaking, this locution is inaccurate. The divine nature is simple, and so it is not accurate to speak of the divine person as having an intellect and a will. But the locutions needed to try to speak accurately in accordance with the doctrine of divine simplicity are so clumsy that Aquinas himself does not always avoid the simpler but inaccurate locutions."

in the impossibility of our having any conception of what we could possibly mean when we use these terms to refer to God?[32] When we say that God is love metaphysical simplicity requires us to regard that statement as possessing the identical reference when we affirm that God is omnipotent? Or if we say that God is simple, we are referring to the identical property in God to which we refer when we say that God is merciful or omniscient. The problem is, quite simply, that all *theologein* collapses into *muthologein* – the projection of mere *epinoiai* onto that with respect to which we are *agnosis* – the accusation that Athanasius, of course, made of the Arians.

The meaning of terms ceases to be their use. In Wittgensteinian terms, God-talk becomes exactly like talking about the beetle in our box but where we cannot even look into our own box. Far from theological predictation functioning analogically, it becomes equivocal, meaningless.

In *The End of the Timeless God*,[33] Ryan Mullins shows how metaphysical simplicity together with the necessary implication that God's perfection involves his being pure act[34] appears to lead to modal collapse. "If modal collapse occurs, there is no contingency for everything is absolutely necessary. The way things are is the way they must be."[35] Consequently, it belongs to the very being of God that I am wearing a suit today. Why is this the case? Because if there are unrealised possible worlds then there is a complex array of unactualised possible worlds in the mind of God.

The irony here is that what this ultimately undermines is the divine aseity that Aquinas was so keen to affirm. "In order for God to be who He is – pure act – He necessarily must create this world."[36] Of course, Aquinas was not unaware of this and struggled over whether he should affirm the *aeternitas mundi*.

In short, the attempt to interpret the God of the Christian faith by means of a prior imposition of metaphysical simplicity does not only generate tension with the concept of the divine triunity, it precludes *a priori* any possibility of affirming mutual relations within God. The effect of such conceptual tyranny is to question almost every facet of God-talk, revelation and God's engagement with the contingent order. It is quite simply, as Mullins has argued, a doctrine much too radical to believe.[37]

So why have I raised this? There are two reasons. The first is to illustrate the cost of expounding Christian doctrine in the light of predeterminations that are assumed to be true *a priori*. Second, it is to show that it is only when we escape this albatross around theology's neck that we are set free to consider a Trinitarian-incarnational account of rationality in theological discourse.[38]

[32] *M. LeBlanc*, http://www.choosinghats.com/2009/11/on-divine-simplicity-and-malformed-arguments/ 22 Nov, 2009.

[33] R. *Mullins*, The End of the Timeless God (Oxford: Oxford University Press, 2016).

[34] This is because if there was any potential in God it could only be realised by being acted upon and, if God is perfect, then there is nothing that is not perfect or waiting to be actualised.

[35] R. *Mullins*, The End of the Timeless God, 138.

[36] R. *Mullins*, "Simply Impossible: A Case Against Divine Simplicity", in Journal of Reformed Theology 7 (2013), 196.

[37] R. *Mullins*, "Simply Impossible", 181–203.

[38] So is there anything that "simplicity" is pointing to that should be affirmed. Yes!

First, to make sense of the Gospel, we are obliged to affirm that who God is toward us in Christ, God is eternally and antecedently in himself. There is, therefore, no "duplicity" in God. There is radical integrity

And it is in this context that we come to consider the nature of theological rationality in conversation or dialogue.

From Recognition to Dialogical Rationality.

When, in Matthew 16, Jesus asked the disciples who people said he was, he was presented with the various theories that were circulated. That is, they replied in the third person referring to others. But then Jesus asked the disciples, "Who do *you* say that I am?" Simon articulates an event of recognition confessing Jesus to be the Messiah, the Son of the living God. What is significant was Jesus' response. First, blessing him, Jesus comments: "flesh and blood has not revealed this to you, but my Father in heaven." (v17) And second, he renames him Peter and in an act of categorical affirmation proclaims that on this rock he will build his church. The implication is clear. First, the condition for the recognition of God's presence as the Christ, is the creative presence of the Father who has provided the condition for this recognition. The recognition statement did not reflect some immanent capacity within Peter. Our natural state does not provide us with the capacity to discern God's free presence unaided – God's self-disclosure is a free act integral to which is our being freely given the eyes to see. Second, the event of recognition is reconstitutive of the identity of Simon – he is given the name "Peter". Third, the recognition is deemed to be constitutive of the church conceived as a new community – a redeemed body of people constituted by the recognition of and commitment to Jesus Christ. The parallels with John's gospel are marked – the recognition of God's unique, disclosive presence to humanity as Jesus Christ involves an event of recognition that involves reconstitution or "rebirth" from above. Indeed, the use of eye/sight and ear/hearing metaphors and allusions throughout Matthew, Mark, Luke-Acts, John and the whole Pauline corpus all testify to the fact that the recognition of God's presence involves humanity's being provided with the condition. Without God's transforming and reconciling presence, God's Self-disclosure *is not recognised*, and who God is as Father is not revealed to us in the Son. As Schwöbel has argued, drawing on Gilbert Ryle, revelation is a "success word".[39] Or, as Searle might put it, it is the Word's self-presentation that generates the fit between the world and the Word – a fit created by means of a redemptive act constitutive of a "new humanity".

A similar model is implied by Paul's conceptuality in Romans 12:2. There requires to be literally a *metamorphosis*[40] of our minds given that we are alienated (*echthroi*) in our capacity to "think through" (*dia-noein)* to the reality of God and his purposes. Consequent-

between God's being and God's act of Self-disclosure. What we have seen, however, is that metaphysical simplicity introduces, ironically, a duplicity in God-talk by questioning *a priori* any conceivable or even analogical correspondence between who God is toward us in Christ and who God is eternally *in se.* The consequence is the quasi-Arian gulf (*chorismos*) to which we have referred. The new wine of the Gospel simply cannot be poured into Eleatic, monist wineskins.

Second, we must also affirm a singularity of will within the Trinity with respect to creation – a single *telos.* Moreover, we must also affirm divine constancy – the divine orientation *ad extra* does not change nor is it arbitrarily conditioned by that which is *extra Deum.*

39 *C. Schwöbel*, God, Action and Revelation (Kampen: Kok Pharos, 1992), 92.

40 ἀλλὰ μεταμορφοῦσθε τῇ ἀνακαινώσει τοῦ νοός (Rom 12:2).

ly, the discernment of truth requires that we are no longer *schematized*[41] by the secular order.

Given the epistemic implications of the collective witness of John, of Paul and the Synoptic, it appears that we require to affirm the following features of a Christian account of knowledge of God that is set free from the constraints and Procrustean beds that have haunted Western theology:

1. There is a givenness to the truth-conducive grounds that generate the confession: "Thou art the Christ!" – Peter's recognition is characterised by doxastic immediacy. Christoph Schwöbel refers to "the experience of Christ as the self-disclosure of God in personal certainty."[42]

   As Kierkegaard demonstrated so convincingly over against the appeal of the "Socratic", the truth-conducive grounds are not to be regarded as universally immanent within us. If they were Christian revelation would be shorn of its historical groundedness.

2. What this suggests is that Peter's recognition of Jesus' identity can be construed as a kind of rational "seeing" – rather like the way one "sees" *a priori* truths to be true. Laurence BonJour argues, in *In Defense of Pure Reason* that "*a priori* justification should be understood as involving a kind of rational 'seeing' [...] of the truth or necessity of the proposition in question." Peter simply 'sees' that Jesus is the Christ – he finds himself believing it. It is a direct belief that, as suggested above, possesses doxastic immediacy.

   It is no coincidence that "seeing" is precisely the analogy that is used throughout the New Testament. Significantly, we do not simply "see" with our own innate capacities but are *given the eyes to see* – we are provided with the condition for this event of recognition. Peter's "seeing" is a *de novo* seeing. He is not simply seeing another example or illustration of a generic feature of reality that he has always "seen" in his mind's eye.

3. Peter's (and our) recognition is clearly non-inferential – it is not the result of a process of inferential reasoning from other more basic convictions. The belief that Jesus is the Christ denotes a properly basic and foundational belief.

   That is not to say that there isn't an element of coherence. There is a background and history, a three-dimensional perspective in the context of which Simon is given the eyes to see. What is important is the recognition that the perception is not simply an inference from those background beliefs.

What this suggests is that the body of Christ requires to be seen as a communion of persons who are constituted in and through being given to see, by the Spirit, that which they could not otherwise see, to hear that which they could not otherwise hear. It is at precisely this point, however, that we must be careful not to slip back into the individualistic categories that have so plagued Christian thought in the West.

The seeing that we are given is not about something to which I am privy as a hermetically sealed monadic self. It is a *mediated* "seeing" of God – but not just mediated by the

[41] μὴ συνσχηματίζεσθε (Rom 12:2).

[42] *C. Schwöbel*, God, Action and Revelation, 117.

physical world, it is a *personally* mediated seeing. The whole thrust of the Incarnation is that in Christ we have dwelling with us as human the fullness of the one who *alone* has epistemic access to the Father. In the incarnation, this becomes a human epistemic access – he alone is the human who hears and sees in truth. The Body of Christ hears and sees by means of a gift of participation, by the Spirit, in the incarnate Son's communion of mind with the Father. That was what Peter was given to see –not to "see" the Father per se. Rather, he was given to recognise the One who alone knows the Father!

As the Priest-King who mediates God to humanity and humanity to God, it is only to the extent that we participate in the sole priesthood of the Logos (to use Athanasius' expression), that there is the possibility of rational *theologein* – God-talk that "tracks" the reality of God, to borrow the language of Robert Nozick and the epistemological externalists. What the Orthodox understand as *akoluthia.*

Questioning in Christ.[43]

But what could this possibly mean in practice? Do we not risk here of floating free of grounded rationality into a stratospheric pietism – or Gnosticism? Precisely the opposite! And key to our response here is the connection between the Gospel and the concept of *Gespräch.*

The New Testament presents us not with the communication of propositions per se but with a witness to the incarnation of the One who takes us into a conversation with the *Ens Realissimum.* Jesus' life was characterised by conversations the essence of which was the posing of questions – engaging with the other in such a way that their questions, and their frame of reference was itself submitted to questioning. It is not insignificant that in the Christian witness, unlike other religious writings, the most significant revelatory moments focus on questions that Jesus puts to people – to Peter or the Pharisees or the oppressed women of the time or people in need of healing. Jesus questions the questioner in such a way that the questioner is enabled to ask the right questions of him. It is in the context of this *Gespräch* that recognition takes place – a recognition that is intrinsically bound up with the *metamorphosis* or *reschematisation* of the questioner's apperception. That is, where both Jesus' followers and critiques would submit Jesus to their questions, his response is to question them in a manner that penetrates to the most fundamental elements of their epistemic base – the grounds of their being and identity! As Bonhoeffer put it, as we are brought to ask the "who question", the incarnate Logos challenges and revises our prior *logoi*, that is, all our prior modes of classification. As such, Jesus is not to be regarded as the Logos with respect to our *logoi* but rather the Counter-logos who redeems and reconciles our categories of interpretation and understanding.

Underlying and driving this, however, is a *Gespräch* of another order. The Logos who poses the questions is the One who, in the incarnation, has taken our human questions to himself and poses them in his own person – in our place and on our behalf as our sole priest and Mediator. Never is this more dramatically evident, of course, than in the

[43] I am borrowing this title along with some of the ideas in this final section from *T.F. Torrance*, Theology in Reconstruction (London: SCM, 1965), 117–127.

cross. In Job 9:33, a man tormented to the depth of his being gives vent to his protest, "There is no mediator who can lay his hand on us both" and then in chapter 10:3ff "speaking in the bitterness of his soul" he asks God: "Does it seem good to you to oppress, to despise the work of your hands and favor the schemes of the wicked? Do you have eyes of flesh? Do you see as humans see?"

In Jesus Christ, God decisively enters that *Gespräch* not by offering spiritual wisdom nor by some irrefutable theodicy but by making Job's questioning as also the Psalmist's questioning *his own* in the cry of dereliction. The eternal Son poses the ultimate question to God in our humanity, as our Priest-King, as our sole Mediator who has taken to himself our loneliness, our sense of abandonment, our anguish and not only identifying with it but articulating it for us and in our place, blood of our blood and bone of our bone.

To participate (*koinonein/metechein*) by the Spirit in his priesthood and sole mediation is to find oneself taken into his *Gespräch* with the Father – and thereby to receive the Father's response to the Son by means of a resurrection constitutive of the life and hope and love definitive of the new humanity – not a humanity programmed with solutions but a humanity participating in this unique *Gespräch*.

It is here we find the warrant, impetus and control on all theological *Gespräch*. It is also here, of course, that we find the key to the *imago patris* in a dialogical form of life definitive of the Body of the sole Mediator. Few theologians spell this out more perceptively than Karl Barth in his analysis of the symbols of our humanity – the eye, the ear, the mouth and the heart. To "track" that mind which was in Christ Jesus involves the commitment to look the other (to see "eye to eye"), to hear the other and to speak to the other. Most significantly, it is to do all these things "gladly".

The inclination in endorsing the importance of theological dialogue and conversation is to start with the theological community. But that would be to adopt an anthropological starting point, or worse, a quasi-ethical one issuing exhortations and condemnations vis-a-vis appropriate and inappropriate forms of theological praxis. What I have sought to argue is that the ground and grammar of theological conversation is a Trinitarian event of participation of which Gijsbert van den Brink rightly comments, "this communion and participation in God of the new humanity is realized in the double movement of incarnation and ascension of the Son, to whom believers are united by the Spirit."[44]

What this suggests, in conclusion, is that the profoundest deepest form of *Gespräch* is prayer – prayer conceived as participation in the sole priesthood of Christ.

In January 2008, my wife Jane died at the age of 49. She was a wonderful, Christian woman, wife and mother. Watching her die in pain as cancer spread throughout her body was difficult and seeing our children witness her gradual disintegration not only physically but mentally as the cancer spread through her brain was particularly hard. There were times when I really struggled to find the wherewithal to pray and, indeed, to know how to pray and what to pray for. In sum, I was tortured by the sense that I did not know how to pray as I ought. In the depth of that valley the continuing priesthood of Christ became more relevant than I can begin to articulate – the fact that as I held Jane in my arms, the risen, ascended Priest of our confession was present by the Spirit interceding on our behalf meant that we could repose in his presence. To do that was to

[44] *G. van den Brink*, "Social Trinitarianism", in IJSTh 16/3 (2014), 331–350.

participate in an event of communion whereby he took our *Gespräch* and made it his and his vicarious *Gespräch* was made ours.

The prayer I held on to during that time and, indeed, at a later of clinical depression, was the Lord's prayer recognizing that to pray that prayer was to participate in the *Lord's Gespräch* with the Father. I was not left to pray in isolation "My Father, who art in heaven, far removed from where I am". Rather, the sole Priest of our confession gives us to pray together with him: "*Our* Father, which art in heaven, hallowed be thy name, thy Kingdom come, thy will be done."

In and through this, one is given to recognize the *Gespräch* that is the *telos* of the contingent order and the fullest expression of God's purposes for his creatures. Here, moreover, we find a warrant for theological dialogue that lies not in subjective criteria, ideals or capacities immanent within us but in the capacity of human language to track God truthfully, by the Spirit. This is a tracking that is only possible through the risen and ascended life of the incarnate Logos, the sole mediator between God and humanity. In him, the Father provides the *rhemata* in and through which we are given to participate in the theological *Gespräch* of the Body of Christ and, thereby, in the communion of the Triune God.

Lubomir Žak

STRUKTUR ALS RELATION – RELATION ALS STRUKTUR

Die Komplexität der Realität im Licht der trinitarischen Offenbarung[1]

1. Einleitung

Beim Lesen des Abschlusskapitels des Buches *Gott im Gespräch* kann man die intensive und anregende Reflexion Christoph Schwöbels über die Möglichkeit eines relationalen Wirklichkeitsverständnisses nur genießen und würdigen, eine Reflexion, die auf jeden Fall ausgeht von der Feststellung über die geringe Klarheit in Bezug auf das, was Relationalität konstruktiv definiert[2]. Das ist der Grund, warum es sich als notwendig erweist, die Antworten auf Fragen zu finden wie: „Sind die sozialen Beziehungen, in denen wir existieren, das letztgültige Paradigma des Wirklichkeitsverständnisses oder sind sie selbst nur Funktionen der physischen Struktur der Relationalität, die allem, was es gibt, zu Grunde zu liegen scheint? Welche Theorie und welche Konzeption der Relationalität sollte für die Interpretation der Wirklichkeit normativ gelten?“[3].

Wie bekannt, sind unter diejenigen, die sich mehr dafür einsetzen, überzeugende Antworten auf diese und andere ähnliche Fragen zu bieten, jene Wissenschaftler zu zählen, die der Denkrichtung angehören, die zusammenfassend „das komplexe Denken“ genannt wird, charakterisiert von der Bemühung, Methoden der inter-, besser transdisziplinären Forschung zu benutzen. Ich schreibe „zusammenfassend“, insofern man von diesem Denken statt im Singular mehr im Plural reden sollte, da die Auffassungen variieren, die die Vertreter dieses methodischen Zugangs von der *Komplexität* (sowohl bezüglich der Methoden als auch der Objekte der Erkenntnis) haben. Die Ursachen der Unterscheidung der genannten Auffassungen sind sicher von verschiedener Art, trotzdem gibt es eine, die einige davon maximal polarisiert: die Öffnung oder Nichtöffnung der wissenschaftlichen Kenntnis zur Transzendenz.

Unter den Wissenschaftlern aus dem Bereich der Natur- und Humanwissenschaften, die überzeugt für die Öffnung optiert haben, wird oft Pavel A. Florenskij (1882–1937)[4] zitiert, der geniale armenisch-russische Mathematiker, Physiker, Philosoph und Theologe. Nicht selten erscheint aber auch der Name von Romano Guardini (1885–1968), italienisch-deutscher Philosoph und Theologe, als einer von denen, die von jedem ernst zu nehmen sind, der sich heute nach dem Beitrag fragt, den die Philosophie und – warum nicht? – die Theologie für die Entwicklung einer nachvollziehbaren Theorie der Komplexität und zu ihrer praktischen Anwendung leisten könnten. Weniger taucht hingegen

[1] Übersetzung: Doris Weimer.

[2] Vgl. *C. Schwöbel*, Gott im Gespräch, Tübingen 2011, 452.

[3] *C. Schwöbel*, Gott im Gespräch, 452–453.

[4] Für eine kurze Einführung zum Denken von Florenskij und seiner Idee der Komplexität erlaube ich mir hinzuweisen auf mein „Ho contemplato il mondo come un insieme: Introduzione al pensiero complesso di Pavel A. Florenskij“, in *Marco Ferrari/Gian P. Terravecchia* (Hgg.), Soggetto e realtà nella filosofia contemporanea. Cinque lezioni, Castel Bolognese 2014, 121–156.

der Name von Edith Stein (1891–1942) auf. Und doch – beim Analysieren ihrer Schrift *Endliches und ewiges Sein* (= *EeS*) nimmt man wahr, einem Denken gegenüber zu stehen, das in Bezug auf die Frage der Komplexität und der Kenntnis der Realität epistemologische Intuitionen und thematische Vertiefungen enthält, deren Bedeutung denen der beiden anderen Denker gleichkommen.

Die Absicht dieses Beitrags ist es, gewisse überraschende, vergleichbare Ähnlichkeiten (wenn auch in extremer Synthese) zwischen den Interpretationen der Realität von Florenskij und Guardini und der von Stein in *EeS* vorgeschlagenen herauszustellen, die alle drei auf die dynamisch-relationale Konzeption der Realität gestützt sind. Vor allem aber möchte er zeigen, dass Florenskij, Guardini und Stein sich dafür eingesetzt haben, den Typ des hermeneutischen, eigentlich christlichen, Horizonts auszuarbeiten, den Christoph Schwöbel „ontologische Hermeneutik des Gesprächs“[5] nennt, und der seine Inspiration, die Haupt-Kategorien und die Schlüssel-Konzepte aus der Idee der Dreieinigkeit Gottes bezieht und in Formeln konzipiert ist, die zu behaupten erlauben: “Gott *ist* Gespräch”. Eine Hermeneutik also, die in Bezug auf die Komplexität der Realität, rigoros verstanden in der Perspektive der Relationalität, dazu führt, zuzugeben: Das „göttliche Sein muss als freie kommunikative Rede verstanden werden, so dass das Sein der Welt als frei kommunizierte und abhängig kommunikative Rede erscheint“[6].

2. *Die Sinnbildlichkeit der Realität*

Ich möchte mit der Bemerkung beginnen, dass es in der *EeS* Behauptungen gibt, die die Florenskij- und Guardiniforscher als solche würdigen müssen, die in Einklang mit dem philosophisch-theologischen Credo dieser beiden Autoren stehen. Ich beziehe mich auf Ausdrücke wie: „Es gehört zum Wesen alles Endlichen, *Sinnbild* zu sein“[7]; „So trägt jedes Ding mit seinem Wesen sein Geheimnis in sich“[8]; „Alles Materielle hat eine verborgene Tiefe, die als äußere Oberfläche in Erscheinung tritt“[9]. Und obwohl das Forschungsfeld der Phänomenologie das Bewusstsein ist und nicht die „natürliche Welt”[10], hat der Blick von Stein Züge, die als existentielle sowohl in Florenskij als auch in Guardini wieder zu finden sind.

Ich beziehe mich vor allem auf die Idee der Realität – sowohl in ihrer kosmischen Gesamtheit als auch in ihren kleinsten Teilchen – als Netz aus unendlichen und rhythmischen Verbindungen, die zwischen allem, was im Makro-/Mikrokosmos existiert, bestehen, ob es sich um einzelne Elemente oder um aus ihnen bestehenden Einheiten handelt als eine Art von „Ganzheiten“. Stein erklärt dazu in einem Kommentar zu einigen von H. Conrad-Martius stammenden Ausführungen: „Die *Welt* ist ein *Kosmos* solcher ‘*Ganzheiten*’, die ‚sich zudem miteinander und nacheinander wieder zu höheren Formeinheiten zusammengeschlossen zeigen und so in wunderbar rhythmisch gegliederten Entwick-

[5] *C. Schwöbel*, Gott im Gespräch, 477.
[6] *C. Schwöbel*, Gott im Gespräch, 478.
[7] *E. Stein*, Endliches und Ewiges Sein, Freiburg i.B. 1986, 228.
[8] *E. Stein*, Endliches, 229.
[9] *E. Stein*, Endliches, 228.
[10] Vgl. *E. Stein*, Endliches, 35.

lungsreihen und Prozessen' seit ‚Anbeginn der Welt' zu ‚einem ebenso wunderbaren hierarchischen Aufbau [...]' geführt haben"[11]. Dass ein solcher Rhythmus ein konstitutiver Aspekt der Realität ist, ist von Guardini gut ins Licht gerückt worden; und dass dieser Rhythmus alle Elemente/Schichten der Realität (angefangen von den physisch-energetischen und chemisch-biologischen bis zu den psychisch-spirituellen und intellektuellen) wie unendliche „Orchestergruppen" verschiedener Dimensionen vibrieren und ertönen lässt, ist von Florenskij nachdrücklich unterstrichen worden.

Eine andere Eigentümlichkeit von Steins Sicht liegt in der Interpretation der Realität als eines Zusammenseins aus Schichten: wie in einer komplexen Komposition, die aus verschiedenen Stufen besteht, oder wie eine Ganzheit, die ein Außen und ein Innen hat, eine Oberfläche, die sich erkennen lässt, und ein Inneres, das verborgen ist, aber vor allem zur Unterscheidung herausfordert zwischen denjenigen Elementen (Schichten, Stockwerken ...) einer solchen Komposition, welche tragend sind, und denen, die getragen ist[12], oder zwischen dem, was der Grundstein ist und dem, was auf ihm gründet. Diese Differenzierungen bedeuten aber nicht, dass die Realität in zwei in sich stehende, voneinander getrennte Teile gespalten wäre. Einigen Seiten von *EeS* ist tatsächlich die gleiche Überzeugung zu entnehmen, die Guardini hinsichtlich der Kommunikationsprozesse, die die Realität durchziehen, mit den Worten ausgedrückt hat: „Ein Äußeres verläuft in ein Inneres, bis zu einem letzten Tiefenpunkt; und ein Inneres geht ins Äußere, bis zu einer letzten Grenze"[13].

Wie bekannt, zielt die Forschung Steins in Verfolgung ihres phänomenologischen Weges darauf, die Sphäre des Inneren (der *interioritas*), der *Tiefe* der Realität zu prüfen. Dennoch ist ihr Vorgehen ein respektabler Erkenntnisansatz, der sich der Tatsache bewusst ist, dass je mehr einer zur Tiefe eines bestimmten Kenntnisobjektes vordringt, er umso mehr beginnt, sich einem Geheimnis gegenüber vorzufinden. Wie groß die Konvergenz zwischen dieser Sichtweise und derjenigen von Florenskij ist, kann man z.B. leicht aus den Briefen des armenisch-russischen Denkers aus dem Gulag ersehen, in denen er die Überzeugung der Notwendigkeit, jenes *Geheimnis* als eine erkenntnistheoretische Kategorie ersten Ranges zu betrachten, mehrfach bekräftigt. Die volle Übereinstimmung zwischen Stein und beiden Denkern wird aber auch ersichtlich aus einer – in *EeS* feststellbaren – weiteren Spezifizierung der Idee der Zentralität des Inneren und seiner Verbindung mit dem Geheimnis, einer Spezifizierung, die das Innere als den Ort von entscheidender Bedeutung für die ganze Realität begreift (verstanden in ihrer kosmischen Globalität und in ihren einzelnen Details), als den Ort, von dem die Realität ihre entscheidenden Festlegungen empfängt.

Bei allen drei Denkern gründet die Erklärung dafür, dass die Dinge eben genau so sein sollten wie sie sind, auf der gleichen Überzeugung. Diese Überzeugung besagt, um es vereinfachend zu sagen, dass der Grund der Realität nicht außerhalb von ihr zu suchen sei, sondern in ihrem Innern. Und nicht nur das; in den Vertiefungen, die die drei Autoren diesem Argument widmen, nimmt man ihre Aufmerksamkeit gegenüber jenem „etwas" wahr, das im Inneren der Dinge, der Realität, wirklich ist und das sie mit Hilfe des

[11] E. *Stein*, Endliches, 244.

[12] Siehe E. *Stein*, Endliches, 47.

[13] R. *Guardini*, Der Gegensatz. Versuche zu einer Philosophie des Lebendig-Konkreten (Mainz–Paderborn 1998) 15; vgl. auch 51.

Begriffs „Form/Formen“ beschreiben, indem sie es als Wirklichkeit von universalem Grund-Gewicht begreifen. Bei ihrem Versuch, diesen Begriff zu erklären, stellt Stein vor allem klar: „Die Stoffe können ja nur als formdurchwirkte ins Dasein treten“ und also nur, wenn sie „ihrer Form gemäß nach außen wirkend“[14] existieren. Außerdem macht sie deutlich, dass das, was “Gestalt” genannt wird, eine komplexe und paradoxe Wirklichkeit ist, da ihre Charakteristik ist, „ein Mannigfaltig-Einheitliches zu sein: zusammengeschlossen als ein Ganzes und zugleich entfaltet in der Mannigfaltigkeit ihrer Einzelzüge“[15].

In einer Zusammenfassung der detaillierten Reflexionen von Stein über die Form in *EeS* kann man sagen, dass die Frage (die *quaestio)* nach der Unterscheidung zwischen *dem, was* in und zwischen den Dingen der Realität *der Grund ist,* und *dem, was gegründet ist*, zwischen *dem, was erhält und dem, was erhalten wird*, zu verstehen ist als die Frage (die *quaestio*) nach der korrekten Unterscheidung zwischen der „Form“ genannten Wirklichkeit und dem, was von ihr *ge*formt wird. Da das Existieren in der natürlichen Welt sich mit dem *Ge*formt-Sein deckt, ist es von großer Relevanz, dass man die „Form“ genannte *Wirklichkeit* auf präzise Weise versteht. Dafür sind zwei Faktoren zu berücksichtigen: a) sie wirkt in der Richtung vom Inneren zum Äußeren, und zwar mit dem Effekt, dass der A*uftritt* der handelnden Wirklichkeit sich *in dem* vollzieht, was sie *in Form* bringt; b) die Aktion des *In*-Form-bringens, ist zugleich ein Prozess-Ereignis, das besonders für alles Lebendige gilt (Pflanze, Tier, Mensch), von dem man tatsächlich sagen muss: Das „Lebendige ist nie vollendet, es ist immer auf dem Weg zur eigenen Verwirklichung“, indem es in sich „die Macht, sich selbst zu gestalten“[16] hat.

Wer die Schriften von Guardini und Florenskij kennt, könnte leicht eine Synopse verfassen, indem er diese und andere ähnliche von Stein stammende Erklärungen der Wirklichkeit, die sie „Form“ nennt, neben die Erklärungen jener beiden Denker stellt. Beide stimmen in vielen Punkten mit dem, was Stein gedacht und gesagt hat, überein. Vor allem aber enthalten sie viele Ausformulierungen eben der Idee, die Stein in *EeS* klar zum Ausdruck gebracht hat: dass nämlich der *Rhythmus* – auf den ich mich anfangs bezogen und in ihm den konstitutiven Aspekt der Realität aufgezeigt habe – den Prozess betrifft, den sie die „Aktion der Formgebung“ genannt hat. Dieser Prozess ist umso weiter verzweigt und polyrhythmischer, je mehr er dafür steht, die beiden höchsten Existenzebenen der Realität zu bestimmen und zu organisieren (die der Lebewesen und besonders der Personen), und dies stets vereint und linear, bis dahin, sie wie eine Art Universalsprache der Realität verständlich zu machen, die aus den Tiefen von allem, was existiert, ertönt.

3. Die Wirklichkeit, genannt “Aufbau”

Hier gilt es aber, einen wichtigen Befund hervorzuheben: Bei der Analyse von *EeS* bemerkt man, dass Stein die philosophischen Termini, den Begriff „Form“ eingeschlossen, im Bewusstsein ihrer Begrenztheit gegenüber der Komplexität der *res,* die man mit ihr beschreiben möchte, gebraucht. Eben dieses Bewusstsein ist das Motiv dafür, dass sie

[14] *E. Stein*, Endliches, 232.
[15] *E. Stein*, Endliches, 152.
[16] *E. Stein*, Endliches, 255.

ihre Forschung „von verschiedenen Ausgangspunkten"[17] her entwickelt, indem sie sich in Annäherung an die Dinge auf dem *augustinischen* und dem *aristotelischen* Weg bewegt und auch die Begrifflichkeit/Terminologie mehrerer verschiedener „Systeme" des Denkens gleichzeitig aufgreift (besonders Begrifflichkeiten, die von Aristoteles, Augustinus, Pseudo-Dyonisius Areopagita, Thomas von Aquin, Duns Scotus und Husserl geschaffen wurden). Die in solchen Systemen benutzen Konzepte und Termini sind nicht identisch – unter anderem (wie in der *Einleitung* zu *EeS* erklärt wird) auf Grund der Differenzen zwischen den Sprachen ihrer Schöpfer (griechisch, lateinisch, deutsch) –, was natürlich Steins eigener Philosophie, die sich ihrer aller bedient, größere spekulative und argumentative Möglichkeiten gibt.

Wie gesagt, benennt Stein mit dem Begriff „Form" eine Wirklichkeit, die in der Sache von innen nach außen wirkt; eine Wirklichkeit, die wie eine Gesamtheit (eine Einheit, ausgefaltet in vielen Formen, die in verschiedenen Graden/Ebenen organisiert sind) in Komplexität auf exponentielle Weise wächst gemäß der Perfektionsebene dessen, in dessen Inneren sie wirkt; und eine Wirklichkeit, die sich im Wirken in dem manifestiert, was sie *in* Form bringt. Tatsache ist, dass diese Art zu sehen und die *inneren Prozesse* zu beschreiben, betrachtet in fondativer und performativer Valenz, Teil einer Interpretation und Beschreibung der Realität ist, die dabei noch umfassender und verzweigter ist. Das bemerkt man leicht, wenn man darauf achtet, dass in den Erklärungen von Stein unter „Form" etwas Fundamentales verstanden wird, das aber schwer fassbar ist wegen seiner inneren Paradoxie: es kann in der Tat entweder original oder abgeleitet sein, ebenso beständig (pure Formen) oder modifizierbar (z.B. durch die Fusionen der Formen, die eine neue zusammengesetzte Form hervorbringen), der Kategorie nach entweder höher oder niedriger.

Gleichzeitig bemerkt man: Wenn Stein das Konzept und den Begriff von „Form" benutzt, um Reflexionen über die *vexatae quaestiones* zu entwickeln, die – verbunden mit den klassischen Analysen und philosophischen Beschreibungen der Realität (manchmal um die Unterscheidungen zwischen „existentiellem Sein" und „aktuell-reellem Sein" festzulegen, zwischen „Essenz/Substanz, Form und Materie", „Körper, Seele und Geist" etc.) – der Absicht dienen, die Komplexität der inneren konstitutiven und performativen Prozesse zu erfassen und auszudrücken, ist sie sich der Notwendigkeit einer größeren konstitutiven/terminologischen Erweiterung bewusst, einer Erweiterung, die durchzuführen ist unter Verwendung anderer Konzepte und Begriffe, zu denen auch die des „Lebens" und der „Seele" zählen. So behauptet Stein z. B. bezugnehmend auf die komplexe Wirklichkeit der Lebewesen: „Die Wesensform selbst ist als ‚Seele' in Anspruch zu nehmen, weil sie ein ‚Verborgenes' ist, das nach Gestaltung und Offenbarung in leibhafter Fülle drängt"[18]; und sie unterstreicht, dass das Lebendige, obwohl es immer auf dem Weg zur eigenen Verwirklichung ist, „in sich – in seiner Seele – die Macht (hat), sich selbst zu gestalten"[19]. In einem anderen thematischen Zusammenhang unterbreitet sie dann die Idee: „*Das Sein der Form ist Leben*"[20], und sie bietet dazu weitere Vertiefungen.

[17] *E. Stein*, Endliches, 257.
[18] *E. Stein*, Endliches, 230.
[19] *E. Stein*, Endliches, 255.
[20] *E. Stein*, Endliches, 250.

Besonders diese letzte Idee, und zusammen mit ihr Steins Konzept von Leben, ist ausgezeichnet brauchbar für einen fruchtbaren Vergleich mit Guardini und Florenskij, die geneigt sind, den Begriff „Leben“ zu benützen, um eine der fundamentalen Eigenarten der Realität anzuzeigen, die in ihrem *Inneren* liegt und von da bis zu den extremsten Schichten ihrer Oberfläche ausgeht (indem sie sich in ihnen wie ein *turgor vitalis* manifestiert). Dazu schreibt Guardini: „Die Tatsache 'Leben' bedeutet, dass es einen nach innen, ‚jenseits' des Erfahrbarkeitsbereichs liegenden Ursprungspunkt hat. Ein lebendiger Akt ist so geartet, dass er seiner ganzen Struktur nach auf ein Innen weist. Jeder lebendige Akt zeigt sich als etwas, das aus einem Innen hervorgeht“[21]. Diese selbe Wirklichkeit, die “Leben” heißt „erfährt sich selbst als Kraft und Akt, als Strom und Wandel”, aber auch als „Ruhe, Stand und Dauer“[22]. Und weiter nach Guardini: „Das Leben erfährt sich als Form und Formkraft, will sagen: als Kraft des Griffes und des Prägens; der Aufhellung, Durchlichtung, Verdeutlichung; als ein Ordnen, Gliedern, Benennen; als Bedeutungssicherheit, Sprechfähigkeit dessen, was ist und geschieht, in Umriss, Linie, Maß und Gewicht, in Eigenschaft, Verhältnis und Haltung“[23]. Und doch ist das Leben etwas, das zugleich die Formen “übersteigt“. „Nicht zu fassen, nicht zu binden, nicht zu prägen. Immer entgleitend, allzeit überströmend, jede Weise und Gestalt überspülend. Unaussprechbar, undeutbar”[24].

Kehren wir aber zur vorigen Betrachtung zurück. Das Vorgehen der Steinschen Reflexion über die Realität, das dem Weg der begrifflichen und terminologischen Erweiterung folgt – eines neben das andere stellt und mehr Begriffe in eine Wechselwirkung bringt (deren semantische Gebiete sich unterscheiden, aber auch verknüpfen und ergänzen), folglich auch ein verzweigteres Begriffsbild erzeugt – erhöht sicherlich die Wirksamkeit des Gedankens, macht dadurch die Analysen einschneidender und vervollständigt das deskriptive Bild. Aber es manifestiert vor allem eine Entscheidung, die getroffen werden muß, wenn das Denken beabsichtigt, bis zu derjenigen Tiefe der Realität durchzudringen, in welcher jenes „etwas“ liegt und aktiv ist, das die drei Denker einstimmig „Aufbau“ (der Dinge) nennen.

Stein bietet in *EeS* keine Definition für das, was sie unter *Aufbau* versteht. Dennoch kehrt dieser Begriff in ihrer Sprache oft wieder. Und zwar innig verknüpft mit all diesen oben erwähnten Begriffen („Form“, „Seele“, „Leben“), die Bewegungen, Rhythmen und Töne beschreiben, die im *Inneren* der Realität wohnen, indem sie diese von der Tiefe bis zur Oberfläche innervieren und sich in jedem Teil und in jeder Schicht der Dinge einstellen. Bewegungen, Rhythmen und Töne sind, wie schon erwähnt, eine Art Äußerung: dessen, was erhält (Partikel, Elemente, Schichten etc. einer bestimmten Stufe oder Ordnung), *in* dem, was erhalten wird (Partikel, Elemente, Schichten etc. einer niedrigen Stufe oder Ordnung); dessen was als Grund liegt *in* dem, was gegründet wird; dessen was formt *in* dem, was *ge*formt wird. Der Begriff *Aufbau* zeigt in den Reflexionen Steins stringent, eben diese dynamische Komplexität der Realität. Dennoch ist er – wie bei Florenskij und Guardini – darauf ausgerichtet, mehr zu sagen. Er intendiert, jene Wirklichkeit zu beschreiben, die wie ein *Eisendraht* oder eine *tragende Säule* jedes Ding (und also

[21] R. *Guardini*, Der Gegensatz, 51–52.
[22] R. *Guardini*, Der Gegensatz, 39.
[23] R. *Guardini*, Der Gegensatz, 41.
[24] R. *Guardini*, Der Gegensatz, 43.

sich selbst) durchquert und zusammen hält. Diese Wirklichkeit – der „Aufbau" – ist es, die den Dingen Stabilität gibt, ihre Haltbarkeit bedingt, den Prozessen der inneren Organisation der Realität Regelmäßigkeit verleiht, die Möglichkeit des Vorsehens erlaubt. Der Begriff „Aufbau" zeigt aber im Besonderen an, dass die *res*, die damit gemeint ist, konstitutiv für jedes Ding der Realität ist und zwar in dem Maße, welches traditionell von der Ontologie untersucht, bedacht und definiert wird. Die Berufung Steins auf das traditionelle begriffliche Instrumentarium – in seinen Versionen zurückgehend sowohl auf die griechische als auch auf die scholastische Philosophie – ist davon ein offenkundiger Beweis, aber ebenso auch der Gebrauch der phänomenologischen Begrifflichkeit bzw. Terminologie, die mit einer unbestreitbaren metaphysisch-ontologischen Sensibilität erstellt wurde.

Die Verankerung der Reflexion über die Wirklichkeit, die in der Ontologie „Aufbau" genannt wird, ist das, was auch das Denken von Florenskij und Guardini charakterisiert, die mit Stein in zwei Punkten übereinstimmen: a) darin, den Aufbau zu betrachten wie eine hierarchisch *geordnete* Wirklichkeit; und b) darin, diese Ordnung zu interpretieren unter dem *relationalen* Gesichtspunkt. Man muss nur hinzufügen: Während bei Florenskij solche Betrachtungen und Interpretationen mit der Absicht ausgeführt werden, die Charakteristiken und Dynamiken des Aufbaus der Realität in einer rigoros interdisziplinären Perspektive zu beschreiben – und also mit den Instrumenten nicht nur der Philosophie und Theologie, sondern auch der Mathematik, Physik, Chemie und Biologie –, entfalten Guardini und Stein sie, indem sie sich vor allem auf die Sphäre des Grundkerns (*essentieller Kern*) der Sache konzentrieren und diese – obwohl es sich nur um einen (wenn auch essentiellen) Teil handelt – für beträchtlich komplex halten.

Aber was kann man in Bezug auf die hierarchische Ordnung und die Verbindungen, die der fundamentalen Wirklichkeit, genannt „Aufbau", eigen sind, *wissen*? Mit Stein – die J. Hering zitiert – muss man annehmen: Solange wir keine Antwort auf diese Frage haben, „fehlt uns der Schlüssel, der uns die Fülle des Wesens [und allgemein der Realität als solcher – L.Ž.] aufschließt als einen zusammenhängenden Bau"[25].

Stein ihrerseits hat genau dieselbe Entscheidung getroffen wie Florenskij und Guardini, indem sie das ganze untersuchte Problemfeld „von einer neuen Seite"[26] betrachtet: von der Seite der Offenbarung Gottes her.

4. *"Alles ist in Gott-Trinität": den Aufbau begreifen sub Revelationis luce*

Was eröffnet diese Betrachtung von dieser *neuen Seite* her dem Verständnis und der Vertiefung der bisherigen Ergebnisse? Vor allem ist zunächst unübersehbar, dass sie sich bei unseren drei Denkern nicht als ein alternativer Zugang zur Realität profiliert, nicht als eine Interpretation, die vorhat, die philosophischen Analysen und Beschreibungen zur Seite zu schieben. Sie haben aber für die Betrachtung „von der neuen Seite" auch nicht eine solche Bedeutung, dass letztere für sie nur eine Art von Ergänzung wäre mit einem rein zusätzlichen Ansatz. Vielmehr besteht der Anspruch, den alle drei verteidigen, darin,

[25] *E. Stein*, Endliches, 83.
[26] *E. Stein*, Endliches, 24.

in der christlichen Offenbarung eine Art von fundamentalem *hermeneutischem Horizont* zu sehen, der erlaubt, eine ganzheitliche Weltanschauung[27] auszuarbeiten und zu benutzen, eine die – wie Guardini erklärt – sich an der „Ganzheit des Daseins" orientiert und jedes Ding von vorneherein „ganzhaft", d.h. „als Ganzheit in sich selbst und als in eine Ganzheit eingefügt"[28], sieht. Um es mit Stein zu sagen, es geht um einen Horizont, der, wenn er unter gewissen präzisen Bedingungen benutzt wird, im Stande ist, die Philosophie zu unterstützen, um jene volle Erfüllung zu erreichen, auf die sie als „Streben nach der Weisheit" zielt: nämlich um sie anzunähern an „die göttliche Weisheit selbst, die einfache Schau, mit der Gott sich selbst und alles Geschaffene umfasst"[29].

Die Betrachtung von der *neuen Seite* beseitigt also nicht und vermindert nicht, sondern steigert die philosophischen Analysen und die Beschreibungen der Komplexität der Realität und der hierarchisch-relationalen Dynamiken jenes konstitutiven Kerns ihrer selbst, der „Aufbau" genannt wird. Gleichzeitig wagt sie mehr zu sagen, indem sie den Blick auf die *geheimnisvollen* Tiefen der Realität wirft, die, wenn je, vom Philosophen und Wissenschaftler nur geahnt wurden. Begreiflicherweise erbringt sie auf diese Weise eine ausführlichere und mehr integrierte (nicht zerstückelte) Interpretation der von der philosophischen Forschung erreichten Resultate.

Die Absicht der Betrachtung von der *neuen Seite* ist, die wirkliche Ausdehnung des *vertikalen Plans* des Aufbaus (der Realität) und die Modalität der Verbindung ihrer äußersten Pole herauszustellen, indem sie sich auf die Wahrheit des christlichen Glaubens bezieht, dass Gott erschafft und beständig das erhält, was er geschaffen hat, eine Wahrheit, die erlaubt, in Gott, dem Schöpfer und Erhalter, den letzten Bezugspunkt jener Wirklichkeiten zu erblicken, die „Fundament", „Form/Formen", „[das Sein der] Wesentlichkeiten" oder „absolutes Sein" genannt werden, und folglich einen unentbehrlichen Bezugspunkt, um mit größerer Präzision das Faktum des relationalen Gehalts des Aufbaus verstehen zu können.

Die Stellen im *EeS* sind sehr viele, die zitiert werden sollten zur Bestätigung einer solchen Absicht; z. B., wo Stein schreibt – indem sie sich auf die Unterscheidung zwischen Essenz Gottes und geschaffener Essenz bezieht:

„Als ein Abbild des göttlichen Wesens, das einen Strahl der göttlichen Herrlichkeit widerspiegeln soll, haben wir alles endliche Seiende anzusehen. Es ist aus Gott heraus – und in sich selbst hineingestellt: mit eigenem Wesen und selbständigem Dasein begabt (οὐσία = Substanz). Sein Wesen ist durchaus bestimmt durch das göttliche Wesen, muß aber in mehrfachem Sinn hinter dem göttlichen Wesen zurückbleiben: es kann in seiner Endlichkeit dessen unendliche Fülle nicht in sich fassen, und es kann nicht nur dem Umfang, sondern auch dem Grad nach die göttliche Vollkommenheit nicht erreichen. Sein Seinsanteil (Wesen und Dasein) ist ihm zugemessen, während es für das göttliche Sein kein Maß gibt (auch nicht in der Einschränkung des göttlichen Seins zum Urbild eines endlichen Seienden)"[30].

Und weiter:

„Die gesamte geschaffene Welt weist ja zurück auf die ewigen und ungewordenen Urbilder alles Geschaffenen, die Wesenheiten oder reinen Formen, die wir als göttliche Ideen aufgefaßt haben. In ihrem wesen-

[27] Vgl. *P.A. Florenski*, Autoreferat, in: *Ders.*, Leben und Denken, Bd. 1, Ostfildern 1995, 33.

[28] R. *Guardini*, Unterscheidung des Christlichen, Bd. 1: Aus dem Bereich der Philosophie, Mainz–Paderborn 1994, 23.

[29] *E. Stein*, Endliches, 27.

[30] *E. Stein*, Endliches, 225–226.

haften Sein ist alles wirkliche Sein, das ein Werden *und* Vergehen ist, verankert. Auf ihrer Unwandelbarkeit beruht alle Gesetzmäßigkeit und Ordnung der sich stetig wandelnden geschaffenen Welt. Ihre Mannigfaltigkeit aber ist geeint in dem *einen* unendlichen göttlichen Sein, das sich in ihnen zum Urbild der geschaffenen Welt begrenzt und gliedert. In diesem letzten und letztbegründeten Einen ist alle Fülle des Seins beschlossen"[31].

Die zitierten Stellen sind mehr als ausreichend, um uns die Entwicklung einer weitreichenden Reflexion über die Art des Beitrags zu ermöglichen, den die Betrachtung von der *neuen Seite* zum Verständnis der Realität bietet, und zwar sowohl in ihrer Version bei Stein als auch bei Florenskij und Guardini. Was aber kann man davon erfassen, wenn man sich wie wir hier vorzugsweise auf das Teilthema des „Aufbaus" und seiner dynamisch-relationalen Komplexität konzentriert?

Die Suche nach der Antwort muss von der Feststellung ausgehen, nach der Stein die Verbindung zwischen dem ewigen Sein und dem endlichen Sein, dem Sein, das begründet, und dem gegründeten Sein, dem Sein, das erhält, und dem erhaltenen Sein, also dem Schöpfer und dem Geschaffenen, nicht in den Begriffen einer äußeren Relation von Kausalität versteht, so als ob Gott nur ein Kausalprinzip wäre, völlig losgelöst von dem, was er schafft. Das Verständnis Steins verdankt sich im Gegenteil jener Denkrichtung, die nicht wenigen intellektuellen Christen der Vergangenheit eigen war (unter ihnen Pseudo-Dionysius, Maximus der Bekenner, Bonaventura), die Florenskij „Pan-entheismus"[32]genannt hat. Es handelt sich aber um eine besondere Art des *Panentheismus*, nämlich im Licht der Wahrheit des paulinischen Satzes „Denn in ihm [Gott – L.Ž.] leben wir, bewegen wir uns und sind wir» (*Apg* 17,28) – Stein zitiert ihn am Schluss des ersten Kapitels (*Akt und Potenz als Seinsweisen)* von *EeS*[33] –, der unter dem streng ontologischen Gesichtspunkt ausgearbeitet wurde.

In der Tat ist das Leben, sich Bewegen und Sein *in* Gott nach Stein zu verstehen als eine Gegebenheit, die die ganze Realität betrifft, trotz deren Zustand der Verdorbenheit aufgrund der Ursünde. Zugleich wird es in Verbindung zur Wahrheit gesetzt, die derjenige ist, welcher als Schöpfer das im Sein erhält, was er erschaffen hat. Er schafft das Erschaffene nicht von außen, sondern *von innen heraus,* indem er sich im Geschaffenen offen erweist mit Seiner schöpferischen Kraft und Macht. Stein gibt überdies zu verstehen, dass ein solcher Selbsterweis Gottes die Realität vor allem auf der Ebene des „Aufbaus" bestimmt. Hierzu scheint es klar, dass für sie – wie auch für Florenskij – die „Aufbau" genannte Wirklichkeit, von einer inneren Paradoxie ist: Sie empfängt einerseits Festlegungen von der einzelnen Raum-Zeitlichkeit jeder Sache und jedes Lebewesens und ist andererseits beständig bestimmt von der fördernden Tätigkeit des Schöpfers. Diese zweite Bestimmung ist so wichtig, dass es die Wirklichkeit, genannt „Aufbau", ohne sie nicht gäbe. Das heißt, dass es nicht einmal jene inneren Prozesse gäbe (z.B. die Aktion der Formgebung), die für sie nicht nur charakteristisch, sondern auch konstitutiv sind.

Bei der Beschäftigung mit diesem schwierigen Argument schafft Florenskij in seinem berühmten Werk *Der Pfeiler und die Grundfeste der Wahrheit* (1914) die Voraussetzung für eine lange und anspruchsvolle Abhandlung über die Idee des Unterschieds zwischen dem, was auf der Ebene des Aufbaus des Geschaffenen Gott gehört (als Sein ständiges

[31] *E. Stein*, Endliches, 310–311.
[32] Vgl. *P.A. Florenskij,* Filosofija kul'ta. Opyt pravoslavnoj antropodicei, Moskau 2004, 300.
[33] *E. Stein*, Endliches, 58.

Eigentum), und dem, was zugleich dem geschaffenen Sein gehört. Stein ist von ihrer Seite her auch überzeugt, dass ein solches Argument behandelt werden kann und muss.

Nun möchte ich aber nur zwei wichtige Schritte hervorheben, die Stein auf dem Weg ihrer vertieften Betrachtung der Realität „von der neuen Seite" her geht. Der *erste* Schritt besteht darin, dass sie ihre Untersuchung im christlichen Horizont anlegt. Das tut sie, indem sie einige biblische Stellen aufgreift und analysiert, unter ihnen die Verse 16–17 im ersten Kapitel des *Briefes an die Kolosser*, die von großem Interesse sind für die Idee „dass das Geschaffene *durch den Logos* geschaffen sei und *in Ihm Zusammenhang* und *Bestand* habe"[34]. Überzeugt von der Bedeutung dieser Verse für das Thema des Aufbaus sucht die Philosophin das paulinische Konzept des *con-stare*, des *Bestehens* der Dinge in Gott, oder auch im *Logos* Gottes, zu untersuchen. Es bestätigt – nach ihrem Dafürhalten – die Einheit von allem, was existiert, eine verwebte Einheit aus Verbindungen zwischen den Dingen, nicht nur *kausalen* Verbindungen, sondern auch und vor allem aus Verbindungen *der Bedeutung,* und die also existiert wie ein Sinn-Ganzes, das die eigene universale Bedeutung vom *Logos* Gottes erhält. Stein hebt außerdem hervor, dass, wenn es wahr ist, dass „alles Geschaffene sein Urbild im göttlichen Logos hat"[35], dann der *Logos* „alle endlichen Urbilder in sich befasst"[36]. Und nicht nur dies. Sondern, wenn es korrekt ist, dass alle endlichen Wesen „ein Abbild des göttlichen Wesens" sind, das göttliche Wesen selbst aber für uns aus eigener Kraft „in diesem Leben unzugänglich"[37] ist, ist es ebenfalls korrekt zu denken, dass das Wesen Gottes *sich selbst manifestiert* und *mitteilbar* ist eben im Mensch gewordenen *Logos*[38].

Der *zweite* Schritt folgt aus dem ersten. Er macht zu Recht deutlich, dass der *Logos* Gottes das ewige Wort des Schöpfers ist, aber dass Sein Name auch „Sohn des Vaters" ist, und dass Er also eine der drei göttlichen Personen ist. Die Ausweitung der Christologie auf die Dreifaltigkeits-Perspektive macht freilich die Behandlung des Themas der Beziehung zwischen dem Schöpfer und dem Geschaffenen als *konstitutive Beziehung* für den Aufbau (oder auch als *strukturelle Beziehung,* die die Realität aufbaut, insofern sie vergänglich ist) noch komplexer. Aber zugleich führt sie auf eine entscheidende Lösung hin.

Denn im *Logos* Gottes – in dem alle Dinge reell (und nicht nur ideell) Bestand und Verbindung haben und durch den der Schöpfer weiterhin die geschaffene Welt im Sein erhält – den Sohn Gottes zu erkennen, bedeutet, dass man die dynamische Verbindung zwischen der Wirklichkeit, die „göttliches Wesen" genannt wird, und jener, die „Aufbau" (der Realität) genannt wird, unter dem streng trinitarischen Gesichtspunkt verstehen muss. Wenn das *göttliche Wesen,* wie oben erklärt, eine ursprüngliche Wirklichkeit ist, die konstitutiv den *Aufbau* der Realität im Grundkern (Wesen) bestimmt, ist es evident, dass die Dreieinigkeit des ersten auch wirkungsvoll für das zweite sein muss, und zwar nicht nur im Augenblick des Beginns des Seins einer *Sache* (von anorganischer oder organischer/vitaler Natur), sondern auch für die ganze Zeit ihrer Existenz. Alles, was existiert, ist wie durchdrungen, vom Inneren des Grundkerns bis zum Äußeren, von inneren Prozessen, deren Rhythmik und Klangfülle trinitarische Bestimmungen empfangen, indem

[34] *E. Stein*, Endliches, 108.
[35] *E. Stein*, Endliches, 225.
[36] *E. Stein*, Endliches, 227.
[37] *E. Stein*, Endliches, 225, 227.
[38] Vgl. *E. Stein*, Endliches, 115.

sie den „Rhythmus" des Wesens des dreieinigen Gottes widerspiegeln. Deshalb redet Florenskij von der Existenz, in der geschaffenen Welt, einer Kette, die sich immer weiter hinstreckt und „die, mit der absoluten Dreieinigkeit beginnend – die, wie der Magnet eine Franse von Eisenspänen, alles zusammenhält –, sich immer weiter und weiter erstreckt"[39]. Und immer aus demselben Motiv vertritt Stein: „Alle Geschöpfe haben einen drei-einigen Aufbau als auf sich selbst gestellte, als sinn- und krafterfüllte"[40].

Aber wie sind solche Betrachtungen zu interpretieren? Und im Besonderen, was kann man in Bezug auf die Dreieinigkeit des göttlichen Wesens sagen?

Unsere Denker bieten eine Antwort an, jeder von seiner Seite, die sich vom gleichen Ausgangspunkt her entwickelt, indem sie nämlich die Person Christi – inkarnierter, ewiger *Logos* des Schöpfers, Sohn des Vaters – als die Pforte betrachtet, die es der Erkenntnis erlaubt, auf die geheimnisvolle Wirklichkeit der Dreieinigkeit Gottes einen Blick zu werfen. Wieder sind es besonders Florenskij und Stein, die ihre Reflexionen auf diesem schwierigen, aber zentralen Argument aufrecht halten, verankert im Grund der Ontologie. Sie wissen, dass sie die Bedeutung der Begriffe wie „Wesen", „Substanz", „Sein (ewig/absolut)" und anderer in einer Weise beschränken müssen, die den Überschuss der „dreieinigen Existenz" beachten und wahren, die „Gott" genannt wird, und sein absolutes und ständiges ontologisches *prius* für alles, was war, ist und sein wird.

Was Florenskij betrifft, so ist er nicht nur dafür bekannt, in der *Dreieinigkeit* jenes etwas erkannt zu haben, das am meisten die Wahrheit der Wirklichkeit ausdrückt, traditionell im philosophisch-theologischen Umfeld und in der kirchlichen Lehre göttliches „Wesen", „Substanz" und „Sein" genannt, sondern auch dafür, dass er versucht hat, sie zu beschreiben, indem er diese Begriffe in der Überzeugung verwendet hat, dass die *Dreieinigkeit* etwas sei (anzeige), das Gott *ist* insofern er Gott ist und das ihn als wahr erweist und bezeugt (absolute Wahrheit). Um diese Vision zusammenfassend auszudrücken, schreibt Florenskij:

> „Das ist die metaphysische Definition des „Wesens-*ousía*" des selbst beweisbaren Subjekts, das, wie ersichtlich, eine substantielle Beziehung ist. Das Subjekt der Wahrheit ist eine *Beziehung der Drei*, aber eine Beziehung, die als Substanz erscheint, eine substantielle Beziehung. Das Subjekt der Wahrheit ist Beziehung der drei. Und da eine konkrete Beziehung überhaupt ein System von Akten der Lebenstätigkeit ist, im gegebenen Fall aber *ein unendliches System von Akten, die zu einer Einheit synthetisiert sind*, oder auch *ein unendlicher einheitlicher Akt*, so können wir behaupten, daß die *ousía* der Wahrheit ein *unendlicher Akt der Drei in der Einheit* ist"[41].

Steins trinitarische Reflexion bewegt sich in derselben Richtung, entwickelt aber mehr die Idee, die sich bei Florenskij im Zusammenhang seiner Reflexionen über die immanente Trinität nur skizzenhaft vorfindet, nämlich dass jene Akt-Substanz-Relation des einzigen absoluten Subjekts – das Gott ist – zu interpretieren ist als *Liebe*, ein In-Bewegung-sein von zwei entgegengesetzten Strömungen ausgeführt: a) die bedingungslose Ganzhingabe von jeder der göttlichen Personen an die anderen beiden; b) die gegenseitige Verherrlichung als Akt der Bestätigung im jeweiligen Person-sein von den beiden anderen. Stein ahnt zu Recht und erklärt mit bewundernswerter theologischer Präzision, dass gerade das *Wie* des göttlichen Person-seins (und zwar einer jeden der der

[39] *P.A. Florenskij*, Stolp i utverždenie Istiny, Bd. 1, Moskau 1990, 94.
[40] *E. Stein*, Endliches, 427.
[41] *P.A. Florenskij*, Stolp, 48–49.

Personen) geeignet ist, den Zugang zum Geheimnis der Dreieinigkeit des göttlichen Wesens zu erschließen (oder besser: zum Geheimnis der Dreieinigkeit des göttlichen Subjekts, Seines gleichzeitig Einer- und Drei-seins). Dieses *Wie* ist dasjenige, das sich in Christus in Seiner Wahrheit manifestiert hat: die Liebe als Geschenk seiner selbst an ein Du, ein wechselseitiges Geschenk von sich.

In der Vertiefung dieser Idee in *EeS* benützt Stein Ausdrücke und erstellt Formulierungen, die sie schwerlich aus den Bänden der Theologie ihrer Zeit hätte herausholen können und die erneuernd und original erscheinen, auch gegenüber dem Trinitätsdenken von Augustinus und Thomas von Aquin. Im Zentrum dieser Ausdrücke und Formulierungen steht das Konzept der Gegenseitigkeit der trinitarischen Liebe, eingeführt und interpretiert unter dem ontologischen Gesichtspunkt. Stein erklärt tatsächlich in einer intensiven Stelle:

„Die höchste Liebe ist wechselseitige ewige Liebe [...]. Gottes inneres Leben ist die völlig freie, von allem Geschaffenen unabhängige, wandellose ewige Wechselliebe der göttlichen Personen. Was sie einander schenken, ist das eine, ewige, unendliche Wesen und Sein, das eine jede vollkommen umfaßt und alle zusammen. Der Vater schenkt es – von Ewigkeit her – dem Sohn, indem er ihn erzeugt, und indem Vater und Sohn es einander schenken, geht aus ihnen, als ihre Wechselliebe und Gabe, der Heilige Geist hervor. So ist das Sein der zweiten und dritten Person ein empfangenes und doch kein neu entstehendes wie das geschaffene: es ist das *eine* göttliche Sein, das zugleich gegeben und empfangen wird – das Geben und Empfangen gehört zum göttlichen Sein selbst. Man kann auch noch von einer anderen Seite her einen Zugang zum Geheimnis des dreifaltigen Seins suchen: Gottes Sein ist *Leben*, d. h. eine Bewegung aus dem eigenen Innern heraus, letztlich ein zeugendes Sein. Es ist keine Bewegung ins Dasein hinein wie die des Endlichen, Geschaffenen; auch keine Bewegung über sich selbst hinaus wie die eines endlichen Zeugens, sondern eine ewige Bewegung in sich selbst, ein ewiges Sich-selbst-schöpfen aus der Tiefe des eigenen unendlichen Seins als schenkende Hingabe des ewigen Ich an ein ewiges Du und ein entsprechendes ewiges Sichempfangen und Sichwiederschenken. Und weil das in diesem Geben und Empfangen ewig entspringende Einssein das Gegebene und Empfangene noch einmal *gemeinsam* aus sich hervorbringt – weil das höchste Einssein als solches fruchtbar sein muß –, darum schließt sich der Ring des innergöttlichen Lebens in der dritten Person, die Gabe, Liebe und Leben ist“[42].

Aber das trinitarische Denken von Stein enthält noch einen anderen Punkt der Originalität, der praktisch unbekannt ist in der katholischen Theologie der ersten Hälfte des 20. Jh. und zu jener Zeit nur von einigen Philosophen und orthodoxen russischen Theologen mit Überzeugung und Systematik entwickelt wurde, besonders von S.N. Bulgakov, Autor der monumentalen Trilogie, herausgegeben mit dem Untertitel *Über die Gottmenschheit*[43]. Ich beziehe mich auf die Idee der innertrinitarischen Kenosis. Obwohl sie nicht auf diesen Begriff zurückgreift, kennt die Philosophin dessen Bedeutung und integriert ihn in ihrer Beschreibung der dynamischen und essentiellen Dreieinigkeit von Gott als Liebe. Sie spricht tatsächlich von einem *Herausgehen aus sich* jeder der drei göttlichen Personen, zu verstehen als wesentlicher Akt und folglich wie „das völlig ‚Selbstlose': nicht als hätte [die göttliche Person] kein Selbst, sondern weil es sein Selbst ganz und gar hingibt, ohne es doch zu verlieren“[44]. Und sie erklärt: „In der restlosen Selbsthingabe der göttli-

[42] *E. Stein*, Endliches, 324–325.

[43] Zur Trilogie gehören: Das Lamm Gottes (1933), Der Tröster (1936), Die Braut des Lammes (1945, posthum).

[44] *E. Stein*, Endliches, 333.

chen Personen, in der jede sich ihres Wesens vollkommen entäußert und es doch vollkommen bewahrt, jede ganz in sich selbst und ganz in den andern ist“[45].

Die Ausführung über die konstitutive Abhängigkeit sowie über die In- und Per-Formation der Struktur der Realität vom Wesen der Trinität kann nicht absehen von diesen letzten Präzisierungen, vor allem wenn sie, zusammen mit unserer ganzen Reflexion über den relationalen Aufbau der Realität, in der Perspektive interpretiert und entwickelt werden müssen, die sich für das Denken von Stein, Florenskij und Guardini zentral erweist, nämlich der anthropologischen. Denn wenn es gilt, dass die Struktur des Geschaffenen irgendwie Bild des trinitarischen Wesens ist, benötigt diese Tatsache von universaler Valenz für die ganze Realität im Fall der Struktur des Menschen eine weitere Spezifizierung, und zwar in der Richtung, die von der Behauptung herausgestellt wird: „Das göttliche Personsein ist Urbild alles endlichen Personseins“[46].

5. Die Bedeutung der anthropologischen Perspektive

Alles, was bisher herausgestellt wurde als von unseren drei Denkern bezüglich der Auffassung der Struktur der Realität und ihrer inneren Beziehung erarbeitet, findet eine Vollendung und eine weitere Ergänzung in der Einleitung zur anthropologischen Perspektive. Das überrascht begreiflicherweise nicht, da sowohl Stein als auch Guardini und Florenskij einerseits überzeugt sind von der *Universalität* der grundlegenden Prozesse der Strukturierung, die in der ganzen Realität vorhanden und aktiv sind, einschließlich des Menschen, andererseits aber auch überzeugt sind von der privilegierten und exemplarischen Stellung des Menschen im Raum der kosmischen Realität, insofern der Mensch die Kreatur ist, die geschaffen ist „als Abbild und ähnlich“ dem Schöpfer, oder auch um genauer zu sein, von der privilegierten und exemplarischen Stellung des Menschen, insofern er *Person* ist. Gerade diese genaue begriffliche Bestimmung des Menschseins ist es, die die Verbindung zwischen Mensch-Person und dem geheimnisvollen Dreieinig-Sein der göttlichen Personen unterstreichen will.

Damit wäre es notwendig, unser Thema vollständig zu entwickeln und zu vertiefen mit besonderer Beachtung des inneren Aufbaus der menschlichen Person, was leider an dieser Stelle nicht möglich ist. Man muss trotzdem zugeben: Wenn es wahr ist, dass die strukturellen Dynamiken der Realität, beschrieben als universale Prozesse und aktiv in der Formgebung vom Inneren zum Äußeren, ihr aktives Prinzip in der komplexen *Wirklichkeit* haben, die „Form“, „Leben“ oder – wenn der Beobachtungspunkt wechselt – „Seele“ genannt wird, erlaubt die anthropologische Perspektive es, sich dieser Wirklichkeit zu nähern und sie in derjenigen Modalität ihres Handelns und ihrer Darstellung zu beschreiben, die bei den Menschen im Vergleich zu den anderen Lebewesen in der Welt völlig einzigartig und einmalig sind. Und nicht nur das, eine solche Perspektive erlaubt, diese selbe *Wirklichkeit* als jenes *Etwas* zu verstehen, das aus dem Menschen den einzigen Kenner und Interpret der ganzen Realität macht, der fähig ist, in die geheimsten Räume ihres inneren Aufbaus einzudringen. Eben deshalb wissen sowohl Stein als auch Flo-

[45] *E. Stein*, Endliches, 333.
[46] *E. Stein*, Endliches, 323.

renskij und Guardini, wenn die generelle Behandlung der Struktur der Realität zur spezifischen Reflexion über den Aufbau der menschlichen Person geleitet wird, dass eine solche Entscheidung es erlaubt, auch in der Vertiefung des allgemeinen Themas „Aufbau" bedeutungsvolle Schritte vorwärts zu machen. Das gilt besonders dann, wenn die Reflexion über den Aufbau der Person im Licht der trinitarischen Offenbarung ausgearbeitet wird. Und genau das ist es, was alle drei versuchen, indem sie in der Pluralität ihrer Aufgabenstellungen einen Weg der trinitarischen Anthropologie vorschlagen, gut artikuliert und reich an Eindrücken in der Präsentation. Jetzt ist es mir nur möglich, einige summarische und abschließende Beobachtungen zu machen.

Man muss von der Tatsache ausgehen, dass im Raum der „irdischen" Realität nur der Mensch fähig ist, der strukturellen Komplexität von sich selbst bewusst zu sein, eine Komplexität, die die intimsten Ebenen von sich selbst, des Ich-bin (in seiner Eigenschaft als Person), erreicht. Dieses Bewusstsein von sich erlaubt ihm, sich zu verstehen als einer, der „aus Schichten" gemacht ist und – um es mit Guardini zu sagen – „dass es verschiedene Grade der Tiefe gibt, wohl unbegrenzbar viele"[47]. Aber vor allem gibt es ihm die Möglichkeit, in die Tiefen von sich einzudringen und jene Grundwahrheit vom eigenen Dasein zu erfahren, die Stein mit den Worten ausgedrückt hat: "Ich stoße also in meinem Sein auf ein anderes, das nicht meines ist, sondern Halt und Grund meines in sich haltlosen und grundlosen Seins"[48]. In Bezug auf eben dieses Bewusstsein von sich und auf das, was es zu erfahren erlaubt, spricht Florenskij von der Begegnung, in sich selbst, mit dem höchsten Sein, das, wenn es erkannt wird (dass es Grund und Halt des Seins ist) und mit den Worten des Herzens begrüßt wird: „Du bist", sein seiendes und belebendes: „Auch du bist" hören lässt[49].

Unseren Denkern zufolge schafft diese Art von Selbstbewusstsein nicht völlig neue Dinge, in dem, der es erreicht, sondern es lässt ihn das hören, was er *schon ist* als Person. Es lässt uns somit erfahren, dass wir aufgrund der Tatsache, dass wir am Leben sind, „eingetaucht in einen unerforschlichen Abgrund der göttlichen Tätigkeiten leben, dank deren und durch die wir existieren können. Diese göttlichen Energien, die die Göttlichkeit selbst sind, führen uns und handeln an uns, auch wenn wir es oft nicht wissen"[50]. Das will sagen, auch wenn der Mensch es nicht weiß und es nicht wissen und erkennen will, ist er auf der Ebene des Seins auf jeden Fall mit Gott in Verbindung, und sein In-Verbindung-Sein ist zu verstehen als ein ontologisches *a priori*. Folglich kann man bestätigen, dass, wenn es wahr ist, dass der Aufbau der menschlichen Person – wie jeder andere Aufbau der Realität – in sich *relational* ist, er es vor allem ist durch eine Verbindung oder ontologische Verflechtung, die zwischen Mensch und dem freien schöpferischen Handeln Gottes existiert. Und es ist diese Beziehung, die substanziell die Grundprozesse des Aufbaus der menschlichen Person bestimmt.

Sowohl Stein als auch Guardini und Florenskij wissen, dass es für eine detailliertere Erklärung dieses schwierigen Arguments nötig ist, das Thema der *interioritas* zu behandeln als zentralen Ort, nicht nur für die Abhandlung über den Aufbau, sondern auch und

[47] R. *Guardini*, Der Gegensatz, 51.

[48] E. *Stein*, Endliches, 57.

[49] Vgl. *P.A. Florenskij*, Kul'turno-istoričeskoe mesto i predposylki christianskogo miroponimanija, in Ders., Sočinenija v četyrech tomach, Bd. 3(2), Moskau 1999, 433.

[50] *P.A. Florenskij*, Filosofija kul'ta, 393.

vor allem für das Verständnis der für das Geschöpf konstitutiven Verbindung zwischen Gott und dem Menschen. Tatsache ist, dass unter den dreien nur Stein, sicher dank ihrer rigorosen phänomenologischen Bildung, dazu durchdringt, ausführlich und streng diesen Ort zu erforschen, indem sie intensive Reflexionen ausarbeitet, mit denen sie den Höhepunkt erreicht und das siebte Kapitel (*Das Abbild der Dreifaltigkeit in der Schöpfung*) beschließt und man könnte sagen, die gesamte spekulative Rede des Werkes *EeS*. Andererseits ist es Florenskij, der untrennbar die Durchführung der *Beziehung* zwischen den göttlichen Personen und den menschlichen Personen und die Durchführung der *Beziehungen* unter den menschlichen Personen verknüpft. Wenn die Beziehungen unter den menschlichen Personen mit dem Rhythmus des trinitarischen Wesens abgestimmt sind – dem der gegenseitigen Selbstverleugnung, der Selbstaufgabe der göttlichen Personen aus Liebe –, erscheinen sie wesentlich für das Verständnis und zuvor noch für die progressive Verwirklichung der eigentlich relationalen Struktur jedes menschlichen Seins.

Anselm K. Min

TOWARD A DIALECTICAL, TRINITARIAN ONTOLOGY OF RELATION

Overcoming Abstract Formalism in Theology and Philosophy

I would like to reflect on the dialectical conditions of relationality in all its human forms—relation, communication, dialogue, responsibility, social roles, and others—and on the Trinitarian conditions of human relationality as created in the image of the triune God. I will develop the dialectical conditions of relationality with insights from the Hegelian, Marxian tradition with emphasis on the historical and self-contradictory character of human existence, while developing the Trinitarian ontology of relation on the basis of the classical Trinitarian synthesis in St. Thomas Aquinas. I will, however, begin with comments and questions on the papers in this Festschrift. I have learned from all of them, but I also have questions for many of them, especially their common tendency to abstract formalism in their elaboration of the concept of relation. This will be a very brief commentary whose purpose is to merely set the background of questions to which I present a dialectical, Trinitarian ontology of relationality as a response.

1. Some Issues with the Concept of Relation: Formalism in Theology and Philosophy

The main theme of this Festschrift is "rationality in conversation" or dialogical reason. This volume contains a variety of approaches to the theme and provides a mine of valuable insights. Alan J. Torrance approaches theological rationality from the Christocentric, ecclesial perspective, and argues for theological rationality as participation in the self-revelation of the Triune God in Christ that "reframes the frame of reference." Pan-chiu Lai explores the Confucian view of the human person in terms of social relations and roles, develops a Confucian concept of conversational rationality on the basis of *li*, the rational structure of the universe, and finds the Confucian concept relational and contextual but too hierarchical to be truly dialogical. Werner Jeanrond begins with some of the signs of the times, the anxiety of broken personal relations and the consequent sense of emptiness and loss of orientation rather prevalent in the contemporary West, and develops the three theological virtues as categories of relational theology but by reversing the traditional order of faith, hope, and love into love, hope, and faith, and exploring the power of love to create relations and communities and human beings as partners with God in love.

Hans-Joachim Eckstein provides a New Testament perspective for the relational theology that Christoph Schwoebel outlined in his seminal essay, "God as Conversation: Reflections on a Theological Ontology of Communicative Relations."[1] From a philosophical perspective Anton Friedrich Koch develops the three-angled relation of two

[1] In Theology and Conversation: Towards a Relational Theology, ed. J. Haers and P. de May (Leuven: Peeters, 2003), 43–67.

subjects and an object or writer, text, and reader as the fundamental structure of dialogical reason and presents a moderate perspectivism as an alternative to both culturalism that stresses sheer differences of cultures and universalism that reduces concrete cultural differences to abstract identity. Finally, Eilert Herms locates the basis of communicative reason in our bodily-mediated responsible dealings with ourselves, presents the structure and several characteristics of responsible action such as our self-presence, our cooperative agency, stability of regulation, and determinacy of ways and reasons, and argues that responsible dealings with ourselves presupposes both the human community and ultimately the community with God. Each of these essays contains many valuable insights and makes the whole volume an important contribution to the study of the various aspects of dialogical reason.

Throughout the essays, however, I do find something consistently missing, something I consider rather essential. Let me begin with Schwoebel's own essay just mentioned. He makes a very persuasive case for going beyond both philosophy of substance and philosophy of subjectivity, the former because it recognizes only extrinsic relations, the latter because it reduces objectivity to the self-relations of the knowing subject. He goes on to develop an outline of a theological ontology of communicative relations where communication serves as the paradigm of the relationship between God and the world. Creation out of nothing means the constitutive relationship and response of the creature to God's creative communication or word. Biblical history is the history of God's address and Israel's response, while sin means disruption and perversion of the conversational relationship with God into the monologue of self-justification on the part of humanity. The Incarnation means God's will to restore the conversation through Jesus in whom God addresses all humanity and humanity respond in creaturely obedience. As a creature of the word, the church too is a community of communication where the communication of the gospel establishes the communication between God and the community of believers and sends the community on a mission of communication with the world. All this is true ultimately because, for Schwoebel, "God's economic conversation is the self-manifestation of the immanent conversation which God is eternally."[2] God's conversation with creation is possible because God *is* conversation.

The main categories of Schwoebel's essay are relation, communication, address and response, and conversation. Others use similar and related categories: theological rationality as participation in God's self-communication, the human person as the totality of social relations and roles, love/hope/faith as relational, the relation between love and reason, the bodily conditions of responsibility, and the triangulation of two subjects and an object or writer/text/reader. What, then, is missing? I find missing any constitutive reference to the *object* and *conditions* of relation, communication, and conversation, which I am afraid renders all these categories purely formal and abstract.

That is to say, I do not see any essential or constitutive reference to the object that relations and communications are *about,* and to the concrete conditions *under* which relations and communications take place. Relation tends to become a purely formal abstraction without any object to relate about and without any circumstances under which two parties relate to each other. One would think that relation and communication take place

[2] *Schwoebel,* "God as conversation", 63.

not only between two parties but also always *about* some object of mutual concern and always *under* determinate conditions or circumstances that would generate the concern and make the relation intelligible and relevant. One would be hard put to understand a relation that is not *about* something, a communication that is not *under* some concrete circumstances. It is this object of concern and these conditions that constitutively govern all relations and communications which make relations and communications concrete, compelling, and meaningful. A is related to B and communicates with B *about* something, e.g., jobs, and *under* definite socio-historical conditions, e.g., during the Depression of the 1930s, which also situates A and B, e.g., A as a factory worker and B as a factory owner. We do not just relate, communicate, dialogue, reason, believe, hope, love, bear responsibility, and carry social roles—main categories in the essays—but do so always, constitutively, *about something under determinate conditions* that also specifies, situates, and historicizes the partners of the relation, communication, dialogue, rationality, love, responsibility, even social roles. Without constitutive references to the object and the historical conditions it is difficult to understand why two parties would want to relate and communicate at all. The category of relation makes no sense as a pure form abstracted from the specificity of the object of concern that generates the relation and the historicity of the conditions under which it takes place. It is this object and these conditions that constitute the concrete *content* of all relations and dialogues.

Our existence is not just relational in the sense of being related to another being, even to God; our existence is relational in the most concrete sense of being related not only to other persons in society but also *about* something *under* determinate historical conditions. Our existence is a concrete totality of all these relations some of which are more intrinsic, some less so depending on the degree of impact they bear on the integrity of our existence. Phenomenology has referred to this structure of being "about" something as *intentionality*, while the dialectical tradition of Hegel and Marx highlighted the constitutive importance of historical conditions for all human actions and thoughts. Without the situational specificity of the partners in relation and dialogue and of the object and conditions of that relation and dialogue, it is not possible to understand why the two parties would be interested in relating and dialoguing with each other in the first place. This is all the more true if we are trying to understand relation and dialogue as something essential and intrinsic to our existence as we are trying to do in this Festschrift.

The Old Testament is indeed God's address and Israel's response, but it always puts this address and response in the historically most specific and concrete ways, historicizing the dialogue of God and Israel in terms of specific objects of concern (e.g., Israel's cry for liberation from Egyptian slavery, their constant propensity to idolatry) and the conditions that arouse such concern and make the dialogue compelling (e.g., the Exodus, Assyrian, Babylonian, and Persian captivities). For all Paul's silence we cannot ignore the quite historically specific circumstances and concerns that constitute the New Testament dialogue between God and humanity in the life of Jesus of Nazareth, the suffering of a conquered people, their yearning for liberation, Jesus' message of hope and deliverance, his preferential love for the marginalized of society, his defiance of the powers that be, both Jewish and Roman. It is essential to remember, as liberation theologians never tire of pointing out, that it is this situation that brought Jesus to his crucifixion by the Roman Empire, which was later theologically interpreted in the light of the resurrection as atonement for the sins of humanity. The event of atonement is not a purely spiritual event between God and humanity within a historical vacuum but a thoroughly historically mediated event in terms of the politics, economics, and culture of the time even though its significance is not reducible to but transcends its historical mediation.[3] Likewise, the theological category of sin should not be reified into an abstraction separated from all its concrete historical content. Sin as an existential, original tendency of human nature in its opposition to God exercises its concrete power only in and through concretely situated human beings and their sexual, economic, political, and cultural experiences, and actual sins are concrete expressions of sinful human alienation from God and one another with determinate sociohistorical contents.

Of course, as theologians we cannot do without generalities and abstractions and remain only at the most specific and concrete level, but there are what I would call "intermediate" generalities between the totally unsituated universal ("human beings as such," even the "relation between God and humanity") and the totally individualized particular ("this particular person," the relation between God and this particular person fleeing from Syria on September 20, 2015). Intermediate generalities are generalities that can define human existence in its essential structures and provide a concrete enough understanding of human beings in their fundamental tendencies, concerns, and situations. All philosophical and theological concepts require intermediate generality in order to make concrete sense. Aiming at this intermediate generality, then, how can we define human existence in such a way that it provides the specificity and historicity of human concerns and struggles? In what follows I attempt a brief outline of the structure of human existence, something like what Heidegger called "fundamental ontology" that serves as the presupposition of the various ontic, empirical sciences (e.g., epistemology, psychology, sociology) without, however, sharing his interpretation of the content of that ontology.

2. Toward a Dialectical Ontology of Human Existence in Society and History

Human existence is best understood as a dialectic between the many constitutive relations to things other than itself and the subject who has to act and shape his or her existence into a coherent and meaningful whole or totality out of these many relations with others.[4] What are some of the essential relations that constitute human existence as such? The first must be our *relation to nature* or the universe. We are part of the history of its evolution from some 14 billion years ago and bear traces and vulnerabilities of that evolution in our own bodies. Nature is not external but internal to us: it exists in our bodies, in their hunger and desire, in their many contingencies and vulnerabilities, in their inevitability of death, in our minds and hearts as the sound of our language, images of our most abstract concepts, objects of our many political and economic struggles, and symbols of our transcendent relation to God. Our relation to nature is the most funda-

[3] On the historical, political mediation of Jesus' life, message, and crucifixion, see *Jon Sobrino,* Jesus the Liberator: A Historical-Theological View (Maryknoll, NY: Orbis, 1993), 36–66, 195–273; *Juan Luis Segundo,* The Historical Jesus of the Synoptics (Maryknoll, NY: Orbis, 1985).

[4] For a more detailed elaboration of the dialectical ontology of human existence I am outlining in the following pages, see my Praxis and Liberation: Toward a Theology of Concrete Totality (Ph.D. dissertation, Vanderbilt University, 1989), 74–178; The Solidarity of Others in a Divided World: A Postmodern Theology after Postmodernism (New York, NY: T & T Clark International, 2004), 100–107.

mental condition of human existence in its totality. The second must be our *sociohistorical relations to other human beings* comprising sexual, economic, political, and cultural relations. These social relations are not just given but demand development, adjustment, and reconciliation in history because social harmony is something always yet to be achieved through many conflicts and reconciliations of social differences. The conflicts and reconciliations grow in the complexity and intensity of their dialectic as social relations grow in scope from the regional to the national to the international to, today, global relations. It is these sociohistorical relations embodied in institutions and structures that produce both the greatest good and human well-being when properly structured and the greatest human suffering and evil when structured improperly. The third category of relations is the *interpersonal* relation, relation among individuals who know one another in a face-to-face relation with some "personal" intimacy, friends, lovers, and relatives, as distinct from the "impersonal" although still human relations that constitute our sociohistorical relations as members of society.

Where, then, is the human being? Human beings are indeed constituted by these essential relations, but they are not simply reducible to these relations, as so much talk of relationality and so much critique of the categories of substance and subjectivity tend to imply. It is true that human beings are not isolated substances or subjects with only extrinsic relations. They are born into these relations already given prior to their subjective decisions, constituting the *internal* conditions of their individual existence, but they are not mere collections of these relations simply as given either. They are totalities of these relations that are *conscious of themselves as beings with identities of their own*, unique substances or subjects, who, therefore, also feel the burden of having to forge their own identities in the context of the many relations that constitute the internal condition of their own being. It is their irreducible responsibility to shape both themselves and these relations into a form in which they can enjoy a reasonable identity, unity, or reconciliation of identity with themselves and relations to others. Their identity is not something given but a task to be achieved out of these essential relations, natural, sociohistorical, and interpersonal, relations that are themselves internally related to one another, most often conflict among themselves, and resist individual desires and wills in their brute objectivity and otherness. From the relational point of view the essential challenge of life is to forge an identity as a distinct substance or subject out of the struggle between his or her own identity and the many constitutive relations to others, that is, to forge, in Hegelian language, an identity of identity and otherness.

It is the lot of material beings, however, never to be able to completely sublate (Aufheben) the otherness or opposition of other material beings that embody and institutionalize all our relations as material beings because of the essential externality and contingency that constitute materiality. Precisely because the essential relations are internal to our substantial or subjective identity, we cannot avoid them, but precisely because they are also embodied in the externality and contingency of matter, they also remain external and resistant to our identity. All the dilemmas of human life consist in this simultaneous internality and externality of those relations to our identity, the necessity of struggling to sublate their externality into a moment of our own identity because they are ontologically internal to our being but external and other to our self-conscious identity, and our inability to totally sublate the relations in their totality into our own identity. Our most intimate communions remain temporary and vulnerable to the contingency and externality of unsublated otherness.

It is important to note here, briefly, the difference between the relations in the triune God and the relations among human beings because there is a tendency among the enthusiasts of relations to forget this crucial difference and simply deduce consequences for human relations from the relationality of the divine persons. In the case of divine persons their personal identity consists precisely in their relations, where identity and relation totally constitute each other without, however, identity ceasing to be identity or relation ceasing to be relation. This is the prerogative of the triune God. In the case of human persons this is not the case at all. For human beings, relations only provide the material and context out of which one must forge one's substantial or subjective identity in an ongoing struggle of identity and difference. In God the identity of identity and difference is given in the very nature of the triune God. For us, such an identity is a matter of constant struggle because our ability to sublate the otherness of the actual world is intrinsically limited, as witness the inevitability of death, the ultimate failure to achieve the identity of identity and difference. In fact, this failure defines our ontological finitude from the relational point of view. (More on this in the following section.)

It is crucial here to define this self-responsible human subject in a way that does justice to its full relational constitution and to avoid the many anthropological mistakes that have poisoned and skewed so much of modern European philosophy—and theology—beginning with the Cartesian isolation of the subject from the world with its "egocentric predicament," the reduction of the world to the constitution by the epistemological subject, whether empiricist or idealist, and positivist realism that reduces subjectivity to objectivity. Is there any way of defining the human subject with a built-in antidote against these very common temptations? I think there is, and it is to define the subject as *acting* subject, not as thinking, feeling, imagining, or sensing subject, all of which are, when absolutized, ways of reducing objectivity to subjectivity.

To act is to objectify the subjective, to externalize and reveal the internal, actualize the potential and the ideal, to socialize and historicize the individual, equally to subjectify the objective, internalize and veil the external, idealize the actual, and individualize the sociohistorical, and in the same process to suffer the contradictions of subjectivity and objectivity, ideality and actuality, interiority and exteriority, individuality and sociality, all of these in the actual conditions of the world in an attempt to transcend and humanize those conditions against their resistance and opposition. It is to respond, through self-determination, to the challenge of a situation already given in all its historical and social specificity and otherness, and to bring together and suffer the contradictions of the two poles that thinking tends to keep separate, subjectivity and objectivity, interiority and exteriority, potentiality and actuality, ideality and actuality, noumenality and phenomenality, intentions and consequences, individuality and sociality, privacy and publicity, transcendence and immanence. Through the act, therefore, the subject exercises its intellectual resources and creativity in full confrontation with the actuality of the world in which subjectivity is to be actualized. If ever there is an imperative of human life, it is to act: we cannot not act.

The subject cannot withdraw into the safety of its own interiority any more than it can simply succumb to the demands of the given. It must struggle to negotiate a way of confronting and appropriating the actual world, and in the process experience the pleasures, joys, and satisfactions of actualizing subjectivity but also the intransigence, resistance, and otherness of the actual world it has not created. It is not in thought, imagination, or feeling where objectivity does not intrude in its full actuality but in the act, the will actualized, not just intending, that the human subject actually experiences its relational existence in the full objective concreteness of its interpersonal, sociohistorical, and natural moments. It is only through the act that the subject can actualize its identity in its dialectic with differences and relations and shape its own concrete identity out of the dialectic of identity and difference. A subject that does not act is only an abstract subject.

It is also clear, especially to the acting subject, that it does not and cannot act *alone*: acting requires, implicitly or explicitly, the cooperation of others, others in their relatively singular existence as in interpersonal existence, others in their impersonal, social existence as already institutionalized in structures and situated according to their social location in those structures, and others such as natural resources already socially produced and appropriated. To act is to co-act with the many forms of otherness that one has not created. The very birth of the acting subject requires the cooperation of parents already historically and socially located, its education and self-consciousness require already existing social arrangements, economic, political, and cultural, and its projects require the successful coordination, collaboration, and totalization of all these conditions for their integral completion. Certainly, any significant change in the basic rules and conditions governing our social life in economics, politics, and culture, requires the collaboration of a number of citizens significant enough to effect that change against the opposition of vested interests and the sheer historical inertia of the majority. We cannot achieve our integral well-being by our unaided effort but depend on others and their collaboration of varying degrees and scales from the interpersonal to the fully political. We do not act by ourselves (even when we think we are acting by ourselves); we act only by the grace of others on whom we depend. Dependence on others is not an accident: it is inherent in the very relational conditions of human action. To act is always to co-act or collaborate.

The success of our action is essentially dependent on the success in the willing coordination of the actions of others on whom we depend and on the transformation of our interdependence into a cultivated consciousness of mutual solidarity in its many forms ranging from friendship, parental love, and sexual relations in interpersonal relations to various civic associations and political partisanship to the sense of ontological solidarity with nature. The imperative of transforming our ontological interdependence into the moral recognition of our mutual solidarity is an intrinsic demand of human action in an essentially relational world. We are mutually dependent for everything that we do and everything that we are, and human well-being requires the collaboration of all with a moral sense of shared destiny and shared responsibility for the common good of all, that is, solidarity in action. The acting subject is not an isolated subject but a *solidary* subject with an internal relation to others it depends on.

It must be pointed out that solidarity in action is especially urgent for humanizing our social relations and the institutions and structures that objectify them. It is these relations and institutions more than anything else that determine the decisive conditions of human life. Economic structures determine who will live or die, who will be healthy or sick, who will have the resources for education, politics, and culture, and who will produce, distribute, and consume such resources. Political structures determine who will rule over whom, how social resources will be allocated and used, for whom, and with what consequences for the rest of society. Cultural structures determine what kind of values, ideals, and symbols will prevail in society, how human beings regard the relative and ultimate significance of their own existence, and whether they will have the spiritual resources to live in a way worthy of their human dignity. Humanizing economics, politics, and culture, the three main forms of our sociohistorical existence is, therefore, the central burden and challenge to all human beings. Existing structures are always more or less unjust and inhuman, and transforming them into a totality that promotes the common good, the common structural conditions of the human dignity we all share, requires more than individual or interpersonal action or solidarity but the mobilization of a large number of citizens for a self-consciously political solidarity in action that is effective enough in intensity and scale to overcome the opposition of reified structures, ruling interests, and the sheer inertia of the many.

Human beings, however, are not reducible to the totality of relations and conditions that constitutes their historical existence. As pointed out, they are these totalities conscious of themselves and responsible for themselves, and in this self-conscious responsibility they also transcend that totality in both theory and praxis. Gifted with the intellect, they have the capacity to judge and evaluate these totalities as totalities and even to transform them into more humane totalities through effective co-action in solidarity. As Karl Rahner so well analyzed in his *Spirit in the World* and *Hearers of the Word*, human existence contains a dynamic movement of self-transcendence, the transcendence of the self and the transcendence of the world toward something always "more" than is given, beyond all limits as limits, in the ever receding horizon of absolute being or God. This is what makes human life human, something more than brute animality, and empowers and motivates all human struggles in history for more humane life in all areas of human existence, personal, interpersonal, sociohistorical, and natural. This dynamic relation to the un-limited, the in-finite, the absolute that constitutes humanity as humanity is the source and foundation of human dignity that resists all attempts to reduce it to an object of arbitrary desire (Kant) and issues the command, "thou shalt not kill" (Levinas). This relational infinity resists all totalization; all totalization must serve this infinity.

Human beings, then, are indeed relationally constituted, but these relations always contain more or less tensions, conflicts, and contradictions that in turn generate the cry for resolution and sublation [Aufhebung]. Relations must be conceived of as a movement of self-differentiation, self-contradiction, and self-sublation, as a concrete historical movement containing what Hegel calls the "labor of the negative." Relations are not always peaceful or romantic but also nasty and tragic. The negativity of relations cannot be overestimated, given the ontological finitude of human being in its radical contingency, the contingency and externality of human materiality, and especially the alienating impact of the power of sin. The task of relational existence in the dynamic negativities of history, therefore, necessarily places the center of human life on the challenge of co-acting in solidarity with others for the humanization of the many relations and conditions of human being, especially the sociohistorical conditions, into a coherent whole or totality worthy of the infinity of human being which all human beings share.

From the perspective of a dialectical ontology of relation, then, three categories stand out: infinity, solidarity, and totality. Solidarity defines the subjectivity of human being: to be a subject is to be a co-subject of action in social interdependence with a built-in demand for transforming interdependence into self-conscious solidarity with a shared sense of responsibility for a common destiny. Infinity stands for the goal of all human co-action in solidarity, which is to do justice to the infinite dignity of human being that transcends all totalities. Totality refers to the humane form of coherent wholeness or totality of sociohistorical relations and structures that objectify and protect the solidarity of infinite subjects. From a dialectical perspective, the challenge of human being is to establish concrete forms of totalities worthy of infinity that can be achieved at a particular time through the agency of solidary subjectivities who act together against all the negativities of history, the pressures, resistances, and persecutions of social structures reified into hard and fixed laws, institutions, and customs that cause so much human suffering. Without infinity totality and solidarity both turn into totalitarianism. Without a humane totality infinity remains merely ideal and impotent. Without solidarity there is no achieving of a humane totality that will effectively protect the common social conditions of infinity all share.[5]

3. Toward a Trinitarian Ontology of Human Existence

From the theological perspective all finite beings are creatures of God, created in the totality of their being out of nothing, bearing this ontological nothingness in the contingency of their very existence which is expressed, on the one hand, precisely in their dependence on one another, and, on the other, in the total dependence on God of their existence including all the constitutive relations of interdependence to nature, society, and other persons. The whole of human existence is constitutively relational to God. Finite beings are related to God in a way that simply transcends their mutual relations in history and nature. One aspect of this transcendent relation is the traditional doctrine that human beings are created in the image of God, more precisely in the image of the triune God. Human beings bear some reflection of the triune God as creator.

Can we, therefore, draw some analogies between the triune God as creator and human beings as creatures? What kind of analogies to draw and where to locate the image character of human being have been one of the most contested issues in the history of theology from Augustine to Moltmann.[6] Much depends on our understanding of the trinity, and here I simply follow the classical Trinitarian theology of St. Thomas.[7] From all eternity the Father knows himself, which terminates in the generation of the Son, the eternal personalization of the Father's self-knowledge. The Father also loves himself,

[5] On the dialectic of infinity, totality, and solidarity, especially in the context of a confrontation between Hegel and Marx on the one hand and Emmanuel Levinas on the other, see my Solidarity of Others, 7–26; "The Dialectic of Concrete Totality in the Age of Globalization: Karel Kosik's *Dialectics of the Concrete* Fifty Years Later," to appear in the proceedings of the conference, "Karel Kosik and *Dialectics of the Concrete*," June 4–6, 2014, Vila Lanna, Prague, The Czech Republic.

[6] See *Augustine*, De Trinitate, Books VIII–XV, and *Moltmann*, God in Creation (London, UK: SCM Press, 1985; Harper Collins Paperback, 1991), 215–243 ("God's Image in Creation: Human Beings").

[7] What follows has been fully elaborated in my book, Paths to the Triune God: An Encounter between Aquinas and Recent Theologies (Notre Dame, IN: University of Notre Dame Press, 2005), where I present the Aquinian doctrine of the Trinity at some length and provide both responses to and criticisms of many contemporary Trinitarian theologians such as Juergen Moltmann, Wolfhart Pannenberg, Cornelius Plantinga, Thomas Torrance, and John Zizioulas among others. See also my essay, "God as the Mystery of Sharing and Shared Love: Thomas Aquinas on the Trinity," in The Cambridge Companion to the Trinity, ed. Peter Phan (Cambridge, UK: Cambridge University Press, 2011), 87–107.

which terminates in the procession of the Holy Spirit, the eternal personalization of the Father's self-love. In God the two processions consist in the sharing of the numerically identical divine nature of the Father. The Father is the source of the divine nature of both the Son and the Holy Spirit, but this divine monarchy of the Father sublates [hebt auf] itself as the source in the very act of exercising that monarchy, sharing the totality of his numerically identical divine nature with the Son and the Holy Spirit. It is this *sharing of the totality of the numerically identical divine nature* which makes the originating Father and the originated Son and Holy Spirit totally equal and totally indwell in each other: the totality of the numerically identical divine nature constitutes the divinity and equality of each person, who therefore dwells in each other through the very identical divine nature totally shared. The immanent procession in God as the sharing or communication of the numerically identical divine nature of the Father makes necessary not only the equality of the divine persons but also their mutual indwelling (perichoresis), something not always explained but treated as simply given in many contemporary trinitarian theologies.

The same conception of the immanent procession in God as the communication of the numerically identical divine nature also makes intelligible the definition of the divine persons as "subsistent relations." The Father remains the originator of the divinity of the Son and the Holy Spirit and thus distinct from them, as the latter are distinct from the Father and each other. Each subsists as a distinct person. The Father does not cease to be Father when he communicates the totality of his numerically identical divine nature, as neither the Son nor the Holy Spirit each ceases to be itself when each proceeds from the Father. Each is *who* it is in its distinction from each other, but each is also *what* the other is, divine. Each, therefore, subsists as divine, as a person, not as an accident inhering in the Father. At the same time, the Father is Father, a subsisting person, only in relation to the Son and the Holy Spirit, as the Son is Son and the Holy Spirit Holy Spirit only in relation to the Father. The persons subsist as persons only in relation to one another. It is not that each is primarily itself or identity with itself and only secondarily or extrinsically related to each other but that the identity of each person with itself is totally, not partially, relational or constituted by relation with each other. Each, therefore, is a relation to the other but without ceasing to be itself. Each is a subsisting relation to the other, totally constituted by relationality but without simply losing itself or its own identity in the relation, but subsisting in itself precisely *as* relation to the other. In the triune God and in the triune God alone substantial identity with oneself and relation to otherness totally coincide. Identity and relation reinforce each other in direct proportion. The more related each is to the other, the more identical it becomes with itself.

It is essential to remember both aspects of the classical doctrine of the divine person as a subsisting relation, an individual substance that is totally relational and a relation that totally subsists as an individual substance, not only because we tend to forget this aspect of personal subsistence in our recent emphasis on relationality but more because it is this doctrine that shows the transcendence of the divine community that constitutes the Trinity and its radical difference from all human communities, which forbids all direct appeals to and all direct deductions from the relationality of the triune God. The triune God is not a collection of three individual gods each with its own personal nature but one God whose numerically identical divine nature is totally shared by three persons each in its own distinctive way and whose life consists of the mutual knowledge and mutual love and mutual enjoyment among three persons each of whom dwells in the other with the totality of its own identity and being. The triune God constitutes a perfect community where identity intensifies relationality and relationality intensifies identity, where relation is neither the fulfilling of an internal lack nor an alienating threat to one's own identity, where perfect identity of identity and difference reigns to such an extent that three persons are not greater than one person, where the community is not external to or greater than its constitutive members, where individuality and sociality totally coincide. The triune God is not three gods but one God in three persons. This is so because the triune God is the mystery of the *numerically identical* divine nature *totally shared* by Father, Son, and Holy Spirit. This is only a faltering expression, in imperfect human language, of the incomprehensible mystery of the triune God. We do not have an "intuition" into this mystery; we can only believe, hope, love, and worship the triune God on the basis of divine revelation.

I cannot here attempt a full-blown Trinitarian ontology of human existence that shows the ways in which this relational structure and dynamics of the immanent Trinity are mirrored in the relational structure and dynamics of human existence. St. Thomas saw the "traces" or created reflections of the triune God in all creatures as follows. Every creature reflects the Father, the source of all things including the divinity of the Son and the Holy Spirit, insofar as it subsists as a subject of its own being from which all its actions and properties emanate and which is endowed with the "dignity of causality" or agency responsible for its own identity. It reflects the Son, the Image of the Father in whose image all things were created and redeemed, insofar as it subsists with an essence or form of its own with its own inner teleology, which is to participate in the divine Image, ultimately in the Son's redeeming solidarity with all humanity and creation. It reflects the Holy Spirit, who proceeds as love from the Father and the Son and constitutes the bond of love between them, insofar as it subsists with a form that can only be realized in orderly relations of reconciliation and communion among creatures and to God as their ultimate end. St. Thomas also says that rational creatures are not only "traces" but "images" of God in the proper sense insofar as they reflect the trinity in their intellect and will directed to God.[8]

What I presented earlier as the dialectical ontology of human existence contained this Trinitarian ontology of human existence *in nuce*. It spoke of human beings as agents responsible for their own destiny. It spoke of their identity and destiny capable of realization only through a humane totality, a community appropriately objectified in institutions, laws, and structures. It also spoke of the imperative of coordinating, reconciling, and humanizing relations. However, it also spoke of this agency, identity, and relation, at least implicitly, under the triple alienating conditions of human existence, its ontological contingency with its ever present possibility of collapse into nothingness and dis-relation, the contingency and externality of materiality, and the rupture of sin that contaminates all human relations and endeavors. Human substantiality is never reducible to relationality except under penalty of further alienation and suffering, human relationality always contains the possibility of exploitation based on power and need, and a human commun-

[8] See *Thomas Aquinas*, Summa theologiae, Part I, Question 45, articles 4, 5, 6, and 7. For a fuller discussion of a Trinitarian theology of creation in St. Thomas, see my book, Paths to the Triune God, 26–39. I also provide a Trinitarian theology with full biblical content in my book, Solidarity of Others, 95–100, 115–126.

ion in which identity and relation coincide is not only temporary but also always remains vulnerable to the manifold forces of contingency, externality, and sinful manipulation.

It is essential to remember that human beings mirror and imitate the triune God only under these threefold alienating conditions. The three categories of human existence, solidarity, infinity, totality, are all categories of relation. Solidarity means coordination and unification of co-subjects in a common task. Infinity means the shared goal of the solidarity in action, the protection of the infinite dignity of every human person. Totality means the coordinated objective structures that express and protect infinite subjectivities precisely in their solidarity and communion. The challenge of human existence is to work towards infinity, solidarity, and totality under the triple conditions that alienate all human relations. It is to agree to the goal of infinity as something shared and essential to all humanity against all the disagreements and nihilistic violence that make agreement and union difficult and impossible. It is to establish a harmonious totality as a human expression of genuine solidarity and community against the many centrifugal forces that either resist that totality or exploit that totality for hegemonic purposes. It is to forge a solidarity of co-agents against the inertia of the majority, the debilitating sense of the overwhelming power of reified structures, and the manipulative politics of the ruling classes. All existing social relations and structures have been more or less unjust and oppressive, and the triple challenge of establishing infinity, totality, and solidarity always remains a task in history. The categories of relation are also categories of history. Furthermore, existing relations and structures have always contained much negativity and suffering, while establishing infinity, totality, and solidarity requires suffering, often martyrdom, from the hands of opposing forces. The categories are, therefore, also categories of suffering and negativity.

All the categories mentioned in the first part of this paper—relation, communication, dialogue, others—are *about* human suffering *under* particular historical conditions, to be conducted by concretely situated subjects, and all theologies of relation, therefore, must contain an appeal to these solidary subjects to engage in the praxis of transforming oppressive into liberating totalities that express and protect the solidarity of human beings in their infinite orientation to God. Taking relations and dialogues concretely means taking them with all the struggles and sufferings involved in the dialectic of concrete historical relations and dialogues, addressing them as issues to be solved and to be solved only through the solidarity of co-subjects. Theology should stop appealing to isolated subjects in their pure interiority or to abstract subjects divorced from all the concrete struggles of sociohistorical existence. Dialogical reason, if it is to be serious, must be reason dialoguing precisely *about* these struggles and sufferings under determinate historical conditions and therefore *about* how to alleviate them and how to promote solidarity in action against the existing forces of negativity. Without a serious discussion of what the relations and conversations are *about* under the concrete conditions of history with all its contradictions that cry out for alleviation in the form of massive human suffering, theologies of relation and philosophies of dialogue become irrelevant abstractions and, worse, ideologies of cheap grace that conceal human suffering and the sources of that suffering.

Markus Mühling & Martin Wendte

LEIBHAFTE VERNUNFT

Rationalität im Feld von Christologie, Leiblichkeit und Gespräch – 9 Thesen

Christoph Schwöbels trinitarische Theologie entwickelt einen Vernunftbegriff, der sich im Gespräch vollzieht. Der christliche Gott, der als dreieiniger er selbst ist, vollzieht in sich eine Rationalität, die dialogische Rationalität. Gott *ist* Gott im Gespräch; Gott ist gerade dadurch er selbst, dass er das Gespräch von Vater, Sohn und Heiligem Geist ist.[1] So verwundert es nicht, dass auch der Mensch als das Ebenbild Gottes selbst Sprachgeschöpf ist[2] und – angesprochen von dem Gott, der Gespräch ist – seine Rationalität als Rationalität im Gespräch entwickelt. In strenger Übereinstimmung von Form und Inhalt entwickelt dasjenige Ebenbild Gottes, das den Namen Christoph Schwöbel trägt, seinen Vernunftbegriff selbst im Gespräch, und zwar nicht nur mit den Großen der Tradition, sondern immer wieder auch mit seinen Freunden und Schülern. Wir, die wir als Schüler und Freunde von dem Gespräch mit ihm in höchstem Maße profitierten und weiterhin profitieren, wollen dieses Gespräch dergestalt aufgreifen und um einen bescheidenen Beitrag weiterentwickeln, dass wir etwas weiterbedenken, was in der Theologie Christoph Schwöbels in den letzten Jahren eine zunehmend größere Rolle spielt und ihm selbst Anlass zu äußerst bedenkenswerten Ausführungen gab: die Einsicht in die Leibgegründetheit und Leibgebundenheit des Menschen und der menschlichen Vernunft im Gespräch.[3] Was bedeutet es für das Verständnis von Vernunft und von Gespräch, wenn der sprechende Mensch als leibliches Selbst ernstgenommen wird? Die Gespräche mit Christoph Schwöbel über die theologische Rationalität bringen zudem die Einsicht mit sich, dass die menschliche Vernunft und das menschliche Gespräch bereits als geschaffene orientierungsbedürftig sind und außerdem gefallen und daher erlösungsbedürftig. Daher gehört zur Aufklärung über die Wahrheit von Vernunft und Gespräch auch der Bezug auf diejenige Person, in der Gott die Menschen in Wahrheit angesprochen hat: Jesus Christus, der leibgewordenen Anrede Gottes. Der folgende Text versucht daher in ständigem Gespräch mit den Arbeiten von Christoph Schwöbel in einer von ihm selbst oft benutzten Form – der Form von Thesen, die dann expliziert werden – einige philosophische, leibphänomenologische und christologische Perspektiven auf die drei Größen des Leibes, der Vernunft und des Gespräches zu entwickeln.

[1] Vgl. dazu *C. Schwöbel*, Gott im Gespräch. Die Gottesfrage im Dialog der Kulturen, in *C. Schwöbel*, Gott im Gespräch, Tübingen 2011, 1–18.

[2] Vgl. dazu *C. Schwöbel*, "... seit ein Gespräch wir sind". Der Mensch als Sprachgespräch, in *C. Schwöbel*, Gott im Gespräch, Tübingen 2011, 435–450.

[3] Vgl. dazu *C. Schwöbel*, Einleitung: Dimensionen der Leiblichkeit, in *B. Janowski*/*C. Schwöbel* (Hg.), Dimensionen der Leiblichkeit, Neukirchen 2015, 1–9 und *C. Schwöbel*, Tamquam visibile verbum. Kommunikative Sakramentalität und leibhaftes Personsein, in *E. Gräb-Schmidt u.a.* (Hg.), Leibhaftes Personsein. Theologische und interdisziplinäre Perspektiven, Leipzig 2015.

Methodisch stellen die philosophischen Überlegungen (z.B. Thesen 1 und 2), die leibphänomenologischen Überlegungen (z.B. These 1, 2 und 7) und die christologischen Überlegungen (z.B. Thesen 4 und 7) drei je unterschiedliche wissenschaftliche Narrative dar, die Medium der Wahrnehmung des (vermuteter Maßen) gleichen Phänomens werden. Es handelt sich um unterschiedliche, nicht aufeinander reduzierbare, aber eng verwobene Weglinienperspektiven. So ist z.B. Jesus Christus keineswegs die Realisierung einer allgemeinen Vernunftstruktur, die in den Thesen 1 (etc.) entwickelt wird, so dass das Moment geschichtlicher Neuheit in Jesus Christus neutralisiert würde, noch sind die Thesen 1 etc. reine Explikationen der Christologie, so dass Einsichten in diese Elemente des Allgemeinen allein als Explikationen der Implikate dieser spezifischen Neuheit zugänglich wären. Vielmehr bilden sie in überraschender Weise Verschränkungen hin zu Überlegungen, die in der Philosophie oder in der Biologie selbst erfolgen (siehe z.B. These 3). Somit entspricht der angedeuteten Methode der Verschränkung von Weglinienperspektiven inhaltlich in Bezug auf die Vernunft die Auffassung, dass die prozessuale Vernunft einerseits leibgebunden, andererseits auf Universalisierung aus ist.

1. Die Vernunft ist primär praktische und epistemische Vernunft (unvermischt und ungetrennt), erst sekundär technische Vernunft. Dabei ist der Vernunft eine charakteristische Gegenläufigkeit inne: Einerseits ist sie unaufhebbar an Leiblichkeit gebunden und damit auch als epistemische wesentlich mit der praktischen vermittelt. Andererseits strebt sie nach Ganzheit und Kohärenz, so dass sie trotz ihrer Leibgebundenheit nicht nur relativ auf eine Situation hin Gültigkeit beansprucht, sondern das Allgemeine durch das Besondere beschreitet. Leibhaftigkeit ist weniger im Modell nebeneinanderstehender Container, sondern verbundener Wirbelstürme zu veranschaulichen.

1.1 Die Vernunft begegnet in verschiedenen Formen: in der Form der technischen Vernunft, in der Form der praktischen Vernunft und in der Form der epistemischen oder denkenden Vernunft.[4] Die technische Vernunft organisiert sich primär als Mathematisierung von Wirklichkeit und ist dabei eine ausgesprochen wirkungsvolle, weltgestaltende Macht, die gleichsam die universale Einheitssprache einer Dimension der Globalisierung darstellt; Apple-Produkte und Abgasfilter werden in São Paulo ebenso produziert und konsumiert wie in Wolfsburg und Shanghai. Dennoch ist die technische Vernunft abhängig von der praktischen und epistemischen Vernunft. Denn jeder – auch der mathematisierte – Vernunftgebrauch ist letztlich abhängig von der Leibgebundenheit der Vernunft, welcher per se nicht vollständig mathematisierbar ist.

1.2 Die Leibgebundenheit der Vernunft liegt darin begründet, dass die Vernunft zu ihrem Gebrauch Indexwörter benutzen muss, um überhaupt verständlich zu sein, Indexwörter aber ohne Leibgebundenheit nicht funktionieren. Damit man sich in der Urteilspraxis auf Einzelnes beziehen kann (auf „Theaitetos", der jetzt gerade dort drüben sitzt), bedarf es neben Kennzeichnungen (wie: „Theaitetos ist ein alter Grieche") auch des Gebrauches von Indexwörtern („dort drüben", „jetzt gerade"). Denn Kennzeichnungen beschreiben immer allgemeine Aspekte an der gesuchten Entität und können daher nicht alleine diejenige Eindeutigkeit in der Bezugnahme herstellen, die es für die funktionierende Urteilspraxis braucht. Indexwörter aber müssen irgendwo „verankert" werden, in einem Nullpunkt des jeweils bewegten Koordinatensystems der Indexwörter. Denn nur so wird klar, von wo aus gesehen dasjenige „dort drüben" ist, bei dem Theaitetos gerade sitzt. Dieser Nullpunkt oder Ankerpunkt des Koordinatensystems der Indexwörter ist der eigene Leib dessen, der spricht (von mir aus gesehen sitzt Theaitetos

[4] Siehe dazu auch den Beitrag von *A.F. Koch* in diesem Band.

„dort drüben"). Andere Kandidaten für diesen Nullpunkt kommen gerade nicht in Frage, vor allem nicht der Raum selbst. Denn der Raum ist als solcher flach und leer. Als eigentlicher Raum ist er ohne den Leib noch gar nicht konstituiert. Aber selbst wenn man einen kantisch-newtonschen leeren Containerraum voraussetzen würde, wären immer Duplikationsszenarien denkbar, die den eindeutigen Gebrauch von Indexwörtern verunmöglichen (es ist denkbar, dass es zwei genau gleiche Räume gibt oder nur einen Raum mit zwei genau gleichen Billardkugeln, bei denen eben nicht mehr unterscheidbar ist, von welcher Billardkugel aus Theaitetos „dort drüben" sitzt). Somit gilt, dass die epistemische, theoretische Vernunft sich nicht vollständig von der praktischen emanzipieren kann, sondern beide je dialektisch aufeinander bezogen sind. Und es gilt, dass Leibgebundenheit die Bedingung der Möglichkeit des Vernunftgebrauchs ist und damit auch die Bedingung der Möglichkeit der Rationalität im Gespräch.

1.3 Um das genauer zu fassen, seien drei irreduzible, wenn auch untrennbar miteinander verbundene Perspektiven auf den Leib unterschieden: der Leib als Leib, der Leib als Objekt in Raum und Zeit, und der Leib als Spiegel und Konstruktion sozialer Diskurse.[5]

Die erste Perspektive betont, dass Menschen keinen Körper haben, sondern ihr Leib sind. Diese Grundeinsicht phänomenologischer Leibphilosophie kann mit einer Formulierung Christoph Schwöbels so gefasst werden: Der Leib wird dadurch vom Körper unterschieden, dass der Leib dem Menschen immer schon „vorgegeben" ist: *Vor* allem Bewusstsein, *vor* allem Sprachgebrauch und aller sprachlich vermittelten Rationalität *ist* der Mensch bereits sein Leib.[6] Auch differiert der Mensch als Leib dadurch von seinem Körper, dass er nur als lebendiger ein Leib ist, nicht auch als toter.[7] Zudem ist er jeweils nicht irgendein Leib, sondern *mein* Leib und somit eine „subjektive Tatsache"[8], die von innen her wahrgenommen wird. Er ist ohne räumliche Orientierung identifizierbar und stellt gerade auf diese Weise den eben bereits eingeführten Nullpunkt des bewegten Koordinatensystems der Indikatoren dar. Als solcher ist er unteilbar. Entgegen allen Geist-Körper-Dualismen von Platon über Descartes bis zu Theoretikern des Cyberspace ist im Anschluss an die Leibphänomenologie zu betonen, dass der Mensch ein „leibliches Selbst" ist.[9] Entsprechend ist dem Leib zuzuschreiben, was in der Konstruktion eines Geist-Körper-Dualismus allein dem Geist zugeschrieben wird: Der Leib bringt seine Erkenntnis mit sich, und jede Erkenntnis ist letztlich leiblich fundiert. Zudem sind alle Handlungen im Leib und seinem Leibwissen gegründet.[10] Der Leib ist das Kommunikationsmedium des Menschen mit seiner Welt, in die der Leib je eingebettet und auf die er jeweils hin offen ist.

[5] Siehe dazu *E. List*, Einleitung, in *E. List/E. Fiala* (Hg.), Leib, Maschine, Bild. Körperdiskurse der Moderne und Postmoderne, Wien 1997, 9–16, 14, und *B. Turner*, The Body in Western Society. Social Theory and its Perspectives, in *S. Coakley* (Hg.), Religion and the Body, New York/Cambridge 1997, 15–41, 15f.

[6] *C. Schwöbel*, Einleitung: Dimensionen der Leiblichkeit, 3.

[7] Siehe zu diesen Merkmalen *R. Gugutzer*, Soziologie des Körpers, Bielefeld 2004, 152–154.

[8] *R. Gugutzer*, Soziologie des Körpers, 152, der damit eine Einsicht und eine Formulierung von Schmitz aufnimmt.

[9] Siehe zum Folgenden auch *B. Waldenfels*, Das leibliche Selbst. Vorlesungen zur Phänomenologie des Leibes, Frankfurt/M. 2000.

[10] So vor allem *M. Merleau-Ponty*, Phänomenologie der Wahrnehmung, Berlin 1966; siehe dazu auch *E. Mörth*, Der Leib als Subjekt der Wahrnehmung. Zur Philosophie der Leiblichkeit bei Merleau-Ponty, in *E. List/E. Fiala* (Hg.), Leib, Maschine, Bild, 75–87.

Der Leib ist ferner immer dynamisch bewegter Leib und damit Mittelpunkt einer spezifischen Gegenwart, die in Protention und Retention auf spezifische Zukünfte und Vergangenheiten bezogen ist. Das durch den Leib aufgespannte Koordinatensystem ist also stets ein bewegtes. Leib und Zeit gehören konstitutiv zusammen, und zwar so, dass der Leib die Bedingung der Möglichkeit von Zeiterfahrung ist.[11]

Als mein Leib ist der Leib aber immer auch schon – und zwar nicht auf der Objektebene symbolischer Konstruktionen (s.u.), sondern bereits auf der Ebene des Leibes als Leib – auf ein Fremdes bezogen, das ihn zugleich mitkonstituiert und anficht. Selbstbezug (wie bei dem Nullpunkt des Koordinatensystems der Indexwörter), Selbstentzug und Fremdbezug sind vom Anfang an und unauflöslich miteinander verwoben. Diese phänomenologische Einsicht hat bereits Karl Heim, noch in anderer Sprache, zum Ausdruck gebracht:

„Das Bild, das ich mir von dieser perspektivischen Mitte aus von der ganzen Welt machen muß, wird dadurch mit einem Male gestört und in Frage gestellt, daß ein zweites Ich auftaucht, das genau so unverrückbar und unvertauschbar an eine andere Stelle festgeschmiedet ist, wie ich auf meine Stelle festgelegt bin. Dadurch entsteht eine Welt, die zwei Mittelpunkte hat, und die doch logisch gesehen nur eine Mitte haben kann. Denn Ich und Du, wir müssen beide dieselbe Forderung anmelden und denselben Anspruch erheben, die Mitte zu sein, den Standpunkt einzunehmen, von dem aus alles allein richtig gesehen wird. An zwei Stellen liegt der nichtgegenständliche sehende Punkt, der doch nur an einer Stelle liegen und nur ein sehender Punkt sein kann."[12] „Diese unanschauliche Berührung kann ein heißes inneres Ringen sein, eine fast unerträgliche Hochspannung, wenn die Richtung, in der jeder von uns beiden die Welt gestalten möchte, entgegengesetzt ist. Diese Beziehung kann aber auch ein innerer Zusammenklang sein, eine Gemeinschaft, die im tiefsten Grund schon da ist, ehe sie gegenständliche Gestalt gewonnen hat, ehe irgendein Wort gesprochen oder eine Tat geschehen ist."[13]

Wir halten diese Einsicht für so wichtig, dass wir ihr eine eigene These widmen (T. 7).

In einer zweiten Perspektive ist zu betonen, dass der Mensch nicht nur Leib ist, sondern auch einen Körper hat und damit ein Objekt im Raum und der metrischen Zeit darstellt. Anders als der Leib ist der Körper Ding unter Dingen und damit zugleich in-

[11] Zur Analyse dieser im Anschluss an Husserl weiterentwickelten Einsicht Merlaeu-Pontys vgl. *Y. Förster-Beuthan*, Zeiterfahrung und Ontologie. Perspektiven moderner Zeitphilosophie, München u.a. 2012, 167f.

[12] *K. Heim*, Der Christliche Gottesglaube und die Naturwissenschaften. Grundlegung des Gesprächs zwischen Christentum und Naturwissenschaft, Hamburg [3]1976, 48.

[13] *K. Heim*, Der Christliche Gottesglaube und die Naturwissenschaften, 74. Heim benutzt noch nicht die Sprache des eigenen, immer auch fremden Leibes. Aber der Sache nach besteht kein Zweifel, dass eben dies gemeint ist, was auch in einem Gleichnis Heims über den Leib zum Ausdruck kommt. Die dualistischen Hintertöne dieses Bildes gehören dabei zu den negativen Analogien, sind also im folgenden nicht zu Berücksichtigen (*K. Heim*, Christliche Gottesglaube und die Naturwissenschaften): „Dieser Teil der Gegenstandswelt [d.h. mein Leib], mit dem wir beide es bei unserem Verkehr miteinander fortwährend zu tun haben, gleicht also einer undurchsichtigen Wand, die zwei Gefängniszellen voneinander scheidet. Keiner der beiden Gefangenen sieht in die Zelle des anderen hinein. Keiner weiß, wie es im Inneren der anderen Zelle aussieht. Jeder bekommt also auch die Zwischenwand, die beide Zellen trennt, immer nur von einer Seite zu sehen. Und doch ist es eine und dieselbe Wand, die zu beiden Zellen gehört, wenn sie auch jedem der beiden Insassen eine andere Seite zukehrt. Darauf beruht es, daß diese Zwischenwand den beiden einsamen Gefangenen als unschätzbares Medium des Verkehrs miteinander dient. […] Wir wollen die Annahme machen, das Medium, durch das die beiden Personen miteinander in Verbindung treten können, bestehe nicht aus festem Material, wie das bei der Wand zwischen zwei Gefängniszellen der Fall ist, durch die sich deshalb nur Klopftöne übertragen lassen, sondern sie bestehe aus einer weichen Wachsmasse, die zwar undurchsichtig ist, aber so dünn, daß ich mit dem Finger einen ‚Eindruck' (im buchstäblichen Sinn des Wortes) in dieser Zwischenwand hervorrufen kann, der dann in der Nachbarzelle als ein ‚Ausdruck' sichtbar wird."

strumentell verfügbares Objekt für Disziplinierungen durch den Geist oder die Gesellschaft.[14] Zudem eröffnet die Perspektive auf den Leib als Körper allererst die Möglichkeit dazu, den Geist als vom Körper getrennten zu inszenieren.

Die dritte Perspektive verweist auf den Leib als eine „symbolische Konstruktion".[15] Der Leib ist auch der Spiegel, das Ergebnis und das Objekt von je historisch wechselnden Identitätsdiskursen.

Will man sich den Leib anschaulich vorstellen, darf man sich Leiber nicht als dreidimensionale, durch die Haut abgeschlossene Container denken, die sich auf der Oberfläche des Bodens bewegen. Eine Einsicht Ingolds[16] aufnehmend und verändernd ist es präziser, sich Leiber wie Wirbelstürme, Zyklonen oder Antizyklonen vorzustellen: Solche Gebilde sind nicht von ihrer natürlichen Umwelt – der Atmosphäre – unterschieden, sondern bestehen aus ihr. Sie bilden, mit dem Auge des Sturmes, den Mittelpunkt eines eigenen Koordinatensystems, das relativ von der Umwelt abgeschottet ist und eine Innenseite besitzt. Allerdings ist der Sturm, und mit ihm der nichtruhende Mittelpunkt, immer in Bewegung. Der Sturm ist auch beständig auf andere Wettergebilde bezogen und ohne sie nicht denkbar, denn ohne Antizyklon gibt es keine Zyklonen. Zyklone und Antizyklone genauso wie Wirbelstürme sind aber nicht nur aufeinander bezogen, immer in Bewegung und haben unscharfe Ränder, erweitern sich und ziehen sich zusammen, sondern sie durchdringen mit ihren Frontgebilden auch einander, verursachen durch diese Durchdringung ein Zwischenhoch im Tief und Gewitter im Hoch. Jemeinigkeit und Jedeinigkeit, Liebe und Fremdheit gehören paradox, aber organisch zusammen. Ferner haben Atmosphärengebilde eine Geschichte, die man kennen muss, will man Voraussagen machen. Und wie alle meteorologische Voraussagbarkeit durch wahrhaft retrospektive Überraschungen überformt wird, so auch das Werden des Leibes. Leiblichkeit ist also sehr viel weniger ein kinetisches Phänomen als ein meteorologisches. Die Bedeutung dessen für die Vernunft ist kaum zu unterschätzen. Während im kinetischen Modell die Vernunft intentional im Führen von Zügen unter Regelbeachtungen erfolgt, die praktische der reinen Vernunft folgt, folgt im meteorologischen Modell des Raumes teilweise reinigbare Vernunft der praktischen Vernunft in attentionaler Weise.

1.4 Die leibgebundene Vernunft richtet sich auf das, was sich ihr von sich aus zeigt und zu verstehen aufgibt. Sie richtet sich somit auf das, was sich von sich aus offenbart. Vernunft ist somit davon abhängig, dass sich etwas von sich aus zeigt. Um es in verschiedenen Terminologien zu sagen: mit Heidegger gesprochen ist sie abhängig von der Unverborgenheit der Dinge; mit Peirce gesprochen: Sie ist abhängig davon, dass sich in Erstheit etwas zeigt. Zugleich ist die Vernunft auf genaueres Begreifen aus. Das vollzieht sich, indem dasjenige, was ist (Zweitheit) und sich zu verstehen gibt, durch Vergleich und Abgrenzung gegenüber Anderem, näher bestimmt wird (Drittheit). *Omnis determinatio negatio est* bezeichnet denjenigen Vorgang, in dem eine einzelne Entität dadurch nähere Bestimmtheit erlangt, dass sie sukzessiv in ein kohärentistisches Ganzes eingefügt wird.

[14] Um das obige etwas genauer aufzunehmen: Anders als der Leib kann der Körper auch tot sein, ohne aufzuhören, Körper zu sein. Zudem kann er von außen beschrieben werden und ist daher nur mithilfe räumlicher Orientierungen identifizierbar. Außerdem ist er teilbar: Ein Arm kann in zwei Teile zerlegt werden, ohne aufhören, Teil des Körpers zu sein. Siehe zu diesen Charakterisierungen auch *R. Gugutzer*, *Soziologie des Körpers*, 152–154.

[15] *E. List*, Einleitung, 14.

[16] Vgl. *T. Ingold*, The Life of Lines, London/New York 2015, 53–59.

Denn wenn ein logisches Subjekt nur einem einzigen logischen Prädikat zugeordnet werden könnte oder ein logisches Prädikat nur einem einzigen logischen Subjekt, so wäre das logische Subjekt bzw. logische Prädikat uninformativ. Entsprechend steht jeder Gedanke in einer Gesamtheit von Kombinationsmöglichkeiten, die wiederum Anschluss findet an eine weitere Gesamtheit von Kombinationsmöglichkeiten etc.[17] Es gibt keine von vorneherein festgelegte Grenze dieses Vorgangs des Näherbestimmens, so dass die Vernunft im Bestimmen des Einzelnen immer auf Ganzheit ausgreift. Hier liegt einer der Gründe für die relative Wahrheit des Satzes, dass das Wahre das Ganze ist, und einer der Gründe dafür, dass der Vernunft unaufhebbar ein Universalisierungszug eingeschrieben ist. Dieses Streben nach Ganzheit übergreift auch alle weltlichen Entitäten und lässt die Vernunft nach der Gesamtheit aller Bestimmungen oder nach Gott fragen. – Als die Sprachgeschöpfe, die wir Menschen sind, vollzieht sich das angedeutete Streben nach umfassender Kohärenz als Gespräch – in Auseinandersetzung mit einem Anderen, an dem die eigenen Bestimmtheiten wachsen –, und dieses Gespräch hat keine ihm intrinsische Grenze.

1.5 Somit ergibt sich eine unaufhebbare Gegenläufigkeit in der Verfasstheit der Vernunft, die damit zugleich die Rationalität im Gespräch prägt: Sie ist einerseits leibgebunden, andererseits auf Universalisierung aus.

2. Das neuzeitliche Projekt einer reinen Vernunft konnte nur im Sinne einer gereinigten Vernunft durchgeführt werden, die sich als selbstwidersprüchlich und zugleich als nicht wahrnehmungs- und nicht wirklichkeitsgemäß erwies. Dies gilt gleichermaßen für ihre beiden scheinbar entgegengesetzen Ausdrucksweisen, der realistischen (a) wie der konstruktivistischen (b). Beide begehen den gleichen Fehler, die Subjekt-Objekt-Distinktion für ein basales Phänomen zu halten.

a) „Vernunft“ ist ein klärungsbedürftiger Terminus. Einerseits scheint er als Substantiv auf eine substanzhafte, geistige (im Sinne von nicht leiblicher) Entität zu verweisen, die sowohl innerhalb der Struktur der Welt, d.h. innerhalb von Natur und Kultur, als auch innerhalb menschlichen Lebens und Handelns in dieser Welt zu herrschen scheint. Indem beide Aspekte, der erste quasi-objektive und der zweite quasi-subjektive, als in einem positiven Verhältnis stehend gedacht werden – ob man dies nun als Korrespondenz, Abbildhaftigkeit, Entsprechung oder wie auch immer fasst –, ist zumindest ein epistemischer Realismus postuliert. Unklar beibt dabei freilich, warum es zu dieser Entsprechung kommt und worin eigentlich inhaltlich diese „Vernunft“ besteht.
b) Ein sehr simpler Denkversuch bestand im Rahmen der analytischen Philosophie darin, die Struktur der Vernunft in der Entsprechung von Aussagen und Propositionen zu sehen. Aussagen auf Seiten des Menschen schienen die Subjektivitätsgefahr zu reduzieren, indem nun – die nicht notwendig auf Sprachbenutzer bezogene – „gereinigte“ Sprache auf die Propositionen auf Seiten der nun ebenfalls „gereinigten“ Welt bezogen wurde. Schnell zeigten aber semiotische Überlegungen, dass Aussagen und

[17] Vgl. dazu *G. Hindrichs*, Das Absolute und das Subjekt. Untersuchungen zum Verhältnis von Metaphysik und Nachmetaphysik, Frankfurt/M. 2008, 167–169.

Sprache immer auf Zeichen beruhen, die ihrerseits immer im semiotischen Akt auf Sprachbenutzer ausgerichtet sind. Genauso zeigen phänomenologische Überlegunen, dass Propositionen in der Welt nicht wahrnehmbar sind. Es handelt sich eher um die Postulierung von abstrakten, rein theoretischen Entitäten, die – den Memen, Genen, dem Äther, der Seele und den Strings nicht unähnlich – sich als nichts anderes als eine Projektion der gereinigten Sprache in eine als objektiv behauptete Hinterwelt darstellten.

Ad a): Das Glasperlenspiel mit Aussagen und Propositionen versprach, den lang geforderten, aber philosophisch nie eingelösten Glaubenssatz von der Objektivität und Universalität der Vernunft einzulösen, indem man hoffte, in der logischen Struktur sowohl von gereinigter Sprache als auch gereinigter Welt die Basis der Vernunft entdeckt zu haben. Doch diesem Versuch kommt die Antinomie des Diskurses in die Quere, die sich als Antinomie jeder Vernunfttätigkeit herausstellt. Unter der Antinomie des Diskurses ist Folgendes zu verstehen: Der Diskurs ebenso wie die Vernunft gehen von der eigenen Fehlbarkeit aus und damit davon, dass unsere Aussagen zweiwertig sind („dies Urteil ist wahr oder falsch"). Mit anderen Worten: Diskurs und Vernunft operieren mit Negationen. Die Negation aber kann auf sich selbst angewendet werden und damit zur negierenden Selbstbeziehung werden. Das berühmteste Beispiel ist der Satz vom Lügner, der lautet: „Dieser Satz ist nicht wahr." Wenn er wahr ist, so ist er falsch. Da der Satz aber recht besehen bereits seine eigene Negation ist, verneint er sich bereits selbst. Damit aber besagt er dasjenige, was wir von ihm sagen, wenn wir ihn verneinen, und er ist also wahr – usw. Er ist somit eine Antinomie, die mit A.F. Koch als logische, nicht als semantische Antinomie zu verstehen ist.[18] Sie lässt dieses Unternehmen einer gereinigten Vernunft ein für alle Mal scheitern, wie es auch die gödelschen Unvollständigkeitssätze der Prädikatenlogik zeigen: Gerade an der am meisten gereinigten Entsprechung zwischen Sprache und Welt ergibt sich der Selbstwiderspruch, der sich als Korrelat einer gereinigten Logik und des Nichtwiderspruchsprinzips erweist.

Aber selbst wenn das nicht der Fall wäre, wäre mit der derart gereinigten Vernunft nichts gewonnen. Sie ist der abstrakten Struktur der Prädikatenlogik verhaftet, leugnet die Wirklichkeit von Beziehungen, darüber hinaus die des Konkreten, darüber hinaus die des zeitlich-dynamischen und damit letztlich die des Leiblichen. Sie leugnet diese wahrgenommene Wirklichkeit freilich auf eine sehr subtile Art und Weise: nicht indem sie explizit zu deren Bestreitung antritt, sondern indem sie einfach keine Mittel besitzt, über diese Wirklichkeit zu sprechen. In der Wirklichkeit nehmen wir keine externen Relationen zwischen atomaren Individuen wahr, sondern zunächst relationale Sachverhalte, aus denen sich erst aufgrund äußerst hochinterpretativer und hochkognitiver Verfahren Relate herausschälen.[19] In der Wirklichkeit nehmen wir nicht Exemplare aus der Menge der Menschen, des Blauen oder Vernünftigen wahr, sondern wir sehen den angriffslustigen Achill, weichen vor *diesem* blau-grauen Himmel in der Mitte der Highlands zurück und

[18] Vgl. *A.F. Koch*, Wahrheit, Zeit und Freiheit. Einführung in eine philosophische Theorie, Paderborn 2006, 92–97.

[19] Das Emergieren von Relaten aus Verschränkungen ist freilich kein willkürlicher Akt und nicht immer ein kognitiver, interpretativer Akt, sondern gehört zur Wirklichkeit, auch des Nichtpersonalen, selbst; er gleicht der „Intraaktion" und dem „agentiellen Schnitt" bei Karen Barad, vgl. *K. Barad*, Agentieller Realismus. Über die Bedeutung materiell-diskursiver Praktiken, Frankfurt/M. 2012, Pos. 182–216.

verweisen auf eine konkrete Argumentation. In der Wirklichkeit nehmen wir nicht zeitlose Sachverhalte wahr, sondern immer dynamische Prozesse, die mit uns verschränkt sind, die sich nie auch nur kohärent verhalten können, da das Nichtwiderspruchsprinzip bestenfalls auf eine zeitlose undynamische Welt angewiesen ist, sondern bestenfalls *dramatische Kohärenz*,[20] die immer vom uneingelösten Versprechen des Noch-nicht und Unvollendeten lebt. In der Wirklichkeit nehmen wir keine mechanistische Materie wahr, sondern bewegen uns leiblich in einer leiblichen Welt, in der es keine vorgängige Scheidung zwischen Sein und Sollen, zwischen Vernunft, Wille und Affekt gibt. Die Welt wird nicht in Punkten, die sekundär zu Linien verbunden werden, wahrgenommen, sondern in dynamischen, kurvenartigen, noch unfertig gezeichneten Linien.[21] Alle diese Distinktionen der gereinigten Vernunft erweisen sich somit gerade weder als objektiv noch als universal. Sie können, wenn sie nicht einmal als Beschreibungen der Wahrnehmung gelten können, offensichtlich nur *vermeintliche* Tatsachen beschreiben, die sich in Wirklichkeit als Konstrukte der abstrakten, gereinigten Vernunft erweisen. Der scheinbare Realismus der gereinigten Vernunft wird so zu dem, was er ablehnen will: zum Konstruktivismus.

Ad b): Freilich erweist sich auch die Umdrehung des Problems, den Stier quasi bei den Hörnern zu packen, indem man in radikaler Weise den Kulturrelativismus der Vernunft behauptet und die Vernunft selbst als subjektives oder kulturelles Konstrukt ausgibt, in doppeltem Sinne als falsch: Die Antinomie der Negation erscheint hier als Antinomie des Anspruchs: Die konstruktivistische These ist letztlich eine Allaussage, mit deren Hilfe eine *universale* Konstruktion behauptet wird – also dass universal nur partikular gültige kulturrelative Vernünfte zugelassen sind –, die aber dadurch selbstwidersprüchlich wird, indem es zu einem Widerspruch von Form (Allaussage) und eigenem Inhalt (plurale Partikularität) kommt. Aber auch hier zeigt sich, dass selbst dann, wenn die Antinomie der Vernunft nicht erschiene, der Kulturalismus die Wahrnehmung der Verständigung und den Erfolg des Vernunftgebrauchs eben nicht erklären kann. Er kann nicht erklären, warum Menschen überhaupt einander verstehen, warum Sprachen sich übersetzen lassen und warum Menschen kooperieren und mitfühlen können. Es stimmt zwar, dass die indexikalische Benennung eines Phänomens mit „Gavagai" noch keinen Aufschluss über die Ontologie des Menschen gibt, der dieses Wort gebraucht – aber es stimmt eben auch, dass jeder wissenschaftstheoretisch Geschulte, unabhängig ob er sich im deutschsprachigen, englischsprachigen oder italienischsprachigen Bereich bewegt, unabhängig davon, ob er Theologe, Philosoph oder Literaturwissenschaftler ist, sofort *weiß*, wovon die Rede ist, wenn der Ausdruck „Gavagai" fällt – ob man dies nun im Rahmen eines Aufsatzes, wie Eco im Rahmen eines Romans gebraucht oder ob man es bei Quine selbst nachliest.

[20] Der Begriff der „dramatischen Kohärenz" ist nicht als Gegensatz zum Nichtwiderspruchsprinzip entworfen, sondern zeigt dessen Basis in der Welt, wie sie erscheint. Abstrahiert man von der narrativ-dynamischen Wahrnehmung der Welt, d.h. entzeitlicht und entleiblicht man die Welt, wie es in den meisten Logiken, die sich als zeitlos verstehen müssen, geschieht, erhält man ohne Zwang den klassischen Kohärenzbegriff. Vgl. dazu *M. Mühling*, Resonances: Neurobiology, Evolution and Theology. Evolutionary Niche Construction, the Ecological Brain and Relational-Narrative Theology, Göttingen/ Bristol (CT) 2014, 123–128.

[21] Vgl. zur Bedeutung dieser beiden Arten von Linien *T. Ingold*, Lines. A Brief History, London/New York 2007, 152–170.

Das kulturkonstruktivistische Vernunftsverständnis sieht zwar richtig, dass eine reine Vernunft nicht einfach existent ist, sondern dass es nur eine abhängige Vernunft geben kann – aber es macht den Fehler, diese Abhängigkeit beherrschen, gestalten und verfügbar halten zu wollen, sei es dem individuellen Subjekt oder dem Kultursubjekt. Und auch damit muss es das, was es postuliert zu leugnen, in Anspruch nehmen.

Die Postulate einer objektiv universalen reinen, in Wirklichkeit aber gereinigten, Vernunft und einer subjektiv partikularen Vernunft basieren letztlich auf dem gleichen Fehler: Sie sehen die Subjekt-Objekt-Spaltung als eine basale und vorgängige an; sei es erkenntnistheoretisch als Ausgangspunkt jeden Erkennens oder als ontologische Tatsache. Sie ist aber weder das eine noch das andere. Sie ist überhaupt keine vorgängige, unmittelbare Wirklichkeit. Die vorgängige Wirklichkeit ist vielmehr die der Wahrnehmung, in der es keine Subjekt-Objekt-Spaltung, keine reale Unterscheidung von primären und sekundären Qualitäten gibt. Zustande kommt diese Rede von Subjekt und Objekt, von sekundären und primären Qualitäten nur aufgrund hochargumentativer Reflexionsakte auf diese Wahrnehmung – und damit haben sie selbst keinen basalen, sondern nur interpretatorischen Charakter. Es handelt sich nicht um Trennungen, sondern um begriffliche Distinktionen, die als solche Abstraktionen von der Wahrnehmung der Wirklichkeit sind. Diese Wahrnehmung ist allerdings – um Missverständnisse zu vermeiden – nicht eine nackte Wahrnehmung, sondern – um es mit einem Paradox auszudrücken – gerade als unmittelbare Wahrnehmung immer eine vermittelte, geprägte durch das Eingebettetsein in narrative Prozesse, die ihrerseits durch Narrative – und davon abgeleitet auch von Begriffen – beschrieben werden *könnten*. Kommt es aber faktisch zu dieser Beschreibung, kommt es faktisch auch mehr oder weniger zur Abstraktion. Wahrnehmung ist also immer schon (narrativ) geprägte Wahrnehmung. Wahrnehmung ist immer schon begriffliche Wahrnehmung,[22] die sich aber nicht einem geistigen, sondern einem leibhaften und insofern relationalen Subjekt zuschreiben lässt.[23]

3. Ausweg aus dem Dilemma zwischen gereinigter und konstruierter Vernunft bietet nur das Sich-Verlassen einer vertrauenden Vernunft, welche Ausdruck einer sich in Bewegung befindenden Leiblichkeit ist.

Menschliche Vernunft erscheint nie kontextlos und nie nur schöpferisch-konstruktiv. Sie erscheint immer nur in, mitten und unter der narrativ wahrgenommenen Lebenswelt und sie reflektiert eben auf diese, da sie selbst ein Teil, Relat bzw. Sequenz dieser geschichtlichen Wirklichkeit ist. Die Wirklichkeit wird dabei nicht nur narrativ wahrgenommen; sie besteht selbst als Geschichten, denn „Geschichten werden gelebt, bevor sie erzählt werden".[24] Nicht, weil Menschen sich im Gespräch Geschichten erzählen und literarische Produkte hervorbringen, wird die Wirklichkeit als Geschichte bezeichnet, sondern

[22] Vgl. dazu *J. McDowell*, Mind and World. With a New Introduction, Cambridge (Mass.) ⁵2000.

[23] Bestätigt wird dieser phänomenologische Ansatz auch durch die postanalytische Philosophie, insbesondere durch die enaktive Theorie des menschlichen Geistes, vgl. dazu *A. Clark/D. J. Chalmers*, The Extended Mind, Analysis 58 (1998), 10–23 und *A. Clark*, Supersizing the Mind. Embodiment, Action and Cognitive Extension, Oxford/New York 2011.

[24] *A. MacIntyre*, After Virtue. A Study in Moral Theory, London ³2007, 212: 'Stories are lived before they are told – except in the case of fiction.'

weil die Wirklichkeit selbst geschichtlich, storyhaft ist, indem sie immer Indexikalität, Veränderung, Neuheit, Alterität, Relationalität, Austausch und Gespäch sowie Dramatizität beinhaltet, ist der Mensch fähig, selbst eine storyhaft eingebettete, narrative Vernunft hervorzubringen, mit deren Hilfe er Narrationen hervorbringen kann und mit deren Hilfe er die narrative Vernunft auf sich selbst anwenden kann, indem er beispielsweise die Geschichte der gereinigten Vernunft erzählt. Faktisch ist damit jeder Vernunftgebrauch selbst immer nicht nur ein abhängiger und gebundener Vernunftgebrauch, sondern, wenn er durchaus selbstdurchschaut-kritisch seine eigenen Konstitutionsbedingungen anerkennt, *vertrauende* Vernunft.

Damit stellt sich zweifelsohne das Problem, *auf was* die Vernunft *innerhalb welcher* Narrationen und Narrative vertrauen soll. Denn deutlich ist, dass die Wirklichkeit zwar geschichtlichen Charakter hat und selbst eine Geschichte ist, dass es aber nicht eine Narration geben kann, die sie je erfassen könnte, wenn die Antinomie der Vernunft auch jeder Narration inne ist. Die Vernunft mag auf das Universale zielen, aber sie kann dies nur vom Partikularen aus – nicht vom festen partikularen Standpunkt, sondern von der sich selbst verändernden partikularen Weglinienperspektive der eigenen story, die selbst im Werden ist.

Perspektiven werden allgemein als Standpunkte oder Positionen verstanden. In einer Welt, die aber leibphänomenologisch nicht nur als immer schon positionierte Räumlichkeit, sondern auch als ebensolche Zeitlichkeit verstanden wird, gibt es streng betrachtet keine Perspektiven als Standpunkte, sondern nur dynamische bewegte Perspektiven, die sich stets verändern. Der Leib ist immer schon ein bewegter und sich bewegender Leib, wobei jede intentionale Bewegung eine unvollständige Antwort auf ein immer schon vorgängiges Bewegtsein darstellt. Dies eben will der Begriff der Weglinienperspektive ausdrücken. Diese Weglinienperspektive ist aber nicht eine Addition von klassischen Perspektiven als Positionen. Eine solche würde gerade der Lebenswelt ihren dynamischen Charakter rauben und würde – mit Ingold gesprochen – *wayfaring* auf *transport* reduzieren: Nicht mehr die bewegte, Aufmerksamkeit generierende Wahrnehmung erscheinender Alterität in Attention stünde im Vordergrund, sondern die Intention des Subjekts, eigengesetzte Ziele der Welt aufzuprägen.[25]

Ist die Vernunft in dieser Weise abhängig von einer narrativen Funktion im Werden der Geschichte(n) der Welt und somit selbst Teilsequenz einer solchen, stellt sich die Frage, wie die immer nur in partikularen Weglinienperspektiven erscheinende Vernunft in ihrem Nacherzählen die Wirklichkeit nicht verfehlt und unabsichtlich fiktiv wird. Auf welcher Narrationslinie muss sie sich dazu bewegen? Deutlich ist, dass dies weder die Narrationslinie der gereinigten noch die der konstruktivistischen Vernunft sein kann. Vielmehr kann dies von vornherein nur bei Weglinienperspektiven der Fall sein, die die Vernunft in die narrative Wirklichkeit selbst eingebettet erfahren, die also von einer Selbstkundgabe der Wirklichkeit ausgehen, in einer Verschränkung der Geschichten des Vernunftgebrauchs.

[25] Zum Begriff der Bewegung in der Alternative von *transport* und *wayfaring* vgl. *T. Ingold*, Lines, 76–84. Zum Verhältnis von Attentionalität und Intentionalität vgl. *T. Ingold*, Life of Lines, 133. 152. 156.

4. Die Inkarnation des ewigen Sohnes in Jesus Christus beansprucht, genau eine solche vernunftinformierende Geschichte zu sein.

Die Geschichte der Inkarnation des ewigen Sohnes im leiblichen Geschöpf Jesus Christus ist nichts, was mit Maßstäben einer gereinigten Vernunft vollständig zu überprüfen oder zu hinterfragen wäre. Sie ist auch kein allgemeines Narrativ, d.h. eine allgemeine Struktur, die sich in Vollgestalt auch in anderen Erzählungen, Mythen, Begriffssystemen und Prozessen fände. Wäre sie das, könnte sie nicht den Anspruch erheben, eine Weglinienperspektive zu bieten, die die vertrauende Vernunft so informiert, dass dieses Vertrauen gerechtfertigt sein könnte. Sie ist damit zugleich – als Geschichte des ewigen Sohnes – auf Universalität aus, die aber von einer partikularen Weglinienperspektive des leibhaften Menschen Jesus aus erfasst wird.

Vorausgesetzt ist hier die narratologische Distinktion zwischen Narration und Narrativ.[26] Nur Narrationen sind partikular, während Narrative das allgemeine Schema und den Möglichkeitsraum des Repertoires einer Narration bilden. Wäre die Geschichte Christi nichts anderes als eine Instantiation eines allgemeinen Narrativs (Auftreten und Verkündigung des „Helden“, Konflikt mit der Umwelt, Krise [Kreuz], Lösung der Krise durch einen deus ex machina [Auferstehung], zweiter Abschluss auf anderer Ebene [Geistausgießung]), könnte sie keine echte Novität beinhalten und insofern keine Offenbarung der Wirklichkeit sein. In diesem Falle würden menschliche Erwartungen zur Richtschnur der Geschichte Christi werden und der wahre Gott selbst wäre, mit Luther gesprochen, zum Abgott gemacht.[27] Christliche Theologie muss insofern darauf insistieren, dass die Geschichte Jesu eine solche ist, die sich in ihrer Besonderheit nie auf ein allgemeines Narrativ verrechnen lässt. Paradoxerweise ermöglicht exakt diese Gedankenfigur, dass die Geschichte Jesu als die des wirklich umfassenden Vernunftlogos verstanden werden kann, weil nur dann in ihr all dasjenige enthalten sein kann, das sich im Laufe unserer Weglinienperspektiven noch nicht gezeigt hat, sondern sich erst in Zukunft zeigen mag – und zwar nicht deswegen, weil es aus einem immer schon feststehenden Repertoire von Möglichkeiten einer zeitlosen, quasiplatonischen Ideenwelt stammen würde, sondern weil es auf unableitbarer Neuheit beruht.

Konkrete Merkmale, die es ermöglichen, dass die Inkarnation die Vernunft informiert, sind:

– Die Inkarnation ist eine *deep incarnation*: Dieser von Gregersen[28] geprägte Ausdruck macht zunächst einmal klar, dass es nie eine *flat incarnation* geben kann, d.h. eine Inkarnation die irgendeine Dimension der Wirklichkeit außer acht lässt: Eine Inkarnation, die nur in das Selbstbewusstsein Jesu erfolgen würde, wäre eine doketistische Inkarnation, eine *flat incarnation*, die somit überhaupt keine Inkarnation wäre. In der Inkarnation ist die Geschichte des ewigen Sohnes so mit der Geschichte Jesu identisch, dass es der ewige Sohn ist, der leiblich ist, dass es der ewige Sohn ist, der nur durch die medi-

[26] Vgl. exemplarisch *A. Koschorke*, Wahrheit und Erfindung. Grundzüge einer Allgemeinen Erzähltheorie, Frankfurt/M. 2012, 30.

[27] Vgl. *I. Dingel u.a.* (Hg.), Die Bekenntnisschriften der Evangelisch-Lutherischen Kirche. Vollständige Neuedition, Göttingen/Bristol (CT) 2014, 936 (BSLK 565): „Was ist das anders, denn aus Gott einen Götzen, ja einen Apffelgott gemachet und sich selbs für Gott gehalten und auffgeworffen?“

[28] Vgl. *N.H. Gregersen*, Deep Incarnation. Why Evolutionary Continuity Matters in Christology, Toronto Journal of Theology 26 (2010), 173–188.

alkommunikativen Beziehungen einen Leib besitzt, der ein ökologisches Selbst besitzt und in den relational geschichtlichen Zusammenhang des Werdens des menschlichen Tieres eingebunden ist. In der Inkarnation wird Gott nicht nur Mensch, sondern, wie Gregersen schreibt, auch indirekt Fuchs und Staub.[29] M.a.W.: Genau das macht die Inkarnation erst zur Inkarnation, was in der Theologiegeschichte oft abgelehnt wurde: das sog. *genus tapeinoticon*, d.h. die Mitteilung auch des Leidens Christi an die Gottheit oder göttliche Geschichte.

Freilich ist der Gedanke einer *deep incarnation* nicht dazu entworfen, einer *flat incarnation* entgegenzutreten. Vielmehr geht es um eine Kritik des Systems der *deep ecology* von Arne Naess,[30] das zwar die universale interne Relationalität und Verbundenheit in der Schöpfung aussagen kann, aber genauso wie Hegels Denken letztlich nicht das Besondere, Einmalige und wahrhaft Andere zu seinem Recht kommen lässt.[31] Dies zeigt sich daran, dass die Inkarnation *nicht zugleich* die Geschichte der Theosis der Welt ist. Vielleicht mag es stimmen, dass Gott Mensch wurde, damit der Mensch Gott würde. Aber dies geschieht eben nicht in der selben erzählerischen Sequenz. Die Inkarnation ist und bleibt eine partikulare Geschichte, die die universale, aber immer unabgeschlossene Geschichte im Werden bestimmt und von dieser bestimmt ist.

– Die Inkarnation ist eine *informierende* Geschichte. Der Begriff der Information, um den es hier geht, ist ein Brückenbegriff, der dazu geeignet ist, naturphilosophische Erkenntnisse über das Wesen des Geschaffenen über die Rede von Materie-Energieäquivalenzen hinaus zu konkretisieren und mit theologischen Einsichten zu verbinden.

Gleichzeitig ist der Informationsbegriff einer der derzeit am meisten „vernebelten" Begriffe, der kaum lichtbar erscheint. Vor allem Versuche behaupteter Naturalisierungen des Informationsbegriffs wirken hier alles andere als klärend.[32] Die unten genannten Autoren bilden dabei keineswegs eine Ausnahme von dieser Verneblungstendenz, wenn auch die Naturalisierung von Information nicht deren Programm sein mag. Daher sei hier darauf hingewiesen, dass wir uns auf die These, Materieenergieäquivalenzen könnten auf Informationskommunikation beruhen, als einer explizit naturphilosophischen, nicht aber naturwissenschaftlichen These beziehen – wenn auch u.U. *contra intenionem auctorum*.

Die Idee, dass Materie letztlich auf Information bzw. Quanteninformation beruht, ist nicht neu. Angedacht wird und wurde sie u.a. von J.A. Wheeler[33] und in der Gegenwart von A. Zeilinger.[34] Von C.F. v. Weizsäckers Urtheorie ausgehend[35] und ihm

[29] Vgl. *N.H. Gregersen*, Deep Incarnation, 177. 182.

[30] Vgl. *A. Naess*, Ecology, Community and Lifestyle. Outline of an Ecosophy, Cambridge 1989.

[31] Vgl. *N.H. Gregersen*, Deep Incarnation, 178.

[32] Vgl. die instruktiven Untersuchungen von *G.M. Schütz*, Kann Information ein Naturgegenstand sein?, Evangelium und Wissenschaft 36 (2015), 66–105, bes. 102: „Der naturwissenschaftlich-technische Informationsbegriff trifft nicht den Kern dessen, was Information ideengeschichtlich und lebensweltlich meint, Ferner führt die Identifikation von objektsprachlichem und metasprachlichem Gebrauch zu einem Etikettenschwindel, der eine naturalistische Deutung von Information fälschlich fachwissenschaftlich legitimiert. Durch die Ausblendung der pragmatischen Dimension und die Dominanz der naturwissenschaftlich-technischen Perspektive wird fatalerweise die Naturforschung und Informationstechnik aus ihrer ethischen Verantwortung für eine angemessene Verwendung des Informationsbegriffs entlassen. Ins Positive gewendet ergibt sich die spannende Frage nach der Rolle von Information im wissenschaftlichen Naturbild und die Aufgabe der Entwicklung einer konsensfähigen Informationsethik im Dialog von Theologie, Philosophie, Naturwissenschaft und Technik."

[33] Vgl. *J.A. Wheeler*, Information, Physics, Quantum. The Search for Links, in *W.H. Zurek* (Hg.), Complexity, Entropy, and the Physics of Information, Redwood City 1990, 309–336.

[34] Vgl. *A. Zeilinger*, Einsteins Schleier. Die neue Welt der Quantenphysik, München [3]2005, 117.

folgend wurde diese These (mit weltanschaulicher Bedeutung) vor allem jüngst von Th. Görnitz in Gestalt seiner Protyposis-These popularisiert.[36] Ebenfalls mit weltanschaulichen, allerdings andersgearteten, Implikationen wurde die These von der feministischen Wissenschaftstheoretikerin Karen Barad im Anschluss an N. Bohr vertreten, die zwar weniger von Information als von einer sich „fortlaufend differenzierenden Intelligibilität" aufgrund von „Intraaktionen" des noch Undifferenzierten spricht.[37] Obwohl es zur Zeit keine einheitliche, allgemein akzeptierte Theorie über die Art und Weise der Information als Basis des Materiellen gibt und vermutlich nie geben wird, ist doch *erstens* deutlich, *dass* es sich um den Informationsbegriff handelt, der hier federführend ist. *Zweitens* ist deutlich, dass diese Information keine statische Einheit, sondern eine bewegte Einheit ist, aus deren sich ausdifferenzierendem Werden Unterscheidungen und damit Ereignishaftigkeit und Austausch hervorgeht.[38] Information, die aber die Bewegung beinhaltet und dadurch erst Zeit konstituiert oder rekonfiguriert und gleichzeitig das Indexikalische hervorbringt, kann nur *narrativ* beschrieben werden, wenn das wesentliche Kennzeichen des Narrativen im Unterschied zum Prädikativen die indexikalische Verortung von sequenzhafter Bewegung ist. *Drittens* ist deutlich, dass Materie nicht einfach auf narrativer Information beruht, sondern auf dem Austausch, d.h. *dem Gespräch narrativer Information*.[39] Alle anderen Kennzeichen, wie etwa die Frage nach dem Zeichencharakter dieser Information und deren semiotischer Dimension,[40] müssen als ungelöst, vielleicht sogar als unlösbar, offen bleiben.

[35] Vgl. *C.F. von Weizsäcker*, Die Einheit der Natur, München 1972.

[36] Vgl. z.B. *T. Görnitz/B. Görnitz*, Die Evolution des Geistigen, Göttingen ²2009, 134–164.

[37] Vgl. *K. Barad*, Agentieller Realismus, Pos. 1102.

[38] Vgl. z.B. *K. Barad*, Agentieller Realismus, Pos. 1240: „Raum, Zeit und Materie werden durch die Dynamik der schrittweisen Interaktivität wechselseitig konstituiert. Die Raum-Zeit-Mannigfaltigkeit wird schrittweise im Hinblick darauf (re)konfiguriert, wie materiell-diskursive Praktiken Relevanz erhalten. Die Dynamik des Entfaltens beinhaltet die Rekonfiguration der Raum-Zeit-Materie-Mannigfaltigkeit selbst (eine sich verändernde Topologie) [...]. Man sollte nicht annehmen, dass entweder die Mannigfaltigkeit selbst oder Veränderungen der Mannigfaltigkeit kontinuierlich sind. Die Diskontinuität spielt eine wichtige Rolle". Vgl. auch *T. Görnitz/B. Görnitz*, Evolution des Geistigen, 134: „Wir hatten bereits ausführlich geschildert, dass Materie heute im wesentlichen als leerer Raum und reine Bewegung verstanden werden kann."

[39] *K. Barad*, Posthumanist Performativity. Toward an Understanding of how Matter comes to Matter, Signs. Journal of Woman in Culture and Society 28 (2003), 801–831, 823: 'Material conditions matter, not because they "support" particular discourses that are the actual generative factors in the formation of bodies but rather because *matter comes to matter* through the iterative intra- activity of the world in its becoming.' Ebd., 819: 'Discourse is not a synonym for language. Discourse does not refer to linguistic or signifying systems, grammars, speech acts, or conversations. To think of discourse as mere spoken or written words forming descriptive statements is to enact the mistake of representationalist thinking. Discourse is not what is said; it is that which constrains and enables what can be said. Discursive practices define what counts as meaningful statements. Statements are not the mere utterances of the originating consciousness of a unified subject; rather, statements and subjects emerge from a field of possibilities. This field of possibilities is not static or singular but rather is a dynamic and contingent multiplicity.'

[40] Vgl. *G.M. Schütz*, Kann Information ein Naturgegenstand sein?. Verwandt mit der Rolle der Information bei der Frage nach der Materieenergieäquivalenzkonstitution ist die neuere Verwendung des Informationsbegriffs in der Evolutionsbiologie, innerhalb deren man neuerdings von „semantic information" spricht (vgl. *F.J. Odling-Smee/K.N. Laland/M.W. Feldman*, Niche Construction. The Neglected Process in Evolution, Princeton/Oxford 2003, 177f). Zur Analyse und Kritik dieses Informationsbegriffs vgl auch *M. Mühling*, Resonances, 147f. 158.

Ist der Leib immer als ökologischer Leib in die Umwelt eingebunden, so dass wir „durch unseren Leib aus dem Stoff sind, aus dem der Kosmos ist“,[41] und ist der Leib dabei immer mit der leibphänomenologischen Tradition intentional auf intelligible Orientierung ausgerichtet, und ist ferner alles Materielle als Austausch (communicatio) narrativer Information zu verstehen, dann gilt: Der Leib besteht im Austausch narrativer Interaktion – oder anders ausgedrückt, der Leib selbst als Subjekt ist dramatisch-narrative Informationswerdung.[42] Das teilt der Leib mit aller Materialität, wie bereits Luther erkannte.[43] Christoph Schwöbel fasst diese Einsicht in theologischer Perspektive in der prägnanten Formulierung, dass „die *phainomena* der geschaffenen Realität für den Menschen verstehbar werden als die *legomena* des schöpferischen Redens Gottes. [...] Die *res* sind *signa* des schöpferischen Redens Gottes.“[44]

Daher ist die Redeweise, dass es die Geschichte Christi als Geschichte leibhafter Inkarnation ist, die die Vernunft informiert, eine sinnvolle und verständliche Redeweise. Denn im Unterschied zur posthumanistisch-materialistischen Ontologie Barads wird man schöpfungstheologisch sagen können, dass die Informationskommunikation, die Materie werden lässt, eben im Schöpfungslogos besteht,[45] der in Christus Leib geworden *ist*. Orientiert sich also die leibliche Vernunft, indem sie sich als vertrauende Vernunft von der Geschichte Christi informieren lässt, orientiert sie sich also am gleichen Sachverhalt, der schöpfungstheologisch alles welthafte Werden informiert. Dies hat auch Konsequenzen für die gottesdienstliche Feier: Sie kann im christlichen Selbstverständnis verstanden werden als Feier der Gegenwart des leiblichen Wortes im Abendmahl, in dem der Leib selbst Anredecharakter besitzt.[46]

– Die Inkarnation besteht in einer Verschränkung der Geschichten des ewigen Sohnes mit der Geschichte Jesu: Der ewige Sohn hat selbst auch eine Geschichte unabhängig von der Welt, im seienden Werden der Geschichte mit Vater und Geist in Ewigkeit.

[41] *C. Schwöbel*, Einleitung: Dimensionen der Leiblichkeit, 5.

[42] Ähnlich auch *R. Williams*, The Edge of the Words, London u.a. 2014, 102: ‘Rather than looking to material processes, understood in a mechanical fashion, as the key to understanding what language is, it would be nearer to truth to say that we look at language to show us what matter is. [...] The material universe appears as an essentially symbolic complex. It is an exchange of ‘messages’ [...] because the unfolding story of material evolution leads to speech, to the expression and sharing of intelligent structure.’

[43] „Die Sonne, der Mond, der Himmel, die Erde, Petrus, Paulus, du und ich usw. sind alles Worte Gottes/Sic Sol, Luna, Coelum, terra, Petrus, Paulus, Ego, tu etc. sumus vocabula Dei“ (WA 42, 17, 17–19), bzw.: „Jeder Vogel und jeder Fisch sind daher nichts anderes als Worte der göttlichen Grammatik/Quaelibet igitur avis, piscis quilibet sund nihil nisi nomina divinae Grammaticae (WA 42, 37, 6–8); siehe dazu auch *M. Wendte*, Die Gabe und das Gestell. Luthers Metaphysik des Abendmahls im technischen Zeitalter, Tübingen 2013, 404ff.

[44] *C. Schwöbel*, "... und nichts ist ohne Sprache". Zur Sprachbedingtheit theologischer Einsichten, in *Ders.*, Gott im Gespräch, Tübingen 2011, 432.

[45] Wichtig ist, dass es sich hier um einen *theologischen* Informationsbegriff handelt, der dann auf den Brückenbegriff zur Naturphilosophie angewandt wird. Es ist nicht im Sinne der Autoren, damit wie etwa in Polkinghornes Theorie aktiver Information eine Theorie des göttlichen Handelns vorzulegen (zu Polkinghornes Informationsbegriff vgl. *A. Losch*, Information ohne Energiebedarf. Das Konzept der "aktiven Information" bei John Polkinghorne, Evangelium und Wissenschaft 36 (2015), 119–124). Damit dürfte auch klar sein, dass jegliche Inanspruchnahme des Informationsbegriffs für eine Beeinflussung der materiellen Welt durch einen amateriellen Götzen, wie er jüngst von Vertretern des Kreationismus und intelligent designs vorgeschlagen wurde, strikt abgelehnt wird.

[46] Vgl. *C. Schwöbel*, Tamquam visibile verbum, 8f.

Die theoretische Unabhängigkeit dieser Geschichte von der Geschichte der Welt will das folgende aussagen:

Nicht weil es Raum und Zeit gibt, gibt es Geschichten, sondern weil es eine ewige Geschichte gibt, hat diese auch ihre eigene ewige Zeit und ihren eigenen ewigen Raum.

Nicht weil die Welt räumlich und zeitlich ist, inkarniert sich Gott in geschichtlicher Form, sondern weil Gott selbst ein ewiger, relationaler Prozess storyhaften Werdens ist, schafft Gott eine ihm strukturanaloge Welt mit einem abgeleiteten Raum und einer abgeleiteten Zeit, die die Inkarnation ermöglicht.

Nicht weil es welthafte Materialität und Leiblichkeit gibt, gibt es die Fleischwerdung Christi, sondern weil der Leib als Medium kommunikativen Voneinander-und-füreinander-Werdens[47] immer schon im Sinne einer Bedingung der Möglichkeit der Inkarnation zur ewigen Geschichte Gottes gehört, ist es denkbar, dass der ewige Sohn in Jesus Christus selbst vollständig leiblich wird. Man wird dann – ohne dass wir uns diesem Problem hier widmen können – fragen müssen: Wird man auch hinsichtlich des trinitarischen Werdens *etsi mundus non daretur*[48] von einer Eigen- und Fremdleiblichkeit sprechen können?

Weil Gott selbst narrative Vernunft ist, schafft er eine Welt, deren analogische narrative Vernunft in der Lage ist, sich selbst und ihren schöpferischen Ursprung zu erfassen – wenn sie als vertrauende Vernunft sich auf der sie informierenden Weglinienperspektive der Geschichte des inkarnierten Sohnes bewegt.

5. Realisiert wird die Wahrnehmung der inkarnatorischen Information der Vernunft primär im Gespräch der konkarnierenden Verschränkung der Geschichten des Vernunftgebrauchs und sekundär in der Verschränkung der verschiedenen pluralen Weglinienperspektiven.

Die Inkarnation kann nur vernunftinformierend wirken, wenn sie keine Geschichte der Vergangenheit ist, sondern in einem Austausch, d.h. einer Verschränkung, einer Kommunikation oder einem Gespräch zwischen mindestens drei Geschichten besteht: der Geschichte der Inkarnation des Ewigen Sohnes, meiner Geschichte des Werdens meiner Identität im Hier und Jetzt und der konkarnierenden Geschichte des Geistes, der meine werdende Identitätsgeschichte in die Identitätsgeschichte des inkarnierenden Sohnes und damit in die Geschichte Gottes einbezieht. Auf diese Weise ist dann auch welthaft-menschliche (und nicht nur menschliche) Vernunft in die Vernunft Gottes aufgehoben, weil menschliches Werden in göttliches Werden aufgehoben ist. Diese Aufhebung darf aber nicht als Nivellierung gedacht werden, sondern als die Kommunikation echter Liebe, in der Differenz, Besonderheit, Alterität und Neuheit nicht nur nicht reduziert werden, sondern gerade das Eigene und identisch Werdende ermöglichen. Damit ist auch das Erfordernis der Konkretheit und Indexikalität der Vernunft ermöglicht: Ich empfan-

[47] Zum Hintergrund des Begriffs der Person als unmitteilbaren Voneinander-und-füreinander-Werdens vgl. *M. Mühling*, Resonances, 184–186 (geschaffene Personen) und 174f (trinitarische Personen).

[48] Zu diesem regulativen Prinzip theologischer Reflexion, das sich gerade nicht als spekulative Aussage über Gott an sich versteht, vgl. *M. Mühling*, Resonances, 19–21.

ge meine Jemeinigkeit immer nur durch Deine Jedeinigkeit für die Jeseinigkeit eines dritten Neuen vom dreieinigen Gott.

Da sich diese primäre Verschränkung der Identitätsgeschichte der Inkarnation mit meiner Identitätsgeschichte und der konkarnatorischen Geschichte des Heiligen Geistes also immer nur unter selbst *formal* inkarnatorischen Mitteln vollzieht, d.h. unter den Bedingungen der Identitätsverschränkung von Jemeinigkeit, Jedeinigkeit und Jeseinigkeit, ist jede Explikation dessen, was Vernunft sein kann, nicht abstrakt, sondern selbst im Gespräch zwischen verschiedenen, sich lebensweltlich überschneidenden, parallel- oder im Grenzfall auch auseinanderlaufenden perspektivischen Weglinienperspektiven zu haben – und damit unter prinzipiell pluralistischen Bedingungen. Wo diese pluralistische Verständigung unterschiedlicher Weglinienperspektiven von unterschiedlichen Disziplinen, Religionen und Weltanschauungen nicht anerkannt wird, wird gegen die eigenen Bedingungen der inkarnatorisch informierten Vernunft verstoßen, so dass man sich in einen Selbstwiderspruch verwickeln würde.

6. *Ziel der Vernunftverständigung zwischen verschiedenen Weglinienperspektiven ist nicht der historische Konsens und damit die Konstruktion einer erneut gereinigten Vernunft, sondern das innerweltlich unverfügbare eschatische Werden.*

Weglinienperspektiven werden nicht zu fixen Standpunkten, wenn sie der Realität des Werdens gerecht werden sollen. Nicht der Universalkonsens, nicht die eine Metaerzählung eines epischen *grand narratives* kann Ziel dieses Gesprächs über die Vernunft sein, wenn den inkarnatorisch-informierten Bedingungen der Vernunft nicht widersprochen werden soll. Dennoch sind Weglinienperspektiven Wege durch die gleiche Wirklichkeit – daher erklärt sich auch der Erfolg der technischen Vernunft. Diese stellt eben keinen Universalkonsens dar, sondern ist von der Minimalstruktur der Weglinie als solcher abgeleitet, unter Vernachlässigung der Konkretion. Kommt es zum begleitenden Gespräch der konkreten Weglinienperspektiven untereinander, handelt es sich bei diesem Gespräch über die Vernunft immer um eine dramatische Erzählung. Sie findet ihr *grand narrative* nur eschatisch und d.h. jeder innerhistorischen Verwirklichungsbedingung entzogen. Und auch als eschatisch realisiertes *grand narrative* kann die Erzählung der Vernunft nicht als ihren inkarnatorischen Bedingungen widerprechend gedacht werden, in der ihre eigenen Bedingungen annihiliert wären: Auch das eschatische Leben wie die eschatische Vernunft – die Aufhebung der Welt in Gott in der Geschichte der Theosis als das Andere der Inkarnation – kann nur selbst als weiteres Werden in informierter Vernunft verstanden werden – und damit auch als Gespräch; freilich als eines solches, das nun Missverständnisse und sündhafte Zweideutigkeiten aussschließt.

7. *Als inkarnierte Vernunft ist die Vernunft auch mit unaufhebbaren Fremdheitsmomenten durchschossen. Denn mein Leib ist mir immer auch Fremdleib, der nicht vollständig in bewusstes Wollen und Denken aufgeklärt werden kann, so dass auch mein Wollen und Denken von Fremdheitsmomenten durchschossen bleibt. Der Leib, der als Nullpunkt des Koordinatensystems der Indexwörter Bedingung der Möglichkeit der Vernunfttätigkeit ist (These 1) und der sich selbst – als eingebettet in naturale und soziale Umwelten – als Medium der Kommunikation erweist und aufzuzeigen hilft,*

dass auch die naturalen Umwelten durch Information und Gespräch geprägt sind (These 4), ist somit auch Grenze der Vernunfttätigkeit. Jesus Christus hat die vielleicht größte, unaussprechlichste Fremdheitserfahrung – den Schmerz der gottlosen Folter am Kreuz – selbst erlitten und in das Gespräch der Trinität mit hineingenommen. Im Abendmahl wird eine Gemeinschaft gebildet durch denjenigen Leib, der genau diese unaussprechliche Fremdheitserfahrung an sich trägt, welche aber in das Gespräch der Trinität aufgenommen wurde, und der gerade in dieser Doppelbestimmung zur Stärkung der verletzten Christen auf Erden beiträgt.

Ich *bin* nicht nur mein Leib – mein Leib ist nicht nur Eigenleib –, sondern mein Leib ist immer auch Fremdleib, an dem Aspekte präsent sind, die nicht vollständig in bewusstes Wollen und Denken hinein aufgehoben werden können: „Ein leibliches Wesen ist nie ganz und gar bei sich"[49]. Im leiblichen Selbst sind Selbstbezug, Selbstentzug und Fremdbezug unaufhebbar miteinander verwoben.

Das gilt bereits in schöpfungstheologischer Perspektive, aber auch, wenn die Gefallenheit der Welt mitbedacht wird: Schon schöpfungstheologisch sind Selbstentzug und die Fremdheit gegeben – und zwar ohne dass das etwas Bedrohliches hätte. Verwandelt wird durch den (gedachten) Fall somit die Wahrnehmungsqualität des Leibes, nicht das Verwobensein des Leibes selbst. Mit dieser 7. These kommen teils Aspekte erneut in den Blick, die bereits in früheren Thesen zur Sprache kamen – nun aber unter einer anderen, gleichsam „dunkleren" Sichtweise. Der Leib und seine Verwobenheit in seine Umwelt setzt somit zwei Aspekte frei, die nicht aufeinander reduziert und nicht ineinander überführt werden können. Dieses Fremde im Eigensten hat fünf Dimensionen, wobei sich die ersten vier primär der schöpfungstheologischen Perspektive verpflichtet fühlen und die fünfte der der Gefallenheit:

Mein Leib ist mir *erstens* Fremdleib, da mein Leib von Anderen und Anderem her ist. Diese Fremdheit ist damit gleichsam die Kehrseite der Dimension, die den Leib als Medium der Kommunikation oder den Leib als Zwischenleib benennt. Bereits vom Mutterleib an – und gerade da! – ist der Eigenleib vom Leib der Anderen geprägt. Das gilt für mein Fühlen ebenso wie für mein Sprechen und Denken. „Was wir fühlen, wahrnehmen, tun oder sagen, ist – wie in einem Tibetteppich – verwoben mit dem, was Andere fühlen, wahrnehmen, tun oder sagen."[50] Jedes Wort, das ich spreche, ist eines, das mir zuerst von Anderen gesagt wurde. Es ist damit aufgeladen mit Bedeutungen und stammt aus Kontexten, die mir auch unbekannt sind und die ich nie ganz aufhellen kann. Jedes Gespräch, das ich führe, führe ich somit mit Worten, die mir „halbfremd" sind.[51] Gerade als Zwischenleib erweist sich mein eigener Leib somit als „Umschlagplatz", in dem sich Fremdes in Eigenes verwandelt und Eigenes in Fremdes. Das Fremde aber, das mein Leib von Anderen her hat und ist, kann von mir niemals ganz anverwandelt werden.

Eine eigene Weise dieser Fremdheit zeigt sich darin, dass unser Leib jeweils männlicher oder weiblicher Leib ist und damit im Gegenüber zum anderen Geschlecht eine unaufhebbare Asymmetrie besteht. Ich bin nicht zuerst Mensch oder Leib wie alle anderen auch und dann – in einem zweiten, demgegenüber gleichsam sekundären Schritt – männlicher oder weiblicher Leib. Ohne die kulturelle Geprägtheit der Geschlechterdifferenz zu ignorieren oder die Variabilität in der Weise ihrer jeweiligen Inszenierung, gilt in der hier interessierenden, leibphänomenologischen Perspektive, dass ich mich immer so-

[49] *B. Waldenfels*, Grundmotive einer Phänomenologie des Fremden, Frankfurt/M. 2006, 68.
[50] *B. Waldenfels*, Grundmotive, 68.
[51] *B. Waldenfels*, Grundmotive, 89.

gleich erfahre und bestimme als geschlechtlich geprägter Leib. Wie Waldenfels sagt: „Ich stehe stets auf einer Seite der Scheidelinie, doch zugleich bin ich auch der, der die Unterscheidung trifft. *Ich* unterscheide *mich* vom Anderen.“[52] Somit bin ich als Mann von einer Frau „durch eine Schwelle geschieden, die zugleich verbindet und trennt.“[53]

Die Lücke oder dieser Abgrund zwischen zwei Menschen, der seine spezifische Prägung dadurch erhält, dass Leiber geschlechtlich sind, zeigt sich in eigener Weise bei jedem Aufbau von Sinn. Denn mein Bemühen, etwas als etwas zu begreifen, ist dadurch angeregt, dass ich etwas erleide. Das, was ich erleide, trifft mich als leibliches Selbst in eigener Passivität, und meine sinngebende Re-Aktion erfolgt zeitverzögert und dergestalt, dass die Fülle dessen, was mir widerfährt, durch meine Reaktion nicht ausgeschöpft wird.[54] Sinn und Selbst werden aus dem Pathos geboren, und diese Geburt erfolgt um den Preis einer zeitlichen Verschiebung und bedeutungshaften Verengung, die Elemente der Fremdheit im Leib präsent sein lassen.

Zweitens – und wie bereits in These 3 eingeführt – erweist sich mein Leib auch deshalb als Fremdleib, weil er Leib in Bewegung ist, und diese Bewegung von mir nur begrenzt bewusst gesteuert wird. Die Bewegung des Leibes ist eine, die jenseits des Duals von bewusstem Bewegen einerseits und Bewegtwerden andererseits steht (und damit jenseits des Duals eines Reiches der Freiheit und eines Reiches der Notwendigkeit). Um mit Waldenfels auf das auch von Christoph Schwöbel gepflegte Geigenspiel zu sprechen zu kommen: „Jeder Spieler eines Musikinstruments weiß, dass unsere Finger behender und empfindlicher sind, als eine rationale Kontrolle es je sein könnte.“[55] Im Geigenspiel wird unsere Bewegung in eine Bewegung der Musik hineingezogen, in die unser Leib einstimmt. So erleben wir, die wir mit höchster Konzentration spielen, dass unser Leib als Ganzes mitsamt unseren Fingern von einer selbst wiederum nur punktuell ins Bewusstsein aufhebbaren Bewegung erfasst wird, die allererst aus Noten Musik werden lässt. Die Grenze des Leibes ist daher auch nicht durch die des Körpers gegeben, sondern variiert auf der Weglinienperspektive je unterschiedlich kontextueller Einbindung, was im Phänomen der Erweiterung des Leibschemas erfahren werden kann. Da der Leib gleichzeitig das Subjekt ist, ist von einer ökologischen Subjektivität zu sprechen.[56]

Mein Leib ist mir – *drittens* – nicht nur deshalb Fremdleib, weil er als Zwischenleib von Anderem her geprägt und in Bewegung ist, sondern auch deshalb, weil mein Denken und Wollen durch die vor- und unbewusste Tiefendimensionen meiner Affekte beeinflusst werden. Mit Christoph Schwöbel gesprochen: Mein Denken ist je mit Gefühlen verbunden und damit gegeben in der Form „affektiver Reflexivität.“[57] Die Affekte aber können selbst *nicht* vollständig ins Bewusstsein gehoben werden. Diese vor- und unbe-

[52] *B. Waldenfels*, Das leibliche Selbst, 353.

[53] *B. Waldenfels*, Das leibliche Selbst, 354.

[54] *B. Waldenfels*, Grundmotive, 73f.; vgl. dazu auch die instruktiven Ausführungen in *Ph. Stoellger*, Passivität aus Passion. Zur Problemgeschichte einer 'categoria non grata', Tübingen 2010, 350. 397.

[55] *B. Waldenfels*, Grundmotive, 81. Diese Einsicht geht letztlich zurück auf *M. Merleau-Ponty*, Phänomenologie der Wahrnehmung, 173 und konnte im Rahmen empirischer Untersuchungen bestätigt werden. Vgl. z.B. *R. Held/A. Hein*, Movement-Produced Stimulation in the Development of Visually Guided Behavior, Journal of Comparative and Physiological Psychology 56 (1963), 872–876. Zur hirnphänomenologischen Bedeutung vgl. auch *T. Fuchs*, Das Gehirn – ein Beziehungsorgan. Eine phänomenologisch-ökologische Konzeption, Stuttgart [4]2013, 32.

[56] Vgl. *M. Mühling*, Resonances, 52f.

[57] *C. Schwöbel*, Einleitung: Dimensionen der Leiblichkeit, 5.

wussten Tiefendimensionen sind selbst wiederum in Teilen von dem mir externen Anderen geprägt: Meine Gefühle, Begierden und meine Gewohnheiten sind selbst auch wiederum sozial geformt, und zwar durch gegenwärtige Interaktionen ebenso wie durch Interaktionen meiner Vergangenheit. So ist mein Denken und Wollen durch tiefsitzende Gewohnheiten geprägt, also gleichsam durch meine eigene Geschichte. Mein Leib ist auch meine sedimentierte Biographie. Er ist fleischgewordene Lebenszeit mit der ihr eigenen Eigenheit und Widerständigkeit, die mein derzeitiges bewusstes Leben in nur punktuell aufhellbarer Weise prägt. – Zugleich ist mein Denken und Wollen durch gegenwärtige Affekte geprägt, die auch wiederum nur begrenzt aufhellbar und sicher nicht unbegrenzt steuerbar sind: Das, was mich bestimmt, bleibt mir auch fremd. An diesem Übergang von phänomenologischen zu psychoanalytischen Beschreibungen, der in diesem Aufsatz nur angedeutet werden kann, ließe sich der Wahrheit des Wortes von Nietzsche nachdenken, dass der eigene Leib „ein mächtiger Gebieter" und „unbekannter Weiser" ist.[58] Oder, mit dem englischen Wort geredet: „We live always deeper than we think". Wendet man diese Tiefendimension wiederum ins Soziale, so gelangt man in den Bereich der Erotik (vierter Punkt) und den der Verletzungen, Schmerzen und Traumata (fünfter Punkt):

Viertens erweist sich mein Leib auch deshalb als Fremdleib, weil er gerade mit seinen Affekten Zwischenleib ist und sich in der Begegnung mit Anderen als ein begehrender und verletzlicher Leib erweist. Im Bereich der Erotik einerseits und im Bereich der Verletzungen, des tiefen Schmerzes, des Traumas etc. andererseits wird – bei aller wesentlichen Differenz zwischen den beiden Bereichen! – mein Leib in Bereiche des Außerordentlichen hineingerissen, die durch Grenzüberschreitungen und Grenzverletzungen geprägt sind und denen auch etwas Monströses anhaftet. Diese Bereiche können nicht in hinreichender Weise zur Sprache oder unter Kontrolle gebracht werden und sind nur in begrenzter Weise bewusstem Denken und Wollen zugänglich.

Liebe hat selbstredend auch Elemente des Vertrauten und Geordneten, und zugleich lässt Platon Sokrates im *Phaidros* ganz zu Recht ausführen, dass die Liebe eine Form des Wahnsinns ist, eine Form der *mania*.[59] Sokrates unterscheidet zwei Formen des Wahnsinns: solche, die ein Übel sind und krankhaft, und solche die kein Übel sind, sondern gerade von den Göttern kommen. Neben der Wahrsagerei und der Dichtkunst ist die Liebe, welche von den Göttern zur Erlangung der höchsten Glückseligkeit gegeben wurde, die höchste Form des gottgeschenkten Wahnsinns. Dabei begegne ich dem Anderen *nicht* einfach wie die eine Hälfte einer Kugel der anderen, so dass ich im Anderen bei mir selbst bin. Vielmehr bespiele ich dabei zugleich auch Grenzbereiche meiner selbst und des Anderen, die außerordentlich sind und in denen ich meiner sonstigen Leiberfahrung und dem Anderen auch ekstatisch fremd bin. So verwundert es nicht, dass bereits die Griechen und dann auch das Christentum durch die Jahrhunderte hindurch eine Vielzahl biopolitischer Techniken der Zähmung und Kontrollierung dieser Form göttlichen Wahnsinns entwickelten.[60]

[58] *Nietzsche*, Zarathustra, in *F. Nietzsche*, Kritische Studienausgabe (KSA), Berlin u.a. 1980 4, 39f.

[59] *Platon*, Phaidros (*Plato*, Platonis Opera, Tomus II, Oxford 1901), 244a–257b.

[60] Siehe dazu z.B. *B. Turner*, Body in Western Society, in: *S. Coakley* (Hg.), Religion and the body, Cambridge 1997, 20ff.

Fünftens: In der gefallenen Welt ereignen sich Grenzüberschreitungen des verletzlichen und affektgetriebenen Leibes auch dergestalt, dass es zu Verletzungen, Schmerzen und Traumata kommt. Im Schmerz wird mir mein Leib, der ich selbst bin, zugleich fremd, und fremd wird mir die Welt und Gott. Das Christentum hat sich den Umgang Gottes mit dieser abgründigen Fremdheit zu seinem Zentralsymbol erkoren. Am Kreuz begegnen wir einem geschundenen, gefolterten Leib, und zumindest bei Matthäus und Markus schreit Jesus Christus am Ende mehr, als dass er redet: „Mein Gott, mein Gott, warum hast Du mich verlassen.“ Und dann schreit er erneut, vielleicht unartikuliert, an der Grenze der Sprache, und stirbt. An Leib und Seele aufs äußerste verletzt, werden Jesus seine Gottesbeziehung und er sich selbst fremd. In der Auferstehung reagiert Gott der Vater durch den Geist auf diese gottlose Grenzverletzung der Folter an Jesus und auf die abgründige Fremdheit Jesu gegenüber Gott und sich selbst. Sie wird nicht ignoriert: Der Auferstandene hat Wundmale an den Händen. Aber die Abgründigkeit des Schmerzes, die mit Worten nicht auszuloten ist, wird hineingenommen in das narrative Gespräch, das die Trinität ist. Der abgründige, unaussprechliche Schmerz wird in einen neuen Rahmen hineingenommen und kann so – ohne übergangen zu werden – einer Heilung zugeführt werden. Im Abendmahl empfängt die Gemeinde den Leib Jesu Christi als Realsymbol der Hoffnung auf die Heilung eigener Verletzungen, denn sie empfängt den Leib Jesu Christi in genau dieser Doppelbestimmung: als den Leib desjenigen, der in der Nacht des Verrats, der Grenzverletzung der Folter und der schmerzensreichen Fremdheit sich selbst und Gott gegenüber das leibliche, ansprechende Wort von Brot und Wein einsetzte.

8. Die Antinomie der Vernunft resoniert mit der Kontingenz des Werdens Gottes.

Wenn die phänomenale Wahrnehmung der Vernunftphänomene, mit deren Beschreibung wir unsere Ausführungen gestartet hatten, darin richtig ist, dass zum Universalen gerade das sich allem Universalen Entziehende gehört, d.h., dass die Antinomie der Vernunft selbst zu den erlebbaren und damit auch inkarnatorisch begründeten Bedingungen der Vernunft gehört (These 2), dann kann auch die Antinomie der Vernunft nicht der Inkarnation äußerlich sein. Die Antinomie der Vernunft steht ja in Resonanz mit dem Sachverhalt, dass nicht alle denkbaren Möglichkeiten zusammen die reale und intelligible Welt ausmachen. An dieser Stelle wird man zwischen wahrhafter und logischer Kontingenz unterscheiden müssen. Logische Kontingenz meint alles das, was möglich ist oder möglicherweise nicht ist (Mp&M–p). Unter diesen Bedingungen wäre alles, was sich im Werden realisieren kann, immer eine Teilmenge dieser logischen Kontingenz. Aktualität wäre immer nur eine Aktualisierung eines bereits Gegebenen. Wahrhafte Kontingenz hingegen meint, dass sich in Werdensprozessen neue Möglichkeiten (und Unmöglichkeiten) ergeben, die vorher nicht zur Menge der logischen Kontingenz gehörten. Die Menge der wahrhaften Kontingenz ist also stets größer als die Menge der logischen Kontingenz. Mit den Mitteln der traditionellen Modallogik ist diese wahrhafte Kontingenz – die auf der Ebene des ontischen Werdens und Erscheinens angesiedelt ist – nicht auszudrücken. Sie ist aber dennoch epistemisch nicht alogisch. Denn ihr resoniert oder entspricht auf der Ebene der Vernunft die Tatsache, dass es kein geschlossenes logisches System geben kann. Und genau dies wird eben durch die Antinomie der Vernunft ausgedrückt.

Die Inkarnation nun als Prozess entspricht diesem Werden in wahrhafter Kontingenz, mit der Konsequenz, dass diese wahrhafte Kontingenz und mit ihr wahrhafte Alterität und Neuheit sowohl zum Werden der Welt als auch zum Werden Gottes gehört.

Ist aber in der Inkarnation Gottes eigenes Sein in diesem Werden inkarniert, und ist diese Inkarnation kein Krisenmanagement, sondern die Entsprechung der Bedingungen der Identität des Werdens Gottes – m.a.W.: ist es richtig, dass die Schöpfung das Mittel der Verwirklichung der Inkarnation ist –, dann können sowohl das ewige Werden des dreieinigen Gottes als auch das eschatische Werden der Welt in Gott nicht ohne diese Bedingung gedacht werden: Auch im ewigen Werden Gottes müssen immmer wahrhaft neue, und damit auch wahrhaft kontingente Sequenzen und unabsehbare Möglichkeiten eingeschlossen werden – und zwar auch unabsehbar für Vater, Sohn und Geist als Agenten dieses göttlichen Werdens.[61] Das Erscheinen von Neuheit ist im Werden Gottes selbst begründet.

Gott selbst scheint damit abenteuerlich zu werden. Gott selbst scheint damit sogar chaotisch zu werden – aber genau das ist nicht der Fall: Denn dieses emergierende und überraschende Werden neuer, unableitbarer Möglichkeiten und Wirklichkeiten in der Geschichte Gottes erweist sich in dramatischer Kohärenz in Ewigkeit als immer den inkarnatorischen Bedingungen von *Kreuz und Auferstehung* genügsam: Kontingenz Gottes führt weder Tiamat als Chaosgöttin neu ein noch hypostasiert sie einen *deus absconditus*, sondern ermöglicht das, was Gott durch immanenter Alterität wesentlich ist: Liebe, eine Liebesgeschichte oder ein Abenteuer[62] wahrhafter Liebe. Die Kontingenz des Werdens Gottes und der Welt ist gerade darin bestimmt, dass mithilfe ihrer sich durchsetzt, was der dreieinige Gott im narrativen Gespräch in Leben, Kreuz und Auferstehung mit Letztgültigkeit den Menschen gegenüber ins Gespräch bringt: dass Gott Liebe ist, die sich spontan gegen alle Widerstände durchsetzt.

Das Erscheinen echter kontingenter Neuheit in Gott wie im eschatischen Werden der Welt ist dabei nicht im Sinne einer Entwicklung vom Schlechteren zum Besseren zu verstehen, auch nicht im Sinne des chaotischen Wechsels zwischen gut und schlecht. Wenn dieses Werden als in Resonanz mit der in Kreuz und Auferstehung präsentierten Liebe gedacht werden soll, wird man jeweils und kontingent entstehende Differenzen nur als ästhetische Differenzen, nicht aber als ethische Differenzen verstehen dürfen.[63] Dies darf aber nicht zu einer mechanischen, vernünftigen Regel gemacht werden, sondern diese Einsicht ist dem Menschen eingedenk der „theologischen Epoché“[64], d.h. der Rückbindung aller theologischen Theoriebindung an das Kreuz, nur im Licht der Gnade im Vertrauen auf das immer wieder spontane und lebensgeschichtlich überraschende

[61] Vgl. dazu *M. Mühling*, Liebesgeschichte Gott. Systematische Theologie im Konzept, Göttingen 2013, bes. 135–159.

[62] Zur These des Werdens Gottes als Abenteuer vgl. *M. Mühling*, Liebesgeschichte Gott, 156. 233. 256. 500–507. Zu den praktischen Grundlagen dieses Gedankens vgl. die instruktiven, u.a. von *S. Hauerwas*, A Community of Character. Toward a Constructive Christian Social Ethic, Notre Dame 1981, 147f angeregten Gedanken in *V. Schlarb*, Narrative Freiheit. Freiheit und Erzählen im Zusammenhang der Altenseelsorge, Leipzig 2015, 88–90. 179f. 257–259. 263f.

[63] Vgl. zur näheren Ausführung *M. Mühling*, The T&T Clark Handbook of Christian Eschatology, New York/London 2015, 133–150. 325–336.

[64] *Ph. Stoellger*, Passivität aus Passion, 350.

Eintreten der Bestätigung der Resonanz von Liebe und Kontingenz, von Kreuz und Auferstehung durch den Geist – *ubi quando et visum est deo* – gegeben.

9. Eine vertrauende Vernunft erweist sich jenseits von Skeptizismus und Totalitarismus als wahrhaft kritische Vernunft. Ihre Abweichungen erweisen sich somit als auf einer verdreht informierten Vernunft beruhend, die ihre eigenen Bedingungen nicht anerkennt. Somit sind sowohl Skeptizismus als Totalitarismus Ausdruck der Erlösungsbedürftigkeit der Vernunft.

Die wahrhaft aufgeklärte Vernunft, die sich selbst durchsichtig ist, ist damit weder die zum Totalitarismus neigende gereinigte Vernunft, noch die zum Skeptizismus neigendende konstruktivistische Vernunft, sondern die inkarnatorisch-informierte Vernunft. Beides, sowohl die gereinigte Vernunft als auch die konstruktivistische Vernunft, erweisen sich damit nicht nur als spiegelbildliche Variationen eines gemeinsamen Themas – des Nichtanerkennens des Phänomens der Antinomie der Vernunft – wie in der zweiten These erwiesen, sondern nun auch in theologischer Weglinienperspektive als Ausdruck des faktischen menschlichen Wollens, das eigene Werden im Widerspruch zum göttlichen Werden, das inkarnatorisch erschlossen ist, führen zu wollen. Als Ausdruck der Zustimmung des Menschen zum *eritis sicut deus* dürfen gereinigte und konstruktivistische Vernunft aber nicht einfach als sündig verteufelt werden. Vielmehr ist ja auch die Grundlage der gereinigten wie der konstruktivistischen Vernunft formal dieselbe, nicht diejenige, die sie jeweils auf ihrem eigenen Standpunkt behauptet, sondern ebenfalls nichts anderes als die Weglinienperspektive eines außervernünftig-abhängigen Vertrauens – nur eben eines widerspruchsvollen und somit falschen Vertrauens. Als solches aber ist es zugleich auch Ausdruck der Sehnsucht der gefallenen Vernunft nach Zurechtrückung und damit Ausdruck ihrer Erlösungsbedürftigkeit. Ausdruck von Erlösungsbedürftigkeit ist aber stets ein Zeichen von Hoffnung. Und diese eschatologische Hoffnung wurde Mensch, in dem Sohn des Vaters in lebendiger Beziehung zum Geist, in Jesus Christus, der lebte, starb und auferweckt wurde im abenteuerlichen Spannungsfeld von Leib, Rationalität und Gespräch.

Werner G. Jeanrond

LIEBE, HOFFNUNG UND GLAUBE ALS KATEGORIEN RELATIONALER THEOLOGIE

In seinem berühmten Buch *Der Mut zum Sein* unterscheidet Paul Tillich zwischen drei Typen von Angst und drei damit verbundenen Epochen abendländischer Angst: der Angst vor Schicksal und Tod, also der ontischen Angst, die gegen Ende der Antike vorherrschend war; der Angst vor Schuld und Verdammung, also der moralischen Angst, die für das Ende des Mittelalters kennzeichnend war, und schließlich der geistigen Angst, also der Angst vor Sinnlosigkeit und Leere, die das Ende der Neuzeit beherrschte. Tillich betont mehrfach, dass die entsprechenden Typen der Angst selbstverständlich in allen Epochen zu finden seien, dass aber gerade gegen Ende der jeweiligen Epochen eine besondere Form der Angst hervorgetreten sei.

„Es ist bemerkenswert, daß alle drei Hauptformen der Angst am Ende einer Ära auftreten. Die Angst, die in ihren verschiedenen Formen potentiell in jedem Individuum vorhanden ist, wird allgemein, wenn die traditionellen Strukturen des Sinnes, der Macht, des Glaubens und der Ordnung zerfallen. Solange diese Strukturen bestehen, wird die Angst durch Partizipation des Individuums an einem System, in dem kollektiver Mut verkörpert ist, niedergehalten. Durch Partizipation an Institutionen und Lebensformen eines solchen Systems wird das Individuum zwar nicht von seinen persönlichen Ängsten befreit, aber es hat die Möglichkeit, sie mit allgemein bekannten Methoden zu überdecken. In Zeiten großer Umwälzungen sind diese Methoden jedoch nicht mehr wirksam. Konflikte zwischen dem Alten, das sich (oft durch neue Mittel) zu erhalten sucht, und dem Neuen, das das Alte seiner inneren Macht beraubt, erzeugen Angst in jeder Form."[1]

Paul Tillich, der 1965 in Chicago verstarb, hat die Diskussion um die Entstehung der Postmoderne und die Bedeutung der Globalisierung für Mensch, Gesellschaft und Kirche nicht mehr erlebt. Folglich konnte er auch nicht die Ängste beschreiben, die die Spätformen der Moderne kennzeichnen. Hätte er unsere Zeit noch erlebt, hätte er sicherlich als unsere Hauptangst die Angst vor Beziehungslosigkeit diagnostiziert. In Zeiten spätmoderner Lebenserfahrung, in der jeder dazu verdammt zu sein scheint, seines eigenen Glückes Schmied zu sein, fürchten wir uns vor allem vor dem Auseinanderfallen unserer persönlichen Beziehungen und vor der damit verbundenen Leere und Orientierungslosigkeit. Gleichzeitig fürchten wir uns vor der Übermächtigkeit von Institutionen, die unserer je eigenen Lebensplanung gefährlich werden könnten, indem sie Partizipationsansprüche an uns stellen, denen wir nicht oder nicht länger gehorchen möchten. Wir fürchten uns bisweilen auch vor Überfremdung, anscheinend vor allem dort, wo es wenig Fremde gibt, da wir mit diesen Anderen ja noch keinen Kontakt hatten, noch nicht in Beziehung getreten sind.

Wir befinden uns also in einer paradoxen Lage: Wir sehnen uns nach glückseligen Beziehungen, die uns tragen könnten, fürchten uns aber gleichzeitig vor den Ansprüchen, die durch sie auf uns zukommen. Mit Zygmunt Bauman können wir daher von einer Art

[1] *P. Tillich*, Der Mut zum Sein, in: *Ders.*, Sein und Sinn: Zwei Schriften zur Ontologie, Gesammelte Werke, Bd. IX, 2. Aufl., Stuttgart 1976, 53.

unbestimmbarer Flüssigkeit unserer Beziehungssehnsüchte und unseres Beziehungslebens sprechen. Liebe in allen ihren Formen ist flüssig geworden. Bauman spricht von „Liquid Love".[2] Wir wollen es so und doch leiden wir darunter.

Angesichts solcher Entwicklungen in unserer westlichen Kultur und Gesellschaft kann man also leicht nachvollziehen, warum Beziehung zum Leitwort unseres theologischen Denkens werden konnte. Unsere Mitmenschen sehnen sich nach neuen und tiefen Beziehungserfahrungen und -modellen und erwarten zu Recht, dass christlicher Glaube und christliche Glaubensgemeinschaften ihnen dementsprechende Lebens- und Glaubenshilfe anbieten. Eine Reihe von Theologinnen und Theologen, und ganz besonders Christoph Schwöbel, haben sich dieser Aufgabe gestellt und den christlichen Glauben kritisch auf seine Beziehungsgehalte und sein Beziehungspotenzial überprüft.[3] So ließ sich bekräftigen, dass es im Christentum um nichts weniger als um geglückte Beziehungen geht, um ewige Beziehungen, die von einem beziehungsmächtigen Gott uns Menschen immer wieder neu und gnädig angeboten werden. Dass Gott selbst Beziehung ist und immer wieder neu Möglichkeiten für Beziehungen schafft, konnte deshalb schnell Teil des heutigen christlichen Credos werden. Wir glauben fest an die göttlichen Beziehungsmuster und konnten theologisch unsere Dogmatik entsprechend trinitarisch aufrollen. Systematisch haben wir Theologinnen und Theologen uns also schon gut auf die neuen Herausforderungen postmoderner Angst einstellen können. Aber reicht das aus? Ist Beziehung wirklich nur eine Frage rechten Glaubens? Ist Gott wirklich nur Beziehung, nur Gespräch, nur Subjekt beziehungsweise Objekt des Glaubens?

Gemeinsam mit Christoph Schwöbel möchte auch ich die Relationalität Gottes und des christlichen Glaubens unterstreichen. Allerdings möchte ich dies in einer etwas anderen Weise tun. Ich orientiere mich dabei an den sogenannten theologischen Tugenden, also an Liebe, Hoffnung und Glaube und zwar in dieser Reihenfolge. In der christlich-theologischen Tradition fand zweifelsohne der Glaube stets die größte Aufmerksamkeit. Diese Dominanz des Glaubens wurde dann in Zeiten von Reformation und Gegenreformation weiter verstärkt sowohl in der Bedeutung von *fides qua* als auch in der Bedeutung von *fides quae*, also einerseits im Hinblick auf die Gabe des Glaubens und andererseits im Hinblick auf die Gegenstände des Glaubens. Der Glaube wurde somit zum entscheidenden Identitätsmerkmal der verschiedenen Glaubensrichtungen im Christentum. Überdies führte der Drang, die Orthodoxie des eigenen Glaubens gegenüber der Heterodoxie des anderen Glaubens zu etablieren, zu einer zunehmenden Objektivierung des Glaubens: Der Glaube wurde nun selbst zum Objekt des Glaubens. Generationen von Christen wurden erzogen und ermuntert, an die jeweiligen Glaubensaussagen zu glauben, für ihre Orthodoxie zu argumentieren und gegen jegliche Abweichung von der empfangenen Glaubenstradition zu kämpfen. Glaubenskriege wurden und werden geführt, ob als primär oder sekundär religiös motivierte Kriege spielt hier keine Rolle. Zur Verteidigung des rechten Glaubens kann dann auch auf Gewalt zurückgegriffen werden, um anderen gegenüber den eigenen Glauben mit zusätzlichen Funktionen wie Stammeszusammenhalt, Sektenverteidigung und interreligiöser Auseinandersetzung zu bewahren

[2] *Z. Bauman*, Liquid Love: On the Frailty of Human Bonds, Cambridge 2003.

[3] Vgl. *C. Schwöbel*, Gott in Beziehung: Studien zur Dogmatik, Tübingen 2002; und *Ders.*, Gott im Gespräch: Theologische Studien zur Gegenwartsdeutung, Tübingen 2011.

oder gar durchzusetzen. Meine ersten Berufsjahre in Irland zur Zeit des nordirischen Bürgerkriegs haben mir diesbezüglich allerhand Anschauungsunterricht vermittelt.

Soweit ich weiß, wurden bisher allerdings kaum Kriege wegen unterschiedlicher Formen der Liebe geführt. Es gab und gibt natürlich immer wieder Auseinandersetzungen um die Frage, wessen Liebesverständnis das wahre und wirkliche sei. Aber die Praxis der Liebe wurde nie prinzipiell in Frage gestellt. Gott, den Nächsten und sich selbst anzunehmen, zu respektieren und zu lieben, war und ist *die* Herausforderung christlicher Praxis. Es ist die Antwort auf das dreifache biblische Liebesgebot in der Thora und dessen Bekräftigung durch Jesus und seine Jünger im Neuen Testament. Gottesliebe, Nächstenliebe und Selbstliebe hängen miteinander zusammen. Allerdings hat die begriffliche Bestimmung dieses Liebesgebots immer wieder zu theologischen Debatten geführt. So behauptete vor fast hundert Jahren der schwedische Theologe Anders Nygren, dass sich die christliche Liebe, verstanden als reine Gottesgabe, *vollständig* von jüdischen, griechischen und diversen zeitgenössischen Liebesauffassungen unterscheide. Nur christliche Liebe, nun als reine agape-Liebe verstanden, galt ihm als wahrhaftig.[4] Wie so oft der Glaube wurde hier die Liebe zum Objekt einer Lehre reduziert und dadurch aus dem Zusammenhang menschlicher Praxis gerissen. Die Lundenser Theologie in der ersten Hälfte des 20. Jahrhunderts war um die Orthodoxie der Liebe im Rahmen einer Lutherrenaissance besorgt und wollte sicherstellen, dass christliche Liebe vom rechten Glauben kontrolliert wird. So wurde der relationale Praxischarakter sowohl von Glauben als auch von Liebe auf dem Altar objektiver Lehre geopfert und einer *christlichen* Liebe das Wort geredet. Gibt es überhaupt eine *christliche* Liebe?[5]

Hoffnung schließlich wurde stets weniger kontrovers gehandhabt als Glaube und Liebe. Hoffnung gab selten Anlass zu größeren Debatten in der Geschichte des Christentums. Entsprechende explizite Diskussionen galten zumeist ganz spezifischen Hoffnungen und ihrem Platz und ihrer Legitimität innerhalb des jeweiligen christlichen Lehrsystems. Christinnen und Christen haben also kaum die Bedeutung der Hoffnung für das christliche Leben in dieser Welt in Frage gestellt, weder im Hinblick auf den Erwartungshorizont von Erlösung und Versöhnung, noch im Hinblick auf ein gottgegebenes Leben nach dem Tod. Infolge von sich verändernden religiösen, theologischen, kulturellen, geschlechterspezifischen, politischen, sozialen und wirtschaftlichen Verhältnissen unterschieden und unterscheiden sich allerdings die spezifischen Hoffnungen und Erwartungen erheblich hinsichtlich der Frage, wie solche Erlösung genauer zu verstehen sei und wie ich mir ein Leben nach dem Tod für mich und für meine Nachbarn vorstellen solle. Natürlich waren eschatologische Themen auch in der Reformationszeit zentral. Aber entsprechende Debatten galten weniger dem relationalen Aspekt von Hoffnung als der Frage, wer die Autorität besäße, angemessene Kontrolle über die Verkündigung und Verwaltung von Hoffnung innerhalb eines authentisch vermittelten Verständnisses von eschatologischem Glauben auszuüben. Hoffnung wurde also ebenfalls als Unterkategorie von Glauben verhandelt.

[4] Zu Anders Nygrens Liebestheologie siehe *W. G. Jeanrond*, A Theology of Love, London/New York 2010, 113–20.

[5] Zu diesem Problembereich siehe *Jeanrond*, op. cit., 27–30.

In dieser knappen Einführung in mein Thema ging es mir bislang nicht darum, eine Geschichte der drei theologischen Tugenden nachzuzeichnen. Vielmehr wollte ich verdeutlichen, dass wir ein methodisches Problem vor uns haben, wenn wir uns heute neu mit Liebe, Hoffnung und Glaube befassen möchten. Sind Liebe und Hoffnung lediglich sekundäre Aspekte christlichen Glaubens und deshalb dem jeweils herrschenden Glaubensverständnis unterzuordnen oder verbindet diese Tugenden möglicherweise eine dynamischere Beziehung, die sich für unsere Suche nach tragkräftigen Beziehungsmodellen als bedeutsam erweisen könnte?

In diesem Beitrag möchte ich in der gebotenen Kürze Liebe, Hoffnung und Glaube kritisch auf ihr jeweiliges relationales Potenzial hin untersuchen und von hier aus für eine kritische relationale Theologie fruchtbar machen, in der die Liebe im Zentrum steht.

Liebe

Nun aber bleiben Glaube, Hoffnung, Liebe, diese drei; aber die Liebe ist die größte unter ihnen (1 Kor 13: 13).

Mit diesen Worten endet das Hohelied der Liebe im Ersten Korintherbrief. Für Paulus besteht kein Zweifel, dass die in der Liebe zum Ausdruck kommenden Beziehungen eine radikal andere Qualität besitzen als diejenigen, die aus Hoffnung und Glaube stammen. Obwohl alle drei Tugenden eine innige Beziehung zu Gott zum Ausdruck bringen, sticht die Liebe als etwas anderes hervor. „Die Liebe hört niemals auf, wo doch das prophetische Reden aufhören wird und das Zungenreden aufhören wird und die Erkenntnis aufhören wird“ (1 Kor 13: 8). Die Liebe bleibt; sie hat einen ewigen Charakter, wogegen Hoffnung und Glaube zu der menschlichen Sphäre gehören, die mit dem Tod endet. Hoffnung und Glaube sind endlich, sterblich, die Liebe dagegen nicht. Sie ist also die eschatologische Norm schlechthin.[6]

Trotz aller Unterschiede im Einzelnen finden wir diese Wertschätzung der Liebe auch im johanneischen Korpus: Gott ist die Liebe (1 Joh 4: 8 und 16) – nicht etwa Glaube oder Hoffnung. Die beiden letztgenannten richten sich wohl auf Gott, aber nur die Liebe bezeichnet Gottes ureigenes Beziehungswesen.

Gleichzeitig zeigt uns ein rascher Blick auf den jeweiligen Zusammenhang im Neuen Testament, in dem die Liebe verkündet und beschworen wird, dass es keine Behandlung von göttlicher und menschlicher Liebe gibt, die nicht immer schon kontextuell wäre. Das heißt, jede menschliche Liebespraxis ist immer schon von Bedingungen und Interessen mitgeprägt. Auch biblische Bezeugungen von Liebe sind nie kontextlos.[7] Diese Komplexität von Liebe ist jedoch kein Hindernis, sondern geradezu eine Voraussetzung für ihren Vollzug.

Liebe kommt immer nur in ganz konkreten Umständen zu sich selbst. Ihr Vollzug ist immer kontextuell und konkret. Paulus beschwört die Liebe als gottgegebene Möglichkeit menschlicher Beziehungspflege gegenüber einer in sich völlig zerstrittenen Gemeinde in Korinth. Der 1. Johannesbrief stellt die Verbindung zwischen Gottesliebe zu uns

[6] Siehe auch *G. Vattimo*, Belief, übers. Luca D'Isanto und David Webb, Stanford 1999, 98.

[7] Vgl. *Jeanrond*, op. cit., 25–44.

Menschen und unserer geschwisterlichen Liebe in einer ebenfalls angefochtenen Gemeindesituation heraus. Bei Johannes gibt es einen direkten Zusammenhang von Christologie und Liebe, im nach Korinth geschickten Liebeshymnus des Paulus so nicht. Dem Apostel gilt die Liebe allgemein als Einbruch von Ewigkeit in die Zeitlichkeit. Sie ist also der Inbegriff von Transzendenz- und Transformationserfahrung. Liebe verändert die Liebenden. Liebe hat eschatologischen Charakter.

Allen noch so unterschiedlich geprägten Liebeserfahrungen und Begrifflichkeiten von Liebe in der Bibel ist der von Gott gestiftete Bund gemeinsam, in dem sich die Beziehungen zwischen Gott und den Menschen, zwischen den Menschen und Gott, zwischen den Menschen untereinander und zwischen dem einzelnen und seiner eigenen Selbstwerdung ereignen. Der Bund Gottes mit den Menschen bildet hier den Rahmen menschlicher Liebe. Deshalb ist auch Gott in jeder zwischenmenschlichen Liebesbeziehung der Dritte, wie es der irische Dichter Patrick Kavanagh einmal formulierte.[8] Das biblische Liebesgebot gilt dementsprechend für alle Menschen und Religionsgemeinschaften, die sich diesem Bund zwischen Gott und der Welt verpflichtet fühlen. Es gibt deshalb auch keine *christliche* Liebe, sondern es gibt Liebe in den expliziten Zusammenhängen von Gottes Schöpfungs- und Versöhnungsprojekt.

Selbst wenn wir von allen Romantisierungen und Sentimentalisierungen von Liebe in Geschichte und Gegenwart absehen, kennen wir alle sicherlich auch Liebeserfahrungen, die sich nicht explizit auf Gott beziehen. Was der biblische Befund uns jedoch nahelegen möchte, ist dass jede menschliche Liebesbeziehung selbst dann mit Gott zu tun hat, wenn sie dies nicht weiß. Denn jede Liebesbeziehung ist offen für Transzendenz und Transformation, für eine nicht im Voraus zu bestimmende Horizonterweiterung. Liebe ist kreativ, dynamisch und transformativ. Sie lässt sich nur im Vollzug, in der Praxis verwirklichen und nicht im Voraus kalkulieren. Deshalb darf Liebe auch nie unter die Kuratel von Glaubenslehren gestellt werden. Vielmehr bleibt Liebe eine ständige Herausforderung an alle Glaubenswahrheiten. Denn erst aus der liebenden Begegnung mit Gott und den Menschen entsteht eine sich ständig verändernde Beziehung, die gegenseitige Erkenntnis und Glaubenserkenntnis erst ermöglicht.

Voraussetzungen für eine transformative Liebesbeziehung sind das Verlangen nach dem Anderen, der Respekt für den Anderen, eine wechselseitige Anerkennung und ein offener Horizont für die Auseinandersetzung mit dem Anderen und dem jeweils anderen Selbst. Toleranz hat nichts mit Liebe zu tun. Hass dagegen schon eher, denn er ist fehlgeleitete Liebe, die immerhin eine gewisse Anerkennung des Anderen einschließt. Liebe muss auch nicht symmetrisch verlaufen. Gottes Liebe zu uns wie auch die Liebe von Eltern zu ihren Kindern ist ja nicht symmetrisch, sondern darauf aus, den Anderen die Möglichkeit zu vermitteln, selbst Subjekte von Liebe werden zu können. Schließlich hat Liebe mit der Subjektwerdung und der Personwerdung von Menschen zu tun.

Auch darf Lieben nicht mit Mögen verwechselt werden. *Love is not the same as like.* Niemand kann von mir verlangen, meinen Nächsten zu mögen. Aber das biblische Liebesgebot verlangt von mir, selbst meinen nicht gemochten Nächsten und sogar meinen Feind zu lieben. Worin liegt der Unterschied? Mögen beschränkt sich auf Affekte und Attitüden. Lieben kann beide zwar einschließen, geht aber weiter, insofern der Andere in

[8] *P. Kavanagh*, „Canal Bank Walk", in: The Complete Poems, hg. v. *P. Kavanagh*, Newbridge 1972, 294–5.

seinem Gottesbezug und seinem menschlichen Beziehungspotenzial ernst- und angenommen wird. Er gilt dem liebenden Auge nicht als verschlossen, sondern als offen für ein transformatives Personsein in einer möglicherweise neu aufblühenden Gemeinschaft. Liebe bleibt also stets für neue Möglichkeiten offen.

In der Geschichte des westlichen Christentums gibt es eine Debatte darüber, ob eigentlich nur Gott lieben könne oder ob auch der einzelne Mensch zum Subjekt der Liebe reifen könne. Gleichzeitig gibt es eine bisweilen lautstarke Diskussion darüber, ob auch erotische Manifestationen von Liebe zum Horizont biblischer Liebespraxis gehören. Hier kann ich diese Debatten nicht eigens aufrollen. Aber ich möchte wenigstens Farbe bekennen, wie ich zu diesen Fragen stehe: Ich vertrete die These, dass alle Liebesbeziehungen, zu denen wir Menschen fähig sind, zusammen gehören und dass jeder Mensch prinzipiell zum Subjekt von Liebe reifen kann. Anders gesagt: Wir Menschen sind zur Liebe geschaffen und zum Lieben berufen. Gleichzeitig müssen wir einsehen, dass Liebe bisweilen harte Arbeit bedeuten kann. Sich auf den Anderen einzulassen kann ganz schön anstrengend sein. Die aus unseren Liebesbeziehungen entstehenden und von ihnen geprägten und notwendigerweise auch transformierten Gemeinschaftsgestaltungen fordern immer wieder zu neuer und tieferer Liebespraxis heraus. Dabei stoßen wir auf eine Dynamik, die allen Liebesbeziehungen innewohnt: Liebe ermöglicht Gemeinschaft und verändert gleichzeitig jede Form von Gemeinschaft.

Wenn man etwa die Kirche als eine Institution der Liebe betrachten will, so fordert eine solche Betrachtungsweise gleichzeitig zu andauernder Liebespraxis auf. Ich halte es für richtig, Kirche, Freundschaft, Ehe, Familie, Schule usw. als Institutionen von Liebe zu verstehen.[9] Dass ich im Zusammenhang von Liebe das Wort Institution in den Mund nehme, mag allerdings zunächst Verblüffung auslösen. Denn untergräbt nicht die gerade beschworene Dynamik jeder Liebesbeziehung alle möglichen institutionellen Rahmenbedingungen? Ja und nein. Zum einen will Lieben erst einmal gelernt werden, und das geschieht in ganz bestimmten Zusammenhängen unseres Lebens. Zum anderen verändert potenziell jedes Ereignis von Liebe unsere Welt, also unseren gesamten Beziehungsrahmen. Dabei ist es gleichgültig, wo wir mit dem Lieben anfangen. Johannes vom Kreuz hat einmal bemerkt, dass es keine Rolle spiele, ob ich mich zuerst den Armen in meiner Umgebung zuwende oder ob ich zuerst versuche, Gott tiefer zu lieben. Denn der Weg zu den Armen ist immer auch schon ein Weg zu Gott und der Weg zu Gott ist immer auch schon ein Weg hin zur Welt mit ihren Nöten. Alle unsere Liebesbeziehungen eröffnen neue Formen und Tiefen von Gemeinschaft. Das Verhältnis von Institutionen und Transformationen der Liebe ist also ein dialektisches.

Das gilt auch für die Christologien und Trinitätstheologien, die im Rahmen einer Theologie der Liebe entwickelt werden können und nicht schon von vorneherein die menschliche Liebespraxis in eine bestimmte Glaubensecke abdrängen wollen. Die Bedeutung der Trinität wird in der Praxis der Liebe deutlich, nicht die Praxis der Liebe in der Trinität. Die Liebe bleibt – der Glaube stirbt.

[9] Vgl. *Jeanrond*, op. cit., 173–204.

Hoffnung

Der christliche Zugang zur Hoffnung liegt ebenfalls in den spezifischen Erfahrungen von Beziehung, die die Jesusbewegung in ihren konkreten Begegnungen und im Horizont des Bundes Gottes mit den Menschen gemacht und weiter vermittelt hat. Während Hoffnung allgemein das Phänomen menschlicher Erwartung bezüglich der Zukunft von Personen, Bewegungen, Gemeinschaften, Gesellschaften, Traditionen und des Universums beschreibt, hängen das jüdische und das christliche Verständnis von Hoffnung darüber hinaus mit der menschlichen Beziehung zu Gott zusammen, also der Beziehung, die im Schöpfungs- und Versöhnungshandeln des liebenden Gottes gründet. Jüdische und christliche Ausdrücke für Hoffnung lassen sich von daher nicht auf ganz bestimmte Wörter wie *hope*, *espérance*, *spes elpis* usw. reduzieren; vielmehr bezeichnen diese und andere Ausdrücke bedeutungsvolle Erfahrungen von Menschen, die sich ihre Zukunft als Personen und als Gemeinschaften nur im Zusammenhang mit Gott vorstellen können.

Hoffnung und Liebe sind also eng miteinander verwandt. Während es bei der Liebe um das direkte Verhältnis zum Anderen geht, auch um die Auseinandersetzung mit dem Anderen, geht es in der Hoffnung um die Zukunftsperspektive aller unserer menschlichen Beziehungen. In beiden theologischen Tugenden spielt das Vertrauen eine große Rolle. Dieses wiederum gründet in den übermittelten Erfahrungen und gedeiht in funktionierenden Institutionen der Liebe.

Hoffnung darf allerdings nicht mit Optimismus verwechselt werden. Optimismus beruht meist auf dem Vertrauen in die jeweilige Lage, beziehungsweise in die eigenen Kräfte: Alles wird sich schon irgendwie ordnen und richten. Jüdische und christliche Hoffnung dagegen hat ihren Grund im Vertrauen auf Gott und seine andauernde Liebe zu seinen Geschöpfen. Optimismus ist systemkonform, Hoffnung bleibt kritisch gegenüber jedem System.[10] Sowohl Optimismus als auch Hoffnung beinhalten emotionale Aspekte. Für Optimismus kennzeichnende Emotionen sind ein Gefühl von Befriedigung, dass die Dinge verlässlich und voraussehbar sind, während Hoffnung eher Gefühle von Zugehörigkeit und Teilnahme an Liebesbeziehungen einschließt, aber auch Gefühle von Unberechenbarkeit, weil sich das radikale Anderssein Gottes diesseits unseres Todes nicht vollständig begreifen, berechnen oder auch nur beschreiben lässt. Hoffnung wird also von einem breiteren emotionalen Spektrum begleitet als Optimismus. Zur Hoffnung gehören auch die Gefühle, die aus Liebesgemeinschaften erwachsen, die Sehnsucht nach Liebe und Glück, aber auch Respekt und Furcht vor radikaler Veränderung.

In Anlehnung an den amerikanischen Literaturwissenschaftler Jonathan Lear möchte ich weiterhin zwischen Hoffnung und radikaler Hoffnung unterscheiden. Selbst wenn alle unsere Hoffnungen und unser Vertrauen in den Fortbestand und die Tragfähigkeit unserer Religion und Kultur und ihrer jeweiligen Institutionen abhandenkommen, bedeutet dies nicht das Ende von Hoffnung, sondern eine Herausforderung, sich der radikalen Hoffnung zu stellen, die unberechenbar auf uns zukommt, ohne unser direktes Zutun. Radikale Hoffnung konfrontiert uns Menschen mit radikaler Transzendenz.

> „Meine Hinwendung zu Gottes wirklicher Transzendenz zeigt sich in meiner Hinwendung zur Güte der Welt, die unseren notwendig begrenzten Versuch, sie zu verstehen, übersteigt. Meine Hinwendung zur

[10] Vgl. *A. Kelly*, Eschatology and Hope, Maryknoll 2006, 5–6.

Transzendenz und Güte Gottes zeigt sich in meiner Hinwendung zu der Vorstellung, dass etwas Gutes kommen wird, selbst wenn es meine gegenwärtig begrenzte Kapazität zu verstehen, was dieses Gute sein mag, bei weitem übersteigt.“[11]

„[Radikale Hoffnung] ist im Grunde die Hoffnung auf *Erneuerung*, wieder zum Leben zu kommen in einer Form, die noch nicht verstehbar ist.“[12]

Die christliche Tradition, in der die Hoffnung als theologische Tugend bezeichnet wird, weiß um diesen Unterschied zwischen menschlichen Hoffnungen und der radikalen Hoffnung, die sich nur Gott verdankt und die den Zusammenhang von Jesu Auferweckung bildet. Verstehen können wir diese liebevolle Handlung Gottes am gekreuzigten Jesus nicht. Aber unsere radikale Hoffnung schöpft Mut aus dem Vertrauen in die liebende Gegenwart Gottes.

Hoffnung gewährt der Liebe sowohl Mut zum Wagnis als auch Raum zur Entfaltung: Mut zum Wagnis, weil eine wirkliche Liebesbeziehung immer auf Alterität und Transzendenz hin offen bleiben muss – von Gott zu uns und von uns zu Gott und untereinander; und Raum zur Entfaltung, weil Liebe durch Hoffnung nach vorne, also auf Zukunft hin, orientiert wird, ohne diesseits des Todes jedoch je das Ganze des Sinns, der erwartet wird, kennen zu können. Solcher Mut kann erotisch sein, insofern er uns sehnsuchtsvoll nach dem Anderen streben lässt, den oder das wir als begehrenswert, schön und gut betrachten.[13] Gleichzeitig weiß solcher Mut um die Endlichkeit unseres Strebens, um die Begrenztheit unserer Vorstellungskraft und um die Sterblichkeit unseres Sehnens.[14]

Radikale Hoffnung begehrt nicht das letzte Wort über den Sinn unseres Lebens, sondern bleibt offen, unsere Endlichkeit und Begrenztheit mit Mut zu bejahen und sich der Zukunft zu stellen, die jenseits unserer Kontrolle, unserer Berechnungen und unserer Erwartungen liegt. Radikale Hoffnung übt somit eine ständige Kritik an allen unseren Hoffnungen. Was in unserer Welt gut ist, wird also stets unser begrenztes Verständnis von Welt und Güte übersteigen.[15] In diesem Sinn vermag radikale Hoffnung unsere Liebe dazu zu befreien, sich auf den Anderen und auf Gott, den radikal Anderen, radikal einzulassen, ohne die Zukunft, die sich aus der Liebesbeziehung ergeben wird, je schon begreifen zu können. Antoine de Saint-Exupéry beschrieb Liebe einmal so: „Aimer ce n'est pas se regarder l'un l'autre, c'est regarder ensemble dans la même direction.“ Radikale Hoffnung befreit zu einem radikalen Mut, mit dem Anderen und mit Gott, dem radikal Anderen, zu wandern ohne Angst vor Transzendenz, vor Transformation, vor immer neuen Offenbarungen Gottes.

[11] *J. Lear*, Radical Hope, 94 (my translation). „My commitment to the genuine transcendence of God is manifest in my commitment to the goodness of the world transcending our necessarily limited attempt to understand it. My commitment to God's transcendence and goodness is manifested in my commitment to the idea that something good will emerge even if it outstrips my present limited capacity for understanding what that good is.“

[12] Ibid., 95 (my translation). „[Radical hope] is basically the hope for *revival*: for coming back to life in a form that is not yet intelligible.“

[13] Vgl. ibid., 120.

[14] Vgl. ibid., 119.

[15] Vgl. ibid., 122.

Radikale Hoffnung könnte uns somit auch vor der Angst befreien, unsere überkommenen Bilder von Erlösung und Versöhnung erneut kritisch und selbstkritisch zu betrachten.

Gegenüber allen Versuchen, Hoffnung in diesem Sinn phänomenologisch anzugehen, argumentieren manche Theologinnen und Theologen gerne, dass christliche Hoffnung rein gar nichts mit den üblichen menschlichen Hoffnungen zu tun habe, sondern *sui generis* sei, weil sie aus dem dreieinigen Gott selbst entspringe und nichts mit der Liebesbeziehung Gottes und der Menschen zu tun habe. Ähnlich wie beim Streit um die *christliche* Liebe geht es auch hier um das Verständnis der Beziehungsfähigkeit des Menschen vor Gott.

Der britische Theologe John Webster zum Beispiel hat völlig recht, wenn er definiert: „Die Hoffnung der Christen gehört zum Verständnis der Welt im Licht des christlichen Evangeliums."[16] Und „in der christlichen Hoffnung zu leben, bedeutet darauf zu vertrauen, dass die menschliche Geschichte in all ihrer Zerstreutheit, ihrer Komplexität und ihrem Elend dank des Erbarmen Gottes auf dem Weg der Vollendung ist."[17] Für Webster müssen die christliche Hoffnung und ihre Handlungen aus dem im Glauben gründenden Verständnis Gottes und der Wege Gottes mit der Welt als deren Schöpfer, Versöhner und Vollender erklärt werden.[18] Es geht Webster also darum, die Theologie der Hoffnung direkt aus einer ganz bestimmten Gotteslehre herzuleiten. „Christliche Hoffnung ist Hoffnung auf diesen Gott; und man kann deswegen zu Recht von der Trinitätslehre sagen, dass sie den ‚Bereich christlichen Verhaltens' bereit hält."[19] Ich finde es bemerkenswert, dass Webster nun die innertrinitarische Liebesbeziehung beschwört, aus der ein neues von Gott geschaffenes Liebesobjekt hervorgehe. Dieser Liebesakt wird schließlich als das Werk des dreieinigen Gottes bezeichnet, also des Schöpfers, Versöhners und Vollenders. Es gibt demnach auch bei Webster einen direkten Zusammenhang zwischen Liebe und Hoffnung, allerdings nur dergestalt, dass Gottes Liebe Hoffnung stiftet, nicht jedoch ein menschliches Subjekt, das sich liebesfähig und hoffnungsfähig Gott zuwenden könnte. Stattdessen rückt die Sündigkeit des Menschen in den Vordergrund, die jedes menschliche Subjektsein untergraben hat. So kann Webster zusammenfassen: „Hoffnung beruht auf Gottes Treue, und Gottes Treue ist dreieinig."[20] So hofft eigentlich immer schon Gott im hoffenden Menschen – und zwar auf sich selbst.

Hier passiert mit der Hoffnung, was ähnlich schon bei Nygren mit der Liebe passiert war: Gott liebt und Gott hofft. Gott ist in sich beziehungsfähig, der Mensch dagegen nicht. Deshalb argumentiert Webster auch folgerichtig, dass eine christliche Moraltheologie der Hoffnung bei der Vollendung des dreieinigen Gottes ansetzen müsse und nicht bei dem Subjektsein oder –werden des Menschen. „Daraus folgt weiter, dass weil Hoffnung [immer schon] Hoffnung auf Gott ist, diese keine Basis und kein Vermögen in sich selbst hat."[21]

[16] *J. Webster,* Confessing God: Essays in Christian Dogmatics II, London/New York 2005, 195 (alle Zitate hier in meiner Übersetzung).

[17] Ibid., 196.

[18] Vgl. ibid., 197.

[19] Ibid., 198.

[20] Ibid., 199.

[21] Ibid., 200.

„Gottes Vollendung (*perfection*) schließt die Vollendung seiner Geschöpfe mit ein. Die Arena dieser Vollendung ist die menschliche Zeit; Hoffnung gehört zu den Tugenden, die Gottes Werk der Vollendung entsprechen."[22]

„Die Geschichte ist das Feld der Hoffnung, denn sie [die Geschichte] ist Teil der göttlichen Ökonomie, also von Gottes geordneter Verwaltung aller Dinge, durch die sie alle zur Vollendung gebracht werden."[23]

Die Bedingung christlicher Hoffnung ist also ihr Ausgerichtetsein auf Gott, der die Menschen gnädig von ihrer Verstrickung in Sünde befreit. Gott ist das Subjekt der Hoffnung, und nicht der Mensch. Webster betrachtet den Christenmenschen also als ein in göttliche Hoffnung verstricktes Wesen. „Der Christ, der hofft, ist einer, dessen Sein umgeben, bestimmt und beschützt ist durch Jesus Christus unsere Hoffnung."[24] Für Webster hat menschliche Hoffnung nichts mit menschlicher Subjektivität und Beziehungsfähigkeit in Liebe zu tun, sondern ist eine Funktion göttlichen Seins und Wirkens. Das so verstandene reformatorische Prinzip der *sola gratia* entzieht den Christen und Christinnen ihre von Gott geschenkte und in Jesus Christus immer wieder neu angebotene Beziehungsfähigkeit, ihre relationale Subjektivität. Hier ist also der Mensch kein gewollter, anerkannter und geliebter Partner in einer göttlich-menschlichen Liebesbeziehung, sondern Teil einer von Gott gemanagten Gemeinschaft der Heiligen. Die Blaupause für diese Gemeinschaftserfahrung ist die innertrinitarische Gemeinschaft. Der von Gott geschaffene und versöhnte Mensch selbst hat nichts zur endgültigen Gestaltung der Schöpfung beizutragen.[25] Das Ende der Schöpfung hat also eigentlich auch nichts mit uns Menschen zu tun. Wir sind bestenfalls begnadete Marionetten.

Radikale Hoffnung, wie ich sie verstehe, eröffnet einen anderen Horizont der Beziehung zwischen Gott und den Menschen und zwischen den Menschen. Gegenüber der doktrinär bestimmten menschlichen Beziehungsarmut steht bei Webster der innertrinitarische Beziehungsreichtum. Man könnte auch sagen, dass Webster sehr wohl Beziehung als Schlüsselwort heutiger Theologie erkennt und die heutige Angst vor Beziehungslosigkeit ernst nimmt. Aber er begegnet der postmodernen Angst allein mit reformatorischen Werkzeugen – und das kann so nicht gut gehen. Dem nach Subjektstatus ringenden Menschen kann man nicht einfach eine subjektlose Eschatologie schmackhaft machen. Noch wirkt ein in sich beziehungsmächtiger Gottesbegriff befreiend, der die Menschen als partnerschaftliche Geschöpfe Gottes nicht anerkennen will oder kann.

Meines Erachtens lässt sich diese Beziehungswüste des Menschen nur durch ein verändertes Liebesverständnis kultivieren, das sehr wohl evangelisch ist und Gottes liebende Souveränität ernst nimmt. Liebe und Hoffnung brauchen einander. Beide dürfen nicht durch eine Dogmatik fremdbestimmt bleiben, die zwar Gott ernst nimmt, nicht aber den von Gott gewollten Menschen in seinem eigenen durch Liebe beförderten Subjektwerden. Der Mensch muss erneut als Subjekt von Liebe und Hoffnung eingesetzt werden. Dabei könnte der Glaube helfen. – Das bringt mich zum letzten Teil meines Beitrags.

[22] Ibid., 201.

[23] Ibid., 202.

[24] Ibid., 206.

[25] Ibid., 209: „The Christian turns to the future only because that future has already been secured, has already made itself our good and the conditions of our being."

Glaube

Auch der Glaube ist sterblich – genau wie die Hoffnung; allein die Liebe bleibt. Angesichts dieser biblischen Einsicht muss es uns ja doch irgendwie verwundern, dass in weiten Bereichen der christlichen Theologie der Glaube die Liebe bestimmt hat. Dies hatte Folgen, mit denen wir bis heute zu kämpfen haben. Eberhard Jüngel beispielsweise hat in Bezug auf Martin Luthers Denken darauf verwiesen, dass Glaube „das Ereignis des Zusammenkommens und Zusammenseins von Gott (Christus) und Mensch" sei.[26] Nun kann man jedoch sehr wohl Luthers reformatorischer Einsicht in die Souveränität Gottes beipflichten, ohne deshalb das Verhältnis von Glaube und Liebe aus den Augen verlieren zu müssen. Denn biblisch gesprochen will Gott nicht nur Glaube, sondern vor allem Liebe zwischen Menschen und Gott. Die Botschaft der Propheten und das Evangelium Jesu Christi zielen alle auf eine intensive Begegnung zwischen Gott und Menschen, die mit Glaube allein nicht genau genug charakterisiert werden kann. Gott will die Praxis der Liebe. Das bedeutet, dass Gott nicht die Unterwerfung des Menschen unter die göttliche Schöpfungs- und Erlösungsmacht verlangt, sondern den Menschen zum Liebespartner Gottes erheben und motivieren möchte, so dass der Mensch an der transformatorischen Liebesdynamik teilnehmen kann. Von hier aus gesehen, wäre es wohl angebracht, wenigstens von einem dialektischen Verhältnis von Glaube und Liebe zu sprechen und unsere Theologie dahingehend zu reformieren.

Dass Gott den Menschen zum Partner in Liebe geschaffen und in Jesus Christus erneut befreit hat, nimmt ja dem Glauben nichts weg, sondern fügt ihm eine Erfahrungstiefe zu, die für den heutigen Menschen, der sich nach Beziehung sehnt, von entscheidender Bedeutung ist. Karl Rahner hat wiederholt darauf hingewiesen, dass der fromme Christ in der Zukunft entweder ein Mystiker sein müsse, also jemand, der etwas erfahren hat, oder er werde aufhören, überhaupt etwas zu sein.[27] Dabei geht es hier darum, den allgemeinen Erfahrungshunger des heutigen Menschen stillen zu wollen. Vielmehr sollten wir anerkennen, dass Gott in Jesus Christus den Menschen erneut zum Partner Gottes berufen hat. Martin Luthers Verständnis dieser Partnerschaft im damaligen Kontext der menschlichen Sehnsucht nach Erlösung von Schuld und Verdammnis sollte genauso anerkannt werden, wie unser Verständnis dieser Partnerschaft im heutigen Kontext der menschlichen Sehnsucht nach ewigen Beziehungen, die nur von Gott in Liebe initiiert werden können. Es ist die von Gott geschenkte Liebesbeziehung, die die Welt verwandelt, und in der auch wir verwandelt werden, wenn wir uns auf diese Liebe einlassen.

Nun könnte man einwenden, dass ja genau diese Liebesbeziehung von Luther und vielen seiner theologischen Nachfolger gemeint gewesen sei, wenn vom Geschenk des Glaubens und der Berufung zum Glauben die Rede war. Denn selbstverständlich ging es auch Luther um die Erfahrung des Glaubens in unserer Welt und gerade nicht um ein verknöchertes Verständnis von Glauben. Allerdings lässt sich nicht leugnen, dass Luther den Glauben der Liebe überordnete und deswegen auch als einer der ersten christlichen

[26] *E. Jüngel,* Art. „Glaube", in: Religion in Geschichte und Gegenwart, 4. Auflage, Bd. 3, Tübingen 2000, 953–74, hier 962.

[27] *K. Rahner*, Schriften zur Theologie, Bd. VII, Zürich/Köln, 1966, 22.

Denker überhaupt von *christlicher* Liebe sprechen konnte. Der christliche Glaube macht nach Luther die Liebe erst christlich.

Genau an dieser Stelle möchte ich für ein dialektisches Verständnis von Glaube und Liebe werben. Denn ein Glaube ohne die transformative Energie der Liebe vertrocknet sehr schnell. Und der Glaube unterliegt der Anfechtung, sich als unendlich zu verstehen. Aber der Glaube ist nun Mal nicht unendlich, sondern stirbt mit uns. Nur die Liebe bleibt, denn sie ist ewig. Erst in der Praxis der Liebe kommt der Glaube zu sich, wie auch erst in der Liebe die radikale Hoffnung ihren Raum gewinnt.[28] Diese Dialektik, oder vielleicht besser *Trialektik*, zwischen Glaube, Hoffnung und Liebe verhindert auch eine Reduktion von Liebe und Hoffnung auf das Feld der bloßen Anwendung, also einer missverstandenen praktischen Theologie. Wenn nämlich Liebe die grundlegende und gleichzeitig transformative Beziehungsdynamik bezeichnet, in die Gott uns Menschen gnädig einlädt, dann geht es in dieser Liebe um mehr als um gute Werke in der Welt. Zu dieser grundlegenden Liebe gehören die Anerkennung des Anderen als Anderen, der Respekt vor dem Anderen, die Sehnsucht nach dem Anderen, die fortgesetzte Erfahrung des Anderen, die manchmal schmerzliche Auseinandersetzung mit dem Anderen und die von hier aus immer auch geforderte Auseinandersetzung mit dem Anderssein des eigenen Selbst, das in dieser Liebesdynamik erst erwächst. Der göttlich-menschliche Liebeszusammenhang ist ungleich spannender und gemeinschaftsstiftender als jeder theologische Diskurs über das Glaubensverhältnis des einzelnen. Denn in diesem Liebeszusammenhang wird die wahre Bedeutung jedes Menschen erst ersichtlich und sein Fehlverhalten deutlich. Die Erfahrung der Liebe schafft die Kriterien für das Begreifen der menschlichen Sünde und nicht umgekehrt.

Das Ende

Das Zusammenspiel von göttlich-menschlicher Liebe, menschlicher Hoffnung und menschlichem Glaube eröffnet eine eschatologische Dynamik, derer wir in der Nachfolge Jesu Christi teilhaftig werden können und die uns verwandelt. Wir können deshalb auch nicht wissen, wie das Ende aussieht, da wir ja in dieses Geschehen selbst verstrickt sind. Aber indem wir unsere Teilnahme bejahen und uns in Liebe diesem Prozess überantworten, sagen wir in radikaler Hoffnung unser Ja zu diesem Liebesgeschehen.

In der Vergangenheit haben wir Theologinnen und Theologen oft und gerne über das Verhältnis von Glaube und Vernunft diskutiert. Vielleicht wäre es jetzt an der Zeit, das Verhältnis von Liebe und Vernunft genauer zu beleuchten. Martha Nussbaum[29], Paul Ricœur[30] und andere Denker haben diesbezüglich Vorarbeit geleistet. Wichtig scheint mir dabei, die emotionale Verfassung des Menschen ernst zu nehmen, aber gleichzeitig unser Verständnis von Liebe vom Geschmack der reinen Emotionalität zu befreien. Die Sentimentalisierung und Romantisierung der Liebe hat uns bisweilen gelähmt, uns dem Verständnis der Liebe und seinen vielfältigen Herausforderungen erneut zu nähern.

[28] Im Hebräerbrief 10:19–13:19 deutet sich bereits ein solcher *trialektischer* Zusammenhang an.

[29] *M. C. Nussbaum*, Love's Knowledge: Essays on Philosophy and Literature, New York/Oxford 1990.

[30] *P. Ricœur*, „Love and Justice", in: *W. G. Jeanrond und J. L. Rike* (Hg.), Radical Pluralism and Truth: David Tracy and the Hermeneutics of Religion, New York 1991, 187–202.

Es würde mich freuen, wenn ich mit diesem Beitrag ein wenig Mut machen könnte, Glaube und Hoffnung in engerer Beziehung zur Liebe zu sehen. Vor allem hoffe ich, dass meine Hochachtung, Freundschaft und Liebe zum Empfänger dieser Festschrift dahingehend zum Ausdruck kommt, dass ich sowohl durch sein theologisches Denken bereichert, durch seine stets offene Gesprächsbereitschaft motiviert und durch seine Freundschaft neue Dimensionen des uns alle verwandelnden göttlich-menschlichen Liebeszusammenhangs erfahren durfte.

John Webster

THEOLOGY AND THE ORDER OF LOVE

I.

In the work of Christian theology, regenerate creatures seek to acquire, enjoy and communicate the intellectual goods of knowledge of God and of all things *sub ratione Dei.* Christian theology is a movement of the intellect which arises in the course of God's saving refreshment of human nature, and so draws on a reordering of creaturely will, affections and dispositions. In this sense, it is *theologia regenitorum*, an undertaking in a new ontological – and therefore intellectual, moral and psychological – order, effected in Christ and made applicatively real by the Holy Spirit.

Christian theology is a unified activity and discipline, not simply a conglomerate of biblical, historical, dogmatic and practical inquiries, each with their own subject-domains, aims and procedures. (This unity is occluded by the long-standing fragmentation of the theological curriculum, and by inattention to the task of theological encyclopaedia.) The unity of theology is given by a common object, studied under a variety of aspects and formalities, and by shared cognitive principles and ends which direct all the different inquiries into theology's object. Further, the unity of theology is grounded in the fact that its various operations are activities of intellectual society. Pursuit, enjoyment and communication of the intellectual goods of theology cannot be done in solitude, but only in a necessary double relation.

The first and principal relation is relation to God, who is both the *res* of theological inquiry and the one by whom this inquiry is prompted and kept in motion. God is the creator of human intellect, the principle and source of all intellectual goods. It is by his loving instruction of creatures that these goods become manifest and knowable, and it is by his moving power that created intellect seeks them out, and is able to attain and take delight in them. This relation – of created intellect to God its *principium*, teacher and animator – is constitutive for the work of theology. Alongside this is a second relation, derivative but no less necessary, which arises from the fact that pursuit of theology requires participation in intellectual society with other creatures. Theological inquiry is indebted to those who exemplify fitting and fruitful ways of seeking out intellectual goods, and from whose communication of those goods theological inquirers have benefitted and continue to draw. And theological inquiry is obligated to those with whom it is called by apostolic mandate to share the intellectual goods to which it has been afforded access and which it has been moved to love.

Since this is so, Christian theology is intellectual work in an order of friendship or love, established and preserved by divine goodness. It participates in a loving flow of goods from God to creatures, and from creatures to other creatures. Like all the acts of created intellect, it requires participation in a 'network of relationships of giving and receiving'.[1] Why call this network an *order* of love? Because 'order' signifies a condition and arrangement of intellectual life in which each element is set in relation to others in such a way that it occupies the place and performs maximally the function which is proper to its nature, thereby contributing to the regularity, harmony and fulfilment of the whole. Why call this an order of *love*? Because the intellectual society of God and creatures is a realm of intentional, deliberate and affective pursuit of the good of others and receiving good from others. A little more may be said of this order of love.

First, the relations of which it is composed are natural, antecedent relations. Undoubtedly they assume cultural form – traditions of inquiry, inherited procedures of articulation, contest and evaluation, intellectual institutions and policies. But they do so as an element of our created condition; they are intrinsic to the kind of beings that we are, and so to the ways in which created intellect goes about its work. Moreover, these relations underlie other characteristics of created intellect, such as the fact that we acquire knowledge by learning, or that we represent the world to ourselves and to others through signs. Again, it is undoubtedly the case that intellectual life requires that we become reflectively aware of our condition of relatedness and discriminating in our participation in it. Even here, these relations remain constitutive, not accidental; they are the condition for knowing when and how to discriminate, they make deliberation possible.

Second, this order of love is moved, directed, preserved and brought to perfection by God in his work of nature and his work of grace. In his work of nature – providence – God blesses human intellect by supplying its power of movement and by quickening it to act. This divine work is not extrinsic but intrinsic, bestowing life and self-movement rather than simply acting on an inert creature; it is for this reason that this animating work is eminently appropriated to the Holy Spirit. Part of what the Spirit bestows and maintains is the order of love in which the acquisition, use and sharing of knowledge is possible. Through the Spirit God blesses creatures with rational society – intellectual fellowship with himself and with others – keeping company with them and inclining them to keep company with one another.

Yet this work of nature requires completion by the work of regenerative grace. The order of love in which Christian theology has its place has been assailed and fractured by sin, and its harmonious operation has been inhibited. When the first integrity of human creatures is lost, the receiving and communication of goods becomes not only laborious but conflicted, because the fallen condition promotes antipathy to intellectual society. This repudiation of our intellectual nature takes many forms: intellectual self-sufficiency and resistance to instruction; disordered intellectual self-responsibility and loss of intellectual trust in others; intellectual possessiveness; more than anything, culpable ignorance, and the misery which attends the frustration of our created cognitive nature. Moreover, sin covers its traces, hiding itself by depriving us of the intellectual and moral powers needed to discern and resist its presence and effects. Accordingly, in our fallen condition we are unable clearly to understand the kind of intellectual beings which we are made to be, or the kinds of activities in which our created intellectual nature is ful-

[1] *Alasdair MacIntyre*, Dependent rational animals. Why human beings need the virtues (London: Duckworth, 1999), 108.

filled. And we are unable to see with any penetration that in resisting intellectual society we deprive ourselves of a necessary condition of our flourishing.

Intellectual unrighteousness assaults the order of love; but its onslaught is rendered futile by the divine work of regeneration, in which the purpose of the maker of all things is rehabilitated in the mission of God the Son and set on its way to perfection by the mission of God the Holy Spirit. In these divine missions, the order of love is restored and placed beyond contest. At the hands of God there takes place that 'renewing of the mind' (Rom. 12.2), established in baptism and then extended in the intellect's sanctification, as the vices of corrupt reason – its greed for unworthy goods, its lack of docility, its inordinate self-esteem – are mortified and steadily replaced by the intellectual virtues which the Spirit distributes and sets to work. This renewal includes the restoration of intellectual society. Under its impulse, there arises that alliance with God and with others, part of whose active form is the imparting and receiving of intellectual goods.

Talk of Christian theology as *theologia regenitorum* founded in Christian baptism invites reproach as sectarian and perfectionist. These distortions exist, but may be countered by closer reflection on the matter. (1) The social co-efficient of regeneration is a 'catholic' reality, the rebirth of human nature and natural society. Baptism separates, but what it separates from is human nature in defect, and the new life which baptism founds is of comprehensive scope (this is one reason for the church's interest in the institution of the university). (2) Baptism initiates, but does not complete, the renewal of the mind. The regenerate and the theology of the regenerate remain in an imperfect, mixed condition in which corruption lingers and in some measure frustrates the new intellectual nature. Intellectual life in the domain of regeneration is, therefore, subject to the double requirement of mortification and vivification, of reiterating and confirming the death of the old nature and of performing the new. The order of love in which Christian theology takes place is full of promise, but not yet devoid of affliction.

Excellence in the pursuit of intellectual goods in the order of love which God's regenerative grace sets up and governs requires possession, formation and deployment of intellectual powers – faculties, talents and skills – and of intellectual virtues. Intellectual virtues incline us to intellectual goods, animating our pursuit of them, giving the intellect a certain propensity, and in this way contributing to distinguished intellectual performance. By these virtues, we are enabled to recognise and care for intellectual goods as, indeed, *goods*, lovable and worthy of possession and enjoyment. Further, they enable the recognition of fitting intellectual ends, and move us to make these ends into intellectual purposes. Intellectual virtues motivate, empower and sustain intellectual activity, and help preserve its operation in the face of obstacles. They do this in part by prompting and ordering the use of faculties, talents and skills, guiding intellectual operations by, for example, enabling discriminations about intellectual procedures.

The supreme intellectual virtue and the root of the others is rightly formed love of knowledge, given by the Spirit and shaped by life in the order of love. From this flow studiousness, which disposes us to acquire intellectual goods; docility, which disposes us to their reception; benevolence, which disposes us to contribute to common intellectual life; patience, which disposes us to persist when facing difficulty; and much more. Here I reflect on two virtues which are exemplary for the work of theological intelligence: gratitude and generosity.

II.

If it is to be undertaken well, Christian theology requires gratitude to God and to the communion of saints. Gratitude is fitting in the order of love in which theological work is undertaken, because by it we come to recognise and esteem the sources of the intellectual goods which theology seeks, and are in turn enabled to adopt a proper posture towards their acquisition. Gratitude to its sources is an element in the basic 'stance' of theology, by which it is able to come to recognise and assent to its origin and setting, and so purposefully to appropriate its ends and reach judgements about particular intellectual tasks and ways of accomplishing them. By gratitude, theology actively confirms its place in the order of love.

Gratitude is fundamental to regenerate life: 'Give thanks in all circumstances, for this is the will of God in Christ Jesus for you' (1 Thess. 5.18).[2] This is because creaturely life, redeemed by its creator, is a graced condition which necessarily evokes gratitude.

> 'In the nature of things every effect turns back to its cause [...]. Clearly a benefactor as such stands as cause in relation to the one whom he helps. As a consequence, the nature of the case requires that a recipient responds to his benefactor in a way that reflects their relationship.'[3]

This relationship, however, is *sui generis*. God and creatures belong to different orders of being and are entirely incommensurable. Because this is so, the relation of divine benefactor and creaturely recipient is not straightforwardly reciprocal. God's relation to the objects of his beneficence is not 'real', that is, not a relation by which he is constituted or enhanced, for God is not composite but simple. God acquires nothing by the creaturely gratitude which his gifts evoke. Thanksgiving does not add to but simply acknowledges his already infinite worth. God is not a term in a relation of *do ut des*. Yet nor is the relation of divine benefactor and creaturely recipient straightforwardly unilateral. Because God is good and the one who gives life, his generosity does not simply terminate in the act of donation. In giving to creatures, God causes corresponding creaturely acts of reception: gratitude and devotion to the giver, and active use of the gifts received. Grace establishes active fellowship and responsibility; the order of love is a *moral* order.

The objects of creaturely gratitude are manifold, because God furnishes creatures with 'everything' (1 Tim. 6.17). Theology is especially enlivened by gratitudc to God's persistent benevolence and beneficence as teacher. The intellectual and spiritual domain in which theology is undertaken is replete with divine instruction and direction. 'I will instruct you and teach you the way you should go; I will counsel you with my eye upon you' (Ps. 32.8); 'I am the Lord your God, who teaches you to profit, who leads you in the way you should go' (Isa. 48.17). This promised teaching and leading culminate in the missions of the Son and the Spirit. Jesus's teaching is not that of a fellow creature, but a divine embassy, communicating the word and commandment of the Father from whom he comes: 'the Father who sent me has himself given commandment what to say and

[2] For a useful (if excessively schematic) historical and theological account of Christian practices of gratitude and their settings, see *Peter Leithart*, Gratitude. An intellectual history (Waco: Baylor University Press, 2014). Here I prescind from discussion of the debates prompted by *Marcel Mauss's* anthropology of exchanges in The Gift (London: Routledge, 1990). For a recent and very valuable biblical and theological treatment of these matters, see *J.M.G. Barclay*, Paul and the gift (Grand Rapids: Eerdmans, 2015).

[3] *Aquinas*, Summa theologiae IIaIIae 106.3 resp.

what to speak [...] What I say, therefore, I say as the Father has bidden me' (Jn. 12.49f.; cf. 14.19,24). This embassy, further, continues in the work of the Spirit, sent by the Father in the Son's name to 'teach you all things' (Jn. 14.26; cf. 15.26). Set on its way by divine instruction, accompanied by it, inclining towards it and taking pleasure in it, Christian theology is undertaken with thanksgiving.

'How can we withhold our sincerest gratitude from the divine Educator when he corrects the acts of disobedience that sweep us on to ruin and uproots the desires that drag us into sin, refusing to be silent and connive at them, and even counsels on the right way to live? Certainly, we owe him the deepest gratitude.'[4]

Further, divine instruction – revelation – creates fellowship. Revelation is a work of divine love *ad extra* by which creatures are caused to know God and all things in relation to God, and, in acquiring that knowledge, to enter into friendship with the one who is its cause. The divine work is prevenient. It does not simply transmit cognitive content in response to the inquiry of an existing and competent creaturely subject. Rather, it is antecedent of creaturely seeking, unanticipated and undeserved. Because it exceeds the capacity which corrupt creatures can summon, divine instruction is accompanied by an entire alteration of the creature (once again, coming to know is inseparable from regeneration). Ignorance and idolatry are overcome; powers of mind which creatures have neglected to exercise or squandered on worthless objects are awakened, reanimated and redirected.

Because its telos is renewal of the intellectual society of God and God's rational creatures, divine instruction assembles a company of pupils or disciples (Isa. 2.2–4; Mic. 4.1–3; Mk. 6.34). The intellectual work of these disciples is characterised by indebtedness and enrichment. This indebtedness is what Aquinas calls *debitum amoris*[5]; it is a chief element of created and regenerate existence. God himself is the cause of this indebtedness, because in the matter of the intellect as in all things, he is the *primum principium omnium bonorum nostrum.*[6] (It is for this reason that theology is a work of religion, for 'as religion is the pre-eminent form of piety, so also it is a higher form of gratitude'.[7]) *Debitum* and *religio* indicate the non-originality of theological reason: its object is presented by divine teaching, and the powers by which it engages that object are moved by God.

However, the beneficence of the divine teacher does not leave created intellect in a condition of pure indigence: it enriches. Intellectual gratitude certainly acknowledges the creature's incapacity and lack of direction apart from God, and an unworthiness to receive divine teaching, because our lack of knowledge is culpable ignorance, not mere nescience. Nevertheless, intellectual gratitude is not overwhelmed either by our intellectual vulnerability or by our intellectual depravity. It is an acknowledgement of our *security* in the order of love which God has established as the setting of intellectual activity, and of the abundance of intellectual goods bestowed by divine generosity.

For the work of Christian theology, these goods are of two kinds. First, theology finds itself in receipt of a divine gift of knowledge and of friendship with God. In the order of love, theology has been given what Clement calls 'an infinite possession':

[4] *Clement of Alexandria*, Christ thc Educator (Washington: Catholic University of America Press, 1984), I.12.

[5] *Thomas Aquinas,* Summa theologiae IIaIIae 107.1 ad 3.

[6] Ibid., IIaIIae 106.1 corp.

[7] Ibid., IIaIIae 106.1 ad 1.

'He who possesses the Word, who is Almighty God, needs nothing and never lacks for any of the things he desires, for the Word is an infinite possession, and the source of all our wealth.'[8]

The gratitude which this gift of knowledge evokes is only a compromise of our intellectual dignity if we consider that only goods which we have obtained for ourselves can contribute to our worth. But such autonomy fails to understand that our condition of dependence, because it is instituted and maintained by lavish divine goodness, is the source of flourishing, of the expansion of our being and activity. And, once again, in giving knowledge, revelation creates fellowship. Divine revelation is much more than epistemic warrant: spaciously conceived, revelation is loving communication of goods from which society arises: 'there is a sharing of man with God by his sharing happiness with us and it on this that friendship is based'.[9]

Second, divine revelation enlivens intellectual activity. Its pupils are not inert: by the Spirit they are quickened to engage in rational work. Sin produces intellectual torpor. The fallen intellect may be insatiably curious, but it is listless and indifferent towards God, who is the first object of created intelligence and the one in relation to whom all other realities are to be understood. Divine revelation awakens created intelligence from its slumber. It re-orders creaturely love of learning; it replaces disordered curiosity by studiousness; it sets created intelligence to work.

How does gratitude for these gifts of knowledge and of power to act shape the practices of Christian theology? Gratitude is an element in the theologian's orientation to the object of theology. 'Orientation' does not simply indicate some psychological attitude. Although it does include a disposition, a certain affection and appetite for theology's *res*, orientation is primarily recognition of the location of theological inquiry in an order of being and communication, a recognition which enables theology to arrange and undertake its activities in relation to its matter. This means, initially, that gratitude enables theology to determine the rational use of its object. It does this by indicating that the object – God himself in his communicative goodness and his effects – requires to be used in certain ways and not in others. That is, gratitude inclines theology to compliance with the end which the object establishes for reason. More closely, gratitude enables theology to make discriminations about the fittingness of particular operations. In applying techniques from the history of religions or analytical philosophy, does theology demonstrate thankfulness for divine self-communication and its instruments? Or perhaps better: what modifications of such techniques may be demanded if gratitude is not to be set aside in the ways in which theology is conceived and in which treats its *res*? Each intellectual act, each decision about scholarly procedure, is an act in relation to God, a construal of and a stance adopted towards God's benevolence, and so an expression and promotion of gratitude or its absence.

8 *Clement of Alexandria*, Christ the Educator III.7.
9 *Aquinas*, Summa theologiae IIaIIae 23.1 corp.

III.

God the teacher is the first object of theology's gratitude; the second is the communion of saints.

Divine instruction evokes human society and human instruction. It evokes human society because in re-founding the order of love, God's work of regeneration restores the mutual dependencies which are natural to human creatures and essential to their fulfilment. This human fellowship which God calls into being and activity is the communion of the *saints*. That is, it does not arise simply by the natural impulse to assemble – that created impulse is too damaged to lead to righteous, well-ordered society – but by the inner divine work of election and the outer divine works of redemption and sanctification: by these works alone the common human vocation is recovered and set in motion.

One of the chief life-acts of this communion is sharing of common goods, among them the intellectual goods of divine instruction. Participation in, and distribution and preservation of, these goods take place through tradition, that is, through an historically extended order of sanctified persons, objects and practices by which divine teaching is represented, transmitted and expounded. Tradition and its instruments are not strictly intrinsic to divine teaching; still less are they the replacement of that teaching by more available human cultural forms. Tradition and its instruments are wholly relative to the primary and continuing divine pedagogy. In its relativity to divine instruction, the tradition of the church fulfils Jeremiah's prophecy that 'no longer shall each man teach his neighbour and each his brother, saying, "Know the Lord", for they shall all know me, from the least of them to the greatest' (Jer. 31.34; cf. Heb. 11.8): the point of the hyperbole is not to disqualify human teaching or render it otiose but, as Calvin puts it, to emphasise that human teaching must be governed by recognition that in the gospel 'God favours us with a fuller doctrine'.[10] Tradition and its practitioners are recipients and tradents, passing on that which alone possesses originality. Moreover, tradition is a mixed reality: like the society of which it forms part, it is not yet wholly free from inherited corruption. Yet even in its imperfection, it remains a sphere of God's providence and sanctification, and an element of the apostolicity of regenerate society, chosen, appointed, empowered, commissioned and sent by Christ to perpetuate the goods of gospel teaching.

Whatever its contingent institutional forms and settings, Christian theology is church science, an exercise in this domain of society and tradition. Because this is so, theological science and teaching are not spontaneous, self-instructed activities. Rather, they arise from having been taught by others in the church. Even in its most critical, reformist modes, theology is always *in statu pupillari*, preceded by and indebted to a body of instruction and sanctified instructors – that is, indebted to the social-historical unfolding of the order of love.

In this condition, theology is to exhibit gratitude to the *sanctorum communio*. This gratitude arises from coming to understand the church as a sphere of benefit, of goods distributed by our predecessors in the faith: 'remember [...] those who spoke to you the word of God' (Heb. 13.7). To remember in this way is thankfully to call to mind and

[10] *John Calvin*, Commentaries on the book of the prophet Jeremiah and on the Lamentations (Edinburgh: Calvin Translation Society, 1854), 135.

own that there have been others who have loved, studied and contemplated divine instruction, and loved their fellows and successors sufficiently to pass on what they have learned. It is gladly to recognize that there has been apostolic intellectual life and communication in the church. Owning this reality takes the form of attentiveness to the concerns, thought and language of those who precede us, along with a corresponding freedom in relation to our own immediate concerns, a willingness to set them to one side for a while in order to listen to others. There may be a measure of reluctance to do so: suspension of our own preoccupations may occasion impatience or resentment at being directed to matters other than those which we consider ourselves most pressed to engage. But theology – if it is properly schooled (*gebildet*) – will perceive that attention to others in the communion of the saints leads, not to diminishment or displacement but to expansion, offering the possibility of a more spacious domain, a greater store of intellectual goods. 'A cultured person is one who is interested in what the world looks like when seen from others' eyes, and one who has thereby learned to broaden the scope of his own vision.'[11] For theology, the traditions of the *sanctorum communio* are – even in their imperfection – full of the promise of enrichment.

Intellectual gratitude to others is closely connected to intellectual reverence. By intellectual 'reverence' we indicate a range of intellectual relations to others, all of which are carry with them by an obligation to honour those who are intrinsically worthy and from whose beneficence we have profited. In his anatomy of the virtues of reverence, Aquinas[12] distinguishes *pietas* (reverence for God and, derivatively, for parents and *patria* as 'the closest sources [*principia*] of our own existence and development'[13]) from *observantia* (respect for all those of superior status who act as guides in human life). Both find expression in *dulia*, which in its most general sense means 'reverential attitudes towards humans'.[14] *Dulia* takes form as the giving of honour and homage.

Finding itself in the order of love, theology is to adopt the stance of *observantia* towards the communion of saints and its traditions, not neglecting or despising them but frequenting them and showing them honour, because in service to the divine teacher they are a source of guidance, governing the work of theology by helping to direct it towards its proper matter and end. This reverence disposes theology to trust and fidelity in relation to its human sources, by which their worth and generosity are affirmed. In its full range, the movement of Christian theological intelligence always includes some element of *ressourcement*, grateful and observant retrieval of past testimony, and guardianship of what has been entrusted to it is not the least of theology's perennial tasks. But respect for and protection of tradition is respect and protection of sources of animation; far from condemning theology to mere intellectual repetition, theology's human sources invite deliberate appropriation, not servile reproduction. They are not conclusions which make no demands so much as authoritative directions about how theology might rightly proceed. These directions do not only present themselves as a deposit; they also include

[11] *Robert Spaemann*, 'What does it mean to be cultured?' in A Robert Spaemann Reader. Essays on nature, God and the human person, ed. *D.C. Schindler and J. Hefferman Schindler* (Oxford: Oxford University Press, 2015), 121.

[12] *Aquinas*, Summa theologiae IIaIIae 101–3.

[13] Ibid., IIaIIae 101.1 corp.

[14] Ibid., IIaIIae 103.4 corp.

unresolved puzzles, sources of intellectual unsettlement, all manner of unfinished (and, *in via*, unfinishable) business, and so they set theology to work. Nor does respect for its human sources of knowledge exclude the exercise of discrimination. The church and its traditions are imperfect, sometimes wicked; the knowledge which they communicate is ectypal, not archetypal; they cannot command the unhesitating and entire piety reserved for God alone. Because of this, in its dealings with its human sources, theology may not evade responsibility for judgement. But if it is not to foster ingratitude, discrimination takes up a critical posture only after patient, grateful attentiveness towards its benefactors, in full awareness of its debts and mindful of its own limitations and culpability. Intellectual reverence is a close companion of intellectual humility and sobriety of judgement (Rom 12.3).

IV.

Theology's relation to the communion of saints is enacted not only in gratitude for gifts received but also in communication of the intellectual goods bestowed by God and others. In the order of love, intellectual gratitude gives rise to and is reinforced by intellectual generosity, in which that order is displayed and extended.

Christian generosity is a virtue of regenerate life, part of the beneficence in which we love others by doing good to them. Generosity is the settled inclination to grant others a share in goods in which we ourselves have been given to participate, not grudgingly but freely and gladly, without calculation of return, as an expression of the friendship which the gospel makes possible and requires.

The cause of generosity is God himself. He is its first cause: creaturely generosity is only possible because of the divine goodness which gives life to creatures and which remakes that life when it is damaged by sin. As with all creaturely acts, the principle of generosity is God's generous creative, providential and regenerative work. Created action follows created being in its entire dependence upon God. God is the moving cause of generosity: God the Holy Spirit so gives life to created nature that it is able to act. And God is the exemplary cause of generosity: he 'richly furnishes us with everything to enjoy' (1 Tim. 6.17), and by him we are 'enriched in every way for great generosity' (2 Cor. 9.11). God's generosity is manifest supremely in Christ, the one from whom we have received 'grace upon grace' (Jn. 1.16), in whom we are 'blessed [...] with every spiritual blessing' (Eph. 1.3), whose grace 'overflows' (1 Tim. 1.14). Further, this received abundance makes the society of the baptised a derivative exemplary cause of generosity. To partake in the loving relations of that society as they are sustained by the Spirit is to come to see a display of liberality which may be emulated: generosity is also a fruit of ecclesial formation.

Christian generosity has a double object: the baptised, and those who are as yet *extra ecclesiam*: 'let us do good to all, and especially to those who are of the household of faith' (Gal. 6.10). What of intellectual generosity?

Intellectual generosity is the disposition to share intellectual goods with others. The intellectually generous person does not consider intellectual goods a possession to be sequestered or, perhaps, a commodity to be traded for profit; they are common goods for dispersal. In the realm of regeneration, deformed appropriation of intellectual goods is to be set to one side and intellectual generosity is to be practised as part of the mortification and vivification of attitudes to property and practices of possession which are mandated by receipt of Christian baptism.

The principal human practice of intellectual generosity is teaching, the communicative relation in which intellectual goods are shared for the upbuilding of the *sanctorum communio* and its neighbours.

As with generosity in general, so with intellectual generosity: its first and exemplary cause is God the teacher, who of his goodness makes creatures to know by granting a share in his knowledge and by bestowing the capacity actively to receive and pass on this gift. To understand the communicative relation designated 'teaching', we need to ask: from whence – from whom – do the goods to be communicated come?

'Imagine you are a highly placed man (*prelatus*) or a scholar. You ought to ponder from where you have it: you do not have it from yourself, but from God, so that you may subject yourself to him. And this realization not only takes away pride, but even brings on humility. For as the gifts increase, the reasons for giving honour increase; the more goods you have, the more obliged you are to God. But someone who does not know that the goods he has come from God cannot thank God. Because of this [I say]: think this over, that whatever you have, you have from God, and that you are bound to give him thanks or, better, give him thanks in return. Then those gifts will not lead to pride.'[15]

In accounting for creaturely knowing in the order of love, recognition of cognitive sources precedes study of cognitive subjects. In the same way, a theological description of the ways in which one creature instructs another begins by giving an account of the ways in which teachers themselves have been taught:

'the mountains are themselves illumined by beams. Similarly, the sacred teachers of minds first receive the splendour. Like mountains the teachers are illumined by the first beams of divine wisdom.'[16]

God employs human teachers as proximate causes of knowledge; above all, the prophets and apostles, but also other human instructors and exponents of revelation. To the loving divine work of instruction and illumination there corresponds a human work; *doctrina* has both a principal (divine) and a ministerial (creaturely) agent. In his discussion of the teacher in *De veritate* XI, Aquinas seeks to dispel the idea that 'only God teaches'.[17] Certainly, 'God alone teaches men interiorily and principally',[18] implanting in creatures the innate principles of knowledge. But more has to be said: the order of love which God founds and of which the relation of teaching forms part, does not exclude *causas propinquas*,

'attributing solely to first causes all effects that happen in lower natures'. Rather, 'the order of the universe [...] is made up of the order and connection of causes, since the first cause, by the pre-eminence of its goodness, gives other beings not only their existence, but also their existence as causes'.[19]

In short: 'the fact that God is our teacher does not make it impossible for man truly to be called teacher'.[20] There is not only the relation of divine *doctrina* and creaturely

[15] *Aquinas*, 'Sermon 13: Homo quidam fecit cenam magnam', in The academic sermons (Washington: Catholic University of America Press, 2010), 187.

[16] *Aquinas*, 'On the commendation of Sacred Scripture', in Thomas Aquinas. Selected writings, ed. R. McInerny (London: Penguin, 1998), 12.

[17] *Aquinas*, De veritate XI.1 obj. 16.

[18] Ibid., XI.1 corp.

[19] Ibid., XI.1 corp.

gratitude, but also the human relation of *disciplina*, learning through instruction in which received goods are handed on.

Risen from the dead and possessed of all authority, Christ clothes the church with his Spirit and establishes it as an apostolic society. In this society, he sets some to serve in a lateral relation of instruction to their fellow believers and their unbaptised neighbours. There is a doctrinal apostolate, appointed to share the gospel's intellectual goods to the enrichment of others. Christian theology is an instance of this apostolic activity.

This lateral relation of loving distribution of received goods of knowledge refers back to that by which it is made possible: the act and matter of divine teaching which theological intelligence first contemplates. Contemplation is the cognitive act in which creatures gaze upon some lovable reality which is desired and the attainment of which produces delight. Contemplation differs from studious investigation: where study is discursive and analytical, contemplation is direct and affective. In theology, contemplation and study are not opposed, because both are born of love of their common object, and each may give rise to the other. When theological study is properly directed and accompanied by grateful docility, it will include a movement of *reduction*, tracing the elements of its object of analysis to their ground in God who is the object of the mind's love; in this way, study prepares for and disposes towards contemplation. In its turn, contemplation prompts the range of intellectual activities which make up theology as a discipline and through which it acquires an academic form.

Contemplation and study are activities in the apostolic order of society which regeneration re-institutes, and the goods which in their different ways they receive and enjoy are gifts to be shared. Contemplation and study are therefore parts of the active life of theological reason by which it is ordered to love of neighbours in teaching. This is not to instrumentalize contemplation and study; it is simply to indicate that theology *in via* may not be detached from the society of the baptized (and the not-yet-baptized), or from the call to communicate the gospel's benefits. This is why the theologian is also to be a teacher, seeking purposefully 'to train beginners'[21], 'to prepare and instruct candidates in sacred theology for the reading of the divine Word'.[22] The order of love requires this work of generosity.

[20] Ibid., XI.1 s.c. 3.

[21] Aquinas, Summa theologiae, Prologus.

[22] Calvin, Institutes of the Christian Religion 1559, 'To the Reader'.

Jürgen Moltmann

WERDEN ALLE GERETTET ODER NUR WENIGE?

Ein unvollendbares Gespräch zwischen Gnadenerfahrung und Glaubensentscheidung

1. Drei Generationen im Gespräch

Als Neunzigjähriger gratuliere ich meinem Kollegen *Christoph Schwöbel* zum 60. Geburtstag. Ich erwähne diesen Altersunterschied nur, um drei Theologengenerationen, die ich erlebt habe und zu denen ich gehöre, in ihrem Gesprächshabitus zu vergleichen.

Als ich 1948 in Göttingen zu studieren begann, herrschte in der systematischen Theologie noch die Kirchenkampfgeneration. *Ernst Wolf* und *Hans-Joachim Iwand* vertraten sie. Sie waren meine verehrten Lehrer und ich ihr glühender Anhänger. Iwand sprach mit *Friedrich Gogarten* kein Wort. Mit *Immanuel Hirsch*, dem theologischen Haupt der „Deutschen Christen", gab es keinen Kontakt. Nicht einmal über ihn wurde gesprochen, er hatte sich 1945 in Pension begeben und arbeitete einsam in seinem Haus. Wir lernten in Göttingen eine Theologie im modus des „Wir bekennen" und „Wir verwerfen" der Barmer Theologischen Erklärung von 1934. Es hat m.W. überhaupt keine Gespräche zwischen der Bekennenden Kirche und den „Deutschen Christen" gegeben, sondern nur den gegenseitigen Ausschluss. Im Gefolge des Kirchenkampfes dachten auch wir in Freund-Feind-Kategorien: „Ja oder Nein", war der Titel eines Buches von *Hermann Diem*, den ich 1967 in Tübingen antraf. *Ernst Käsemann*, dem ich mich sehr verbunden fühlte, liebte den Störtebeckerspruch: „Gottes Freund und aller Welt Feind". Diese Theologengeneration war mit Entschiedenheit, aber nicht mit Gesprächsbereitschaft begabt, weil sie jeden Kompromiss für faul hielt: „Ja oder Nein, und niemals wollen wir lauwarm sein!" Aber Iwand war der Erste, der nach dem Krieg Kontakt mit der russischen Orthodoxie suchte und akzeptiert wurde. Er gründete in Prag mit *Hrodmadka* die Friedenskonferenz. Sie sollte dem Dialog von West und Ost dienen.

In meiner Generation wollten viele aus dieser orthodoxen Binnenkirchlichkeit ausbrechen und eine Theologie „mit dem Gesicht zur Welt" (Johann Baptist Metz) versuchen. So gerieten wir über eine Politische Theologie in den Dialog mit den Ideen und Ideologien der „Welt". Ein Dialog war für uns dann notwendig, wenn eine konkrete Not vorlag. Das war der christlich-marxistische Dialog, den die katholische Paulus-Gesellschaft organisierte in Salzburg, Herrenchiemsee und zuletzt 1967 im tschechischen Marienbad. Daran beteiligten sich *Ernst Bloch, Karl Rahner, Milan Machovec, Roger Garaudy, Metz*, ich selbst und viele andere. In der geteilten Welt des „Kalten Kriegs" gab die äußere Situation die Notwendigkeit zu diesem Dialog her: „Wenn wir jetzt nicht miteinander reden, werden wir einmal auf einander schießen". 1968 beendeten die Panzer der Sowjetunion, die in Prag einrückten, diesen Dialog. 21 Jahre später war die Sowjetunion am Ende.

Der andere Dialog wurde notwendig „nach Auschwitz". Es war der christlich-jüdische Dialog. Er wurde öffentlich auf den Kirchentagen durchgeführt, aber es bildeten sich auch Gruppen in allen Landeskirchen. Es ging um die Überwindung des jahrhundertealten offenen oder latenten Antisemitismus der christlichen Kirchen in Vorurteilen, Liturgien und Theologien. Der Synodalbeschluss der evangelischen Kirche im Rheinland 1980 war ein Ergebnis dieses Dialogs, die „Bibel in gerechter Sprache“ ein anderes. In der systematischen Theologie stritten wir heftig mit den Bultmannianern und mit *Wolfhart Pannenberg*: Da die Wahrheit eine ist, kann es nicht zwei verschiedene Aussagen über sie geben. Mit Pannenberg konnte man herrliche Streitgespräche führen. Karl Barths „Kirchliche Dogmatik“ saß uns im Nacken, als Pannenberg und ich christliche Theologie als eschatologisch orientierte Theologie mit Gerhard von Rads „Theologie des Alten Testamentes“ im Rücken entwarfen und Kritik von allen Seiten ernteten. In der Politischen Theologie wurde der „Kampf dem Atomtod“ und „ohne Rüstung leben“ für manche zur Bekenntnisfrage. Sie waren streitbereit, aber nicht besonders gesprächsfähig. Diese Streitkultur ist heute verschwunden.

Jetzt kommt eine Theologengeneration, die nicht nur gesprächsbereit, sondern auch gesprächsfähig ist. Auf katholischer Seite entsteht eine „kommunikative Theologie“, die in Tübingen von *Bernd Jochen Hilberath* vertreten wird; auf evangelischer Seite gibt es seit einiger Zeit schon die international angelegte „relationale Theologie“ von *Christoph Schwöbel*. Ich fand den Titel auch in den USA für die bekannte Prozesstheologie. Wo wir einzelne Dialoge führten, wollen sie methodisch feste Relationen für die Theologie etablieren. „Gott im Gespräch“ und wir Menschen sind nach Hölderlin „ein Gespräch“, lesen wir bei Christoph Schwöbel. In der Reformationszeit gab es Disputationen, nach denen Fürsten oder Magistrate sich für den alten oder neuen Glauben entscheiden mussten. In den Parlamenten gibt es Diskussionen, nach denen die Abstimmung erfolgt. Ein Plädoyer gehört in eine Gerichtsverhandlung. Eine Besprechung dient der Übereinkunft und eine Verabredung ist eigentlich kein Gespräch. Ein „echt“ genanntes Gespräch dient der Kommunikation und diese dient der Kommunion, der lebendigen Gemeinschaft in Beziehungen. Ein „offen“ genanntes Gespräch gelingt am besten ohne Zeitdruck und ohne Sachzwang. Obwohl das „Gespräch“ vom Sprechen kommt, ist doch das Zuhören die Bedingung für ein „gutes“ Gespräch. Die Talkshows im Fernsehen haben das echte, offene und gute Gespräch ins Gegenteil verwandelt: Die Leute fallen einander ins Wort, lassen sich gegenseitig nicht zu Wort kommen und reden im Normalfall laut aneinander vorbei. Eine relationale Theologie muss sich gegen diese Persiflagen des Gesprächs durchsetzen. Eine Gesprächskultur wäre ihr unschätzbarer kultureller Beitrag.

2. Werden alle gerettet oder nur wenige?

Es gibt theologische Fragen, die nur mit Ja oder Nein beantwortet werden können. Es gibt aber auch Fragen, die nicht mit Ja oder Nein beantwortet werden können, weil die Antwort nicht in den Händen von uns Menschen liegt. Sie sind seit Anfang des christlichen Glaubens umstritten. Jede Antwort mit Ja oder Nein bleibt vorläufig und revisionsfähig. Diese Frage gehört dazu. Ich will die Argumente für ein Ja oder Nein in Form eines Gespräches zwischen der Gnadenerfahrung und der Glaubensentscheidung vorstellen, um das „Gespräch“ auch in der Dogmatik zu versuchen.

1. *Der Glaube spricht:* „Wer da glaubt und getauft wird, der wird selig werden; wer aber nicht glaubt, der wird verdammt werden“ (Mk 16,16). Also: „Geht ein durch die enge Pforte, denn die Pforte ist weit und der Weg breit, der zur Verdammnis führt,

und ihrer sind viele, die darauf wandeln. Und die Pforte ist eng und der Weg schmal, der zum Leben führt, und wenige sind es, die ihn finden" (Mt 7,13.14).
Die Gnade antwortet: Aber es steht auch geschrieben: „Gott will, dass allen Menschen geholfen werde und sie zur Erkenntnis der Wahrheit kommen, denn es ist ein Gott und Mittler zwischen Gott und den Menschen, nämlich der Mensch Christus Jesus, der sich selbst gegeben hat *für alle* zur Erlösung, dass solches zu seiner Zeit gepredigt werde" (1 Tim 2,5.6).

2. *Der Glaube:* Gott kann nur dem helfen, der sich helfen lässt. Gnade ist ein Angebot Gottes in letzter Stunde. Wer sie ausschlägt, ist verloren, wer sie ergreift, wird gerettet. Glaube ist die Voraussetzung für das Heil, Unglaube führt in die Hölle.
Die Gnade: Mein lieber Glaube, hältst du Gottes Willen für so schwach, dass er zwar allen Menschen helfen will, es aber nicht kann ohne die Mithilfe der Menschen? Hältst Du die Menschen für so stark, dass sie mit Gottes Gnadenwillen machen können, was sie wollen? Was Gott will, das wird er auch tun, denn Gott ist Gott. Das glaubst Du doch auch?

3. *Der Glaube:* Ich glaube, dass „der Mensch gerecht werde ohne des Gesetzes Werke, allein durch den Glauben", wie Paulus Röm 3,28 schrieb und Martin Luther übersetzte. Der „aus Glauben Gerechte wird leben" (Röm 1,17). Also rechtfertigt Gott nur den Glaubenden, die Ungläubigen aber bleiben unter dem Zorn Gottes. Ich bin gerecht, weil ich glaube.
Die Gnade: Ich danke Dir, dass Du auf den Glauben zu sprechen kommst, denn: Was glaubt denn der Glaube? Nach dem von Dir zitierten Apostel Paulus, glaubt der Glaube, dass „Gott die Gottlosen gerecht macht" (Röm 4,5). Nach demselben Paulus glaubt der Glaube auch, dass „durch eine Gerechtigkeit – das ist Jesus Christus – die Rechtfertigung des Lebens über alle Menschen gekommen ist" (Röm 5,18). Dem Menschen widerfährt die Gnade nicht, weil er glaubt, sondern damit er glaubt.

4. *Der Glaube:* Aber es gibt doch den Unterschied zwischen Heil und Verdammnis. Kommt Deine Gnade nicht durch das Wort des Evangeliums, das Menschen zum Glauben ruft, aber sie doch nicht zwingt. Durch Überzeugung, nicht durch Gewalt kommt der Glaube. Es ist zwar nicht des Menschen Verdienst, wenn er glaubt, aber es ist doch seine eigene Schuld, wenn er nicht glaubt. Also richtet sich die verkündigte Gnade doch an den freien Willen im Menschen, der glauben oder nicht glauben kann.
Die Gnade: Gewiss ist des Menschen Wille frei im Umgang mit Objekten und auch frei in der mitmenschlichen Atmosphäre des Vertrauens, aber Gott ist Gott und weder ein Ding noch ein anderer Mensch. Vor Gott erkennt der Mensch seine wahre Kondition: Die Sünde, die ihn von Gott trennt, und die er nicht überwinden kann. Also muss Gott seinen, durch die Sünde versklavten Willen befreien. Die Vergebung der Sünde ist der Anfang des Glaubens.

5. *Der Glaube:* „Niemand wird von Gott vorherbestimmt, in die Hölle zu kommen, nur eine freiwillige Abkehr von Gott, eine Todsünde, in der man bis zum Ende verharrt, führt dazu", sagt der katholische Katechismus von 1992, und die Erklärung der anglikanischen Doctrine Commission „The Mystery of Faith" von 1995 behauptet sogar: „Nevertheless it is our conviction that the reality of hell (and indeed heaven) is the ultimate affirmation of the reality of human freedom" (198). Was sagst Du dazu?

Die Gnade: Ich bin höchst erstaunt: Früher stand der unergründliche Ratschluss Gottes im Zentrum. Gott ist es, der erwählt und verdammt, der rettet und richtet, und die Menschen beugten sich in Gottesfurcht. Heute steht der verantwortliche Mensch im Zentrum. Der freie, selbstherrliche Mensch ist seines eigenen Glückes Schmied oder sein eigener Totengräber. Will er in den Himmel kommen, dann glaubt er und führt ein gutes Leben, will er in die Hölle kommen, dann genießt er die Todsünden. Gott wird zum Erfüllungsgehilfen dieses herrlichen Menschen im Jenseits. Himmel und Hölle werden zu Bildern der menschlichen Willensfreiheit Gott gegenüber. Ich finde nichts Christliches und nichts Theologisches in diesen Vorstellungen.

6. *Der Glaube:* Wenn mein Glaube meine Entscheidung ist, dann ist diese Entscheidung auch mit Scheidung verbunden: hier der Glaube – dort der Unglaube. Haben diese Entscheidungen und Scheidungen nicht Bedeutung für die Ewigkeit? Richtet Gott nicht nach der Glaubensentscheidung und scheidet im Gericht die Schafe von den Böcken?
   Die Gnade: Ich bin die Gnade Gottes: Ich sehe nicht auf die guten Taten der Menschen oder auf ihre Glaubensentscheidung, ich bin das Erbarmen Gottes mit allen elenden und verlorenen Menschen. Darum bin ich universal: „Gott hat *alle* beschlossen unter den Unglauben, auf dass er sich aller erbarme“, sagt mein Zeuge Paulus Röm11,32. Wenn die Entscheidung zum Glauben die Menschheit in Gläubige und Ungläubige scheidet, kann das sehr gefährlich für die Ungläubigen werden, denn sie sind die Verdammten in den Augen der Erlösten. In der Islamauslegung der ISIS in Syrien und dem Irak wird getötet, wer nicht wie sie glaubt. Theologen sollen mit der großen Barmherzigkeit Gottes, des „All- Erbarmers" beginnen und nicht darum streiten, wer ein guter Gläubiger ist und wer nicht.

7. *Der Glaube:* Wenn am Ende alle gerettet werden, warum sollen sich Menschen die Mühe machen zu glauben? Und wozu ist die Kirche dann da?
   Die Gnade: Glaube ist keine Mühe, sondern eine Freude an Gott. Diese Freude ist schon der Anfang der Erlösung von den Zwängen der alten Welt und der Anfang der Freiheit im weiten Raum Gottes. Die Kirche ist, wie der Apostel Paulus von sich sagt. nicht der Herr über den Glauben von Menschen, sondern der Diener ihrer Freude.

8. *Der Glaube:* War da nicht immer an Deiner Seite Dein dunkler Begleiter: der Zorn Gottes, die dunkle Seite Gottes, das verborgene Angesicht Gottes, *hester panim*? Sünder fühlen sich doch in den Händen eines zornigen Gottes. Wo Licht ist, da muss auch Schatten sein, wo Gutes ist, da ist auch Böses, wo der Himmel winkt, da muss auch die Hölle drohen. Wenn es keine ewige Qual gibt, dann gibt es auch keine ewige Seligkeit.
   Die Gnade: Sagst Du das aus theologischer Einsicht oder um der Symmetrie willen wie einst Augustin? Der Zorn und die Gnade Gottes sind doch nicht von gleichem Gewicht. „Sein Zorn währt einen Augenblick, und lebenslang seine Gnade“ (Psalm 30,6). Der Zorn ist kein Hass, sondern nichts anderes als verwundete Liebe. Darum steht der Zorn nicht als gleichwertiger Partner neben mir, sondern er steht überwunden hinter mir. Ich habe meinen Schmerz über die Sünde meiner Kinder in mir selbst überwunden und komme ihnen voller Erbarmen entgegen. Darum können auch in der Welt Gutes und Böses niemals gleichwertig sein. Das Böse ist die Ver-

neinung des Guten, darum sprechen wir von dem Bösen als dem „Unguten", aber doch nicht vom Guten als dem Unbösen. Gerade weil Gutes ewig ist, kann Böses unmöglich ewig sein. Weil das Heil Gottes ewig ist, kann die Hölle nicht gleichwertig ewig sein. Weil das Heil ewig ist, hört das Unheil, Tod, Elend und Hölle auf.

9. *Der Glaube:* Also in meiner theologischen Tradition ist das Jüngste Gericht doch ein Zornesgericht Gottes, ein Gericht nach den Werken der Menschen. „Dies irae, dies illa, solvet seclum in favilla", sang man im Mittelalter. Gott zieht die Menschen zur Verantwortung für alles, was sie getan und verfehlt haben. Er bestraft und belohnt nach seiner endgültigen Vergeltungsgerechtigkeit: Gutes mit Gutem, Böses mit Bösem. Dann kommen die Frommen in das Reich der Herrlichkeit. Die Gottlosen werden in das Reich der ewigen Finsternis verstoßen. Mit dem Endgericht kommt das Ende dieser Welt. Außer Engeln und Menschen wird alles, was dieser Welt angehört, durch Feuer verbrannt werden und in nichts sich auflösen. Das Gerüst der Welt wird nicht mehr benötigt, wenn die Seligen im Himmel Gott unmittelbar von Angesicht zu Angesicht schauen werden. Die Entscheidung des Glaubens hat darum Ewigkeitsbedeutung, und die des Unglaubens auch. Es fällt letzter Ernst auf alles, was Menschen tun.
Die Gnade: In meiner Perspektive geht es im Gericht Gottes nicht zuerst um die Täter guter oder schlechter Werke, sondern um die Opfer des Bösen und der Gewalttat. Darum beginne ich mit dem *Gericht nach den Leiden*. Den Opfern der Sünde muss Gerechtigkeit widerfahren. Denen die Gewalt leiden, muss Recht geschaffen werden. Sie müssen aufgerichtet, zu ihrem Recht gebracht, geheilt und ins Leben gebracht werden. Die Täter werden nicht endgültig über ihre Opfer triumphieren. Triumphieren wird Christus, der auf der Seite der Opfer steht. Seine Gerechtigkeit ist für die Opfer der Sünde eine Recht schaffende Gerechtigkeit, die Wunden heilt, Tränen abwischt und den Ermordeten neues Leben schafft. Warum? Weil der Richter im Endgericht Jesus Christus, der gekreuzigte Menschensohn ist, und mit ihm erscheinen seine „geringsten Brüder und Schwestern", die Armen, Kranken, Gefangenen (Mt 25). Die Täter werden im Angesicht ihrer Opfer gerichtet. Sie werden aus ihrem Unrecht zurechtgebracht werden. „Wird jemandes Werk verbrennen, so wird er Schaden leiden, er selbst aber wird selig werden" (1 Kor 3,15). ich befreie die Opfer der Sünde und die Knechte der Sünde von der Macht der Sünde, die sie beherrscht. lm Gericht geht es gegen die gottlosen Mächte Sünde, Gewalt und Tod. Die Erde muss gereinigt werden von allen gottlosen Mächten. Das Endgericht ist nicht das Ende der Welt, sondern der Anfang der Neuschöpfung aller Dinge. lm Gericht wird die Gottesverheißung erfüllt werden: „Siehe, ich mache *alles* neu" (Offb 21,4). Die Urteile im Endgericht sind nicht nur auf die Vergangenheit und nicht nur auf Menschen, sondern auch auf diese Zukunft und auf den ganzen Erdkreis bezogen (Psalm 96,10 – 13), damit eine neue Erde entsteht, auf der Gerechtigkeit wohnt.

10. *Der Glaube:* Gibt es dann keine Hölle mehr? Was wird aus den Ungläubigen? Ich gebe zu, dass die Vorstellungen und Bilder der Hölle, die wir in Kirchen und Theologien finden, einer religiösen Folterkammer gleichen, aus denen nicht einmal der Tod erlöst. Der byzantinische Kirchenvater Chrysostomos sagte, die Hölle sei „ein Land des ewigen Todes, darin kein Leben ist, der Ort der Finsternis, darin es kein Licht

gibt, ein Abgrund, aus dem die Verdammten seufzen, aber kein Ohr finden, das sie hört. Alle Sinne werden da gequält, das Sehen durch ewige Finsternis, Hören durch Heulen und Zähneklappern, Riechen durch Schwefelgestank, Schmecken durch des ewigen Todes Bitternis, Empfinden durch ewige Qual". Die lutherische *Confessio Augustana* von 1530, Art. 17 ist etwas kürzer: „Die gottlosen Menschen aber und die Teufel werden in die Hölle und zur ewigen Strafe verdammt". Die *Doctrine Commission* der Kirchen von England hat endlich 1995 die Hölle abgeschafft und durch „das totale Nichtsein" ersetzt. Wie immer man sich die Hölle vorstellt, wenn man die Faszination des Schreckens und jeden Sadismus abzieht, so bleibt doch eine unentrinnbare Gottesferne und eine ausweglose Gottverlassenheit übrig, die den Gottlosen und Ungläubigen nach dem Tode drohen. Die Rede von der Hölle ist unverzichtbar, um den Ernst der Lage des Menschen vor Gott klar zu machen.

Die Gnade: Mein lieber Glaube, wenn Du an die Hölle denkst, warum denkst Du dann an die Ungläubigen und machst Dir Gedanken über deren Schicksal? Sieh auf Jesus Christus, der für Dich und die Ungläubigen gestorben und zur Hölle gefahren ist und in seiner Auferstehung Euch allen die Zukunft des Lebens eröffnet hat. „Sieh auf die Wunden Christi, da ist Dir Deine Hölle überwunden", schrieb Luther 1519. Warum ist Christus in die Hölle gefahren? Weil er die „Schlüssel des Todes und der Hölle" (Offb 1,18) in den Händen hält. Was macht er mit diesem „Schlüssel"? Er schließt die Tore des Todes auf, um die Toten zu erwecken, und öffnet die Höllenpforte, um die Gottlosen aus der Gottesferne zu erlösen. Durch seine Höllenfahrt wird Christus selbst zur Hoffnung der Verzweifelten. Christus kommt, um zu suchen, was verloren ist. Es wäre eine Tragödie für ihn, wenn es Verlorene gäbe, die er nicht hat finden können. Durch seine Auferweckung aus der Hölle hat Gott durch diesen Einen die Hölle zerstört und die neue Welt begonnen, in der Gott „sein wird alles in allen" (1 Kor 15,28). In dieser Allgegenwart Gottes kann es keine Bezirke der Gottferne mehr geben. In ihr geht es nicht nur um das Schicksal der Menschen, sondern zuerst um die Überwindung und Vernichtung aller gottfeindlichen und gottlosen Mächte, damit Gottes bleibende Schöpfung gerecht und unzerstörbar werde. Die neue Welt Gottes ist der Himmel auf Erden, und es gibt in ihr keine Unterwelt des Todes und der Hölle mehr.

11. Schluss:

So spricht zuletzt die Gnade zum Glauben: Du bist mein liebstes Kind. Bei allen Menschen rufe ich nach Dir, warte auf Dich und hoffe, Dich zu sehen. Du bist meine Freude, mein Echo, meine Resonanz, meine ersehnte Antwort. Um deinetwillen komme ich. Ich gehe am hellen Tage herum mit der Laterne des Evangeliums und suche Dich in den Herzen und dem Verstand aller Menschen, groß und klein, Frauen und Männern, Juden und Heiden, Gebildeten und Ungebildeten. Wenn ich Dich gefunden habe, finde ich meine Freude und wir feiern das Fest des Lebens.

So spricht der Glaube zur Gnade: Alles verdanke ich Dir, Du meine Erlöserin, mein Befreier, meine Mutter. Ich bin nichts, Du bist alles. Nicht nur für mich bist Du da. Du bist bedingungslos und kommst allen zuvor entgegen. Wenn ich durch Dein Erbarmen gerettet werden kann, wer kann dann nicht gerettet werden? Wen umarmst Du dann nicht?

So sprechen die universale Gnade und der partikulare Glaube gemeinsam: Wir loben und preisen den gerechten und barmherzigen Gott, Vater, Sohn und Heiligen Geist. Alles, was im Himmel und auf Erden und unter der Erde ist, wird sich öffnen, denn Du verherrlichst Dich an allen. In Deiner Verherrlichung liegt die Rettung aller Menschen und die Schönheit aller Dinge. Sie spiegeln Deine Vollkommenheit und singen Dir ihre Loblieder.

Wenn wir auf dieses Gespräch zwischen Gnade und Glaube hören, können wir die Frage, ob Alle oder nur wenige gerettet werden, nicht beantworten. Wir müssen die Entscheidung Gott überlassen. Alle unsere Antworten sind menschlich, zeitlich und vorläufig. Ob wir an „alle" denken oder an „wenige", wir beten gemeinsam für die Ungläubigen und hoffen für sie.

Robert W. Jenson

DIVINE CONVERSE, AND THE POSSIBILITY OF PRAYER

As I understand Christoph Schwöbel's remarkable continuing project, he takes up a commendable human activity such as – to make up a logically uncomplicated and otherwise conveniently over-simple example – peace-making, analyzes how it involves appropriate dialog, and points to the impediments encountered by peace-makers when this dialog is neglected or repressed. Along the way he shows how these relations are founded by the reality of dialog in God himself. It is neither a complaint nor a criticism when I observe that the two elements of our volume's title seem differently related to each other than are such things as peace-making and dialog. May not the title delineate a project that variously overlaps with Schwöbel's own, and could finally be melded with it, but is initially distinct?

If rationality and dialog themselves and as such are indeed differently related than are – continuing with my made-up case – peace-making and dialog, this is because the latter couple are specifiable as distinct phenomena while rationality as such and dialog as such are not. One factor of the latter pair's mutual entanglement is that what counts as rationality varies with the character of the phenomenon to whose particular dialog it belongs, and vice versa. Consider, for example, what "rational" must mean within rational-choice theory as against what it must mean in claims that it is rational to trust in God. Or in a family argument: "Just be reasonable, can't you?" Vice versa, consider what the dialog-partners must be in a rational-choice exercise, minds abstracted from embodiment. Or who they must be on faith's assurance that trusting God is in its own way a rational thing to do, triune hypostases (Note the plural; we will come back to that.) and at least one believer.

For a second difference of the pair rationality and dialog from such pairs as peace-making and dialog, *both* "rational" "and "dialog" are what are sometimes called "success words". One works at achieving rationality, but in a given context one either succeeds and then simply is at that point and for that case rational, or at least for the moment fails. One labors at breaking through to the other, but when one is granted this, there simply is dialog going on, pleasing or not. Thus neither term of our assignment is of the same logical sort as such work as peace-making, which always remains a struggle; the success-word here would be "peace". Neither rationality nor dialog is an effort to achieve the other.

If we consider these two phenomena together, rationality and dialog look very much like making two poles of some one reality, and their mutuality a beneficent circle. The thought is then nearly irresistible – at least for me: Do we not here encounter a fairly overt bit of trinitarian naming? Supplying a missing name, do not "Reason", "Rationality" and "Dialog" make good Augustine-style names for the Father and the Son and the Spirit – and surely we can be less rigidly apophatic with such language than is Augustine himself? And is not their circling a trinitarian *perichoresis*?

What would discourse with such language be about? The "immanent" Trinity? Or the "economic" Trinity"? Or perhaps the christological point where these are one? I will go with the third of these suggestions, since I believe it points most evocatively to truth – a Lutheran prejudice that I will not argue here – and because it eliminates the back-and-forth set going by either of the other two.

And this is the place to note that so far I have treated our title's "*Gespräch*" as if it were simply better German than "Dialog" and was chosen for that reason. But this may not have been the reason; and even if it was, I will from here on do explicitly what I have had in mind all along, and exploit a difference between them. The "dia" in "dialog" strongly suggests a two-pole relation, while a conversation can have several poles. And for what follows I need at least three.

For I need now to reckon with the problem which Hegel notoriously brought to our attention by the "Knechtschaft und Herrschaft" passage of the *Phänomenologie des Geistes.* In a merely I-thou dialog each one is for himself a subject who makes the other his object; thus each project is blocked by the other. Much recent post-Hegelian philosophy, unable to accept Hegel's own idealist resolution of this stand-off, has concluded that all converse must finally self-deconstruct in mutual alienation. Christian theology has sometimes noticed another way: the situation can be transformed by the presence of a third party.

In the triune God it is in fact so transformed – or rather, does not need to be. The Spirit is the Liberator, both in the economic Trinity and in the immanent Trinity. The Father speaks the Son; the Son answers the Father – and now think what the state of things divine would be if God were otherwise like a created father and son, and if there were no familial third at hand. In God as he in fact is, the Spirit liberates the Father and the Son for one another. For the Spirit is not – as in too much western theology – the sheer love-between-them, an impersonal *vinculum amoris,* link of love, but rather the active Lover who gives himself to them and *so* lets them love one another, who is – if you like – a *donor amoris.* Just so their conversation is freed from Hegel's stand-off.

I will now try to open up these relations and display how they work in God's actual life and ours, by intruding the importunate phenomenon of prayer. It is in any case importunate because in this life prayer is our most intimate involvement in the triune convesation. And in our present case it is importunate because we now have so much trouble with it.

Contrary to what is often said, petition is the basic form of Christian prayer. The body of the prayer our Lord gives us as a model consists wholly of petitions, – to which a doxology suitable for all occasions has been tacked on. And indeed creatures have little to adduce before God but our neediness; as Luther summed up human life, *"Wir sind Bettler; das ist* verum.*"* Yet just when we would embark on petition we find ourselves blocked. Does not God already know what I need? And has he not long ago – indeed eternally – decided what he will do about that? Indeed, what role can decisions, even God's own, play when it comes to such things as the temporal course of someone's disease? Must it not be, we often – perhaps subliminally – suppose, that prayer's real function is its effect on *us* rather than any effect on God? That it "opens" us to God or something of the sort? But why then *petitions* for this purpose? Why not rather Buddhist-style meditation? I suggest that a hiddenly ruling two-party model is often at the root of our difficulty.

Here I need to introduce two New Testament phenomena that may provide a way past the block. Both involve at least three speaker-hearers.

The first is another, often noted, feature of the Lord's Prayer – and its chief deviation from Jewish practice. Our Lord became infamous for addressing God as "my Father" in a fashion that seemed to claim more-than-metaphorical sonship. And with the opening of the prayer he gives us, he invites us to address his Father as ours, to – as it were – piggyback our prayers on his. We enter God's presence as co-prayers with God the Son.

The second appears especially in John's Gospel. The Son, precisely as *God* the Son, prays to the Father, precisely as *God* the Father. God prays to God – a passability noticed also, on related grounds, by rabbinic Judaism. And in the Son's Johannine prayers petition for the Son himself and for his disciples is regularly included. Moreover the Father answers – sometimes audibly to bystanders. Thus when we appear before God the Father as co-prayers of God the Son's prayer, we enter into a mutual prayer of God to God.

This appeal of God to God and back again is – and here we go a bit beyond standard inherited theology – the living reality of what we usually call Providence. Mutual advocacy made in liberated converse about joint action is what constitutes true decision-making, and, I suggest, primally with God. And – marvel of marvels! – when we pray in the Son's name, we are brought into this deciding; our little "Please heal aunt Emma" *participates in the event of Providence.* And so the matter of our plea is not "already" decided; for God's time for us is structured by his Spirit-liberated *Gespräch* in himself and with us; thus it is not laid out on a strictly linear time line, on which an iron "already" would rule.

Petition once secured in its priority, we may recognize that there is indeed a second and culminating kind of prayer, thanksgiving and praise. "Give thanks to the Lord, for he is good, for his mercy endures forever." Or just "How great thou art!" And perhaps not so quickly as with petition, but eventually we are again and similarly blocked. Surely God does not need to hear from us how great he is? He is not that sort of egotist.

Jesus' prayers in John again open a triune way through, by their discourse of divine "glory", *doxa*, and of the act of glorifying. Scripture's overall use of "glory" melds the word's two seemingly contrary secular uses, for *reputation* and for *inherent* personal weight, to be somehow both in one. Thus Scripture's "glory" can occur only if there is a sort of address that constitutes acknowledged reputation and just so creates the inner reality that justifies it. That is, if it is eucharistic – according to the ecumenical definition that a sacrament is a sign that gives what it signifies. The Spirit-freed mutual glorification of the Father and the Son is the primal and enabling reality of such eucharistic *Gespräch.* And our Eucharist is the context in which we join in this triune glorification.

God may not *need* to hear how glorious he is, but he does gloriously *delight* in it. And with that we have reached the startling heart of our title's assignment.

Marcel Sarot

TWO VIEWS OF PRAYER

1. Introduction

On a well-known view of prayer, the primary function of prayer is that the believer talks with God, thereby doing what is minimally necessary to keep up the relationship with God. The idea is that just like human love relationships need communication to keep them going, a relationship with God needs the same. I have been raised with this idea, learning it as a matter of course in Protestant schools. Only later on, I learnt about its theological roots. And still later again, I learnt that it is not the only view on prayer. There is another view, which by now I judge to be more helpful. It is to these two views of prayer, each of which has its own rationality, that I would like to devote this homage to Christoph Schwöbel.

According to Friedrich Heiler, 'Prayer is […] a living communion of the religious man with God, conceived as personal and present in experience, a communion which reflects the forms of the social relations of humanity. This is prayer in essence.'[1] Vincent Brümmer agrees: 'basic forms of prayer like petition, penitence and thanksgiving, all presuppose a personal relation with God.'[2] And John Calvin claims: 'prayer is the familiar intercourse of believers with God.'[3] John Oman explains a similar view, giving somewhat more attention to the community within which people pray:

> 'Speech is the natural mode of communication between persons, because it enables both to think the same thought, each as his own thought, being a word only as it is spoken with the understanding to the understanding. […] Prayer is […] the intercourse of the family of God, wherein our brethren are included as well as our Father. […] Its chief task is in everything to give thanks.'[4]

This view of prayer is also the idea behind the practice of 'quiet time,' the time many Christians (most of them Protestants, Evangelicals of Pentecostals) reserve for Bible reading and prayer, and to keep up their relationships with God. Websites on quiet time abound with phrases like:

> "In God's original plan, we see He sought to have a personal relationship with Adam, but sin entered the scene […]"[5] "Like any good relationship, quiet times with God need a little variety."[6] "We must put our

[1] *Friedrich Heiler*, Prayer, A Study in the History and Psychology of Religion (Oxford: OUP, 1932; rpt. Oxford: Oneworld, 1997), 358.

[2] *Vincent Brümmer*, What Are We Doing When We Pray? On Prayer and the Nature of Faith (Aldershot: Ashgate, 2008), 93. Christoph Schwöbel translated the original edition of this book into German: *Brümmer*, Was Tun Wir, Wenn Wir Beten? Eine Philosophische Untersuchung (Marburg: Elwert, 1985). See also *C. Schwöbel*, Gott im Gespräch: Theologische Studien zur Gegenwartsdeutung (Tübingen: Mohr Siebeck, 2011), 134: 'Die Anrufung Gottes im Gebet nimmt die Konstitution personaler Identität in der Gottesbeziehung als Erlaubnis der Anrede Gottes in Anspruch und bezieht so die konkrete Lebenswirklichkeit auf ihren transzendenten Grund.'

[3] *John Calvin*, Institutes of the Christian Religion III 20,16 (tr. Henry Beveridge).

[4] *John Oman*, Grace and Personality (New York: Macmillan, 1925), 176–177.

[5] http://preceptaustin.org/quiet_time_seven_minutes_with_god.htm, visited 27 August 2015.

[6] http://www.justbetweenus.org/twentyqttips, visited 27 August 2015.

relationship with God in perspective. It's a marriage. […] If He's my husband I need to REALLY act like I'm married to Him […] Whenever I slip on spending time with God I tend to be more touchy, more 'emotional' and people tend to get on my nerves. […] Why? Because I'm empty. HE fulfills me."[7]

Seen from this perspective, the prayer life of most 'ordinary' Roman Catholics looks shallow. Generally, Catholics are not very good at spontaneous, free prayer. When they pray, they often use fixed, formulaic prayers like the Lord's Prayer and the Hail Mary, and their way of rattling these off frequently strikes outsiders as irreverent. While praying formulaic prayers in itself gives rise to questions – one would not dream of communicating with a human beloved by daily repeating the same love poem! – doing this without focused attention is even more questionable. Catholics themselves, on the other hand, perceive Protestant prayer practices with a mixture of unease and admiration. The unease is certainly experienced when Catholics are expected to contribute to free prayer. They lack the vocabulary and tend to stumble through their prayer. But even listening to others praying can engender feelings of unease, for instance when the Good Lord is asked to grant the guests a safe return to their homes. For a Catholic, this is somewhat over the top. But they also admire Protestants who can address their almighty Father both intimately and reverently, even if they do so in language that is alien to Catholics.

For many years I have been living between both worlds, and thus I have gained ample experience with the mutual uneasiness. Until a few years ago, my own views were close to the Protestant perspective which I briefly introduced above, but in recent years this has gradually changed. This change has been occasioned by my discovery of the Liturgy of the Hours and the ideas behind that. By now I am aware that there's a world behind this type of prayer of which most time of my life, I had not the faintest idea. A different view of the Church is acted out in it, and once one is aware of that, the Catholic prayer practice that I criticised above becomes more palatable as well. Here I shall compare this Catholic view of prayer with the Protestant view, and analyse the underlying views of the Church. I will start from the Protestant view, articulate the Catholic view after that, and finally tease out the underlying views of the Church.

Before embarking on this project, I should sound a note of caution. *The* Protestant view and *the* Catholic view of prayer do not exist. In practice I will summarize views which I came across in Protestant and Catholic churches in the Netherlands, and which became clearer to me through my research on prayer. The view I baptize as 'Protestant' is an ideal type, parts of which are found among Catholics as well, and the other way round: traces of the 'Catholic' views are found among Protestants. I might have used quotation marks to indicate that I do not intend these terms in a literal sense, but abstained from that to enhance the readability of this contribution. I do hope, however, that the views that I distinguish ring bells with my readers, and that distinguishing them helps them to see the rationality of both views as it helped me.

[7] http://www.heatherllindsey.com/2012/01/how-to-spend-time-with-god.html#.Vd7IIPntmko, visited 27 August 2015.

2. A Protestant View of Prayer

My first acquaintance with the Protestant prayer practice dates from kindergarten and primary school. Schooldays were opened with a story from the Bible and a prayer. Teachers thanked for health, nice weather, anniversaries etc. and prayed for good schooldays, in which pupils learnt a lot and were nice to each other, for a speedy recovery of parents and children who were ill, for peace on earth and food for hungry children, etcetera. God was mostly addressed as 'Almighty Father,' and that form of address was typical for the way God was approached: As a Father who is both concerned and reliable, but who is also omnipotent and far superior to us. Jesus was not directly addressed, but every prayer was concluded with the fixed formula 'In the name of Jesus Christ, Amen.' In addition to opening the day with a Bible story and a prayer, the primary school also required the children to learn a Psalm – in a rhymed version – each week. Thus we learnt the vocabulary to be used in free prayer not only by examples of free prayer, but also from the Lord's Prayer and the Psalms. When I became a member of a children's choir later on, I noticed that the prayer practice in the Protestant Church in which we sung was not much different.

Children were encouraged to pray themselves, when rising, before meals and before going to sleep. We were taught that we could bring everything before the Lord, that there was nothing in which He was not interested or that He would judge ridiculous. In secondary school, I came in touch with Youth for Christ. The prayer practice there was not much different from what I already knew, apart from the fact that the importance of quiet time was more emphasised. While God was still conceived of as superior, the distance between God and man was smaller. I am grateful for what I learnt at school, in a Protestant Church, at Youth for Christ and at various other places. It was there that I learnt to address God, and it was there that I learnt how to address God. Probably, I would not have learnt as much in a Catholic school at the time.

When I studied theology, prayer held centre stage in the lectures of Vincent Brümmer. These lectures were to form the basis of his book *What Are We Doing When We Pray?*[8] Petitionary prayer formed the starting point of these lectures. This sat well with my experience that in practice, petitionary prayer is the most common form of prayer, even though one might argue whether this should be the case.[9] Brümmer sketched a two-horned dilemma. Is petitionary prayer intended to influence God? 'Are prayers [...] peti-

[8] *Vincent Brümmer*, What Are We Doing When We Pray? A Philosophical Inquiry (London: SCM, 1984); revised edition: *Brümmer*, What Are We Doing When We Pray? (Aldershot: Ashgate, 2008). In this article, I refer to the revised edition.

[9] On this question, the Protestant tradition is divided. According to the Heidelberg Catechism the most important function of prayer is to express thankfulness (S45 q116), but in answer to a question about the content of prayer it mentions 'everything we need, spiritually and physically' (S45 q118). In S50 q125 the Catechism arrives at a synthesis: those who bring all their needs to the Lord, may see in the fulfilment of these needs a gift of the Lord. Luther criticises the monastic prayer practice in the Roman Catholic Church, which is based on the Psalms and other fixed prayers (he describes it as a 'Tag und Nacht mörderisch heulen und murmeln'), because he thinks that this type of prayer is insufficiently petitionary. According to Luther, genuine prayer is 'Gott anrufen in allen Nöten.' 'Ein Gebet, in dem nichts von Gott begehrt wird, ist kein Gebet.' *Martin Luther*, Der Große Katechismus/Die Schmalkaldischen Artikel (Gütersloh: Gerd Mohn, ^{2}1977), 106, 109 (in the introduction to the Lord's Prayer).

tions to influence God?'[10] But God would will the best for us anyhow, even if we failed to pray. Is prayer, then, 'a kind of meditative therapy which those who pray perform on themselves?'[11] That can hardly be true either, for as soon as we would realise that prayer is intended not to influence God, but ourselves, we would stop praying. Brümmer solved this dilemma by suggesting that prayer is neither intended to influence God nor to influence the petitioner, but to influence the relationship between both. 'If we rather suppose that petitionary prayer is aimed at affecting the *relation* between God and the petitioner, and also take this relation to be a *personal* one, then petitionary prayer must be aimed at affecting both God and the petitioner. God is asked to act, and as petitioners we make ourselves available as secondary causes through which God can act.'[12]

In support of this view, Brümmer draws on John Calvin, for whom prayer was 'a perpetual exercise of faith.'[13] Calvin devoted the longest chapter of his *Institutes of the Christian Religion* to prayer. It is by prayer, Calvin argues, that we achieve 'those riches which are treasured up for us with our heavenly Father.'[14] Also Calvin asks the question whether God does not know what we need without our asking Him. He answers that by praying we train ourselves to long with ardent desire for God. Moreover, by laying our hearts open to God and giving Him insight to all our wishes, we train ourselves not to entertain wishes of which God would not approve. In the same vein Calvin mentions a number of other important effects of prayer on the hearts of believers.[15] For this it is important that we concentrate and do not let our minds wander. Our disposition when praying is crucial. Calvin articulates four rules of right prayer:

(1) Reverently, which also means: Concentrated. We should not let ourselves not be distracted by wandering thoughts.[16] 'In all prayer, public and private, the tongue without the mind must be displeasing to God. Moreover, the mind must be so incited, as in ardor of thought far to surpass what the tongue is able to express.'[17]

(2) From a sincere sense of want, and with penitence.[18]

(3) Humble, with suppression of all pride.[19]

(4) With confident hope.[20]

It is also important that we do not invoke the intercession of the saints, and pray in Jesus' name only.[21] Though for Calvin 'personal relationship' is no key term, this term may with justification be used to characterise the framework in which he places prayer. In prayer the believer intimately addresses her or his God.

For Calvin the ideal form of prayer is not the prayer of a community of believers, but private prayer behind closed doors. The command to pray without ceasing (1 Thess.

[10] *Brümmer*, What Are We Doing? 15.
[11] Ibid., 14.
[12] Ibid., 67–78. I corrected 'cause' into 'causes.'
[13] Ibid., 15, quoting *Calvin*, Institutes III 20.
[14] *Calvin*, Institutes, III 20,2.
[15] Ibid.,, III 20,3.
[16] Ibid., III 20,4–5.
[17] Ibid., III 20, 33; cf. III 20, 6.
[18] Ibid., III 20,6–7.
[19] Ibid., III 20,8–10.
[20] Ibid., III 20,11–12.
[21] Ibid., III 20,18–27.

5:17) applies first of all to private prayer, rather than to the public prayer of the church, that is by necessity limited to certain hours.[22] This does of course not mean that Calvin is in any way opposed to community singing and praying; on the contrary![23] His focus is, however, on the intimate intercourse between God and the individual believer.[24] In the second half of the seventeenth and in the eighteenth century this emphasis on the personal relationship was reinforced by the emergence of pietism. In Germany, it was expressed in hymns like 'Jesu, meine Freude' and 'Ich will dich lieben meine Stärke,' in the Netherlands the Psalms were increasingly interpreted as spiritual songs of the individual. Psalm 23 then becomes an individual testimony that Jesus is my shepherd, or a petition of the individual for Jesus to become one's shepherd.[25]

3. A Roman-Catholic View of Prayer

Rattling off prayers and invoking saints are not the Roman-Catholic prayer practices that are most worthy of mentioning. Two other practices, closely related to each other, are more central to the Catholic liturgical and prayer practice. The first of these is the monastic prayer practice. The religious who participate in that spent a large part of their days – and sometimes even most of it – praying in their churches or in their own hermitages. It is their chief activity, and everything else they do is of subordinate importance. The second is the Divine Office. It belongs to the public image of priests that they recite their breviaries. Films and advertisements conjure up the image of a portly priest walking through the garden of his presbytery, mumbling the prayers from their black breviaries. Intuitively, we see this as an image from the past rather than as the depiction of a present reality. To say the least, this practice has become less visible.

Praying the Divine Office used to be a complex and demanding task, requiring the priest to pray at fixed moments of the day a series of set prayers. These were: matins, lauds, prime, terce, sext, none, vespers and compline. The Psalms formed the main part of the breviary; in fact, the whole Psalter was prayed every week.[26] For clergy, praying the Divine Office was not voluntary, but mandatory; according to the Code of Canon Law of 1917 it was an important moral obligation to recite all the prescribed prayers in full every day before midnight.[27] In practice this often meant that a priest after completing his pastoral duties of the day, had the whole of the Divine Office of that Day still before him, to be completed before midnight. Under circumstances like these, it is not difficult to understand that when after Vatican Two lay believers stopped making their confession, many priests stopped praying the Divine Office. Like confession, the Divine Office

[22] Ibid., III 20,29.

[23] Ibid., III 20,30.32.

[24] Cf. *Calvin's* Commentary on Isaiah, ad 63:16.

[25] Personal communication by *Dr Arie Eikelboom.*

[26] At Vatican II, the Constitution on the Sacred Liturgy Sacrosanctum Concilium (SC) decreed a change in this practice: 'So that it may really be possible in practice to observe the course of the hours [...], the psalms are no longer to be distributed throughout one week, but through some longer period of time.' (91).

[27] See Codex Iuris Canonici (1917), can. 135; on the internet: http://www.jgray.org/codes/cic17lat.html

was never officially abolished. It was simplified and modernised: besides lauds and vespers only the office of readings, the daytime prayer and the compline were left over. In addition, a number of other innovations took place, including the translation of the texts of the Divine Office into the national language. The current edition of the ordinary form of the Liturgy of the Hours dates from the 1980s and was published in four volumes.[28] In spite of the simplifications it remains a complex whole, so that many seminarists have sighed at one time or another: 'Lord, teach us to thumb.'

Many of the priests who stopped praying the Divine Office in the 1960s have never resumed the practice. However, the younger generations of clergy attach value to the Liturgy of the Hours, and the theology underpinning this practice is of crucial importance for the Catholic Church's understanding of its own prayer practice. That is my reason for discussing it here. It is important that we realise that the Liturgy of the Hours is in principle identical with the monastic prayer practice. It is seen as 'a duty for the Church' (SC 85) to be performed by religious, clerics and other believers together (and in that order). Officially, religious communities, convents and monasteries are expected to pray large parts of the Liturgy of the Hours,[29] while other clergy are supposed to pray the Liturgy of the Hours as well, but the mandatory character is less emphasised than in the past, and it is recognised that it will not always be possible to pray the whole of the Liturgy of the Hours (GILH 25, 28–30). 'Ordinary' believers are encouraged to pray parts of the Liturgy of the Hours.[30]

What is the leading idea behind the Liturgy of the Hours? Why is the Liturgy of the Hours important? Firstly, praying the Liturgy of the Hours is seen as a fulfilment of Jesus' commandment to always pray and never give up (Lk. 18: 1), which finds an echo in the Pauline 'Pray continually' (1 Thess. 5:17; cf. SC 86). In fact, this is what 'Liturgy of the Hours' means: a liturgy that sanctifies (all) the hours. Through the Liturgy of the Hours, the Church intends to sanctify the hours of the day with prayer (cf. SC 86, 94; GILH 1, 11, 29).[31]

The Church does not see this prayer primarily as a prayerful response to God's action, but as a continuation of an initiative of Godself, in particular as a continuation of Jesus' prayer. The Gospels record how during his earthly life, Jesus was perceived to be a man of prayer (GILH 4); the Church sees it as her task after His Ascension to continue the prayer of Christ without interruption (GILH 28). It is for this reason that the Psalter constitutes the main part of the Liturgy of the Hours: the Psalter was Jesus' prayer book, and by praying the Psalms the Church continues Jesus' prayer (GILH 108). The Liturgy of the Hours is therefore characterized as 'a source of piety and nourishment for person-

[28] Liturgia Horarum, editio typica altera, Rome 1985–1987. It is conspicuous that the only available English translation was published in Africa: The Liturgy of the Hours: According to the Roman Rite (Nairobi: Paulines Publications Africa, 2009).

[29] Congregation for Divine Worship, General Instruction of the Liturgy of the Hours, 2 February 1971 (=GILH) 24, 31b http://www.ewtn.com/library/curia/cdwgilh.htm.

[30] See, e.g., SC 100: 'The laity, too, are encouraged to recite the divine office, either with the priests, or among themselves, or even individually' and 'Pastors of souls should see to it that the chief hours, especially Vespers, are celebrated in common in church on Sundays and the more solemn feasts.' Cf. *John Paul II*, Apostolic Letter Spiritus et Sponsa (4 December 2003), 14.

[31] That is why it is important to pray each of the prayers, if possible, at the time of day set for it. See GILH 10–11, SC 88, 94.

al prayer' (GILH 28; cf. 14 and SC 90) rather than as 'personal prayer.' In this respect, the Liturgy of the Hours is like other forms of liturgy: in liturgy, personal prayer can have a place, but not all liturgy is personal prayer.[32] Therefore the Church prays *with Christ* (GILH 2; cf. SC 99). Indeed, because after Jesus' Ascension the Church knows itself to be the Body of Christ, it may see the Liturgy of the Hours as the prayer of Christ Himself, Who as Head of the Church employs His Body in the continuation of His earthly prayer practice. In the prayers of the Church Jesus continues His own prayer.[33] As Augustine already phrased it: 'Jesus [...] prays in us as our Head.'[34] An impressive illustration of how this view can work out in practice is to be found in Alan Torrance's contribution to this volume. He relates that when his wife Jane was dying of cancer and he no longer knew how to pray and what to pray for:

> 'In the depth of that valley the continuing priesthood of Christ became more relevant than I can begin to articulate – the fact that as I held Jane in my arms, the risen, ascended priest of our confession was present by the Spirit interceding on our behalf meant that we could repose in his presence and know that communion, that vicarious *Gespräch*, that is the beginning and *telos* of everything. The prayer I held on to during that time and, indeed, later through a period of clinical depression, was the Lord's prayer recognizing that this was indeed the Lord's *Gespräch* with the Father.'[35]

Since the Church sees it as its mission to continue the work of Christ on earth and since prayer belongs to the essence of that work, the Liturgy of the Hours is an essential part the liturgy of the Church (GILH 9, 20; SC 26). Even when one recites an hour alone at home, one takes part in the liturgy of the Church (GILH 108).

The fact that the Liturgy of the Hours is no initiative of the individual believer, nor of the Church, but of Christ Himself, and that it is He who prays in us, is not without consequences for our mental attitude when praying it. Taken to its extreme consequences, it could be argued that when the Church is the Body and Christ is its Head, it does not matter whether one is involved head and heart in the prayers that one recites; the important point is that one recites them, and that *Christ* is involved head and heart. The Church has never drawn this extreme consequence. Again and again it has emphasised how important it is that we pray with devotion, reverence and attention (GILH 19, 104, SC 90). 'We are all familiar with the danger of reciting habitual formulas while our mind is somewhere else entirely,'[36] according to Joseph Ratzinger. Obviously, the daily recital of the whole Liturgy of the Hours with full attention is an almost superhuman task, and few will come near to that. The completion of this achievement can hardly be a condition for the meaningfulness of the Liturgy of the Hours. Praying the Divine Office meaningfully begins with faithfully reciting the prayers. Of course, one tries to keep one's attention on what one is praying, but in attentive prayer one must grow. In the first volume of his trilogy on Jesus, Joseph Ratzinger explains:

[32] *John Paul II*, Spiritus et Sponsa, 14.

[33] GILH 6–7, 17; *Pius XII*, Encyclical Mediator Dei et hominum (20 November 1947), 2–3 .

[34] *Augustine*, En. in Ps. 85, 1 (PL 37, 1081); used as reading in the Church's office of readings for Wednesday of the 5th week in Lent; cf. Catechism of the Catholic Church (CCC) 2616.

[35] See Alan Torrance's contribution to this volume. This quotation is also an excellent example of the fact that the attitude that I here describe as 'Catholic' is found among Protestants as well.

[36] *Joseph Ratzinger*, Jesus of Nazareth: From the Baptism in the Jordan to the Transfiguration (New York: Doubleday, 2007), 129.

'In his Rule, Saint Benedict coined the formula *Mens nostra concordet voci nostrae* – our mind must be in accord with our voice (Rule, 19, 7). Normally, thought proceeds word; it seeks and formulates the word. But praying the Psalms and liturgical prayer in general is exactly the other way around: The word, the voice, goes ahead of us, and our mind must adapt to it. For on our own we human beings do not "know how to pray as we ought" (Romans 8:26).'[37]

Abraham Joshua Heschel is reported to have expressed a very similar view: 'The point is not that the liturgy says what we mean, but rather that we mean what the liturgy says.'[38] To make this happen, it is of prime importance that we do not allow ourselves to be distracted by practical details like: On which page do I find the next prayer? What is the set formula to end this prayer with? One needs to become familiar with one's book of hours, so that one finds one's way in it on autopilot. Or alternatively, one should use one of these digital versions which require no familiarity with the liturgy. Even then, however, one will need the support and inspiration of the Holy Spirit (GILH 102).

This view of prayer, then, does not require prayer to be an authentic expression of one's deepest convictions or most heartfelt emotions. Reciting prayers that would not spontaneously well up in one's heart can enrich one's spiritual life. To quote Ratzinger once again:

'Prayer [...] requires nourishment and that is why we need [...] to make use of those prayers that express in words the encounter with God experienced both by the Church as a whole and by individual members of the Church. For without these aids to prayer, our own praying and our image of God become subjective and end up expressing ourselves more than the living God. In the formulaic prayers that arose first from the faith of Israel and then from the faith of praying members of the Church, we get to know God and ourselves well. They are a 'school of prayer' that transforms and opens up our life.'[39]

And when prayer expresses emotions or attitudes that are not one's own, one needs to realise that our prayers should not be the most individualistic expressions of the most individualistic emotions, but that we pray

'in the name of the entire Body of Christ. This consideration does away with the problem of a possible discrepancy between personal feelings and the sentiments a psalm is expressing: for example, when a person feels sad and the psalm is one of joy or when a person feels happy and the psalm is one of mourning. [...] Those who pray the psalms in the name of the Church nevertheless can always find a reason for joy or sadness, for the saying of the Apostle applies in this case also: 'Rejoice with the joyful and weep with those who weep' (Rom 12:15) (GILH 108).

By emphasising that prayer is a responsibility of the community and that the praying individual must conform to that community and must accept that attitude and attention are a consequence rather than a cause of the prayers recited, some of the strain is taken away from the command to pray without interruption. That strain can in extreme cases make people stop praying, because they do not succeed in praying with a sufficient degree of reverence and attention. A well-known example is C.S. Lewis, who in his autobiography described how the pressure to pray reverently and attentively played a crucial role in his losing his faith as a teenager. Lewis describes how he had been told

[37] Ibid., 131.

[38] *Raymond J. de Souza*, 'Benedict and Jesus: Teach Us How to Pray,' National Catholic Register 4 September 2007; //www.ncregister.com/site/article/benedict_and_jesus/#ixzz3pSqoHnbC.

[39] *Ratzinger*, Jesus of Nazareth, 130.

'that one must not only say one's prayers but think about what one was saying.' The result was that praying became an 'intolerable burden.' 'One had no sooner reached "Amen" than it whispered, "Yes. But are you sure you were really thinking about what you said?" [...] The answer, for reasons I did not then understand, was nearly always No. "Very well," said the voice, hadn't you, then, better try it over again?"'

Because he did not succeed in praying with sufficient attention, he started to ask God for this attention – but then this prayer for attention was performed without sufficient attention also.

'The thing threatened to become an infinite regress. [...] It had already brought me to such a pass that the nightly torment projected its gloom over the whole evening, and I dreaded bedtime as if I were a chronic sufferer from insomnia.'[40]

If only Lewis had been raised in the belief that prayer was not some kind of obligatory achievement, but a work that *Christ* performs through the community rather than through the individual ...

4. Prayer and Church: Ecclesiological Conclusions

The above comparison of Protestant and Catholic views of prayer makes clear that these views presuppose two different views of the divine-human relationship and of the Church. I want to end by spelling out these underlying views, not in order to polarise, but in order to create mutual understanding.

In the Protestant perspective, prayer is used to entertain the relationship between God and individual believers. Therefore, prayer has to meet stringent requirements: Believers should in all openness and honesty, in their own words, place before God the concerns that are of innermost importance for them, so that their relationship with God can deepen. This should be done with reverence and attention, since a beloved requires attentions and God reverence. By putting our most heartfelt wishes before God we purify our hearts and learn to see the fulfilment of these wishes as a divine gift. The community that is the Church can help us in many ways in this process: it is there that we *learn* to pray, and it is also there that we *come together* to pray.

In the Catholic perspective, the relationship between God and man is not primarily the relationship between God and individual believers, but that between God and the Church. In this respect Catholicism keeps a Jewish inheritance alive: In Judaism too, the relationship between God and His chosen people precedes the relationship between God and individual Jews. This emphasis on the community has implications for the Catholic view on prayer: the prayer of the individual is primarily seen as a contribution to the prayer of the community, not as a means of entertaining a relationship of personal fellowship. This can be seen, for example, in the primacy of traditional prayer texts. The authenticity of prayer is much less important than in Protestantism: by repeatedly praying the traditional texts, one gradually learns to mean them. The veneration of the saints also fits into this picture, once one realises that on the Catholic view, the saints still are part of the Church. When that is accepted, it can be seen why they deserve pride of place in the praying community: in heaven they continue the prayer practice which they had

[40] *C. S. Lewis*, Surprised by Joy: The Shape of my early Life (1955; reprint London: Fount Paperback, 1977), 53–55.

begun on earth. And if that is so, one can see why believers who live now invoke the saints to pray for them. The linking idea here is that of the Body of Christ, of which both the saints and those who live now are members. In the prayer of the Church, Christ's prayer is continued, and praying is a way to render Christ present in the world. 'Through the Spirit, Christ is organically united to his body, the Church, so that he is with her *totus Christus, caput et membra*, ("the whole Christ, head and members").'[41] In effect, this means that the Church is an extension or prolongation of the Incarnation.

Summarising, the alternative views on prayer that I have presented are connected with alternative views on the Church. In the Catholic view, the Church has a much more central place in the Christian faith than in the Protestant view; on this view, the community has priority over the individual. Various metaphors are used to express the Catholic view of the Church, like that of the perfect society, the people of God and the mystical body of Christ.[42] Though these are different metaphors that bring different implications with them, they have in common that they emphasise the community character of the Church, just like, by the way, the communion ecclesiology that has recently become popular.[43] Of course, some of these metaphors are used outside of Catholicism as well. The metaphor of the mystical body of Christ originates with Paul, and there was a time when the Catholic Church had reservations about it because it deemed it too Protestant. Nevertheless, none of these metaphors take center stage within the Protestant view of the Church, and in so far as there are dominant metaphors for the Church within Protestantism, they dominate Protestant thinking on the Church, not Protestant faith. Emidio Campi, for example, says on Calvin's view of the Church:

> 'While his emphasis does not lie upon the church as an extension of the incarnation, Calvin nonetheless ascribes to the church a significant role in the economy of redemption. While the incarnation of Christ forms the primary and unique medium through which God accommodates himself to us, the church is a subordinate means God also uses to approach us and make himself accessible to us. […] The church ordinarily serves as the society within which faith is born, nourished and strengthened.'[44]

As this quotation makes clear, the Church was important for Calvin because it facilitates faith. And faith, in the Calvinist tradition, is an individual matter: A relationship between God and the individual believer. Even Campi, who opposes 'the self-sufficient individualism' within Protestantism, admits: 'To be sure, the gospel message individualizes, and faith is always an individual, personal matter, and within the Christian community, each person's individuality is deepened and enhanced.'[45] Here we get close to a view in which faith is about the individual's relationship to God, a relationship that can be

[41] *Mark Saucy*, 'Evangelicals, Catholics, and Orthodox Together: Is the Church the Extension of the Incarnation?' Journal of the Evangelical Theological Society 43 (2000), 193–212, quot. 194. Saucy here describes a Catholic view which he does not support. Cf. *Hans Urs von Balthasar*, Theo-Drama: Theological Dramatic Theory, Vol. 5: The Last Act (San Francisco: Ignatius, 1998), 131–137.

[42] On the various metaphors for the Church, see the classic by *Avery Dulles*, Models of the Church (New York: Image, 2014).

[43] See, e.g., *Oskar Saier*, 'Communio' in Der Lehre Des Zweiten Vatikanischen Konzils: Eine Rechtsbegriffliche Untersuchung (Ismaning: Hueber, 1973); *Walter Kasper*, "The Church as Communio," New Blackfriars 74/871 (May 1993), 232–244.

[44] *Emidio Campi*, 'Calvin's Understanding of the Church and its Relevance for the Ecumenical Movement,' Lecture given at an international consultation in Geneva, 15–19 April, 2009, 6; http://www.calvin09.org/ media/pdf/theo/070905_Campi_Calvin-Ecclesiology.pdf.

[45] *Campi*, 'Calvin's Understanding of the Church,' 7. I added 'the' before 'Christian community.'

nourished by the Church but to which the Church is not essential. To the Catholic view, on the other hand, the Church is essential, not only because Christ and the Church are so closely connected that one cannot relate to one without relating to the other, but also because God's relationship is a relationship with the community first, and with the individual primarily through the community.

5. Conclusion

The comparison made in this article between two views of prayer is meant as just that: A comparison or an analysis making the differences between two rival views clear. In my personal biography I got to know the Protestant view as a child and discovered the Catholic view only much later on, after having worked as a professional theologian for some years. The *Entdeckerfreude* of that discovery, combined with the fact that the Catholic views now is more central to my own spirituality, probably resonates in parts of this contribution. I do not intend to disqualify the alternative view, however. Though I have presented both views here as ideal types, each with its own internal logic, which if developed consistently and in isolation from the other excludes the other, in practice I think that almost no theologian or ecclesial tradition has done so. On the contrary, in practice elements from both views are mostly combined,[46] and the exclusive adoption of one of them may lead to undesirable one-sidedness. While the Protestant view can learn from the Catholic view about the importance of the community, the Catholic view can (and must) learn from the Protestant view the importance of a personal relationship with God. This mutual learning has to be done at two levels: the level of theology, and the level of practice. The clear distinction between both views, as I have attempted it in this contribution, is intended merely as a first step toward this aim.

[46] Such a combination may be found in an early article by Christoph Schwöbel, 'Human Being as Relational being: Twelve Theses for a Relational Anthropology,' in Persons, Human and Divine, ed. *Christoph Schwöbel* and *Colin Gunton* (Edinburgh: T&T Clark, 1991). On the one hand, Schwöbel is primarily concerned with the relationship of the individual human being with God, on the other, he sketches this relationship along the Catholic lines sketched above rather than along the Protestant. According to Schwöbel, individual beings are destined for 'the participation in the relationship of the Son with the Father through the Spirit' (158). It is 'through faith in Christ that we are enabled' (153) to do this, and the Church is 'the place where the recreation of human personhood in the image of Christ' (158) takes place. Prayer is remarkably absent from this article.

Michael Welker

„CHRISTUS SPRICHT“

Zur Liturgie-assistierten Logik[1] geistlicher Kommunikation

„Nach Luthers berühmter Torgauer Formel ist ein Gottesdienst nichts anderes, ‚denn dass unser lieber Herr selbst mit uns redet durch sein heiliges Wort und wir wiederum mit ihm reden durch Gebet und Lobgesang‘.“[2] Christoph Schwöbel charakterisiert diesen gottesdienstlichen Dialog zwischen Christus und der Gemeinde eindrücklich als ein *polyphones* Geschehen:

> „In den unterschiedlichen Weisen, in denen von Christus im Gottesdienst geredet wird, in den Narrationen der Evangelien, den kerygmatischen Zusagen, lehrhaften Aussagen, liturgischen Formeln und diskursiven Erörterungen der Briefliteratur geht es um das Evangelium, um das Reden Gottes in seinem Wort mit uns, das – auch als Gesetz – seine Pointe im Evangelium hat, der Zusage der erbarmenden Liebe Gottes, die uns als von Gott entfremdeten Geschöpfen Gemeinschaft mit Gott mitteilt. Umgekehrt geht es in unserem Reden zu Christus oder durch Christus zu Gott dem Vater in den Gebetsanreden als Dank, Bitte, Klage und Lobpreis um unser Bedürftigsein nach gewährter Gottesgemeinschaft und in der doxologischen Rede um die Teilhabe an Gottes Herrlichkeit in Christus durch den Geist.“[3]

Schwöbel betont hier und an anderer Stelle noch deutlicher, dass sich in diesem reichen Kommunikationsgeschehen die „personale Gegenwart“ Christi ereignet, durch die sich nicht nur der erhöhte Christus seiner Gemeinde zuwendet und zu erkennen gibt, sondern auch der angemessene Zugang zu Gott dem Schöpfer und dem Heiligen Geist erschlossen wird.[4] Genauer gesagt, wirkt in diesem „Dialog“ Jesu Christi mit seiner Gemeinde der dreieinige Gott, der

> „durch den Geist Menschen die Wahrheit des Evangeliums von Gottes Gnade in Jesus Christus als Heil der Welt erschließt und sie so als Töchter und Söhne Gottes zur Gemeinschaft mit Gott dem Vater beruft.“[5]

So wenig aber der „Dialog“ Jesu Christi mit seiner Gemeinde nur bi-polar verstanden werden darf, so wenig darf die „Gemeinschaft mit Gott dem Vater“ als ein nur zwei- oder dreistelliges Verhältnis angesehen werden.

[1] Ich nehme diese Wendung auf von John Polkinghorne, der „the theological understanding that flows from sacramental practice *liturgy*-assisted logic“ nennt (*J. Polkinghorne*, Science and the Trinity. The Christian Encounter with Reality, London 2004, 124). Siehe dazu auch *G. Etzelmüller*, … Zu schauen die schönen Gottesdienste des Herrn. Eine biblische Theologie der christlichen Liturgiefamilien, Frankfurt 2010, bes. 483ff u. 517ff; *Ders.*, Was geschieht beim Gottesdienst? Die eine Bibel und die Vielfalt der Konfessionen, Leipzig 2014.

[2] *C. Schwöbel*, „Wer sagt denn ihr, dass ich sei?“ (Mt 16,15). Eine systematisch-theologische Skizze zur Lehre von der Person Christi, in: Marburger Jahrbuch Theologie XXIII: Christologie, hg. *E. Gräb-Schmidt* u. *R. Preul* (Marburger theologische Studien 113), Leipzig 2011, 47. Luther zitiert nach WA 49, 588, 16-18.

[3] *Schwöbel*, „Wer sagt denn ihr, dass ich sei?“, 47.

[4] Vgl. *Schwöbel*, „Wer sagt denn ihr, dass ich sei?“, 50ff.

[5] *C. Schwöbel*, Kirche als Communio, in: *Ders.*, Gott in Beziehung. Studien zur Dogmatik, Tübingen 2002, 379-435, 424.

Eindrücklich beschreibt Schwöbel die Konstitution der „Kirche als Communio" durch das Wirken des dreieinigen Gottes. Die Gemeinschaft der Kinder Gottes mit dem Schöpfer und Vater ist zugleich „die Gemeinschaft der Glaubenden als *Leib Christi*", sie ist aber auch „die Gemeinschaft der Glaubenden als *Gemeinschaft des Geistes*" und die Konstitution des „*Volkes Gottes*".[6] Schwöbel stellt die „Kirche als Communio" vor Augen in ihrer Gestalt als „Gemeinschaft des Glaubens", im Blick auf ihren Auftrag als „Zeugnisgemeinschaft" und hinsichtlich ihrer „Gestaltungsaufgaben" als „Kommunikationsgemeinschaft", „Interpretationsgemeinschaft", „Handlungsgemeinschaft" und „Sozialisationsgemeinschaft".[7]

Um dies bereits im gottesdienstlichen Geschehen deutlich vor Augen und klar ins Bewusstsein zu bringen, muss verständlich gemacht werden, dass das „Sprechen des erhöhten Christus" immer auch eine „Ausgießung seines Geistes" ist. Die Geistausgießung aber ist wesentlich multi-relational. Einem Denken, das sich in monistischen, dualen oder bestenfalls triadischen Strukturen bewegt, erscheint sie notgedrungen obskur. Zwar sehen die Mitglieder der größten Frömmigkeitsbewegung der Menschheitsgeschichte, der Pfingstkirchen und der charismatischen Bewegungen, in der Ausgießung des Geistes, der sog. „Geisttaufe", das „Kronjuwel" ihrer Theologie und Frömmigkeit.[8] Vielen „aufgeklärten" Menschen in den etwas müde gewordenen Kirchen des Westens ist die Ausgießung des Geistes aber eine höchst fragwürdige Erscheinung, zumal sie häufig mit außergewöhnlichen und viele Menschen befremdenden Erregungsphänomenen assoziiert wird. Schließlich scheint die biblische Rede davon, dass „die Liebe Gottes durch den Heiligen Geist in die menschlichen Herzen ausgegossen" wird (Röm 5,5), die Gedanken auf die einfache Innerlichkeit und Subjektivität und in vertraute, bewährte moderne Denkformen zurückzulenken.

Eine die frühe Kirche im wahrsten Sinne des Wortes begeisternde Erkenntnis lautete: Jesus Christus ist nicht nur der verheißene Messias, auf dem Gottes Geist ruht, der erhöhte Jesus Christus ist auch derjenige, der den Menschen Gottes Geist „verleiht", „the bestower of the Holy Spirit".[9] Calvin hat in seiner großen reformatorischen Dogmatik diese Erkenntnis genial aufgenommen und durch eine zweite Erkenntnis vertieft: Der auferstandene und erhöhte Christus ist nicht ohne den Heiligen Geist gegenwärtig. Er nimmt durch den göttlichen Geist seine Zeuginnen und Zeugen in sein nachösterliches Leben auf, konstituiert seinen „Leib", seine nachösterliche Existenzform. Jesus Christus ist der Heilige Geist „nicht für sich allein (*privatim*) gegeben worden, sondern er soll eben seine Fülle den Hungernden und Durstigen überfließend zuteilwerden lassen!"[10]

Dies verbindet Calvin mit einer zweiten christologischen Schlüsselerkenntnis: „Wollen wir wissen, *wozu* Christus vom Vater gesandt ward und *was* er uns gebracht hat, so müs-

[6] *Schwöbel*, Kirche als Communio, 396.

[7] Vgl. *Schwöbel*, Kirche als Communio, 426-434.

[8] *F. D. Macchia*, Baptized in the Spirit: A Global Pentecostal Theology, Grand Rapids 2006, 20ff; *Ders.*, The Kingdom and the Power. Spirit Baptism in Pentecostal and Ecumenical Perspective, in: *M. Welker* (Hg.), The Work of the Spirit, Grand Rapids 2006, 109-125.

[9] Dazu vorzüglich: *J. Dunn*, Towards the Spirit of Christ: The Emergence of the Distinctive Features of Christian Pneumatology, in: *M. Welker* (Hg.), The Work of the Spirit, Grand Rapids 2006, 3-26.

[10] *J. Calvin*, Unterricht in der christlichen Religion, nach der letzten Ausgabe übersetzt u. bearbeitet von *O. Weber*, Neukirchen-Vluyn, 5. Aufl. 1988 (zit. *Institutio*), 310 (II, 15,5, vgl. II, 15,2). Siehe dazu *M. Welker*, Gottes Offenbarung. Christologie, Neukirchen-Vluyn, 3. Aufl. 2016.

sen wir vornehmlich sein *dreifaches Amt*, das *prophetische, königliche* und *priesterliche*, betrachten.“[11] Dieser Messias, der „Gesalbte“, ist nicht – wie die Könige, Priester und Propheten des Alten Testaments – mit Öl gesalbt worden. Dieser wahre König, Priester und Prophet ist mit dem Geist Gottes gesalbt worden. Denn er soll sein Amt und seine Würde nicht für sich selbst behalten. Er soll und will seinen Zeuginnen und Zeugen an seinem königlichen, priesterlichen und prophetischen Amt Anteil geben. Und das heißt: Er will seinen Geist auf sie ausgießen! Die Ausgießung des Geistes besagt also nicht mehr und nicht weniger als Anteilgabe an den Kräften Jesu Christi. Doch was sind das für Kräfte?

Nach messianischen Verheißungen des Alten Testaments (z.B. Jes 11, 42, 61) bringt derjenige, auf dem Gottes Geist „ruht“, Gerechtigkeit, Barmherzigkeit mit den Armen und Schwachen und Gotteserkenntnis, nicht nur für Israel, sondern auch für die Völker.[12] Gerechtigkeit, Barmherzigkeit und Glaube – das sind schon die Kernanliegen des alttestamentlichen Gesetzes (Mt 23,23). Diese von den Menschen immer wieder missachteten oder in Selbstgerechtigkeit missbrauchten Anliegen kommen in der wahren Gottesliebe und Nächstenliebe zum Ziel – zur Freude Gottes und zum Wohl der Mitmenschen. Es ist das Anliegen Jesu Christi und seiner Geistausgießung, Menschen in seine Nachfolge zu rufen und sie zur Gottesliebe und zur Nächstenliebe zu befähigen.

Die klassischen at. und nt. Verheißungen der Geistausgießung bzw. Zeugnisse davon (Joel 3, Apostelgeschichte 2) bieten eine für viele Kirchen und Gesellschaften bis heute höchst brisante Botschaft: Der Geist Gottes wird ausgegossen auf Männer und Frauen – und das in patriarchalen Gesellschaften. Er wird ausgegossen auf alte und junge Menschen – und das in gerontokratischen Gesellschaften. Er wird ausgegossen auf „Knechte und Mägde“ – und das in Sklavenhaltergesellschaften. Gottes Wille zur Gerechtigkeit, zur Barmherzigkeit und zur Nächstenliebe, zur Freiheit und zum Frieden unter den Menschen soll allen Menschen erkennbar werden und ihre eigene Lebenspraxis prägen.

Ausdrücklich betont darüber hinaus die Geschichte von der Geistausgießung zu Pfingsten, dass Menschen aus vielen Ländern der Erde zu Zeugen dieses großen Ereignisses werden, dass sie in jeweils ihrer eigenen Sprache die Verkündigung von „Gottes großen Taten“ vernehmen. Die Geistausgießung und der Geist Jesu Christi wirken in vielen Taten *diakonischer Nächstenliebe*, praktizierter Gerechtigkeit und Barmherzigkeit, von der Versorgung mit Nahrungsmitteln bis hin zur Tischgemeinschaft, von der Beseitigung von Notlagen bis hin zur Krankenheilung, von der Überwindung von Fremdheitserfahrung bis hin zu befreiender Bildung. Die Geistausgießung und der Geist Jesu Christi wirken aber auch *prophetisch in Gerechtigkeit und Wahrheit suchenden Gemeinschaften* innerhalb und außerhalb der Kirchen, in der Aufdeckung von Ungerechtigkeiten und Unwahrhaftigkeit und in der menschenfreundlichen Warnung vor den verheerenden Folgen von sich ausbreitendem Hass in Lüge und Gewaltanwendung, aber auch in Trägheit und Gleichgültigkeit gegenüber Not und Gefahr.

Der Geist Jesu Christi und die Geistausgießung wollen schließlich auch die Menschen in der Nachfolge Jesu Christi zum *„priesterlichen Dienst“* befähigen. Dieser priesterliche Dienst sollte auf keinen Fall mit Versuchen, anderen Menschen den eigenen Glauben

[11] *Calvin*, Institutio, 307 (II, 15,1).

[12] Siehe dazu *M. Welker*, Gottes Geist. Theologie des Heiligen Geistes, Neukirchen-Vluyn, 6. Aufl. 2015, 109ff, 214ff.

aufzuzwingen, verwechselt werden. Er sollte aber das klare Zeugnis – in Wort und Tat – von der Liebe zu Gott und der Liebe zum Nächsten einschließen und auch weitergeben. Dies lenkt den Blick zurück auf das gottesdienstliche Geschehen und die Logik geistlicher Kommunikation.

Die Präsenz des erhöhten Christus und sein „Sprechen" im gottesdienstlichen Geschehen ist nicht ohne sein – oft ganz unscheinbares – polyphones Geistwirken zu denken. Schwöbel hat auf die Polyphonie der biblischen Texte aufmerksam gemacht, in denen sein Wort an die Menschen seiner Gemeinde ergeht: „in den Narrationen der Evangelien, den kerygmatischen Zusagen, lehrhaften Aussagen, liturgischen Formeln und diskursiven Erörterungen der Briefliteratur". Die geistgewirkte biblisch-kanonische Polyphonie vermittelt die Lebendigkeit der Christusgegenwart, seines Wortes, seiner Offenbarung. Selbst wenn nur ein bestimmter Text, eine bestimmte Aussage, eine bestimmte Szene im aktuellen episodischen Gedächtnis haften bleiben sollte, hält sie doch latent die ganze Breite der Lebenswirklichkeit Christi präsent.

Entsprechend polyphon ist die Antwort der Gemeinde im gottesdienstlichen Geschehen: in Wort und Musik, in Sprache und Gesang, in kommunikativer Gestik, in der Vielgestaltigkeit der Gebete, in Lob und Bitte, in Klage und Dank[13], in freien und in liturgisch gebundenen Formen. Besonders eindrücklich ist die Vergegenwärtigung des auferstandenen und erhöhten Christus in der Feier des Abendmahls. Hier ist die Gemeinde geradezu von Christus umgeben: in der Erinnerung an sein vorösterliches Leben, ganz besonders an die Einsetzung des Abendmahls und an „die Nacht des Verrats", an seinen Tod am Kreuz und an seine Auferstehung, aber auch in der Ausrichtung der Hoffnung auf sein Kommen „in Herrlichkeit", auf seine Parusie.[14]

Auch die Gegenwart des dreieinigen Gottes kommt in dieser Feier sehr plastisch zum Ausdruck: der *eucharistische* Dank schon für die Schöpfungsgaben „Brot und Wein" und die in ihnen bekundete gütige Bewahrung der Schöpfung als Verbindung von Natur und Kultur; die christologische *Anamnese*, das Gedenken an die Nacht des Verrats und das Kreuzesgeschehen und damit an die Verlorenheit der Welt unter der Macht der Sünde; die *Epiklese*, die Anrufung des Heiligen Geistes, der aus den Gaben der Schöpfung die Gaben der neuen Schöpfung, Leib und Blut Christi, werden lässt.

Der recht verstandene und recht gefeierte Gottesdienst dient der Erschließung, Festigung und Vertiefung der Gotteserkenntnis. Diese Gotteserkenntnis ist immer auch Heilserkenntnis. Der recht gefeierte Gottesdienst erschließt damit nicht einfach einen optimierten Gottesgedanken oder eine optimierte religiöse Empfindung. Er versetzt hinein in ein Beziehungsgeschehen, in dem der erhöhte Christus als Sohn Gottes in der Kraft des Heiligen Geistes die Herrlichkeit des dreieinigen Gottes und die Weite von Gottes schöpferischem und neuschöpferischem Wirken offenbart. Dieses Offenbarungsgeschehen ist nicht notwendig mit geistlichen, emotionalen und intellektuellen Spitzenerfahrungen verbunden, obwohl sich diese durchaus im Gottesdienst ereignen können. Gottes Person und Gottes Leben wollen gewinnend, vertraut und bewegend werden und bleiben. Gott und Gottes Leben wollen den Menschen zugutekommen – in

[13] Vgl. *P. Miller*, They Cried to the Lord: The Form and Theology of Biblical Prayer, Minneapolis 1994; *E. Harasta*, Lob und Bitte. Eine systematisch-theologische Untersuchung über das Gebet, Neukirchen-Vluyn 2005.

[14] *M. Welker*, Was geht vor beim Abendmahl?, Gütersloh, 5. Aufl. 2015.

dieser anspruchsvollen Bescheidenheit der göttlichen Selbstvergegenwärtigung vollzieht sich der Erlebens- und Erkenntnisfluss des gottesdienstlichen Geschehens in vielen Kirchen und Gemeinden auf dieser Erde.

Dass in diesem Beziehungsgeschehen nicht nur die Kommunikation des Wortes, sondern auch die Ausgießung des Geistes von zentraler Bedeutung ist, das wird deutlich, wenn wir auf die Konstitution der „Communio“ mit ihren ganz unterschiedlichen Gliedern, aber auch auf die polyphone Prägung der menschlichen Gemütslagen achten. Wenn Paulus davon spricht, dass die Liebe Gottes durch den Geist in unsere Herzen „ausgegossen“ ist, dann sensibilisiert er dafür, dass das Herz nicht mit einem „inneren Referenzpunkt“ oder einem abstrakten Ich-Bewusstsein verwechselt werden darf, sondern dass es biblisch für ein komplexes Beziehungsorgan mit emotionalen, kognitiven und voluntativen Dimensionen steht.[15]

Die große Macht, die Prägekräfte des menschlichen Herzens nicht nur zu beherbergen, sondern auch zu unterscheiden, zu verbinden und zu kommunizieren, schreiben wir dem menschlichen Geist zu. Wenn wir die damit verbundene ungeheure Kapazität des menschlichen Geistes auch nur ansatzweise erfassen wollen, ist es wichtig, über kulturell eingespielte Modelle eines binär kodierten „Geistes“ und das damit verbundene elementare Selbstverständnis hinauszugehen.

Die zugleich trivialen und höchst erstaunlichen Fähigkeiten, Gegenstände, Personen und Ereignisse zu erinnern und zu imaginieren und sie trotz raumzeitlicher Distanzen zu verknüpfen, werden dem menschlichen Geist zugeschrieben. Sowohl in theologischer als auch in anthropologischer Hinsicht ermöglicht der Geist Kopräsenz und Kontakt mit Abwesenden. Über unsere Erinnerungen und Imaginationen können wir „im Geist“ über raumzeitliche Differenzen hinweg mit anderen Menschen in Kontakt treten. Die Theorie des Geistes war lange im Bereich der Philosophie und auch der Theologie von der eindrücklichen Figur der selbstreferentiellen Rationalität beherrscht, die Aristoteles in seiner Metaphysik Buch XII klassisch vor Augen stellt. Diese Figur hat die Theorien des Geistes in den vielfältigsten Erfahrungsfeldern beherrscht und die Sensibilität für die biblischen Alternativen behindert oder gar ausgelöscht.

Der menschliche Geist umfasst die Fülle seiner potentiellen Erinnerungen und Imaginationen und die Begabungen des steuernden Umgangs mit ihnen. Dabei kann die menschliche Vernunft helfen, sie kann aber auch vor der Fülle und den Dynamiken des Geistes versagen. Im Fall des Bemühens um Kontaktaufnahme mit Gott ist der menschliche Geist letztlich auf den Beistand des Heiligen Geistes angewiesen: „So nimmt sich auch der (Heilige) Geist unserer Schwachheit an. Denn wir wissen nicht, worum wir in rechter Weise beten sollen; der Geist selber tritt jedoch für uns ein mit Seufzen, das wir nicht in Worte fassen können“ (Röm 8,23; 26f). Dennoch sollte die Wahrnehmung religiöser Erfahrung und Kommunikation nicht auf solche Grenzsituationen reduziert wer-

[15] Vgl. *M. Welker*, Die Anthropologie des Paulus als interdisziplinäre Kontakttheorie, in: *Jahrbuch der Heidelberger Akademie der Wissenschaften für 2009*, Heidelberg 2010, 98-108; *Ders.*, Flesh–Body–Heart–Soul–Spirit: Paul's Anthropology as an Interdisciplinary Bridge-Theory, in: *Ders.* (Hg.), The Depth of the Human Person: A Multidisciplinary Approach, Grand Rapids 2014, 45-57; *B. Janowski*, Das Herz – ein Beziehungsorgan. Zum Personverständnis des Alten Testaments, in: *B. Janowski / Chr. Schwöbel* (Hg.), Dimensionen der Leiblichkeit, Neukirchen-Vluyn 2015, 1-45.

den. Paulus betont nicht nur die segensreiche Funktion der Vernunft im Reich des Geistes (1Kor 14,19), sondern auch die hohe Bedeutung der „Unterscheidung der Geister" (1Kor 12,10). Eine Unterscheidung der Geister unter Orientierung am göttlichen Geist aber ist möglich, weil dieser Geist an seiner Beziehung zum Leben und Wirken Jesu Christi, an seiner Einheit damit und an seiner Kraft der Erbauung des nachösterlichen Leibes Christi mit seinen verschiedenen, mit den Gaben und Kräften des Geistes erfüllten Gliedern erkennbar ist. Diese Bindung befähigt die Menschen zur Gotteserkenntnis in der Kraft des Geistes, zur Verkündigung und zur Erschließung der von Gott gewollten Lebensvollzüge. Eine Konstellation wird geschaffen, in der eine Vielzahl von Werthaltungen, von religiösen und moralischen Orientierungen in wechselseitiger Verstärkung ineinander greifen. Die Macht des Geistes gewinnt hier komplexe Gestalt.

Die faszinierende Kraft nicht nur des göttlichen, sondern auch des menschlichen Geistes, auf Abwesendes zuzugreifen, über raumzeitliche Entfernungen hinweg zu kommunizieren, nicht nur individuell, sondern auch gemeinschaftlich geistige Sachverhalte, ja ganze geistige Welten zu vernetzen und zu teilen, darf nicht die auf Seiten des Menschen damit verbundenen Gefahren übersehen lassen. Die erstaunliche Macht des menschlichen Geistes kann eben auch von bösen und zerstörerischen Kräften und Mächten besetzt und in Dienst genommen werden. Solange wir uns im Bereich relativ beschaulicher Kognition und Kommunikation bewegen, scheinen diese Dynamiken und Gefahren in weiter Ferne zu liegen, vielleicht sogar gebannt zu sein. Doch dieser Schein trügt, wie die realistische Wahrnehmung des vom Kreuz Jesu Christi her wahrgenommenen „Geistes der Welt" und die Erkenntnis der notorischen Unruhe des Gewissens bei Paulus deutlich machen kann.

Die Erschließungs- und Steuerungskraft des Geistes manifestiert sich auch im Gewissen (*syneidesis*). Dabei handelt es sich nicht, wie in schwachen philosophischen und theologischen Theorien behauptet, um eine in ruhiger und klar bewusster personaler Selbstbeziehung zu verortende, immer sichere moralische Urteils-Instanz. Es ist nach Paulus ein dynamisches, unruhiges und sensibles Forum der Selbstbeurteilung, ein sich beständig auch im Blick auf die Mitmenschen irritierendes und befragendes Normbewusstsein, in dem sich „die Gedanken gegenseitig anklagen und verteidigen" (Röm 2,15). Die vom Geist Gottes ergriffenen und erfüllten Menschen, die ein vom Geist Jesu Christi geprägtes differenziertes Urteils- und Handlungsvermögen entwickeln, können sich einerseits durch die Verbindung von subtilem Einfühlungsvermögen und Festigkeit der eigenen Überzeugung „dem Gewissen aller anderen Menschen empfehlen" (2Kor 4,2). Sie sind andererseits zu taktvollem Umgang mit denjenigen Mitmenschen aufgefordert, die die Freiheit des Glaubens und ihr traditionsbestimmtes Normbewusstsein in ihrem „schwachen Gewissen" nicht miteinander vermitteln können (vgl. Röm 14).

Im so verstandenen vielstimmigen Gewissen konzentrieren sich im Individuum die kognitiven und normativen Vermittlungsprozesse zwischen vielgliedriger Komplexität und geistiger Kohärenz.

Bis hin zu Phänomenen des menschlichen Herzens und des menschlichen Gewissens, die in vielen religiösen und philosophischen Theorien gleichsam naiv „punktualisiert" worden sind, zeigt sich die Fruchtbarkeit einer Sensibilität für den Vorgang der „Ausgießung des Geistes". Die lebendige Beziehungsfülle, in der wir innerlich und äußerlich leben, sollte nicht durch reduktionistische theologische und religiöse Denkformen verstellt oder gar unterdrückt werden. Christoph Schwöbels leidenschaftliches Interesse am trinitarischen Wirken Gottes und an der geistlichen Konstitution der „Communio Sanctorum“ gab und gibt wichtige Impulse, den Spuren der göttlichen Kreativität aufmerksam nachzudenken.

C

Rationalität im biblisch-reformatorischen Gespräch

Hans-Joachim Eckstein

GOTT IM GESPRÄCH

Evangelium und Glaube als Gespräch

Zum Abschluss seiner Theologischen Studien „Gott im Gespräch"[1] bietet Christoph Schwöbel „Überlegungen zu einer ontologischen Theologie kommunikativer Beziehungen" unter dem pointierten Titel „Gott als Gespräch"[2]. Mit seinem Anliegen der „Entwicklung einer relationalen Theologie"[3] sieht er sich in kritischer Auseinandersetzung mit „zwei dominante[n] Paradigmen der Wirklichkeitsinterpretation in der abendländischen Tradition"[4]. Als erstes benennt er den „Referenzrahmen der Substanzmetaphysik"[5], bei der „alle Beziehungen als externe Relationen erfasst werden" und die Erkenntnisbeziehung daher „dem Sein äußerlich bleibt"[6]; als zweites die „Theorien der Subjektivität"[7]. Denn bei letzteren – so Christoph Schwöbel prononciert – „wird alles auf der Selbstbeziehung des erkennenden Subjekts aufgebaut und das in einem solchen Maße, daß die Frage, wie etwas erkannt werden kann, Priorität gegenüber der Frage, was etwas ist, gewinnt."[8] Es bestehe hier „die dauernde Gefahr, daß alles nur insofern ist, als es intern auf die Selbstbeziehung des erkennenden Subjekts bezogen ist. In einem solchen Paradigma kann es weder echtes Anderssein noch Objektivität geben."[9]

Wenn „relationalen Wirklichkeitsverständnissen" schon an sich eine Anziehungskraft eignet, da sie eine differenzierte Alternative zu den bezeichneten dominanten Paradigmen bieten, so geht es Christoph Schwöbel um die präzise Klärung, „was Relationalität konstruktiv definiert"[10] – und dies im spezifischen Bezugsrahmen der Entwicklung einer relationalen Theologie. Als Ausgangsthese formuliert er: „Das Gespräch ist nicht etwas, das der christlichen Theologie äußerlich ist, sondern alle christliche Theologie [hat] letztlich den Charakter des Gesprächs."[11] „Wenn der dreieinige Gott, Vater, Sohn und Geist, als derjenige bekannt wird, der sich auf die Welt in der Schöpfung, der Versöhnung und der Vollendung bezieht, dann werden auf diese Weise alle Muster der Relationalität von Gott als dem Grund, dem Sinn und dem Ziel von allem, was es gibt, abhängig gemacht."[12] Für die Praxis des menschlichen Glaubens – als der Basis der christlichen Theologie – folgt daraus, dass dieser sich in der Kirche wie auch gegenüber der Welt „als

[1] *C. Schwöbel*, Gott im Gespräch. Theologische Studien zur Gegenwartsdeutung, Tübingen 2011.
[2] AaO., 451–478.
[3] AaO., 453.
[4] AaO., 452.
[5] AaO., 451f.
[6] AaO., 452.
[7] Ebd.
[8] Ebd.
[9] Ebd.
[10] Ebd.
[11] AaO., 453.
[12] Ebd.

ein fortdauerndes Gespräch über Gott und mit Gott" entfaltet.[13] Denn „Menschen sind nach dem Bilde Gottes geschaffen als diejenigen Kreaturen, die von Gott angeredet werden und befähigt werden, auf ihn zu antworten. Die geschöpfliche Verantwortung besteht im Hören und Antworten auf Gottes Anrede."[14]

1. „Zurück zu den Wurzeln: die Schrift als das Zeugnis des göttlich-menschlichen Gesprächs"[15]

Mit dieser programmatischen Überschrift legt Christoph Schwöbel die Ressourcen offen, „in denen die Aktivität des Theologietreibens verwurzelt ist:" „die Schrift, die ihre eigene Einheit in der Vielfalt und Vielfalt in der Einheit besitzt"[16]. Mit Bezug auf das differenzierende Bekenntnis zu Gottes Reden durch die Propheten und durch seinen Sohn in Hebr 1,1f kann gefolgert werden: „Jesus wird als Gottes Anrede verstanden, die die ganze kommunikative Beziehung zwischen Gott und der Welt umfasst, vom Ersten bis zum Letzten, vom protologischen Anfang bis zur eschatologischen Vollendung."[17] Damit wird für das biblische Zeugnis des Alten und Neuen Testaments insgesamt aus christologischer Perspektive festgehalten, dass es darstellt, „wie Gott ‚vielfach und auf vielerlei Weise' gesprochen hat und so die Menschen dazu aufgerufen hat, zu Gott und von Gott zu sprechen."[18] Abschließend wird so anspruchsvoll wie konsistent formuliert: „Die theologische Herausforderung besteht darum darin, die biblischen Texte in ihren ontologischen Ansprüchen ernst zu nehmen und auf ihrer Basis eine Ontologie zu rekonstruieren, eine begriffliche Rekonstruktion der biblischen Sichtweisen der Wirklichkeit."[19]

Die folgenden Ausführungen verstehen sich als skizzenhafter Beitrag zu diesem Programm der „Entwicklung einer relationalen Theologie" aus neutestamentlich exegetischer Perspektive. Dabei sollen zwei zentrale Themenfelder fokussiert werden, die für das „Zeugnis des göttlich-menschlichen Gesprächs" besonders repräsentativ sind: einerseits das *Evangelium als Wort Gottes* in seiner Verhältnisbestimmung „zur Schrift", zu dem „Wort Gottes" in Person, Jesus Christus, und zum menschlichen Zeugnis durch Apostel und Gemeinde; andererseits die differenzierte Bestimmung des *Glaubens* als des Hörens und der Antwort des Menschen in dem von Gott eröffneten Gespräch. Was ist spezifisch für ein Verständnis von Evangelium und Glaube, wenn sie in ihrer *Relationalität* und *Beziehungsdimension* in den Blick kommen und nicht auf eine „substanzontologische" oder eine „subjektivistische" Sichtweise reduziert werden? Was bedeutet es, wenn Evangelium und Glaube wesentlich als Beziehungsgrößen verstanden werden, die sich nicht auf *ein* Subjekt oder die Addition von *einzelnen* Subjekten beschränken, sondern das *Wir*, die *Begegnung*, die *Beziehung* und die *Selbst-Mitteilung* als ihre wesentliche Grundlage erkennen? Was sind „Evangelium und Glaube als Gespräch"?

[13] Ebd.

[14] AaO., 455.

[15] Mit der Formulierung der Überschrift bei *C. Schwöbel*, Gott im Gespräch, 454.

[16] AaO., 455.

[17] AaO., 456.

[18] AaO., 457.

[19] AaO., 459. S. ebd.: „Die theologische Herausforderung für eine relationale Theologie besteht deswegen nicht darin, den biblischen Zeugnissen einen vorab definierten Referenzrahmen der Relationalität aufzusetzen, sondern den Versuch zu machen, die Relationalität aus diesen Wurzeln zu bestimmen."

Der Einsatz bei dem Apostel Paulus empfiehlt sich in mehrfacher Hinsicht: Zum *Ersten* haben wir es bei Paulus schon historisch mit dem *frühesten* Verfasser neutestamentlicher Schriften zu tun – im Wortsinne also mit den „Wurzeln“ schriftlich dokumentierten christlichen Zeugnisses.[20] Zum *Zweiten* handelt es sich bei Paulus um einen nachträglich berufenen Apostel und vormaligen Verfolger der christlichen Gemeinde, weshalb sich bei ihm die Herausforderung der Legitimierung und damit der eingehenden hermeneutischen Begründung seiner Verkündigung und Lehrentscheidungen grundsätzlich ergibt[21]. Dies gilt für den Protagonisten der Heidenmission und den engagierten Vertreter der umstrittenen Abendmahls- und Tischgemeinschaft von Heiden- und Judenchristen vor allem hinsichtlich seines *Evangeliums*- und *Glaubens*verständnisses.

So kann Paulus bereits in seinem ersten Brief um 50. n.Chr. hermeneutisch so prägnant wie differenzierend formulieren: „Darum danken wir auch Gott ohne Unterlass dafür, dass ihr das von uns verkündigte *Wort Gottes* (λόγον ἀκοῆς παρ' ἡμῶν τοῦ θεοῦ), als ihr es empfangen habt (παραλαβόντες), nicht als Menschenwort aufgenommen habt (ἐδέξασθε), sondern als das, was es in Wahrheit ist, als *Gottes* Wort (καθώς ἐστιν ἀληθῶς λόγον θεοῦ), das *in euch wirkt*, die ihr glaubt (ὃς καὶ ἐνεργεῖται ἐν ὑμῖν τοῖς πιστεύουσιν)“ (1Thess 2,13). Was Ursprung und Autorität des verkündigten Wortes anbelangt, fällt der hohe Anspruch auf, den Paulus mit der Bezeugung des Evangeliums verbindet: Die Frage nach der „Wahrheit des Evangeliums“ (ἀλήθεια τοῦ εὐαγγελίου Gal 2,5.14) ist für ihn nichts Geringeres als die nach der verbindlichen inhaltlichen Bestimmung, Begründung und Abgrenzung des „Wortes Gottes“ selbst (ὁ λόγος τοῦ θεοῦ)[22], wie es in Verkündigung und Lehre durch den engsten Kreis der Apostel und dann durch begabte Gemeindeglieder als „Apostel, Propheten und Lehrer“ zu bezeugen und zu entfalten ist (1Kor 12,28)[23]. Was als im „Wort Gottes“ gründend erkannt, beschrieben und verkündigt werden kann, das qualifiziert sich erstens bezüglich seiner *Verbindlichkeit,* zweitens hinsichtlich seiner *Wirksamkeit* und drittens im Hinblick auf seine *Lebenszuträglichkeit.*[24]

Angesichts einer solch programmatischen Feststellung zur glaubenweckenden Bezeugung des Evangeliums nach Paulus ergeben sich gleich mehrere grundsätzliche Fragen: 1.) Wie ist bei diesem Anspruch höchster Autorität als „Wort Gottes“ das Verhältnis zu der von Synagoge wie früher Kirche gemeinsam anerkannten „Heiligen Schrift“ aus „Gesetz und Propheten“ zu bestimmen? – 2.) Wie ist der Begriff „Evangeli-

[20] Den 1. Thessalonicherbrief datieren wir als das älteste Schreiben in das Jahr 50 n.Chr., seine weiteren Briefe entstanden wohl in einem Zeitraum von sechs bis acht Jahren, also mehr als ein Jahrzehnt vor dem ersten der Evangelien. Zur Chronologie s. *H.-J. Eckstein*, Der aus Glauben Gerechte wird leben. Beiträge zur Theologie des Neuen Testaments, BVB 5, 2. Aufl., Münster u.a. 2007, 209ff; *U. Schnelle*, Einleitung in das Neue Testament, 6. Aufl., Göttingen 2007, 32ff.61ff.

[21] Zu den legitimierenden Hinweisen auf die Berufung zum Apostel durch die Erscheinung des Auferstandenen s. Röm 1,1.5; 1Kor 9,1; 15,8–10; Gal 1,1.11f.15f (Jer 1,5; Jes 49,1); vgl. Röm 15,15f; 2Kor 4,6; 5,18–20; Gal 2,7–9; Phil 3,8.

[22] „Das Wort Gottes“/ὁ λόγος τοῦ θεοῦ 1Kor 14,36; 2Kor 2,17; 4,2; 1Thess 2,13; vgl. Phil 1,14 (*varia lectio*).

[23] Vgl. 1Kor 12,4–11; Röm 12,6–8.

[24] Zur *Wirksamkeit* und *Lebenszuträglichkeit* s. auch Röm 1,16 (τὸ εὐαγγέλιον, *δύναμις* γὰρ *θεοῦ* ἐστιν *εἰς σωτηρίαν* παντὶ τῷ πιστεύοντι); Röm 10,17; 1Kor 1,18 (ὁ λόγος γὰρ ὁ τοῦ σταυροῦ ... τοῖς δὲ *σῳζομένοις* ἡμῖν *δύναμις θεοῦ* ἐστιν); 2,4f (ἀλλ' ἐν ἀποδείξει *πνεύματος καὶ δυνάμεως,* ἵνα ἡ πίστις ὑμῶν ... ἐν *δυνάμει θεοῦ*); Gal 3,2.5.

um"/εὐαγγέλιον, für den Paulus in den sieben Briefen allein 48 von 76 neutestamentlichen Belegen bietet, in seinem *spezifischen* Sinne zu verstehen? – 3.) Wie verhalten sich „das Evangelium" – τὸ εὐαγγέλιον – einerseits und die *Verkündigung* dieses Evangeliums – das Kerygma/κήρυγμα[25] – andererseits zueinander? Sind sie identisch und austauschbar[26] oder zu unterscheiden und in ihrer Wechselbeziehung zu definieren?[27] – 4.) Wie sind unter diesen Voraussetzungen die Bedeutung und das Wesen des christlichen Glaubens zu verstehen, der aus dem Mitteilungsgeschehen – dem „Gespräch" – des Evangeliums erwächst?

2. Schrift und Wort Gottes

Es mag auf den ersten Blick erstaunen, dass die *grundsätzliche* Anerkennung des von uns so genannten Alten Testaments als „Heilige Schrift"[28] zur neutestamentlichen Zeit durchgängig als selbstverständlich vorausgesetzt werden kann. Die ersten Christen ringen miteinander und mit ihren jüdischen Geschwistern aus der Synagoge wohl um die richtige Interpretation „der Schrift", nicht aber über deren Autorität als Wort Gottes oder um deren Abgrenzung im Bereich der „Propheten" und der „Schriften". Dies erklärt sich zwanglos aus der jüdischen Herkunft und judenchristlichen Zugehörigkeit fast aller Verfasser neutestamentlicher Schriften.[29] Die ins Griechische übersetzte Heilige Schrift – die Septuaginta (LXX) – wird im 1. Jh. n.Chr. sowohl in den jüdisch-helle-

[25] S. 1Kor 1,21; 2,4; 15,14. Zu den alternativen Bezeichnungen für die apostolische Verkündigung s.u.

[26] S. *H. Schlier*, Der Brief an die Galater, KEK VII, 5. Aufl., Göttingen 1971 [1949], 122: „ἀκοή ist sachlich mit dem Evangelium und mit dem Wort Gottes identisch." Vgl. *R. Bultmann*, Theologie des Neuen Testaments, 6. Aufl., Tübingen 1968 [1953], 89: „Als technische Bezeichnung für die christliche Verkündigung [!] erscheint im hellenistischen Christentum alsbald das Subst. τὸ εὐαγγέλιον […]. Der Sinn von εὐαγγέλιον bzw. εὐαγγελίζεσθαι ist einfach ‚Botschaft' , ‚Kunde' bzw. ‚verkündigen', ‚predigen'." Auch nach *G. Strecker*, Art. εὐαγγέλιον, in: EWNT II, Stuttgart 1981, 176–186, meint εὐαγγέλιον 1Thess 1,5 „als *nomen actionis* den Vollzug der gemeindegründenden Predigt des Paulus" (aaO., 180) und in 1/2Kor bezeichne „εὐαγγέλιον umfassend die Verkündigung des Pls" (aaO., 181).

[27] S. zum Ganzen auch: *H.-J. Eckstein*, Das Evangelium Jesu Christi. Die implizite Kanonhermeneutik des Neuen Testaments, in: *Ders.*, Kyrios Jesus. Perspektiven einer christologischen Theologie, 2. Aufl., Neukirchen-Vluyn 2011, 35–58.

[28] Die *Bezeichnungen* für das Alte Testament in den neutestamentlichen Schriften und speziell bei Paulus sind vor allem die „Schrift"/γραφή (Gal 3,8.22; 4,30; Röm 4,3; 9,17; 10,11; 11,2) oder „Heilige Schrift(en)"/γραφαὶ ἅγιαι (Röm 1,2). Diese kann auch nach ihrem ersten Teil insgesamt (*prima pars pro toto*) als „Gesetz"/Tora/νόμος (Röm 3,19a; 3,31; s. 1Kor 14,21; vgl. Joh 12,34) benannt werden oder nach ihren ersten beiden Kanonteilen als „Gesetz und Propheten"/ὁ νόμος καὶ οἱ προφῆται (Röm 3,21; vgl. Mt 5,17; 7,12; 11,13; 22,40; Lk 16,29–31; 24,27). In Lk 24,44 findet sich schließlich ausnahmsweise auch schon die Benennung nach allen drei Kanonteilen, deren letzter wiederum nach seinem wichtigsten Buch (*prima pars pro toto*) angeführt wird: „Was geschrieben ist im *Gesetz des Mose* und den *Propheten* und den *Psalmen*" (πάντα τὰ γεγραμμένα ἐν τῷ νόμῳ Μωϋσέως καὶ τοῖς προφήταις καὶ ψαλμοῖς. Vgl. Sirach Prolog 1f: „das *Gesetz*, die *Propheten* und die *übrigen ihnen Folgenden*"). Die uns vertraute Bezeichnung der Schrift als „Bibel" geht auf die Begriffe „Biblion"/τὸ βιβλίον und „Biblos"/ἡ βίβλος zurück und meint im Neuen Testament jeweils das einzelne biblische „Buch", die „Buchrolle", nicht die Schrift insgesamt, – z.B. Gal 3,10: die Torarolle (ἐν τῷ βιβλίῳ τοῦ νόμου; vgl. Lk 4,17.20: die Rolle des Propheten Jesaja; Mk 12,26: das Buch des Mose [ἐν τῇ βίβλῳ Μωϋσέως]; Lk 3,4: das Buch der Worte des Propheten Jesaja.).

[29] Wahrscheinlich haben wir es nur bei *Lukas* mit einem Autor *heidenchristlicher* Herkunft zu tun, der sich freilich in Evangelium und Apostelgeschichte eher vorsichtiger und zurückhaltender mit der jüdischen Tradition auseinandersetzt – als z.B. Paulus oder die Evangelisten Matthäus und Johannes – und der bis ins Sprachliche hinein den ausdrücklichen Anschluss an die ins Griechische übersetzte Heilige Schrift, die Septuaginta (LXX), sucht.

nistischen Synagogen der Diaspora unter den Griechisch sprechenden Juden anerkannt wie auch von dem jüdisch geborenen Heidenapostel Paulus[30] bei all seinen Schriftzitaten[31] und Auslegungen verwendet.[32] Es wird an entsprechender Stelle noch zu klären sein, wie Paulus und die anderen Verfasser neutestamentlicher Schriften die Autorität ihrer eigenen Verkündigung des Wortes Gottes im Verhältnis zur Schrift einerseits und andererseits zum Reden Gottes in seinem Sohn bestimmen. Wie verfahren sie mit den bisher als „Heilige Schrift"[33] anerkannten alttestamentlichen Schriften?[34]

[30] Vgl. Röm 11,1; 2Kor 11,22; Gal 1,14; Phil 3,5f.

[31] S. zum Ganzen *D.-A. Koch*, Die Schrift als Zeuge des Evangeliums. Untersuchungen zur Verwendung und zum Verständnis der Schrift bei Paulus, BHTh 69, Tübingen 1986, 11ff.

[32] Das Problem der Kanonzugehörigkeit weisheitlicher Schriften wie Jesus Sirach oder Sapientia Salomonis – die für die Entwicklung der neutestamentlichen Christologie von prägender Bedeutung gewesen sein mögen – stellt sich dabei vor der endgültigen Gestalt des *Hebräischen* Kanons noch nicht als kontroverses Thema. So braucht es auch nicht zu verwundern, dass innerhalb des Neuen Testaments die göttliche Autorität bzw. das Inspiriertsein der „Schrift" nur in zwei späteren, für die *griechisch-hellenistische* Umwelt zurüstenden Schriften ausdrücklich herausgestellt werden muss, während ihre Anerkennung ansonsten als selbstverständlich vorausgesetzt wird (2Tim 3,16f: πᾶσα γραφὴ θεόπνευστος, und 2Petr 1,20f: ὑπὸ πνεύματος ἁγίου φερόμενοι ἐλάλησαν ἀπὸ θεοῦ ἄνθρωποι). S. zum Ganzen *H.-J. Eckstein*, So haben wir doch nur einen Herrn. Die Anfänge trinitarischer Rede von Gott im Neuen Testament, in: *Ders.*, Kyrios Jesus, 3–22, speziell 6–14.

[33] Verschiedene Möglichkeiten des Umgangs mit der bisher Schrift gewordenen Offenbarung schieden offensichtlich für sie von der Christusoffenbarung her aus: *Erstens* konnten sie das Reden Gottes nicht als mit den „Schriften" des Alten Testaments abgeschlossen betrachten und sich mit dem sich ausbildenden Kanon der Hebräischen Bibel oder des weiteren Umfangs der Septuaginta als Wort Gottes begnügen. – *Zweitens* legte sich hinsichtlich der Überbietung und unvergleichlichen Würde des Sohnes Gottes auch nicht die Möglichkeit nahe, „Gesetz, Propheten und Schriften" durch das Reden Gottes im Sohn nur ergänzt zu sehen und den Kanon um einen weiteren, vierten Teil des „Evangeliums von Jesus Christus", des εὐαγγέλιον Ἰησοῦ Χριστοῦ, zu erweitern oder durch einen weiteren Redaktionsprozess die bisherigen Überlieferungen lediglich zu überarbeiten. – *Drittens* schied aber für die judenchristlichen Verfasser des 1. Jh. n.Chr. auch völlig die Möglichkeit aus, wie später Markion das „Alte Testament" und mit ihm den Schöpfer der Welt und den Gott der Juden gering zu schätzen und nur das in einigen Paulusbriefen und dem Lukasevangelium bezeugte wahre Evangelium gelten zu lassen. – So wurde schon mit dem Verfassen der neutestamentlichen Schriften selbst der Weg der *vierten* Möglichkeit beschritten, der mit der grundsätzlichen Anerkennung eines aus zwei unterschiedenen, aber nicht getrennten Teilen der „Heiligen Schrift" Ende des 2. Jh. n.Chr. seinen vorläufigen Höhepunkt erreicht. Vgl. zum Ganzen *H. v. Campenhausen,* Die Entstehung der christlichen Bibel, BHTh 39, Tübingen 1968, 174ff; *B.M. Metzger*, Der Kanon des Neuen Testaments. Entstehung, Entwicklung, Bedeutung, Düsseldorf 1993, 96ff.

[34] Die in der christlichen Tradition gebräuchliche Bezeichnung der Israel und der Kirche gemeinsamen Heiligen Schrift mit „Altem Testament", dem dann als zweiter Kanonteil das „Neue Testament" zur Seite tritt, findet sich in dieser Form noch nicht in den neutestamentlichen Schriften (s. aber dann ab dem Anfang des 3. Jh. n.Chr. z.B. Clemens Alexandrinus † 215 und Origenes † 254. Bei Melito von Sardes findet sich wohl erstmalig die Bezeichnung „die Bücher des Alten Testaments"/τὰ τῆς παλαιᾶς διαθήκης βιβλία, Euseb, HE IV 26,14). In 2Kor 3,6 und 14 kann Paulus wohl in Aufnahme der Verheißung von Jer 31,31 (LXX 28,31) und der Einsetzungsworte Jesu nach 1Kor 11,25 par. Lk 22,20 die Apostel Jesu Christi als Diener des „Neuen Bundes" (d.h. der „Neuen Verfügung"/der καινὴ διαθήκη) dem Dienst des Mose entgegenstellen, der sich auf den „Alten Bund" (d.h. die „Alte Verfügung"/die παλαιὰ διαθήκη) bezieht; aber seine Kontrastierung von Evangelium und Gesetz stellt nicht die zwei Kanonteile gegenüber, die sich erst noch ausbilden sollten, sondern die zwei Verfügungen/διαθῆκαι Gottes, die in Gestalt der lebensspendenden Verheißung an Abraham (Gen 12,1–3; 15,1–6 u.ö.) und der bei der Sünde behaftenden Tora vom Sinai (Ex 19–Dtn 34) *beide* schon in derselben aus Gesetz, Propheten und Schriften bestehenden Heiligen Schrift zu Wort kommen (Gal 3,6–14; Röm 4,1–25). S. zum Ganzen *H.-J. Eckstein*, Verheißung und Gesetz. Eine exegetische Untersuchung zu Gal 2,15–4,7, WUNT 86, Tübingen 1996, 94ff.111ff.171ff.254ff. Vgl. *B.M. Metzger*, Der Kanon des Neuen Testaments, 124f.243ff; *U. Schnelle*, Einleitung in das Neue Testament, 396f.

3. Das Zeugnis der Apostel vom Evangelium Jesu Christi

Ausgehend von 1Thess 2,13 haben wir gesehen, dass Paulus hinsichtlich des Wortes Gottes und seiner menschlichen Verkündigung keineswegs *trennt*, wohl aber klar *differenziert*, wodurch sich hermeneutisch bei ihm auch eine eindeutige Hierarchie der Verbindlichkeit für den Fall der innergemeindlichen theologischen Auseinandersetzung ergibt.

Gilt der hohe Anspruch von 1Thess 2,13 grundsätzlich wohl für alle Verkündiger, sofern sie das „*eine* Evangelium" und die „*Wahrheit* des Evangeliums" (Gal 1,6-12; 2,5.14) verkündigen, so haben die *Apostel* im spezifischen Sinne[35] – also der Zwölferkreis, voran Petrus, dann der Herrenbruder Jakobus, Paulus und Barnabas[36] – innerhalb der Urgemeinde und in den frühen Kirchen ein besonderes Ansehen. Ihnen ist der auferstandene Christus persönlich ‚erschienen' (ὤφθη)[37], so dass er von ihnen ‚gesehen' (ἑόρακα)[38] und von ihnen als ihr Herr ‚erkannt' worden ist[39]. Das heißt für Paulus nicht weniger, als dass Gott selbst ihnen seinen auferstandenen Sohn offenbart hat (ἀποκάλυψις/ἀποκαλύψαι Gal 1,12.16) und sie zum Apostelamt berufen und eingesetzt hat[40]. Dementsprechend kann Paulus in seinem wohl inhaltsreichsten temporalen Nebensatz in Gal 1,15 formulieren: „Als es aber Gott wohlgefiel, der mich von meiner Mutter Leib an ausgesondert und durch seine Gnade berufen hat, dass er mir seinen Sohn offenbarte (ἀποκαλύψαι τὸν υἱὸν αὐτοῦ ἐν ἐμοί), damit ich ihn durchs Evangelium verkündigen sollte unter den Heiden". So verwundert es nicht, dass Paulus in den Auseinandersetzungen mit Gegnern die Autorität seines eigenen Apostolats hervorhebt: „Bin ich nicht ein Apostel? Habe ich nicht den Herrn gesehen?" (οὐκ εἰμὶ ἀπόστολος; οὐχὶ Ἰησοῦν τὸν κύριον ἡμῶν ἑόρακα; 1Kor 9,1).[41]

Durch das *apostolische Kerygma* spricht Gott selbst, indem er den Glauben bei den Hörenden hervorruft und seinen lebenschaffenden Geist vermittelt. Die Begriffe für dieses autorisierte *Zeugnis der Apostel* können dabei variieren: Paulus spricht von der „Kunde",

[35] Im *weiteren* Sinne werden als „Apostel" die „Missionare" – im Wortsinn – bezeichnet: 1Kor 12,28; 2Kor 11,13; Röm 16,7 (Andronikus und Junia [Ἰουνίαν weiblich, nicht: Ἰουνιᾶν männlich]); im weitesten Sinne sind Apostel Gesandte, die eine Gemeinde mit einem bestimmten Auftrag aussendet: 2Kor 8,23; Phil 2,25.

[36] S. 1Kor 9,1.5f; 15,5–9; Gal 1,17.19. Vgl. Röm 1,1; 1Kor 1,1; 2Kor 1,1; Gal 1,1; 1Thess 2,7; für das Apostelamt/ἡ ἀποστολή: Röm 1,5; Gal 2,8; vgl. Act 14,14.

[37] ὤφθη/„er ist erschienen"; s. 1Kor 15,5–10; vgl. Lk 24,34.

[38] ἑόρακα/„ich habe gesehen", 1Kor 9,1 als rhetorische Frage formuliert: οὐχὶ Ἰησοῦν τὸν κύριον ἡμῶν ἑόρακα; Vgl. Mk 16,7; Mt 28,7.10.17; Joh 20,18 (ἑώρακα τὸν κύριον).25.29.

[39] S. 2Kor 4,6; Phil 3,8 (γνῶσις Χριστοῦ Ἰησου); vgl. zum Ganzen *H.-J. Eckstein,* Die Wirklichkeit der Auferstehung Jesu. Lukas 24,34 als Beispiel formelhafter Zeugnisse, in: *Ders.*, Der aus Glauben Gerechte wird leben, 152–176.232–238.

[40] S. Röm 1,1.5; Gal 1,1.11f.15f (Jer 1,5; Jes 49,1); vgl. Röm 15,15f; 2Kor 4,6; 5,18–20; Gal 2,7–9; Phil 3,8). Zur Berufung des Paulus nach Lukas s. Act 9,1ff; 22,6ff; 26,12ff und zum Apostelbegriff neben Lk 6,13 vor allem Act 1,21f.25. Wie sich aus den Kriterien für die Nachwahl des zwölften Jüngers ergibt, bildet für Lukas neben der Erscheinung und Beauftragung des Auferstandenen die Begleitung des irdischen Jesus von den Anfängen seines Wirkens an ein entscheidendes Kriterium.

[41] Dementsprechend werden drei aus dem Kreis der Apostel in Jerusalem um 48 n.Chr. als die „Säulen" der „Gemeinde Gottes" angesehen – der Herrenbruder Jakobus, Petrus und Johannes (Gal 2,9). Von der Reihung der Apostel in Gal 2,9 her erklärt sich auch die spätere Abfolge der katholischen Briefe in Handschriften und Kanonlisten: 1.) *Jakobus*, 2.) *Petrus*, 3.) *Johannes* – neben bzw. nach den bis zu 13 (bzw. mit dem anonymen Hebräerbrief 14) Paulusbriefen. Die Reihung der Lutherbibel ergibt sich durch das „Vorziehen" von Petrus- und Johannesbriefen vor Hebräer, Jakobus und Judas.

„Predigt"/ἡ ἀκοή[42], von der „Verkündigung", dem „Kerygma"/τὸ κήρυγμα[43], von dem „Zeugnis"/τὸ μαρτύριον[44], vereinzelt von der „Ermunterung", „Ermahnung"/ἡ ἡ παράκλησις[45] – vor allem und speziell aber von dem „Verkündigen des Evangeliums"/εὐαγγελίζεσθαι[46]. Dabei ist für die folgenden Differenzierungen die im Deutschen nicht einfach übertragbare griechische *figura etymologica* besonders aufschlussreich: „das *Evangelium* als *Evangelium* verkündigen"/τὸ εὐαγγέλιον εὐαγγελίζεσθαι[47]. Indem die Hörer das durch die Apostel verkündigte Wort Gottes nicht nur als *Menschen*wort „empfangen" (παραλαβόντες), sondern als das, was es in Wahrheit ist, Gottes eigenes Wort (καθώς ἐστιν ἀληθῶς λόγον θεοῦ) „auf-" und „angenommen" haben (ἐδέξασθε), erweisen sie sich als solche, in denen Gottes Wort im Glauben wirkt (1Thess 2,13).

4. *Das Evangelium Christi als offenbartes Wort Gottes*

Nun könnte man in der Differenzierung zwischen der vielfältigen Verkündigung des Evangeliums in den Gemeinden und dem dieser als Quelle und Maßstab vorgegebenen Zeugnis der Apostel bereits eine hinreichende und praktikable Lösung sehen. Es sollte sich aber zeigen, dass nicht nur Verkündigung und Lehrentscheidungen der Schüler der Apostel in entscheidenden Punkten voneinander abweichen können, sondern auch die der Apostel selbst. In der Kontroverse über die Verbindlichkeit der Toraobservanz, in der Frage der Legitimität und Gestalt der Heidenmission und der darauf folgenden Abendmahls- und Tischgemeinschaft in gemischten Gemeinden besteht Dissens nicht nur zwischen untergeordneten Mitarbeitern und einzelnen Gemeindegliedern, sondern – wie im antiochenischen Konflikt nach Gal 2,11–21 in Gestalt von Paulus und Petrus ganz unbestreitbar – zwischen den durch den Auferstandenen selbst berufenen *Aposteln.*

Für diesen Fall ist es für Paulus von grundlegender Bedeutung, dass er sich in der öffentlichen Auseinandersetzung mit Petrus und den Jakobusschülern auf die allen Aposteln *vorgegebene* „Wahrheit des Evangeliums" (Gal 2,5.14)[48] und auf das von Christus selbst offenbarte „*eine* und *einzige* Evangelium" (Gal 1,6–12) als „Wort Gottes" jenseits der apostolischen Meinungen und des davon abweichenden Verhaltens beziehen kann. Damit ist die *Einheit* und *Wahrheit* des Evangeliums sogar jenseits der *apostolischen* Widersprüchlichkeit in der dem apostolischen Zeugnis vorgeordneten Größe des *Evangeliums* festgehalten. Das apostolische Kerygma *gründet* untrennbar in dem ihm vorgegebenen Evangelium, ist aber hermeneutisch gesehen von diesem als der übergeordneten Größe klar zu *unterscheiden.*[49]

[42] S. Röm 10,16f; Gal 3,2.5; 1Thess 2,13.

[43] S. 1Kor 1,21; 2,4; 15,14.

[44] S. 1Kor 1,6; vgl. 2Thess 1,10.

[45] S. 1Thess 2,3.

[46] εὐαγγελίζεσθαι absolut: Röm 1,15; 15,20; 1Kor 1,17; 9,16.18; 2Kor 10,16; Gal 4,13; mit Objektsakkusativ: Röm 10,15; Gal 1,16 (αὐτόν/τὸν υἱὸν αὐτοῦ); 1,23; vgl. abweichend 1Thess 3,6.

[47] S. τὸ εὐαγγέλιον ὃ εὐηγγελισάμην ὑμῖν 1Kor 15,1; τὸ τοῦ θεοῦ εὐαγγέλιον εὐηγγελισάμην ὑμῖν 2Kor 11,7; τὸ εὐαγγέλιον τὸ εὐαγγελισθὲν ὑπ' ἐμοῦ Gal 1,11.

[48] Vgl. *O. Hofius,* „Die Wahrheit des Evangeliums", in: *Ders.*, Paulusstudien II, WUNT 143, Tübingen 2002, 17–37, 17–37.

[49] S. zum Ganzen *H.-J. Eckstein*, Verheißung und Gesetz, 86ff.

Nach Paulus ist nämlich für den Apostolat neben der *Erscheinung* des Auferstandenen und der persönlichen *Berufung* zum Apostelamt durch den Auferstandenen konstitutiv, dass den Aposteln auch das *Evangelium* von Christus erschlossen und übertragen wurde: „Denn ich tue euch kund, liebe Brüder, dass das Evangelium, das von mir gepredigt ist, nicht von menschlicher Art ist (οὐκ ἔστιν κατὰ ἄνθρωπον). Denn ich habe es nicht von einem Menschen empfangen oder gelernt (παρέλαβον ... ἐδιδάχθην), sondern durch eine Offenbarung Jesu Christi" (δι' ἀποκαλύψεως Ἰησοῦ Χριστοῦ Gal 1,11f). Da Gott selbst in Christus das Wort von der Versöhnung unter den Aposteln aufgerichtet hat (2Kor 5,19; vgl. 4,6), handelt es sich bei dem „Evangelium von *seinem Sohn*" (εὐαγγέλιον τοῦ υἱοῦ αὐτοῦ – im Sinne des *Genitivus obiectivus*, Röm 1,9; vgl. 1,3)[50] um das „Evangelium *Gottes*" (εὐαγγέλιον θεοῦ – im Sinne des *Genitivus subiectivus* bzw. *auctoris*, Röm 1,1).[51] Hermeneutisch gesehen ist damit das *Evangelium* – und nicht nur die „Heilige Schrift" Alten Testaments – bereits innerneutestamentlich als „Wort Gottes" verstanden und anerkannt worden.[52] Das Mitteilungsgeschehen Gottes gegenüber Paulus vor Damaskus beinhaltet also sowohl die Selbsterschließung Gottes in Person seines Sohnes als auch die Übermittlung der Berufung zur Verkündigung als auch die inhaltliche Erschließung des Evangeliums Jesu Christi.[53]

[50] Mit *Gen. obiectivus*: Röm 1,9 („seines Sohnes"/„von seinem Sohn"/τοῦ υἱοῦ αὐτοῦ); 15,19 (wie im Folgenden „Christi"/„von Christus"/τοῦ Χριστοῦ); 1Kor 9,12; 2Kor 2,12; 9,13; 10,14; Gal 1,7; Phil 1,27; 1Thess 3,2; 2Kor 4,4 („der Herrlichkeit Christi"/„von der Herrlichkeit Christi"/τῆς δόξης τοῦ Χριστοῦ); Röm 10,8.17 wegen Kontext (Dtn 30,14): „das Wort (Christi)"/τὸ ῥῆμα (Χριστοῦ).

[51] Mit *Gen. subiectivus* „Evangelium Gottes"/εὐαγγέλιον [τοῦ] θεοῦ: Röm 1,1; 15,16; 2Kor 11,7; 1Thess 2,2.8.9. Dies wird bei Paulus auch dort vorausgesetzt, wo „das Evangelium"/τὸ εὐαγγέλιον absolut gebraucht wird: Röm 1,16; 10,16; 11,28; 1Kor 4,15; 9,14.18.23; 2Kor 8,18; 11,4; Gal 1,11; 2,2.5.14; Phil 1,5.7.12.16.27; 2,22; 4,3.15; 1Thess 2,4; Phlm 13; vgl. Gal 1,6 („anderes Evangelium"/ἕτερον εὐαγγέλιον). – Vgl. noch „mein Evangelium"/τὸ εὐαγγέλιόν μου (Röm 2,16; 16,25); „unser Evangelium"/τὸ εὐαγγέλιον ἡμῶν (2Kor 4,3; 1Thess 1,5 – „das von mir/von uns verkündigte Evangelium"); „das Evangelium der Unbeschnittenheit"/τὸ εὐαγγέλιον τῆς ἀκροβυστίας (Gal 2,7 – „das Evangelium für die Unbeschnittenen").

[52] Dies gilt, ob Paulus im Einzelnen nun ausdrücklich vom „Wort Gottes"/ὁ λόγος τοῦ θεοῦ (1Thess 2,13; vgl. 1Kor 14,36; 2Kor 2,17; 4,2; 1Thess 1,8; 2,13 und Phil 1,14 [*varia lectio*]), vom „Wort vom Kreuz"/ὁ λόγος τοῦ σταυροῦ (1Kor 1,18), vom „Wort von der Versöhnung"/ὁ λόγος τῆς καταλλαγῆς (2Kor 5,19) oder kurz vom „Wort"/ὁ λόγος (Phil 1,14 (*v.l.*); 1Thess 1,6) spricht.

[53] Die alte Frage nach dem begriffsgeschichtlichen Ursprungsort des neutestamentlichen εὐαγγέλιον lässt sich von dieser inhaltlichen Füllung der spezifisch verwendeten Begriffe εὐαγγέλιον und εὐαγγελίζεσθαι her als untergeordnet verstehen. Dass das Substantiv εὐαγγέλια in der antiken Herrscherverehrung eine Rolle spielte und somit für heidnisch-hellenistische Hörer eine Assoziation der „Siegesnachrichten" oder der „guten Nachrichten" im Zusammenhang des Amtsantritts eines römischen Kaisers wecken konnte, ist so gut belegt wie unbestritten (vgl. *Josephus*, Bell 4,618; 4,656; *Philo*, LegGai 18.231; Inschrift von Priene (DittOr 458/NW II/1,9). Spannender aber ist die Frage nach den traditionsgeschichtlichen Wurzeln des theologisch gefüllten Verständnisses bei Paulus. Bis hinein in die sprachliche Verwendung des Verbs εὐαγγελίζεσθαι in der LXX (z.B. Jes 40,9; 52,7; 60,6; 61,1; Ps 40 [39],10; Ps 68 [67],12; Ps 96 [95],2) knüpft das paulinische Verständnis inhaltlich unmittelbar an die atl.-jüdischen Traditionen zum „Wort Gottes" und speziell an die Verkündigung Deuterojesajas und die von ihm beeinflusste Literatur zu der eschatologischen Offenbarung von Gottes Gerechtigkeit, Macht und Heil an sowie an der Verkündigung des Gekommenseins Gottes zum Heil für sein Volk. Ob *Paulus* oder die ihn als neu Berufenen aufnehmende *Gemeinde*, ob die *Urgemeinde* in Jerusalem oder *Jesus selbst* die von Deuterojesaja an theologisch spezifisch verwendeten Begriffe in die Verkündigung von der in Jesu Kommen angebrochenen Königsherrschaft Gottes aufgenommen hat, bleibt eine kontroverse Frage. Jedenfalls führt Paulus wohl nicht erst in seinen Briefen der Fünfzigerjahre die Begriffe εὐαγγέλιον und εὐαγγελίζεσθαι ein. Vielmehr werden sie bereits im urgemeindlichen Kontext (Gal 1,23) und in expliziter Aufnahme von tradtionellen Bekenntnisüberlieferungen (1Kor 15,3–5 im Kontext von 15,1.11) als bei den Gemeinden seit ihrer Gründung vertraut vorausgesetzt, womit wir für die spezifische Aufnahme der Begrifflichkeit schon in den Vierziger-,

5. Der Inhalt des Evangeliums

Wie sowohl aus den Ausführungen zur Verkündigung der Apostel als auch aus denen zum Evangelium Gottes eindeutig hervorgeht, wird der *Inhalt* des Evangeliums nicht nur sachlich umschrieben oder gar auf bestimmte Bekenntnisformeln reduziert, sondern mit der *Person* des von Gott gesandten Sohnes, des gekreuzigten und auferstandenen Herrn Jesus Christus, identifiziert. Er ist der zentrale und eigentliche Inhalt des Evangeliums und infolgedessen der apostolischen Verkündigung: „Denn ich hielt es für richtig, unter euch nichts zu wissen als allein Jesus Christus, den Gekreuzigten" (1Kor 2,2)[54]. Dementsprechend bestand die Offenbarung des *Evangeliums* durch Gott in der Offenbarung *seines Sohnes* (Gal 1,11f.15f) und demzufolge besteht die erhellende Erkenntnis des *Evangeliums* in der Erkenntnis der Herrlichkeit Gottes in dem *Angesicht Jesu Christi.*[55] So haben auch die Galater Gottes Geist allein dadurch im Glauben empfangen, dass der Apostel ihnen durch seine Predigt *Jesus Christus* als den *Gekreuzigten* in aller Deutlichkeit vor Augen gestellt hat (Gal 3,1).

Damit ergibt sich hermeneutisch bereits in den frühesten Schriften des Neuen Testaments ein Verständnis vom „Wort Gottes", das in seiner Differenzierung und Abstufung die *Einheit* des Evangeliums angesichts der *Vielstimmigkeit* des apostolischen Zeugnisses und hinsichtlich der *Auseinandersetzung* über das Verständnis der Tora des Mose festzuhalten vermag. Zudem sind mit diesem christozentrischen Verständnis des Evangeliums und mit dieser differenzierten Einheit von Evangelium und apostolischem Zeugnis auch die späteren kanongeschichtlichen Entwicklungen bis hin zu der Anerkennung des neutestamentlichen Kanons als „Heilige Schrift" sachlich vorbereitet.

Selbst die spätere Frage nach der „Mitte der Schrift" angesichts der Vielfältigkeit des biblischen Zeugnisses erhält im Kontext der paulinischen Hermeneutik bereits entscheidende Inspirationen. Da nicht bestimmte menschliche Persönlichkeiten oder Schriften im Gegensatz zu anderen an sich unfehlbar und unhinterfragbar sind und erwiesenermaßen sogar Apostel irren können (vgl. Gal 2,11–14), kann eine an dieser Hermeneutik des Wortes orientierte Lösung kaum nach einem „*Kanon im Kanon*" suchen wollen – nicht einmal nach dem der Paulusbriefe als formaler Mitte der neutestamentlichen Überlieferung. Denn dem „Eventualfluch" in Gal 1,8f gegenüber allen, die das Evangelium Christi verkehren wollen, unterstellt Paulus ausdrücklich auch sich selbst und die Engel Got-

wenn nicht in den Dreißigerjahren wären. Die Verkündigung Deuterojesajas, die Überlieferungen zum Gottesknecht und speziell das vierte Gottesknechtslied Jes 52,13–53,12 werden jedenfalls nicht nur vielfältig von Paulus aufgenommen, zitiert und weiterentwickelt (s. Jes 43,23/Röm 14,11; Phil 2,10f; Jes 49,8/2Kor 6,2; Jes 50,8/Röm 8,33; Jes 52,7/Röm 10,15; Jes 52,15/Röm 15,21; 1Kor 2,9; Jes 53,1/Röm 10,16; Jes 53,8/1Kor 15,3; Jes 53,11/Röm 5,15; Jes 53,12/Röm 4,25; 1Kor 15,3; Jes 59,20f/Röm 11,26), sondern gerade auch in von ihm bereits übernommenen traditionellen Formeln wie Röm 4,25 und 1Kor 15,3b–5. (S. zum Ganzen *G. Friedrich*, Art. εὐαγγελίζομαι κτλ., in: ThWNT II, Stuttgart 1935, 705–735, hier 708–710.719–722; *P. Stuhlmacher*, Das paulinische Evangelium, FRLANT 95, Göttingen 1968, 109ff; *Ders.*, Das paulinische Evangelium, in: Das Evangelium und die Evangelien, hg. v. *P. Stuhlmacher*, WUNT 28, Tübingen 1983, 157–182, speziell 170ff; *G. Strecker*, Art. εὐαγγέλιον, in: EWNT II, 179f; *O. Betz*, Art. Evangelium/εὐαγγέλιον, in: TBLNT, NB, Wuppertal 2005, 432f; *U. Schnelle*, Paulus. Leben und Denken, Berlin u.a. 2003, 456–458.)

[54] Vgl. 1Kor 1,23; 2Kor 1,19; 2Kor 4,5; Gal 3,1.

[55] S. 2Kor 4,4.6: τὸν φωτισμὸν τοῦ εὐαγγελίου τῆς δόξης τοῦ Χριστοῦ [...] πρὸς φωτισμὸν τῆς γνώσεως τῆς δόξης τοῦ θεοῦ ἐν προσώπῳ ['Ιησοῦ] Χριστοῦ.

tes.[56] Selbst die Autorität der Apostel und Engel trägt ausschließlich bei Übereinstimmung ihrer Aussagen mit dem im Evangelium Christi vorgegebenen Wort Gottes.

Aber auch die zweite Möglichkeit, die „Mitte der Schrift" inhaltlich in einer zentralen Aussage oder in Formeln umfänglich und hinreichend beschreiben zu wollen, scheitert im Rahmen der paulinischen „Wort-Gottes-Theologie" daran, dass der eigentliche Inhalt nicht nur eine sachliche Mitteilung, sondern *die Person des gekreuzigten und auferstandenen Herrn selbst* ist, der sich wohl in Akklamationen anrufen und in Bekenntnissen und Hymnen verehren und anerkennen lässt[57], der aber sogar in dem zentralen und heilbringenden Bekenntnis κύριος Ἰησοῦς Χριστός/„Herr ist Jesus Christus"[58] nicht einfach aufgeht. So können selbst so zentrale und zutreffende Bestimmungen der Mitte der Schrift wie „die Rechtfertigung des Gottlosen" oder „die Versöhnung der Welt mit Gott" aus eben diesem christologischen Grunde nicht als umfänglich und hinreichend akzeptiert werden.

Die *Mitte der Schrift* und der zentrale Inhalt des Evangeliums und damit der *Kanon im Kanon* – d.h. das „Kriterium", der „Maßstab" und die „Richtschnur" für die Beurteilung der „Wahrheit des Evangeliums" und der *Einheit* des Wortes Gottes in der *Vielfalt* des apostolischen Zeugnisses – ist nach Paulus nichts weniger als Gottes *Selbstmitteilung* in Gestalt des gekreuzigten, auferstandenen und erhöhten Christus, an dessen Handeln und Geschick, an dessen Sein und Wort sich alle menschliche Verkündigung und alles menschliche Handeln immer wieder erneut messen lassen müssen. Sosehr diese „Mitte der Schrift" dem Zugriff menschlicher Verfügbarkeit und definitiver Bestimmbarkeit grundsätzlich entzogen bleiben mag, sosehr wird sie im „Evangelium von Jesus Christus" und im „Wort vom Gekreuzigten" ansichtig und anschaulich – denn in der vielstimmigen Verkündigung der Apostel und derer, die ihr Zeugnis weitertradieren, wird Jesus Christus als der Gekreuzigte vor Augen gestellt.[59] In dem hellen Licht des Evangeliums von der Herrlichkeit Christi als des Ebenbildes Gottes kommt es zur Erkenntnis der Herrlichkeit Gottes selbst (2Kor 4,4.6)[60]. So kann dann im Anschluss an Paulus mit der Anerkennung Jesu Christi als der „Mitte" des Evangeliums das *vielfältige Ganze* des apostolischen Zeugnisses – und später des zweiteiligen Kanons Alten und Neuen Testaments – von dem einmütig bekannten „Einen" her hermeneutisch als *differenzierte Einheit* wahrgenommen werden.

[56] Gal 1,8f: „Aber auch wenn wir oder ein Engel vom Himmel euch ein Evangelium predigen würden, das anders ist, als wir es euch gepredigt haben, der sei verflucht" (εὐαγγελίζηται [ὑμῖν] παρ' ὃ εὐηγγελισάμεθα ὑμῖν, ἀνάθεμα ἔστω).

[57] S. zum Ganzen *H.-J. Eckstein*, Die Anfänge trinitarischer Rede von Gott, 86ff.

[58] S. Röm 10,9f; vgl. 1Kor 12,3; Phil 2,9–11.

[59] S. Gal 3,1: οἷς κατ' ὀφθαλμοὺς Ἰησοῦς Χριστὸς προεγράφη ἐσταυρωμένος.

[60] S. 2Kor 4,6: ὃς ἔλαμψεν ἐν ταῖς καρδίαις ἡμῶν πρὸς φωτισμὸν τῆς γνώσεως τῆς δόξης τοῦ θεοῦ ἐν προσώπῳ ['Ιησοῦ] Χριστοῦ (vgl. V. 4).

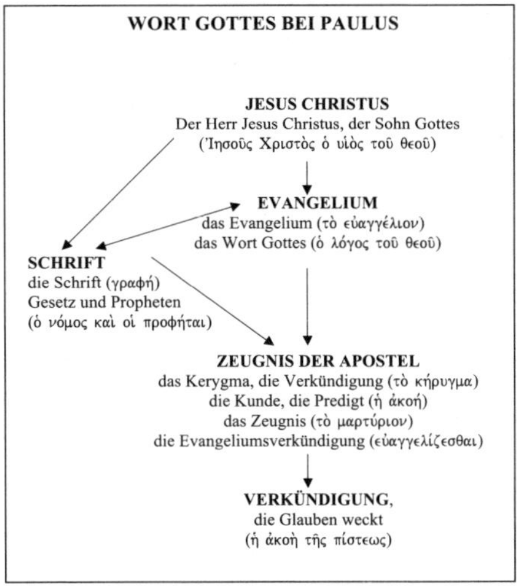

6. Apostolische Verkündigung, Schriftzeugnis und allgemeines Bekenntnis

Über diese hermeneutischen Grundentscheidungen hinaus sollte für die spätere kirchliche Entwicklung aber auch die Art und Weise prägend wirken, in der Paulus das *eine* Evangelium in Auseinandersetzung mit anderslautenden Interpretationen und gegenüber Zweifeln und Anfragen begründet und entfaltet. Wie sich schon in den Präskripten des Römerbriefs oder des Galaterbriefs mit wünschenswerter Deutlichkeit erkennen lässt, plausibilisiert er seine in Frage stehende Verkündigung in *dreifacher* Weise. *Erstens* hebt er auf die Autorität seines in Gottes Berufung und in der Erscheinung des Auferstandenen begründeten *Apostelamtes* ab: „Paulus, Knecht Christi Jesu, berufener Apostel (κλητὸς ἀπόστολος), ausgesondert für das Evangelium Gottes“ (ἀφωρισμένος εἰς εὐαγγέλιον θεοῦ Röm 1,1). Noch nachdrücklicher als diese dreifache Intitulation muss die Absenderangabe des Galaterbriefs erscheinen, die die apostolische Autorität gleich durch zwei Negationen unterstreicht: „Paulus, ein Apostel – *nicht* von Menschen, auch *nicht* durch einen Menschen, sondern durch *Jesus Christus* und *Gott, den Vater*, der ihn auferweckt hat von den Toten“ (Gal 1,1). Es kann nicht fraglich sein, dass die folgenden Schreiben nicht als private und subjektive menschliche Meinungsäußerungen, sondern als Entfaltung des von Gott offenbarten Evangeliums durch einen von ihm selbst dazu berufenen Apostel gelesen sein wollen (Gal 1,11f.15f). Hier wird das Kriterium der *Apostolizität* geltend gemacht.

„Ausgesondert für das Evangelium Gottes, das er zuvor verheißen hat (ὃ προεπηγγείλατο) durch seine Propheten in der Heiligen Schrift (ἐν γραφαῖς ἁγίαις) …“ (Röm 1,2). Paulus geht es *zweitens* um den Erweis der *Schriftgemäßheit* des von ihm verkündigten Evangeliums und damit um die Betonung der Kontinuität und Einheitlichkeit des Redens Gottes in der „Heiligen Schrift“ und im „Evangelium“. Denn beide werden im Vollsinn als „Wort Gottes“ anerkannt und das Evangelium von Jesus Christus als die wahre Vollendung und Erfüllung der Vorausverkündigung durch Mose und die Propheten gesehen. So beansprucht Paulus gerade für die Offenbarung von der Gerechtigkeit Gottes allein im Glauben an Christus und unabhängig von der Sinai-Tora (χωρὶς νόμου δικαιοσύνη θεοῦ πεφανέρωται), gerade *diese* sei „bezeugt von dem Gesetz und den Propheten (μαρτυρουμένη ὑπὸ τοῦ νόμου καὶ τῶν προφητῶν)" (Röm 3,21).[61]

Dabei ist hermeneutisch höchst beachtenswert, dass Paulus die „Heilige Schrift" und das „Evangelium von Christus" nicht etwa undifferenziert nach dem dualistischen Schema von „Gesetz und Evangelium" kontrastiert oder auch nur nach dem Dual von „Verheißung und Erfüllung" auseinander definiert, so dass dem „Alten Testament" insgesamt allein die Rolle des ‚Gerichtes' und der ‚Anklage' oder der unerfüllten Voraussage in einer christuslosen Zeit zufiele. Vielmehr ist für ihn der auferstandene und erhöhte Gottessohn zugleich der präexistente Schöpfungsmittler Gottes (1Kor 8,6; vgl. 2Kor 8,9; Phil 2,6f), so dass es wohl eine Zeit vor der Sendung des Sohnes in die Welt gibt – *ante Christum natum* –, aber keine Zeit in der Geschichte Israels und der Welt ohne die Gegenwart und das Wirken des Sohnes als der Weisheit und des Wortes Gottes – also keine Zeit *ante Christum*.[62]

Bei allem Bemühen um die Hervorhebung der Kontinuität und Wechselbeziehung des Zeugnisses von Gottes Reden durch „Mose und die Propheten" einerseits und durch Jesus Christus andererseits stellt sich hermeneutisch bereits in den Auseinandersetzungen der frühchristlichen Gemeinden die unausweichliche Frage nach der höchsten Autorität und der biblisch-theologischen Kriteriologie. Dabei erkennt Paulus in Gottes Reden durch seinen eigenen Sohn die letztgültige Offenbarung Gottes und in dessen Evangelium die eschatologisch wirksame und unwiderrufliche Offenbarung seiner Gerechtigkeit, Liebe und Gnade (Röm 1,2–4; 3,21ff; 2Kor 3,1–18). Das Zeugnis von Gottes Reden durch Mose und die Propheten findet in dem unmittelbaren Reden durch den Sohn seine Überbietung, Erfüllung und letztgültige Vollendung.[63] Durch die Erkenntnis Jesu

[61] Auf die Frage, ob Paulus mit diesem Glaubensverständnis von der Rechtfertigung ohne Toraobservanz (δικαιοῦσθαι πίστει ἄνθρωπον χωρὶς ἔργων νόμου Röm 3,28) nicht das „Gesetz" – d.h. die Tora und mit ihr als *prima pars pro toto* die Schrift – aufhebe und für ungültig erkläre (νόμον οὖν καταργοῦμεν διὰ τῆς πίστεως;), kontert er entschieden: „Ganz und gar nicht, sondern wir richten das Gesetz – d.h. die Schrift – auf (μὴ γένοιτο· ἀλλὰ νόμον ἱστάνομεν)", Röm 3,31 (vgl. Röm 4,3: ἡ γραφή). Und er lässt im unmittelbaren Anschluss mit Röm 4,1–25 einen umfänglichen Erweis der Schriftgemäßheit folgen, indem er – wie schon im Briefthema Röm 1,17 mit dem Zitat aus Hab 2,4: „Der aus Glauben Gerechte wird leben" – aufzeigt, dass schon *Abraham* und *David* sich vor Gott auf dessen Gnade berufen haben und nicht infolge ihres gelebten Lebens, sondern allein im Glauben gerechtfertigt worden sind: „Dem aber, der nicht mit Werken umgeht (τῷ δὲ μὴ ἐργαζομένῳ), glaubt aber an den, der *die Gottlosen gerecht macht* (τὸν δικαιοῦντα τὸν ἀσεβῆ), dem wird sein Glaube gerechnet zur Gerechtigkeit" (Röm 4,5). Vgl. zum Schriftbeweis anhand der Segensverheißung an Abraham auch Gal 3,6ff und 4,21ff; s. *H.-J. Eckstein*, Verheißung und Gesetz, 94ff; 246f; 253ff.

[62] Hinzu kommt, dass die Reihenfolge und Rangfolge der Verfügungen Gottes aus der Sicht des Paulus gerade nicht „Gesetz und Evangelium" lauten, sondern „*Evangelium* in Gestalt der *Verheißung – Gesetz – Evangelium*" (Gal 3,6ff.15ff.19ff; Röm 4,1–25). Das Wort der Anklage und des Gerichtes Gottes ist umgriffen von Gottes Wort des Segens und des gnädigen Freispruchs. Gottes erstes und letztes Wort ist die Zusage des endgültigen Segens und des Lebens in Christus auf der Grundlage des Glaubens. Für Abraham persönlich hat sich die Segensverheißung von Gen 12,1ff bereits mit der Rechtfertigung aus Glauben zum Zeitpunkt von Gen 15,1–6 erfüllt: „Denn was sagt die Schrift? ‚Abraham hat Gott geglaubt, und das ist ihm zur Gerechtigkeit gerechnet worden'" (ἐπίστευσεν δὲ Ἀβραὰμ τῷ θεῷ καὶ ἐλογίσθη αὐτῷ εἰς δικαιοσύνην Röm 4,3; vgl. Gal 3,6). Insofern ist Abraham nicht nur die Verheißung vorangekündigt worden, sondern ihm ist die in seinem Samen Christus verwirklichte Segensverheißung bereits zuvor wirksam und lebenschaffend als rechtfertigendes Evangelium zugesprochen worden – προευηγγελίσατο τῷ Ἀβραάμ (von προ – εὐαγγελίζεσθαι Gal 3,8). Vgl. zur Vertiefung *H.-J. Eckstein*, Die Anfänge trinitarischer Rede von Gott, 85ff.91ff.

[63] Vgl. in diesem Sinne auch die Gegenüberstellung in dem kunstvollen Proömium des Hebräerbriefs, Hebr 1,1–4: Gottes vormaliges Reden (πάλαι ὁ θεὸς λαλήσας) zu den Vätern, wie es in der Heiligen

Christi wird zugleich das angemessene Verständnis der Schrift eröffnet, so dass Paulus selbst wie alle Judenchristen erst angesichts der Offenbarung Jesu Christi die wahre Bedeutung und Funktion des Gesetzes und der Verheißungen durch die Propheten wahrnehmen können. Der Sohn Gottes nimmt ihnen „die Decke von den Augen", die ihnen zuvor die Erkenntnis Jesu Christi als des verheißenen Messias beim Lesen der Schrift verhüllt hatte (2Kor 3,14–18; 4,4–6; vgl. Gal 1,13–16; Phil 3,5–11).

Im Fall offensichtlicher Unvereinbarkeit stellt nicht das Gesetz die Widerlegung des Evangeliums dar, sondern Christus wird – nicht nur als das „Ziel", sondern in dieser Hinsicht für den Gläubigen auch – als das „Ende" der Gültigkeit des durch Mose gegebenen Gesetzes erkannt: τέλος γὰρ νόμου Χριστὸς εἰς δικαιοσύνην παντὶ τῷ πιστεύοντι (Röm 10,4; vgl. Röm 6,14; 7,4–6; Gal 2,19; 3,23–25; 4,4f; 5,18). Nach Paulus wird die Offenbarung in Gesetz und Propheten durch die Erkenntnis und das Evangelium Jesu Christi erhellt und erkannt; aber eine von Gottes Reden im Sohn absehende Auslegung der „Schrift" kann keinesfalls gegen das Evangelium von Jesus Christus durchgesetzt werden. Die Apostel sehen sich selbst gewiss der Autorität der Schrift untergeordnet, die „Wahrheit des Evangeliums" aber und damit den Sohn Gottes als den Inhalt und den Geber des Evangeliums sehen sie freilich jeder Bezeugung des Gotteswillens durch Mose und die Propheten sowie jeder Verkündigung durch die Apostel vor- und übergeordnet.

Neben dem Hinweis auf die Autorität des *Zeugnisses der Apostel* und dem Nachweis der *Schriftgemäßheit* findet sich auch schon bei Paulus *drittens* die Argumentation auf der Grundlage des einmütig und allgemein *Anerkannten* und *Bekannten.* So rekurriert er gleich nach dem Hinweis auf das Zeugnis der Schrift in Röm 1,2 auf ein traditionelles christologisches mehrgliedriges Bekenntnis (Röm 1,3f) und erweitert in Gal 1,4 bereits den anfänglichen Segensgruß um eine geprägte christologisch-soteriologische Selbsthingabeformel: „der sich selbst für unsre Sünden dahingegeben hat, dass er uns errette von dieser gegenwärtigen, bösen Welt"[64].

Diese Bezugnahme auf verbreitete Akklamationen, Bekenntnisformeln und „Hymnen" findet sich bei Paulus vielfältig.[65] Sie setzt voraus, dass das als „Wahrheit des Evangeliums" Erkannte und Bekannte sich bereits in Formeln und Bekenntnissen der Gemeinden Jesu Christi ausspricht, dass sich also das *Sprechen Gottes durch seinen Sohn* im Bekennen derer, die er anspricht, *als wechselseitiges Gespräch* entfaltet. In Gestalt der frühen Formeln und Bekenntnisse wird somit ein sprachlicher Zusammenhalt und Konsens der

Schrift bewahrt ist, wird einerseits als unbestritten festgehalten; andererseits aber wird die Steigerung der Offenbarung durch die Hervorhebung seines eschatologischen und endgültigen Redens „am Ende der Zeit", „in der Endzeit" (ἐπ' ἐσχάτου τῶν ἡμερῶν τούτων) hervorgehoben. Der Sohn wird zugleich als der eschatologische Allherrscher zur Rechten Gottes und als der Mittler der Schöpfung Gottes bekannt; als unmittelbarer Abglanz seiner Herrlichkeit und als Abbild seines Wesens (ὃς ὢν ἀπαύγασμα τῆς δόξης καὶ χαρακτὴρ τῆς ὑποστάσεως αὐτοῦ) trägt der *Sohn Gottes* nicht nur alles mit seinem mächtigen Wort, sondern ist selbst den größten denkbaren Repräsentanten Gottes wie den *Engeln* oder *Mose* an Würde und Autorität weit überlegen (Hebr 1,3; 1,5–3,6).

[64] τοῦ δόντος ἑαυτὸν ὑπὲρ τῶν ἁμαρτιῶν ἡμῶν, ὅπως ἐξέληται ἡμᾶς ἐκ τοῦ αἰῶνος τοῦ ἐνεστῶτος πονηροῦ. Der Formel in Gal 1,4 korrespondiert zum Abschluss der antiochenischen Rede als *Inclusio* die Selbsthingabeformel in Gal 2,20: „das lebe ich im Glauben an den Sohn Gottes, der mich geliebt hat und sich selbst für mich dahingegeben" (τοῦ ἀγαπήσαντός με καὶ παραδόντος ἑαυτὸν ὑπὲρ ἐμοῦ).

[65] S. vor allem: Röm 1,3f; 3,25.26; 4,24.25; 1Kor 11,23–25; 1Kor 15,3–5; Gal 1,4; Phil 2,6–11; 1Thess 1,9f). Vgl. zum Ganzen *H.-J. Eckstein*, Die Wirklichkeit der Auferstehung Jesu, 152ff.232ff; *Ders.*, Die Anfänge trinitarischer Rede von Gott, 86ff.

über die Welt verbreiteten und verschiedenartigen Gemeinden garantiert, die noch nicht über eine kanonisch anerkannte Sammlung neutestamentlicher Schriften verfügen. Gegenüber den ihm persönlich unbekannten Gemeinden in Rom argumentiert Paulus *als Apostel* auf der Grundlage einerseits der – Juden und Christen gemeinsamen – *Heiligen Schrift* und andererseits des anerkannten christlichen *Bekenntnisses.*[66]

7. Bedeutung und Wesen des Glaubens nach Paulus

Wie sind unter diesen hermeneutischen Voraussetzungen nun die Bedeutung und das Wesen des Glaubens zu bestimmen? In der Tat bilden das Substantiv „Glaube" (πίστις) und das Verb „glauben" (πιστεύειν) bei Paulus die theologischen Zentralbegriffe zur Beschreibung der angemessenen *Antwort* auf die Verkündigung des Evangeliums und des *rechten Gottesverhältnisses* überhaupt.[67] So kann Paulus zur Bezeichnung des mit Christus gekommenen und im Glauben an ihn eröffneten Heils in Gal 3,23.25 personifizierend vom „Gekommensein des Glaubens"[68] reden; und in Röm 12,6 nennt er als verbindlichen Maßstab für die inspirierte Predigt der christlichen Propheten (προφητεία) „die Übereinstimmung mit dem Glauben", die ἀναλογία τῆς πίστεως, und liefert damit die Grundlage für die spätere Rede von der *regula fidei* als der Glaubens- bzw. Wahrheitsnorm. Fraglos wird an diesen Stellen mit „Glaube" nicht nur der aktuelle Vollzug des

[66] Als in den Gemeinden von Korinth einige die Auferstehung der Toten bestreiten wollen (πῶς λέγουσιν ἐν ὑμῖν τινες ὅτι ἀνάστασις νεκρῶν οὐκ ἔστιν;), eröffnet der Apostel seine werbende Auseinandersetzung mit dem Hinweis auf das *eine* Evangelium, durch das sie gerettet worden sind (1Kor 15,1f), und auf dessen grundlegende *Aussage* (τίνι λόγῳ εὐηγγελισάμην ὑμῖν), die er im Wortlaut eines viergliedrigen Christusbekenntnisses und unter Hinweis auf die verbindliche Traditionskette wiedergibt: „Denn vor allem habe ich euch *weitergegeben*, was ich auch *empfangen* habe (παρέδωκα γὰρ ὑμῖν ἐν πρώτοις, ὃ καὶ παρέλαβον): Dass Christus gestorben ist für unsre Sünden *nach der Schrift*, und dass er begraben worden ist; und dass er auferstanden ist am dritten Tage *nach der Schrift*; und dass *er gesehen worden ist von Kephas*, danach von *den Zwölfen*" (1Kor 15,4f). In diesem alten – wahrscheinlich in Antiochien oder sogar bereits in Jerusalem entstandenen – Christusbekenntnis samt seiner paulinischen Einführung sind die hier beschriebenen drei Kriterien der *Apostolizität*, der *Schriftgemäßheit* und der *Bekenntnisgemäßheit* ausdrücklich benannt. Die *Verkündigung* vom *Zeugnis der Apostel* von dem von Gott gegebenen *Evangelium* von *Jesus Christus*, wie es *in der Schrift* bezeugt ist, findet schon zu Beginn des Entstehens der neutestamentlichen Schriften und vor ihnen eine in *Bekenntnissen* geprägte Form. Deren hohe Bedeutung für die Einheit der frühen Kirche erhellt aus dem paulinischen Abschluss seiner Erinnerung an das vorgegebene Evangelium nach der einheitlichen Verkündigung der Apostel als Auferstehungszeugen in 1Kor 15,11: „Es sei nun ich oder jene: so predigen wir, und so habt ihr geglaubt" (οὕτως κηρύσσομεν καὶ οὕτως ἐπιστεύσατε).

[67] Dies zeigt sich schon rein formal an der Häufigkeit der Verwendung des Glaubensbegriffs; kommen doch Verb und Substantiv zusammen allein im Corpus Paulinum 196-mal vor. Insgesamt sind Substantiv und Verb im Neuen Testament je 243-mal belegt; und nur in den beiden kürzesten neutestamentlichen Schriften, dem 2. und 3. Johannesbrief, findet sich der Begriff nicht. Im Johannesevangelium findet sich das Verb „glauben" 98-mal, während der Evangelist das abstrakte Substantiv „Glaube" vermeidet. S. zum Ganzen *R. Bultmann*, Art. πιστεύω κτλ., in: ThWNT 6, Stuttgart 1959, 174–182.197–230; *G. Barth*, Art. πίστις κτλ., in: EWNT 3, Stuttgart 1983, 216–231; *K. Haacker*, Art. Glaube II/3, in: TRE 13, Berlin/New York 1984, 289–304 (s. ebd. zur Literatur); *O. Hofius*, Wort Gottes und Glaube bei Paulus, in: *Ders.*, Paulusstudien, WUNT 51, 2. Aufl., Tübingen 1994, 148–174; *H.-J. Eckstein*, Das Wesen des christlichen Glaubens, in: *Ders.*, Der aus Glauben Gerechte wird leben, 3–18; *U. Schnelle*, Paulus, 598–606.

[68] Gal 3,23.25: πρὸ τοῦ δὲ ἐλθεῖν τὴν πίστιν˙ ἐλθούσης δὲ τῆς πίστεως.

Glaubens, der Glaubens*akt*, bezeichnet – die sog. *fides qua creditur*[69] –, sondern darüber hinaus und gerade auch der Glaubens*inhalt* – also die *fides quae creditur*[70].

Eine solch zentrale, ja exklusive Rolle kommt dem Begriff „Glaube" zuvor weder in den alttestamentlichen Schriften der Hebräischen Bibel bzw. der Septuaginta (LXX) noch in der hellenistischen und jüdischen Umwelt zu[71]. So bezeichnet Paulus die ersten Christen schlicht als „die Glaubenden"/οἱ πιστεύοντες (1Thess 1,7; 2,10.13; 1Kor 14,22)[72]; und will er das Christ-Werden und den Eintritt in die christliche Gemeinschaft prägnant benennen, spricht er vom „Zum-Glauben-Kommen", vom πιστεύειν bzw. – bei Betonung des ingressiven Aspekts – im Aorist vom πιστεύσαι[73]. „Denn wir sind der Überzeugung, dass der Mensch *durch den Glauben* (πίστει) gerechtfertigt wird – unabhängig von den Werken des Gesetzes (χωρὶς ἔργων νόμου)" (Röm 3,28). Was versteht der Apostel unter dem „Glauben", dem er allein zuschreibt, was dem Menschen *an sich* verschlossen bleibt, selbst wenn er sich darum eifrig bemüht? Dies soll im Folgenden nach den verschiedenen Aspekten entfaltet werden.[74]

1. Als grundlegend erscheint auch bei Paulus die Wendung „glauben, dass", πιστεύειν ὅτι, in der Bedeutung „für wahr halten". Die Geretteten „glauben, dass Jesus gestorben und auferstanden ist" (1Thess 4,14), „glauben, dass Gott Jesus von den Toten auferweckt hat" (Röm 10,9). In diesem Sinne lässt sich der Inhalt des Glaubens von Anbeginn an in bekenntnishaften Sätzen formulieren. So wurde den Korinthern in der Verkündigung bezeugt, was in dem viergliedrigen Bekenntnis von 1Kor 15,3–5 als Aussage des Evangeliums zusammengefasst werden konnte, und so haben sie geglaubt (καὶ οὕτως ἐπιστεύσατε V. 11).

Diese Erkenntnis wird nun nicht etwa deshalb als Glaubensaussage bezeichnet, weil ihr Wahrheitsgehalt dem Bekenner *ungewiss* oder *zweifelhaft* wäre – so dass er also das Besagte im heutigen umgangssprachlichen Sinne von „glauben" nur „annehmen" und „vermuten" würde. Der Glaubende darf sich nach Paulus im Gegenteil seiner Überzeugung durchaus gewiss sein. Was seine Glaubenserkenntnis vom sonstigen menschlichen Wissen unterscheidet, ist nicht etwa ein Mangel an Gewissheit, sondern lediglich die Weise, in der diese Gewissheit zustande kommt. Zum Glauben an Gottes Heilshandeln in Christus kommt es nicht auf Grund von vernünftigen Argumenten, von Beweisen und von menschlicher Weisheit, sondern vielmehr dadurch, dass der Mensch von Gott *angesprochen* und das Evangelium von Christus ihm *zugesprochen* wird (1Kor 1,18 – 2,16). Der Glaubende wird von der Wahrheit des Evangeliums eingeholt, ohne dass er selbst

[69] *fides qua creditur* als „der Glaube, *durch den* geglaubt wird".

[70] *fides quae creditur* als „der Glaube, *welcher* geglaubt wird".

[71] S. *G. Barth*, Art. πίστις, 217f.

[72] Oder nach Gal 6,10 als „Hausgenossen des Glaubens", οἰκεῖοι τῆς πίστεως.

[73] ἐπιστεύσαμεν Röm 13,11; Gal 2,16; ἐπιστεύσατε 1 Kor 3,5; 15,2.11 usw.

[74] Wenn wir im Folgenden dieses Glaubensverständnis im Einzelnen entfalten wollen, dann soll gleich zu Beginn hervorgehoben werden, dass Paulus den für ihn entscheidenden πίστις-Begriff grundsätzlich aus der Tradition, vor allem aus der alttestamentlich-jüdischen, übernehmen kann, in der die Begriffe πιστεύειν bzw. הֶאֱמִין (Hifil von אמן) bereits differenziert gebraucht worden sind. Spezifisch paulinisch ist nicht etwa der Sprachgebrauch an sich, sondern vielmehr seine inhaltliche Bestimmung und seine theologische Gewichtung. S. zum Ganzen *H. Wildberger*, Art. אמן, in: THAT 1, München/Zürich 1971, 177–209, hier 187ff; vgl. *A. Jepsen*, Art. אמן, in: ThWAT 1, Stuttgart 1973, 313–348; *H.-J. Hermisson*/*E. Lohse*, Glauben, BiKon 1005, Stuttgart u.a. 1978, 9–88; *K. Haacker*, Art. Glaube, 279–289 (s. ebd. zur Literatur!).

Zeuge der beschriebenen Ereignisse gewesen ist; er kann sich darauf einlassen und verlassen, ohne dass er sie wie andere Tatsachen seines Lebens persönlich nachprüfen und belegen könnte.

Als *Gegensatz* zum „Glauben" in diesem spezifischen Sinne nennt Paulus deshalb nicht etwa das „Wissen", sondern das „Schauen" – bzw. die „Anschaulichkeit", „das Sichtbare" (τὸ εἶδος): „denn wir wandeln im Glauben und nicht im Sichtbaren"[75] (2Kor 5,7). Die Gläubigen sind davon überzeugt, *dass* Gott ist und dass er *für sie* ist; aber sie können dieses Wissen nicht aus der Geschichte und Erfahrung unabhängig und außerhalb von Christus *(extra Christum)* ableiten. Müssten sie von der Offenbarung Gottes in Christi Kommen, Sterben und Auferstehen absehen – also *remoto Christo* –, dann blieben ihre Erkenntnis von Gott und ihre Erfahrung mit der Welt und mit dem eigenen Glauben mehrdeutig und widersprüchlich – und damit gerade nicht Glauben gründend. Infolge der Zusage des Evangeliums hingegen vertrauen sie fest darauf, dass sich Gott den unheilvollen Mächten dieser Welt gegenüber bereits behauptet hat und sich endgültig durchsetzen wird; aber sie nennen diese Gewissheit „Hoffnung" (ἐλπίς), weil sie noch nicht „augenscheinlich" und „offensichtlich" ist (Röm 8,24).[76]

Der Glaube im Sinne des Paulus schließt somit durchaus „Wissen", „Erkenntnis" und „Fürwahrhalten" ein – es geht nach dogmatischem Sprachgebrauch auch um *notitia* und *cognitio*! Jedoch wird diese „Überzeugung" weder durch Beweis und menschliche Vernunft herbeigeführt noch überhaupt als losgelöster „Faktenglauben" dem Menschen selbst vorweg abgefordert. Insofern geht es also keineswegs um eine bloße – später so bezeichnete – *fides historica*![77]

2. Ob in den alttestamentlich-jüdischen[78] oder in den neutestamentlichen Traditionen – durchgängig wird vorausgesetzt, dass das, was der Glaube „erkennt" und „für wahr hält", zugleich das Leben der Glaubenden bestimmt und prägt; dass der Glaube nicht rein theoretisch und unverbindlich bleibt, sondern Konsequenzen für die eigene Existenz und das persönliche Denken und Handeln hat. Diejenigen, die in ihrem Herzen glauben, dass Gott Jesus von den Toten auferweckt hat, die *er*kennen, *an*erkennen und *be*kennen diesen zugleich als den von Gott eingesetzten Kyrios – als den Herrn der Welt und so auch ihres eigenen Lebens (Röm 10,9). Die Verkündigung des Evangeliums zielt auf Glaube und Gehorsam; sie zielt auf die ὑπακοὴ πίστεως, den „Gehorsam des Glaubens" (Röm 1,5; 16,26) – dies aber nicht etwa so, dass der „Gehorsam" als ein zweites zum Glauben erst hinzutreten müsste, sondern in dem Sinne, dass der Glaube selbst den intendierten zustimmenden Gehorsam darstellt (ὑπακοὴ πίστεως als *Genitivus explicativus*

[75] διὰ πίστεως γὰρ περιπατοῦμεν, οὐ διὰ εἴδους. Mit *C. Wolff*, Der zweite Brief des Paulus an die Korinther, ThHK 8, Berlin 1989, 98.113; vgl. *G. Schneider*, Art. εἶδος, in: EWNT I, Stuttgart 1980, 933–935, hier 935: „die von Gott her gewährte *Erscheinung* der von uns zu sehenden eschatologischen Wirklichkeit".

[76] Abweichend von der vertrauten Übersetzung formuliert Röm 8,24 positiv: „Denn zu solcher Hoffnung sind wir gerettet (τῇ γὰρ ἐλπίδι ἐσώθημεν); die Hoffnung aber, die man sieht [d.h. die man schon erfüllt sieht], ist nicht Hoffnung (ἐλπὶς δὲ βλεπομένη οὐκ ἔστιν ἐλπίς)".

[77] Die Offenbarung Gottes in Jesus Christus ist nach Paulus – wenn man es mit neuzeitlicher Begrifflichkeit ausdrücken wollte – sehr wohl „historisch", d.h. in Zeit und Raum hinein geschehen, aber eben nicht „historisch *verifizierbar*". Und die Glaubensüberzeugung wird sehr wohl als „objektiv begründet" und nicht nur „subjektiv vermutet" verstanden – sowenig sie sich auch gegenüber dem Unglauben zur jetzigen Zeit schon „objektiv beweisen" lässt.

[78] S.o. Anm. 73.

resp. *epexegeticus*)[79]. Wenn die „Heiden" das von Paulus verkündete Evangelium von Jesus Christus „hören" und Gott „aufs Wort glauben", dann kommt es damit zu dem „Gehorsam des Glaubens", zu dessen Förderung sich der Apostel nach Röm 1,5 und 16,26 dezidiert gesandt weiß. Und kommt es umgekehrt trotz der Verkündigung nicht zum Glauben, dann ist dieses „Nicht-Hören" und „Nicht-hören-Wollen" in umfassender Bedeutung „Ungehorsam" (ἀπείθεια/ἀπειθέω, vgl. Röm 11,30–32[80]). So gründet die *ὑπακοὴ* πίστεως in der *ἀκοὴ* πίστεως – der Gehorsam, der im zustimmenden Glauben besteht, gründet in der Verkündigung des Evangeliums, die den Glauben weckt (Gal 3,2.5; Röm 10,8.17)[81]. Oder um das griechische Wortspiel im Deutschen wenigstens anzudeuten: Der Ge*horsam* verdankt sich dem *Hören*! – „So kommt der Glaube aus der Verkündigung (ἄρα ἡ πίστις ἐξ ἀκοῆς), die Verkündigung aber durch das Wort Christi (Röm 10,17)". Insofern der Glaube als solcher Gehorsam und Anerkennen – nach späterer Begrifflichkeit: *assensus* bzw. *assensio* – einschließt und da der Glaube nach Paulus gerade als solcher „durch die Liebe wirksam ist" (Gal 5,6)[82], lässt sich die Kritik von Jak 2,14–26 jedenfalls nicht gegen die paulinische „Verkündigung des Glaubens" geltend machen.

3. Sosehr die beiden Bestimmungen des Glaubens als „Für-wahr-Halten" und als „Anerkennen" bzw. „Gehorsam" zutreffend sind, so wenig können sie doch schon als hinreichend gelten. Es ist nämlich als – für die christliche wie für die alttestamentlich-jüdische Tradition – wesentlich festzuhalten, dass der Glaube sich nicht nur auf eine Idee, eine Mitteilung oder einen Sachverhalt bezieht, sondern zunächst und vor allem auf eine *Person*! Rein sprachlich spiegelt sich das darin wider, dass nicht nur die Wendungen „glauben, *dass*" und „*etwas* glauben" erscheinen, sondern vor allem „*jemandem* glauben" und „*an jemanden* glauben". Es wird hier nicht nur vom πιστεύειν ὅτι[83] und πιστεύειν τι[84] gesprochen, sondern zugleich vom πιστεύειν *τινι*, (mit Dat. der Person; Röm 4,3.17; Gal 3,6) und vom πιστεύειν *εἴς τινα* (Gal 2,16; Röm 10,14a; Phil 1,29).

Indem das Moment des „Vertrauens", des „Sich-Anvertrauens" und des „Sich-Verlassens" auf ein Gegenüber in den Vordergrund tritt, erweist sich das Wort „Glaube" als ein *Beziehungsbegriff* – ein Begriff also, der nicht nur die Überzeugung eines Einzelnen für sich, sondern das *Verhältnis einer Person zu einer anderen* beschreibt. So wie der Begriff der „Liebe" eine *personale Relation* voraussetzt, so wird hier mit „Glaube" nicht nur die individuelle Haltung, Überzeugung und Zustimmung bezeichnet, sondern das „Sich-

[79] Vgl. Röm 1,8; 1Thess 1,8 mit Röm 15,18; 16,19. Mit *G. Barth*, Art. πίστις, 221f.

[80] S. in diesem Zusammenhang auch Joh 3,36: *ὁ πιστεύων* εἰς τὸν υἱὸν ἔχει ζωὴν αἰώνιον· *ὁ δὲ ἀπειθῶν* τῷ υἱῷ οὐκ ὄψεται ζωήν... Vgl. Apg 14,2; 1Petr 2,8; 3,1; 4,17.

[81] S. *H.-J. Eckstein*, „Nahe ist dir das Wort«. Exegetische Erwägungen zu Röm 10,8, in: *Ders.*, Der aus Glauben Gerechte wird leben, 55ff; *Ders.*, Verheißung und Gesetz, 86–88. In spezifischer Abweichung von dem paulinischen Verständnis des Wortes Christi als einer die *Wirklichkeit* des Glaubens setzenden Macht s. *R. Bultmann*, Art. πιστεύω, 214: „die Predigt, die Glauben fordert [!] bzw. [...] die die Möglichkeit [!] des Glaubens eröffnet".

[82] Bei dem Attribut handelt es sich um eine – Gal 5,13ff antizipierende – *Charakterisierung* des Glaubens, keineswegs aber um deren *Konditionierung*. Der Glaube ist nach Paulus als solcher wirksam und in Gal 5,1–12 geht es um die grundsätzliche Opposition „Glaube"/„Gesetz" (V. 3.4) bzw. „Beschneidung" (5,6; vgl. V. 2.3). Abzuweisen ist damit ein *konditionales* Verständnis („der Glaube, sofern er durch die Liebe tätig ist").

[83] Röm 6,8; 10,9; 1Thess 4,14.

[84] πιστεύειν τι mit Acc. der Sache; für Paulus eher untypisch; s. 1Kor 13,7; vgl. 2Thess 1,10b; Joh 11,26.

Verhalten" und „Sich-bestimmen-Lassen" hinsichtlich eines personalen Gegenübers. Wer dem Vater Jesu Christi seine Zusage und Verheißung glaubt und ihn beim Wort nimmt, der „vertraut" auf ihn und seine Treue. Wer an den Gott glaubt, der die Gottlosen gerecht macht – d.h. begnadigt und freispricht (Röm 4,5) –, der hat sich selbst, so wie er ist, diesem Gott vorbehaltlos „anvertraut"; und wer an Jesus Christus als den für ihn gestorbenen und auferstandenen Herrn glaubt und sich fortan im Leben und Sterben von ihm her verstehen und auf ihn bezogen leben will, der *verlässt sich* – in des Wortes doppelter Bedeutung – mit seiner ganzen Existenz auf ihn.

Von hier aus wird deutlich, dass die zunächst skizzierten Aspekte des Glaubens erst von dieser Perspektive des persönlichen „Vertrauens" her ihre für die paulinische Argumentation wesentlichen Konturen und ihre Eindeutigkeit gewinnen. Nur wenn der „Glaube" als *personal* und *positiv* bestimmter *Beziehungsbegriff* erfasst wird, erscheinen die Gesichtspunkte des „Glaubenswissens", des „Anerkennens" und des „Gehorsams" im rechten Licht. Oder um es mit den traditionellen Begriffen der Dogmatik zu sagen: Nur wenn der Glaube als vertrauender Glaube, als *fiducia*, erfasst wird, erscheinen die Gesichtspunkte der Glaubenserkenntnis, der *cognitio/notitia*, und des Anerkennens, des *assensus* (bzw. der *assensio*), als dem Evangelium entsprechend. Denn sowohl das Verständnis von „Glauben" als „Für-wahr-Halten" als auch die Betonung des „Glaubensgehorsams" und des „Auslebens" von Glaubensüberzeugungen können für sich genommen bereits in frühchristlicher Zeit zu ganz anderen als den von Paulus intendierten Konsequenzen führen.

4. Wenn man den Glauben mit Paulus erstens als *Gewissheit*, zweitens als *Gehorsam* und drittens als *Vertrauen* zu Gott versteht, sind damit freilich noch nicht alle Missverständnisse ausgeschlossen. Denn die Rede vom Glauben als der menschlichen „Antwort" auf Gottes „Wort" ist noch vor einer *nicht* beziehungsorientierten *Miss*deutung zu schützen. Stellt der Glaube dabei nicht doch eine neue, wenn auch feinsinnigere Form der „Leistungsforderung" und der „Bedingung" dar, die der Mensch nun seinerseits anstelle der „Gesetzeswerke" zu erfüllen hat? Ist der Glaube nicht – bildlich gesprochen – der *eine* notwendige Schritt, den der Mensch allein und von sich aus auf Gott zugehen muss, nachdem dieser in seiner Gnade bereits so viele Schritte auf den Menschen zugegangen ist?

Richtig gesehen wird mit der Betonung der *Notwendigkeit* des Glaubens, dass die Gemeinschaft mit Gott und das neue Leben in Christus bei Paulus durchgängig mit dem Glauben verbunden werden: Es gibt danach keine christliche Identität ohne Glauben! Zutreffend ist auch, dass es der *Mensch* ist, der glaubt, denn der „Glaubensbegriff" wird als solcher in unserer Sprache[85] nicht in Hinsicht auf Gottes Haltung der Welt gegenüber gebraucht.[86] Hingegen ist es unzutreffend, dass der „Glaube" bei Paulus als *menschliche*

[85] Wo der Begriff πίστις auf Gott bezogen wird, ist die Übersetzung mit „Treue" unbestritten (vgl. Röm 3,3).

[86] Gottes Haltung der Welt gegenüber wird vielmehr mit Begriffen wie „Liebe", „Erbarmen", „Gerechtigkeit" und „Treue" umschrieben. Auch die Rede von der πίστις Χριστοῦ u.ä. Röm 3,22.26; Gal 2,20; Phil 3,9 spricht nicht etwa vom „Glauben, den *Christus* hatte" (im Sinne eines Genitivus subjectivus), sondern – wie auch Gal 2,16; Röm 10,14; Phil 1,29 ausdrücklich bestätigen (πιστεύειν εἰς Χριστόν) – vom „Glauben *an* Christus" im oben beschriebenen umfassenden Sinn. S. zu Diskussion und weiteren Belegen *R. Bultmann*, Art. πιστεύω, 211; *G. Barth*, Art. πίστις, 220f; *H.-J. Eckstein*, Verheißung und Gesetz, 18.74f.

Möglichkeit oder als *vom Menschen selbst* zu erbringende Vorleistung dargestellt wird. Ob es heißt, dass der rettende Freispruch „auf der Grundlage des Glaubens" (ἐκ πίστεως)[87] empfangen wird, oder ob betont wird, dass das Heil „vermittels des Glaubens", „durch den Glauben" (διὰ πίστεως)[88] erlangt wird – in jedem Fall versteht Paulus den Glauben nicht als *Voraussetzung* und *Vorbedingung*, die der Mensch *von sich aus* zu erfüllen hätte, um anschließend dafür das Heil zu erlangen. Vielmehr beschreibt er den Glauben als die *Art und Weise*, in der Gott dem Menschen schon gegenwärtig Anteil an seiner Gerechtigkeit gibt, d.h. in seine Gemeinschaft und sein Mitteilungsgeschehen einbezieht.

Der Mensch muss nicht zuerst glauben, damit Gott ihm infolgedessen Leben und Beziehung schenkt, sondern indem der Mensch glaubt, hat er bereits das Leben. Der *Glaube selbst* ist schon Geschenk[89], denn er ist die *gegenwärtige Gestalt der Gottesbeziehung*. Oder – um es wiederum mit den traditionellen Begriffen der Dogmatik zusammenzufassen: Der Glaube ist nach Paulus nicht die *conditio*, sondern der *modus* des Heilsempfangs; die Gerechtigkeit wird dem Menschen nicht „*wegen* seines Glaubens" (*propter fidem*), sondern „*durch* den Glauben", „*in Gestalt* des Glaubens" (*per fidem*) zugeeignet[90]. Oder um es nochmals bildlich zu sagen: Das „Zum-Glauben-Kommen"[91] ist nach Paulus nicht der *eine* Schritt, den der Mensch *von sich aus* zu gehen hat, sondern der *erste* von unzähligen Schritten, die der Mensch endlich *mit Gott* und *nicht mehr ohne ihn* gehen will. Ob sich der Glaube im *Bekenntnis* „Herr ist Jesus" äußert (1Kor 12,3[92]) oder im *Gebet* zu Gott als Vater (Röm 8,15f.26f[93]) oder ob er *in der Liebe wirksam* wird (Gal 5,6[94]), jeweils handelt es sich nicht um den vom Menschen als autonomem Subjekt zu leistenden eigenständigen Beitrag, sondern um die Entfaltung des Gespräches Gottes mit und durch seinen Sohn – inmitten und unter Einbeziehung seiner Menschen – und in der Wirksamkeit seines Geistes[95], d.h. *in Gestalt seiner eigenen wirksamen Gegenwart in Beziehung.*

Nur unter diesen Voraussetzungen wird es auch nachvollziehbar, dass der Apostel in der Auseinandersetzung mit der Position seiner judenchristlichen Gegner die Rechtfertigung im Glauben konsequent der göttlichen „Gnade" (χάρις) zuordnet[96] und sie antithetisch gegenüberstellt – nicht nur dem menschlichen „Verdienst" und „Anspruch"

[87] Röm 1,17; 3,26.30; 5,1; 9,30; 10,6; Gal 2,16c; 3,8.11.(22.)24; 5,5.

[88] Röm 3,22.30; Gal 2,16a; Phil 3,9.

[89] S. neben Röm 3,24 vor allem Phil 1,29: ἐχαρίσθη [...] τὸ εἰς αὐτὸν πιστεύειν ... Vgl. Eph 2,8: *τῇ γὰρ χάριτί* ἐστε σεσῳσμένοι *διὰ πίστεως·* καὶ τοῦτο οὐκ ἐξ ὑμῶν, *θεοῦ* τὸ δῶρον.

[90] S. *H.J. Eckstein*, Verheißung und Gesetz, 19f; *O. Hofius*, Wort Gottes, 171ff.

[91] πιστεύσαι mit ingressivem Aor.

[92] 1Kor 12,3: οὐδεὶς δύναται εἰπεῖν, Κύριος Ἰησοῦς, εἰ μὴ *ἐν πνεύματι ἁγίῳ*, vgl. Röm 10,9; Phil 2,11.

[93] Röm 8,26: *αὐτὸ τὸ πνεῦμα* ὑπερεντυγχάνει στεναγμοῖς ἀλαλήτοις.

[94] Gal 5,6: πίστις δι' ἀγάπης ἐνεργουμένη; vgl. Gal 5,5.16–25.

[95] Vgl. die oben angeführten Belege, Anm. 92–94

[96] S. Röm 3,24; 4,4.16; 5,2.15.17.20.21; 6,14f; 11,5f; Gal 1,6.15; 2,21; 5,4 u.ö. Gegen *R. Bultmann*, Theologie, 330f, der der Gnade nicht den Glaubensvollzug und die Verwirklichung des Glaubens, sondern nur dessen vorgängige *Ermöglichung* der menschlichen „Entscheidung" zuordnet. Ein „unlösbarer Widerspruch", den er bei einem wörtlichen Verständnis der prädestinatianischen Aussagen bei Paulus unterstellt, ergibt sich gerade nicht für das paulinische Verständnis vom Glauben als Modus der Heilszueignung, sondern nur für die Bultmannsche Anthropologie und existentiale Interpretation: „Denn ein Glaube, der von Gott außerhalb der Entscheidung des Menschen gewirkt ist, wäre offenbar [?] kein echter Gehorsam" (*R. Bultmann*, Theologie, 330).

(ὀφείλημα Röm 4,4) oder dem menschlichen „Rühmen" (καύχησις κτλ. Röm 3,27)[97], sondern dem faktisch gelebten Leben der Menschen überhaupt (Röm 3,22b–24)![98] Hier wird der Glaube nicht als eine neue, vom Menschen aus eigenem Vermögen heraus zu erbringende Leistung verstanden. Vielmehr wird der *Glaube als Beziehung* unter der Verkündigung des Evangeliums von Christus *auf Gottes eigene Initiative hin*[99] und durch *Gottes eigene wirksame Gegenwart im Geist* erweckt, und als die *von Gott eröffnete Beziehung* empfängt der Glaube Geist und Leben. Denn die glaubenweckende Verkündigung des Apostels besteht nicht in überredenden Worten menschlicher Weisheit, „sondern im Erweis des Geistes und der Kraft" (ἐν ἀποδείξει πνεύματος καὶ δυνάμεως, 1Kor 2,4f); sie erfolgt „in Kraft und im Heiligen Geist und in großer Gewissheit[100] (1Thess 1,5).[101] So gründen Glaube und Geistempfang in dem Zuspruch der *Verkündigung* (Röm 10,17)[102], und diese empfängt ihre Vollmacht aus der göttlichen Kraft (δύναμις θεοῦ)[103] des *Evangeliums* – so sie denn wirklich an der „Wahrheit des Evangeliums" ausgerichtete Verkündigung des Evangeliums ist (τὸ εὐαγγέλιον εὐαγγελίζεσθαι).

Da die „Neue Kreatur" der Glaubenden so wirklich wie ausschließlich „in Christus" – d.h. aufgrund seiner Lebenshingabe und in seiner Gemeinschaft – existiert und da sie in der Christusbeziehung selbst besteht (2Kor 5,17)[104], gilt als Subjekt, Wesen und Sein des Glaubenden nicht länger das *Ich* des von Gott abgesonderten *Individuums*, sondern das *Wir der Beziehung* – des Christus im Glaubenden und des Glaubenden in Christus: „Denn ich bin durch das Gesetz dem Gesetz gestorben, damit ich Gott lebe: Ich bin mit Christus gekreuzigt. Also lebe nicht mehr *ich*, sondern *Christus* lebt in mir. Was aber nun mein Leben in der irdischen Existenz (ἐν σαρκί) anbelangt, so lebe ich *im Glauben* an den Sohn Gottes, der mich geliebt und sich selbst für mich dahingegeben hat." (Gal 2,19f).

[97] S. Röm 2,17.23; 4,2; 1Kor 1,29–31; Gal 6,13f; vgl. Eph 2,9.

[98] Röm 3,22b–24: „Denn es gibt keinen Unterschied: Alle haben sie gesündigt und entbehren der Herrlichkeit Gottes. Sie werden aber *geschenkweise* (δωρεάν) in seiner *Gnade* (τῇ αὐτοῦ χάριτι) gerechtfertigt durch die Erlösung in Christus Jesus." Vgl. Röm 3,21ff; 4,1ff; 5,1f; Gal 2,16; 3,1ff.

[99] Gedanklich konsistent führt Paulus Rechtfertigung und Gläubigwerden des Menschen dementsprechend auf Gottes vorausgehende Erwählung, Begnadigung und Berufung zurück: Röm 8,28–30; 9,11f.15f.23f; 11,5–7.28f (vgl. 11,25–36); 1Kor 1,27f; 1Thess 1,4; vgl. Eph 1,4–6.11; 2Thess 2,13f; 2Tim 1,9f. Für die Gläubigen gründen in der Zuversicht ihrer Erwählung und Berufung durch Gott selbst sowohl die gegenwärtige Heilsgewissheit (zur *certitudo* im Sinne von ‚Christusgewissheit' s. Röm 5,1 [vgl. 1,16f; 3,21 – 4,25]; 6,22f; 8,1.16f.28ff; 10,9–13; 2Kor 1,21f; 5,5–8; 1Thess 1,4f; vgl. Eph 1,13f) wie auch die gewisse Hoffnung des zukünftigen Bewahrtwerdens im Heil (zur ‚Perseveranz' s. Röm 3,2f; 8,28–29; 11,29; 14,4; 1Kor 1,8f; 10,13; Phil 1,6; 1Thess 5,24; 2Thess 3,3; 2Tim 1,12; 2,13).

[100] Bzw. „in großer Fülle [des göttlichen Wirkens]"; mit *G. Delling*, Art. πληροφορία, in: THWNT VI, Stuttgart 1959, 309.

[101] In direkten Widerspruch zu den paulinischen Aussagen begibt sich *R. Bultmann*, Theologie, 331, wenn er folgert, „daß P[au]l[u]s die πίστις nicht [!] als inspiriert bezeichnet, sie nicht [!] auf das πνεῦμα zurückführt."

[102] Röm 10,17: ἄρα ἡ πίστις ἐξ ἀκοῆς, vgl. Gal 3,2.5: ἐξ ἀκοῆς πίστεως/„aus der Verkündigung des Glaubens", d.h. „aus der Glauben weckenden Verkündigung".

[103] S. Röm 1,16f; Ὁ λόγος γὰρ ὁ τοῦ σταυροῦ ... τοῖς δὲ σῳζομένοις ἡμῖν δύναμις θεοῦ ἐστιν 1Kor 1,18; ὃς καὶ ἐνεργεῖται ἐν ὑμῖν, 1Thess 2,13.

[104] 2Kor 5,17: ὥστε εἴ τις *ἐν Χριστῷ*, καινὴ κτίσις, vgl. Gal 6,15, in dem die „Neue Kreatur" dem ausschließlichen Rühmen des Kreuzes Jesu Christi zugeordnet wird, durch den allein der Glaubende der Welt abgestorben ist und die Welt ihm.

8. Gott im Gespräch – Evangelium und Glaube als Gespräch

Mögen im Rahmen einer „substanzontologisch“ orientierten oder einer am Paradigma der „Subjektivität“ normierten Hermeneutik die Rede von der Wirklichkeit der „neuen Kreatur“ der Glaubenden, von Gottes verbindlichem Reden durch ein menschliches Zeugnis, von der Zusammengehörigkeit von Erwählung und Glaube, von Voraussetzungslosigkeit und Folgenreichtum der Gnade, von der Entfaltung des Ich im Wir oder auch von der Beziehung als Gestalt der Freiheit vielleicht noch *rätselhaft* erscheinen. Folgt man dem paulinischen Ansatz einer konsequent durchgeführten *relationalen* Theologie, dann erweist sie sich wohl als *geheimnisvoll*, aber weder als widersprüchlich noch als unlogisch. Im Nachdenken und Nachvollziehen des Gespräches Gottes, das sich im Zeugnis des Evangeliums vermittelt und im Glauben als wechselseitige Beziehung entfaltet, erweist sich das Christusgeschehen nicht nur als *heilsnotwendig*, sondern theologisch wie existentiell als nachvollziehbar und *denknotwendig*. Entwickelt man eine relationale Theologie im Sinne des paulinischen Verständnisses der Selbsterschließung Gottes im Evangelium von Jesus Christus, dann erstrahlt die pointierte Wendung „Gott im Gespräch“ faszinierend nach ihren verschiedenen Facetten – in *theologischer* wie *ontologischer* wie *soteriologischer* Hinsicht:

„*Gott* ist im Gespräch!“
„Gott *ist* im Gespräch!“
„Gott ist *im Gespräch!*“

Alexander Kupsch

DOGMATIK UND EXEGESE IM GESPRÄCH

Johannes Calvin und Robert W. Jenson als Ausleger der Schrift

1. Zum Gespräch zwischen Dogmatik und Exegese: ,Theological Interpretation of Scripture'

Zu den vielfältigen Formen, in denen Christoph Schwöbel über Grenzen hinweg immer wieder das Gespräch aufnimmt, gehört neben den interreligiösen, ökumenischen und wissenschaftlichen Verständigungen auch die interdisziplinäre Verständigung im Raum der Theologie, und dort vor allem auch die Verständigung zwischen der Systematischen Theologie und den exegetischen Wissenschaften. So hat er in einem Aufsatz über die „Erwartungen an eine Theologie des Alten Testaments aus der Sicht der Systematischen Theologie" Brevard Childs' Bild vom *iron curtain* zwischen der systematisch-theologischen Disziplin und den Bibelwissenschaften aufgenommen, um dann im Gespräch mit den großen Vertretern der alttestamentlichen Wissenschaft nach „Gucklöchern" in diesem Eisernen Vorhang Ausschau zu halten.[1] Im Anschluss an diesen Gesprächsgang möchte sich dieser Aufsatz in Form einer Fallstudie mit auf die Suche machen nach Möglichkeiten des Dialogs zwischen Dogmatik und Exegese.

Die Tatsache, dass die Trennung der bibelwissenschaftlichen und systematischen Disziplinen als problematische Herausforderung begriffen wird und nicht mehr einfach als sachgemäße Aufgabenteilung[2] gehört in das Umfeld eines Phänomens, das man in Anlehnung an Pannenbergs Rede von der „Krise des Schriftprinzips"[3] als „Krise der historisch-kritischen Methode" bezeichnen könnte. Die Symptome dieser Krise sind am Anfang des 21. Jahrhunderts keine Neuigkeit mehr, gehören vielmehr seit Längerem als Begleitphänomene zum nach wie vor ungebrochenen akademischen Erfolg der historisch-kritischen Exegese. In die Versuche einer „Entobjektivierung"[4] der historisch arbeitenden Bibelwissenschaften mag sich manches Mal auch eine unbedachte Geringschätzung der Errungenschaften dieser methodischen Entwicklung mischen. Eine problematische

[1] *C. Schwöbel,* Erwartungen an eine Theologie des Alten Testaments aus der Sicht der Systematischen Theologie, in: *B. Janowski* (Hg.), Theologie und Exegese des Alten Testaments/der Hebräischen Bibel. Zwischenbilanz und Zukunftsperspektiven (SBS 200), Stuttgart 2005, 159–185. Zum selben interdisziplinären Zusammenhang s.a. *C. Schwöbel,* Die „Botschaft der Versöhnung" (2 Kor 5,19) und die Versöhnungslehre. Bemerkungen zu den Wechselwirkungen exegetischer und systematisch-theologischer Interpretationsperspektiven, in: *Ders.*, Gott in Beziehung. Studien zur Dogmatik, Tübingen 2002, 321–344.

[2] Vgl. dagegen die schon im Titel auf säuberliche Unterscheidung zielenden Klassiker der Theorie historisch-kritischer Hermeneutik: *J. Ph. Gabler,* Oratio de iusto discrimine theologiae biblicae et dogmaticae regundisque recte utriusque finibus, in: *Ders.*, Kleinere theologische Schriften, hg. v. Th. Gabler u. J.G. Gabler, Bd. 2, Ulm 1831, 179–198 und *E. Troeltsch,* Über historische und dogmatische Methode in der Theologie (1898), in: *Ders.*, Gesammelte Schriften II, Tübingen 1922, 729–753.

[3] *W. Pannenberg,* Die Krise des Schriftprinzips, in: *Ders.*, Grundfragen systematischer Theologie. Gesammelte Aufsätze, Göttingen 1967, 11–21.

[4] Unter diesem Schlagwort fasst Manfred Oeming den Stand der gegenwärtigen Lage als Ergebnis der hermeneutischen Entwicklungen zusammen. Siehe *M. Oeming,* Biblische Hermeneutik. Eine Einführung, 2. Aufl., Darmstadt 2007, 30.

Geringschätzung allerdings, wie dann spätestens durch Begegnungen mit Hermeneutiken aufgedeckt wird, die historisch-kritisches Arbeiten programmatisch ablehnen – sei es innerhalb, sei es außerhalb der eigenen religiösen Texttradition. Doch auch wer die gewonnen Einsichten und Verstehenszugänge der seit der Aufklärung maßgeblichen historischen Bibelwissenschaften nicht leichtfertig aufs Spiel setzen möchte, wird möglicherweise ein Interesse haben, noch intensiver als üblich nach der Theologizität der Disziplin zu fragen, nach ihrem Beitrag zum Verstehen der *Sache* der biblischen Texte, kurz: Nach ihrer Schnittstelle zur systematisch-theologischen Aufgabe der Theologie, die Christoph Schwöbel als die Explikation des Wahrheitsbewusstseins des christlichen Glaubens beschrieben hat.[5]

Nun sind die hermeneutischen Versuche, die ‚dogmatische Frage' in der Bibelauslegung auch nach der neuzeitlich-kritischen Wende mitzubedenken so alt und so vielfältig wie die Zweifel an einer möglichen Neutralität der Textauslegung überhaupt. Ich möchte darum hier nur exemplarisch ein neueres Projekt in den Blick nehmen, das in besonderer Weise versucht, die Gesprächsmöglichkeiten zwischen Dogmatik und biblischer Exegese auszuloten. Und ich greife dabei gezielt einen Beitrag aus dem englischsprachigen Bereich auf, in dem die Frage nach diesen Möglichkeiten mit großer Energie und unter Aufnahme eines breiten Spektrums methodischer Ansätze verfolgt wird.[6] Einer dieser Ansätze hat unter dem Sammelbegriff *Theological Interpretation of Scripture* eine beschreibbare Form gefunden. Der Begriff erscheint zwar zunächst als so weit, dass man dahinter kaum eine identifizierbare hermeneutische Richtung oder Schule vermuten möchte.[7] Tatsächlich fasst sich aber im englischsprachigen Bereich in den letzten 15 –20 Jahren darunter eine ‚Bewegung' zusammen, die in einschlägigen Publikationen hervortritt: Neben einer Vielzahl von Aufsätzen und Monographien[8] gibt es inzwischen eine Zeitschrift[9], ein bibelwissenschaftliches Lexikon[10] und zwei Kommentarreihen[11], die sich dem Projekt *Theological Interpretation* widmen.

Worum geht es dabei? In der programmatischen Einleitung des *Dictionary for Theological Interpretation of the Bible* hat Kevin Vanhoozer versucht, eine Skizze des hermeneutischen

[5] Vgl. *C. Schwöbel*, Doing Systematic Theology. Das Handwerk der Systematischen Theologie, in: *Ders.*, Gott in Beziehung. Studien zur Dogmatik, Tübingen 2002, 1–24.

[6] Für einen Überblick, in dem gleichwohl auch die klassischen deutschsprachigen Ansätze des 20. Jahrhunderts breit repräsentiert sind, vgl. *A. Thiselton*, New Horizons in Hermeneutics, Grand Rapids, Mich. 1992. Eine Darstellung der deutschen Diskussion bietet u.a. *U. Luz* (Hg.), Zankapfel Bibel. Eine Bibel – viele Zugänge, 5. Aufl. 2007.

[7] Für diesen weiten Gebrauch vgl. etwa die deutsche Entsprechung „Dogmatische Bibelauslegung" in *Oeming*, Biblische Hermeneutik (s.o. Anm. 4), 141–150.

[8] Eine vollständige Bibliographie erscheint hier als weder möglich noch sinnvoll. Exemplarisch seien genannt *E. Davis*/*R. Hays* (Hg.), The Art of Reading Scripture, Grand Rapids 2003; *S. Fowl* (Hg.), The Theological Interpretation of Scripture. Classic and Contemporary Readings, Cambridge 1997; *D. Treier*, Introducing Theological Interpretation. Recovering a Christian Practice, Grand Rapids 2008; *J. Green*, Practising Theological Interpretation, Grand Rapids 2011. Siehe außerdem das vollständig dem Thema gewidmete Heft 12/2 (2010) des *International Journal of Systematic Theology*.

[9] Das *Journal for Theological Interpretation* erscheint seit 2007 mit zwei Ausgaben pro Jahr.

[10] Dictionary for Theological Interpretation of the Bible, hg. v. *K.J. Vanhoozer* u.a., Grand Rapids/London 2005.

[11] Brazos Theological Commentary on the Bible, hg. v. *R.R. Reno*, sowie die von *M. Turner* und *J. Green* herausgegebenen Two Horizons New Testament bzw. Old Testament Commentaries.

Ansatzes dieser Bewegung zu liefern.[12] Als Ausgangspunkt wird ein doppeltes Ungenügen der gegenwärtigen bibelhermeneutischen Lage markiert: Einerseits habe man es mit dem bekannten Lessingschen „garstigen Graben" zu tun, der die wissenschaftliche Erforschung der Bibel prinzipiell abgrenze von einer systematisch-theologisch interessierten Lektüre. Andererseits habe die spätmoderne Kritik hermeneutischer Voraussetzungslosigkeit zu einem „matschigen Graben" engagierter und ideologischer Lesarten geführt, in dem der Text stecken bleibe, ohne die schon an ihn herangetragenen Überzeugungen noch wirksam kritisieren zu können. Die anvisierte *Theological Interpretation*, so jedenfalls der Anspruch, soll hingegen die Frage nach Gott, seinem Sprechen und geschichtlichen Handeln, sowie deren Bedeutung für die gegenwärtige Situation der Kirche ins Zentrum der Auslegung rücken. Mit diesem dezidiert *theologischen* Ansatz sollen beide Gräben überwunden werden: Der „garstige Graben", indem das kirchliche Interesse am Text nicht ausgeblendet, sondern bewusst einbezogen wird; der „matschige Graben", indem der Text nicht für eine weitere „Agenda" in Anspruch genommen, sondern in seinem eigenen Sachinteresse gelesen wird: der Frage nach dem Wesen und Wirken Gottes.[13]

Die Reklamation dieses ursprünglichen, im engeren Sinne theologischen Sachinteresses der biblischen Texte zur Begründung dogmatisch geformter Auslegung ist natürlich keine Neuerung der *Theological Interpretation*. In Versuchen, die Einflüsse auf die gegenwärtige literarische Produktion nachzuvollziehen, taucht denn auch immer wieder der Name Karl Barths auf, entsprechend des angloamerikanischen Kontextes häufig vermittelt über die sog. „postliberal theology" der Yale School (Lindbeck, Frei, Kelsey) bzw. die britische Barth-Rezeption (Torrance, Webster).[14] Über die unmittelbare Anknüpfung an Barth hinaus wird zudem häufig der Blick in die Kirchengeschichte gerichtet und die Bedeutung ‚vorkritischer' Schriftauslegung betont, mitunter auch offensiv deren Überlegenheit gegenüber der fachdifferenzierten, modernen Auslegung behauptet.[15] Die Möglichkeiten der geschichtlichen Rückgriffe sind dabei natürlich fast unerschöpflich, wenn man bedenkt, dass vor der kritischen Wende kirchliche Schriftauslegung, sei es bei Origenes, Augustin, Thomas oder Luther, stets an dogmatischen Fragestellungen orientiert war bzw. die Auslegung der Schrift überhaupt den Ort dogmatischer Reflexionsarbeit darstellte. Dementsprechend gehört es zum Selbstverständnis der *Theological Interpretation* an diese große Tradition anzuknüpfen.[16]

[12] *K. Vanhoozer*, Introduction, in: DTIB (s.o. Anm. 10), 19–25. Die nicht unerheblichen hermeneutischen Unterschiede zwischen den mit der *Theological Interpretation* verbundenen Autoren müssen hier unberücksichtigt bleiben. Hinweise in dieser Richtung bietet neben Vanhoozer v.a. auch der Überblick bei *D. Treier*, What Is Theological Interpretation? An Ecclesiological Reduction, in: IJST 12 (2010), 144–161.

[13] Allerdings kann kaum von vorneherein ausgeschlossen werden, dass auch die inkriminierten „ideologischen" Lesarten – z.B. befreiungstheologischer oder feministischer Provenienz – *ihr* Anliegen bereits als Anliegen des *Textes* auszuweisen vermögen. Diese Möglichkeit kommt in Vanhoozers polemischer Gegenüberstellung m.E. zu kurz.

[14] Vgl. *Treier*, What Is Theological Interpretation? (s.o. Anm. 12), 149–153.

[15] In besonders profilierter und dabei nicht immer abgewogener, aber für die Diskussion zum Thema wirkmächtiger Form z.B. bei *D. Steinmetz*, The Superiority of Pre-Critical Exegesis, in: *S. Fowl* (Hg.), The Theological Interpretation of Scripture (s.o. Anm. 8), 26–38. Steinmetz argumentiert entschieden für die Rückgewinnung des traditionellen vierfachen Schriftsinns.

[16] *Vanhoozer*, Introduction (s.o. Anm. 12), 21. S.a. *F. Young*, Patristic Biblical Interpretation, in: DTIB (s.o. Anm. 10), 566–571.

2. *Eine Fallstudie: Vor- und nachkritische Auslegung im Vergleich*

Wie aber gestaltet sich unter ‚nachkritischen' Bedingungen eine solche Wiedergewinnung ‚vorkritischer' Schriftauslegung? Ist eine Repristination ‚vorkritischer' Interpretation wünschenswert – oder überhaupt möglich? Gibt es so etwas wie eine „zweite Naivität" in der Exegese nach der Aufklärung? Fragen dieser Art lassen sich wohl besser noch als aus der *Theorie* einer Theological Interpretation aus ihrer *Praxis* beantworten. Der Frage nach dem Verhältnis von ‚vor-' und ‚nachkritischer' Auslegung soll darum im Folgenden nachgegangen werden, indem ein konkretes Beispiel von *Theological Interpretation* als Exponent einer ‚nachkritischen' Auslegung vergleichend gelesen wird mit einer ‚vorkritischen' Auslegung.

Als Vertreter einer durchgeführten *Theological Interpretation* bietet sich ein Kommentar aus der Reihe *Brazos Theological Commentary on the Bible* an, die seit 2005 im Kontext der beschriebenen Bewegung und der mit ihr verknüpften Autoren publiziert wird. Das Spezifikum der Reihe besteht in der gezielt irregulären Auswahl der Kommentatoren: Es sind überwiegend *nicht* Vertreter der Bibelwissenschaften, sondern Systematische Theologen, die hier als Ausleger der Schrift auftreten – darunter renommierte Autoren wie Stanley Hauerwas, John Webster, Rowan Williams und Risto Saarinen.[17] Dem entspricht die im Vorwort zur Reihe vorgestellte Arbeitshypothese zum Zusammenhang von kirchlichem Dogma und Bibelinterpretation: „The conviction that dogma clarifies, rather than obscures."[18] In der Tradition der klassischen ökumenischen Bekenntnisse sollen hier bewusst „dogmatisch" informierte und interessierte Interpretationen vorgelegt werden. Die Ausleger sollen dabei allerdings nicht auf bestimmte Bekenntnisformulierungen festgelegt sein, angestrebt wird vielmehr die Auslegung in einem bestimmten „Habitus des Denkens", einer dogmatisch geübten Lesehaltung. Das Verhältnis von Abgrenzung und Aufnahme zu Interpretationstechniken vormoderner oder moderner Bibelauslegung wird dezidiert nicht festgelegt, sondern den jeweiligen Kommentatoren überlassen. Die Reihe versteht sich in offener Form als Serie von „experiments in postcritical doctrinal interpretation."[19]

Innerhalb dieser Reihe habe ich mit Robert W. Jensons Kommentar zum Hesekiel-Buch das exegetische Werk eines Systematikers ausgewählt, der zu den gegenwärtig einflussreichsten amerikanischen Theologen zu zählen ist.[20] Jenson, dessen Hauptwerk in Form seiner vielbeachteten zweibändigen *Systematic Theology* vorliegt[21], hat sich außer seiner Beteiligung an der *Brazos* Reihe auch sonst durch verschiedene Texte im weiteren Kontext der *Theological Interpretation* positioniert.[22]

[17] *S. Hauerwas*, Matthew, Grand Rapids 2006; *R. Saarinen*, The Pastoral Epistles with Philemon & Jude, Grand Rapids 2008. Die Kommentare von Webster (Ephesians) und Williams (Lamentations) sind lt. Internetseite in Vorbereitung.

[18] *R.R. Reno*, Series Preface, in: *R. Jenson*, Ezekiel, Grand Rapids 2009, 9–14, hier 11.

[19] *Reno*, Preface, 14.

[20] Nach der Einschätzung Wolfhart Pannenbergs ist Jenson „one of the most original and knowledgeable theologians of our time." Vgl. *W. Pannenberg*, Books in Review: Robert W. Jenson, Systematic Theology vols. 1 and 2, in: First Things 103 (2000), 49–53, hier 49.

[21] *R. Jenson*, Systematic Theology. Vol 1. The Triune God, Oxford 1997 und Vol. 2. The Works of God, Oxford 1999.

[22] Vgl. die in großer sachlicher Nähe befindlichen Texte *R. Jenson,* Canon and Creed, Louisville 2010 sowie *C. Braaten*/*R. Jenson* (Hg.) Reclaiming the Bible for the Church, Grand Rapids 1995. Als Exponent

Als ,vorkritisches' Gegenüber wird Johannes Calvins Auslegung des Hesekiel-Buchs herangezogen – die letzte große Schriftauslegung des Genfer Reformators.[23] Calvin hat sie in Form von Vorlesungen zwischen 1562 und 1564 vorgetragen, der überlieferte Text ist die von Calvin autorisierte Mitschrift zweier Mitarbeiter.[24]

Dass der Vergleich nur exemplarisch vorgehen kann, versteht sich von selbst. Ausgewählt wurden die Einleitungen der Kommentare (2.1), die Auslegungen des für die Wirkungsgeschichte zentralen Textes Ez 1,26–28 (2.2) und die Behandlung eines wichtigen theologischen Motivs, der Gerichtsandrohungen (2.3). Im Fokus der Vergleiche steht die Frage nach Gemeinsamkeiten und Unterschieden zweier Auslegungen, die knapp 450 Jahre trennen und die doch beide beanspruchen, nach ihren Möglichkeiten, der theologischen Sache des Schrifttextes nachzugehen.

Gegenstand des Vergleichs ist deshalb nicht eigentlich die wissenschaftliche Methodik der Kommentierung. Hierzu ist allgemein und vorab zweierlei zu sagen: Zum einen ist schon der vorkritische Kommentar Calvins in hohem Maße der Frage nach dem philologisch präzise zu ermittelnden Sinn des Textes verpflichtet.[25] Von hier aus erscheinen Unterschiede zum Kommentar Jensons häufig einfach als Ergebnis unterschiedlicher Wissensstände in Bezug auf literarkritische oder religionsgeschichtliche Probleme, nicht aber als theologische Differenzen vor und nach der Aufklärung. Zum anderen liegt das Proprium in Jensons *Theological Interpretation* nicht in einer globalen Zurückweisung der historisch-kritischen Wissenschaft und ihrer Ergebnisse. Im Gegenteil: Jenson bezieht sich durchgehend auf etablierte Forschungsergebnisse.[26] Der Versuch einer Innovation, wenn man es so nennen möchte, liegt nicht im Bereich philologischer Methodik[27] und schon gar nicht in einer Repristination des vorkritischen Kenntnisstandes, sondern in der

einer *Theological Interpretation of Scripture* wird Jenson schon zum Gegenstand einer Untersuchung bei *D. Sarisky*, What Is Theological Interpretation? The Example of Robert W. Jenson, in: IJST 12 (2010), 201–216. Im Gegensatz zu vorliegender, an Jensons durchgeführter Schriftauslegung interessierter Untersuchung beschäftigt sich Sariskys Aufsatz jedoch ausschließlich mit Jensons Aussagen *über* theologische Schriftauslegung.

[23] Der Vergleich mit Luther wäre im Falle Jensons wohl noch reizvoller gewesen. Eine zusammenhängende Auslegung Hesekiels durch Luther existiert jedoch nicht. Jenson hat sich nach eigenem Bekunden für seinen Kommentar auf die ,vorkritischen' Auslegungen von Origines und Gregor dem Großen bezogen. Calvins Auslegung ist für Jenson, soweit ich sehe, gar keine Referenzgröße gewesen – was dem nachträglichen Vergleich der Resultate wiederum einen gewissen Reiz verleiht.

[24] Der Text der Vorlesung wurde Anfang 1565, knapp ein Jahr nach Calvins Tod, herausgegeben. Jean Budé und Charles de Jonviller waren seit Calvins Vorlesung zum Buch Hosea im Jahr 1557 damit betraut, Calvins Vorlesungen zu publizieren. Vgl. die Vorworte zur Hosea-Vorlesung von Calvin, Budé und Jean Crespin: CO 42,183ff. sowie die instruktive Darstellung bei *J. Gilmont*, John Calvin and the printed book, Kirksville 2005, 54–59. Calvins Hesekiel-Vorlesung wird im Folgenden zitiert nach der Ausgabe CO 40,21–516. Die lateinische Erstausgabe erschien 1565 in Genf, im selben Jahr auch die französische Übersetzung. Vgl. *W. de Greef*, Johannes Calvin, Eine Einführung in sein Leben und seine Schriften, Neukirchen-Vluyn 2009, 127.

[25] Das gilt unter den reformatorischen Schriftauslegern noch einmal in besonderem Maße für den juristisch ausgebildeten Humanisten Calvin. Vgl. *C. Augustijn*, Calvin und der Humanismus, in: H. Selderhuis (Hg.), Johannes Calvin. Neue Wege der Forschung, Darmstadt 2009, 8 –24.

[26] Als wesentliche Quellen erscheinen Walther Zimmerlis Hesekiel-Kommentar, Gerhard von Rads Theologie des Alten Testaments sowie das Theologische Handwörterbuch zum Alten Testament von Ernst Jenni und Claus Westermann.

[27] Die Tatsache, dass die kanonische Endgestalt des Textes kommentiert wird, dürfte heute kaum noch als Affront gegen wissenschaftliche Praxis gelten. Jenson bezieht außerdem stets literarkritische Überlegungen mindestens knapp mit ein, lässt sie in Ausnahmefällen auch als leitend für die Kommentierung gelten: Vgl. zu Hes 8–11 *Jenson*, Ezekiel, 78.

umfangreicheren Berücksichtigung und Reflexion der theologischen Wahrheitsansprüche des Textes. In der Behandlung dieser Ebene sollen Calvin und Jenson ins Gespräch gebracht werden.

2.1 Die Einleitungen: Zu welchem Ende Hesekiel studieren?

Vorworte und Einleitungen geben die Möglichkeit, über Ziel und Intention eines Buches zu informieren, Einverständnis mit dem Leser zu erzeugen – oder Rechenschaft davon abzulegen, wer überhaupt als Leser in Frage kommt und was von ihm erwartet wird. Implizit oder explizit werden diese Themen auch in den Vorworten der beiden Kommentare bedacht.

Calvin konnte das Vorwort zu seinem Hesekiel-Kommentar nicht mehr selbst verfassen, da er während seiner Arbeit an der Vorlesung im Jahr 1564 verstarb.[28] Das als Vorwort fungierende Dedikationsschreiben stammt deshalb von Theodor Beza, Calvins Nachfolger als Präsident des Genfer Konsistoriums. Es ist an Gaspar II. de Coligny gerichtet, den französischen Adligen und militärischen Führer in den Hugenottenkriegen.[29] Die Widmung hebt Colignys Verdienste um die Kirche hervor und vergleicht ihn und andere militärische Führer für die evangelische Sache mit den Richtergestalten des Alten Testaments: Wie Gott Gideon und Samson berufen habe, so berufe er jetzt Führer wie Coligny als Verteidiger (*propugnatores*) der Religion.[30] In Wahrheit sei aber der militärische Gegner nicht der Hauptgegner der Kirche – das ist nach Bezas Ansicht vielmehr der Satan selbst, der durch Zerrüttung der Lehre und Sitten das Haus Gottes zu zerstören trachte. Mit dieser zweiten, der eigentlichen Kriegsführung habe Gott die Pastoren, Doktoren und Presbyter betraut, als deren gewichtigsten Beza den verstorbenen Calvin herausstellt. Dessen Hesekiel-Vorlesung wird nun Coligny zum Studium empfohlen. Was aber soll ein Mann der Politik und Kriegsführung mit den philologischen Ausführungen eines Kirchenlehrers anfangen? Den Nutzen des Hesekiel-Buches und seiner Auslegung findet Beza im Medium einer theologischen Geschichtsphilosophie: Die Zeiten mögen sich ändern, aber durch alle Zeiten regiere der *eine* Herr in seiner Vorhersehung, mit Barmherzigkeit gegenüber den Seinen, mit Zorn gegenüber den Gottlosen. Die unveränderlichen „Prinzipien" der Geschichte, die in ihrer Konstanz sogar die der Mathematik überstiegen, sind begründet in Wesen und Willen Gottes.[31] Durch das vergleichende Studium der Geschichte der Propheten und der eigenen Zeit werden die Zeichen der Zeit erkennbar, genauer: Gottes Handeln wird einsichtig, indem sein vergangenes Handeln im Zusammenhang bestimmter Umstände ‚gelesen' und dann vergleichend auf die gegenwärtigen Umstände bezogen wird. Das Schriftstudium des Propheten ermöglicht auf diese Weise Prophetie für die eigene Zeit.[32]

[28] Der Kommentar endet darum mit Hes 20,44. Calvin hielt die letzte Vorlesung am 2. Februar 1564, vgl. *T.H.L. Parker*, John Calvin. A Biography, London 2006 [Oxford 1975], 186f.

[29] Vgl. ausführlich zu Coligny *K. Kupisch*, Coligny. Eine historische Studie, 2. Aufl., Berlin 1951.

[30] CO 40,[9.10].

[31] *Sunt autem ista perpetua et invariabilia, atque adeo firmiora* ἀποδείξων *principia, quam vel in ipsis mathematicis inveniantur, quoniam si qua est in rebus, quaecunque tandem illae sint, firmitas ac constantia, tota a Dei ipsius natura ac voluntate pendet.* CO 40,[15.16].

[32] Beza scheut sich nicht, konkrete Beispiele anzuführen: Calvin habe die Verfolgung der Evangelischen nach dem Konzil von Poissy vorausgesagt, Luther die Kriege in Deutschland vorhergesehen (*prospecxit*).

Der erhoffte Nutzen des Schriftstudiums liegt außer in der Verteidigung der Wahrheit und damit der Kirche Gottes gegen die Angriffe des Teufels vor allem in der Erkenntnis des Waltens Gottes in der Geschichte und damit in der Möglichkeit, die Gegenwart zu deuten. Im Zentrum steht also die Erwartung unmittelbarer Applikation der Schrift durch Übertragung auf die eigene Zeit. Die nicht abgestrittene Unähnlichkeit der Zeiten (*mutata temporum ratio*) tritt dabei ganz in den Hintergrund gegenüber der Unveränderlichkeit Gottes, der die Geschichte regiert. Die fundamentale *Ähnlichkeit* oder mindestens *Vergleichbarkeit* von Einst und Jetzt, vermittelt über Gott als waltenden Herrn der Geschichte, bestimmt die Leseerwartung.

Jenson eröffnet seinen Kommentar mit Worten, die den Leser geradezu in die entgegengesetzte Richtung weisen. Nicht die Nähe des biblischen Propheten und seiner Botschaft zur eigenen Gegenwart wird gesucht, sondern die Distanz zur Welt des Lesers bildet den Einstieg:

'The book of the priest and prophet Ezekiel is an astonishment. Its prophecies are either appalling or inordinately auspicious, its visions are stunning apocalyptic theater, its language absolute, its theology leads into frightening depths, its author is an enigma.'[33]

Die Fremdheit des Textes, die beim literarkritischen Rätsel des Autors beginnt, sich in der verwirrenden Bildsprache der Visionen verdichtet und bis in die beängstigenden Tiefen der Theologie des Propheten führt, wird dem Leser gleich zu Beginn als Herausforderung präsentiert. Es ist ganz offensichtlich eine *andere*, eine „neue Welt"[34], in die man gemeinsam mit dem Kommentar im Begriff ist einzutreten. In einer Art *inclusio* schließt Jenson das Vorwort dann auch so, wie er es eröffnet hat: Mit einer Warnung des Lesers angesichts des Textes.

'The purpose of a commentary is to assist readers' involvement with the text. Perhaps readers should therefore take warning before going further. Attention to a text can turn into experience of its matter, and the judgments and promises of God as given through Ezekiel are so extreme that they can easily undo ordinary religiosity – to say nothing of the disastrous spiritual adventures that might be ignited by his visions.'[35]

Auch wenn eine gewisse Ironie in diesen Formulierungen nicht zu übersehen ist, so wird doch gezielt der Eindruck geweckt, dass man dem biblischen Text mit Vorsicht zu begegnen habe. Der Vereinnahmung des Textes durch die an ihn herangetragene religiöse Erwartungshaltung soll gerade gewehrt werden, oder vielmehr: Recht gelesen, wird der Text sich selbst gegen seine Domestizierung zur Wehr setzen, indem er dem Leser auf unbequeme Weise zu Leibe rückt.

Dabei ist nicht zu übersehen, dass auch eine bedeutende Gemeinsamkeit zwischen Bezas und Jensons Einführungen besteht: Beiden geht es um die theologische Sache (*matter*), die durch Hesekiel vermittelt wird, nicht nur um das historische Studium eines antiken Dokuments. Und bei beiden erscheint als Subjekt der Verheißungen und Gerichtsurteile Gott selbst, der durch den Propheten auch den heutigen Leser anspricht.

[33] *Jenson*, Ezekiel, 17.

[34] Jenson hat die berühmte Titel-Formulierung Karl Barths (*K. Barth*, Die neue Welt in der Bibel, in: *Ders.*, Das Wort Gottes und die Theologie. Gesammelte Vorträge, München ²1929, 18–32) in einem eigenen Aufsatz wiederaufgenommen: *R. Jenson*, The Strange New World of the Bible, in: *Ders.*, Theology as Revisionary Metaphysics, hg. v. S.J. Wright, Eugene, OR 2014, 146–154.

[35] *Jenson*, Ezekiel, 30.

Allerdings – dieser Gott erscheint bei Beza zunächst vor allem als Gott der unwandelbaren Prinzipien der Geschichte, bei Jenson hingegen als nicht ausrechenbarer, fremder, möglicherweise auch irritierender Gott. So wissen beide Kommentare von Anfang an um die Aufgabe, den Schritt von der Welt des Textes zur Welt des Lesers zu vermitteln. Dieser Schritt erscheint im vorkritischen Kommentar jedoch als zwar anspruchsvolle, aber dank der Vorarbeit Calvins[36] auch mögliche Aufgabe der vergleichenden Einsicht in Gottes geschichtliches Handeln, während derselbe Schritt bei Jenson als theologisch riskantes Unternehmen mit ungewissem Ausgang vorgestellt wird.

So wird schon im Eingang der beiden Kommentare deutlich, dass ihnen gemeinsam ist die Erwartung, in der Schrift dem zu begegnen, der ihr Grund wie ihr Gegenstand ist. Die Folgen dieser Begegnung erscheinen dabei jedoch im ‚vorkritischen' Kommentar zunächst vor allem im Lichte einer erhofften *Versicherung* des religiösen Wissens, im ‚nachkritischen' vor allem im Lichte einer potentiellen *Verunsicherung* des Lesers und seiner Gewissheiten.

2.2 Ez 1,26–28: Wer ist der Mann auf dem Thron?

Der Textabschnitt Hes 1,26–28 gehört zu der bekannten Vision von den vier Gestalten mit den vier Angesichtern eines Menschen, eines Löwen, eines Stiers und eines Adlers. Die vier Gestalten werden später bekanntlich aufgenommen in der Thronsaalvision in Apk 4,2–8 und gehen schließlich als Symbolgestalten für die vier Evangelisten in die kirchliche Tradition ein.[37] Im Hesekielbuch ist diese Vision Bestandteil des Berufungsberichtes des Hesekiel in den Kap. 1–3. Hesekiel befindet sich mit den anderen „Weggeführten" in Babylon, als ihm am Fluss Kebar ein Wort des Herrn geschieht und die Hand des Herrn über ihn kommt. Es folgt die Schilderung einer komplexen Vision, die sich gegen jede anschauliche Vorstellung sperrt: In einem lodernden Feuer sieht der Prophet ein blinkendes Kupfer, in dem wiederum vier Gestalten wahrgenommen werden. Über den Gestalten ist ein Kristallfirmament ausgebreitet, auf das sich die Beschreibung der VV.26–28 bezieht:

26 Und über der Feste, die über ihrem Haupt war, sah es aus wie ein Saphir, einem Thron gleich, und auf dem Thron saß einer, der aussah wie ein Mensch.

27 Und ich sah, und es war wie blinkendes Kupfer aufwärts von dem, was aussah wie seine Hüften; und abwärts von dem, was wie seine Hüften aussah, erblickte ich etwas wie Feuer und Glanz ringsumher.

28 Wie der Regenbogen steht in den Wolken, wenn es geregnet hat, so glänzte es ringsumher. So war die Herrlichkeit des Herrn anzusehen. Und als ich sie gesehen hatte, fiel ich auf mein Angesicht und hörte einen reden.

Die recht ausführliche Behandlung des Textes bei Calvin[38] widmet sich im Wesentlichen zwei sachlichen Fragen: 1. Wer ist der Mensch in der Thronvision? 2. Welcher Art ist diese Erscheinung insgesamt?

[36] CO 40,[11.12].

[37] Irenäus Haer III 11,8. Siehe zur Tradition als ganzer unter Einbeziehung frühchristlicher Darstellungen *F. Watson*, Gospel Writing. A Canonical Perspective, 553–603.

[38] CO 40,52–61.

ad 1. Der Text selbst stellt in V.28 fest, dass es sich um eine Erscheinung „des Herrn" (*JHWHs*) handelt. Diese Erscheinung findet nach V.26 in Menschengestalt (oder: menschenähnlicher Gestalt) statt. Calvin schließt sich hier der Meinung der Väter (*sententia patrum*) an: Es handelt sich bei dieser Vision um ein *praeludium mysterii*, ein Vorspiel jenes Geheimnisses, das schließlich in der Inkarnation offenbar geworden sei, wie Paulus 1.Tim 3,16 lehre. Ausgeschlossen werden muss jedenfalls, dass hier Gott-Vater gesehen wird (wie Hieronymus anstößigerweise behauptet habe): Nein, der Vater hat nie menschliches Fleisch angenommen. Akzeptabel wäre es, hier allgemeiner von *Gott* in Menschengestalt zu sprechen, ohne die Personen zu nennen. In diesem Fall gelte es aber klärend hinzuzufügen, was sich für Calvin aus der Interpretation der jesajanischen Thronsaalvision (Jes 6) durch Joh 12,41[39] ergibt, nämlich: Jesaja habe auf dem Thron die Herrlichkeit *Christi* gesehen. Wo immer also *Gott* den Propheten *sub hominis specie* erschienen sei, habe es sich um ein, wenn auch undeutliches Vorbild des schließlich in *Christus* offenbarten Geheimnisses gehalten.[40] Denn weder der Vater noch der Geist seien im Fleisch offenbart worden, deshalb könne man die Rede von der *hominis similitudo* auch nur auf den Sohn beziehen. Es ist deutlich: Calvin liest die Hesekiel-Vision ganz von der trinitarischen Logik des christlichen Glaubens her. Dabei dient ihm mit Joh 12,41 im engeren Sinne eine neutestamentliche Identifizierung der Jesaja-Vision mit Christus als Grundlage, im weiteren Sinne aber ein trinitarischer Grundsatz: *unus ex trinitate passus est* – nur *eine* der trinitarischen Personen ist Fleisch geworden und hat gelitten. Das gilt dann ‚rückwirkend' auch für alttestamentliche Visionen: Es kann nur der Sohn sein, der hier erscheint in einer Vorausdeutung seiner Fleischwerdung.[41]

ad. 2. Die Identifizierung der Menschengestalt mit dem Sohn will Calvin nun aber aufs deutlichste qualifiziert wissen. Er verwendet den Großteil seiner Ausführungen darauf zu betonen, wie bescheiden die Vision geschildert sei. Nicht einfach ein Mensch wird hier gesehen, sondern eine *similitudo adspectus hominis*, die Ähnlichkeit einer menschlichen Erscheinung. Es handelt sich denn nach Calvin auch nicht um den Fleischgewordenen, sondern um den Sohn. Dieser aber hat erst nach Phil 2,7 wirklich Knechtsgestalt angenommen und ist den Menschen gleich geworden (*similitudo hominum*) – in Hes 1,26 liegt dagegen nur eine Erscheinung vor. Und diese zeigt Gott auch nur angepasst an menschliches Fassungsvermögen, nicht so, wie er selbst ist.

Zusammenfassend lässt sich festhalten: Calvin legt die geschilderte Gottesvision in Menschengestalt ohne Umschweife als Vision des Sohnes Gottes aus. Die Überzeugung, dass der ‚Gott des Alten Testaments' nicht erst durch die heilsgeschichtlichen Ereignisse des Neuen Testaments zu einem trinitarischen Gott *wurde*, sondern es von jeher gewesen *ist*, liegt hier Calvins Auslegung zu Grunde. Sodann ist auffällig, mit welcher Nachdrück-

[39] Joh 12,41: „Das hat Jesaja gesagt, weil er seine [*sc.* Christi] Herrlichkeit sah und redete von ihm."

[40] CO 40,54: *quoties apparuit Deus sub hominis specie, ita specimen aliquod obscurum dedisse mysterii, quod tandem manifestatum fuit in Christi persona.*

[41] Im Übrigen verwahrt sich Calvin aufs entschiedenste gegenüber einer sozinianischen These: Der Theologe Gregorius Blandrata lehrt Calvin zufolge, dass Christus zwar auch Gott sei – aber nicht derjenige Gott, der im Alten Testament begegne. Wenn im Alten Testament von „Gott" die Rede sei, dann ginge es demnach immer nur um den Vater. Calvin zufolge ist die trinitarische Semantik allerdings eine ganz andere: Wo die trinitarischen Personen vergleichsweise genannt werden, da kann „Gott" für den Vater als *principium deitatis* stehen im Gegenüber zum Sohn: „Also hat *Gott*, die Welt geliebt, dass er seinen eingeborenen *Sohn* gab." (Joh 3,16) Wo allerdings die Personen *nicht* explizit genannt seien, da stehe „Gott" (oder: Jahwe) eben für die den drei Personen gemeinsame *deitas*. Dies eben sei in Hes 1,28 der Fall. Vgl. CO 40,55–57.

lichkeit Calvin die Vision zugleich von Gott selbst fern hält: Es soll deutlich sein, dass Gott hier nicht erscheint *qualis est*, sondern *qualis conspici poterat ab homine mortali*. Leitend ist für Interpretation also das Motiv der Akkommodation, nicht der Inkarnation: Gott nähert sich dem Verständnis des Propheten, um überhaupt wahrgenommen werden zu können; er wird dabei aber nicht durch Endliches kontaminiert. Eine gewisse Nähe Calvins zum (gleichwohl nie explizit affirmierten) philosophischen Prinzip *finitum non capax infiniti* erscheint hier im Spiegel der theologischen Textauslegung.

Auch Jenson geht in seinem Kommentar auf die distanzierenden Formulierungen in der Visionsbeschreibung ein.[42] Während diese bei Calvin aber als Zeichen der Akkommodation Gottes gelesen werden, die trotz ihrer Nahbarkeit zugleich keine Identifizierbarkeit Gottes mit Endlichem erlaube, meint Jenson: Es wirke zunächst wohl so, als sei hier eine ontologische Distanz zum Ausdruck gebracht, wie sie auch in modernen Theologien der Projektion, der Metapher etc. auftauche. Diese Distanz aber sei durch den Begriff der *kabod* verhindert. Die Präsenz der *kabod* Gottes bedeute – sei es im Tempel, sei es am Fluß Kebar – dass Gott *selbst* anwesend sei. Zugleich gelte, dass Gott nicht unvermittelt präsent sein könne, denn: „Kein Mensch wird leben, der mich sieht." (Ex 33,20). Aus beiden Propositionen ergibt sich nach Jenson der Schluss: Gott kann anwesend sein nur in der Form der Vermittlung und diese Vermittlungsform muss doch Gott selbst sein. Gott ist *selbst* da in der Herrlichkeit *des* Herrn. Diese im Text angesprochene, vermittelte aber identische Gegenwart sei in der Trinitätslehre begrifflich entwickelt worden. Aus dem allen folgt: Die Erscheinung auf dem Thron kann kein anderer sein als „Gott, der Sohn", die zweite Person der Trinität. Die Erscheinung *als Mensch* erkläre sich dann aus der schlichten Tatsache: Die zweite Person der Trinität *ist* ein Mensch: Jesus von Nazareth.

Jenson notiert knapp die metaphysischen Probleme, die sich aus dieser christologischen Aussage ergeben und die christliche Theologie in ihrer Geschichte immer beschäftigt haben: Wie ist die Identität von Jesus und Sohn *vor* seiner Geburt durch Maria zu denken? War der Sohn vor Christi Geburt noch nicht im Fleisch (*logos asarkos*)? Jenson deutet nur an: Es wäre eine vollständige Revision unserer Metaphysik nötig, um diese Fragen angemessen zu beantworten. Mindestens aber sollte klar sein, dass die Abbildung des Lebens Gottes und seiner Ereignisse auf unseren Zeitstrahl problematisch ist.[43]

Warum aber nun die distanzierenden Qualifikationen in der Visionsbeschreibung? Jenson antwortet anders als Calvin: Es ist nicht die *ontologische* Distanz der Erscheinung zum wirklichen Gott, sondern die *erkenntnismäßige* Distanz des alttestamentlichen Propheten zur Gestalt Jesu von Nazareth. Jenson verknüpft die Hesekiel-Vision mit der neutestamentlichen Tabor-Verklärung Jesu (Mk 9,2–8 parr.). Auch dort ist die Rede von der *doxa* (also *kabod*), die diesen Menschen umgibt. Es handelt sich bei dieser Tabor-Verklärung um eine Prolepse der Auferstehungsbegegnungen – bei Hesekiel also um eine Art doppelter Prolepse: Die Vorausschau auf den für Hesekiel (im Gegensatz zu den drei Jüngern auf Tabor) noch *unbekannten*, verherrlichten Jesus Christus. Es ist die fehlende Vertrautheit Hesekiels mit dem Mann Jesus Christus, der Charakter der Vision als Begegnung mit einer noch unbekannten Gestalt, die für den undeutlichen Eindruck die-

[42] Vgl. *Jenson*, Ezekiel, 41–45.

[43] „[...] which may at least suggest that we need to be careful in plotting divine events on a univocal time line." *Jenson*, Ezekiel, 44.

ser Erscheinung sorgt; nicht aber die Distanzierung einer jeden sichtbaren Erscheinung Gottes für den Menschen von Gottes eigentlichem Wesen. Die lutherische Präferenz für das *finitum capax infiniti* setzt sich hier durch.

Im Vergleich der Auslegungen ergibt sich: Sowohl Calvin als auch Jenson lesen die Hesekiel-Vision unter dem Vorzeichen der Trinitätslehre und damit christologisch. Der Mensch auf dem Thron ist der Sohn Gottes, der einst in der Gestalt Jesu von Nazareth Fleisch annehmen wird (Calvin) bzw. Jesus von Nazareth, der Auferstandene in proleptischer Schau (Jenson). Wie die ‚vorkritische' so sieht sich auch die ‚nachkritische' Interpretation durch den Text herausgefordert, ein Thema christlicher Dogmatik zu reflektieren: Die Einheit und Unterschiedenheit der trinitarischen Personen.

Dabei ist dieses christologische Vorzeichen für Calvin zumindest im Rahmen dieses Kommentars nicht weiter rechenschaftspflichtig. Die Brücke von der Christusverkündigung des Neuen Testaments zur alttestamentlichen Erscheinung wird zwar exemplarisch mit Joh 12,41 geschlagen. Dieser Schriftbeleg taucht allerdings erst in innerchristlich-polemischem Kontext auf: Es soll damit nur geklärt werden, dass der Mensch auf dem Thron der *Sohn*, nicht der *Vater* ist, also von welcher der trinitarischen Personen in Ez 1,26–28 präzise die Rede ist. Die grundsätzliche Geltung der Trinitätslehre auch für die Interpretation des Alten Testaments steht hier gar nicht zur Debatte. Calvin genügt der einleitende Anschluss an die „Meinung der Väter" als Rechtfertigung der christologischen Lesart.

Für Jenson ist die Ausgangslage im Bezug auf die christologische Deutung der Vision natürlich ungleich problematischer als für Calvin.[44] Gemäß der Anlage seines Kommentars enthält dieser jedoch keine technisch-hermeneutische Apologetik. Vielmehr versucht Jenson die christologische Lesart zu einem wesentlichen Teil aus dem Text selbst hervorgehen zu lassen.[45] Er nutzt dabei die textinterne Figur der *kabod* als vermittelt-identische Selbstvergegenwärtigung Gottes. Diese Figur – Gott selbst noch einmal anders – ermöglicht dann vom Text her den Anschluss an das Begriffsinstrumentarium der christlichen Trinitätslehre: Dic *kabod* muss Gott der Sohn sein.

In kleinen Formulierungsdifferenzen wird nichtsdestotrotz die Verschiebung im Zugriff auf die dogmatischen Gehalte des Textes deutlich. Während bei Calvin das christlich-theologische Interesse am Hesekiel-Text zu den impliziten Voraussetzungen der Interpretation gehört, deren Ergebnisse dann als gleichsam objektiv eindeutig erscheinen, deutet sich bei Jenson das Bewusstsein für die Nicht-Selbstverständlichkeit der christologischen Auslegung an, wenn es etwa heißt:

[44] Jenson meint, seine christologische Lesart sei für die meisten modernen Exegeten „of course [...] nonsense or worse" (43, Anm. 5).

[45] Ähnlich geht Jenson vor in seiner trinitarischen Auslegung von Gen 22 (*Jenson*, The Bible and the Trinity, in: Pro Ecclesia 11 (2002), 330 –334), die aufgenommen und für den größeren Kontext der Entstehung der Trinitätslehre weiterentwickelt wurde in *C. Schwöbel*, The Trinity between Athens and Jerusalem, in: Journal of Reformed Theology 3 (2009), 22–41. *D. Sarisky*, What Is Theological Interpretation? (s.o. Anm. 22), 208 bezeichnet diese Auslegungstechnik mit einem treffenden Ausdruck als Suche nach „points of resonance between different parts of the overall narrative of the Bible, all of which testify to the reality of the triune Lord."

'Why does the second person of the Trinity, appearing above the throne in Ezekiel's vision, look like a man? Christian theology must answer: because the second person of the Trinity *is* a man – Jesus of Nazareth.'[46]

Die christologische Interpretation der Thronvision ist *expressis verbis* die hermeneutische Antwort der *christlichen Theologie* und also nicht die einzig denkbare. Darin kommt das ‚nachkritische' Bewusstsein für die plurale Wirkungsgeschichte des Textes zum Ausdruck. Jenson wie Calvin setzen das Gottesverständnis des christlichen Glaubens voraus. Aber die Art der Voraussetzung ist bei Jenson eine andere: Seine Voraussetzung weiß genauer um die eigene Positionalität – ohne dabei den Wahrheitsanspruch der eigenen Interpretation subjektivistisch zu relativieren. Das eigentliche Provokationspotential scheint mithin im Anspruch Jensons zu liegen, mit seiner Interpretation *die Antwort christlicher Theologie* auf die Frage nach dem Mann auf dem Thron zu geben. Provoziert fühlen müssen sich dadurch also nicht so sehr andere Interpretationsgemeinschaften, die diesen Text nicht-christologisch lesen.[47] Provoziert fühlen dürfen sich allerdings die Leser der christlichen Interpretationsgemeinschaft. Ihnen mutet Jenson nicht weniger zu als die These, für christliche Leser sei das christologische Verständnis des Textes die naheliegende, ja einzig sinnvolle Auslegung.

Wie erwähnt, unternimmt Jenson im Rahmen seiner Auslegung nicht den Versuch, den eigenen, christlich-dogmatisch geprägten Lesehorizont durch eine allgemeine hermeneutische Reflexion einzuholen. In einem kurzen Blick über den Kommentar hinaus soll deshalb wenigstens angedeutet werden, welche Gestalt eine solche Reflexion bei Jenson annimmt:

1. In begrifflicher Anlehnung an andere Formen engagierter Lesarten, insbesondere solche im Kontext der „kritischen Theorie" wie feministische, postkolonialistische und queere Lesarten spricht Jenson von „Nicene Theory"[48] als der für seinen Kommentar leitenden Theorie. Es sind also die altkirchlichen Bekenntnisse, die im Sinne einer Rezeptionshermeneutik als leitender Zugang zum Text vorausgesetzt werden. Dabei ist die potentielle Willkürlichkeit einer solchen Lesevoraussetzung bei Jenson durch eine zu Grunde liegende Überzeugung geformt, die über rein ästhetische Rezeptionstheorien vom Lesen als der Vollendung literarischer Kunstwerke hinausgeht. Denn was hier gelesen wird, ist möglicherweise auch, aber eben nicht nur ein Stück Literatur, sondern: Die Schrift der Kirche und also jener Text, den die Kirche sich gegeben hat bzw. der die Kirche aus sich herausgesetzt hat.[49] Deshalb ist der kirchliche und also durch die dogmatische Tradition perspektivierte Zugang zur Schrift für Jenson nicht einer unter vielen oder gar ein illegitimer Zugang. Angesichts modern-akademischer Lesegewohnheiten stellt

[46] *Jenson*, Ezekiel, 42f.

[47] Vgl. etwa zum Verhältnis zu jüdischer Schriftauslegung *Jenson*, Systematic Theology Vol. 2, 284: „The paired continuations of Israel – Judaism and the church – have each their defining way of reading Israel's Scripture: the church reads it about Christ; the Pharisaic synagogue reads it about *torah*. […] What judgment the synagogue should make of Christian exegesis is of course not to be prompted by Christian theology."

[48] *Jenson*, Ezekiel, 25.

[49] Zur Bedeutung der Ekklesiologie für die Schriftauslegung vgl. auch *Jenson*, Systematic Theology, Vol. 2. The Works of God, Oxford 1999, 278–284 sowie unter Einbeziehung der kirchlichen Vollzüge als Sitz im Leben der Schriftauslegung *R. Jenson,* Hermeneutics and the Life of the Church, in: Braaten/Jenson (Hg.), Reclaiming the Bible for the Church (s.o. Anm. 22), 89 –105.

Jenson mit einem gewissen Augenzwinkern fest: „Who knows, the church might be right about how to read her own scripture."[50]

2. Über die mögliche wirkungsgeschichtliche Legitimität einer kirchlich-dogmatischen Lesart hinausgehend lässt sich aber die Frage nach der historischen Legitimität der christologischen Auslegung nicht abweisen: Eine Interpretation der Menschengestalt auf dem Thron als Jesus von Nazareth – das mag kirchengeschichtlich nachvollziehbar sein, aber ist es nicht trotz allem im krassen Sinne *unhistorisch*? Handelt es sich dabei nicht um eine, wenn auch fromme, so doch unverantwortliche Verzerrung und Überfremdung eines *ursprünglich* ganz anderen Sinnes? An dieser Stelle scheint Jensons fundamentalster Widerspruch gegen die ‚moderne' Exegese vorzuliegen. Dort gilt prinzipiell: Der *ursprüngliche* und also maßgebliche Textsinn ist jener, der unter den Bedingungen der damaligen Textentstehung zu rekonstruieren ist. Ein Prophet im babylonischen Exil kann dann unmöglich von Jesus Christus geschrieben haben. Jenson stellt dagegen die Frage: „What indeed is [the] historically 'original' meaning [of the text], given the church's trinitarian and christological construal of historical reality?"[51] Was ist *wirklich* historisch ursprünglich, wenn die Kirche Jesus Christus als Anfang und Ende und Herr der Geschichte bekennt? Welche Konzeption von „Geschichte" wäre dem angemessen? Wohnt nicht dem christlichen Glauben eine *metanarrative* inne, die alle anderen Konzeptionen von Geschichte in sich aufnehmen muss, statt in sie aufgenommen zu werden?[52]

Tatsächlich dürfte erst aus der Kombination beider Argumente eine theologisch überlegenswerte Basis für die christologische Interpretation geschaffen sein. Denn eine kirchliche Rezeptionshermeneutik, die allein aus einer subjektiven oder kollektiven christlichen Positionalität heraus auf den alttestamentlichen Text zugreift, muss eigentümlich willkürlich erscheinen. Denn aus einer solchen, sei es als existentielle Ergriffenheit, sei es als ekklesialer Traditionsort gefassten Position mag man das Alte Testament zwar *im Lichte* christologischer Interessen lesen, wird sich aber des Gefühls projektiver Zuschreibungen nicht erwehren können.[53] Jenson dagegen beansprucht ungleich mehr: Christologische Lektüre ist hier nicht nur bedingt durch die eigene Christuserfahrung oder die einer Interpretationsgemeinschaft ‚Kirche', sondern darüber hinaus durch die in ihr mitgesetzte Auffassung, dass dieser Christus von jeher der Sinn der Geschichte ist. Oder, um diesen Anspruch Jensons mit Bezug auf Hes 1,26–28 zu reformulieren: Wenn Christus *tatsächlich* der präexistente Sohn ist, und damit nicht einfach auf den Zeitstrahl unserer Geschichtswahrnehmung restlos aufzutragen: Warum sollte er nicht *wirklich* einem Propheten am Flusse Kebar erschienen sein?

[50] *Jenson*, Hezekiel, 26.

[51] *Jenson*, Hezekiel, 24. Jenson spricht hier vom „christological plain sense", eine Wendung die metaphysisch mehr beansprucht als die (dort allerdings auch angemessene) rezeptionshermeneutisch orientierte Wendung „canonical plain sense", die Jenson in seinem Hoheliedkommentar einführt. Vgl. *Jenson*, Song of Songs, Louisville 2005, 8.

[52] Vgl. *Jenson*, Canon and Creed (s.o. Anm. 22), 104f. In Richtung einer Inspirationstheorie der Schrift gewendet findet sich dieser Gedanke eines christologischen Geschichtsverständnisses auch in R. *Jenson*, A Second Thought about Inspiration, in: Pro Ecclesia 12 (2004), 393–398.

[53] Ein solche, wie ich meine, vergleichsweise metaphysisch anspruchslose Rezeptionshermeneutik des Alten Testaments stellt N. *Slenczka*, Die Kirche und das Alte Testament, in: MJTh 25 (2013), 83–119 dar und lehnt sie dann – konsequenterweise – ab. Eine Kanonhermeneutik müsste wohl tatsächlich mehr wollen, als nur traditional zu argumentieren.

Der knappe Ausblick auf die hermeneutischen Hintergründe dürfte wenigstens eines deutlich machen: Was für die ‚vorkritische' Auslegung Calvins eine noch weitgehend unproblematische, weil damals allgemein geteilte Voraussetzung war, muss von einer ‚nachkritischen' Auslegung ausführlich begründet werden. Die dabei zu leistenden Annahmen dürften sich auf zwanglose Weise kaum ins System heute bestehender, allgemein geteilter Voraussetzungen einfügen lassen.

2.3 Hesekiels Drohungen: Zorn und Gericht

Abschließend soll ein ebenso theologisch notorisch schwieriges wie dominantes Phänomen des Hesekieltextes Anlass eines Vergleichs sein: Die sehr expliziten und drastischen Ankündigungen des Gerichts, die über das gesamte prophetische Buch verteilt sind. Die Drohungen vom Durchzug der Todesengel, vom Töten aller Männer, Frauen, Alten und Kinder im Auftrag Jahwes[54], vom unlöschbaren Feuer, das alle Angesichter versengt[55], sind Teil einer Botschaft, die den Propheten selbst in Schmerzen seufzen lässt.[56]

Sowohl Calvin als auch Jenson versuchen, die dramatische Rede vom Zorn Gottes und seinem mitleidslosen[57] Gerichtshandeln theologisch zu verarbeiten, ohne diese Rede im Rahmen etwa einer kanonischen oder religionsgeschichtlichen Hermeneutik zu relativieren.[58] Beide haben den Anspruch, das Entbrennen des Zornes Gottes als echte und direkte theologische Aussage vollgültig aufzunehmen. Als charakteristisch allerdings erscheint die Art und Weise, in der diese harten Aussagen jeweils integriert werden.

Bei Calvin tauchen im Zusammenhang der Zornes- und Gerichtspassagen im Wesentlichen drei Motive auf. Das primäre ist die Verteidigung der Legitimität und Angemessenheit des Strafhandelns: Calvin hebt gerne die Entsprechung zwischen der Bosheit der Götzendiener und ihrem verdienten Schicksal hervor.[59] Ein zweites Motiv ist der Hinweis auf den verschonten Rest, den Gott zur Rettung erwählt hat. Im Angesicht des Zorns sollen die Gläubigen demnach ihren Blick auf das der gerechten Bestrafung korrespondierende Bewahrungshandeln an den wenigen Erwählten richten und daraus Trost schöpfen.[60] Im dritten Motiv schließlich taucht die offenbar doch nicht ganz zu verdrängende Frage auf, wie mit der Radikalität dieser Strafen umzugehen sei. Der Prophet selbst bringt diese Frage ja zum Ausdruck: „Ach Herr Herr, willst du denn den ganzen Rest Israels verderben, dass du deinen Zorn so ausschüttest über Jerusalem?"[61] Calvin

[54] Hes 9,1–7.

[55] Hes 21,1–5.

[56] Hes 21,11. *W. Zimmerli*, Ezechiel. Band 1, Neukirchen-Vluyn 1969, 87* hebt die „schneidende[] Härte" der Verkündigung Ezechiels hervor, auch *G. v. Rad*, Theologie das Alten Testaments, Bd. 2, 1960, 232 betont „die Kälte und Härte, von der alle Ausleger sprechen".

[57] Vgl. Hes 5,11; 7,4; 8,18; 9,5.10.

[58] Dass dies erstrebenswert ist, soll hier im Übrigen weder behauptet noch bestritten werden. Im Interesse steht allein die Frage, *wie* dies jeweils geleistet wird.

[59] Vgl. z.B. CO 40,192f. zu Hes 8,18: *nec mirum est fuisse tam duriter minatum Iudaeis, quia modis omnibus expertus fuerat ipsos esse desperatos in sua malitia.*

[60] Vgl. CO 40,197: … *ubi omnia videntur misceri in terra, et sursum ac deorsum volvi, Deum tamen nunquam abiicere suorum curam, quin ipsos protegat ab omni noxa.* Gerade den Kontrast zwischen dem Schicksal der Erwählten und der Verworfenen kann Calvin bekanntlich als besonderen seelsorgerlichen Nutzen der Lehre von der Erwählung begreifen: Vgl. Inst III, 21,1.

[61] Hes 9,8, vgl. 11,13.

stellt ein Doppeltes fest: Solche Fragen seien einerseits an sich eine maßlose Unbesonnenheit (*nimia temeritas*), Gott sei allerdings andererseits gnädig genug, sich darauf einzulassen, indem er den Propheten auf die Rettung des Rests (Motiv 2) verweist. Gericht und Zorn sind bei Calvin apologetisch festzuhaltende Elemente der Gotteslehre, deren potentiell problematische Aspekte einerseits durch die partikulare Gnade aufgewogen, andererseits durch Gehorsamsforderung gegenüber dem Zweifler abgewiesen werden.[62]

Jensons theologische Verarbeitung derselben Stellen ist im Vergleich mit Calvins Legitimierungsstrategien durch eine stärkere Beunruhigung geprägt. Dass diese Texte über Gottes geschichtliches Gerichtshandeln Anstoß erregen müssen, ist für Jenson eine Tatsache.[63] Denn sie irritieren gleich in doppelter Hinsicht: Zum einen lassen die prophetischen Gottesreden über Eifersucht, Liebe und Zorn kaum eine Deutung zu, in der Gott als immun und emotional unberührt gegenüber den Ereignissen in seiner eigenen Schöpfung gedacht wird. Gott ist „persönlich verärgert". Das aber hat bedeutende Konsequenzen für die metaphysische Konzeption der Gott-Welt-Relationen.[64] Zum anderen kann nicht geleugnet werden, dass in diesen Texten Gott in eine sehr unmittelbare, ursächliche Beziehung zu Gewalt und menschlichem Leid gesetzt wird. Calvins Antwort, dass Gott mit Recht so gehandelt habe, trägt hier nicht mehr weit.[65] Denn es erscheint ja schon die schiere Vorstellung, Gott könne das Wirken in den kriegerischen Konflikten unserer Zeit zugeschrieben werden, als zutiefst problematisch. Eine heutige Identifizierung des Gotteshandelns in gewalttätigen Konflikten lehnt Jenson denn auch ab. Nach Auschwitz sei es überhaupt verständlich, angesichts der ungebrochenen Gewalt in der Geschichte, der Konzeption eines in diese Geschichte handelnd involvierten Gottes den Rücken zu kehren.[66] Und doch: Jenson versucht, auch den gewalttätigen Zorn in Gott zu denken. Dies aber führt notwendig zu enormen Spannungen, denn Gott muss zugleich als der gedacht werden, der menschlichem Leben „mit dem Zorn seines Grimmes ein Ende macht" *und* der einen unter den Menschen sucht, der „in die Bresche vor mir treten würde für das Land, damit ich's nicht vernichten müsste." (Hes 22,30) Nach Jenson steht Gott auf beiden Seiten der Mauern Jerusalems und trägt einen Konflikt in sich aus, der schließlich in Kreuz und Auferweckung seine Lösung finden wird.[67]

Es dürfte deutlich sein, wie unterschiedlich die Strategien sind, mit denen Calvin und Jenson versuchen, den Texten theologisch gerecht zu werden. Bei Calvin herrscht ein apologetischer Ton vor, in dem auch angesichts von Ratlosigkeit und Skepsis auf den gebührenden Gehorsam verwiesen werden kann. Bei Jenson wird gerade von den zweifelnden Fragen her auf den Text zugegangen. Die dabei unvermeidlichen Brüche und Spannungen, gerade auch angesichts der Erfahrungen des 20. Jahrhunderts, werden al-

[62] CO 40,206: *Iam ubi Deus prophetam suum iubet quiescere et silere, haud dubie simul compescit nostram temeritatem, qua prorumpimus ad obstrependum, ubi videtur nobis esse nimis rigidus.*

[63] „The supposition that God can be wrathful […] offends our prejudices." (62) „Here is offense." (76)

[64] Siehe dazu *Jenson*, Ezekiel, 62f. Vgl. zum Problem in ausführlicherer Form, auch unter Abgrenzung vom Entwurf Moltmanns sowie des Open-Theism-Projekts: *R. Jenson*, Ipse Pater non est impassibilis, in: *Ders.*, Theology as Revisionary Metaphysics (s.o. Anm. 34), 93–101. Im Rahmen des christologischen Problems auch diskutiert in *Jenson*, Systematic Theology, Vol. 1, 125–145.

[65] Auch das für Calvin so wichtige Motiv des geretteten Rests ist nach Jenson im Letzten nicht überzeugend: *Jenson*, Ezekiel, 183.

[66] *Jenson*, Ezekiel, 77 (Anm. 7) verweist dazu exemplarisch auf *R. Rubenstein*, After Auschwitz. Radical theology and contemporary Judaism, Indianapolis 1966.

[67] *Jenson*, Ezekiel, 183.188.

lerdings klar benannt. ‚Vor-' und ‚nachkritischen' Kommentar eint also die Intention, den Text auch an diesen problematischen Stellen sein Wort sagen zu lassen. Die Form, in der dies geschieht, und auch die theologischen Folgerungen, die sich daraus ergeben, sind ganz offenbar vor und nach dem, was man Moderne nennt, nicht mehr dieselben.

3. Fazit

Welche Perspektiven des Gesprächs zwischen Dogmatik und Exegese haben sich aus der vergleichenden Fallstudie ergeben? In vier Punkten möchte ich die gewonnenen Einsichten zusammenfassen:

1. *Theological Interpretation* versteht sich bei Jenson nicht als Konkurrenz oder Alternative zur historisch-kritischen Interpretation, sondern setzt deren Methoden und Erkenntnisse in der Auslegung ständig mit voraus. ‚Nachkritische' Schriftauslegung stellt sich hier nicht als methodischer *rollback* dar, sondern integriert die Methodengeschichte in Richtung einer gezielten Frage nach den theologischen Gehalten. Dass dabei das Interesse an diachroner Rekonstruktion gegenüber der Behandlung des Endtextes abfällt, ist einerseits eine Parallele zur vorkritischen Interpretation, andererseits aber auch Anknüpfung an die fachinternen Debatten der modernen Exegese.

2. Der Versuch, den Text der Schrift mit dogmatischen Reflexionen in unmittelbaren Austausch zu bringen, ist geprägt durch ein ausgesprochenes Bewusstsein für die Fremdheit des Textes. Alterität als Element von Autorität spielt in der ‚nachkritischen' Auslegung Jensons eine wichtige Rolle – mehr noch vielleicht als in der ‚vorkritischen' Auslegung Calvins. Dort erscheinen Schrift und eigene Lehre in einem ungebrocheneren Konkordanzverhältnis. Die Betonung von Fremdheit im Falle Jensons dürfte dabei nicht zuletzt auch ein Resultat gerade der historisch-kritischen Forschung und ihrer Einsichten in die Differenzen von Einst und Jetzt sein.

3. Der Anspruch, kirchliches Dogma als Leseperspektive zu nutzen, kommt in der trinitarischen und christologischen Lektüre alttestamentlicher Texte profiliert zum Ausdruck. Diese Gemeinsamkeit mit der ‚vorkritischen' Interpretation wird bei Jenson, wie in der Programmatik der Kommentarreihe insgesamt, durch eine wirkungsgeschichtlich orientierte Hermeneutik gestützt, in der die eigene Positionalität bewusst gehalten wird. Darüber hinausgehend tritt bei Jenson die Frage hervor, wie vom Dogma herkommend Geschichte und damit die Kategorie des Ursprünglichen überhaupt zu denken ist. Hier scheint ein Punkt weitreichender Auseinandersetzung zwischen der dogmatischen und der exegetischen Disziplin angesprochen zu sein.

4. Blickt man insgesamt auf das Verhältnis dogmatischer Reflexion zum biblischen Text, so sind schließlich deutliche Unterschiede in der Art der Verknüpfung von Exegese und systematisch-theologischer Aussage festzustellen. Alles in allem geht Jenson hier zurückhaltender, andeutender, fragender vor. Für Calvin sind theologische Lehren etwas, das in der Schrift bereitliegt, um *aufgesammelt* zu werden.[68] Bei Jenson vollzieht sich der Übergang vom Text zur Lehre komplexer und gebrochener: Die Arbeit der Schriftauslegung konfrontiert mit theologischen Problemen, sei es die Möglichkeit von Geschichte

[68] Charakteristisch ist in diesem Zusammenhang Calvins Rede vom *colligere doctrinam*. CO 40,197: *diximus posse utilissimam doctrinam colligi ex hoc loco*. S.a. CO 40,41.82.138.145.170 u.ö.

als zielgerichtetem Prozess, sei es die Frage nach der Vereinbarkeit Gottes mit Affekten wie Eifersucht und Zorn. Wo Calvin schlicht und einfach vorliegende Antworten im Text zu finden meint, sieht Jenson eher Ansätze zur weiteren theologischen Arbeit. Der Text bietet hier „Schlüssel, keine Lösungen“[69], er formuliert die theologische Aufgabe, die dann zu bearbeiten ist[70], mitunter enthält er auch zu einfache Antworten auf komplexe Fragen.[71] In jedem Fall aber stößt der Text den Ausleger in die theologische Auseinandersetzung. Die ‚nachkritische' Exegese erscheint hier noch stärker als die ‚vorkritische' als ein vorbehaltloses und im Ausgang nicht immer definierbares Hineingezogenwerden in das Ringen mit den Fragen, die die Erfahrung des Angesprochenseins durch den Gott der Bibel aufwerfen. Theodor Beza war sich sicher: Hätte Calvin noch länger gelebt und gelehrt, dann wäre bald das vollkommene Verstehen der Schrift erreicht gewesen.[72] In Robert Jensons *Theological Interpretation* wird weniger nach Abschlüssen als vielmehr nach Wiedereröffnungen des dogmatisch-exegetischen Gesprächs gesucht. In diesem Fall wenigstens ist der Versuch der *Theological Interpretation* also weder eine Leugnung der Schwierigkeiten, „Gucklöcher im Eisernen Vorhang“ zu finden, noch ein naiver Sprung über diesen Vorhang in Form einer Repristination früherer Einheitswissenschaft. Das Gespräch von Exegese und Dogmatik mag in dieser Form zwar manches Mal mühsam und in den Ergebnissen eher tastend als gewiss erscheinen – vielleicht aber ist genau dies die angemessene Form eines Gesprächs, das die Geschichte seiner Konstellation ernst nimmt.

[69] *Jenson*, Ezekiel, 49: „The key – not necessarily a solution – to these problems is in our passage.“

[70] *Jenson*, Ezekiel, 63: „Proposals of how to think through all this vary greatly, and it is not the function of a commentary to go into them. But the book of Ezekiel surely sets the assignment [...].“

[71] *Jenson*, Ezekiel, 52: „But if Deuteronomistic simplicity is wrong, what then?“

[72] CO 40,[11.12]: *Quod si ad unum adhuc et alterum annum nobis tantae lucis fructum Dominus concessisset, ego quidem non video, quid ad utriusque foederis libros perfecte intelligendos potuerit requiri.*

Wilfried Härle

REFORMATORISCHE RATIONALITÄT

Luthers Verständnis der Vernunft[1]

Martin Luther gilt als abgesagter Verächter, Kritiker und *Feind der Vernunft*. Und er gilt als ein glühender Verehrer, Förderer und *Freund des Glaubens*. Beides scheint einander zu bedingen, jedenfalls aufs Engste zusammenzugehörigen. Das Ja zum Glauben scheint das Nein zur Vernunft mit innerer Konsequenz nach sich zu ziehen. Das Umgekehrte würde freilich nicht gelten: Das Nein zur Vernunft zieht keineswegs das Ja zum Glauben nach sich. Es kann ebenso einen entschiedenen Skeptizismus, Irrationalismus oder Nihilismus zur Folge haben.

Dass an diesem Bild – bezogen auf Martin Luther – so gut wie *nichts richtig* ist, will ich in diesem Aufsatz zeigen. Aber immerhin ist *nicht alles falsch*. Es gibt zumindest *einen* Punkt, an dem diese Karikatur die Sache trifft. Mit ihm beginnt der folgende Überblick.

[1] Die Einladung der Herausgeber zur Mitwirkung an dieser Festschrift war verbunden mit der Bitte und Erwartung, einen Beitrag zu erhalten, der sich auf das vorjährige Symposion anlässlich des 60. Geburtstags des Jubilars bezöge und der „methodische und materiale Grundeinsichten von Prof. Schwöbel aufnehmen und in einer bestimmten Fluchtlinie pointiert weiterdenken" solle. Welches Thema ich dafür wählen wollte, war mir sofort klar. Aber ebenso klar war und ist mir, dass ich dabei den genannten Erwartungen der Herausgeber nur sehr bedingt würde Rechnung tragen können. Der Hauptgrund dafür ist die Tatsache, dass ich an jenem Symposion nicht teilnehmen konnte und somit die dort möglicherweise präsentierten „Grundeinsichten" und „Fluchtlinien" nicht kannte und kenne. In der 37 Jahre währenden gemeinsamen Geschichte, die mich mit dem Jubilar verbindet, haben aber schon relativ früh und kontinuierlich die Themen „Rationalität" und „lutherische Reformation" eine Rolle gespielt, auch wenn sich das nicht an monographischen Veröffentlichungen des Jubilars ausweisen und aufweisen lässt. So ist diese kleine Studie über Luthers Verständnis der Vernunft nicht so sehr die Fortsetzung eines Rationalitätsdialogs als vielmehr ein Gesprächsbeitrag auf einem theologischen Feld, das seit mehr als einem halben Jahrhundert nicht mehr grundlegend bearbeitet wurde, solcher Bearbeitung aber aus reformationshistorischen, fundamentaltheologischen und ökumenischen Gründen bedarf. Dabei war es für mich selbst überraschend und anregend, wie sich das Bild von Luthers Vernunftverständnis beim genauen Blick auf seine wichtigsten Texte zu diesem Thema verändert hat.

Die m. E. immer noch gründlichste Arbeit zu diesem Thema ist die Habilitationsschrift von *B. Lohse*, Ratio und Fides. Eine Untersuchung über die ratio in der Theologie Luthers, Göttingen 1958, die allerdings ihren Akzent auf den *frühen* Luther setzt. Auch wenn bei Lohse noch nicht von unterschiedlichen „Rationalitäten" die Rede ist, verfolgt er doch durchgehend das Ziel, sowohl der Vielfalt als auch der Einheit von Luthers Vernunftverständnis Rechnung zu tragen. Er kommt dabei zu dem Ergebnis, dass Luther bereits seit seiner Römerbriefvorlesung von 1515–16 die (dialektische) Auffassung von der ratio gewonnen habe, die er zeitlebens beibehielt (a. a. O., S. 54). Obwohl mein Aufsatz naturgemäß auf und mit einer viel schmäleren Quellenbasis arbeitet, hat sich mir die These von der Einheitlichkeit von Luthers Vernunftverständnis durchaus bestätigt. Das gilt freilich nur, wenn man zugleich die *innere Differenziertheit* dieses Vernunftverständnisses gebührend berücksichtigt. Vgl. dazu auch *B. A. Gerrish*, Grace and Reason. A Study in the Theology of Luther, Oxford 1962, und *G. Ebeling*, Disputatio de homine, 2. Teil: Die philosophische Definition des Menschen (= Lutherstudien Bd. II), Tübingen 1982, S. 210–307.

1. Überblick über Luthers Aussagen

a) Die Vernunft als Hure

Dass Luther als Verächter und Feind der Vernunft gilt, verdankt er vor allem *einer* sprichwortartigen Redewendung, von der er mindesten 16 mal in seinem schriftlichen Werk Gebrauch gemacht hat. Es ist die Charakterisierung der Vernunft als *Hure*, lateinisch „*meretrix*".[2] Damit ist von ihm immer die *menschliche* Vernunft gemeint, wie sie *unabhängig von Gottes Gnade und vom Glauben des Menschen* tätig ist.[3] Es geht dabei weniger um das Wesen oder die Beschaffenheit der menschlichen Vernunft, als viel mehr um ihr Urteilen, Wirken und Sich-Verhalten.

Überblickt man die unten in Anm. 2 zusammengetragenen Stellen, an denen diese Formulierung vorkommt, so fällt einerseits auf, dass die Kennzeichnung der Vernunft als Hure sich von 1522 bis 1546 durch Luthers Schrifttum und Predigten hindurch zieht. Sie ist also keine sprachliche Äußerung oder Entgleisung, die nur hier und da einmal vorkäme, sondern ein *durchlaufendes thematisches Motiv*.

Andererseits fällt auf, dass das Hurenhafte der Vernunft nicht in ihrem berechnenden (z. B. geldgierigen) Charakter liegt[4], sondern – ganz im Gegenteil – in ihrer *Tollheit* (also Verrücktheit) und Blindheit.[5] Sie ist also nicht clever und hellsichtig, sondern verblendet und getrieben von Gier; deshalb sieht sie auch nichts klar und deutlich. Man kann daraus

[2] Diese Formulierung oder Kennzeichnung der Vernunft taucht in Luthers Schriften an zahlreichen Stellen auf, z. B. in folgenden deutschen und lateinischen Formulierungen:

– „die kluge hure, die naturliche vernunfft (wilcher die heyden gefolgt haben)", indem sie die Familie wegen des damit verbundenen Aufwandes für die Kinder verachtet haben (WA 10/2,295,16);

– „ratio stulta et ceca meretrix est" (WA 11,227,30);

– „Ratio meretrix ceca haec non intelligit, sed praescribit deo dicens, Hoc iustum (1 Mose 22) est, illud non" (WA 14,232,27f.)

– „Ergo Christus plenus scandalis, non culpa sua, sed meretricis rationis, qui dunckel non potest zu frieden, ut se subderet Christo, sed mus sich lassen schinden, ut ipsi fingunt. Christus fehets an, ut stultam faciat rationem et sinat se duci a Christo, et dicit: tu plus nosti, quam ego et angeli omnes comprehendere possunt (WA 20,586,13–17);

– „da las meretricem cum hac questione nicht zu vel actum est" (WA 29,165,5);

– „die tolle Hure, die Vernunfft" (WA 24,428,16 ähnlich WA 14,335,8; WA 16,111,24; WA 17/1,58,32; WA 34/2,44,27);

– „des Teufels Hure kann nur lestern" (WA 18,164,26);

– „die schöne Hure" (WA 46,515,11);

– „Also ist die vernunft von der art und natur ein schedliche hure, aber sie soll mir nicht schaden [...] du schebichte, aussetzige hure, du heilige vernunfft (Matth. 28,19)" (WA 51,126,32; ähnlich WA 51,129,19f. und WA 51,133,36 sowie WA 52,336,5).

[3] In WA 1,283,20f. sagt Luther dasselbe von der voluntas, also vom Willen: „voluntas se sola semper est meretrix

[4] So habe ich diese Texte bis zu meiner aktuellen Beschäftigung mit Luthers diesbezüglichen Aussagen über den Hurencharakter der Vernunft verstanden – nach dem Motto: Für Geld macht sie alles bzw. macht sie bei allem mit. Und auch das wäre ja eine sinnvolle Verwendung dieser Metapher. Aber offenbar setzt Luther den Akzent nicht auf diesen Aspekt.

[5] Die Adjektive, die Luther am häufigsten zusammen mit „toll" auf die „Hure Vernunft" anwendet, lauten: „töricht", „unsinnig", „rasend", „blind"/"caeca", „voll (des süßen Weins)" und „(be)trunken". Das Wortfeld, das zu „toll" gehört und den hurenhaften Charakter der Vernunft beschreibt, ist also durchgehend gekennzeichnet durch einen erheblichen *Mangel* an Einsicht und Urteilsfähigkeit. Das ist als Charakterisierung einer Hure so überraschend, dass es mir als besonders bemerkenswert erscheint. Es passt aber gut zu Luther, der gerne mit solchen „Paradoxa" arbeitet, in dem er z. B. die Vernunft als töricht charakterisiert.

ironisierend folgern: Die Hure Vernunft ist offenbar durch und durch unvernünftig, ganz und gar triebgesteuert. Man könnte auch sagen: Die Vernunft als Hure hat offenbar *den Verstand verloren*. Aber worin liegt und wie äußert sich diese Verrücktheit?

Betrachtet man die zitierten Stellen genauer, so zeigt sich durchgehend, dass die Tollheit der Vernunft darin besteht, sich selbst zum Maßstab für Gott und sein Wirken zu machen. Dabei hat diese Tollheit zwei Seiten: eine negative und eine „positive". Die negative Seite äußert sich darin, dass die Vernunft Gottes souveränes und gnädiges Wirken *verkennt und ablehnt* und deshalb Gott dort nicht findet und erkennt, wo er sich zeigt. Die „positive" Seite zeigt sich darin, dass die Vernunft stattdessen zu wissen meint, wie sie Gott gerecht werden, ihn beeindrucken, ihm gegenüber Ansprüche erheben kann, nämlich durch Leistungen in Form guter Werke. Die Vernunft lebt nicht aus dem Vertrauen auf Gott, sondern aus dem Vertrauen auf sich selbst. Man kann insgesamt im Sinne Luthers sagen: Die Vernunft geht mit Gott um, als sei er bestenfalls ihresgleichen. Sie glaubt von sich aus bestimmen zu können, was für Gott möglich und nicht möglich ist. Mit alledem verfehlt sie das, was Luther in einem Brief an Spalatin einmal kurz und treffend „die summa" nennt: „Wir sollen menschen und nicht Gott sein".[6] Genau das verkennt und verweigert die Hure Vernunft.

Dass die Hure Vernunft an den zitierten Stellen auch ausnahmsweise als „schön", „klug", ja sogar als „heilig" bezeichnet werden kann, sprengt diesen Rahmen nur scheinbar, denn die „Schönheit" ist offenbar der äußere Putz, mit dem sie Kunden bzw. Freier gewinnen will, und die Verwendung der Begriffe „klug" und „heilig" kann nur als eine ironisch gemeinte Bezeichnung für die anmaßende Selbsteinschätzung und -überschätzung der Vernunft – und zwar insbesondere Gott gegenüber – gemeint sein.

Das alles scheint die Eingangsvermutung von dem durch und durch negativen Vernunftverständnis und -verhältnis Luthers nachdrücklich zu bestätigen – wenn das seine einzigen oder auch nur überwiegenden Aussagen zum Thema „Vernunft" wären. Aber dem ist keineswegs so.

b) Schriftzeugnisse und Vernunftgründe als theologische Kriterien

Am Ende seiner berühmten (durch Legendenbildung noch erweiterten) Rede vor Kaiser und Reich, in der Luther am 18. April 1521 auf dem Reichstag zu Worms abschließend zu der Frage Stellung nimmt, ob er bereit sei, seine Schriften (und Lehren) zu *widerrufen*, rekurriert Luther ausdrücklich mit folgenden Worten auch auf die Vernunft: „Wenn ich nicht durch Schriftzeugnisse (testimoniis scripturarum) oder durch einen offensichtlichen (Vernunft-)Grund (ratione evidente) widerlegt werde (denn ich glaube weder dem Papst noch den Konzilien allein, da feststeht, dass sie sowohl öfter geirrt als auch sich selbst widersprochen haben), bin ich überwunden (victus sum) durch die von mir angeführten Schriften. Und da mein Gewissen in den Worten Gottes gefangen ist, kann ich weder noch will ich etwas widerrufen, da es weder sicher noch lauter (neque tutum neque integrum) wäre, gegen das Gewissen zu handeln."[7]

[6] WA Br 5, 415,45.

[7] WA 7,838,4–8: „Nisi convictus fuero testimoniis scripturarum aut ratione evidente (nam neque Papae neque conciliis solis credo, cum constet eos et errasse sepius et sibiipsis contradixisse), victus sum scripturis a me adductis et capta mea conscientia in verbis dei, revocare neque possum nec volo quicquam, cum

Luther nennt in diesem kurzen, entscheidungsträchtigen Text die beiden (theologischen) Kriterien, an denen sich für ihn entscheidet, ob eine (von ihm vertretene) Lehre von ihm widerrufen werden kann und darf oder nicht. Dass er dabei an *erster* Stelle (zweifach) die (Zeugnisse der) Heilige(n) Schrift nennt, überrascht nicht. Implizit setzt er sie mit „den Worten Gottes" gleich, in denen bzw. durch die sein Gewissen gefangen, d.h. überwunden und überzeugt ist.

Überraschender ist aber, dass Luther *daneben* auch die (oder eine) „ratio evidens" als Kriterium nennt. „Ratio" steht hier nicht für das dem Menschen von Gott gegebene „Werkzeug" oder „Organ" seines vernünftigen Denkens und Urteilens, auch nicht für das (oder ein) Vernunftprinzip, das in der Welt herrscht und schon gar nicht für die „Hure Vernunft" mit ihrem angemaßten Wissen von Gott und der Welt (einschließlich sich selbst), sondern für den (vernünftigen) *Grund*, der gegen (oder für) etwas spricht. Dass Luther als Adjektiv für diesen Vernunftgrund „evidens" (also „offensichtlich", „einleuchtend", „überzeugend") verwendet, spricht für die Vermutung, dass er damit auf die als *evident geltenden Axiome* der (traditionellen[8]) Logik anspielt. Das wird auch dadurch bestätigt, dass er – gewissermaßen als Gegenbeispiel – die Tatsache nennt, dass Päpste und Konzilien nicht nur des Öfteren *geirrt*, sondern sich auch *selbst widersprochen* haben. Ein hinreichender Vernunftgrund für einen Widerruf seiner Schriften wäre also ein in ihnen vorkommender *(Sach-)Irrtum* oder der Aufweis der *Selbstwidersprüchlichkeit.* Dabei bezieht Luther diese beiden Kriterien nicht nur auf die Auslegung der Heiligen Schrift, sondern stellt sie – durch ein „aut" deutlich unterschieden – als zwei Kriterien *nebeneinander.* Dass es sich dabei um *negative* Kriterien (Irrtum oder Selbstwiderspruch) handelt, ist, wie sich im folgenden Abschnitt zeigen wird, bei Luther nicht zufällig. Als ein solches negatives Kriterium, das einen widerrufsbedürftigen Selbstwiderspruch oder Irrtum aufweisen kann, bekommt die „ratio evidens" in diesem grundlegenden Text von Luther eine wichtige, ja ausschlaggebende Bedeutung zugesprochen, durch die die Theologie nicht nur auf die Heilige Schrift, sondern auch auf die Regeln des vernünftigen Redens verpflichtet wird. Da fungiert die Vernunft nicht als „tolle Hure", sondern als disziplinierende Lehrerin.

contra conscientiam agere neque tutum neque integrum sit." In seiner knappen Analyse dieses Textes rekurriert *C. Schwöbel*, Verantwortung der Wissenschaft – Verantwortung in der Wissenschaft, in: *Ders.* Christlicher Glaube im Pluralismus. Studien zu einer Theologie der Kultur, Tübingen 2003, S. 399 zwar zu recht auf die Bedeutung des *Gewissens* für Luthers Argumentation vor Kaiser und Reich, er übergeht aber dabei die Rolle, die die Schrift und die Vernunft im Zusammenhang mit Luthers Gewissenbegriff spielen. So deutet sich bei ihm eine vergröberte Entgegensetzung von Gewissen und Vernunft an, die anhand von Luthers eigener Formulierung einer genaueren, differenzierteren Verhältnisbestimmung bedürftig und fähig ist.

[8] Mit dieser Einfügung unterscheide ich mit der Fachwissenschaft die seit der Antike bis ins 19./20. Jahrhundert als gültig angenommenen logischen Axiome (principium identitatis, principium contradictionis, principium rationis sufficientis sowie – aber nicht immer – principium exclusi tertii) von neueren logischen Axiomen wie z. B. denen der Principia mathematica von Whitehead und Russell.

c) Der Widerspruch gegen die Vernunft als Widerspruch gegen Gott

In seiner kurze Zeit später erschienenen Schrift über die Mönchsgelübde von 1521[9] zeigt Luther, dass die Mönchsgelübde abzulehnen und abzuschaffen sind, weil sie allem widersprechen, was für Christen maßgeblich ist: 1.) dem Wort Gottes, 2.) dem Glauben, 3.) der evangelischen Freiheit, 4.) den Geboten Gottes und schließlich 5.) auch der *Vernunft*. In diesem letzten Abschnitt findet sich dann auch die generelle Aussage: „Was dieser Vernunft widerspricht, widerspricht gewiss auch Gott noch viel mehr“[10]. Hierbei scheint eine fraglose Übereinstimmung zwischen Gott und Vernunft – zumindest in negativer Hinsicht – vorausgesetzt zu sein, die mit den Aussagen über die Vernunft als Hure ganz offensichtlich (ebenfalls) kollidiert.

Diese Textstelle (und ihr ganzer argumentativer Kontext) bedarf einer etwas genaueren Betrachtung: Im Unterschied zu den allgemeinen Aussagen Luthers über „die Vernunft“ spricht er hier von „*dieser* Vernunft“ („huic rationi“) so, als sei eine spezifische Form der Vernunft gemeint. Zugleich sagt Luther von dieser Vernunft, dass das, was ihr widerspreche, Gott noch „*viel mehr*“ („multo magis“) widerspreche. Dem einschränkenden „diese“ steht also ein ausweitendes „viel mehr“ gegenüber.

Was Luther damit meint, geht mit einiger Klarheit aus dem Kontext hervor. Er charakterisiert die Vernunft, von der er spricht, als „die natürliche Vernunft, [...] jenes grobe Licht (lumen) der Natur, das, obwohl es das Licht (lucem) und die Werke Gottes von sich aus nicht erreicht, so dass sein Urteil in positiver Hinsicht (wie man sagt) trügerisch, in negativer Hinsicht trotzdem gewiss ist. Denn die Vernunft erfasst nicht, was Gott ist, aber sie erfasst dennoch ganz gewiss, was Gott nicht ist.“[11]

Luther geht hier zunächst von der Unterscheidung aus, die insbesondere für die negative (apophatische) Theologie eine entscheidende Rolle spielt, nämlich die Unterscheidung zwischen dem *Unvermögen* der natürlichen Vernunft zu erfassen, was Gott *ist*, und ihrem *Vermögen* zu erfassen, was Gott *nicht* ist. Letzteres hebt Luther mit dem Superlativ „certissime“ sogar besonders hervor.

Als Beispiele für solche ganz gewissen Aussagen der natürlichen Vernunft nennt Luther einerseits das Jesuswort, dass jedes Reich, das in sich uneinig ist, zerstört werde (Lk 11,17), andererseits (überraschenderweise[12]) das Pauluswort, dass die Natur nicht lehre,

[9] „De votis monasticis Martini Lutheri iudicium“ WA 8,573–669. Der Text wurde vollständig in der Übersetzung von Otto Scheel zusammen mit anderen Luthertexten in dem Band Freiheit und Lebensgestaltung. Ausgewählte Texte, Göttingen, 1983, von *K.-H. zur Mühlen* herausgegeben.

[10] WA 8,629,31f.: „Quod ergo huic rationi evidenter adversatur, certum est et deo multo magis adversari.“

[11] WA 8,629,23–27: „Quinto comparemus institutum istud etiam ad rationem naturalem, hoc est, ad crassum illud lumen naturae, quae tametsi lucem et opera dei non attingat per sese, ita ut in affirmativis (quod aiunt) fallax sit eius iudicium, in negativis tamen est certum. Non enim capit ratio, quid sit deus, certissime tamen capit, quid non sit deus.“

[12] Ich nenne das “überraschend”, weil bei diesem Beispiel auf ein kontingentes Geschmacksurteil rekurriert wird (nämlich die Akzeptanz der Haarlänge der Geschlechter), deren geschichtliche Bedingtheit offensichtlich ist. Paulus, der mit seiner diesbezüglichen Argumentation ins Gedränge kommt, kann schließlich in 1 Kor 11,16 die Diskussion darüber auch nur etwas ruppig abbrechen mit den Worten: „Ist aber jemand unter euch, der Lust hat, darüber zu streiten, so soll er wissen, dass wir diese Sitte nicht haben, die Gemeinden Gottes auch nicht.“ Das ist doch etwas anderes als eine ganz gewisse Vernunfterkenntnis. Siehe zu diesem Thema und Text die ganz unterschiedlich akzentuierten Beiträge von *W. Härle*, „Lehrt euch nicht auch die Natur [...]?“ Was wir von der Natur (nicht) lernen können, in: Wider die Natur, hg. v.

dass eine Frau mit entblößtem Haupt (in der Kirche) reden solle (1 Kor 11,5.13 u.15).[13] Und er verallgemeinert diese Beispiele durch den Hinweis auf Jesu Unterscheidung zwischen der Wahrheit über *Irdisches* und über *Himmlisches* (Joh 3,12), wobei die Letztere die Erstere umfasst und übersteigt. Diese Argumentationsfigur wendet Luther auf die Frage der Mönchsgelübde an und kommt von da aus zu der Aussage, dass das, was dieser natürlichen Vernunft widerstreitet, noch viel mehr Gott widerspricht.

Inwiefern erkennt Luther bei den Mönchsgelübden solche Widersprüche gegen die natürliche Vernunft? Den ersten möglichen Widerspruch erkennt er anhand der Tatsache, dass es Menschen gibt, die ein (Mönchs-)Gelübde gültig vor Gott abgelegt haben, aber dann erkennen, dass es ihnen (aus äußeren oder inneren Gründen) *unmöglich* ist, dieses Gelübde zu halten. Dazu Luther: „Wenn ein Gelübde auch in jeder Hinsicht fromm und recht gewesen ist, hört es, wenn es unerfüllbar geworden ist, trotzdem auf ein Gelübde zu sein und kann auch nicht weiterhin Gott gegenüber binden.“[14] Luther wendet diesen Satz nicht nur auf Fälle an, in denen durch *Widerfahrnisse* wie Tod, Krankheit oder Gefangennahme ein Gelübde nicht (mehr) eingehalten werden kann, sondern auch auf alle Fälle, in denen ein Mensch erkennt, dass er nicht die *Kraft oder Fähigkeit* besitzt, ein abgelegtes Gelübde einzuhalten, und er erläutert das insbesondere anhand der Unfähigkeit zur geschlechtlichen Enthaltsamkeit. Die Pointe dieses Arguments besteht darin, dass die durch die natürliche Vernunft konstatierbare Unmöglichkeit oder Unfähigkeit eines Menschen zum Halten eines Gelübdes eine Tatsache bzw. Wahrheit ist, die auch durch das gegebene Gelübde Gott gegenüber nicht aufgehoben werden kann.[15]

Das zweite Argument, das Luther für diese Auffassung nennt, besteht in dem Verweis auf den möglichen *Dispens* von einem Gelübde durch einen kirchlichen Amtsträger[16], woraus die Freiheit folgt, ein abgelegtes Gelübde zu brechen und den Willen, es zu halten, aufzugeben. In diesem Fall führt also die vernünftige Einsicht des kirchlichen Vorgesetzten zu einer Entscheidung, durch die ein Gott gegebenes Versprechen aufgehoben wird. Was folgt daraus? Luther lehnt alle „Lösungen“ ab, die darin bestehen, Gelübde im Wissen darum, dass sie ohnehin von niemandem vollständig erfüllt werden können, abzulegen, sondern er fordert den *Verzicht* bzw. die *Abschaffung* aller solcher Gelübde, weil sie in anthropologischer Hinsicht eine Überforderung jedes Menschen darstellen, Gott gegenüber unaufrichtig sind und ein Gebot bzw. Werk an die Stelle des Glaubens an das Evangelium setzen. „Es ist die Art der Heiden, nach den Werken zu urteilen, [...] die Art der Christen ist es, nach dem Glauben zu urteilen [...]. Was sollten hier die Mönche tun?

G. Bartram, Heidelberg 2003, S. 63–76 und *E. Herms,* Ordnung und Sitte, in: *Ders.*, In Wahrheit leben. Predigten, Leipzig, 2006, S. 315–336.

13 Luther rekurriert hier also nicht auf die berüchtigte – angeblich paulinische – Aussage aus 1 Kor 14,34f. von der zum Schweigen in der Gemeinde verpflichteten Frau, sondern auf die – tatsächlich paulinische – Aussage, dass die in der Gemeinde redende Frau ihren Kopf, also ihr Haupthaar bedecken solle. Und er verwendet dafür nur die vorsichtige doppelte Negation, derzufolge die Natur *nicht* lehre, dass die Frau mit entblößtem, also *nicht* bedecktem Haupt in der Gemeinde öffentlich reden solle. Dieser Negation kann man zustimmen. Wobei die Frage offen ist, *wodurch* die Vernunft das (nicht) lehrt bzw. wodurch die Vernunft das *Gegenteil* lehren könnte.

14 WA 8,630,4–6: „Votum, etiam si per omnia pium et rectum fuerit, tamen si impossibile factum fuerit, desinit esse votum nec amplius etiam apud deum potest ligare.”

15 Den gelegentlich hiergegen vorgebrachten Einwand, man müsse in solchen Situationen nur Gott um seine Gnade bitten, die er niemandem versage, beurteilt Luther als einen Einwand von albernen und seelsorglich ganz ahnungslosen Menschen („aliqui [...] stolidi et animarum prorsus incurii“ [WA 8,631,4]).

16 WA 8,633,36–636,10.

Hier sollten ihnen endlich die Augen aufgehen und sie werden sehen, dass ihre Gelübde töricht und unmöglich sind".[17]

Die Bedeutung, die Luther hier der natürlichen Vernunft zuspricht, bleibt zwar negativ, weil sie „nur" zu erkennen gibt, was dem Sein und Können des Menschen *widerspricht*, aber weil sie *dies* zu erkennen gibt, deckt sie etwas auf, was auch für Gottesbeziehung von grundlegendem Gewicht ist; denn sie lehrt die Grenzen der von Gott geschaffenen und erhaltenen Wirklichkeit (des Menschen) zu erkennen.

Hier zeigt sich zum zweiten Mal, dass ohne grundlegende Differenzierungen Luthers Verständnis der Vernunft offensichtlich nicht angemessen zu erfassen ist.

d) Die Vernunft als größte, geradezu göttliche Gabe

In Luthers Thesen über den Menschen von 1536[18] finden sich folgende grundsätzlich positiven Aussagen über die menschliche Vernunft:

– Sie ist die edelste Gabe Gottes an den Menschen;[19]
– sie ist geradezu etwas Göttliches[20] und
– das gilt nicht nur vor, sondern auch nach dem Sündenfall.[21]

Aber in dieser Disputation sagt Luther auch, dass „jene allerschönste und ausgezeichnetste Hauptsache, als die die Vernunft, nach dem Sündenfall geblieben ist, dennoch [...] unter der Macht des Teufels" ist.[22] Das ist eine Schlüsselaussage von großer Bedeutung für Luthers Verständnis der Vernunft. Einerseits betont er darin mit allem Nachdruck (mit zwei Superlativen), dass die Vernunft auch nach dem Sündenfall die „allerschönste und ausgezeichnetste Hauptsache" (am Menschen) ist, andererseits konstatiert er als notwendige Schlussfolgerung aus dem Sündenfall, dass diese Vernunft (nun) unter der Macht des Teufels (potestate Diaboli) steht. Das heißt: Der Sündenfall bewirkt *keine* Wesens- oder Qualitätsveränderung der menschlichen Vernunft, aber er begründet ein verändertes *Herrschaftsverhältnis* für sie: Sie steht nun unter dem Diktat und der Herrschaft des Teufels und dient ihm.

Daraus folgert Luther in den anschließenden fünf Thesen der Disputatio de homine, es sei Ausdruck einer *gottlosen* Philosophie, zu sagen,

[17] WA 8,637,18f. und 37f.: „Gentium est secundum opera iudicare, [...] Christianorum est secundum fidem iudicare [...] Quid hic facient monastici? Hic tandem aperient oculos et videbunt stulta et impossibilia esse suae vota."

[18] Disputatio D. Martini Lutheri De homine (WA 39/1,175–177 sowie *M. Luther*, Lateinisch-Deutsche Studienausgabe, Bd.1, hg. v. *W. Härle*, Leipzig ^{2}2016, 663–669 [= LDStA])

[19] „Et sane verum est, quod ratio omnium rerum res et caput et prae ceteris rebus huius vitae optimum [...] sit." (dt. „Und tatsächlich ist es wahr, dass die Vernunft die Hauptsache von allem ist und vor allen übrigen Dingen dieses Lebens das Beste" (LDStA 1,664,7f. und 665,10f.).

[20] „Et divinum quiddam sit" (dt. „und etwas Göttliches ist") (LDStA 1,664,8 und 665,11f.).

[21] „Nec eam Maiestatem Deus post lapsum Adae ademit rationi, sed potius confirmavit" (dt. "Und auch nach dem Fall Adams hat Gott der Vernunft diese Majestät nicht genommen, sondern vielmehr bestätigt." (LDStA 1,664,18f und 665,23f.).

[22] „Quibus stantibus pulcherrima illa et excellentissima res rerum, quanta est ratio post peccatum, relicta sub potestate Diaboli tamen esse concluditur." (LDStA 1,666,16–18 und 667,21–23).

– die natürlichen Fähigkeiten des Menschen seien nach dem Fall unversehrt erhalten geblieben;[23]
– indem der Mensch tue, was in seinen Kräften steht, könne er Gottes Gnade und das Leben verdienen;[24]
– die Vernunft erstrebe inbrünstig das Beste;[25]
– der Mensch besitze das freie Willensvermögen zur Gestaltung der rechten Forderung und des guten Willens[26] sowie
– der Mensch sei in der Lage, zwischen Gut und Böse oder Leben und Tod zu wählen[27].

Nimmt man diese scharfen Negationen mit den vorangegangenen positiven Aussagen zusammen, so könnte der Eindruck entstehen, Luther spreche der menschlichen Vernunft *vor* dem Sündenfall alle diese Fähigkeiten zu. Der Mensch habe sie also dadurch verloren, dass die Vernunft nun unter der Herrschaft des Teufels stehe. Das sagt Luther aber nicht, und das wäre auch ein voreiliger Schluss, wie insbesondere aus der zweiten obigen These (= These 27 der Disputation) hervorgeht: Durch das, was in seinen Kräften steht, kann der Mensch Gottes Gnade und das Leben *nie* verdienen, weder vor noch nach dem Sündenfall. Von daher stellt sich die Aufgabe, genauer zu bestimmen, inwiefern die Fähigkeiten und Möglichkeiten der menschlichen Vernunft durch den Einbruch des Bösen und die Herrschaft des Teufels verändert bzw. beeinträchtigt werden.

e) Altkirchliche Häresien als logische Fehler

In einem überraschenden Gedankengang prüft der ältere Luther in seiner Schrift „Von den Konziliis und Kirchen“ aus dem Jahr 1539[28], das Zustandekommen der christologischen und trinitätstheologischen Häresien, mit denen sich die Alte Kirche in den vier ersten großen Konzilien (325 Nicäa, 381 Konstantinopel, 431 Ephesus und 451 Chalcedon) kritisch auseinandergesetzt hat. Er versucht dabei, den Anliegen derer, die schließlich als Häretiker verurteilt wurden (Arius und Makedonius sowie insbesondere Nestorius und Eutyches), soweit wie möglich anhand ihrer eigenen Schriften gerecht zu werden und kommt zu dem Ergebnis, dass sie teils sprachlich ungeschickt, teils logisch und dialektisch fehlerhaft, in allen Fällen aber unzureichend gebildet waren. So weist Luther wiederholt in ihren Thesen logische Widersprüche nach[29] und zeigt auf, dass sie die ele-

[23] So These 26 (LDStA 1,666,22f. und 667,28–30).

[24] So These 27 (LDStA 1,666,24f. und 667,31f.).

[25] So These 28 (LDStA 1,666,27 und 667,34f.).

[26] So These 29 (LDStA 1,666.,29f. und 667,37f.).

[27] So These 30 (LDStA 1,666,31f. und 667,39f.).

[28] WA 50,508–653 sowie *M. Luther*, Deutsch-Deutsche Studienausgabe Bd. 2, hg. v. *D. Korsch*, Leipzig 2015, S. 527–799 (=DDStA). Ich zitierte Luthers Schrift nach dieser sehr gut gelungenen Übertragung von R. Preul unter dem Titel: „Über die Konzilien und die Kirche“.

[29] So z. B. DDStA 2,631,1–22: „Was sollen wir aber hier zu diesem Konzil der Apostel sagen, wenn Jakobus sich über die vier Punkte Blut, Ersticktes, Götzenopfer und Hurerei auslässt? Widerspricht nicht das Konzil sich selbst, und ist der Heilige Geist mit sich selbst uneins? Denn die Last des Mosegesetzes nicht aufladen und dann doch aufladen – das sind offenbar zwei unvereinbare Reden […]. Wie bringen wir das nun zusammen: kein Gesetz und alle Gesetze? – Nun gut, wir können das nicht zusammenreimen, so müssen wir eben Jakobus mit seinem Artikel fahren lassen und Petrus mit seinem Hauptartikel behalten, dessentwegen dieses Konzil zustande kam.“ Ebenso DDStA 2,667,35–37: „Denn es kann nicht zusammengebracht werden, dass Christus zwei Personen sei und doch derselbe eine Christus bleibe.“ Schließlich

mentarste aller logischen Schlussfolgerungsformen, den sog. Modus (ponendo) ponens[30] nicht beachten und beherzigen. Daher kommt Luther in dieser Schrift zu dem – ebenfalls überraschenden – Ergebnis, dass die christologischen und trinitätstheologischen Häresien schon in (und seit) der Alten Kirche einerseits (vor allem bei Arius und Makedonius) auf dem Nicht-Ernstnehmen der biblischen Aussagen, andererseits (vor allem bei Nestorius und Eutyches) auf elementaren *logischen Fehlschlüssen* beruhen.

Dieser Gedankengang ist aus drei Gründen überraschend:

- weil man ihn bei Luther nicht vermutet und sucht,
- weil er sich in dieser Schrift von ihrer Thematik her nicht nahe legt oder aufdrängt, sondern eher einen Fremdkörper bildet und
- weil man gerade bei der Christologie und Trinitätslehre eher Differenzen, Spannungen oder Widersprüche zwischen Theologie und Logik anzutreffen vermutet, aber nicht umgekehrt die korrekten logischen Schlussformen als Kriterium christologischer und trinitätstheologischer Rechtgläubigkeit.

Aber der ganze mittlere Teil dieser Schrift „Über die Konzilien und die Kirche" vertritt nicht nur punktuell, sondern durchgehend und mit ausführlichen Begründungen die These, die altkirchlichen Häretiker nützten nicht die (von Gott gegebene) natürliche

auch DDStA 2,29–32: „Wer lehrt, dass in Christus zugleich zwei Personen und eine Person oder Natur, zwei Naturen und eine Natur seien, der vertritt einen krassen Widerspruch, ja, jeder, der so etwas lehrt, spricht gegen sich selbst." An einer anderen Stelle wendet Luther das Widerspruchsprinzip allgemein auf die Bibel und auf seine eigenen Schriften an und unterscheidet dabei *scheinbare* Widersprüche, die sich in fast allen Texten aufgrund ungenauer Formulierungen finden, und echte Widersprüche, die die *(Ur-)Sachen* betreffen und vermieden werden müssen: „So findet man in der [Heiligen] Schrift viele Sprüche, die sich nach dem buchstäblichen Wortlaut widersprechen, aber wo die Ursachen ans Licht treten, ist alles in Ordnung. Ich denke, dass auch alle Juristen und Mediziner dergleichen reichlich in ihren Büchern finden [...]. Und die ganze Natur des Menschen, ist sie etwas anderes als widersprüchliches Gerede oder eine zweideutige Antwort, bis man erfährt, wie es um die jeweilige Sache selbst steht. Darum sind meine Opponenten rechte Säue und Esel, schlau und scheinheilig, die sich die bei mir zu findenden Widersprüche zusammenklauben und nach den Ursachen, warum ich dies und das sage, nicht fragen, sie sogar absichtlich verdunkeln, gerade so, als könnte ich nicht auch Widersprüche aus ihren Schriften zusammentragen, ohne sie mit den jeweiligen Ursachen abzustimmen." (DDStA 2,601,12–24)

[30] Der Hinweis auf den fehlerhaft gebrauchten bzw. missachteten M(P)P taucht in dieser Schrift an folgenden Stellen auf: DDStA 2,675,37–41; 677,29–31; 689,7–11; 693,8–12; 695,17–20 sowie zusammenfassend auf S. 731,35–38: „Denn wenn Nestorius und Eutyches auch in der Theologie verdammt sind, so bleibt doch ihre morsche (= fehlerhafte) Dialektik, nach der man das antecedens behauptet und das consequens verweigert, für alle Zeit, vom Anfang bis zum Ende in der Welt." An der ersten hier genannten Stelle definiert Luther den Modus (ponendo) ponens mit folgenden Worten treffend und anschaulich und deutet dessen logische Bedeutung an: „Seine (sc. des Nestorius) Narrheit ist genau diejenige, der man in der Schule vorbeugt, indem man die Regel einschärft: Qui concedit antecedens bonae consequentiae, non potest negare consequens. Auf Deutsch sagen wir so: Ist das Eine wahr, so muss das Andere auch wahr sein; ist das Andere nicht wahr, so ist das Erste auch nicht wahr." (DDStA 2,675,37–41) Eine bona consequentia ist dabei eine nach den Regeln der Logik *gültige* Schlussform. Und sie ist (natürlich) Voraussetzung (auch) für die gültige Anwendung des Modus (ponendo) ponens.

Vernunft als Hilfe zum rechten Verstehen[31], sondern seien ungebildete, schlechte Dialektiker[32], bzw. „Antilogisten, Verächter vernünftigen Denkens".[33]

Ist dies alles gesagt, dann muss dem freilich ein „Aber" hinzugefügt werden; denn auch in dieser Schrift taucht an einigen Stellen *Kritik* an der Vernunft auf. Und wenn diese Stellen auch nicht zahlreich sind, so ist die Kritik doch gravierend und verdient zum Erfassen des Gesamtbildes von Luthers Vernunftverständnis Beachtung. So konstatiert Luther schon am Anfang des Teils, der sich mit den altkirchlichen Konzilien befasst, dass Arius den Glaubensartikel von der wahren Gottheit Jesu Christi „im Namen der Vernunft verfälschen, ändern und sogar verdammen wollte".[34] Das besagt, dass die Häresie sich auf die Vernunft beruft, indem sie bestreitet, dass Jesus Christus Gott dem Vater wesen*gleich* sein könne, da er ja Mensch sei. Die Vernunft opponiert in diesem Fall also gegen die Möglichkeit der Inkarnation Gottes.

In ähnlicher Weise erkennt Luther sowohl bei Nestorius als auch bei Zwingli den Einspruch der Vernunft in entgegengesetzter Richtung: „Denn die Vernunft will hier Meister (wörtlich: klug) sein und nicht dulden, dass Gott sterben oder ein Wesen nach Menschenart haben soll."[35] Von beiden Seiten aus opponiert also die Vernunft gegen die Menschwerdung Gottes.

Schließlich kommt Luther in einer Zusammenfassung seiner Würdigung (und Kritik) der altkirchlichen Konzilien zu dem Ergebnis, dass diese keine andere Aufgabe und Rechtfertigung haben, als dass in ihnen der Heilige Geist gehört wird, der nichts anderes tut, als die Christenheit an den in der Heiligen Schrift bezeugten Jesus Christus zu erinnern. „Diesen soll er uns verherrlichen, wie Christus sagt, nicht aber unsere Vernunft und unseren Eigensinn (wörtlich: „dünkel") preisen und zum Abgott machen."[36] In diesem zusammenfassenden Diktum wird deutlich, dass es erstens einen *generell möglichen Gegensatz* zwischen Jesus Christus und der Vernunft gibt, der nicht Christus sondern den menschlichen Hochmut verherrlichen will, und dass zweitens genau dieser Gegensatz den Tatbestand der Abgötterei bzw. des Götzendienstes erfüllt, also einen Verstoß gegen das Erste Gebot bildet.

[31] So DDStA 2,599,20–23: „Wer eine Rede verstehen will, muss fragen, warum oder aus welchen Gründen sie gehalten wurde. Sic ex causis agendi cognoscitur acta, so werden Handlungen aus Handlungsmotiven verstanden. Das lehrt uns auch die natürliche Vernunft", und DDStA 2,627,40–629,2: „Das wird aber auch die Vernunft für richtig befinden und bekennen, dass die Zehn Gebote oder deren Werk nicht dasselbe sind wie die Gnade Jesu Christi und nicht so genannt werden dürfen, sondern etwas ganz anderes sind und anders genannt werden müssen."

[32] DDStA 2,33–39: „Ein Eutyches könnte albern bemerken: Nein, nicht Peter ist gelehrt, sondern seine Seele. Auf der anderen Seite könnte ein Nestorius etwa sagen: Nein, ich habe deinen Sohn nicht verhauen, sondern seinen Leib. Das hört sich an, als wollte man aus Peter zwei Personen machen oder nur eine Natur übrig behalten, obwohl es doch nicht so gemeint ist. Es ist Unverstand und Unbildung und verrät, dass sie üble Dialektiker waren. Doch ist solcher Unverstand nicht selten in der Welt." In diesem Zusammenhang übt Luther auch rückblickend Selbstkritik daran, dass er in seiner einstigen Dummheit zwar schon 1519 gelehrt habe, dass allein der Glaube ohne die Werke gerecht macht, aber daraus nicht sofort die Konsequenz gezogen habe, „dass Möncherei und Nonnerei als Abgötterei und die Messe als wahrer Gräuel zu bezeichnen seien" (DDStA 2, 691,22f.).

[33] Das sagt Luther DDStA 2,703,22 zwar von den Antinomern der Reformationszeit, die er in dieser Hinsicht aber den „nestorianische(n) und eutychische(n) Dialektiker(n)" gleichstellt.

[34] DDStA 2,605,42–607,1.

[35] DDStA 2,681,30–32 und 680,25–27.

[36] DDStA 2,709,24–26 und 708,20–22.

2. *Sichtung des Sprach- und Problemfeldes*

a) Das Sprachfeld „Vernunft"

Vor uns liegt nun die Aufgabe, die vielfältigen, partiell disparaten und teilweise widersprüchlich wirkenden Aussagen Luthers zu sichten, zu ordnen und auf ihre systematische Kohärenz hin zu befragen. Dabei will ich so vergehen, dass ich zunächst das Sprachfeld sichte, auf dem wir uns bei Luther bewegen, wenn wir nach seinem Verständnis der Vernunft fragen. Wenn die Differenzen sich schon nicht durch situative Anlässe oder lebensgeschichtliche Entwicklungen Luthers erklären lassen, könnte es ja immerhin so sein, dass die unterschiedlichen *Begriffe*, die er verwendet, für die Vielfalt der Aussagen verantwortlich sind. Eine solche Sichtung des Sprachfeldes ist ein aufwendiges Unternehmen und kann im Rahmen eines solchen Aufsatzes nur in ganz elementarer Form vorgenommen werden. Das aber soll immerhin versucht werden. Dabei will ich sowohl auf die lateinischen als auch auf die deutschen Begriffe einen Blick werfen, wenngleich die semantische Präzision der jahrhundertealten lateinischen Begriffe verglichen mit der semantischen Plastizität der sich – nicht zuletzt durch Luther – erst neu formierenden deutschen Sprache vor allzu vorschnellen Gleichsetzungen warnt.

Aus allen sprachlichen Ausdrücken, die Luther verwendet, wenn er sich mit dem Sprachfeld „Vernunft" beschäftigt, ragen *drei* lateinische Begriffe bzw. Begriffsgruppen mit weitem Abstand heraus: an erster Stelle „intellegere/intelligere/intellectus" mit mehr als 10.000 Belegen[37], an zweiter Stelle „ratio" mit mehr als 7.000 Belegen, an dritter Stelle „spiritus" mit knapp 3.000 Belegen. Da sich in der dritten Gruppe viele Stellen finden, die vom „spiritus sanctus" handeln, ist es ratsam, das Sem „spiritus" hier aus unserer Betrachtung herauszuhalten.

Mit deutlichem Abstand seltener verwendet Luther folgende Begriffe: „Geist"[38] (ca. 550 mal), „Erkenntnis" (ca. 360 mal), „cognitio" (ca. 315 mal); „scire" (ca. 315 mal), „Vernunft" (ca. 280 mal), „Wissen" (ca. 250 mal) , „mens" (ca. 215 mal), „Verstand" (ca. 165 mal) und „animus" (ca. 160 mal).

Das lateinisch-deutsche Begriffspaar ratio/Vernunft ragt insofern in inhaltlicher Hinsicht aus diesem ganzen Begriffsfeld heraus, als sich in ihm die oben aufgewiesenen Spannungen am deutlichsten erkennen und zeigen lassen. So ist es charakteristisch, dass Luther *niemals* den menschlichen Geist, den Verstand oder das Wissen als „Hure" bezeichnet, sondern dies ausschließlich von der ratio/Vernunft sagt. Ebenso verwendet er zur Bezeichnung der höchsten, dem Menschen von Gott verliehenen Gabe ganz überwiegend die Begriffe ratio/Vernunft. In diesem lateinisch-deutschen Begriff(spaar) stoßen also die unterschiedlichen und widersprüchlich wirkenden Aussagen am deutlichsten und härtesten aufeinander. Deswegen gilt es nun nachzufragen, in welcher Hinsicht die ratio/Vernunft *beides* sein kann: blinde, törichte, Gott verkennende und missachtende Hure *und* höchste, geradezu göttliche Gabe an den Menschen, die als solche auch ver-

[37] Dem Register der WA zufolge kommt in Luthers Schriften im Zusammenhang mit dieser Wortfamilie (ebenso wie im Zusammenhang mit „Verstand") die Kennzeichnung als „Hure"/"meretrix" *nicht* vor. Diese Kennzeichnung scheint ein Spezifikum von „Vernunft"/"ratio" zu sein.

[38] Auch hierunter befinden sich zahlreiche Stellen, die vom heiligen Geist handeln. Deshalb sollen auch sie hier von der weiteren Untersuchung ausgeschlossen werden.

bindliches Kriterium für die Erkenntnis der Wahrheit (und die Bewahrung vor Irrtum und Irrlehre) sein kann.

b) Die Ambivalenz von „ratio"/ "Vernunft"

Es wäre nahe liegend (und richtig), aber nicht weiterführend (und klärend), wenn man sagte: Die durch Gottes Gnade erleuchtete und geleitete Vernunft sei Gottes edelste Gabe an den Menschen auch nach dem Fall, die im Dienst des Teufels stehende, verblendete Vernunft sei hingegen Anleitung zur Lüge, Werkzeug des Widerspruchs gegen Gott und Verführerin zur Abgötterei und zur Selbstvergötzung. Wie gesagt: Das wäre nicht falsch, sondern dem Ergebnis nach durchaus zutreffend, es würde jedoch nicht weiterführen und nichts klären, weil es lediglich etwas behauptet, aber nichts erklärt. Luther *argumentiert* denn auch nicht so, sondern *konstatiert* dies nur gelegentlich.[39]

Aber Luther erklärt diese grundlegende Ambivalenz der Vernunft m.W. überhaupt nicht in einem zusammenhängenden Gedanken- oder Argumentationsgang, sondern setzt sie (fast überall) voraus und macht einfach von ihr Gebrauch. Deshalb muss man, wenn man die Ambivalenz der Vernunft bei Luther verstehen will, aus diesem *Gebrauch zurückschließen* auf die in ihm vorausgesetzte Ambivalenz. Dazu ist es nötig oder jedenfalls hilfreich nachzufragen, in welchen *Betätigungsformen* die Vernunft bei Luther als edle Gottesgabe und in welchen sie als Verführerin zur Abgötterei und Selbstvergötzung oder als deren Manifestation wirkt; wann sie also der *Wahrheit* dient und wann sie zum *Irrtum* oder zur *Lüge* führt und verführt.

Eine *heuristische Hilfe* dazu ist Luthers Unterscheidung zwischen den „inferiora", also den Dingen, die „unter uns" sind und uns zur eigenständigen Entscheidung, Gestaltung, Herrschaft und Bewahrung übertragen sind einerseits, und den „superiora", also den Dingen, die „über uns" sind, weil sie unser Verhältnis zu Gott betreffen und darum unserer Verfügungsgewalt entzogen sind.[40] Zu den „inferiora" zählt Luther dabei „essen, trinken, zeugen, regieren"[41] sowie" sein „Vermögen und seinen Besitz" gebrauchen[42]. Und selbst die Befähigung „zu guten Werken oder zur Gerechtigkeit des bürgerlichen und sittlichen Gesetzes"[43] billigt Luther zumindest potentiell dem freien Wahlvermögen des Menschen zu. Dementsprechend finden sich bei Luther zahlreiche Aussagen über die Befähigung der natürlichen Vernunft zur moralischen und politischen Gestaltung des Gemeinwesens und des zwischenmenschlichen Lebens, die nicht auf die christliche Existenz beschränkt ist. Die vorbildliche politische Gestaltung und Verwaltung des Staatswesens durch die Türken ist dabei eines seiner bekanntesten Beispiele.[44] Freilich, um das

[39] So z. B. in der Disputatio de homine (s. o. Abschn. 1 d).

[40] Mit dieser Unterscheidung arbeitet Luther vor allem in De servo arbitrio, um Erasmus gegenüber deutlich zu machen, *in welchen Hinsichten* der Mensch ein freies Wahlvermögen („arbitrium") hat und in welchen nicht (so LDStA 1, 296f., 370f. und 642–645). Diese Unterscheidung hat Luther nicht erst zum Zweck der Auseinandersetzung mit Erasmus eingeführt, sondern er verwendet sie bereits in seiner Römerbriefvorlesung von 1516, s. WA 56,385,15–22).

[41] LDStA 1,567,30f.

[42] LDStA 1,297,29.

[43] LDStA 1,607,41f.

[44] Siehe WA 39/1,248,9f.: „Sic hodie Turcis dat regnum quia bene civiliter regnant, conservant pacem, puniunt sontes." Vgl auch WA 6,318,26–28; WA 12,331,6–11 und WA 27,418,2–6.

eigentliche Ziel des Staates als Regierweise Gottes zur Linken zu erkennen, bedarf es des *Glaubens an Gott*. Das kennt die Vernunft nicht aus sich selbst.[45]

Aber so sehr das alles Luthers Überzeugung hinsichtlich der Leistungsfähigkeit der menschlichen Vernunft wiedergibt, so wenig kann diese Leistungsfähigkeit im Sinne Luthers darauf *beschränkt* werden. Das haben insbesondere die Abschnitte über die Mönchsgelübde und über die altkirchlichen Glaubensbekenntnisse[46] gezeigt. In beiden Fällen handelt es sich unübersehbar um „superiora", nämlich um Gott gegebene Gelübde und um die zentralen theologischen Aussagen über den dreieinigen Gott. Aber gerade an der letztgenannten Stelle tauchten das Lob der (logisch und dialektisch operierenden) Vernunft und die Kritik an der eigenmächtigen, die Menschwerdung Gottes in Jesus Christus in Frage stellenden, Vernunft *eng nebeneinander* auf. Deshalb sind diese Passagen besonders gut geeignet, um den Unterschied zwischen der Vernunft als göttlicher Gabe und teuflischer Verführungsmacht herauszuarbeiten.

Die Vernunft als edelste Gottesgabe wird von Luther dort gepriesen, wo sie dazu gebraucht wird, die menschliche *Willkür* des Denkens und Urteilens zu *domestizieren*, die *Wirklichkeit* zu *erkennen*, wie sie ist, und dabei insbesondere den *kategorialen Unterschied* zwischen Gott und Mensch zu respektieren. Ich möchte sogar behaupten, dass dies Dritte das entscheidende Moment ist, in dem die beiden anderen (die Domestizierung der Willkür und die Erkenntnis der Wirklichkeit) konvergieren und zu ihrem Ziel kommen.

Von da aus lässt sich dann auch im Sinne Luthers sagen, wo die anthropologische und hamartiologische Wurzel der Verführbarkeit und Verführungskraft der menschlichen ratio/Vernunft liegt: in dem Bestreben des natürlichen Menschen, *Gott* nicht (als Gott) anzuerkennen, sondern *selbst* Gott sein zu wollen.[47] Dieser aberwitzige Vertauschungsversuch äußert sich darin, dass das Geschöpf Mensch in die Rolle des Schöpfers zu schlüpfen versucht und Gott als seinen Erfüllungsgehilfen gebrauchen will.[48] Damit wird die Vernunft zur Quelle der Selbstvergötzung und des Aberglaubens, da sie Gott an *ihren eigenen* Vorstellungen von „möglich" und „unmöglich" sowie „gut" und „böse" misst.[49] Dass die Vernunft dabei faktisch den Verstand verliert, ist keine maßlose oder anmaßende Übertreibung, sondern die geradezu unvermeidliche Beschreibung dessen, was sich

[45] So WA 11,274,23–27 und WA 40/3,203,23–27.

[46] Siehe oben Abschn. 1 c und e.

[47] „Der Mensch kann von Natur aus nicht wollen, dass Gott Gott sei, vielmehr wollte er, er selbst wäre Gott und Gott wäre nicht Gott" (WA 1, 225,1f.). Diese Beobachtung oder Behauptung ist bei Luther vermutlich der Verführung des Menschen im Paradies abgelauscht, dem: „Ihr werdet sein wie Gott" (Gen 3,5). Dem kann der Mensch von Natur aus anscheinend nicht oder jedenfalls nur schwer widerstehen. Eine unerwartete Unterstützung für diese Auffassung bekommt Luther durch Nietzsche, wenn es im ‚Zarathustra' heißt: „Ihr Freunde: *wenn* es Götter gäbe, wie hielte ich's aus, kein Gott zu sein! *Also* giebt es keine Götter" in: *F. Nietzsche*, Sämtliche Werke. Kritische Gesamtausgabe in 15 Bänden, hrsg. *G. Colli und M. Montinari*, Bd. 4, 1980, S. 110.

[48] Es handelt sich also nicht nur um eine Vertauschung von Gott und Mensch, sondern – mit Augustinus gesprochen – zugleich um eine Vertauschung oder Verwechslung von „uti" und „frui", also von „Benutzen" und „Sich-Hingeben".

[49] „Derhalben ists nuetz und not solche Exempel [wie Isaaks Opferung] zu beschreiben, das nicht die vernunfft Gott meistere und yhm sagen wolle, was er thun odder nicht thun solt, Solchs muessen wir offt sagen, weil es so offt angezeigt wird, das wir sehen, wie die gantze schrifft darauff dringet, wiewol es dennoch nichts geholffen hat." (WA 24,449,11–15)

einstellt, wenn Gott und Mensch verwechselt werden. Das ist der – sich immer wieder neu ereignende – Sündenfall der menschlichen ratio/Vernunft.[50]

Aber so wenig aufgrund des Sündenfalls Gott überhaupt sein Geschöpf *fallen lässt* oder ihm die Bestimmung zur Gottebenbildlichkeit und Gottesgemeinschaft in Zeit und Ewigkeit *entzieht*, so wenig geschieht dies Luther zufolge mit der menschlichen ratio/Vernunft. Sie bleibt Gottes edle Gabe an den Menschen auch noch im Modus ihres katastrophalen *Missbrauchs*. Und wo dieser Missbrauch durch Gottes Gnade und seinen Geist von einem Menschen erkannt und in ihm überwunden wird, da tritt die ratio/Vernunft wieder in die ihr ursprünglich zugedachte disziplinierende und Gottes Gottsein respektierende Funktion ein.

[50] Siehe dazu *C. Schwöbel*, Die Wahrheit des Glaubens im religiös-weltanschaulichen Pluralismus (1996), in: *Ders.*, Christlicher Glaube im Pluralismus. Studien zu einer Theologie der Kultur, Tübingen 2003, S. 42 sowie *Ders.* Du sollst keine anderen Götter haben neben mir. Zur Aktualität des Problems des Götzendienstes in der postmodernen Gesellschaft (2006), in: *Ders.*, Gott im Gespräch. Theologische Studien zur Gegenwartsdeutung, Tübingen 2011, S. 366–378.

Volker Leppin

THEOLOGIE UND PHILOSOPHIE IN LUTHERS DISPUTATIONEN DE HOMINE UND ÜBER JOH 1,14 VERBUM CARO FACTUM EST

Im Jahre 1533 erhielt die Wittenberger Theologische Fakultät neue Statuten. Sie zeigen den eleganten Versuch, Traditionelles zu wahren und doch zugleich behutsam den neuen Bedingungen anzupassen. Als besonders charakteristisch wird man die Beschreibung des Grades des *sententiarius* hervorheben können. Dieser heiße noch nach dem Lombarden so. Da der aber in der Lehre von Rechtfertigung und Sakramenten erheblich von der reinen Lehre des Evangeliums abweiche, sei es nun Aufgabe des Sententiarius, über die Psalmen und die Propheten zu lesen[1]. So wie hier die Geltung alter Einrichtungen unter neuen Bedingungen bestätigt werden musste, geschah dies auch für die Disputationen: Niemand sollte zum Doktorat zugelassen werden, wenn er nicht zuvor seine Disputationsfähigkeit öffentlich unter Beweis gestellt hatte[2]. Zudem sollten die Professoren der Fakultät vierteljährlich Disputationen veranstalten[3]. Damit war ein Rahmen geschaffen, um erneut in Rede und Gegenrede theologische Probleme zu bewältigen. Es stellte sich aber nun auch verschärft die Frage, wie sich angesichts einer solchen aus der aristotelisch geformten Universitätswissenschaft des Mittelalters herrührenden Form das Verhältnis von Theologie und Philosophie, allgemeiner von Glauben und Vernunft, bestimmen lassen sollte[4]. Hierzu nutzte Luther zwei hervorgehobene, nachgerade berühmte Disputationen: die Disputation *De homine* im Jahr 1536 und die über Joh 1,14 drei Jahre später.

Disputatio de homine

Die *Disputatio de homine* ist aufgrund der monumentalen Studie von Gerhard Ebeling wohl das am besten erforschte Werk Martin Luthers[5]. Die folgenden Überlegungen werden daher nicht den Anspruch erheben können, entscheidend Neues hierzu beitragen zu können. Es kann nur darum gehen, an der einen oder anderen Stelle auf die Möglichkeit hinzuweisen, die Akzente etwas anders zu setzen, als Ebeling dies getan hat[6]. Dies betrifft zum einen eine stärkere Beziehung der *Disputatio de homine* auf die in der Einleitung

[1] Urkundenbuch der Universität Wittenberg. Teil 1 (1502–1611), bearb. v. *W. Friedensburg*, Magdeburg 1926 (Geschichtsquellen der Provinz Sachsen und des Freistaates Anhalt. NR 3), 156 (Nr. 171).

[2] Urkundenbuch der Universität Wittenberg 156 (Nr. 171).

[3] Urkundenbuch der Universität Wittenberg 155 (Nr. 171).

[4] Insofern ist die Problemstellung, der Luther sich gegenüber sah, noch einmal eine andere als in der Phase der antischolastischen Konstruktion seiner Theologie, die durch die Arbeiten von *B. Lohse*, Ratio und Fides. Eine Untersuchung über die ratio in der Theologie Luthers, Göttingen 1958 (FKDG 8), und *Th. Dieter*, Der junge Luther und Aristoteles. Eine historisch-systematische Untersuchung zum Verhältnis von Theologie und Philosophie, Berlin 2001, umfassend erschlossen ist.

[5] *G. Ebeling*, Lutherstudien, Bd. 2, 1–3: Disputatio de homine, Tübingen 1977. 1982. 1989.

[6] Vgl. allerdings die scharfe, durchaus in vielem treffende Kritik an Ebelings Opus magnum bei *G. White*, Luther as Nominalist. A study on the Logical Methods used in Martin Luther's disputations in the Light of their Medieval Background, Helsinki 1994 (Schriften der Luther-Agricola-Gesellschaft 30), 60-81.

angesprochenen Fragen der sich wieder etablierenden Universitätsstruktur, zum anderen den Aufweis der recht hohen Kontinuität der hier von Luther formulierten Auffassungen bis zurück in seine frühen Anfänge.

Die Herausgeber der Weimarer Ausgabe waren sich hinsichtlich der Datierung der Disputation noch unsicher[7]. Mittlerweile wird man aber den 14. Januar 1536 als gesichert annehmen dürfen[8]. Er ist durch die Überschrift „*Argumenta contra disputationem D. D. M. L. de sententia Pauli ad Ro. 3: Arbitramur hominem iustificari fide absque operibus, instututa 14. Ianuarii 1536*“ über eine Teilmitschrift der Disputation belegt[9]. Die diesbezügliche Unsicherheit beruhte darauf, dass sich das variierende Zitat aus Röm 3,28 zwar unbestreitbar in These 32 der *disputatio de homine* findet, der Inhalt aber noch besser zur *Disputatio de iustificatione* zu passen scheint, so dass erwogen wurde, diese auf den 14. Januar 1536 zu datieren und der *Disputatio de homine* einen etwas späteren Termin zuzuordnen[10]. Mittlerweile steht aber aufgrund der handschriftlichen Überlieferung[11] für die *Disputatio de iustificatione* fest, dass sie als Promotionsdisputation[12] am 10. Oktober 1536 abgehalten wurde, so dass es keinen Grund gibt, die Angabe 14. Januar 1536 für die *Disputatio de homine* zu bestreiten. In welchem Kontext die Disputation allerdings stand, lässt sich nicht mehr erschließen, da die Überlieferung erst auffällig spät einsetzt: Der erste gedruckte Beleg ist der zweite Band der Wittenberger Ausgabe, wo die Disputation als Nachtrag zum ersten Band erscheint[13]. Ein Hintergrund für diese schlechte Überlieferungslage kann darin liegen, dass die Situation für eine Disputation denkbar ungünstig war: Im Juli 1535 war die Universität wegen der in Wittenberg grassierenden Pest nach Jena verlegt worden und blieb dort bis zum 5. März 1536[14]. Luther war wie schon bei dem ersten pestbedingten Auszug 1527/28[15] in Wittenberg geblieben, und offenbar blieb wenigstens in der Theologie an der Elbe auch ein minimaler Fakultätsbetrieb aufrechterhalten. So wurden am 11. September 1535 Hieronymus Weller und Nikolaus Medler promoviert[16] – unter etwas geänderten Bedingungen: Da die meisten Kollegen in der Ferne weilten, teilte Luther Zeit und Ort der Disputation brieflich und nicht wie sonst üblich per Thesenanschlag mit[17]. Eine solche Änderung der Form war für die *Disputatio de homine* nicht einmal nötig, da sich auch Bugenhagen, Cruciger und Justus Jonas – also zusammen mit Luther die gesamte Theologische Fakultät – zum Zeitpunkt ihrer Abhaltung in Wittenberg befanden[18]. Von dem Ablauf gibt eine Aufzeichnung einen Eindruck, die jedenfalls für ei-

[7] WA 39/I,174.

[8] S. *Ebeling*, Lutherstudien 2,1,6.

[9] WA 39/I,177 Anm. 1.

[10] WA 39/I, 80. 174.

[11] S. WA 39/II, 426 zu 39/I,84,1; sowie Martin Luther, Studienausgabe, hg. v. *H.-U. Delius*, Bd. 5, Berlin 1992, 153 Anm. 42.

[12] Die Disputation zur Promotion von Jakob Schenk und Philipp Motz unter dem Vorsitz Martin Luthers ist im Dekanatsbuch der Fakultät erwähnt (s. WA.B 12,441,15–17).

[13] Luther, Studienausgabe 5,126.

[14] *H. Koch*, Geschichte der Stadt Jena, Jena u.a. 1996, 88; vgl. Urkundenbuch der Universität Wittenberg 167 Nr. 188.

[15] Urkundenbuch 159 Nr. 155.

[16] Dekanatsbuch (WA.B 12,441,6–13); vgl. die Promotionsdisputation in WA 39/I, 35–39.

[17] Luther an Melanchthon, 29. August 1535 (WA.B 7,244 [Nr. 2231,1–6]).

[18] Dies geht aus dem Scheiben Melanchthons an Justus Jonas vom 15. Januar 1536 hervor, in welchem er Grüße Philipps von Hessen an Jonas selbst, Luther, Cruciger und Bugenhagen ausrichtet (CR 3,11 [Nr.

nige Thesen das Wechselspiel von Einwänden und Antworten zeigt und so dem Verlauf einer tatsächlichen Disputation entspricht[19]. Gleichwohl steht die historische Bedeutung des Ereignisses der Disputation selbst in einem eigenartigen Missverhältnis zu dem enormen theologischen Gewicht, das ihr Gerhard Ebeling zugeschrieben hat: Es handelte sich nach allem, was man sagen kann, um eine Veranstaltung im kleinen Kreis, ohne den festlichen Rahmen einer Promotionsdisputation, und eine weiterreichende Rezeption hatte erst nach Luthers Tod überhaupt eine nennenswerte Grundlage.

Die Disputation erfolgte noch vor der über die Rechtfertigung. Ihr Kontext ist mithin nicht eine nachholende Erklärung von in dieser enthaltenen Überlegungen, sondern sie hat in sich einen durchaus programmatischen Charakter, auf den auch die gelegentlich beobachtete Parallelität im Aufbau zur Heidelberger Disputation hinweist[20]. Wie diese ist auch die *Disputatio de homine* von zwei deutlich unterschiedenen Thesenreihen geprägt: einer aus der Theologie und einer aus der Philosophie. Allerdings ist die Reihenfolge gegenüber Heidelberg umgekehrt: Erst kommen neunzehn Sätze, die die Philosophie in sich beschreiben, dann einundzwanzig, die die theologische Einordnung bieten.

Als expliziten Anschluss an die Heidelberger Disputation – und sogar noch über diese hinausreichend an die Disputation gegen die scholastische Theologie vom 4. September 1517[21] – kann man die These 29 sehen, in welcher Luther die Auffassung bestritt, im Menschen sei ein *liberum arbitrium* erhalten, das dem Menschen die Möglichkeit gebe, seinen Willen auf das Gute auszurichten[22]. Diese Auffassung hatte er bereits vehement in Heidelberg vertreten[23], und sie wurde ihm nun zu einem zentralen Instrument der Auseinandersetzung mit dem Gebrauch der Philosophie in der Theologie.

Die These stand im Kontext der insgesamt mit der Heidelberger Disputation vergleichbaren Invektiven gegen Aristoteles: Wie Luther in Heidelberg das Theologietreiben mit Aristoteles verurteilt hatte, kritisierte er nun die, die Aristoteles, der von dem theologisch bestimmten Menschen nichts wisse, in die Theologie einführten und so auf unfromme Weise gegen die Theologie Philosophie trieben[24].

Der Anspruch aber, den Luther nun erhob, reichte weiter: Die Heidelberger Disputation hatte bekanntlich einer genaueren Fassung des Theologieverständnisses gegolten und den *theologus crucis* vom *theologus gloriae* unterschieden[25]. Die Thesen aus der Philosophie dienten vor allem der Schärfung dieses theologischen Reformbemühens, ohne dass

1388]; MBW 1688). Dass diese vier die aktuelle Besetzung der Theologischen Fakultät ausmachten, geht aus dem Schreiben der Universität an den Kurfürsten aus der Zeit nach dem April 1535 hervor (Urkundenbuch der Universität Wittenberg 162 [Nr. 184]).

[19] Luther, Disputatio de homine (WA 39/I,177–180).

[20] Luther, Studienausgabe 127.

[21] S., etwa die Thesen 5–7: „5. Falsitas est quod appetitus liber potest in utrunque oppositorum, immo nec liber sed captivus est. Contra communem. 6. Falsitas est quod voluntas possit se conformare dictamini recto naturaliter. contra Sco. Gab. 7. Sed necessario elicit actum difformem et malum sine gratia dei." (WA 1,224,15–19).

[22] Luther, Disputatio de homine 29 (WA 39/I,176,26–28); zum Hintergrund in der Heidelberger Disputation vgl. *Ebeling*, Lutherstudien 2/3,352.

[23] Vgl. die berühmte Aussage in These 13: "Liberum arbitrium post peccatum res est de solo titulo" (WA 1,354,5).

[24] Luther, Disputatio de homine 28 (These 26 fortführend): „Item, qui Aristotelem (nihil de Theologico homine scientem) inducunt, quod ratio deprecetur ad optima" (WA 39/I,176,24f).

[25] S. v.a. die These 21: „Theologus gloriae dicit malum bonum et bonum malum, Theologus crucis dicit id quod res est" (WA 1,354,21f).

Luther seinen Gestaltungswillen auf die *artes* ausgedehnt hätte. Eben dies ändert sich nun aber in der *Disputatio de homine*: Die These 5 überschreitet den rein epistemologischen Horizont der Verhältnisbestimmung von Vernunft und Glauben ganz erheblich und wirft den Blick auf die Struktur der mittelalterlichen und frühneuzeitlichen Universität, wenn die *ratio* als Begründerin und Leiterin aller *artes*, der Medizin und der Jurisprudenz genannt wird[26]. Sie besitzt damit eine Leitfunktion für die drei neben der Theologie verbleibenden Fakultäten[27]. Der Theologie wird damit eine klare Sonderposition innerhalb des Gefüges universitärer Wissenschaften zugesprochen, und es legt sich nahe, dies auf die Restitution der Universität in den Jahren 1535/36 zu beziehen: Im April fand eine Korrespondenz zwischen dem Kurfürsten und der Universität zur Planung der Fundation der Akademie statt, deren unhinterfragte Voraussetzung der Erhalt der Universität in ihrer mittelalterlichen Fakultätenstruktur war: Das auf finanzielle Auskünfte ausgerichtete Schreiben der Universität listete in Antwort auf ein Schreiben vom 14. April 1534 – in absteigender Reihenfolge ihrer Bedeutung – die „*Legenten in theologia*", „*in jure*, „*in medicina*" und „*in artibus* auf[28]. Dem folgte dann auch die Fundationsurkunde, die nach der Rückkehr der Universität nach Wittenberg am 5. Mai 1536 erlassen wurde[29]. Für den vorliegenden Zusammenhang besonders bemerkenswert ist hier der Satz, wonach „die facultet der artisten der ursprunk und stam ist und den anfang gibt zu allen andern obgemelten faculteten und kunsten"[30]. Diese Zuordnung drückt den sehr klassischen Zusammenhang der Fakultäten aus, den jedenfalls der Sache nach die *Disputatio de homine* nicht nahelegte.

Dem in der Fundationsurkunde in traditioneller Weise angedeuteten Ursprungscharakter der *artes* für die anderen Wissenschaften stand in der *Disputatio de homine* vielmehr eine Zuordnung entgegen, nach der die Philosophie jedenfalls hinsichtlich der Kenntnisse vom Menschen als außerordentlich unzulänglich und im Verhältnis zur Theologie nahezu unwissend erklärt wurde[31]. Das hierin erscheinende Verhältnis der Grade der Erkenntnisse macht weniger den Eindruck einer Propädeutik als einer Korrektur der Philo-

[26] *Luther*, Disputatio de homine 5 (WA 39/I,175,11–13).

[27] Vgl. *Ebeling*, Lutherstudien 2/2,197f.

[28] Schreiben der Universität Wittenberg nach dem 14. April 1535 (Urkundenbuch der Universität Wittenberg 162f [Nr. 184]).

[29] In welches Spannungsfeld Luther mit seinen Äußerungen hineingeriet beziehungsweise sich wohl bewusst einbrachte, zeigt der Umstand, dass derselbe Melanchthon, der während der Disputatio de homine nicht anwesend sein konnte, noch im selben Jahr seine berühmte Oratio de philosophia hielt, in welcher er vor einer unbelehrten Theologie warnte und erklärte: „Cum igitur tantum habet mali inerudita Theologia, facile iudicari potest, Ecclesiae opus esse multis magnis artibus. Nam ad iudicandum, et ad recte et dilucide explicandas res intricatas et obscuras, non satis est nosse haec vulgaria praecepta Grammatices et Dialectices, sed opus est multiplici doctrina; multa enim assumenda est ex Physicis, multa ex Philosophia morali conferenda sunt ad doctrinam Christianam." (CR 11,280; vgl. hierzu *H. Scheible*, Aristoteles und die Wittenberger Universitätsreform. Zum Quellenwert von Lutherbriefen, in: *M. Beyer/G. Wartenbrg* [Hg.], Humanismus und Wittenberger Reformation. FS Helmar Junghans, Leipzig 1996, 123–144, 143). Erst das Miteinander dieser Rede mit Luthers Disputation lässt das volle Bild der Debatten in Wittenberg 1536 erkennen: Melanchthon votierte wohl gerade angesichts der von Luthers Thesen ausgehenden Gefahr einer Entgegensetzung von Theologie und Philosophie für das klassische gestufte Modell, das letztere als unabdingbare Voraussetzung der ersteren ansah.

[30] *Johann Friedrich von Sachsen*, Fundationsurkunde der Universität Wittenberg vom 5. Mai 1536 (Urkundenbuch der Universität Wittenberg 177 [Nr. 193]).

[31] *Luther*, Disputatio de homine 11: „Ideo si comparetur Philosophia seu ratio ipsa ad Theologiam, apparebit nos de homine paene nihil scire" (WA 39/I,175,24f).

sophie durch die Theologie, weil die Philosophie letztlich nicht über die Grundlagen ihrer Erkenntnisse Bescheid weiß[32]. So kommt allein der Theologie die Fähigkeit zu, den Menschen aus der Fülle der Weisheit zu definieren[33].

Die letztgenannte Formulierung macht zugleich auch deutlich, wo sich Luther in eine schon im Mittelalter präsente Tradition der Kritik an einer rein szientistischen Konstruktion akademischer Theologie stellte. Die Vorstellung, dass die Theologie den Kriterien der aristotelischen Wissenschaftsdefinition entsprechen müsse, war ja auch innermittelalterlich keineswegs selbstverständlich[34]; etwa bei Wilhelm von Ockham konnten Anfang des vierzehnten Jahrhunderts Konzepte entstehen, welche die klassische Abfolge der Fakultäten wohl nicht auf den Kopf, aber doch die umfassende Notwendigkeit der *artes* erheblich in Frage stellten[35]. Der Impuls für eine Infragestellung des Verständnisses von Theologie als einer Wissenschaft im aristotelischen Sinne aber kam immer wieder von der beim Lombarden in Sent III d. 35 c. 1 Nr. 3 überlieferte Definition der Theologie als *sapientia* aus Augustins *De Trinitate XIV* c. 1:

„Aber nach der Unterscheidung des Apostels, aufgrund deren er gesagt hat: ‚Einigen wird die Rede der Weisheit gegeben, anderen die Rede der Wissenschaft', muss jene Definition so aufgeteilt werden, dass die Erkenntnis der göttlichen Dinge streng genommen Weisheit genannt wird, die Erkenntnis der menschlichen aber streng genommen den Namen der Wissenschaft verdient. Und freilich weise ich dieser Wissenschaft nicht schlechterdings alles, was vom Menschen in menschlichen Belangen gewusst werden kann – worauf sich unnütze Eitelkeit und schädliche Neugier der meisten richten – zu, sondern jenes allein, wodurch der überaus heilbringende Glaube, der zur wahren Seligkeit führt, bewirkt, genährt, geschützt und gestärkt wird. Eines nämlich ist es, bloß zu wissen, was der Mensch wissen muss, um das selige Leben zu erlangen. Ein anderes ist es, zu wissen, auf welche Weise eben dies den Frommen hilft und gegen die Gottlosen verteidigt wird – das wird mit dem eigenen Wort Wissenschaft benannt"[36]

Luther setzte diesen Impetus der Kritik an einer Orientierung der Theologie am aristotelischen Wissenschaftsverständnis nun in einer eigenen Weise um und zog die Konsequenz einer radikalen Begrenztheit aller aristotelisch formierten Wissenschaften – *artes* wie Jura und Medizin – im Angesicht der aus der Fülle der Weisheit lehrenden Theologie. Das Modell der Zuordnung von Theologie und *ratio*-orientierter Philosophie war somit ein klar hierarchisiertes.

32 *Luther*, Disputatio de homine 17: „Nec spes est, hominem in hac praecipua parte sese posse cognoscere quid sit, donec in fonte ipso, qui Deus est, sese viderit" (WA 39/I,175,36f).

33 *Luther*, Disputatio de homine 20: „Theologia vero de plenitude sapientiae suae Hominem totum et perfectum definit" (WA 39/I,176,5f).

34 S. zu den Debatten über den Wissenschaftscharakter der Theologie nach wie vor grundlegend *U. Köpf*, Die Anfänge der theologischen Wissenschaftstheorie im 13. Jahrhundert, Tübingen 1974 (BHTh 49), 125–154.

35 S. hierzu *V. Leppin*, Geglaubte Wahrheit. Das Theologieverständnis Wilhelms von Ockham, Göttingen 1995 (FKDG 63), 101–109.

36 *P. Lombardus*, Sententiae in IV libris distinctae, Bd. 2, Grottaferrata: Collegium Sancti Bonacenturae 1981 (Spicilegium Bonaventurianum 4), 198, 25–199, 11: „Verum iuxta distinctionem Apostoli, qua dixit: Alii datur sermo sapientiae, alii sermo scientiae, illa definitio dividenda est: ut rerum divinarum cognitio sapientia proprie nuncupetur, humanarum vero cognitio proprie scientiae nomen obtineat. Neque vero quidquid sciri ab homine potest in rebus humanis, ubi plurimum supervacuae vanitatis et noxiae curiositatis est, huic scientiae tribuo, sed illud tantum quo fides saluberrima, quae ad veram beatitudinem ducit, gignitur, defenditur, roboratur; qua scientia non pollent fideles plurimi, quamvis polleant ipsa fide plurimum. Aliud est enim scire tantummodo quid homo credere debeat propter adipiscendam vitam beatam; aliud est scire quomodo hoc ipsum et piis opituletur et contra impios defendatur: quae proprio vocabulo appellatur scientia."; vgl. mit einem gegenüber der bei dem Lombarden zitierten Fassung leicht variierenden Text CChr.SL 50 A, 423, 52–424, 67.

Die Hierarchie freilich beließ auch den so als niedere Erkenntnisformen definierten philosophischen Erkenntnissen ihren Platz. Dies ist der Hintergrund für die an den Rand des Widerspruchs grenzenden Aussagen über die Vernunft: Einerseits ist sie nach These 4 die „Sache und das Haupt aller Sachen" und „etwas gewissermaßen Göttliches"[37] und behält diese Würde nach These 9 auch nach dem Fall[38]. Andererseits aber blieb sie nach dem Fall, wie die in den theologischen Bereich fallende These 24 darlegte, unter der Sünde[39]. Diese These hat, wie die Mitschrift der Disputation zeigt, mehrfache Nachfrage erregt: Zwei Argumente sollten beweisen, dass die Vernunft nicht ganz und gar dem Teufel unterworfen sei: Zum einen wäre es sonst unmöglich, Gutes zu tun, wozu doch der Mensch verpflichtet sei[40], zum anderen vermöge die Vernunft in Verbindung mit dem Willen die schönsten Tugenden zu bewirken[41]. Hierauf erfolgte von dem Respondens[42] die Antwort:

„Der Teufel regiert auch in den besten Tugenden. Die Philosophie ist die Klugheit des Fleisches, feindlich gegenüber Gott. Das ist das Lob der Philosophie. Der theologisch bestimmte Mensch steht außerhalb der Herrschaft des Teufels. Aber der Mensch im bürgerlichen Bereich hat gewisse Tugenden, ist jedoch nicht frei vom Teufel."[43]

Damit wird die Abwertung der Philosophie und mit ihr der Vernunft noch weiter getrieben als in der Thesenreihe selbst. Insofern die Philosophie als Feindin Gottes erscheint, kann auch ihr Regiment über die Dinge nur als innerweltliches Regiment verstanden werden[44] – ebenso wie ihre geradezu göttliche Stellung sich in ihr Gegenteil verkehrt, wenn sie in der beschriebenen Weise mit dem Teufel zusammengeführt wird. So wenig Luther ihr im Blick auf die weltlichen Wissenschaften die Bedeutung bestreitet, so sehr verkehrt sich doch alles Positive in sein Gegenteil, wenn die Vernunft sich selbst beziehungsweise dem postlapsarischen Stand des Menschen überlassen bleibt.

Die in der Disputation reich gestreuten Hinweise auf den Teufel[45] untermauern die Ambivalenz der königlichen Stellung der Vernunft. Eine Wertschätzung der Vernunft durch Luther mit Zitaten aus der *Disputatio de homine* illustrieren zu wollen[46], unterschätzt diese hochkomplexe Redeweise des Reformators und die Kontextualität solcher thetischen Sätze, wie sie sich in einer Disputation finden: Die innerweltliche Göttlichkeit der

[37] *Luther*, Disputatio de homine 4: „Et sane verum est, quod ratio omnium rerum res et caput et prae ceteris rebus huius vitae optimum et divinum quiddam sit" (WA 39/I,175,9f).

[38] *Luther*, Disputatio de homine 9: „Nec eam Maiestatem Deus post lapsum Adae ademit rationi, sed potius confirmavit" (WA 39/I,175,20f).

[39] *Luther*, Disputatio de homine 24: „Quibus stantibus pulcherrima illa et excellentissima res rerum, quanta est ratio post peccatum, relicta sub potestate diaboli, tamen esse concluditur" (WA 39/I,176,14–16). Zu diesen an Widersprüchlichkeit grenzenden Aussagen s. *Ebeling*, Lutherstudien 2/3,215f.

[40] *Luther*, Disputatio de homine ad 24 (WA 39/I,179,8f).

[41] *Luther*, Disputatio de homine 24 (WA 39/I,180,27f).

[42] Vermutlich handelt es sich hierbei nicht um Luther: In WA 39/I,179,3 wird ausdrücklich „D. M. Lutherus" in der Position des Respondenten genannt, was *Ebeling*, Lutherstudien 2/1 Anm. 24, wohl zu Recht so deutet, dass nur hier er selbst eingegriffen habe.

[43] *Luther*, Disputatio de homine ad 24 (WA 39/I,180,29–32): „Diabolus regnat in optimis etiam virtutibus. Philosophia est prudentia carnis inimica Deo. Haec est laus philosophiae. Homo theologicus est extra regnum diaboli, sed politicus habet quidem virtutes, sed non liber est a diabolo."

[44] Vgl. *Ebeling*, Lutherstudien 2/3,216.

[45] *Luther*, Disputatio de homine (WA 39/I, 178,7.9. 27. 29; 179,1. 8f.; 180,28f. 31f).

[46] S. etwa *P.E. Metzger*, La raison chez Luther, in: Études théologiques et religieuses 69 (1994), 491–513, 507.

Vernunft, deren Manifestation, die Philosophie[47], zugleich Gott feindlich ist, kann gerade nicht einfach als Ausdruck eines positiven Gottesverhältnisses gelesen werden. Sie drückt vielmehr die in bestimmten Bereichen geltende, zugleich aber in ihrer gegen Gott gewendeten Ausrichtung grundverkehrte Herrschaftsstellung der Vernunft aus.

Der in dieser Ambivalenz mit aufgehobenen grundsätzlich kritischen Perspektive auf die Vernunft entspricht auch die Transformation einzelner philosophischer Theoreme, die Luther in der *Disputatio de homine* vornimmt. Als entscheidenden Punkt greift Luther sich hier das Vierursachen-Schema heraus, das für die mittelalterliche Realitätsanalyse eine herausragende Stellung hatte. An dieser Stelle zeigt sich ein eigenartiges Zusammenspiel zwischen den Thesen selbst und ihrer Disputation: These 11 erklärt, dass die Philosophie, verglichen mit der Theologie, vom Menschen beinahe nichts wisse[48]. Hierauf reagiert der Opponens mit dem Einwand, dass die Philosophie die Lehre von den vier Ursachen überliefert habe und folglich über ein vollkommenes Wissen vom Menschen verfüge[49]. Setzt man voraus, dass der Opponens beim Formulieren dieses Einwandes in der üblichen Weise schon die vollständige Thesenreihe kannte, so erscheint dies weniger als ein gewichtiger Einwand gegen das Argument denn als eine rhetorisch ausgerichtete Vorlage für die folgenden Thesen: These 12 erklärt, dass die Menschen ihre Materialursache kaum sähen, These 13 und 14 bestreitet eine völlige Erkenntnis der Final- und der Wirkursache, These 15f schließlich erklärt, dass die Philosophen unter sich in der Frage der Finalursache uneins seien[50]. Wiederum zeigt die Disputation, worauf der eigentliche Akzent der Argumentation lag: Der Opponens erklärte, dass die Philosophen durchaus die Wirkursache erkennten, da sie ja nach Röm 1,21 Gott erkennen. Dem hielt der Respondens entgegen, dass die bloße Erkenntnis der faktischen Existenz Gottes noch nicht bedeutete, ihn als Schöpfer zu erkennen, dass mithin die bloße Erkenntnis Gottes als des unbewegten Bewegers[51] gerade nicht im Vollsinne die Wirkursache des Menschen zur Geltung bringe[52].

Die Kritik an der Ursachenerkenntnis der Philosophie bildete aber nur die eine Seite einer umfassend angelegten Transformation der aristotelischen Ontologie. Diese nämlich wurde nun in den Thesen 35-38 in Gestalt einer Eschatologisierung des Materie-Forma-Schemas vorgenommen[53]: Der Mensch dieses Lebens ist hiernach „*pura materia Dei ad futurae formae suae vitam*" (These 35)[54]. Eine Anwendung der biblischen Eschatologie auf aristotelische Daseinsanalyse war nicht völlig unvertraut: Auch Thomas von Aquin hatte sie in gewisser Weise vorgenommen, indem er die aristotelische Entelechie eschatolo-

[47] Zur Zusammengehörigkeit beider s. *Luther*, Disputatio de homine 1: "Philosophia seu ratio" (WA 39/I,175,24); vgl. auch *Ebeling*, Lutherstudien 2/2,195.

[48] *Luther*, Disputatio de homine 11: „Ideo si comparetur Philosophia seu ratio ipsa ad Theologiam, apparebit nos de homine paene nihil scire" (WA 39/I,175,24f).

[49] *Luther*, Disputatio de homine ad 11 (WA 39/I,179,26f).

[50] *Luther*, Disputatio de homine 12–16 (WA 39/I,175,26–35).

[51] S. die Anspielung hierauf *Luther*, Disputatio de homine ad 11 (WA 39/I,179,30).

[52] *Luther*, Disputatio de homine ad 13 et 14 (WA 39/I,177,16–26).

[53] *Luther*, Disputatio de homine 35–38 (WA 39/I,177,3–10).

[54] Treffend ist die theologische Charakterisierung dieser These durch *Ebeling*, Lutherstudien 2/3,489.

gisch umdeutete[55]. Die Radikalität aber, in der Luther nun das irdische Dasein zur *materia* erklärte, überschritt den scholastischen Diskurs.

Das heißt allerdings nicht, dass Luther sich hier ganz gegen die mittelalterliche Tradition gestellt hätte. Diese bestand nicht nur aus der aristotelisch orientierten Scholastik, sondern bekanntlich hatte für Luther eine weit größere positive Bedeutung die mystische Theologie[56]. Tatsächlich wurde bislang übersehen, dass die weit reichende These 35 sich sehr unmittelbar Luthers Auseinandersetzung mit Johannes Tauler verdankt. Als er ungefähr 1515 dessen Predigten las und annotierte[57], richtete er in der von ihm benutzten Ausgabe – dem Augsburger Druck von 1508[58] – auf die 45. Predigt besondere Aufmerksamkeit, in der Tauler den großen Fischzug nach Lk 5,1–11 auslegte[59]. Die Ausfahrt an die Stelle, an der das Meer tief ist, deutete Tauler auf den geistlichen Weg des Menschen und die ihm widerfahrenden Bedrängnisse. Die Erlösung hieraus aber schilderte er im Bild der Gottesgeburt in der Seele:

„In der warhait bleybestu da bey. die geburt ist nahe, vnnd sol in dir geboren werden. Vnnd wißse auf mich. das nymmer kain gedrenge in dem menschen auff steet gott wölle nach dem ain new geburtt in ym ernewen Vnd wisse welch sach dir das gedrenge oder druck benimmet oder gestillet oder lößet, das sich das selb gebiret in dich. und des ist die geburt“[60]

Zu dieser Stelle schrieb Luther in seinen Randbemerkungen:

„So wie die Materie, wenn sie zu leiden beginnt, in eine andere Form überführt zu werden beginnt und wenn sie da dem Handelnden widerstrebt, wohl die vorherige [Form] verlangt und doch auch die folgende nicht erlangt, so verhält es sich auch hier, weil wir Materie Gottes (materia Dei) und Ton sind“[61]

Der Mensch als *materia Dei* erscheint also bereits in diesen sehr frühen Überlegungen und verbindet sich mit mystischen *forma*-Vorstellungen: unter Berufung auf Dionysios Ps.-Areopagita[62] spricht Tauler von einem „gotformigen menschen“[63]. Hierzu führte er aus:

[55] Vgl. hierzu *V. Leppin*, Thomas von Aquin, Münster 2009 (Zugänge zum Denken des Mittelalters 5), 64–67.

[56] S. hierzu *B. Hamm/V. Leppin* (Hg.), Gottes Nähe unmittelbar erfahren. Mystik im Mittelalter und bei Martin Luther, Tübingen 2007 (Spätmittelalter und Reformation. Neue Reihe 36); *V. Leppin*, Die fremde Reformation. Luthers mystische Wurzeln, Münschen 2016.

[57] S. hierzu *H. Otto*, Vor- und frühreformatorische Tauler-Rezeption. Annotationen in Drucken des späten 15. und frühen 17. Jahrhunderts, Gütersloh 2003 (QFRG 75), 183–214.

[58] Sermones: des hoch | geleerten in gnaden erleüchten do | ctoris Johannis Thaulerii sannt | dominici ordens die da weißend | auff den nächesten waren weg im | gaist zů wanderen durch überswe | bendenn syn. Von latein in teütsch | gewendt manchem menschenn zů | säliger fruchtbarkaitt, Augsburg: Hans Otmar 1508.

[59] Die Zuordnung der Perikope ist an dieser Stelle durch die Überlieferung durcheinander geraten. Die Ausgabe gibt als Bibelvers, auf den sich die Predigt bezieht, an: „Ascendens iesus in nauiculam transfretuit etc.“ (Tauler, Sermones 110v). Das wäre Mt 9,1 und damit der Beginn der Erzählung der Heilung eines Gelähmten. Tatsächlich referiert Tauler aber inhaltlich die Erzählung vom großen Fischzug Lk 5,1ff, in welcher der Satz: „Ascendens autem in unam navem quae erat Simonis“ fällt (Lk 5,3; vgl. *Tauler*, Sermones 110v: „IN disem euangelio von der wochen vnnd von der zeit lißt man vnder andern wortten das vnser herre gieng in ain schiflein, das was Symonis“).

[60] *Tauler*, Sermones 111v.

[61] *Luther*, Randbemerkungen zu Tauler (WA 9,103,12–15): „Sicut quando materia incipit pati, ad aliam formam incipit duci, qua si resistat agenti et priorem amittit et sequentem non consequitur: ita hic, quia nos sumus materia dei et lutum“.

[62] Das Wort θεοειδές begegnet in der Tat häufiger bei Ps.-Dionysios (s. z.B. De coel hier. 3 [1], in: Corpus Dionysicaum. Bd. 2, hg. v. *G. Heil* und *A.M. Ritter*, Berlin u.a. ²2012 [PTS 67], 17,4); vgl. zur Be-

„alles das in jm ist das wirtt in ainer überwesenlicher weiße. durchgossen vnd geformett. das gott diß menschen werck wircket. vnnd diß haißt woll ein gotformig mensche"[64]

Beide Stellen markieren auch die Differenz des mystischen Autors des 14. Jahrhunderts zum reifen Luther: Was bei Tauler als präsentisches mystisches Geschehen geschildert wird, zeichnet Luther wie oben erwähnt in einen eschatologischen Geschehensbogen ein. Bemerkenswert aber ist, dass Luther offenbar den provokanten Gedanken einer Umdeutung des aristotelischen *materia-forma*-Schemas schon sehr früh im Zusammenhang seiner Tauler-Lektüre entwickelt hat. Die erkennbare Alternative zur aristotelischen Philosophie ist also, auch in ihrer reifen reformatorischen Gestalt der *Disputatio de homine* zu Teilen Erbe der innermittelalterlichen Spannungen und Polaritäten, aus denen heraus sich das Geschehen der Reformation verstehen lässt[65].

Die Disputation über Joh 1,14 Verbum caro factum est

Lässt sich die *Disputatio de homine* zu Teilen vor dem Hintergrund der Neuformierung der Universität im Zusammenhang der Ausstattung durch die kurfürstliche Fundationsurkunde erklären, so stellt die zweite gewichtige Disputation zum Thema Vernunft und Glaube, die Disputation über Joh 1,14 vom 11. Januar 1539[66], eine Folge der durch die Fundationsurkunde begründeten Reorganisation der Wittenberger Universität dar: Am 5. September 1538 legte eine akademische Kommission einen Bericht über diverse Mängel der Universität, unter anderem im Disputationswesen, vor[67]. Sie vermerkte unter anderem, dass Luther sich bereit erklärt habe zu disputieren „wenn er kann und mag", er hierzu aber „als der senior soll nicht verbunden sein"[68]. Die zu erfüllende Pflicht war schon in der Fundationsurkunde bestimmt, wonach – ganz entsprechend den oben erwähnten Statuten der Theologischen Fakultät – „in den dreien hohen faculteten alle virtail jar ainmal disputirt" werden sollte[69]. Die Erfüllung eben dieser Pflicht erfolgte nun also erstmals nach der Berichtsvorlage durch Luther. Allein schon dies gab auch dieser Disputation einen programmatischen Charakter, der sich an den Ausführungen über Theologie und Philosophie beziehungsweise Glaube und Vernunft ablesen lässt[70].

griffsgeschichte des darauf beruhenenden deiformis *D. Metz*, Gabriel Biel und die Mystik, in: *U. Köpf/S. Lorenz* (Hg.), Gabriel Biel und die Brüder vom gemeinsamen Leben. Beiträge aus Anlaß des 500. Todestages des Tübinger Theologen, Stuttgart 1998 (Contubernium 47), 55–91, 77f. Anm. 138.

[63] *Tauler*, Sermones 111^{r}.

[64] *Tauler*, Sermones 112^{v}; zur Aufnahme des Gegenübers von opera hominum und opus Dei bei Luther im Zusammenhang der Annotierung derselben Predigt s. WA 9,103,15f.

[65] Vgl. hierzu *V. Leppin*, Die Wittenberger Reformation und der Prozess der Transformation kultureller zu institutionellen Polaritäten, in ders., Transformationen. Studien zu den Wandlungsprozessen in Theologie und Frömmigkeit zwischen Spätmittelalter und Reformation, Tübingen 2015, 31–68.

[66] Zum Datum s. WA 39/2,2.

[67] Urkundenbuch der Universität Wittenberg 1,192–200 (Nr. 209).

[68] Urkundenbuch der Universität Wittenberg 195 (Nr. 209); vgl. WA 39/2,1.

[69] Urkundenbuch der Universität Wittenberg 177 (Nr. 193).

[70] Dieser Bezug auf die Universitätsstruktur ist besonders deutlich in der Praefatio erkennbar, die zumindest nach der sehr ausführlichen Münchener Handschrift damit einsetzt, dass Luther auf die unterschiedlichen Erkenntnisbereiche in Theologie, Recht und Medizin verweist (*Luther*, Disputation über Joh 1,14 [WA 39/2,6,7–10]).

Hatte die *Disputatio de homine* noch eine gewisse Ambivalenz hinsichtlich der Wertung der Erkenntnisse der Philosophie an den Tag gelegt, dergestalt dass Luther ihr einerseits die Leitung aller nichttheologischen Disziplinen zugestand, andererseits aber sie als Ganze dem Teufel untertan sah, so versuchte er nun in der neuerlichen Disputation eine Lösung dieser Ambivalenz in einem Modell, das seinerseits bewusst die Grenzen der aristotelischen Vernunft überschritt. Zu den Grundüberzeugungen der Scholastik gehörte, dass eine doppelte Wahrheit ausgeschlossen sei. Den signifikantesten Ausdruck hatte dieser Überzeugung die Verurteilung der konsequenten Aristoteliker durch den Pariser Bischof Etienne Tempier im Jahre 1277 gegeben[71]. Genau auf diese Verurteilung reagierte Luther nun in These 4: „Die Sorbonne, die Mutter der Irrtümer, hat auf übelste Weise festgelegt, dass in der Philosophie und der Theologie dasselbe wahr sei"[72]. Er hielt dieser Auffassung entgegen: „In unterschiedlichen Kompetenzbereichen ist nicht dasselbe wahr." [73] In seiner Praefatio erklärte er den Kampf gegen die Auffassung der Pariser Theologen zu seinem Hauptanliegen[74]: Es könne nicht in allen Erkenntnisbereichen dasselbe wahr sein, denn Glauben und Verstehen seien streng unterschieden[75]. Den Grund hierfür bestimmte er nicht epistemologisch, sondern strikt theologisch, „weil Gott nicht der Vernunft und den Syllogismen unterworfen ist, sondern dem Wort Gottes und dem Glauben"[76].

Wie brisant diese Fragestellungen im Zusammenhang der Wittenberger Universität waren, zeigt sich daran, dass sich im Zuge der Disputation auch der damalige Dekan der *artes*-Fakultät Veit Amerbach zu Worte meldete und die Konsequenz aus Luthers Thesen zog, dass sie das Prinzip vom ausgeschlossenen Widerspruch bestritten. Er trug vor:

[71] S. Aufklärung im Mittelalter? Die Verurteilung von 1277. Das Dokument des Bischofs von Paris, hg. v. *K. Flasch*, Mainz 1989 (excerpta classica 6). Dass die konsequenten Aristoteliker, die bei dieser Lehrverurteilung im Blick waren (zum Begriff s. *V. Leppin*, Theologie im Mittelalter, Leipzig 2007 [KiE I/11], 120), eine solche Lehre nicht vertraten, ist mittlerweile Gemeingut der Forschung (s. *F. van Steenberghen*, Une légende tenace. La théorie de la double vérité, in: Académie royale de Belgique: Bulletin de la classe des lettres et des sciences morales et politiques. 5e série 56 (1970), 179–196; *L. Hödl*, „[…] sie reden als ob es zwei gegensätzliche Wahrheiten gäbe". Legende und Wirklichkeit der mittelalterlichen Theorie von der doppelten Wahrheit, in: *J.P.Beckmann* u.a. [Hg.], Philosophie im Mittelalter. Entwicklungslinien und Paradigmen. FS Kluxen, Hamburg 1987, 225–243).

[72] *Luther*, Disputation über Joh 1,14 4(WA 39/2,3,7f): „sorbona, mater errorum, pessime definivit, idem esse verum in philosophia et theologia".

[73] *Luther*, Disputation über Joh 1,14 1 (WA 39/2,3,2f): „idem non est verum in diversis professionibus".

[74] Wenn *B. Hägglund*, Theologie und Philosophie bei Luther und in der occamistischen Tradition. Luthers Stellung zur Theorie von der doppelten Wahrheit, Lund 1955 (Lunds Universitets Årsskrift. N.F.I,51,4), 50, erklärt: „Man hat angenommen, Luthers Disputation sei gegen die Pariser Theologen gerichtet", so ist dies recht schwach formuliert: Luther selbst erklärt ausdrücklich, dass er sich gegen diese wende!

[75] *Luther*, Disputation über Joh 1,14 Praefatio (WA 39/2,7,25–27). Man kann dies, um dem Problem der „doppelten Wahrheit" zu entgehen, als „Relativität der Wahrheit" deuten (*A. Schmidt*, Die Christologie in Martin Luthers späten Disputationen, St. Ottilien 1990 [Dissertationen. Theologische Reihe 41], 219) – allerdings nur dann, wenn man deutlich macht, dass eine solche Relativität asymmetrisch verteilt ist: Relativ ist für Luther die philosophische Wahrheit, nicht aber die theologische.

[76] *Luther*, Disputation über Joh 1,14 Praefatio (WA 39/2,8,4f): „quod Deus non sit subietus rationi et syllogismis, sed verbo Dei et Fidei." Zu unterschiedlichen Realitätsbereichen als Grund für unterschiedliche Wahrheitsgeltungen s. *White*, Luther as nominalist, 138.

„Wahr und falsch stehen miteinander in Widerspruch. Also widerstreiten Philosophie und Theologie einander, weil Ihr sagt: Eines ist wahr in der Theologie, ein anderes in der Philosophie“ [77]

Luther entgegnete nun mit dem Argument der Äquivokation[78]. Zugespitzt meinte er damit, dass der Gottesbegriff der Philosophie ein anderer sei als in der Theologie[79]. Den Versuch, eine erkenntnistheoretische Problematik vermittels einer theologisch orientierten Ontologie zu klären, vermittelte er also, seiner spätmittelalterlichen Ausbildung in der *Via moderna* entsprechend, sprachphilosophisch[80]. Tatsächlich ist der Gedanke der Äquivokation, konsequent durchgeführt, in der Lage, Widersprüche als Scheinwidersprüche offenzulegen[81].

Allerdings ging Luthers Bemühen faktisch noch weiter, denn er bestritt auch im Grundsatz die Geltung der Gesetze der Syllogistik für die Gotteslehre, namentlich für die Trinität. Unter den verschiedenen Beispielen, die die Thesenreihe hierzu nennt, sei eines herausgegriffen. In These 18f führte Luther folgenden Fehlschluss vor, dessen Prämissen wahr sind und dennoch zu einer falschen *conclusio* führen:

„Das ganze göttliche Wesen ist Vater
Der Sohn ist göttliches Wesen
Also ist der Sohn der Vater“[82]

Diese Thesen riefen in der Disputation selbst ein bemerkenswert geringes Echo hervor, und das Argument, das zu den trinitätstheologischen Beweisführungen vorgetragen wurde, wiederholte eigentlich nur das von Luther schon selbst in den Thesen ausgesprochene Dilemma: dass nämlich nach den syllogistischen Regeln aus zwei richtigen Prämissen, die einander korrekt (als Prädikationen von einem gemeinsamen Subjekt) zugeordnet werden, eine korrekte Schlussfolgerung zu ziehen sei[83]. Ein weiteres Argument scheint auch eher die mit der Philosophie gegebene Gefahr der Häresie zu illustrieren als ernsthaft gegen die Argumentation vorzugehen: *substantia* und *essentia* seien identisch. „Also gibt es drei Substanzen. Also gibt es drei Wesenheiten und nicht eine“[84]. Luther

[77] *Luther*, Disp. über Joh 1,14 Argument 9 (WA 39/2,16,29–31, nach der Helmstedter Handschrift): „Verum et falsum inter se sunt contraria. Ergo philosophia et theologia pugnant inter se, quia vos dicitis: Aliud verum in theologia, aliud in philosophia.“

[78] *Luther*, Disp. über Joh 1,14 Argument 9 Responsio (WA 39/2,16,34; nach der Helmstedter Handschrift).

[79] *Luther*, Disp. über Joh 1,14 Argument 9 Responsio (WA 39/2,16,9–11; nach der Münchner Handschrift).

[80] Selbstverständlich gibt es in der scholastischen Theologie, zumal der Via moderna, auch eine reiche Tradition des kritischen Umgangs mit Aristoteles und der Vernunft (am Beispiel Ockhams s. *V. Leppin*, Gotteslehre und Logik bei Wilhelm von Ockham, in: *D. Perler/U. Rudolph* [Hg.], Logik und Theologie. Das Organon im arabischen und im lateinischen Mittelalter, Leiden/Boston 2005 [STGMA 84], 429–445), von dem ganz eigenen Wirklichkeitszugang der Mystik ganz zu schweigen. Dass die „Synthese von Vernunft und Glaube [...] die gesamte Wissenschaft des Mittelalters leitete“ (*F. Beißer*, Luthers Urteil über die „Vernunft“, in: Theologische Beiträge 15 [1994] 150–162, 152f), ist mithin eine erhebliche Vereinfachung.

[81] Vgl. zu dieser Lösung bei Luther *Hägglund*, Philosophie und Theologie, 92.

[82] *Luther*, Disputation über Joh 1,14 18 (WA 39/2,4,18f): „Omnis essentia divina est pater. Filius est essentia divina. Ergo filius est pater.“ Die Korrektheit der Prämissen bei Falschheit der Schlussfolgerung stellt dann These 19 fest (ebd. Z. 30f).

[83] *Luther*, Disputation über Joh 1,14 Argument 5 (WA 39/2,12,11–20).

[84] *Luther*, Disputation über Joh 1,14 Argument 32 (WA 39/2,30,9f).

nutzte diese Vorlage, um die altkirchlichen Grundlagen der Trinitätslehre in Erinnerung zu rufen und zu unterstreichen, dass die Philosophie hier nichts zu suchen habe[85].

So sehr gerade dieser Gesprächsgang die Brisanz der Debatte unterstrich – neu waren die ausgetauschten Argumente nicht. Das Problem der Alogizität der Trinität war in den scholastischen Debatten durchaus bekannt, und exakt das Argument mit dem Wesen Gottes begegnete auch schon im Sentenzenkommentar Wilhelms von Ockham[86]. Es handelte sich also um ein Problem, mit dem man gelernt hatte umzugehen – und in seiner Summe der Logik hatte Ockham sogar schon den Weg vorgeprägt, den Luther selbst zur Lösung der Gesamtfrage von Philosophie und Theologie vorschlug: Der Fehlschluss entstehe aus einer falschen Supposition, also einem falschen Bezug der Bedeutung auf das Bedeutete[87].

Die Verbindung dieser Überlegungen mit der offensiven Aufnahme des Gedankens einer möglichen doppelten Wahrheit aber gab den Überlegungen des Reformators ein höheres Maß an Schärfe und Prinzipialisierung, die bis dahin reichte, dass er forderte, die Theologie müsse eine andere Dialektik entwerfen als die in den *artes* gültige[88]. Bezieht man die theologische Disputation wiederum auf ihren Entstehungskontext, so stellte Luther damit das in den vergangenen Jahren an seiner Universität wieder etablierte System der vier Fakultäten grundlegend in Frage: Wenn die Theologie ihrer eigenen Dialektik bedurfte, war die Frage zu stellen, ob der künftige Theologe tatsächlich weiterhin zwingend die *artes*-Fakultät zu besuchen hatte. Diese radikale Konsequenz seiner Theorie der zwei Wahrheiten hat Luther nicht gezogen, aber sie schwang in seinen Äußerungen je-

[85] *Luther*, Disputation über Joh 1,14 Argument 32 (WA 39/2,30,11–19). Zu Recht fasst *Schmidt*, Christologie, 223, zusammen: „Die Begrenzung der formalen Logik auf eine bestimmte Materie kann aber doch wohl nichts anderes bedeuten als die Bestreitung ihrer Universalität".

[86] *Ockham*, Sent I Prol. Q. 7 (Guilelmi de Ockham Opera Theologia. Bd. 1, hg. v. *Gedeon Gál*, St. Bonaventure 1967, 202,1–10); vgl. zu ähnlichen Argumenten bei Ockham selbst und auch bei Duns Scotus *Leppin*, Geglaubte Wahrheit, 239–243. Auf den Hintergrund von Luthers Aussage bei Ockham verweist – wenn auch anhand des Ockham nicht mit Sicherheit zuzuschreibenden Centiloquium (zur fraglichen Autorschaft Ockhams s. Guilelmi de Ockham Opera Philosophica. Bd. 9, hg. v. *E.M. Buytaert* u.a., St. Bonaventura/N.Y. 1988, 19*–23*; *H. Junghans*, Ockham im Lichte der neueren Forschung, Berlin/Hamburg 1968 [AGTL 21], 67–74) – *K. Heim*, Zur Geschichte des Satzes von der doppelten Wahrheit, in: *F. Traub* (Hg.), Studien zur systematischen Theologie. FS Theodor von Haering, Tübingen 1918, 1–16, 15; ebenso *Hägglund*, Theologie und Philosophie, 48, unter Verweis auf Pierre d'Ailly. Symptomatisch für die gelegentlich fragwürdigen Versuche, Luther von dem Vorwurf, eine solche Theorie der doppelten Wahrheit vertreten zu haben, freizusprechen, ist *Hägglund*, Theologie und Philosophie, 18, der zu These 36 der Disputation über Joh 1,14 (WA 39/2,5,27f: „Denique aliquid est verum in una parte philosophiae, quod tamen falsum est in alia parte philosophiae") erklärt, der Schluss gehe „[i]n dieser zugespitzten Form […] sichtlich zu weit", um dann unter Verweis auf die Fragwürdigkeit der Argumente zu erklären, „die eigentliche Absicht des Arguments" sei „völlig klar", nämlich der Aufweis der Verschiedenheit unterschiedlicher Sachverhalte und der für sie geltenden Kategorien, Definitionen und Urteile. Nun ist es unbestreitbar, dass Luther eine solche Verschiedenheit lehrt, aber er tut dies eben in Bestreitung des Ausschlusses einer doppelten Wahrheit und in expliziter Behauptung von unterschiedlichen wahr-falsch-Prädikationen zwischen Philosophie und Theologie wie auch innerhalb der Philosophie selbst. Eben damit macht er sich im Namen des Glaubens zum Vertreter einer doppelten Wahrheit.

[87] *Ockham*, Sent I d. 2 q. 1 (Guilelmi de Ockham Opera Theologia. Bd. 2, hg. v. *S. Brown*, St. Bonaventure 1970, 19,28–20,9).

[88] *Luther*, Disputation über Joh 1,14 27 (WA 39/2,5,9f). Diese These ist zu wenig ausgearbeitet, als dass man hieraus Luther zum Kronzeugen für Überlegungen hinsichtlich einer anderen als der aristotelischen Vernunft machen könnte (*T. Koch*, Die Vernunft in der Theologie – in Auseinandersetzung mit Martin Luther erörtert, in: NZSTh 43 [1992], 251–268, 255). Luthers Ablehnung gilt in der Tat der Vernunft, wie er sie definitorisch kennt, und das ist die aristotelische.

denfalls mit. Und offenbar unwissentlich folgte er damit einer Linie, die eben jene Pariser Lehrverurteilung, gegen die er sich wandte, vorgezeichnet hatte: Seine Forderung, dass der Verstand sich in den Gehorsam des Glaubens begeben solle[89] griff genauso auf 2 Kor 10,5 zurück, wie es diese Lehrverurteilung getan hatte[90]. Luthers Versuch, die Verhältnisse zwischen Theologie und Philosophie zu klären, steht mithin auch in einer Tradition der Abweisung jeglicher Versuche der Verselbständigung von Philosophie – und die skizzierte Reaktion von Veit Amerbach zeigt, dass dies den Zeitgenossen bewusst war.

Der Blick auf zwei wichtige Disputationen des reifen Luther zeigt, dass das Thema „Luther und die Vernunft" durchaus noch nicht in allen Facetten geklärt ist: Beide Disputationen weisen einen durchaus unterschiedlichen Zugriff auf. Während die *Disputatio de homine* mit hoher Ambivalenz über die Vernunft spricht, ist in der Disputation über Joh 1,14 der Ton schärfer: grundsätzlich wird der Philosophie das Mitspracherecht *in theologicis* verwehrt. Das war in der Heidelberger Disputation schon so, greift nun aber an den Nerv des akademischen Bildungswesens von Mittelalter und Früher Neuzeit. Mit der Bestreitung der Allgemeinheit der Dialektik beziehungsweise Logik stellt Luther faktisch das Studiensystem in Frage, in welchem die *artes*-Fakultät als Basis der anderen Fakultäten zu gelten hatte. Dass dies auch für Wittenberg weiterhin der Fall sein sollte, hatte der Kurfürst in seiner Fundationsurkunde unterstrichen – Luther aber bestritt es im Namen der Wirklichkeit Gottes selbst. Seine beiden grundsätzlichen Disputationen müssen in diesem sehr konkreten universitätsgeschichtlichen Horizont gelesen werden – und stellen so gesehen auch ein Dokument des Scheiterns dar: Luthers radikale Sicht hat sich organisatorisch nicht umsetzen lassen. Die Theologie blieb auf die Philosophie angewiesen – und letztlich galt eben dies für Luther aufgrund der Notwendigkeit des Rekurses auf philosophische Argumente und allgemeinverbindliche Sprache in seinen Disputationen auch. Diese selbst sind Anzeichen einer wichtigen Auseinandersetzungs- und Selbstverständigungsphase der reformatorischen Bewegung. Die Etablierung brachte auch eine Wiederanknüpfung an alte Formen mit sich. Dass dies bis zu einem gewissen Grade auch alte Inhalte waren, signalisierte Luther in seinen Disputationen. Erfolg hatte er damit nicht.

[89] *Luther*, Disputation über Joh 1,14 8 (WA 39/2,4,6f).

[90] S. Aufklärung im Mittelalter? 113: „Error, quia etiam philosophus debet captivare intellectum in obsequium Christi" (Begründung zur Verurteilung von These 18); vgl. zur verbreiteten ma. Verwendung dieser Formel *L. Bianchi*, „Captivare intellectum in obsequium Christi", in: RCSF 38 (1938), 81–87.

Maarten Wisse

THE LAW AND GOSPEL DISTINCTION AS A FRAME OF REFERENCE FOR COMMUNICATIVE RATIONALITY

Socinus and Owen on Atonement

Two theses posed by Christoph Schwöbel provide the context for this paper. One thesis occurs repeatedly in Schwöbel's work and was mentioned repeatedly during sessions of his doctoral seminar when I was a fellow in Heidelberg and Tübingen: the conviction that in theology the concept of God is decisive for one's overall view of the Christian faith.[1] The other thesis is an oral remark in a conversation about the relationship between God and the world in which Schwöbel remarked that all speech about God's actions in the world would have to follow the distinction between law and Gospel.[2]

In this paper, dedicated to Christoph Schwöbel in celebration of his 60th birthday, I would like to bring these two statements into dialogue with each other. Having learned from Schwöbel to think through the Christian faith in its inner dynamics, seeing how the Christian confession of the Triune God plays a decisive role in the shaping of every Christian doctrine, I have gradually become interested in the way in which the distinction between Law and Gospel plays such a role as well.

In what follows I will explore these two approaches to communicative rationality in theology in terms of a very concrete dialogue: the dialogue on the nature of Christ's atonement between Faustus Socinus (1539–1604) and John Owen (1616–1683). After having given a brief account of their positions on atonement, I will argue that, in spite of the strong difference between the two with regard to the doctrine of atonement, both have a common target. That is, both are interested in justice. They differ with regard to the path towards it, but their intention is the same. Somehow, one might say that my reading is an attempt to bring Socinus and Owen into a retrospective ecumenical conversation, a dialogue in which they learn to understand each other's motives for holding their beliefs. In organizing this conversation posthumously, we will not primarily prag-

[1] *Christoph Schwöbel*, "Die Trinitätslehre als Rahmentheorie des christlichen Glaubens. Vier Thesen zur Bedeutung der Trinität in der christlichen Dogmatik," Gott im Gespräch. Theologische Studien zur Gegenwartsdeutung (Tübingen: Mohr 2011), 25–51; *Christoph Schwöbel*, "Einleitung," in Gott, Götter, Götzen: XIV. Europäischer Kongress für Theologie (11.–15. September 2011 in Zürich), ed. Schwöbel (Leipzig: EVA, 2013), 11–20.

[2] Not explicitly stated, but nevertheless elaborated in this fashion: *Christoph Schwöbel*, "Sünde – Selbstwiderspruch im Widerspruch gegen Gott. Annäherungen an das Verständnis eines christlichen Zentralbegriffs," Gott im Gespräch. Theologische Studien zur Gegenwartsdeutung (Tübingen: Mohr 2011), 291–320, here: 314–320. It would be interesting to compare my way of bringing the two in dialogue with Schwöbel's own trinitarian way, but there is no space here to go into this. See also: idem, "Gesetz und Evangelium," in RGG⁴ 3:862–867.

matically strive towards common ground or mutual agreement, but the understanding of God operative in the dialogue will take center stage.[3]

Finally, I would like to defend Owen's point of view and subsequently see what the analysis of Socinus and Owen might tell us about the theological rationality at work within the conversation. This will show us how the doctrine of God and the distinction between Law and Gospel shape the way in which they develop their views of atonement.

1. Socinus' Critique of Substitutionary Atonement

When one of Socinus' groundbreaking works, *De Jesu Christo Servatore*, appeared in 1594, it caused a theological earthquake. Here was someone who dared to say that Christ did not and even could not die for our sins. If God forgives, God forgives without satisfaction.[4] In his work, Socinus gives us various arguments for this position. I will address the key reasons given in part three of his work, the part in which Socinus refutes the doctrine of substitutionary atonement.

Socinus' first reason is that if God could not forgive without satisfaction, God would be less powerful than human beings (Socinus, 221). Human beings are able to forgo their right to punish, and indeed it is this that we mean when we say that someone forgives someone else. The one who forgives was within his rights to punish or to require compensations but forgoes this right. This is what forgiveness means, and, therefore, this is what it should mean for God too. Otherwise, God would lack a capability that humans have.

In the next paragraph, Socinus immediately adds another argument. If God would be obliged to punish, and therefore executes this punishment on his Son, God would be too similar to a human judge. A human judge punishes because he has to obey a law that has been given to him and on which he is dependent. But it is impossible to compare God to such a judge, because, Socinus says, "God should be considered a Lord and supreme Leader, whose will alone is law in everything and is the absolute perfect standard because he has to act from his own right alone."[5] Therefore, the good is not something that exists independent from God. What is good wholly depends on God's will (Socinus, 222). Something is not righteous because it is righteous but because God wanted it to be so. And so, God can forego his right to punishment because God is not bound to the rules of justice.

On the contrary, asking for satisfaction for our sins would degrade God's right and power enormously. Suppose that a human king had various debtors and went to a rich man to ask from him to pay back all the debt of all of these poor people, and in the

[3] Thus, programmatically *Christoph Schwobel*, "Gottes Ökumene. Über das Verhältnis von Kirchengemeinschaft und Gottesverständnis," in Christlicher Glaube im Pluralismus: Studien zu einer Theologie der Kultur (Tübingen: Mohr Siebeck 2003), 107–132.

[4] *Faustus Socinus*, De Jesu Christo Servatore, Alex Rodecius 1594. Page numbers are to this edition and mentioned in the English translation used *Alan W. Gomes*, Faustus Socinus' De Jesu Christo Servatore, Part III: Historical Introduction, Translation and Critical Notes (Pasadena: Fuller Theological Seminary, 1990).

[5] "[...] sed tamquam dominus & princeps, cuius sola voluntas, cum de ipsius iure tantùm agatur, omnium rerum lex est, & perfectissima norma."

meantime, would go to the poor to declare them that they were free from debt. Would we praise the king for absolving the debts? Quite to the contrary, we would hold him for a robber because the king is rich and does not need such compensations at all. Likewise, Socinus argues, would it be if God would make satisfaction for our wrongdoings through the death of his own Son (Socinus, 237).

Nevertheless, there is a snag that has to be considered. This becomes clear when Socinus starts using the phrase 'true satisfaction' (*vera satisfactio*). When he explains why he uses this phrase, the snag becomes apparent:

"I said 'true satisfaction' because God no doubt has always demanded something from people whom he has forgiven. Perhaps we could even go so far as to say that this 'some-thing' takes the place of satisfaction." (228)[6]

For Socinus, repentance and improvement of life is a precondition of forgiveness. Right at the moment in which we hoped for receiving forgiveness without any works from our side, the true form of satisfaction emerges: God does not do something for us, but we have to do something for God, namely to repent and better our lives (Socinus, 228). Here also we see a marked difference between those who feel sympathetic to Socinus in our time and Socinus himself. Present day sympathizers will mostly suggest that God's forgiveness concerns all, without any preconditions on our side to be fulfilled. To Socinus, on the contrary, the acts of repentance and improvement of life are the cornerstones of his teaching on satisfaction.

2. *John Owen's Reply*

In 1653, about 50 years after Socinus' death, one of the many responses to Socinus' work appeared. John Owen published his *Dissertation on Divine Justice*, initially published in Latin.[7] The English theologian and puritan John Owen (1616–1683), who was a professor at the University of Oxford at the time of this work's publication, addressed extensively Socinus and those who followed him. This was because Socinianism and subtle derivations of it were enormously popular in England. This was not only true of people who Owen saw as heretics, but equally so of some of Owen's dear colleagues such as the Scottish divine Samuel Rutherford. After having set out his view of vindicatory justice, Owen makes his argument on the basis of the Bible and non-Christian sources, and finally refutes the opinions of others, Socinus' among others.

Owen's focus is not so much on atonement but on justice. The reason for attacking Socinus and others at this point, however, is Socinus' suggestion that satisfaction is not necessary. So, rather than attacking Socinus in the field of atonement, Owen addresses his view of justice.

The key to Owen's argument is that vindictive justice (*iustitia vindicatrix*) belongs to God's nature. This is to be understood as those things that we can say about God be-

[6] "Dixi autem, Vera satisfactione, propterea quòd dubium non est, quin Deus in iis, quibus peccata condonavit, semper aliquid requisierit, quod fortasse satisfactionis loco fuisse dici potest [...]."

[7] *John Owen*, Diatriba de Iustitia divina (Oxford: Thomas Robinson, 1653); Quotations from and references to idem, "Dissertation on Divine Justice," in The Works of John Owen, ed. William H. Goold, vol. 10 (London: Johnstone & Hunter, 1850), 482–624.

cause they are an essential part of his way of acting (Owen, 498–499). Given that God does something, it is an integral part of this acting to act justly, and necessarily so. In Socinus, God as the supreme Lord was free to choose what is just or unjust. To Owen, this is a mistake because God is intrinsically just and so cannot arbitrarily choose what is just or not.

This idea that God is intrinsically just and so, sin presupposed, is obliged to punish was Socinus' main reason to suggest that God, who is infinitely just, must infinitely punish any sin committed by human beings. This charge provides the background for the second key aspect of Owen's view of vindicatory justice, namely that God is free how to exercise it:

> "Let our adversaries, therefore, dream as they please, that we determine God to be an absolutely necessary agent when he is a most free one, and that his will is so circumscribed, by some kind of justice which we maintain, that he cannot will those things which, setting the consideration of that justice aside, would be free to him; for we acknowledge the Deity to be both a *necessary* and a *free* agent [...]." (Owen, 510)

Hence, Owen's key concern is to maintain the integrity of divine action as being integrally embedded in the divine nature, but given that the Triune divine nature intends to save human beings freely through the death of Christ as the second person of the Trinity incarnate, God is not forced to punish in a certain way but freely chooses to punish sin through the death of his Son Jesus Christ. That God must punish means that God cannot be indifferent, but it does not imply that God has to punish in a specific way (510).

3. Owen's Use of the Bible

As is well known, and modern Biblical exegesis has made this amply clear, Biblical discourse about the salvific meaning of Jesus' death and resurrection is much broader than the concept of substitution.[8] In the Gospels, discourse about substitution is quite rare. The Gospel of John uses the metaphor of Jesus as the Lamb of God who carries away the sins of the world. In Paul, we find the notion of substitution, but the notion of Jesus' death as a punishment for the sins of believers is not so common. Socinus would have been happy with these results. In the second part of his work, he deals extensively with passages from Paul in order to interpret them in such a way as to not say that Christ has died for our sin on our behalf.

An illuminating aspect of Owen's work on divine justice is that he deals with the Biblical evidence in a way that is markedly different from what one might expect. Owen in particular is known for his emphasis on the infallibility of Scripture, even up to the vowel signs of the Hebrew script.[9] As is often supposed about premodern theologians, one would expect him to give proof-texts, *dicta probantia*. One would perhaps expect him to deal with Isaiah 53:5: "But he was wounded for our transgressions, he was bruised for our iniquities: the chastisement of our peace was upon him; and with his stripes we are

[8] Cf. *Jörg Frey* and *Jens Schröter*, ed., Deutungen des Todes Jesu im Neuen Testament (Tübingen: Mohr Siebeck, 2005).

[9] *Carl R. Trueman*, The claims of truth: John Owen's Trinitarian theology (Carlisle, Cumbria: Paternoster Press 1998), 64–75.

healed." (AV) But surprisingly, he does not deal with any passage from Scripture in order to argue that it directly supports his position.

Quite to the contrary, Owen's discussion of Scripture starts and ends with the statement that his view is supported by Scripture all over the place (Owen, 510 and 516–517). Initially, this might sound as an easy generalization that saves him from the pain of having to prove his point. However, one might also read it differently. One might say that, according to Owen, what the whole of what Scripture has to say can only be understood in terms of the idea that anyone who transgresses the Divine commandments has to do with God himself, with the essence of who God is. And God can do nothing but react to this with anger and punishment. How God has to react is still to be seen, but it is unavoidable that God will react because, indeed, God and his justice are one and the same. In line with this, Owen discusses all sorts of verses from the Bible that affirm the righteousness of God and God's liability to punishment.

4. *Anthropology as an Argument*

Another very interesting aspect of Owen's use of the Bible is the place that the Bible has in his overall argumentation. When it comes to 'proving' theological claims, Owen is still in a quite different world from ours. The Bible is still part of a broader frame of reference in which other sources of wisdom from extra-Biblical antiquity have a legitimate place. The Bible is important, but his method is not yet influenced by the Enlightenment idea that the Bible is a separate source of truth against which all theological statements have to be verified. As we will see below, his appeal to Scripture goes smoothly together with appeals to human civilization, and he reserves more space for these than for the argumentation on the basis of Scripture.

This is evident from what follows. Owen continues with an anthropological argument, arguing that all of us have been created with the inner conviction that God punishes injustice. We know this from Scripture, but various pagan authors show an awareness of this. Pagan cultures of sacrifice show that the desire for satisfaction of our guilt is deeply rooted in our human condition. Rather than interpreting these cultural phenomena as mere signs of human behavior, Owen interprets them in the context of the Christian doctrine of creation. God has given us basic knowledge of his essence and for this reason, Christians and non-Christians alike have an innate desire for compensation of their wrongdoings, even when they lose the appropriate means through which God takes them away.

Under different hermeneutical and cultural circumstances, we might make Owen's point in this way: compensation of evil is not only necessary for God – it is equally necessary for us. In order to enable us to begin anew, both in our relationship with God but also in our relationships with fellow humans and with ourselves, we have to be reconciled with ourselves. This reconciliation with ourselves does not and cannot replace our reconciliation with God. Quite to the contrary, it is the anthropological corollary to it. Being reconciled with oneself is complicated, because one always knows oneself only partially and this makes us anxious. Who are we? And what and how much evil did we commit? There is always something to worry about. Sometimes, we pass by those feelings with extravagance and an overload of worldly pleasure, but all too often it leaves us with a debilitating feeling of anxiety. Did I do well enough with my children, or my partner? Was this business transaction really responsible? What if I had this or that? And this is why we ask for punishment ourselves. What is more, we, in fact, punish ourselves with feelings of obligation, depression, or anger. We might also punish others by overruling them and do even more evil to them than we did before.

The cult of sacrifice is a way in which human beings effectuate their desire for compensation and punishment. One wants to make sacrifices because one feels to be unable to go on with one's life without it. This, Owen argues, is not arbitrary; it is given by God (Owen, 545). The ultimate soteriological target of this theological statement is beautifully rendered towards the end of the tractate:

"As, then, the perfection of divine justice is infinite, and such as God cannot by any means relax, it is of the last importance to sinners seriously and deeply to bethink themselves how they are to stand before him." (Owen, 623)

This is what Owen is after: we have to ask ourselves fundamentally and profoundly who we are *coram Deo*. And such a question to ourselves has to be strong enough to block easy escapes such as quickly reminding ourselves of God's loving kindness. Life is too serious to be lived in this way up to the highest level of our existence.

Anyone who wants to find peace will have to face himself or herself. The Gospel message is *Gott sei Dank*; we do not need to find an escape. God has decided to be satisfied with the death of his only Son, Jesus Christ. Socinus is right: God is no marionette of his own justice, as if he is bound to his own character to be eternally punishing to an infinite extent. God is free in the way in which God makes satisfaction for our wrongdoings. Nevertheless, God takes our actions seriously at every moment of our life. God asks for something to be done by way of recompense. And we do well to realize this as we take our next step.

5. How Socinus and Owen share the same Concern

In Faustus Socinus and John Owen we meet two extremes. Both go for a radical way of putting the matter. Owen tries to get as closely as possible to the thesis that God must punish. That the guilt of those who belong to Christ is taken away is more than just an arbitrary aspect of the economy of salvation; Scripture teaches that Christ had to suffer and then enter his glory (Luke 24:26). Faustus Socinus, on the other hand, makes an honest attempt to maintain that Christ did not suffer at all for the sins of others. He argues why this is not necessary and even impossible. The only satisfaction that God asks from us is our repentance and change of life. These are two extremes of which it seems there is no way in between.

There is a shared concern, however. As we have seen, Owen's fundamental concern is how we live *coram Deo* and that God's justice has the highest priority in this, not only for God, but also for us. What is at stake is that God's good news of salvation does not shut down God's justice. His fundamental concern is how our appropriation of salvation links up with our concrete way of living. This has been an ongoing concern in the Reformation. Part of this concern is the question of to what extent the commandments spoken of in the Old Testament still remain valid within a Christian frame of reference. Does God do something radically new in Christ, or do old structures remain, albeit in a modified form? These are questions that have bothered Christianity from the very beginning, and they are given with the complexity of its canonical tradition.

Exactly at this point, Socinus and Owen might learn to appreciate each other's concerns. If Socinus has to give a moral reason why he rejects the idea of substitutionary atonement, he would express the same concern as John Owen, except for the fact that their solutions are opposite. Is it not far too easy, Socinus would say, to put the guilt of all you have done wrong at the feet of someone else and say that he made satisfaction for it? Is that not a license for going on with your life as if nothing happened? What does it mean for the future? Is this not a license for cheap grace?

Socinus' solution to the perceived problem is radical: the doctrine of substitutionary atonement must be completely abolished. What has to be done to make forgiveness on God's part possible, we must do. And this is what Jesus shows us: how you can and must do justice, and so we have to follow!

Yes, Owen replies, this is true, we have to follow him and, indeed, justice has to be done from the beginning to the very end, in Christ or not. What we see all around us, however, is that we cannot follow Christ. We will only be brought on the way towards following Christ if he is not only our example, but if he is also the one who died for our sin. Only then, living in communion with the living risen Christ and participating in him through the sacraments, only then will we manage, albeit partially, with trial and error, to accomplish what God asks from us. If we only try to take a single step on our own, we will never make progress. Christ's work for us goes before our doing his will.

Oh yes, Socinus mumbles, we know that: 'with trial and error'. You simply do not try hard enough! You believe that in those things in which you still fail Christ will come to help and forgive, and this is why you keep being imprecise in keeping God's commandments. Socinus and Owen will probably not find agreement. There was harsh criticism from followers of both sides in the sixteenth and seventeenth century. But their concern, the big danger that they see in front of them, is the same.

6. Diagnosing the Fall

From an initial description of Owen and Socinus' positions on substitutionary atonement, we have made a gradual transition towards bringing these two positions into dialogue with each other. Now, I want to make one additional step and argue why Owen has to be preferred over Socinus. One of the main reasons why Owen has to be preferred over Socinus is Socinus' anthropology. We have already seen above that for Socinus, although he denies that God needs satisfaction for being able to forgive, there is still something like a satisfaction required, namely our repentance. Of course, requiring repentance from human beings as their satisfaction for their wrongdoings presupposes that they can and do repent. Otherwise, it would not constitute a viable path towards salvation. And indeed, Socinus' anthropology is considerably more optimistic than Owen's, too optimistic I would say.

In the context of his argument in favour of our repentance as a condition for forgiveness, Socinus presents the following straightforward anthropological scheme. According to him, there are two types of humans (Socinus, 228–229):

- Human beings who make small mistakes every now and then. They are regarded by God as pure and, therefore, they do not need forgiveness.
- Human beings with deep rooted evil habits. They have to convert themselves and show genuinely new behavior in order to become liable to forgiveness. If they change their minds, they with be forgiven without recompense.

There is a third type, namely those who 'stubbornly persist in sin', that Socinus does not speak of explicitly, but which he mentions in passing. God remains angry with them, although Socinus does not specify for how long (Socinus, 235). Basically, conversion is something that one has to accomplish for oneself. After having converted oneself, the help of the Holy Spirit is available to remain on the right track.

I consider Socinus' anthropology to be the best reason for not accepting his position. First of all, as I suggested above, repentance as a condition to forgiveness is in tension with Socinus' own argument that God forgives without recompense. It is true that God forgives without recompense if your sins are minor, but on the other hand, God demands something for being able to forgive. Ironically, in arguing so, Socinus exactly confirms Owen's point, namely that it is very difficult to conceive of divine forgiveness without recompense!

Furthermore, the anthropological scheme is so straightforward that it is difficult to imagine a reality in which the scheme can be successfully applied. What are these 'minor sins'? What is 'minor' to one is 'major' to another. And what about repentance and permanent change of mind? How does it work to simply intrinsically change one's mind if one has deep rooted evil habits? Socinus seems to overlook the complexity of the layered and tragic reality of evil. He cannot elucidate it, let alone to have a solution to it. At this point, Owen digs much deeper. The deep rooted reality of evil in our lives requires the depth of God's grace rather than a sudden moral change of mind.

Evil goes deeply and a change is needed that reaches to that depth. From Owen's view of atonement the psychological complexity of guilt and forgiveness can be much more convincingly elucidated than from Socinus'. I cannot simply undo my sins by starting anew and never do it again. Even children know that, and Socinus knew so himself by speaking about deep rooted evil habits. In order to start anew, forgiveness is already required, and, therefore, it cannot just be the consequence of my conversion. This is partly because evil feels, psychologically, as irreversible. The idea 'once a sinner, always a sinner' is part of our psychological setup. And this is, among other reasons, why satisfaction is necessary.

Speaking about the believer who has received forgiveness, Owen manages more convincingly to show that the believer remains a sinner, and thus, copes with the fact that the deep rooted evil habits do not fade away overnight. This should not lead the sinner to become overly easy-going, but it should strengthen him or her to keep going and recover when sin creeps in again.

7. God as the Lord of Florence

Next to the worry about Socinus' anthropology, one of the main reasons for concern about Socinus' position is the way in which he speaks about God. To some extent, it might seem that Socinus has a point when he says that God can never become the servant of justice.[10] God has to be free to choose what is right. Nevertheless, Owen is particularly concerned about the images of God that play a key role in Socinus' view of atonement. We have to be concerned as well, but we live after modernity, after Marx who made us particularly conscious of the ways in which theologies may serve the interests of those in power.

Such a post-Marxist consciousness is possibly awakened by Socinus' way of speaking about God. Socinus describes God as follows: 'God is the highest lord and leader, whose will alone is law and the highest norm of all things.' (Socinus, 221) What sort of God is this? In this definition, God does not seem far away from a dictator who does whatever pleases him. There is another aspect of Socinus' argument that catches the post-Marxist eye: the concept of merchandise. In Socinus' theology, justice and merchandise become linked up with each other. Satisfying God's justice after sin has been done begins to sound like selling justice and using it to satisfy God's desire for punishment. If not carried out by the perpetrator, then by one who substitutes for him. On the one hand, Socinus criticizes the metaphor of paying for sin by the death of the innocent Jesus, but, on the other hand, these are the metaphors that determine his discourse.

With Socinus, God becomes like the Di Medici lords in Florence who determined almost wholly independently who was to make their next brilliant sculpture. The sculptures are still admired by us, but what about the principles of justice? A certain nobility of character cannot be denied of God, Socinus says about the essence of God, but in God there is apparently no such thing as inherent justice. The Di Medici lords also had quite a good taste, so this nobility of character cannot be denied of them either, but this is still quite different from an intrinsic justice.

The problem is: if it is true of God that justice is the result of the arbitrary decisions of the Most High, this has crucial ramifications regarding the status of justice in us and the world around us. We will thus regard the principles of justice as expressions of God's arbitrary preferences. Things are good or bad because God wants it to be so, but their moral qualities are not intrinsic to the things themselves. And because they are arbitrary, they can be negotiated.

Owen helps us to understand the question of justice at the most fundamental level, namely on the level of God. We do not relate to God in a contractual way, as if God is our partner on the same level as we are. And likewise, the law of God is not arbitrary; they are not useful rules that have been fixed sometime, waiting to be taken up for modification under new circumstances. Neither are they rules that can be negotiated every time we think we need this, ensuring some moral flexibility on God's part that we could not count on before. Justice is not a commodity. God and creatures are not related as equal merchandising partners.

Such is also the case with our position in creation. We cannot move God into our way of operating with good and evil, as if we can opt for evil one time and for good at another. Indeed, God is the highest justice and so God cannot choose what justice is. And therefore, God does not choose the good because it is good, nor can God choose what he wants to be good. God is the highest justice, not because we can prove this to be the

[10] Cf. *Vincent Brümmer*, Speaking of a personal God: An essay in Philosophical Theology (Cambridge: Cambridge University Press, 1992), chap. 4.

case, but because by definition, we are God-made. We belong to a lower order. We are creatures of God; we can only trace God's ways; we cannot determine God's nature.

And this is why Socinus' story about atonement is also fundamentally flawed. Socinus tries to reorganize the relationship between God and the world in a revolutionizing way by changing the point of departure, albeit probably partly without realizing it himself. Socinus starts thinking about the relationship between God and us as a neutral relationship that we can arbitrarily organize. God has something to choose, and we have something to choose. God is infinitely more powerful than we are, but, fundamentally, God plays the same game as we do. Within this game, the rules of just play can be freely negotiated between the two partners. Justice is a commodity whose shape is freely determined, but one can even sell it between partners if one of the partners happens to violate the rules agreed upon. In this same context, one might negotiate whether, in case one of the partners breaks the contract, compensation is necessary or not.

Owen does not understand anything of this. The misunderstanding is not of such a kind that Owen and Socinus disagree in the context of the same frame of reference. The real problem is that, although unconsciously, they have started to speak different languages. For Socinus, justice is a commodity that one might buy or sell, whereas for Owen, justice is not a product but the backbone of the system itself. Justice is not a package that you can transfer from one place to another, but the prerequisite of the traffic. As soon as we change our understanding of justice, the whole system collapses. Our world is upheld by the life giving justice of God, flowing to us through creation, and recreating us according to Christ's image through the saving work of the Holy Spirit.

This is why what God does in Christ cannot be put in terms of negotiating satisfaction for our guilt. Socinus frames the traditional doctrine of atonement in those terms and refutes it, but this framing is a re-description of old concepts in terms of his own new frame of reference. What God does in Christ is not simply a way of 'resetting the system' as if nothing happened and as if one can always begin anew. Owen sensed this even when he might have had difficulties to put it into terms. Atonement is the restoration of the system in substantial ways. It is, to formulate it more theologically, the recreation of creation in its fundamental direction towards God. Atonement, not just as personal salvation but as a more encompassing restoration of the shape of the world, is a cosmic process. It restores the foundation of our existence. In Christ, God restores the fundamental 'rightness', the backbone of our existence, without which we cannot live or at least not live as we ought to and as we are destined to. We touch this in our flesh and bones, in the despair in which we find ourselves, and in the anxiety that drives us forward.

The suffering of Jesus Christ is an indispensable link in the chain of the restoration of this brokenness. It is not the only link, but an indispensable one. The other crucial link is the Holy Spirit, who is poured out in our hearts and who makes us do justice again and restores our proper orientation towards God, our fellow humans, and ourselves. Three moments in one direction: the Father who creates us as directed towards justice, the Son in whom we find our justice while being sinners, and the Spirit who is poured out into our hearts as just love.[11]

8. God, Law, and Gospel

Finally, we may ask ourselves what our research into Owen's and Socinus' views on atonement means for the methodological questions with which we started this paper: which notions are leading in this exploration of dialogical rationality? Was it the concept of God or, rather, anthropology? And how do they relate to the concepts of Law and Gospel?

The concept of God turned out to be crucial when we chose between Owen and Socinus. With Socinus, God's position becomes like ours. God becomes superman. And because God becomes superman, we have to be superman, too. Socinus asks more from us as human beings than we can do. The concept of God as we use it to rebut Socinus is not leading or determinative in the sense that our understanding of the way in which God is, our description of his true nature, is normative for the way in which we think about us as human beings. To the contrary: we have rebut Socinus' heresy by showing that God's position in our theological language game is different from that of all of us. God is not even a position in a language game. God is the fundamental First without whom there is nothing at all. God is always already there, given that we are and the world is. In this sense, the concept of God is determinative of theology, and this is why Socinus' theology suffers from a theological defect. Also, if theology goes wrong, anthropology follows, because humans have to bear a heavier moral and soteriological burden than they can live up to.

And thus, we have used the distinction between Law and Gospel as an instrument for upholding the right doctrine of God. The concepts of Law and Gospel do not refer to the language about God as terms that refer to realities but as grammatical rules that direct our use of language about God. The distinction between Law and Gospel functions as a means for safeguarding theology from mixing up the work of God with the work of human beings.[12] The Law does this by warning us at any moment when we tend to ascribe something to human beings that only belongs to God. Also, the law calls for our obedience to God's commandments as in accordance with and rooted in God's essence as justice. The Gospel does so by inviting us to accept God's grace in Jesus Christ as the sole ground of our righteousness and pointing us to God as the only source and aim of our being in the world. As such, our obedience to God's justice can only be fulfilled by God who is the true giver and fulfiller of our life, in Christ and through the Holy Spirit.

[11] It would be interesting to compare this to Schwöbel's way of putting this in terms of love (schöpferische Liebe). I would like to suggest that the difference is smaller than one might think. Cf. *Christoph Schwöbel*, Gott im Gespräch. Theologische Studien zur Gegenwartsdeutung (Tübingen: Mohr Siebeck, 2011), 265–267. Here, Luther is quoted in the context of the Trinitarian giving of God in creation, reconciliation and completion of God's works. Luther, however, speaks of "justice" and not of "love." This once more suggests that the determining question is not how we describe God, but the way in which we keep the distinction between Law and Gospel in speaking about God, namely by distinguishing carefully between the opus Dei and the opus hominum.

[12] Cf. *Schwöbel*, "Gesetz und Evangelium," 863.

However, someone may ask: where do we find theology as a description of the reality of God and of the world? The reality of God is between and underlying those in conversation. Following the line of my argument, theology does not intend to describe the nature of God and derive the nature of reality from God's nature. What it aims to do, instead, is to respect God as the ground and object of faith and call us to live in accordance with it.[13] Insofar as theology deals with being, it is merely critical; insofar as it identifies and calls God by his name, it is primarily doxological.[14] However, in making this move, we have probably taken a step beyond both Socinus and Owen.

[13] At this point, my argument is in line with Koch's argument for hermeneutical realism in this book.

[14] I would like to thank Kyle Dieleman for correcting my English. This article is an extended and reworked version of a paper published in Dutch.

D

Rationalität im Gespräch mit Anderen

Paul Silas Peterson

DIE ÖKUMENE NACH DER ÖKUMENISCHEN BEWEGUNG

In diesen Ausführungen werde ich zuerst die zeitgeschichtlichen Rahmenbedingungen der ökumenischen Bewegung darstellen. Danach werde ich zwei gegenwärtige Herausforderungen der heutigen Ökumene ansprechen: die globale Christenheit und die Einheit der Kirche. In diesem Zusammenhang möchte ich die Bedeutung der dialogischen Rationalität für die Ökumene hervorheben.

1. Die ökumenische Bewegung als zeitgeschichtliches Phänomen

Zuerst aber zu den Begriffen „Ökumene" und „ökumenische Bewegung". „Ökumene" ist eigentlich ein Oberbegriff. Er steht für das alte, schon im Neuen Testament vorhandene, Streben nach der Einheit der Kirche in Lehre und Praxis. Der Begriff „die ökumenische Bewegung" wird dagegen häufiger verwendet, wenn man den historischen Verlauf ökumenischer Bestrebungen im 20. Jahrhundert ansprechen möchte. Hier steht ein historisches Raster im Hintergrund. Die geschichtliche Darstellung beginnt in der Regel mit der Ersten Weltmissionskonferenz in Edinburgh im Jahr 1910. Danach folgen einige Zwischenstadien und dann die Gründung des Ökumenischen Rats der Kirchen im Jahr 1948. Im Laufe des 20. Jahrhunderts sind hunderte zusätzliche ökumenische Institutionen und Arbeitskreise entstanden.

Wenn man die Geschichte der ökumenischen Bewegung in einem linearen Aufstieg-und-Fall-Schema präsentieren wollte, könnte man, aus deutscher Perspektive, den Höhepunkt des modernen ökumenischen „Enthusiasmus", wie Gerhard Ringshausen ihn nennt, im ersten gemeinsamen Kirchentag, dem Ökumenischen Pfingsttreffen, im Juni 1971 in Augsburg, ansetzen.[1] Die bloße Anzahl von Veröffentlichungen zum Thema „Ökumene" zeigt, dass in den 1960ern und 70ern das wissenschaftliche Interesse an der ökumenischen Bewegung einen Höhepunkt erreichte. Seitdem sind die Anzahl von Angestellten im ökumenischen Bereich sowie die finanzielle Unterstützung der ökumenischen Institutionen zurückgegangen.

Wichtig für die Geschichte der Bewegung waren die soziokulturellen Rahmenbedingungen. Hier wäre, neben Vatikanum II und der Vitalität des liberalen „mainline Protestantism", vor allem das breite gesellschaftliche und kulturelle Streben nach Einheit und Versöhnung zu erwähnen. Das Streben hat unmittelbar mit der Situation der Nachkriegszeit zu tun. Analog zu dieser Entwicklung wurden im Jahr 1948 die Vereinigten Nationen gegründet. Erfolge des Strebens sind schon in den 1970ern und 80ern erkennbar. Beispielsweise haben sich viele autoritäre Regime in der westlichen und nichtwestlichen Welt zu demokratischen Grundordnungen gewandelt. Die Gründung der Europäischen Union markiert eine neue Etappe des Strebens nach Einheit und Kooperation.

[1] *Gerhard Ringshausen*, Religion in den siebziger Jahren. Sehnsüchte, Engagement und Desinteresse, in: *Werner Faulstich* (Hg.), Die Kultur der siebziger Jahre, München 2004, 19–36, hier: 23.

Natürlich waren die allermeisten Länder dieser Nachkriegsgeschichte der Versöhnung kirchlich geprägte Länder. Das gesellschaftlich-politische Streben nach einem umfassend geltenden Konsens bzgl. des Katalogs der westlichen Werte, z.B. Freiheit, Demokratie, soziale Gleichheit, Menschenrechte, Frieden usw., wurde ebenfalls durch die Ökumene religiös legitimiert. Der Schwung des breiten gesellschaftlichen und kulturellen Strebens nach Einheit und Versöhnung hat der ökumenischen Bewegung geholfen. Obwohl die großen institutionellen Träger der Bewegung fast ausschließlich aus westlichen Ländern kamen, wurden die nichtwestlichen Länder auch in die ökumenische Bewegung auch einbezogen. Seit den 1960ern und im Schatten des Kalten Krieges wurden z.B. die Kirchen des Ostens in den Ökumenischen Rat der Kirchen aufgenommen.

Die kontingente Entwicklung des 20. Jahrhunderts hat eine große, ambitionierte Konsens-orientierte Ökumene ermöglicht. George Lindbeck nennt diese ältere klassische Ökumene die „Konvergenzökumene". Er sieht den Höhepunkt in den 1960ern mit dem Streben nach einer universellen Kirche. Er beschreibt diese Kirche der Zukunft als etwas „reicher und bunter als alles, was wir vorher gekannt haben", aber „tatsächlich eins".[2] Bereits in den 1970ern gab es ein Umdenken. Das ging mit dem Hinwenden zu postmoderner Philosophie und kontextueller Theologie in der zweiten Hälfte des 20. Jahrhunderts einher. Statt die Einheit zu betonen, wollte man eher Differenz und Vielfalt zelebrieren. In den 1960ern und 70ern kam auch eine stärkere soziopolitische Orientierung der Bewegung dazu. Wenn man, was immer etwas willkürlich ist, ein offizielles Datum für das Ende der Bewegung setzen wollte, könnte man den 3. September 2002 nennen. An diesem Tag wurde der Verzicht auf ökumenische Gottesdienste im Ökumenischen Rat der Kirchen verabschiedet. Aus diesem Grund hat Margot Käßmann den Zentralausschuss des Rats verlassen.

Obwohl die Konvergenzökumene ihr ursprüngliches Ziel noch nicht erreicht hat, kann die ökumenische Bewegung zweifellos wichtige Erfolge verbuchen. Ich denke hier etwa an die protestantische Leuenberger Konkordie sowie die Gemeinschaft Evangelischer Kirchen in Europa und die Arbeitsgemeinschaft Christlicher Kirchen in Deutschland. Die ältere Konvergenzökumene, die jüngere Ökumene der „versöhnten Verschiedenheit" sowie die Anliegen der soziopolitischen-Ökumene bleiben starke Impulse in der gegenwärtigen Ökumene. Seit dem Höhepunkt der Konvergenzökumene gibt es auch neue Themen, z.B. der interreligiöse Dialog, die innerkonfessionelle Ökumene, die Ökumene der Spiritualität, die Ökumene der theologischen Themenstudien und die Ökumene der gemeinsamen Mission. Überblickt man die Entwicklungen des 20. Jahrhunderts, kann man wohl behaupten, dass es eine klare Pluralisierung der Bewegung gegeben hat. Seit den 1960ern hat der externe Druck, also das breite gesellschaftliche und kulturelle Streben nach Einheit und Versöhnung, vor allem zwischen den Nationen der westlichen Welt, nachgelassen. Das Nachlassen dieses Drucks schwächte auch die ursprünglichen Ziele der ökumenischen Bewegung. Die alte ökumenische Bewegung hat sich von ihrem Ursprung als einem Streben nach protestantischer Weltmission und später dann christlicher Einheit zu einem sehr bunten Gewebe verschiedener und zum Teil widersprüchlicher Impulse und Ziele entwickelt. Insgesamt kann man die historische

[2] *George Lindbeck*, The Unity We Seek. Setting the Agenda for Ecumenism, in: The Christian Century 122/16 (9. August, 2005), 28–31, hier: 28.

Entwicklung der ökumenischen Bewegung zeitgeschichtlich als eine positive und pragmatische Auseinandersetzung mit den Herausforderungen der jeweiligen Kontexte des 20. und nun 21. Jahrhunderts verstehen.

2. Dialogische Rationalität und die Ökumene heute

Und heute? Was sind die gegenwärtigen Herausforderungen, mit denen die Ökumene heute zu tun hat? Der interreligiöse Dialog bleibt eine wichtige Aufgabe der Ökumene unserer Tage. Hier denke ich vor allem an das erfolgreiche „Scriptural Reasoning Project", also das interreligiöse Lesen und Diskutieren von sakralen Texten. Mit Blick auf die innere christliche Situation gibt es auch neue gravierende Umwälzungen in der globalen Christenheit. Darunter sind vor allem der Rückgang der großen etablierten Kirchen in der westlichen Welt und die neue Bedeutung und der wachsende Einfluss der konservativen pentekostalen, evangelikalen und katholischen Christenheit, also des sogenannten „nächsten Christentums" zu zählen. Dazu kommt auch die Immigration in die westlichen Länder aus Südamerika, Afrika und Asien, und damit die Immigration kirchlicher Traditionen, Theologien und Frömmigkeitskulturen.[3]

Angesichts dieser gegenwärtigen Änderungen hat die ökumenische Theologie eine wichtige Aufgabe zu leisten. Die Zusammenarbeit mit diesen Traditionen bzgl. der Themen Krieg und Frieden, Armut, Gewalt, Rassismus, Immigration und soziale Gerechtigkeit bleibt eine wichtige Aufgabe. Auf Grund der sich ändernden Situation der globalen Christenheit bedarf die kirchliche Situation heute aber auch einer neuen Vermittlung zwischen den zum Teil sehr konservativen Strömungen des Christentums und den westlichen Traditionen des theologischen Liberalismus. Diese zwei Flügel des Christentums scheinen in polarisierende Tendenzen geraten zu sein. Diese Polarisierung ist in vielen Kirchen heute, z.B. im Anglikanismus sowie im Lutherischen Weltbund, erkennbar. Mit dem Begriff „theologischer Liberalismus" möchte ich einen dauerhaften Prozess der Auseinandersetzung mit kritischen Fragen und Herausforderungen der Moderne zum Ausdruck bringen, in dem es eigentlich keinen Abschluss oder absoluten Maßstab gibt.[4] Hier denke ich an die Stellung der Frau, die Bewertung der Homosexualität, die historisch-kritische Methode, die Bedeutung der Naturwissenschaften, die Stellung des Individuums usw. Diese Fragen und Herausforderungen sind nicht an und für sich westlich, sondern haben eine universelle Bedeutung.

In der postkolonialen Situation der Gegenwart gibt es auf der einen Seite keinen Weg zurück zu einer paternalistischen Beziehung zwischen diesen Traditionen, auf der anderen Seite bedarf die gegenwärtige kirchliche Situation eines produktiven Gesprächs zwischen diesen Traditionen als Gleichberechtigte. In diesem Gespräch können die zwei Flügel des Christentums voneinander lernen. Lehrreiche theologische Auseinandersetzung und konstruktive Kommunikation können in diesem Gespräch verwirklicht werden. Das Gespräch zwischen diesen zwei Flügeln sollte aber nicht allein in der Sprache

[3] Vgl. *Philip Jenkins*, The Next Christendom. The Coming of Global Christianity, Oxford 2002; *Frans Wijsen* und *Robert Schreiter* (Hgg.), Global Christianity. Contested Claims, Amsterdam 2007.

[4] Vgl. *Paul Silas Peterson*, Diagnosing Western Modernity: A Review Article, in: Neue Zeitschrift für Systematische Theologie und Religionsphilosophie 57 (2015), 267–284.

der Zweckrationalität bewertet werden. „Die Einigkeit im Geist", die „durch das Band des Friedens" bewahrt wird (Eph 4,3), und uns in unserer Differenz zusammenhält, hat ihren eigenen Wert.

Hier ist eine Thematik in einer ökumenisch-theologischen Weise angesprochen, die Jürgen Habermas in einer gesellschaftsphilosophischen Weise konzeptualisiert hat. Es geht also um eine dialogische Rationalität, in der verschiedene Menschen aus verschiedenen Traditionen ins Gespräch treten können.[5] Im Rahmen einer dialogischen Beziehung kann die Zukunft gemeinsam gestaltet werden, statt in Isolierung. Diese Theorie der dialogischen Rationalität wurde als eine Antwort auf die radikale Kritik an der Aufklärung entworfen. Die radikale Kritik der Vernunft ist z.B. in Max Horkheimers *Eclipse of Reason* (1947; *Zur Kritik der instrumentellen Vernunft*, 1967) zu finden. Sehr früh hat Christoph Schwöbel die Bedeutung dieser Theorie der dialogischen Rationalität für die Theologie und Kirche erkannt. Er schreibt:

„Our notions of rationality are irreducibly perspectival, they are person-relative and, at least, partially socially and historically determined. However, this does not mean that there is no other option left than a relativism of different conceptions of rationality. Rather, what is required is a notion of *dialogical rationality* in which different notions of rationality can engage in dialogue that might support forms of exchange and cooperation, and clarify the agreement and disagreement between the partners in dialogue."[6]

Durch die Anerkennung verschiedener Formen der Rationalität wird Gespräch nicht nur möglich, sondern auch gefördert. Die oben erwähnte Vermittlung mit den konservativen und wachsenden Strömungen des Christentums kann in dieser Weise gestärkt und weiter entwickelt werden. Dabei geht es weder um eine Verleugnung der Differenzen noch um eine Ausblendung der Gemeinsamkeiten. Schwöbel beschreibt diese Dimensionen der dialogischen Rationalität wie folgt:

„For a dialogue based on the mutual exchange of different partners, it is necessary that two fundamental criteria are observed. The first is the *independence* of the partners in dialogue. Their positions must be recognized as, at least, relatively autonomous in order to make mutual reciprocity in exchange possible. The second is that there is some notion of the *interdependence* of different position, of a common ground where the different positions can meet in the recognition of some truth or value that they may reach from different perspectives."[7]

Eine exklusive Auffassung der theologischen Rationalität, in der nur eine logische oder vernünftige theologische Argumentationsweise bejaht wird, würde zu einem Abbruch des Gesprächs führen. Vielmehr bedarf die gegenwärtige Situation einer „kombinatorischen" Auffassung der Rationalität. Ingolf U. Dalferth hat auch die große Bedeutung der Konzeption der theologischen Rationalität für die Gegenwart erkannt. Nach seinem Verständnis der theologischen Rationalität ist sie eine wesentliche dialogische und vermittelnde Aktivität. „Die umstrittene Rationalität der Theologie", so Dalferth, manifestiert sich „in der argumentativen Explikation und systematischen Kombination

[5] *Jürgen Habermas*, Theorie des kommunikativen Handelns, Bd. 1 Handlungsrationalität und gesellschaftliche Rationalisierung, Bd. 2: Zur Kritik der funktionalistischen Vernunft, Frankfurt am Main 1981; *Peter Uwe Hohendahl*, From the Eclipse of Reason to Communicative Rationality and Beyond, in: ders./*Jaimey Fisher*, Critical Theory. Current State and Future Prospects, New York 1994, 3–28; *Jacobs Brian*, Dialogical Rationality and the Critique of Absolute Autonomy, in: Critical Theory, 139–153.

[6] *Christoph Schwöbel*, God. Action and Revelation, Kampen 1992, 155, Hervorhebung im Original.

[7] *Schwöbel*, God. Action and Revelation, 155f, Hervorhebung im Original.

von Differenzen [...]".[8] Die theologische Explikation wird aber nicht in einem Vakuum ausgeführt, sondern nach normierenden Kriterien einer traditionsbezogenen Religionsgemeinschaft. Wenn diese Kriterien schon „intern" sind, heißt das allerdings nicht, dass die theologische Explikation in sich abgeschlossen und isoliert ist. Theologische Rationalität entwickelt sich nicht in einer abgeschlossen, sich selbst setzenden Identität, sondern, so Dalferth, „in einer Atmosphäre der Argumentation und Diskussion, in der wir nicht nur unsere Glaubensansichten, sondern auch die Gründe für und gegen unsere Glaubensansichten kommunizieren und kritisch zu bewerten lernen".[9]

Im Argument und in Diskussion können Glaubensansichten kommuniziert, kritisch bewertet und neu ausgelegt werden. Dadurch können neue Dimensionen der schon bekannten Lehre entdeckt werden. Aus der Perspektive der Theologie wird die Etablierung solcher neuen Glaubensansichten aus alten Glaubensansichten nicht einfach willkürlich „entschieden", sondern vom Heiligen Geist in der Gemeinschaft der Heiligen und in bestimmten geschichtlichen Situationen hervorgerufen und von Menschen beschlossen: „so haben wir, einmütig versammelt, beschlossen, [...]. Denn es gefällt dem heiligen Geist und uns [...]" (Apg 15,25-28). Die Führung des Geistes bedeutet allerdings nicht, dass es in allen Sachen eine singuläre Meinung geben wird oder soll. „Die schwereren Sachen" wurden vor Mose (d.h. einer höheren Instanz der Konsensstiftung) gebracht und „die kleineren Sachen" wurden von „redlichen Leuten aus ganz Israel" selber gerichtet (Ex 18,25f).

Obwohl es viel einfacher wäre, sich nur auf die ökumenische Theologie mit den etablierten europäischen und nordamerikanischen kirchlichen Traditionen zu konzentrieren, bedarf die gegenwärtige kirchliche Situation eines neuen Gesprächs mit den anderen wachsenden Traditionen. Ein produktives Gespräch mit diesen Theologien und Frömmigkeiten der globalen Christenheit hat aber nur teilweise stattgefunden. Ein theologisches Gespräch zu ermöglichen, ist eine große und sehr komplizierte Herausforderung der Gegenwart. Ein Konfrontationskurs mit diesen Traditionen wird kein produktives, verbindendes und zukunftsorientiertes Gespräch ermöglichen, sondern vielmehr einen reaktionären „backlash" verursachen. Stattdessen bedarf die kirchliche Situation der Gegenwart einer pragmatischen und vermittelnden Methode der theologischen Auseinandersetzung, die die inhärente Deutungsoffenheit der jeweiligen Traditionen mittels biblischer und dogmatischer Theologie entfalten kann. Das heißt konkret: Die vorhandenen theologischen Traditionen müssen neu entdeckt werden. Die schon anerkannte Lehre der jeweiligen Tradition kann dann als eine Basis des Gesprächs dienen und dogmatisch neu ausgelegt werden. Ein Beispiel hier wäre die neue Pneumatologie in der pentekostalen Theologie der letzten 30 Jahre.

Es soll mit aller Klarheit festgestellt werden, dass die etablierten, liberal-geprägten westlichen Kirchen und ihre Theologien die Kontrolle über diese Traditionen gänzlich verloren haben. Die konservativ-biblische Christenheit außerhalb und innerhalb der westlichen Welt wird ihren eigenen Weg in aller Freiheit und Verantwortung gehen. Sie wird ihre eigene Theologie entwerfen, um Antworten auf die großen Fragen und Herausforderungen der Gegenwart zu geben. In diesem Prozess können die liberalen und kon-

[8] *Ingolf U. Dalferth*, Kombinatorische Theologie. Probleme theologischer Rationalität, Freiburg 1991, 26.
[9] *Dalferth*, Kombinatorische Theologie, 71.

servativen Flügel der Christenheit gemeinsam versuchen ein produktives theologisches Gespräch zu ermöglichen, in dem unter anderem die Theologie eines Christentums gesehen und erfahren wird, das in kritischer Auseinandersetzung mit diesen neuen Herausforderungen steht. Ein solches Gespräch kann gelingen, wenn wir gemeinsam an einem dogmatischen oder kirchlichen Thema arbeiten. Als Beispiel nenne ich das East-West-Theological-Forum, an dem sich alle zwei Jahre Theologinnen und Theologen aus dem Westen und aus Asien treffen, um ein Thema zu besprechen. Die Relativierung des Westens in der globalen Christenheit kann in diesem Sinne als eine große Chance verstanden werden, als eine Chance ein Gespräch zwischen Gleichberechtigten zu führen.

Obwohl die überwiegende Mehrheit der Christenheit des globalen Südens (wie auch die evangelikalen und katholischen Kirchen des Westens) eine konservative biblische Theologie vertritt – so Jenkins' Untertitel *Believing the Bible in the Global South* –,[10] werden die Frömmigkeit und biblische Theologie dieser überwiegenden Mehrheit in der gegenwärtigen westlichen Rezeption der sogenannten „nicht-westlichen Theologien" oft übersehen oder ignoriert. Stattdessen konzentriert man sich oft auf besondere theologische Ausnahmen aus der nicht-westlichen Welt, die kaum repräsentativ für die Christenheit dieser Räume sind. Obwohl westliche Theologie viel von solchen Ausnahmen lernen kann, ist ein Gespräch mit den Theologinnen und Theologen aus der Mitte des sogenannten „nächsten Christentums" eine notwendige Aufgabe der ökumenischen Theologie heute.

3. Einheit heißt nicht Gleichförmigkeit

Das andere Themenfeld der ökumenischen Theologie, das ich hier ansprechen möchte, ist die alte Frage nach der Einheit der Kirche. Diese Frage ist sehr umstritten in der ökumenischen Theologie der Gegenwart. Ich erwähne nur als Beispiel die neue gemeinsame Erklärung des Ökumenischen Rats der Kirchen. Das Dokument heißt: „Die Kirche: Auf dem Weg zu einer gemeinsamen Vision." Als Konvergenzerklärung wurde es im Juni 2012 in Penang Malaysia einstimmig angenommen. Hier wurde ein gemeinsames Verständnis der Kirche formuliert. In diesem Dokument sieht man, wie umstritten die Frage nach der Einheit der Kirche eigentlich ist. Dort heißt es, „dass manche die Kirche Christi ausschließlich mit ihrer eigenen Gemeinschaft identifizieren [...], während andere unterschiedliche Arten von Bündnissen eingegangen sind. Noch andere glauben, dass sich die Kirche Christi in allen Gemeinschaften findet, die einen überzeugenden Anspruch erheben, christlich zu sein, während andere daran festhalten, dass die Kirche Christi unsichtbar ist und während dieser irdischen Pilgerreise nicht angemessen identifiziert werden kann."[11] Das Thema wurde im Jahr 2013 in der Vollversammlung des Weltkirchenrats in Busan/Korea wieder aufgenommen. Hier entstand auch eine neue Erklärung zur Einheit der Kirche. Der Titel dieser Erklärung lautet: „Gottes Gabe und Ruf zur Einheit – und unser Engagement." Das Verständnis der Einheit der Kirche wird hier auch thematisiert: „Einheit der Kirche heißt nicht Uniformität; auch Vielfalt ist eine

[10] *Philip Jenkins*, The New Faces of Christianity. Believing the Bible in the Global South, Oxford 2006.

[11] Ökumenischer Rat der Kirchen, Die Kirche. Auf dem Weg zu einer gemeinsamen Vision. Studie der Kommission für Glaube und Kirchenverfassung, No. 214, Genf 2013, S. 5.

Gabe, sie ist kreativ und spendet Leben. Aber die Vielfalt darf nicht so groß sein, dass die Menschen in Christus sich fremd oder zu Feinden werden und so der vereinenden Wirklichkeit des Lebens in Christus schaden."[12]

In diesen Dokumenten sieht man, dass die klassische Frage der alten ökumenischen Bewegung eine große Herausforderung der Gegenwart bleibt. Was sagt die ökumenische Theologie zu dieser dogmatischen Frage nach der Einheit der Kirche? Wie können wir die „Vielfalt" positiv bewerten, ohne, dass „Menschen in Christus sich fremd oder zu Feinden werden"? Man muss das Rad heute nicht neu erfinden. Es gibt viele große Errungenschaften aus der ökumenischen Bewegung, die uns heute helfen können. Abschließend möchte ich die Impulse der Leuenberger Konkordie aus dem Jahr 1973 für die ökumenische Zukunft erwähnen. Mit dieser Konzeption der Einheit der Kirche kann man die Einheit multidimensional verstehen. Wenn die Einheit der Kirche in Verschiedenheit verstanden wird, können sich die verschiedenen Kirchen, die schon in Gemeinschaft sind, hin zu einer Kirchengemeinschaft entwickeln.[13] Papst Franziskus lässt Hoffnung auf solch eine Kirchengemeinschaft aufkommen. Am 22. Juni 2015 in Turin sagte er, als er um Vergebung bei den Waldensern bat: „Die Einheit, die Frucht des Heiligen Geistes ist, bedeutet nicht Gleichförmigkeit. Denn die Brüder sind durch denselben Ursprung vereint, aber sie sind nicht identisch."[14] Der 7. Artikel der *Confessio Augustana* ist auch ein wichtiger Impuls in diesem Zusammenhang: „es ist nicht nötig zu wahrer Einigkeit der christlichen Kirche, dass allenthalben gleichförmige Zeremonien, von den Menschen eingesetzt, gehalten werden".

Eine polyphone Kirchengemeinschaft der verschiedenen Kirchen wäre nicht nur biblisch und dogmatisch fundiert, sie wäre auch eine pragmatische Lösung der Herausforderungen der Gegenwart. Die ursprünglichen Aufgaben und Zielsetzungen der ökumenischen Bewegung, nämlich ein Streben nach mehr Einheit der Christenheit, bleibt ein unvollendetes Projekt. Die ökumenische Theologie sollte diese Arbeit fortsetzen, auch wenn der gesellschaftliche und kulturelle Druck nachgelassen hat.

[12] Ökumenischer Rat der Kirchen, Gottes Gabe und Ruf zu Einheit – und unser Engagement. Erklärung zur Einheit der 10. Vollversammlung des ÖRK vom 6. November 2013, Busan, Republik Korea, Dokument Nr. PRC 01.1, Genf 2013, S. 3. Vgl. *Hans-Georg Link, Dagmar Heller, Konrad Raiser* und *Barbara Rudolph* (Hgg.), „Gott des Lebens, weise uns den Weg zu Gerechtigkeit und Frieden": offizieller Bericht der Zehnten Vollversammlung des Ökumenischen Rates der Kirchen vom 30. Oktober bis 8. November 2013 in Busan, Leipzig 2014, S. 66–74.

[13] Vgl. *Vicco von Bülow* u.a. (Hg.), Kirche in Gemeinschaft – Kirchengemeinschaft?: Impulse der Leuenberger Konkordie für die ökumenische Zukunft, Neukirchen-Vluyn 2014.

[14] *Papst Franziskus*, Pastoralbesuch von Papst Franziskus in Turin, Besuch der Waldenserkirche. Ansprache des Heiligen Vaters. Corso Vittorio Emanuele II, Montag, 22. Juni 2015; vgl. *Cyprian von Karthago*, Über die Einheit der katholischen Kirche (De catholicae ecclesiae unitate), Kap. 4, in: Des heiligen Kirchenvaters Caecilius Cyprianus sämtliche Schriften, übers. von Julius Baer (Bibliothek der Kirchenväter, 1. Reihe, Band 34) München 1918.

Dirk-Martin Grube

SCHWÖBELS THESEN ZUM RELIGIÖSEN PLURALISMUS UND SEINE KRITIK AN JOHN HICK

Mit Dankbarkeit denke ich an die Zeit zurück, in der ich als wissenschaftlicher Assistent bei Christoph Schwöbel an der Christian-Albrechts-Universität zu Kiel von 1993 bis 1997 gearbeitet habe: Als sein erster Habilitand habe ich von seinem scharfsinnigen feedback und seinen vielen Anregungen[1] außerordentlich profitieren können. Seine Fähigkeiten, Verbindungen zwischen profunder systematisch theologischer Sachkenntnis und der Philosophie herzustellen sowie die, ohne Umschweife den Kern der jeweils zur Verhandlung stehenden Problemstellung erfassen zu können, sind mir als vorbildlich in Erinnerung geblieben. An diesen Fähigkeiten orientiere ich mich auch heute noch bei der Betreuung von Promotionen.

Später haben sich unsere Karrierewege getrennt: Während Schwöbel im deutschen Kontext im systematisch theologischen Bereich tätig war und ist, arbeite ich seit 1997 in den Niederlanden. Da in den Niederlanden das Verhältnis zwischen Staat und Kirche anders geregelt ist als in Deutschland, bewege ich mich vor allem im Bereich der Religionsphilosophie und nicht so sehr dem der systematischen Theologie im eigentlichen Sinn des Wortes. Trotzdem nehme ich gerne weiterhin Schwöbels systematisch theologische Abhandlungen zur Kenntnis und denke, dass auch Religionsphilosophen diese mit Gewinn lesen können.

Die Gelegenheit, einen Beitrag zur Festschrift anlässlich von Schwöbels 60. Geburtstag zu schreiben, möchte ich dazu verwenden, einen lange gehegten Wunsch Wirklichkeit werden zu lassen: Ich möchte mit ihm über seine Thesen zum religiösen Pluralismus ins Gespräch kommen – beziehungsweise, wie ich es als Inhaber der Professur für Religious Diversity and the Epistemology of Theology/Religion ausdrücken möchte, über seine Thesen zur Vielfalt der Religionen.[2]

Seine Thesen kulminieren in der Betonung, dass der Ausgangspunkt zur Bestimmung des Verhältnisses der Religionen *innerhalb statt außerhalb* der konkreten Religionen gesucht werden sollte. Meines Wissens hat Schwöbel diese Betonung der religiösen Binnenper-

[1] Vgl. dazu auch die Dankbezeugung in der aus der Habilitation entstandenen Monographie *D.-M. Grube*, Unbegründbarkeit Gottes? Paul Tillichs und Karl Barths Erkenntnistheorien im Horizont der gegenwärtigen Philosophie, Marburger Theologische Studien 51, Marburg 1998, viii–ix.

[2] Ich hege größere Skepsis gegenüber der Verwendung des Pluralismusbegriffs als Schwöbel. Diese ist durch verschiedene Faktoren verursacht. Zu diesen gehören zum einen die Kritik, der Pluralismusbegriff gäbe der „logic of European hegemony…a new lease“ (*T. Masuzawa*, The invention of world religions: or, how European universalism was preserved in the language of pluralism, Chicago 2005, xiv) und zum zweiten die verbreitete Kritik am Dreier-Schema „Exklusivismus/Inklusivismus/Pluralismus“, wie sie etwa in der heutigen Interkulturellen Theologie gepflegt wird (vgl. dazu auch meine „diskursanalytische“ Kritik in Die christologische Relativierung absoluter Geltungsansprüche. Zu Paul Tillichs Auseinandersetzung mit den nicht-christlichen Religionen und der Unterscheidung zwischen Exklusivismus, Inklusivismus und Pluralismus, in: *C. Danz, W. Schüßler und E. Sturm* (Hg.), Religionstheologie und interreligiöser Dialog, Internationales Jahrbuch für die Tillich-Forschung 5/2009, Wien/Münster 2010, 109–128, hier 119ff. Im Folgenden verwende ich den Pluralismusbegriff denn auch nur bei der Wiedergabe von Schwöbels Thesen.

spektiven als einer der ersten vertreten: Sie kommt deutlich im Aufsatz „Talking over the Fence. From Toleration to Dialogue“[3] von 2003 zum Vorschein und ist in "Particularity, Universality, and the Religions"[4] von 1990 zumindest schon ansatzweise vorhanden. Ich habe hier in den Niederlanden verschiedene Masterkurse über „Pluralismus“ gegeben, in denen ich Schwöbels Ansatz als Gegenmodell zu John Hicks Ansatz vorgestellt habe und darf sagen, dass Schwöbels Ansatz auf großes Interesse gestoßen ist.

Meines Erachtens ist Schwöbels Betonung, dass der interreligiöse Dialog nicht aus einer Perspektive über oder neben den Religionen zu führen ist, sondern aus den verschiedenen religiösen Binnenperspektiven selbst, zukunftsweisend. Sie stellt eine sinnvolle Alternative zur seit der Aufklärung vorherrschenden Idee dar, dass religiöse Toleranz nur erreicht werden kann, wenn die jeweiligen religiösen Binnenperspektiven weit möglichst aufgegeben werden. Diese Alternative sollte weiter ausgearbeitet und ihre Folgen für die Problemstellungen, die heutzutage unter dem Stichwort „religiöse Diversität“ behandelt werden, genauer ausgearbeitet werden. Zu diesen Folgen gehören meines Erachtens unter anderem die folgenden Problemstellungen:

- Die Frage, welche Funktion der interreligiöse Dialog genau hat und damit verbunden, welche Funktion Argumente innerhalb dieses Dialogs haben,
- politische Fragestellungen wie etwa die nach dem Verhältnis zwischen Säkularismus und den konkreten Religionen
- und philosophische Fragen wie die, wie Differenz gedacht werden kann, ohne in das postmodernistische Extrem einer Feier der Differenz allein um der Differenz willen zu verfallen.

Zwar werden diese Probleme nicht einfach gelöst durch einen „Paradigmenwechsel“ von einem aufklärerischen zu einem Paradigma wie dem Schwöbels. Doch erhalten sie eine neue Gestalt. So besteht zum Beispiel die Funktion des interreligiösen Dialogs im neuen Paradigma nicht darin, weit möglichst Übereinstimmungen zwischen den Religionen zu erheben sondern zu überlegen, wie konstruktiv mit Differenz umgegangen werden kann.

Meinen eigenen Ansatz zur Bestimmung des Verhältnisses der Religionen habe ich unter dem Stichwort „gerechtfertigte religiöse Differenz“ zusammengefasst (s. unten, 3 E). Dieser Ansatz ist von Schwöbels Ablehnung aller Versuche, den interreligiösen Dialog von einem Standpunkt außerhalb aller konkreten Religionen zu führen, beeinflusst. Die Frage, die ich am Ende stellen werde, ist, wie sich dieser Ansatz zu dem Schwöbels genau verhält.

Doch zunächst gehe ich auf Schwöbels grundsätzliches Anliegen und auf Hicks Pluralismus ein, danach auf Schwöbels Kritik an diesem. Daraufhin rekonstruiere ich die Konturen von Schwöbels religionstheologischem Ansatz als Fortsetzung von dessen Kritik an Hick, um schließlich sowohl Hicks wie auch Schwöbels Ansatz kritisch zu würdigen.

[3] *C. Schwöbel,* Talking over the Fence. From Toleration to Dialogue, in: NZSTh 45 (2003), 115–130.

[4] *C. Schwöbel,* Particularity, Universality, and the Religions, in: Christian Uniqueness Reconsidered. The Myth of a Pluralistic Theology of Religions, ed. *G. D'Costa,* New York 1990, 30–46.

Einleitung

Christoph Schwöbel bestimmt den „religiös-weltanschaulichen Pluralismus“ als „das bestimmende Kennzeichen der religiösen Situation der Zeit“, als „Signatur unserer Lebenswelt“.[5] Er selbst ist vor allem in seiner Zeit in London mit der Vielfalt der Religionen konfrontiert worden. Durch diese Konfrontation erhielten die Impulse seines Lehrers Carl Heinz Ratschow und dessen Betonung, dass „die Theologie der Religionen nicht ein Teilgebiet der theologischen Arbeit ist, sondern in allen theologischen Disziplinen zum Zentralbestand theologischer Aufgaben gehört“[6], neue Relevanz.

Als Ausgangspunkt seiner Überlegungen zum Verhältnis der Religionen nimmt Schwöbel Hicks Pluralismus. Dieser dient ihm als negative Hintergrundfolie, vor dem er seinen eigenen religionstheologischen Ansatz positiv profiliert. So wirft er zum Beispiel Hicks Pluralismus vor, Schwierigkeiten zu haben, eine angemessene Basis für den interreligiösen Dialog bereitzustellen. Auch besitze dieser „monistischen Charakter“, der die Besonderheiten der spezifischen Religionen nivelliert. Schwöbel konzeptioniert seinen Ansatz explizit als Gegenposition zu dem Hicks.

Deshalb ist es sinnvoll, die Kernpunkte von Hicks Pluralismus zusammenzufassen. Dieser Aufgabe wende ich mich im Folgenden zu.

1. Grundsätzliche Charakterisierung von Hicks pluralistischer Religionstheorie

Hicks Ansatz stellt die bei weitem bekannteste pluralistische Religionstheorie dar. Diese hat er in verschiedenen Publikationen dargelegt. Systematisch entfaltet und verteidigt wird sie in der 1989 erstmals publizierten und seitdem mehrmals aufgelegten Monographie „An Interpretation of Religion“.[7] Die grundlegende These darin ist, dass die Religionen, so, wie wir sie vorfinden, Manifestationen einer noch dahinter liegenden Größe sind. Diese bezeichnet Hick als „Real an sich“, deren Manifestationen in den Religionen als „Real as humanly thought-and-experienced“. Der Kern seiner pluralistischen These besteht darin, dass „the great world faiths embody different perceptions and conceptions of, and correspondingly different responses to, the Real from within the major variant ways of being human […]”[8]

Die religiösen menschlichen Erfahrungen zielen demnach nicht ins Leere, stellen also nicht nur Projektionen menschlicher Wünsche oder ähnliches dar, sondern basieren auf besagtem „Real an sich“. Doch die Weise, in der sie auf diesem Real basieren, ist vergleichbar mit der, in der wir nach Kant die externe Welt erfahren (in Hicks Kant-Interpretation): „[…] by informational input from external reality being interpreted by

[5] *C. Schwöbel*, Christlicher Glaube im Pluralismus. Studien zu einer Theologie der Kultur, Tübingen 2003, vii.

[6] *Schwöbel*, Christlicher Glaube, ix.

[7] *J. Hick*, An Interpretation of Religion. Human Responses to the Transcendent, Basingstoke/New York ²2004. Ursprünglich ist diese Monographie aber 1989 erschienen und liegt Schwöbels Kritik an Hick seit 1990 zu Grunde.

[8] *Hick*, Interpretation, 239f.

the mind in terms of its own categorical scheme and thus coming to consicousness as meaningful phenomenal experience.“[9]

Die verschiedenen religiösen Sprachen „each refer to a divine phenomenon or configuration of divine phenomena“.[10] Das gilt sowohl für Religionen, die ein personales Gottesbild vertreten, als auch für solche, die ein nicht-personales Gottesbild[11] vertreten.

Genauer gesagt, beziehen sich die religiösen Erscheinungsformen, die sich seit dem „axial age“ gebildet haben, auf dieses „Real an sich“. Hick übernimmt den Begriff der „Achsenzeit“ von Karl Jaspers und meint damit das religiöse Bewusstsein, das sich von ungefähr 800 bis 200 vor Christus gebildet hat: In dieser Zeit findet eine Entwicklung von archaischen Formen der Religion zu solchen statt, die ein Erlösungs- oder Befreiungsbewusstsein[12] haben. Dieses Erlösungs- oder Befreiungsbewusstsein entdeckt Hick sowohl bei den indischen Religionen, also dem Hinduismus, Buddhismus und Jainismus, wie auch bei den semitischen Religionen, also dem Judentum, dem Christentum und dem Islam.[13]

Funktional dient das „Real an sich“ bei Hick also dazu, exklusivistische Wahrheitsansprüche[14] der empirischen Religionen zu relativieren: Keine kann beanspruchen, dieses „Real an sich“ erschöpfend erfassen zu können. Das Bewusstsein, dass die eigene Religion nur eine Erscheinung des „Real an sich“ darstellt und nicht dieses selbst, führt zur Zurückhaltung bei der Formulierung der eigenen religiösen Ansprüche: Exklusivistische Ansprüche werden von vornherein ausgeschlossen, da nach Hick alle religiösen Ansprüche im Bewusstsein zu formulieren sind, dass sie nur einer unter verschiedenen menschlichen Wegen sind, das eigentlich unerkennbare „Real an sich“ auf den Begriff zu bringen.

Auf die kritische Rückfrage, warum denn nun ein „Real an sich“ zu postulieren sei, wenn es doch unerkennbar ist, antwortet Hick es sei „a necessary postulate of the pluralistic religious life of humanity […], the *presupposition of the veridical character of this range of forms of religious experience.* Without this postulate we should be left with a plurality of *personae* and *impersonae* each of which is claimed to be the Ultimate, but no one of which alone can be. We should either have to regard all the reported experiences as illusory or else return to the confessional position in which we affirm the authenticity of our own

[9] *Hick*, Interpretation, 243.

[10] *Hick*, Interpretation, 246.

[11] Vgl. *Hick*, Interpretation, 246ff.

[12] „…[R]eligions of salvation or liberation“ (*Hick*, Interpretation, 29).

[13] Vgl. *Hick*, Interpretation, 56ff.

[14] Dabei sei noch angefügt, dass Hick die Unterscheidung zwischen exklusivistischen Wahrheits- und Erlösungsansprüchen nicht in der Schärfe durchführt, in der sie in der heutigen Diskussion zur Sache durchgeführt wird (exemplarisch bei *McKim*, On religious diversity, Oxford 2012, 14–34 (zum Wahrheitsexklusivismus) und 72–100 (zum Erlösungsexklusivismus). Bei einer genaueren Analyse der Entwicklung von Hicks Ansatz wäre meines Erachtens die Frage sinnvoll, ob in früheren Beiträgen wie „Jesus and the World Religions“ (in: *J.Hick* (Hg.) The Myth of God Incarnate, London [6]1993, ursprünglich 1977), 167–185) ein Erlösungsexklusivismus im Mittelpunkt der Diskussion steht, während später, also vor allem in *Interpretation*, ein Wahrheitsexklusivismus in den Mittelpunkt rückt. Diese Frage ist insofern sinnvoll, als die Beziehungen zwischen beiden Arten des Exklusivismus komplex sind und es nicht automatisch so ist, dass ein Wahrheitsexklusivismus auch einen Erlösungsexklusivismus impliziert. In diesem Beitrag kann ich allerdings auf diese Unterscheidung nicht weiter eingehen, da es hier nicht eigentlich um Hicks Ansatz und dessen Entwicklung geht.

stream of religious experience whilst dismissing as illusory those occurring within other traditions."[15]

2. *Schwöbels Kritik an Hick: "Mehr Religion statt weniger"*

Die erste Kritik Schwöbels an Hicks Pluralismus stellt der oben schon genannte Aufsatz „Particularity" dar, der ursprünglich als Beitrag zu Gavin D'Costas Sammelband „Christian Uniqueness Reconsidered. The Myth of a Pluralistic Theology" erschienen ist.[16] Dieser Sammelband ist als Gegenschrift zu Hicks programmatischem aber auch sehr umstrittenen Sammelband „The Myth of Christian Uniqueness" gedacht.

Schwöbel konzipiert Hicks Pluralismus hier als genauen Gegenpol zum Exklusivismus, also der Anschauung, dass es nur eine Wahrheit gibt – nämlich die der eigenen Religion – beziehungsweise, dass nur die eigene Religion Erlösung oder Heil bietet. Dabei hält er fest, dass sowohl der Exklusivismus wie auch Hick Schwierigkeiten haben, eine angemessene Basis für den interreligiösen Dialog bereitzustellen. Zwar ist es gerade eine der treibenden Intentionen des Pluralismus, diesen Dialog ernsthaft führen zu wollen statt ihn in exklusivistischer Weise als Deckmantel für missionarische Aktivitäten zu gebrauchen. Doch hat er Schwierigkeiten, dieser Intention gerecht zu werden, weil er in der Gefahr steht, die Wahrheitsansprüche der religiösen Binnenperspektiven zu suspendieren. Statt eines Dialogs der Religionen entsteht ein „Dialog der kulturellen Traditionen", der auf der „Grundlage von Prinzipien wie universale Toleranz und Respekt geführt werden soll, deren Basis aber häufig nicht in den Religionen selbst gesehen wird, sondern in einer umfassenden humanistischen Kritik aller Religionen".[17]

In seinem späteren Beitrag „Solus Christus? Zur Frage der Einzigartigkeit Jesu Christi im Kontext des interreligiösen Dialogs"[18] geht Schwöbel auf Hicks Umgang mit den Lehraussagen der Christologie ein: Nach Hick bringen diese „eine Art praktischer Wahrheit zum Ausdruck, die in der angemessenen Einstellung ihrem Objekt gegenüber besteht".[19] Diese Anwendung von Hicks Ansatz auf die Christologie zeigt nach Schwöbel, dass dieser „den interreligiösen Dialog im Grunde genommen unnötig macht, denn in den anderen Religionen gibt es nur genauso viel oder genauso wenig zu erfahren wie in der eigenen."[20] Zudem wird die Bedeutung des interreligiösen Dialogs für die Handlungsorientierung unterlaufen, da „a priori festgestellt wird, daß allein die Früchte, nicht aber ihr Wurzelgrund im Glauben für die ethische Orientierung von Gewicht ist."[21]

Des Weiteren wirft Schwöbel Pluralisten wie Hick einen „radikal monistische[n] Charakter" vor, da die „differente Besonderheit der spezifischen Religionen [...] religions-

[15] *Hick*, Interpretation, 249.

[16] Im Folgenden zitiere ich diesen nach der deutschen Übersetzung „Partikularität, Universalität und die Religionen. Auf dem Weg zu einer christlichen Theologie der Religionen" (in: *Schwöbel*, Christlicher Glaube, 133–156).

[17] *Schwöbel*, Christlicher Glaube, 137.

[18] *Schwöbel*, Christlicher Glaube, 178–216.

[19] *Schwöbel*, Christlicher Glaube, 191 (zitiert aus *Hick*, Jesus und die Weltreligionen, der Übersetzung von Jesus and the World Religions (s. o., Anm. 14)).

[20] *Schwöbel*, Christlicher Glaube, 191.

[21] *Schwöbel*, Christlicher Glaube, 191.

theologisch aufgehoben" und die „radikale Perspektivität der Wahrheitsgewißheit [in den einzelnen Religionen] erkenntnistheoretisch aufgehoben" wird.[22] Damit wird nicht nur die Logik der religiösen Binnenperspektiven verfehlt, sondern auch „alle Versuche ignoriert, den bei Kant auftretenden Dualismus zwischen den Dingen an sich und der Welt der Erscheinungen zu überwinden, die hinter den großen philosophischen Konzeptionen des 19. und 20. Jahrhunderts vom Idealismus bis zur Phänomenologie stehen."[23]

Wie angedeutet, verwendet Schwöbel seine Kritik an Hick als Negativfolie, vor der er seinen eigenen Ansatz entfaltet. Was kennzeichnet diesen nun in positiver oder konstruktiver Hinsicht?

Schwöbel entfaltet seinen Ansatz programmatisch in „Talking over the Fence", einem Beitrag zu Ehren von John Claytons 60. Geburtstag. Dessen Kern kann in einem Zitat zusammengefasst werden, das Schwöbel von Clayton übernimmt: „Clarification of defensible difference, not identification of ‚common ground'":[24] Gegenüber der vor allem bei religionstheologischen Pluralisten vorherrschenden Neigung, das Gemeinsame zwischen den Religionen zu betonen, wird hier die Möglichkeit unhintergehbarer Differenz hervorgehoben. Hier liegt der entscheidende Unterschied zwischen Ansätzen wie Claytons und Schwöbels und der Aufklärung verpflichteten Ansätzen: Letztere versuchen, einen „common ground", einen gemeinsamen Nenner, zu etablieren, der religiöse Toleranz ermöglichen soll. Als Mittel dazu dient die Unterscheidung zwischen „öffentlich" und „privat": Glaubensüberzeugungen werden in den Privatbereich verbannt, der öffentliche Bereich dagegen wird von allen religiösen Überzeugungen frei gehalten. Auf diese Weise will man das Konfliktpotential konkurrierender religiöser Überzeugungen sozialpolitisch unschädlich machen.[25]

Dagegen führt Schwöbel an, dass eine derartige Privatisierung dem Selbstverständnis der Religionen nicht gerecht wird. „Toleration based on the privatisation of religious beliefs and practices [...] is a highly intolerant attitude towards the self-understanding of religious communities."[26] Gegenüber allen aufklärerischen Versuchen, religiöse Toleranz auf einem von vornherein feststehenden „common ground" außerhalb der Religionen zu basieren, insistiert Schwöbel darauf, diese *innerhalb* der Religionen zu suchen: Die verschiedenen religiösen Traditionen sollten ihre eigenen, binnenperspektivischen Ressourcen zur Toleranzmaximierung aktivieren.[27]

So verschieden wie diese auch sein mögen, so haben sie doch alle gemeinsam, dass sie von sich selbst weg weisen zu Gott als dem Ermöglichungsgrund aller Wahrheit und gerechtfertigtem ethischem Handeln. „They interpret themselves as being relative to God as the ultimate source and final boundary of their faith". Diese Sichtweise, die eigene (Wahrheits)ansprüche auf Gott hin relativiert, ermöglicht Toleranz: „Seeing themselves as relative in relation to God prevents them [die religiösen Binnenperspektiven], or at

[22] Alle Zitate aus *Schwöbel*, Christlicher Glaube, 191.

[23] *Schwöbel*, Christlicher Glaube, 191.

[24] *Schwöbel*, Fence, 116.

[25] Vgl. *Schwöbel*, Fence, 119ff.

[26] *Schwöbel*, Fence, 120.

[27] Vgl. zu Beispielen wie der *iustificatio impii* – für das (protestantische) Christentum – oder der Gottesebenbildlichkeit – für das Judentum, *Schwöbel*, Fence, 121f. S. dazu auch den Sammelband *C. Schwöbel/D. v. Tippelskirch* (Hg.), Die religiösen Wurzeln der Toleranz, Freiburg 2002.

least should prevent them, of absolutizing their own belief-system and code of practice."[28] Die Relativierung eigener Geltungsansprüche im Horizont der Ansprüche Gottes[29] ermöglicht also „epistemische Bescheidenheit"[30], Zurückhaltung bei der Formulierung eigener Absolutheitsansprüche.

Auf der Basis verschiedener religiöser Binnenperspektiven kann dann eine Kommunikation stattfinden, die nicht nur Toleranz ermöglicht sondern einen wirklichen *Dialog*: Während Toleranz die Gefahr eines beziehungslosen Nebeneinanders beinhaltet, besteht ein Dialog in einer Auseinandersetzung mit dem Anderen, die ein echtes Interesse an der Andersheit des oder der Anderen besitzt.[31]

Zusammenfassen lässt sich Schwöbels aufklärungskritische Haltung mit Hilfe der Umkehrung der Gleichung, die aufklärerisches Denken grundsätzlich prägt, nämlich

mehr Toleranz = weniger Religion.

Dagegen betont Schwöbel die Gleichung

mehr Toleranz = mehr Religion.[32]

3. Kritische Würdigung von Hick und Schwöbel

Trotz aller Differenzen ist zunächst festzuhalten, dass Hick, genau wie Schwöbel, geprägt ist von den Erfahrungen mit gelebter Religionspluralität in England: Einer der entscheidenden Impulse für Hicks Pluralismus waren die Erfahrungen, die er in seiner Zeit in Birmingham gesammelt hat, also der englischen Stadt, die durch die Einwanderungen vor allem aus Afghanistan und Pakistan zum Sinnbild von Interreligiösität und –kulturalität geworden ist. Hick stellt sich gegen rassistische Vorurteile und tritt für ein multi-ethnisches und multi-religiöses Zusammenleben ein. Sein Pluralismus ist von diesen Erfahrungen geprägt und stellt den Versuch dar, einen konstruktiven Umgang mit Religionsvielfalt zu ermöglichen.

Die Intention, die hinter Hicks Pluralismus steht, ist meines Erachtens durchaus positiv zu würdigen: Er will zu einem respektvollen Umgang der Religionen miteinander anleiten.

[28] Alle Zitate aus *Schwöbel*, Fence, 122.

[29] Der Punkt, dass die eigenen Geltungsansprüche im Horizont der Wahrheit Gottes zu relativieren sind, wird in *Schwöbel*, Particularity, 150ff unter Rekurs auf Paul Tillichs Dämonenlehre und in *Schwöbel*: Solus Christus?, in: *Ders.*, Christlicher Glaube, 205f, unter Rekurs auf Carl Heinz Ratschows vergleichbare Thesen weiter ausgearbeitet.

[30] „[E]pistemic modesty" (*Schwöbel*, Fence, 122).

[31] Vgl. *Schwöbel*, Fence, 126ff.

[32] Vgl. *Schwöbel*, Fence, 121. Da hier nicht unmittelbar relevant, gehe ich nicht weiter auf Schwöbels Bemerkungen zur Rolle ein, die die Christologie im Rahmen des interreligiösen Dialogs spielen sollte. Doch möchte ich zumindest auf diese sehr interessanten Reflexionen, wie das scheinbar „sperrigste" christliche Lehrstück für den Dialog fruchtbar gemacht werden beziehungsweise gar einem „genuinen [...] Pluralismus aus Glauben" (*Schwöbel*, Solus Christus?, 211) förderlich sein kann, zumindest noch hinweisen (vgl. ebd., 207ff).

Allerdings teile ich insofern Schwöbels Kritik an Hick, als ich meine, dass dieser seine Intention mit den falschen Mitteln realisiert. Dieses möchte ich im Folgenden zeigen, in dem ich genauer auf die einzelnen Punkte von Schwöbels Kritik eingehe.

A) Ich teile Schwöbels Kritik, dass die Annahme eines „Real an sich", das noch einmal hinter den empirischen Religionen stehen soll, den Eigenansprüchen der Religionen nicht gerecht wird. Diese beanspruchen mehr, als dass ihr Gottesbild nur ein defizitärer Erscheinungsmodus eines dahinter liegenden „Real an sich" ist.

Aus religionsphilosophischer Sicht stellt allerdings die Tatsache, dass eine Rekonstruktion der Logik der religiösen Binnenperspektive deren Eigenansprüchen nicht gerecht wird, als solches noch kein durchschlagendes Argument gegen diese Rekonstruktion dar.[33] Aus dieser Sicht kann es möglicherweise Gründe für eine derartige Rekonstruktion geben, die schwerer wiegen, als der Versuch, den Eigenansprüchen der religiösen Binnenperspektive gerecht zu werden.

Wichtiger als die Frage, *ob* eine Rekonstruktion den betreffenden Eigenansprüchen gerecht wird, ist die Frage, *inwieweit* sie von diesen abweicht[34] und auf welchem Theoriehintergrund sie beruht. Zumindest wird ein religionsphilosophischer Ansatz, der den Anspruch vertritt, Religion gegenüber sensibel zu sein, versuchen, von den Eigenansprüchen der religiösen Binnenperspektiven nicht zu sehr abzuweichen.

Stellt Hicks Rekonstruktion der empirischen Religionen als menschlich-kultureller Ausdrucksformen des dahinter liegenden „Real an sich" eine zu weitgehende Abweichung dar? Die Antwort auf diese Frage hängt davon ab, wie man das Verhältnis zwischen „Real an sich" und positiver Religion konzipiert. Meine Vermutung ist, dass Hick aufgrund seines spezifischen Kant-Verständnisses dieses Verhältnis als relativ „innig" ansieht: Positive, also konkrete post-axiale Religionen „spiegeln" sozusagen das „Real an sich" in menschlich-kulturellen Ausdrucksformen wider. Einer *derartigen* Konzeption wird man nicht ohne weiteres eine zu weitgehende Verzerrung unterstellen dürfen.

Doch das Problem ist, dass eine derartige Konzeption unhaltbar ist. Das ist im nächsten Punkt zu zeigen, einer Analyse der Analogie, die Hick zwischen, einerseits, Kants Unterscheidung zwischen dem „Ding an sich" und seinen Erscheinungen und, andererseits, der Unterscheidung zwischen „Real an sich" und den positiven Religionen zieht.

B) Schwöbels Kritik, dass Hick die Versuche ignoriert, „den bei Kant auftretenden Dualismus zwischen den Dingen an sich und der Welt der Erscheinungen zu überwinden, die hinter den großen philosophischen Konzeptionen des 19. und 20. Jahrhunderts vom Idealismus bis zur Phänomenologie stehen" (s. oben) teile ich voll und ganz. Meiner Meinung nach potenziert Hick die Probleme, die schon in Kants Konzeption des „Ding an sich" gegeben sind, in dem er dieses in die Religionstheologie importiert. Da

[33] Im Übrigen meine ich auch, dass selbst systematisch theologisches Denken nicht ohne Rekonstruktionen auskommt – wenn diese auch weniger weitgehend sind als in der Religionsphilosophie.

[34] Ein Beispiel einer stark abweichenden Rekonstruktion ist eine non-kognitivistische Re-Interpretation, gemäß der binnenperspektivisch-religiöse Ansprüche in Geschichten eingekleidete Verhaltensregeln darstellen (so etwa *R. Braithwaite*, An Empiricist's View of the Nature of Religious Belief, in: *J. Hick* (Hg.), Classical and Contemporary Readings in the Philosophy of Religion, Englewood Cliffs 1970, 302–312 (Wiederabdruck von *R. Braithwaite*, An Empiricist's View of the Nature of Religious Belief, Cambridge 1955, 11–28 und 30–35)).

dieser Punkt in der Sekundärliteratur ausgiebig besprochen worden ist, fasse ich ihn hier nur kurz zusammen.

Wenn das „Real an sich" tatsächlich unerkennbar ist, dann kann auch nichts weiter darüber ausgesagt werden. Dann kann nicht sinnvollerweise behauptet werden, dass die post-axialen Weltreligionen Erscheinungen desselben sind. Ebenso gut könnten diese gar nichts mit dem „Real an sich" zu tun haben. Oder aber, eine bestimmte Religion könnte dessen Erscheinung darstellen, die anderen aber nicht. Oder gar die „vor-axialen" statt der heutigen, „post-axialen" Weltreligionen könnten Erscheinungen des „Real an sich" darstellen.

Um derartige Fälle auszuschließen, muss Hick ein zumindest minimales Wissen vom „Real an sich" voraussetzen. Die Voraussetzung eines derartigen Wissens ist aber mit der grundsätzlichen Charakterisierung des „Real an sich" in Analogie zu Kants „Ding an sich" nicht zu vereinbaren. Um ein derartiges Wissen zu erreichen, bedürfte es eines – um es in Hilary Putnams Nomenklatur auszudrücken (und in diesem Fall im wahrsten Sinn des Wortes gemeint)– „God's eye point of view". Stände aber ein derartiger Standpunkt Gottes zur Verfügung, bedürfte es des Postulats eines hinter allen Religionen stehenden „Real an sich" nicht mehr. Dann würde *dieser Standpunkt* die wahre Religion darstellen und wir täten gut daran, Anhänger dieser Religion zu werden. Damit wäre aber Hicks pluralistische Intention zunichte gemacht: Statt eine pluralistische Religionstheologie zu begründen hätte Hick eine neue Religion gegründet.

Hicks Argument, dass die Weltreligionen Erscheinungen eines „Real an sich" sind, ist also folgendem Dilemma ausgesetzt: *Entweder* setzt er ein wie minimal auch immer geartetes Wissen vom „Real an sich" voraus. Dann ist seine Argumentation aber zur Begründung einer pluralistischen Religionstheorie wertlos. Im Übrigen setzt er sich damit auch der Gegenfrage aus, wie er denn zu diesem Wissen gekommen ist, die er von seinen Voraussetzungen nicht mehr beantworten kann.

Oder aber, er behauptet die prinzipielle Unerkennbarkeit des „Real an sich". Dann aber kann er nicht sinnvollerweise behaupten, dass die Weltreligionen Erscheinungen desselben sind. Kurzum, die Art und Weise, in der Hick die Unterscheidung zwischen „Real an sich" und Erscheinungen zur Begründung einer pluralistischen Religionstheorie verwendet, ist einem unüberwindlichen Dilemma ausgesetzt.[35]

Dieses Dilemma kann auch nicht durch Hicks oben genannten Verweis umgangen werden, das Real sei „a necessary postulate of the pluralistic religious life of humanity"[36], stelle also ein notwendiges Postulat dar, um die Möglichkeit eines Pluralismus denken zu können. Denn entweder stellt dieser Verweis nur eine Zusammenfassung der vorherigen Argumentation dar und ist damit dem oben genannten Dilemma ausgesetzt. Oder er soll eine Art transzendentalen Erweis der Notwendigkeit von der Postulierung des „Real an sich" darstellen. Dann aber entfernt Hick sich nicht nur von Kant sondern von jeder Art sinnvoller transzendentaler Argumentation. Denn der Aufweis, dass b ein notwendiges

[35] Vgl. dazu des Genaueren meine Kritik an Hick in Die irreduzible Vielfalt der Religionen und die Einheit der Wahrheit, in: *C. Danz/F. Hermanni* (Hg.), Wahrheitsansprüche der Weltreligionen. Konturen gegenwärtiger Religionsphilosophie, Neukirchen 2006, 41–66, hier 45ff.

[36] Meine Aufmerksamkeit ist durch *R. Amesburys* Beitrag Religion as a Philosophical Problem: Historical and Conceptual Dilemmas in Contemporary Pluralistic Philosophy of Religion, in: *Sophia*, 53 (2014), 479–496, hier 491f, auf diesen Verweis in Hicks Monographie gelenkt worden. Amesbury verwendet diese Passage allerdings zu einer anders gearteten Kritik an Hicks Pluralismus als hier intendiert wird.

Postulat für die Möglichkeit von a ist, ist nur dann sinnvoll, wenn a eine nicht wegzudenkende Bedeutung hat. Ein Beispiel dafür ist die Möglichkeit (geordneter) Erkenntnis. Wenn aufgewiesen werden kann, dass b – was immer es sein mag –, zwingend postuliert werden muss, um geordnete Erkenntnis möglich zu machen, dann ist eine transzendentale Argumentation sinnvoll.

Doch wenn a in etwas besteht, das *nicht* zwingenderweise gedacht werden muss, dann ist der Aufweis, dass b notwendigerweise postuliert werden muss, wenn a möglich sein soll, als transzendentale Argumentation wertlos. So mag es etwa der Fall sein, dass ein deterministisches Weltbild eine notwendige Voraussetzung der Möglichkeit bestimmter Spielarten des Marxismus ist. Doch insofern nicht aufgewiesen werden kann, dass diese Spielarten zwingend sind, ist der Aufweis, dass ein deterministisches Weltbild deren notwendige Voraussetzung darstellt, als *transzendentale* Argumentation wertlos. Sie mag etwas über die Wertschätzung des Argumentierenden aussagen oder in anderer Hinsicht aufschlussreich sein, kann aber keinerlei transzendentale Gültigkeit im Sinn des Aufweises beanspruchen, dass b notwendig ist, um geordnete Erkenntnis denken zu können.

Dasselbe gilt auch im Falle Hicks: Sein Argument, dass das Postulat des „Real an sich" notwendig ist, um einen Pluralismus möglich zu machen, ist als transzendentales Argument wertlos: Insofern der Pluralismus nicht als zwingend notwendig aufgewiesen werden kann, sagt der Aufweis, dass das „Real an sich" dafür zu postulieren ist, lediglich etwas über Hicks persönliche Wertschätzung aus – dass er einen Pluralismus favorisiert. Doch zeigt es keineswegs, dass das „Real an sich" mit irgendeiner Art transzendentaler Notwendigkeit ausgestattet wäre.

Das Gegenargument gegen derartige „transzendentale" Argumente ist deutlich:

- Zwar mag gelten: wenn Pluralismus, dann ist es notwendig, ein „Real an sich" zu postulieren.
- Doch insofern ein Pluralismus nicht notwendig ist, besteht auch keine Notwendigkeit, dieses zu postulieren. Kurzum, kein Pluralismus, keine Notwendigkeit, ein „Real an sich" zu postulieren.

C) Bei Schwöbel dient die Kritik an Hicks Argumentation zugleich als Basis für eine umfassendere Kritik an dem aufklärerischen Umgang mit Religion. Dabei spielt die Kritik an der Privatisierung von Religion im Rahmen der aufklärerischen Unterscheidung zwischen öffentlich und privat eine zentrale Rolle, wie oben gezeigt.

Zwar stimme ich dieser Kritik durchaus zu. Doch frage ich mich, ob diese Unterscheidung wirklich kennzeichnend für *die* Aufklärung ist oder nicht hauptsächlich die US-amerikanische Aufklärung mit ihrer ganz eigenen religiösen Geschichte kennzeichnet.

Sicherlich ist die Unterscheidung zwischen „öffentlich" und „privat" in der europäischen Aufklärung nicht unbekannt und mag in der französischen Betonung der *laïcité* auch eine wichtige Rolle spielen. Doch ist meines Erachtens fraglich, ob sie dieselbe Rolle in der mittel- und nordeuropäischen Aufklärung spielt: Übernimmt nicht zum Beispiel in der deutschsprachigen Aufklärung das Konzept der *„natürlichen Religion"* wichtige Funktionen dessen, was in der US-amerikanischen Aufklärung die Unterscheidung zwischen „öffentlich" und „privat" leisten soll? „Natürliche Religion", verstanden als Schnittmenge zwischen verschiedenen Religionen beziehungsweise Denominationen, stellt den gesuchten *„common ground"* dar, der religiöse Toleranz garantieren soll.

Das Konstrukt „natürliche Religion" ist aus einer Abstrahierung von den Spezifika der konkreten Religionen beziehungsweise Denominationen entstanden und stellt die Schnittmenge dessen dar, was nach dem Wegstreichen aller „positiven" Elemente von Religion übrig bleibt. Es ist eine Folge der Religionskriege des 17. Jahrhunderts mit ihren verheerenden Auswirkungen auf Mitteleuropa: Durch den Rekurs auf einen gemeinsamen Nenner im religiösen Bereich wollte man die den sozial Frieden gefährdenden Konsequenzen religiöser Differenzen domestizieren. Es stellt also den Versuch dar, religiöse Toleranz durch die Betonung von Gemeinsamkeit zu ermöglichen.[37]

Mit diesen Bemerkungen geht es mir nicht darum, das Konstrukt einer „natürlichen Religion" zu verteidigen: Es stellt in meinen Augen „*religiöses Esperanto*" dar und ist genauso wenig lebensfähig wie es das Esperanto als Kunstsprache war. Doch meine Frage an Schwöbel ist vor allem historischer Art: Muss bei der Rekonstruktion der aufklärerischen Bemühungen um religiöse Toleranz neben der Unterscheidung zwischen „öffentlich" und „privat" nicht das Konstrukt „natürliche Religion" stärker berücksichtigt werden? Stellt dieses nicht ein Paradebeispiel dafür dar, wie versucht wird, Toleranz durch die Suche nach einem gemeinsamen Nenner, nach „common ground", zu ermöglichen?

Am Beispiel der natürlichen Religion kann meines Erachten der Zusammenhang zwischen Toleranz und Gemeinsamkeit, der seit der Aufklärung weitgehend unhinterfragt übernommen worden ist, paradigmatisch aufgezeigt werden. Es eignet sich besonders gut als Hintergrundfolie, vor dem die entgegengesetzte Position – *Toleranz trotz (oder gerade wegen) Differenz* – die Schwöbel und auch mir so wichtig ist, verdeutlich werden kann.

Als abschließende Bewertung möchte ich noch darauf verweisen, dass ich mich nicht so sehr gegen die Aufklärung als historische Bewegung stelle – möglicherweise weniger als es bei Schwöbel der Fall ist. Dass nach den traumatischen Erfahrungen mit religiöser Differenz im 17. Jahrhundert nach Gemeinsamkeiten gesucht wurde, scheint mir ein natürlicher Reflex zu sein, der keineswegs verwerflich ist. Mir geht es nicht so sehr um eine Kritik an den Aufklärern und ihren späteren Epigonen sondern um die Betonung, dass wir in der *heutigen* intellektuellen, kulturellen und politischen Situation eine Theorie benötigen, die konstruktiv mit Differenz umgehen kann statt nach wie vor nach Gemeinsamkeiten zwischen den Religionen zu suchen – wobei ich die heutige intellektuelle und kulturelle Situation als durch eine größere Akzeptanz (wenn nicht gar Betonung) von Differenz gekennzeichnet sehe und denke dabei an die multi-religiösen und -ethnischen Gesellschaften, in denen viele von uns Europäern heutzutage leben.

D) Obwohl der Ausgangspunkt von Schwöbels Argumentation eine Kritik an Hick darstellt, ist zu beachten, dass sein ausgearbeiteter Ansatz andere Probleme löst als die, die Hick vor Augen hat: Wie oben gezeigt, besteht Hicks zentrales Anliegen in einer Kri-

[37] Ohne hier genau darauf eingehen zu können, sei dabei noch angefügt, dass sich „natürliche Religion" in dem geistigen Klima der nordeuropäischen Aufklärung – die viel weniger prinzipiell religionsfeindlich war als etwa die französische – leichter mit „der" Vernunft verteidigen ließ als positive Religion mit ihrem Rekurs auf Offenbarungsansprüche. Insofern „die" Vernunft als eine gedacht war, konnte auch „natürliche Religion" nicht anders als eine sein – womit eine weitere Einebnung als sozialgefährdend angesehener religiöser Differenzen ermöglicht war (s. dazu auch etwa *C. Danz/U. Körtner*, Zur Einführung, in: Dies., Theologie der Religionen. Positionen und Perspektiven evangelischer Theologie, Neukirchen 2004, 1–13 sowie meinen Beitrag in diesem Band, Die Pluralität der Religionen in Lessings Ringparabel und die Unterscheidung zwischen Wahrheit und Rechtfertigung, 153–186, hier 154ff).

tik an allen exklusivistischen Ansprüchen. Gegenüber derjenigen, die exklusive Wahrheits- oder Erlösungsansprüche für ihren Glauben erhebt, weist er darauf, dass diese Ansprüche unbegründet sind, da sie sich lediglich auf eine „Erscheinung“ des „Real an sich“ berufen kann, aber nicht auf dieses selbst. Diese Argumentation ist nicht von bestimmten religiösen Perspektiven abhängig sondern – wenn valide – allgemein gültig.

Schwöbel kritisiert zwar auch den Exklusivismus. Doch ist das nicht sein zentrales Anliegen. Stattdessen weist er diesen zusammen mit pluralistischen Ansätzen wie denjenigen Hicks als unzutreffend zurück. Schwöbel ist vor allem daran gelegen, die aufklärerische Sichtweise, dass religiöse Toleranz nur durch das Verlassen der jeweiligen religiösen Binnenperspektiven erreicht werden kann, zu kritisieren. Im Gegensatz dazu betont er deren Bedeutung und insistiert in provokativem Kontrast mit der Aufklärung darauf, dass *gerade* durch das Einnehmen der jeweiligen religiösen Binnenperspektiven religiöse Toleranz erreicht werden kann – beziehungsweise, dass dadurch mehr als Toleranz, die oftmals nicht mehr als ein beziehungsloses Nebeneinander verschiedener Perspektiven bedeutet, erreicht werden kann, nämlich ein konstruktiver Dialog zwischen unterschiedlichen religiösen Perspektiven.[38]

In Übereinstimmung mit diesem Ansatz arbeitet Schwöbel die christlichen Ressourcen (s. oben, 2) heraus, die es ermöglichen, Toleranz auszuüben beziehungsweise einen konstruktiven Dialog zu führen. Des Weiteren weist er auch noch darauf hin, wo derartige Ressourcen im Judentum und Islam zu finden sein könnten.[39]

Der Unterscheid zu Hick, der sich durch diese Art der Argumentation ergibt, kann an Hand der Frage verdeutlicht werden, wie mit der Gläubigen umzugehen ist, die exklusivistische Ansprüche erhebt.

Hicks Antwort auf diese Frage ist deutlich: Hick insistiert darauf, dass diese Gläubige kein epistemisches Recht hat, derartige exklusivistische Ansprüche zu erheben. Doch wie sieht Schwöbels Antwort auf diese Frage aus?

Schwöbel wird auf die christlichen Ressourcen zur Toleranz verweisen. Wenn die Gläubige Christin ist, wird das ein überzeugendes Argument für sie darstellen. Doch wenn diese Gläubige keine Christin ist, überzeugen derartige Argumente sie nicht.

Durch diesen Vergleich will ich nun nicht zu guter Letzt doch Hick den Vorzug vor Schwöbel geben. Wie oben gezeigt, denke auch ich, dass Hicks Pluralismus problematisch ist. Doch wenn wir uns die argumentativen *Intentionen* ansehen, besitzt Hick aus der hier vertretenen Perspektive einen Vorteil gegenüber Schwöbel: Er kann auch der toleranzunwilligen Gläubigen deutlich machen, dass sie tolerant sein *sollte.* Aufgrund seines philosophischen Ansatzpunktes besitzt er allgemeine normative Ressourcen, die Schwöbel aufgrund seines Ansatzpunktes bei den religiösen Binnenperspektiven nicht besitzen kann. Die Frage, die ich mir deshalb stelle, ist, ob es nicht eine Möglichkeit gibt, diese allgemeinen Ressourcen festzuhalten, ohne auf Hicks problematische Unterscheidung zwischen „Real an sich“ und (religiösen) Erscheinungen zurückgreifen zu müssen.

Dabei sei noch einmal explizit auf die obige Bemerkung hingewiesen, dass ich aus religions*philosophischer* Perspektive argumentiere: Aus *dieser* Perspektive stellt der Besitz allgemeiner normativer Ressourcen einen Vorteil dar. Da Schwöbel aber aus anderer Per-

[38] Vgl. *Schwöbel*, Fence, 119ff.
[39] Vgl. *Schwöbel*, Fence, 121ff.

spektive argumentiert, ist ihm kein Vorwurf daraus zu machen, dass er am Besitz allgemeiner normativer Ressourcen weniger Interesse hat.

Aus religionsphilosophischer Perspektive ist diese Frage allerdings insofern drängend, als mit ihr bestimmte sozialpolitische Konsequenzen verbunden sind. Zum Beispiel in einem weitgehend säkularisierten Land wie den Niederlanden, in denen der Rekurs auf religiöse Binnenperspektiven sozialpolitisch weitgehend irrelevant ist, stellt sich die Frage, ob es allgemeine normative Ressourcen für religiöse Toleranz gibt.

Der Wunsch, diese zu entwickeln ohne auf die aufklärerische Suche nach einem gemeinsamen Nenner und ohne auf problematische pluralistische Konstrukte wie diejenigen Hicks zurückgreifen zu müssen, liegt dem Ansatz, den ich favorisiere, zu Grunde. Auf diesen gehe ich abschließend ein und frage am Ende nach dessen Verhältnis zu Schwöbels Ansatz.

E) Den Ansatz, den ich favorisiere, bezeichne ich als „gerechtfertige religiöse Differenz".[40] Sein Ausgangspunkt besteht in einer Aufnahme der Kritik am Bivalenzprinzip, also dem logischen Prinzip, dass bestimmte Arten von Aussagen nur *entweder* wahr *oder* falsch sein können. Diesem Prinzip zufolge bestehen außer diesen beiden Wahrheitswerten keine weiteren logischen Werte. Die Konsequenz der Anwendung dieses Prinzips ist, dass das Differente notwendigerweise als falsch abgewertet werden muss. Der Grund ist eben, dass, wenn A von B differiert und A wahr ist, B notwendig falsch sein muss.

Im interreligiösen Dialog wird vielfach explizit oder implizit das Bivalenzprinzip vorausgesetzt. Das ist der Grund, warum Pluralisten und andere Kritiker eines Exklusivismus unter allen Umständen Gemeinsamkeiten zwischen den Religionen postulieren wollen. Doch wird genau dadurch der interreligiöse Dialog unter Druck gesetzt: Der interreligiöse Dialog *muss* das Ergebnis zeitigen, dass die verschiedenen Religionen an zentralen Punkten Gemeinsamkeiten besitzen – anderenfalls verliert der Pluralismus seine raison d'etre. Dieser Druck führt oftmals zu gekünstelten Versuchen, Gemeinsamkeiten zwischen den Religionen zu kreieren.

Um diesen Druck auf den interreligiösen Dialog und die gekünstelten Versuche, Gemeinsamkeiten zu kreieren, zu vermeiden, schlage ich vor, das Bivalenzprinzip in Erkenntnisbereichen wie dem religiösen aufzugeben. Im Einklang mit wichtigen Strömungen in der heutigen Erkenntnistheorie ersetze ich das Prinzip der Wahrheit durch das der *Rechtfertigung*. Der Unterschied zwischen Wahrheit und Rechtfertigung ist, dass letztere pluralisierbar ist, erstere dagegen nicht: Während Wahrheit im Prinzip eine ist, hängt die Frage, ob eine Person gerechtfertigt ist, bestimmte Überzeugungen zu vertreten, von dem epistemischen Kontext ab, in dem sie sich befindet. Rechtfertigung ist also perspektivisch und damit in dem Sinn plural, in dem verschiedene Perspektiven legitimer Weise plural sind.

Diese Pluralisierung der Rechtfertigung liegt dem Konzept „gerechtfertigter religiöser Differenz" zu Grunde. Meine These ist, dass verschiedene Gläubige angesichts ihrer verschiedenen epistemischen Kontexte und Perspektiven in demselben Sinn gerechtfertigt sein können, verschiedene religiöse Überzeugungen zu vertreten, in dem verschiedene

[40] Vgl. Zum Folgenden *D.-M. Grube*, Justified Religious Difference: A Constructive Approach to Religious Diversity, Amsterdam 2015 (Antrittsrede).

Personen im allgemeinen gerechtfertigt sein können, angesichts ihrer verschiedenen epistemischen Kontexte und Perspektiven verschiedene Überzeugungen zu vertreten.

Das Konzept „gerechtfertigter religiöser Differenz" besitzt also allgemeine normative Ressourcen, die unabhängig von der eingenommenen religiösen Perspektive sind. Dieses Konzept besitzt also die Ressourcen, um gegenüber der Exklusivistin in jedem Fall geltend machen zu können, dass ein Andersgläubiger gerechtfertigt sein kann, seine differenten Glaubensüberzeugungen zu vertreten. Dabei ist es irrelevant ist, ob die Exklusivistin Christin, Jüdin, Muslima, etc. ist: Das Argument, dass Andersgläubige gerechtfertigt sein können, ihre Glaubensüberzeugungen zu vertreten, gilt für *alle* religiösen Perspektiven.[41] Es kann also den oben identifizierten Vorteil Hicks festhalten ohne auf dessen problematische Unterscheidung zwischen „Real an sich" und „positiven Religionen" zurückgreifen zu müssen.

Ansonsten nimmt dieses Konzept viele Intentionen Schwöbels auf und vermeidet die Schwächen von aufklärerisch-pluralistischen Ansätzen: Unter den Bedingungen dieses Konzepts wird der interreligiöse Dialog vom Druck befreit, unter allen Umständen Gemeinsamkeiten zwischen den Religionen aufweisen zu müssen. Religionen sind nicht automatisch falsch, weil sie anders sind, sondern können mit ihren abweichenden Überzeugungen durchaus gerechtfertigt sein.

Das Wissen, dass die Andersgläubige gerechtfertigt sein kann, ihre abweichenden Überzeugungen zu vertreten, stellt einen Impuls dar, sich ernsthaft mit diesen auseinander zu setzen. Genau wie bei Schwöbel wird also mehr als Toleranz ermöglicht, die oftmals lediglich zu einem beziehungslosen Nebeneinander verschiedener Perspektiven führt: Das Konzept „gerechtfertigter religiöser Differenz" führt wie bei Schwöbel zu einer aktiven und konstruktiven Auseinandersetzung mit anderen Religionen.

Ebenso führt das Wissen darum, dass die Andersgläubige gerechtfertigt sein kann, ihre religiösen Überzeugungen zu vertreten dazu, sie in ihrer Andersheit zu respektieren. Wie bei Schwöbel wird auch bei dem hier vertretenen Ansatz religiöse Differenz nicht negativ gewertet, sondern minimal als akzeptabel betrachtet, möglicherweise sogar als Lernquelle angesehen.

Es ließen sich noch weitere Übereinstimmungen mit Schwöbels Ansatz zeigen – bei der Ausarbeitung des Konzepts „gerechtfertigter religiöser Differenz" habe ich oft an diesen Ansatz denken müssen. Doch ich breche hier ab, um meine abschließende Frage zu stellen: Wie verhalten sich beide Ansätze zueinander? Sind beide aufgrund ihrer verschiedenen Ursprünge – der eine dezidiert im systematisch theologischen Diskurs, der andere im religionsphilosophischen beheimatet – letztendlich inkompatibel?

Oder können beide zusammengedacht werden, so dass die Vorteile *beider* übernommen werden können? Kann das Konzept „gerechtfertigter religiöser Differenz" als religionsphilosophische Ergänzung zu Schwöbels systematisch theologischen Reflexionen angesehen werden? Insofern es religionsphilosophisch vorgeht, bedient es sich natürlicherweise philosophischer, in diesem Fall epistemologischer Argumentationen. Können diese Argumentationen mit denjenigen Schwöbels, die dezidiert in den theologischen

[41] Sowie es auch für a-religiöse Perspektiven gilt, also zum Beispiel zur Korrektur einer exklusivistisch-atheistischen Position.

Binnenperspektiven ansetzen, vereinbart werden? Dieses ist eine Frage, die mir sehr am Herzen liegt und auf die ich gerne eine Antwort hätte – nicht zuletzt vom Jubilar selbst.

Walter Homolka

JEWISH JESUS RESEARCH AND ITS CHALLENGE TO CHRISTOLOGY TODAY[1]

Jesus was a Jew. It has taken the best part of eighteen hundred years for this statement to be taken for the logical tautology it is. In fact, we are still only some generations away from a time in which many Christian scholars did their best to ignore, obfuscate, deny or omit what is in fact the only indisputable truth that the entire field of Historical Jesus research has ever discovered. *The Quest of the Historical Jesus*, a bombastic translation of Albert Schweitzer's ground breaking *Geschichte der Leben-Jesu-Forschung* from 1906 has, at least on an academic level, been underway ever since Hermann Samuel Reimarus' (1694–1768) radical essays on Jesus were posthumously published by Gotthold Ephraim Lessing (1729–1781) in the 1770s.

Jesus' Jewish background was only occasionally taken seriously by non-Jewish scholars, even eliciting explicit reference right from the start as Reimarus consistently argued for a Jewish Jesus.[2] It was, however, not until the later decades of the twentieth century that Jesus, qua Jew in 1st century Galilee, became the starting point *sine qua non* for most studies.[3] According to James D.G. Dunn (*1939), Emeritus Lightfoot Professor at Durham, "The a priori that Jesus belonged within Judaism is a more secure starting point for any quester than the assumptions that he must have differed from Judaism."[4] This most recent paradigmatic shift within Historical Jesus studies even has its own name: The Third Quest of the Historical Jesus.[5] There are a number of trends and ap-

[1] I would like to thank my research assistant David Heywood-Jones for two very productive years at the School of Jewish Theology. I am much indebted to him for his help, including the preparation of this article.

[2] *Hermann Reimarus*, The Goal of Jesus and his Disciples [Von dem Zweck Jesu und seiner Jünger (1778)], trans. *George W. Buchanan* (Leiden: Brill, 1970).

[3] *Sean Freyne* (1935–2013), Trinity College Dublin, who drew on sociological, theological, historical and archaeological sources, is widely acknowledged to have confirmed that Jesus's ministry and background were consummate with a 1st century Jewish environment in Galilee, e.g., Jesus, a Jewish Galilean: A New Reading of the Jesus-Story (London: T & T Clark, 2005).

[4] *James D.G. Dunn*, "Remembering Jesus," in The Historical Jesus: Five Views, ed. *James K. Beilby* and *Paul R. Eddy* (Downers Grove: InterVarsity Press Academic, 2009), 220; see also *Darrell L. Bock* and *Robert L. Webb*, ed., Key Events in the Life of the Historical Jesus: A Collaborative Exploration of Context and Coherence (Tübingen: Mohr Siebeck, 2009); *Helen K. Bond*, The Historical Jesus: A Guide For The Perplexed (London: T & T Clark, 2012); *James H. Charlesworth*, ed., Jews and Christians: Exploring the Past, Present, and Future (New York: Crossroad, 1990); idem, Jesus' Jewishness: Exploring the Place of Jesus Within Early Judaism (New York: Crossroad, 1991); *Bruce Chilton*, "Jesus within Judaism" in *B. Chilton* and *C. Evans*, ed., Jesus in Context: Temple, Purity, and Restoration (Leiden, New York: Brill, 1997), 179–201; *John D. Crossan*, The Historical Jesus: The Life of a Mediterranean Jewish Peasant (San Francisco: Harper, 1991); *John P. Meier*, A Marginal Jew: Rethinking the Historical Jesus, vol. 1 of The Roots of the Problem and the Person (New York: Doubleday, 1991); idem, A Marginal Jew: Rethinking the Historical Jesus, vol. 3 of Companions and Competitors (New York: Doubleday, 2001); *Gerd Theissen* and *Annette Merz*, The Historical Jesus: A Comprehensive Guide (Minneapolis: Fortress Press, 1998), 11; *N.T. Wright*, Christian Origins and the Question of God (Minneapolis: Fortress Press, 1996), 119–120.

[5] The phrase "Third Quest" is widely attributed to *N.T. Wright* from his essay: "Towards a Third 'Quest'? Jesus Then and Now," ARC 10, no. 1 (1982).

proaches that differentiate the Third Quest from previous attempts.[6] In her recent survey of current trends in Historical Jesus research, New Testament scholar Kathy Ehrensperger also identifies "socio-historical, sociological, cultural anthropological approaches [...] as well as archaeological research [...] in addition to the traditional historical-critical and literary approaches" as playing important roles in recent Historical Jesus studies.[7] Furthermore, Protestant theologians Paul R. Eddy and James K. Beilby stress the importance of new methodologies and, in particular, increased openness to questioning previous methods of investigation and their historiographical bias, terminology, and literary sources as being characteristic of the Third Quest.[8] Nevertheless, if there can be said to be any consensus or constitutive factor in the Third Quest, it can be understood as the "undeniable"[9] knowledge of Jesus' Jewishness, his "embeddedness within Judaism,"[10] or at least as the "attempt to locate Jesus within first-century AD Judaism [... and] seek a Jesus who would be plausible within his Jewish context."[11] Although most mainstream Christian scholars had accepted this fact by the mid-1990s, to take just one academic's formulation of the problem, the intellectual battle then moved on to defining what sort of Jew Jesus was and to looking at "how well he fits into the Jewish religion of his day," by which scholars try to "[...] explain his commitment to Jewish identity and his critiques or neglect of certain themes or practices that were significant to at least some Jews in his day."[12]

With this turn, mainstream Western Christian-centric and Christocentric academics have finally accepted and wholeheartedly adopted an axiom that many Jewish scholars, thinkers, theologians and writers have been working with for centuries—albeit with very different motives. The following article will now examine what I feel to be two crucial questions which have arisen as a result of what is now an historical and theological given: What has the Jewish quest and reclamation of Jesus done for Judaism? Secondly, what does this reclamation mean for Christian theology?

[6] Not all scholars agree that there have been three different quests and draw attention to the similarities between the First and Second Quests, drawing attention to the fact that many Christian scholars are, more or less, continuing to operate within the parameters of the so-called Second Quest (e.g., by using the "dissimilarity" or "embarrassment" criteria to fashion an independent Christian identity). *Fernando Bermejo Rubio* has penned an important essay related to this topic: "The Fiction of the 'Three Quests': An Argument for Dismantling a Dubious Historiographical Paradigm," Journal for the Study of the Historical Jesus 7 (2009), 211–53.

[7] *Kathy Ehrensperger*, "Current Trends in Historical Jesus Research," in Verdict on Jesus, ed. *Paul Badham* (London: SPCK, 2010), 244.

[8] *Paul Rhodes Eddy* and *James K. Beilby*, "The Quest for the Historical Jesus: An Introduction," in The Historical Jesus: Five Views, ed. *Eddy* and *Beilby* (Downers Grove: InterVarsity Press, 2009), 30–47.

[9] *Wolfgang Stegemann*, Jesus und seine Zeit (Stuttgart: Kohlhammer, 2010), 88.

[10] *Ehrensperger*, "Current Trends in Historical Jesus Research," 244.

[11] *Tom Holmén*, "An Introduction to the Continuum Approach," in Jesus from Judaism to Christianity: Continuum Approaches to the Historical Jesus, ed. *Holmén* (London: T & T Clark, 2007), 1.

[12] *Mark A. Powell*, Jesus as a Figure in History: How Modern Historians View the Man from Galilee (Louisville: Westminster John Knox Press, 1998), 169; see also *William Arnal*: the debate is not about "the fact that Jesus was a Jew, but about the nature of his Jewish identity," in *Arnal*, The Symbolic Jesus: Historical Scholarship, Judaism and the Construction of Contemporary Identity (London: Equinox Publishers, 2005), 29.

1. The Jewish Quest of the Historical Jesus: A Search for Equality and Acceptance

The Jewish quest was fundamentally different to its Christian counterpart in that it was never focused on finding the "real" Jesus or indeed the Christ, but on revaluating and reclaiming a Jewish figure who, for centuries, had been viewed in exclusively pejorative terms by Jewish communities. At the beginning of the Jewish quests, the reclamation of Jesus had a strong apologetic nature in that Jewish theologians and historians undermined Christianity's messianic claims and thus its claims to an absolutist position. This reclamation thus created a space for an emancipated Jewish minority to live within majority Christian societies. The Jewish quest, in the context of seismic shifts in academic methodologies and hermeneutical approaches to history, provided an intellectual framework that, in the case of nineteenth and early twentieth century Germany, challenged a Christian nation state to re-examine its own spiritual teachings and traditions and accommodate other voices and traditions – a challenge that was tragically ignored.

However, the reality of the new intellectual, civil, and communal paradigms which emerged in the nineteenth century challenged all denominations to adapt to the rapid modernisation and urbanisation processes. The agreement between religion and modernity was defined and framed within scholarly discourse which, at the beginning of the nineteenth century, led to a debate on opposing hermeneutical principles. Scholarly understanding and approaches to scripture and religious texts – as well as general questions surrounding tradition and the receptions thereof – became the key factors in religious dialogue and reform. The challenge for Christian and Jewish scholars in Germany was to reflect upon the previous centuries and negotiate acceptable limits to their systematic historical-critical investigation of their respective scriptures and traditions.

The search for Jewish identity during the German period of emancipation oscillated between Jewish attempts to find an acceptable societal niche for life and development within the "Christian state" while retaining their specific Jewishness. The first half of the nineteenth century witnessed a growing acculturation of Jews to the majority society within the German states. During the second half, however, Jewish thinkers emphasized how their Judaism was not, as Friedrich Schleiermacher (1768–1834) had put it, "long since a dead religion, and those who at present still bear its colours are actually sitting and mourning beside the undelaying *mummy* and weeping over its demise and its sad legacy."[13] Instead, Jewish scholars presented a Judaism of lasting religious and ethical value. This is why various contemporary Jewish religious denominations were formed; perhaps it also explains how non-religious expressions of Jewish confidence in a better world, e.g. socialism, became strongly linked to secular Jewish culture.

Whereas the programmatic Jewish studies movement collectively known in German as the *Wissenschaft des Judentums* attempted to show the relevance of Jewish heritage from an historical point of view, Jewish theologians took their inspiration from the religious tradition. All of these attempts, to my mind, were perfect expressions of an anti-assimilationist conviction that concentrated on the betterment of economic circumstances and political emancipation, and were not, as some would charge, examples of religious apostasy. Who was the actual hero and role model of the majority of Jews in Germany? Cer-

[13] *Friedrich Schleiermacher*, On Religion: Speeches to Its Cultured Despisers, ed. and trans. *Richard Crouter* (Cambridge: Cambridge University Press, 1996), 113–114.

tainly not the poet and writer Heinrich Heine who, despite his early involvement with the *Wissenschaft des Judentums*, eventually converted. Rather, the majority of Jews looked to figures such as the lawyer and politician Gabriel Riesser (1806–1863) who successfully combined his identity as a liberal Jew with his political career – he was member and vice-president of the Frankfurt Assembly until 1849 and became vice-president of the parliament of the Free Hanseatic City of Hamburg in 1859. In 1860 he was appointed to the High Court of Hamburg and thereby became the first German-Jewish judge.[14] Riesser always opposed discarding Jewish particularity for the sake of emancipation. Rather, he believed, the ruling Christian majority should recognise and respect Jews' minority rights. The reality could not have been more different. At the time, Jews could not hold public office in most German territories, nor be appointed to the civil service, hold a university chair or serve as an officer in the armed forces.

Jesus' Jewishness, well over a century after the *Wissenschaft des Judentums* came into being, has become a presupposed element within Christian and Jewish self-understanding. However, the figure of Jesus, despite its Jewishness, remains more a cause of division between Judaism and Christianity rather than being the bridge Jewish scholars in the nineteenth century had hoped for.

2. The Historical Jesus: Challenges to Jewish-Christian Dialogue

At first glance, it would appear that Jews and Christians are closer than ever before. Indeed, the horrors of the Shoah may have served to accelerate, but they certainly did not initiate the convivial interfaith and intercultural dialogue we live with today – the latter had already begun in the early twentieth century.[15] That said, however, the Holocaust has had a profound effect on mainstream Christian churches; as the Protestant systematic theologian Christoph Schwöbel of Tübingen sums up for us, "For what must never be forgotten is that the Holocaust was also the deepest crisis of Christian theology and of the Christian Churches for two reasons. They are confronted with the fact that their teaching contributed to the rise of anti-Semitic ideology as an important cause for the Holocaust, and their failure in preventing the Nazi genocide."[16]

From the perspective of historical Jewish studies, this interfaith perspective has led scholars of all creeds to place a nominally Jewish Jesus at the centre of the discipline. The synod of the influential German protestant church of the Rhineland already agreed back in January 1980 to reject supersessionism which, by association, heralded the beginning of the formal end of the Protestant mission to the Jews in Germany:[17] "The pro-

[14] *Michael A. Meyer*, "Entwicklung und Modifikationen der jüdischen Identität in Deutschland" in Das Kulturerbe deutschsprachiger Juden – Eine Spurensuche in den Ursprungs-, Transit- und Emigrationsländern, ed. *Elke-Vera Kotowski* (Berlin: Walter de Gruyter Verlag, 2015), 27.

[15] See *Elias H. Füllenbach*, "Katholische Initiativen gegen den Antisemitismus und die Anfänge des christlich-jüdischen Dialogs in Deutschland," in Freiburger Rundbrief – Zeitschrift für christlich-jüdische Begegnung, Neue Folge 22/1 (2015), 2–19.

[16] *Christoph Schwöbel*, "Self-Criticism in Retrospect? Reflections in the Christian Churches on Church Attitudes During the Holocaust," in The British Journal of Holocaust Education 2/1 (1993), 50.

[17] See *Bertold Klappert* and *Helmut Starck*, ed., Umkehr und Erneuerung: Erl. zum Synodalbeschluß d. Rhein. Landessynode 1980 'Zur Erneuerung d. Verhältnisses von Christen u. Juden' [Concerning the Re-

cess of reflection at present under way in the Synods of the German Protestant Churches is intended to break free of the framework of the substitution theory and to assert, as unambiguously as possible, that the affirmation of Jewish identity is a necessary prerequisite of affirming Christian identity."[18] Furthermore, in 2001, the Pontifical Biblical Commission of the Catholic Church, inspired by the *Nostra Aetate* declaration in 1965, described the Old Testament as an essential part of Christian faith and prescribed its reading from a Jewish perspective.[19] Following the trajectory of these concrete steps, the future looks very good indeed; so where are the problems?

There are in fact a number of problems and challenges which need to be addressed. Firstly, despite many proclamations and good intentions, not to mention the rapidly expanding library of Christian-Jewish publications, it is questionable whether Christians are ready to accept the wider implications that the intrinsic presence of Judaism within Christianity has for Christian theology. Pope John Paul II (1920–2005) announced, as he spoke to the Jewish community of Rome in 1986,

> "The Jewish religion is not 'extrinsic' to us, but in a certain way it is 'intrinsic' to our own religion. With Judaism, therefore, we have a relationship which we do not have with any other religion. You are our dearly beloved brothers and, in a certain way, it could be said you are our elder brothers."[20]

The question is just how this "intrinsic" element has been internalized in the teachings of the church? For it is legitimate to expect that the findings of the past 30 years of open dialogue have serious implications for Christians' understanding of how their faith is intellectualized and practised. The lack of the institutionalization of Jewish studies courses for prospective pastors, priests and Christian religious leaders is one example of an area where Christians do not appear to have taken any concrete steps.[21] Wiese, in his study on hegemonic Protestant structures within Wilhelmine Germany, was hopeful that,

newal of the Relationship of Christians and Jews] (Neukirchen-Vluyn: Neukirchener Verlagsgesellschaft, 1980).

[18] *Schwöbel*, "Self-Criticism in Retrospect?" 64.

[19] The Jewish People and Their Sacred Scriptures in the Christian Bible (Pontifical Biblical Commission, 2001). *Christoph Schwöbel* offers us a Protestant perspective: "The Christian church has from the beginning preserved the history and destiny of the particular first century Jew, Jesus of Nazareth, as the foundational event in which God identified himself with humanity. This particularity is not a transient and accidental aspect of the response to God's self-disclosure, but an essential element of the Christian understanding of how God interacts with creation in the spatio-temporal order. It is in the specific events of the history of Jesus that God identifies the divine being and will, and therefore this particular story serves as the paradigm for the assertions of Christian faith." *Christoph Schwöbel*, "Particularity, Universality, and the Religions – Toward a Christian Theology of Religions," in Christian Uniqueness Reconsidered – The Myth of a Pluralistic Theology of Religions, ed. *Gavin D'Costa* (New York: Orbis Books, 1990), 34–35.

[20] *John Paul II*, Spiritual Pilgrimage: Texts on Jews and Judaism. 1979–1995 (New York: Crossroad, 1995), 15. For a discussion of this speech in the context of Catholic-Jewish relations, see *Homolka*, "Respekt braucht Anerkennung: Katholische Kirche und Judentum entzweien sich über den Anspruch, dass Jesus der Heilbringer für alle Menschen sei," in "...damit sie Jesus Christus erkennen": Die neue Karfreitagsfürbitte für die Juden (Freiburg im Breisgau: Herder, 2008).

[21] *Siegfried von Kortzfleisch* also discusses the lack of concrete steps taken in the wake of a 2006 committee on Christian-Jewish relations which was set up by the Protestant church in Germany. His "Afterword" is published in a collection of essays drawn from a Christian-Jewish symposium held at the Theological Faculty of the University of Hamburg in 2009: *Siegfried v. Kortzfleisch*, "Nachwort: Wende-Zeit: Wir müssen neu beginnen," in Wende-Zeit im Verhältnis von Juden und Christen, ed. *Siegfried von Kortzfleisch, Wolfgang Grünberg* and *Tim Schramm* (Berlin: EB-Verlag Dr. Brandt, 2009), 354–66.

"Christian theology's self-critical encounter with the history of its relationship to the scholarly study of Judaism should help it overcome the theological narrowing of its understanding of Jewish tradition, and to accept the whole scope of relevant topics into the horizon of its thinking, including the Rabbinic tradition, Jewish history, thought and culture of all epochs, and modern Jewish literature. Only then would it be possible to talk of a productive interdisciplinary cooperation between two academic disciplines."[22]

Dialogue is essential if one is to learn from the mistakes of the past; however, if dialogue does not lead to concrete actions viz. perceptible changes to the structures which determine how Christianity views other religions, then the discussion is doomed to insignificance.[23] It would indeed be very unfortunate to have to accept the less than encouraging findings of the conference on *Nostra Aetate* 4 held in Bad Honnef, Germany in March 2014. The Jewish, Protestant and Catholic participants were all international experts, yet the findings suggested that the gap between the intentions and expressions of the Second Vatican Council on the one hand and the establishment of the revised teachings of Judaism on the other has widened rather than narrowed over time, both in the conscience of the faithful and in contemporary Christian theology.[24]

Furthermore, the fact that Jesus, and now increasingly Paul, are being placed within dynamic Jewish intellectual contexts substantiates the claim that the historical basis for Christianity, particularly as it is interpreted by mainstream Protestant churches, as it has been understood for over a millennium, has all but crumbled.[25] Christian approaches to Christian-Jewish dialogue now need to move beyond simple tolerance of Jewish beliefs and culture and move towards a fundamental change in how Christians view their own place in history, and bring this to bear on all their relations with other religious groups.

I would argue that the greatest barrier to Christian-Jewish dialogue is not, as many Christians believe, simply a matter of discussing where Judaism fits into the greater Christian narrative, but where Christianity – with its absolutist cultural status and privileged position at the heart of a supposedly Christian European consciousness dwindling – fits into a modern pluralist world. In other words, Christianity's newly-found, tenuous acceptance of Judaism has implications for Christians and their relationships to all other religions. I am not alone with these opinions, Christian Schwöbel has succinctly summed up these thoughts and posed what I feel to be an urgent question for Christian theologians: "Are there possibilities for a Christian theology of religions which can avoid the alternative between an exclusivism that implicitly denies the universality of God and a pluralism that jeopardizes the particularity of the Christian understanding of God and the distinctiveness of religious traditions, including that of Christianity?"[26]

[22] *Christian Wiese*, Challenging Colonial Discourse – Jewish Studies and Protestant Theology in Wilhelmine Germany (Leiden: Brill, 2004), 444.

[23] *Amy-Jill Levine's* request to "put into a best practices recommendation that all candidates for Christian ministry have direct instruction on how to avoid anti-Jewish teaching and preaching" was turned down by the American Association of Theological Schools (ATS). See *Levine*, "Jesus Through Jewish Eyes," in Christianity Today (April, 2012), 53.

[24] *Werner Trutwin*, "Die Kluft überwinden. 'Nostra Aetate Art. 4' – eine Bestandsaufnahme," in Freiburger Rundbrief – Zeitschrift für christlich-jüdische Begegnung 22/1 (2015), 23.

[25] E.g., *Boyarin*, A Radical Jew: Paul and the Politics of Identity (Berkeley: University of California Press, 1994); see also the collection of essays from *Kathy Ehrensperger* and *J. Brian Tucker*, ed., Reading Paul in Context: Explorations in Identity Formation (London: T & T Clark, 2010).

[26] *Christoph Schwöbel*, "Particularity, Universality, and the Religions," 34.

3. The Myth of the Judeo-Christian West

The litany of wars, persecution, and hatred in European history in many ways proves, despite ubiquitous claims to the contrary, that there has never been a truly *Christian* "Christian Occident" or "Christian West." To accommodate its Jewish origins, the term Christian West is nowadays often re-phrased as "Judeo-Christian West" – a term which ignores the precarious situation of Jewish communities in a Europe dominated by Christianity. Those who speak of a "Judeo-Christian West" today – and a wide variety of church leaders and politicians do – often do not seek to create a cosmopolitan, tolerant, and virtuous Christian community but rather to defend the notion of essentially Christian nations, with some accommodation for the Jewish past but certainly no place for Islam.[27]

The notion of a Christian West in fact began as a speculative Romantic projection that first began to circulate in German-speaking Protestant Europe, which was the birthplace and, up until the last decades of the twentieth century, the global centre for historical-critical Christian studies. With the Final Recess of the *Reichsdeputation* in 1803, a move which effectively signaled the end of the Holy Roman Empire, Romantic intellectuals were spurred into lamenting what they viewed as the death of Christianity. Novalis (1772–1801) and Friedrich Schlegel (1772–1829) were two of the first to discuss the "Christian Occident" [*Abendland*] in the context of what they believed was its demise – the villains being the French Revolution and Napoleon's march across Europe. Schlegel invoked the term Christian West in his Romantic political theory in which he outlined his concept of a Christian state. In a 1823 essay "Signatur des Zeitalters" [Signature of the Age], he wrote,

> "[…] rather it is simply a matter of deciding whether the overriding maxims, procedures, foundational concepts and ruling principles of the state itself, within its own sphere and entirely independent from a declared religious confession, can be reconciled in accordance with its inner spirit with Christianity, [and] are in their essence, therefore, Christian or are not."[28]

Schlegel's widely circulated essay attacked parliamentary democracy, arguing instead for an "organic" Christian state to be formed around the monarch. Frederick William IV of Prussia (1795–1861), keen to stifle any democratic or revolutionary sympathies, seized on Schlegel's and others' Romantic projections and made them the de facto state philosophy.

[27] *Walter Homolka*, "Markante Unterschiede. Die Floskel vom jüdisch-christlichen Abendland verkürzt das Judentum zur Vorform des Christentum," in Zeitzeichen. Evangelische Kommentare zu Religion und Gesellschaft 14 (June 2013), 26–28. It is Christoph Schwöbel who has come to the conclusion that the history of Christian theology needs to be reconstructed as a history of the intellectual clashes between Christianity, Judaism and Islam. Who can understand Thomas Aquinas without reference to Moses Maimonides or Abu Ali ibn Sina (Avicenna)? See: *Christoph Schwöbel*, "Denkender Glaube. Strukturmomente des christlichen Glaubens und die Praxis christlicher Theologie im Gespräch mit islamischer Theologie," in Zwischen Glaube und Wissenschaft – Theologie in Christentum und Islam, ed. *Mohammad Gharaibeh, Esnaf Begic, Hansjörg Schmid* and *Christian Ströbele* (Regensburg: Friedrich Pustet Verlag, 2015), 69–95.

[28] *Friedrich Schlegel*, Concordia – Eine Zeitschrift (Wien, 1823), XIX: 359: "Es kommt vielmehr nur darauf an, ob die vorwaltenden Maximen, Verfahrensweisen, Grundsätze und herrschenden Prinzipien des Staats selbst, in seiner eigenen Sphäre, ganz unabhängig von der äußern kirchlichen Konfession, ihrem inneren Geiste nach, mit dem Christenthume übereinstimmen und also wesentlich christlich sind, oder nicht."

It was not until the end of the Second German Empire, with the final abdication in 1918, that the connection between throne and altar was finally severed – the progressive constitution of the short-lived Weimar Republic placed all religions on equal footing. The trauma of the Shoah created a further break with the old church as mainstream Christian churches faced up to their morally bankrupt catharsis when it came to saving their Jewish brothers and sisters during the Second World War.[29] The universal values and pluralist non-discriminatory charters embedded in constitutions across Europe have come about at the cost of millions of lives. They have evolved in the context of intense dialogue with minorities, the former subjugated and "wretched of the Earth," since the collapse of the colonial paradigm and minority rights' movements in the 1960s.[30] A Christian West, qua a society united and guided by core Christian values is, therefore, best described as a myth.

One of the great achievements of the Enlightenment was creating a basis on which religions *could* live side by side. Sadly, it was for the most part only Jewish academics who consistently championed this new paradigm in nineteenth century Germany. The problems faced by Jewish academics and intellectuals in the nineteenth century are, *mutatis mutandis*, comparable to the problems many Muslims are currently experiencing in the West—and this despite the West's insistence on its Christian-but-secular, pluralist and tolerant traditions. The problems that Muslims and Islam are now facing show how little the Christian mainstream has actually learnt from its century-old struggle with Judaism. All too often, secular politicians and systems also follow this Christian attitude. Christianity, therefore, needs to relativize its absolutist claims if there is to be true Christian-Jewish or Christian-Muslim dialogue and a West that is de facto, and not simply de jure, pluralist.[31]

4. Jesus the Jew: Implications for future Christian Theology

One of the consequences of the quests has been a bifurcation of the Nazarene into an Historical Jesus and a kerygmatic Christ. In fact, the search for the Historical Jesus has created a manifold of competing narratives and a plurality of Jesuses that have, in many respects, removed the Archimedean ground beneath the Christ of the Faith. Given that there have been no fundamental changes in Christian theologies to reflect what has happened in Historical Jesus studies and Christian-Jewish dialogue over the past 30 years, the question is how theologians of all Christian faiths can find and implement a Christology which satisfies the new reality.

[29] Or indeed other religious minorities, notably the brutal persecution of Jehovah's Witnesses in pre-war Germany.

[30] *Frantz Fanon*, The Wretched of the Earth (New York: Grove Press, 1963).

[31] On the position of Islam in relation to Judaism and Christianity in Europe, see *Walter Homolka*, "Das Erbe der Wissenschaft des Judentums im Religionsdialog heute" in "Im vollen Licht der Geschichte": Die Wissenschaft des Judentums und die Anfänge der kritischen Koranforschung, ed. *Dirk Hartwig, Walter Homolka, Michael Marx* and *Angelika Neuwirth* (Würzburg: Ergon-Verlag, 2008); on the comparisons between the Jewish struggle for dialogue with Christianity and the present Christian-Islam dialogue, see *Walter Homolka*, "Divine Unity, Revelation and the Partnership of Human & Divine: Jewish Perspectives in the Context of Christianity and Islam," in Gott, Götter, Götzen: XIV European Congress on Theology in Zurich, ed. *Christoph Schwöbel* (Leipzig: Evangelische Verlagsanstalt, 2013).

There have been a number of different attempts to overcome the problem of the apparent aporia of the Historical Jesus and kerygmatic Christ. One solution was to accept the aporia. For most of the twentieth century, the Historical Jesus was viewed as distinct to dogmatic Christology. It was therefore no problem for theologians such as Rudolf Bultmann or Karl Barth to identify the Historical Jesus in the context of the Judaism of his time – it bore no dogmatic relevance for them. In their view, the Christian faith began with Easter and the resurrection. The categories of law and gospel – Old and New Covenant – merely served to concretize the characterization of Judaism and Christianity as opposing views and did little to dilute traditional Christian anti-Judaism. Christoph Schwöbel concludes:

The most saddening example of this distortion of the Christian message is to construe the message that in Christ God's covenant with Israel as his covenant people has been opened up for all people in such a way that it excluded Israel as the people of God's covenant. The message of the inclusion of the Gentiles into the covenant became thus an argument for the exclusion of Israel from salvation[32]

More recently, Joseph Ratzinger's Jesus trilogy has pursued a different path. He namely chooses one side of the aporia arguing that the kerygmatic Christ is the true "historical" Jesus and that this Jesus is more real than the historical figure so often reconstructed in the many Quests of the Historical Jesus.[33] What he actually presents in the course of his trilogy, however, is a Roman Catholic Jesus of Nazareth.

Taking the other side of the aporia, Protestant theologians such as Harnack or Strauss in the nineteenth century replaced the doctrinal view of Jesus with the historical perspective. From this view, Jesus' relevance for contemporary Christianity neither lies in his divinity nor in his death on the cross and resurrection. At the centre of this claim is an emphasis on believing *like* Jesus and not *in* Jesus[34].

There are also a number of current theoretical suggestions, all of which were penned by authors in the Protestant tradition. In the German speaking world, Christian Danz, Professor for Systematic Theology in Vienna; Jens Schröter, Chair of Exegesis and New Testament studies at Berlin's Humboldt University; and Gunther Wenz, Professor for Systematic Theology and Ecumenical Studies at Munich's Ludwig Maximilian University have been prominent advocates of radical change in Christians' conception of their tradition on the basis of the new theological challenges that have emerged from the historical quests.[35] Similarly to James Dunn in the Anglophone sphere, they argue for a Christolo-

[32] *Schwöbel*, "Particularity, Universality, and the Religions," 42.

[33] Cf. *Benedict XVI*, Jesus of Nazareth: From the Baptism in the Jordan to the Transfiguration (New York: Doubleday, 2007), xxi–xxii.

[34] *Walter Homolka*, Jesus Reclaimed – Jewish Perspectives on the Nazarene (Oxford: Berghahn Books, 2015), 56–68.

[35] *Jens Schröter*, Jesus und die Anfänge der Christologie: Methodologische und exegetische Studien zu den Ursprüngen des christlichen Glaubens (Neukirchen-Vluyn: Neukirchener Verlag, 2001); idem, "Die aktuelle Diskussion über den historischen Jesus und ihre Bedeutung für die Christologie," in Zwischen historischem Jesus und dogmatischem Christus: Zum Stand der Christologie im 21. Jahrhundert, ed. *Christian Danz*, et al. (Tübingen: Mohr Siebeck, 2010); *Christian Danz*, Grundprobleme der Christologie (Tübingen: Mohr Siebeck, 2013); idem, "Glaube und Geschichte: Die Christologie Paul Tillichs und die neuere Jesus Forschung," in International Yearbook for Tillich Research: Jesus of Nazareth and the New Being in History, ed. *Christian Danz* (Berlin, Boston: De Gruyter, 2011); *Gunther Wenz*, Christus. Jesus und die An-

gy which recognizes that the Jesus we know is a Jesus who can only be viewed via the various texts and inherited traditions.[36] Danz, together with Schröter, has called for systematic theologians to take seriously the challenge posed by the de-theologising of an Historical Jesus and the de-historicizing tendencies of the dogmatic Jesus.[37] Schröter has argued,

> "To reconstruct Jesus' work, it appears absolutely necessary to develop a historic-hermeneutic paradigm that confronts the question of the epistemological preconditions of reconstructing the past under the conditions of modern historical-critical awareness."[38]

Using his interpretation of Paul Tillich's (1886–1965) theology, Danz has further argued that any systematic theology would have to take in both the historicizing and the historical nature of our self-understanding, by which Christology qua dogma would also be a means of interpreting subjective historical contemplation.[39] This criticism attacks both the epistemological claims of historical research as well as any Christology which incorporates historical elements; ergo, the biblical image of the Christ cannot be found among the historical portraits that emerge from the empirical quests; a new Christology, therefore, could not found itself upon philosophical-historical reconstructions.

One alternative for Danz et al would be to accept a dogmatic Christology that rejects a personal, Historical Jesus and instead finds a Jesus who is an expression and personal description of a believer's own projected beliefs, which are historically and personally conditioned themselves.

> "In dogmatic Christology, the individual understanding of the self, as regards the historicity and changeability of reflexive self-reference, is matter of course. The image of Christ, therefore, is [both] an expression and a personal interpretation [*Selbstbeschreibung*] of the historical and personal event of faith [*Glauben*]."[40]

A detailed discussion of the problems related to Danz's purported solution – Danz suggests that Christians accept a fundamentally relativizing hermeneutic circle – or to attempt to answer how such a move could possibly provide an acceptable framework for dogmatic belief in the existence of an historical figure, is far beyond the remit of this essay. It should, however, be reaffirmed that Christianity, qua religion, builds its entire theological edifice of dogmatic belief on historical events. In fact, if the most that a new Christology can underpin is a faith in posited phenomenological objects, themselves based on indistinct echoes of Jesus' *Wirkungsgeschichte* [a veritable "Jesus Remembered"], then it leaves Christianity open to charges of Docetism – particularly in relation to the

fänge der Christologie (Göttingen: Vandenhoeck & Ruprecht, 2011); idem, "Theologie ohne Jesus? Anmerkungen zu Paul Tillich," in Kerygma und Dogma 26 (1980), 128–139.

36 *Dunn*, Jesus Remembered; idem, A New Perspective on Jesus: What the Quest for the Historical Jesus Missed (Grand Rapids: Baker Academic, 2005); more recently, *Dunn*, "Remembering Jesus," in The Historical Jesus: Five Views, ed. *Eddy* and *Beilby*.

37 *Danz*, "Glaube und Geschichte," 129.

38 *Schröter*, "Die aktuelle Diskussion über den historischen Jesus," 81. "Es erscheint als unabdingbar, ein geschichtshermeneutisches Paradigma für die Rekonstruktion des Wirkens Jesu zu entwickeln, das sich der Frage nach den erkenntnistheoretischen Voraussetzungen der Rekonstruktion der Vergangenheit unter den Bedingungen des historisch-kritischen Bewußtseins der Neuzeit stellt."

39 *Danz*, "Glaube und Geschichte," 131.

40 *Danz*, "Glaube und Geschichte," 141. "In der dogmatischen Christologie stellt sich das Sich-Verstehen des Menschen in der Geschichtlichkeit und Wandelbarkeit seines reflexiven Selbstbezugs selbst dar. Das Christusbild ist also der Ausdruck und die Selbstbeschreibung des Glaubens als einem geschichtlichen und personalen Geschehen."

key Christian pillars of the Trinity, transubstantiation and, for Catholics, the Virgin Mary. These are fundamental, possibly even insurmountable problems for Christian theologians.

Apart from the fundamental risk of Docetism, a dogmatic acceptance of Jesus qua the personal figure found within his reception history raises huge problems when it comes to sources. If one centres Christology on a Jesus as reflected in canonical scripture and inherited religious texts, as well as incorporating the shifting nuances within popular belief over the millennia, one could also argue that one should accept Jesus as reflected in secular literature, poetry, and cultural discourse. Christian theologians who reject the Historical Jesus cannot limit historical and historicizing hermeneutic self-understanding to the sources they deem appropriate, particularly given the new scriptural agnosticism present in the Third Quest (for example, the impact of the finds at Qumran). A rejection of the Historical Jesus, therefore, would create space for radical relativism surrounding key elements of any phenomenological Jesus.

Danz goes on to argue that it took the Shoah to initiate a profound change in Christian theology which led to statements such as *Nostra Aetate* (1965) and the work of Protestant theologians such as Friedrich-Wilhelm Marquardt (1928–2002) or Bertold Klappert (*1939).[41] The Catholic theologian Helmut Hoping (*1956) also suggested criteria for a contemporary Christology in the light of a positive relationship with Israel: Christian theology should recognise the fact that Jesus was a Jew and derive the necessary theological conclusions from this insight; Christology should take into consideration the messianic hopes of the people of Israel and, finally, Christians need to accept the insight that the chosenness and mission of the Jewish people are everlasting.[42]

Hoping's plea clearly demands that Christian theology relativize its superiority claims as an absolutist faith.[43] The problem highlighted by Marquardt's and Klappert's positions is one of defining the distinction between Judaism and Christianity. Christian Danz points out the danger that Christianity may simply be reintegrated into Judaism, with Jesus serving as a link for Christians to participate in Israel's covenant with God.[44] Hoping sees the difference between Judaism and Christianity in their diverging messianic hopes in which both may, however, find common eschatological ground.[45] Here we have three examples of Christian theological concepts that attempt to provide answers to questions deriving from the Quest of the Historical Jesus in general and the Jewish quest in particular. The onus is now on other contemporary Christian theologians to bridge the divide between the Historical Jesus and the Christ of the Faith in light of the new relationship Christianity shares with Judaism. As Christian Danz puts it,

41 *Danz*, Grundprobleme der Christologie, 231–237; *Friedrich-Wilhelm Marquardt*, Das christliche Bekenntnis zu Jesus dem Juden. Eine Christologie (München: Christian Kaiser Verlag, 1990); *Berthold Klappert*, Miterben der Verheißung (Neukirchen-Vluyn: Neukirchener Verlagshaus, 2000); *R. K. Soulen* addresses similar issues in English, cf. *Soulen*, The God of Israel and Christian Theology (Minneapolis: Fortress Press, 1996).

42 *Helmut Hoping*, Einführung in die Christologie (Darmstadt: Wissenschaftliche Buchgesellschaft, 2004), 147.

43 See also *Carl-Friedrich Geyer*, Wahrheit und Absolutheit des Christentums (Göttingen: Vandenhoeck & Ruprecht, 2010).

44 *Danz*, Grundprobleme der Christologie, 233.

45 *Hoping*, Einführung in die Christologie, 148–151.

"For this reason the Christian-Jewish dialogue can only be constructive if Judaism is not extenuated [*eingeebnet*] within Christianity and Christianity is not extenuated within Judaism. Both are independent religions with their own very different and religiously internal, highly pluralist perspectives, not only with regard to their own religious identity, but also with regard to the relationship to the other religion."[46]

At this point I feel I have to point out that Christoph Schwöbel has always held the same view, yet he offers us a different way to understand God's relational being as self-disclosure in Christ through the Spirit:

"This understanding of the universality of God's presence to his creation and of the universality of God's reconciling and saving love for his creation is for Christian theology never independent of God's self-disclosure in the particularity of the Christ event as the particular Trinitarian God – Father, Son, and Spirit. [...] This understanding of revelation need not be detrimental to the task of an interreligious dialogue, because it implies that adherents of different religions can meet on the basis of their respective participants' perspectives, which are determined by what they regard in their different religious traditions as the appearance of ultimate truth in its particularity, which is constitutive for religious faith."[47]

Schwöbel concedes that Christology is in a "state of crisis". For him, it seems to be haunted by the "challenge of Enlightenment" which resulted in the "disjunction of central elements defining the unity of Christ before the age of reason".[48]

"The ills which plague present-day Christology have been with it for the last 250 years and their effects are today no less painful than they were when they were first felt in the days of Reimarus and Lessing. [...] to a large extent Christological reflection has, more or less openly, assumed the character of crisis-management where the deeper causes of the crisis are ignored in order to contain its most threatening immediate effects. [...] What seems no longer possible in modern Christology is to present an integrated picture of Jesus Christ's past and his presence for the church and the cosmos."[49]

Looking for remedies, he suggests to take a new route between the usual options of theological traditionalism "of a revisionary cast of mind"[50] ("from above") and modernism ("from below") by revisiting the classical paradigms in a Trinitarian reflection to Christology and a Trinitarian hermeneutic for Christology.[51] He sees the Christian community as the starting-point of Christology and locates the enterprise "[...] in the relations which are constituted in the divine economy where the Spirit makes believers copresent to Christ and Christ copresent to the believers so that they participate in this way by God's unconditional grace as Christ's brothers and sisters in his relationship with the Father."[52] It is a grave misunderstanding in Schwöbel's eyes to construe Christological statements in such way that they refer to the historical Jesus. Instead, they refer to Jesus

[46] *Danz*, Grundprobleme der Christologie, 237. "Deshalb kann der christlich-jüdische Dialog nur dann konstruktiv sein, wenn weder das Judentum in das Christentum noch umgekehrt das Christentum in das Judentum eingeebnet wird. Beide sind eigenständige Religionen mit sehr unterschiedlichen und auch religionsintern höchst pluralen Sichten nicht nur der eigenen religiösen Identität, sondern auch des Verhältnisses zur jeweils anderen Religion."

[47] *Schwöbel*, "Particularity, Universality, and the Religions," 39–40.

[48] *Christoph Schwöbel*, "What are Philosophical Problems in Christology? Charting the Borderland between Christology and Philosophy," in Philosophical Studies in Religion, Metaphysics, and Ethics – Essays in Honour of Heikki Kirjavainen, ed. *Timo Koistinen* and *Tommi Lehtonen* (Helsinki: Luther-Agricola Society, 1997), 109.

[49] *Christoph Schwöbel*, "Christology and Trinitarian Thought," in Trinitarian Theology Today – Essays on Divine Being and Act, ed. Christoph Schwöbel (Edinburgh: T & T Clark, 1995), 113, 117.

[50] *Schwöbel*, "What are Philosophical Problems in Christology?" 109.

[51] *Schwöbel*, "Christology and Trinitarian Thought," 114–115.

[52] Ibid., 139.

Christ "the one who was crucified and is risen and thereby refer obliquely to God's activity in relations to Jesus."[53]

"Christ is not divine because he possesses a divine nature, but because God the father relates to him in the Spirit as the Son and thereby distinguishes himself as the Father from the Son and in this way is in personal communion with the Son in the Spirit. [...] The question of the divinity of Christ is therefore to be interpreted strictly as the question of the divinity of the incarnate Son."[54]

For Schwöbel, the claim of the Christian message is that Jesus the Son is instantiated in order for the eschatological promise of God's community with his alienated creation to become a reality which incorporates the history of creation. The task of such a Trinitarian Christology is to show that divine Sonship can be enacted in the historical reality of a human life without reducing it to a mere illustration or a transitory appearance.[55]

"Neither the historical Jesus nor the kerygmatic Christ of Christian proclamation is the thematic focus of Christology, but the one who was crucified and is risen. [...] The Christological view of reality which has its foundation in God's action in Christ is developed from the internal framework of faith and it identifies God with the help of referential designations such as 'the one who raised Jesus from the dead'. [...] With respect to its foundation in God's action relating to Jesus, Christology is neither in need nor capable of philosophical justification."[56]

Christoph Schwöbel offers a Trinitarian logic of God rather than a Christocentric one as a remedy against the separation of the historical account of the person of Jesus and the theological account of the ultimate reality of God and Christ which is often perceived as a classic dichotomy between biblical studies and dogmatic theology. He thus attempts to rejuvenate the doctrinal framework in which he operates his Christology "as activity". He backs this up with interesting interpretation of scripture,[57]

I am, of course, not claiming that we can offer scriptural proof for a developed doctrine of the Trinity in the New Testament. I would, however, claim that we detect in the expressions of action an underlying *proto-trinitarian depth-structure* which defines the framework for the pluriformity of the rich variety of expressions of Christian faith.[58]

At the same time he does emphasize the monotheistic principle of his Trinitarian thought,

"A Christian theology that claims to be trinitarian should not lightly give up the restraints for understanding the status of God that are imposed on the development of the understanding of God by the monotheistic emphasis."[59]

Christoph Schwöbel's plea to combat the modern Christological crisis by revisiting its classical paradigms and addressing its inadequacies is quite unique[60] and, it must be said,

[53] *Schwöbel*, "What are Philosophical Problems in Christology?" 123.

[54] Ibid., 139.

[55] Ibid., 141.

[56] Ibid., 116, 125, 124.

[57] *Schwöbel*, "Christology and Trinitarian Thought," 124.

[58] Ibid., 127.

[59] *Christoph Schwöbel*, "Radical Monotheism and the Trinity," in Neue Zeitschrift für Systematische Theologie und Religionsphilosophie 43 (2001), 54–74, here: 71.

[60] His urge to include the Spirit in any Christology and also to focus on Christ's relevance for an active Christian community today is shared by Protestant theologian Michael Welker in Heidelberg. Welker is one of the leading Christian voices calling for a new, Fourth Quest of the Historical Jesus. See *Michael Welker*, Gottes Offenbarung. Christologie (Neukirchen-Vluyn: Neukirchener Verlagsgesellschaft, 2012).

pretty spectacular.[61] Sadly and unsurprisingly, however, his thoughts have met much opposition.

5. Back to the Roots? The Value of Christian Hellenism

Another interesting voice looking at this problematic is the Munich-based Catholic professor for Christian Philosophy Richard Heinzmann. He draws attention to the need for the Church to reach beyond neo-Platonic influence and medieval doctrine in order to successfully address the challenges of a historical-critical perspective on the Historical Jesus and the beginnings of Christianity.

"The realization of Christian existence, which is mainly influenced by Hellenism, is not the original, but a secondary, inferred incarnation of Jesus' message and should not be set in stone as an absolute. […] The theological systems of the Middle Ages, from which contemporary theology still lives, are great and continue on, bearing witness to the encounter between Christian belief and Greek thinking. […] This form was once appropriate and it was suited to that particular time. But with the passing of that time, that [particular] characterisation of belief has also passed; it is no more in keeping with the needs of this [current] time."[62]

However, it is almost certainly too simplistic to suggest that a Christianity without Medieval and Hellenistic influence could render more original access to the real Jesus. Judaism during the Hellenistic-Roman period was a pluralist phenomenon in which other cultures and religions undoubtedly had an informing influence. One may even dispute whether there could be a Christianity untainted by the wider cultural framework of the ancient Mediterranean at all. And if one indeed conceded some influence, then which? Greek? Roman? or 'Hellenistic'?[63] Apart from a number of common factors (the Pentateuch, the pilgrimage festivals, the centrality and importance of the Temple for sacrifices and ritual purity) there were almost certainly very different Jewish sects and cultures which may have identified as Jewish, yet incorporated other cultural and religious elements from the surrounding ethnicities and cultural spheres – including Hellenistic culture. It is because of this, that it would be implausible to think that if one de-Hellenizes early Christian and Jewish teachings, one will arrive at Jesus' 'real' thoughts.

In 1941 the German Jewish theologian and scholar Schalom Ben-Chorin came to a very different conclusion in his praise of Jesus' *Wirkungsgeschichte* in both Judaism *and* Christianity in his essay "Die Christusfrage an den Juden" [The Question of Christ for

[61] Cf. *Christoph Schwöbel's* recent, "'Wer sagt denn ihr, dass ich sei?' (Mt 16,15). Eine systematisch-theologische Skizze zur Lehre von der Person Christi," in Marburger Jahrbuch Theologie 23 (2011), 41–58.

[62] *Richard Heinzmann*, "Erneuerung aus dem Ursprung," in Kirche – Idee und Wirklichkeit, ed. *Richard Heinzmann* (Freiburg: Herder Verlag, 2014), 315–21. "Die wesentlich durch den Hellenismus geprägte Realisierung von Christsein ist nicht die ursprüngliche, sondern eine abgeleitete, sekundäre Inkarnation der Botschaft Jesu und darf deshalb nicht absolut gesetzt werden. […] Die theologischen Systeme des Mittelalters, von denen auch heutige Theologie noch lebt, sind große und bleibende Zeugen der Begegnung von christlichem Glauben und griechischem Denken. […] Diese Form war einmal angemessen und der damaligen Zeit gemäß. Mit jener Zeit ist aber auch jene Gestalt des Glaubens vorübergegangen, sie ist nicht mehr zeitgemäß." (320).

[63] For a more detailed discussion of 'Hellenization' as an ideological concept, see *Christoph Markschies*, Die Hellenisierung des Christentums – Sinn und Unsinn einer historischen Deutungskategorie (Leipzig: Evangelische Verlagsanstalt, 2012).

the Jews].[64] There he admonishes Jews for refuting and "trivialising the gospels of Jesus Christ", a trivialisation which he felt was in fact a "blasphemy" given the Jewish perspective from which they were written.[65] He continues,

"[In 1st century Palestine] there stood a highly developed Judaism – with a systematic theology, an even more systematic and intricate system of canonical law as well as an age old set of traditions – face to face with a young community – without written books, [and] who shared belief in the Good News, who was crucified and resurrected for them. They struggled [...] for rule over the known world. It fell to the Christians, and the Jewish Orthodoxy cannot deny this. But Israel did not disappear from the Earth in the wake of the Christian ascent to power. No Christian orthodoxy can deny this...That Israel *and* the Church can [both] survive in the world, can only mean that God wishes to speak to Israel through the Church and that that very same, true, and living God speaks to the Church through Israel. And this means they must ask questions of each other – for God's sake."[66]

Moving away from onto-theological arguments, it would seem that Jews who ask Christians to respect their traditions and place demands on Christian theologians to revisit their theology in order to accommodate Jewish (and non-Christian) views, should also be prepared to respect and accept the reception history of Jesus the Jew within Christianity – the intractable and reciprocal relationship between both religions at such a formative time requires this. In another work, Christoph Schwöbel reminds us of the inherent dignity to be found in a relationship based on mutual respect:

"The basic condition for Christian-Jewish dialogue is the acceptance of each partner's autonomy. Autonomy implies that partners have to define their positions independently and that such positions are recognised by the other partner. Dialogue requires that each determines one's own [position] and that one recognizes the other as an agent for and in itself."[67]

There is good reason for both traditions to look into their own histories and to learn to respect and learn of each other's traditions, warts and all. The Historical Jesuses, Jesus of Nazareth, Jesus the Jew, Yeshua ben Josef, and the Christ of Faith as proclaimed by Christian churches all contain both the scars of dispute but also the seeds of a new beginning.

64 *Schalom Ben-Chorin*, "Die Christusfrage an den Juden," in Ein Leben für den Dialog, ed. Walter Homolka (Gütersloh: Gütersloher Verlagshaus, 1999).

65 Ibid., 34.

66 Ibid., 36–37. "Das Hochentwickelte Judentum, über ein verzweigtes theologisches System, ein noch verzweigteres kanonisches Recht und eine uralte religiöse Tradition verfügend, und die junge Gemeinde, die noch kaum ein geschriebenes Buch nur den Glauben an die Frohe Botschaft besaß, die ihr im gekreuzigtem und Auferstandenen geworden war, standen einander gegenüber und rangen – einen Atemzug Gottes lang – um die Herrschaft des bekannten Erdkreises. Sie fiel der Kirche Christi zu, dass kann keine jüdische Orthodoxie leugnen. Aber Israel verschwand nicht von der Erde mit dem Machtantritt des Christentums. Das kann keine christliche Orthodoxie leugnen [...] dass Israel und die Kirche in der Welt bestehen, das kann nur heißen, dass Gott Israel durch die Kirche fragen will und das derselbe einzige, wahre und lebendige Gott die Kirche durch Israel fragen will. Und das heißt, dass sie einander Rede und Antwort stehen müssen – um Gottes Willen."

67 *Christoph Schwöbel*, "Gemeinsamkeiten entdecken – Spannungen aushalten. Bemerkungen zu einer theologischen Hermeneutik des christlich-jüdischen Dialogs," in Kirche und Israel 12/2 (1997), 173–177, here: 174: "Die erste Voraussetzung eines christlich-jüdischen Dialogs ist die Anerkennung der Eigenständigkeit der Gesprächspartner. Diese Eigenständigkeit schließt ein, daß die Dialogpartner ihre Positionen jeweils selbst bestimmen müssen und die so selbst bestimmten Positionen von dem anderen Partner anerkannt werden. Was für den Dialog erforderlich ist, ist die Bestimmung des je Eigenen und die Anerkennung des Anderen als eines für sich Eigenen." See also, *Christoph Schwöbel*, "Toleranz im Streit der religiösen Wahrheitsansprüche," in *Christoph Schwöbel*, Gott im Gespräch (Tübingen: Mohr Siebeck, 2011), 143–166.

For Christian theologians, real rapprochement will require Christian theology to define its own position between two poles: the substitution model of the "old" and the "new" covenant and the participation model where Christians receive admission to the covenant of the Jewish people through Jesus. This immense task for Christian theology is rooted in the Quest of the Historical Jesus and the corrosive power it has had on Christological doctrine. Thus, the Jewish Quest of the Historical Jesus has probably supported and reinforced the lasting value of Historical Jesus Research as a catalyst for a Christian theology in keeping with contemporary necessities. For their part, Jewish scholars need to respect and inform themselves of the Christian quests and traditions. At the beginning of this millennium over 200 Rabbis and Jewish intellectuals did just that in the *Dabru Emet* proclamation; first published in the New York Times, they argued that it is "[...] time for Jews to learn about the efforts of Christians to honour Judaism. We believe it is time for Jews to reflect on what Judaism may now say about Christianity. [...] Jews can respect Christians' faithfulness to their revelation just as we expect Christians to respect our faithfulness to our revelation."[68]

6. Jewish Theology as a University Subject: Establishing Common Ground

Martin Emanuel Philippson [1846–1916] was an influential voice within German Jewry at the turn of the nineteenth century when he warned in 1903 that liberal Protestantism would probably prove itself to be a real threat to

> "[...] the future existence of a Jewish community which, without giving up its Jewishness in the process, is attempting to integrate itself fully into German society...because they [liberal Protestants], following in the footsteps of Prof. Theodor Mommsen, are demanding that we give up both our spiritual as well as social Jewish characteristics [...] apart from that, equality in their eyes does not mean that all people have the same value and, because of that, the right to differentiate themselves from others [... rather,] equality for liberal Protestants and liberal nationalists is about making everything the same [...] and is certainly [to be understood] as levelling things within the framework of Christian society. These framing conditions, however, threaten us like a new Leviathan."[69]

These remarks clearly demonstrate that the roots of the conflict between German Jewish and Christian scholars as a result of Historical Jesus studies were not, and are not, simply theological. Historical Jesus research, Jewish or Christian, is marked by the search for originality and authenticity. For the Jewish scholars it is a means to gain self-empowerment. Interestingly, it has been the Quests for the Historical Jesus since the end

[68] Dabru Emet, http://www.jcrelations.net/Dabru+Emet+A+Jewish+Statement+on+Christians+and+Christianity.2395.0.html?L=3 (Accessed May 07, 2015).

[69] *Martin Philippson*, Konservative und liberale Protestanten: ein Wort über die Ritschlsche Schule! (Berlin: VJGL, 1903), 4. "äußerst gefährlich für das Weiterbestehen einer jüdischen Gemeinschaft erweisen würde, die bestrebt ist, sich ganz in die deutsche Gesellschaft zu integrieren, ohne dabei aufzuhören, jüdisch zu sein [...] denn, sie (die liberalen Protestanten) verlangen von uns, indem sie getreulich den Fußstapfen Prof. Theodor Mommsens folgen, dass wir unsere jüdische Eigenart sowohl im geistlichen als auch im Bereich der sozialen Kontakte aufgeben.[...] Außerdem bedeutet Gleichheit in ihren Augen nicht, dass alle Menschen denselben Wert haben und infolgedessen auch das Recht, sich voneinander zu unterscheiden [...] für die liberalen Protestanten und die liberalen Nationalisten ist Gleichheit (vielmehr) gleichbedeutend mit Gleichmacherei [...] und zwar eine Gleichschaltung innerhalb der Rahmenbedingung der christlichen Gesellschaft. Diese Rahmenbedingungen aber bedrohen uns als ein neuer Leviathan."

of the Second World War that have caused something of a crisis of identity within Western Christianity and in particular in mainstream Protestant theology. Jesus the Jew has undermined the received Jesus' *Wirkungsgeschichte* in a number of Christian churches. The result was an academic calls to move "Back to the Jewish roots!" This new direction has, unfortunately, also brought with it ambivalence toward the consequences this research could have for the power and tradition of Gospel witness within Christianity. The general debate also involves demarcating Hellenistic and Jewish spheres of influence where Hellenistic influence is deemed secondary and less authentic; a move which ignores the fact that, after two hundred years of Christian and Jewish quests, we are still not any closer to establishing satisfactory criteria for establishing authentic, original witness. What has been established, however, is the significance of reception history for exploring religious, social, and political phenomena. Therefore, if we take reception history to mean the history of effect or history of influence (following Hans-Georg Gadamer), then it must also be recognised as a valid perspective from which to explore Jesus.[70] In this sense Schalom Ben-Chorin was an early, and positive, Jewish exponent who appreciated and drew our attention to the Christian history of effect of Jesus' influence on the world.

What I have outlined in the paper above has been the insight that Jewish engagement with Jesus from the nineteenth century on had little to do with theology. In fact, these Jewish quests were about German Jewry repositioning themselves in the face of the dominance of Christianity and its universal truth claims. In this sense, post-colonial theory can deliver useful tools to help understand the genesis and function of the clashes deriving from Christian claims to supremacy.[71] These clashes were hugely significant for Jewish-Christian understanding at the time. For the first time in Jewish history, critical Jewish interest in Jesus led to a historical-critical investigation of the origins of Christianity, the goal of which was to relativize Christianity to an historical phenomenon.[72] This created space for Judaism to make itself heard as an independent voice and to grow from a subordinate position into the role of an equal partner.

The history of the Jewish Jesus research becomes particularly interesting in relation to the effects of the primacy of Christian theology at state universities in Europe. What Abraham Geiger (1810–1874) first proposed in 1836 finally became a reality when, in 2013, the School of Jewish Theology at the University of Potsdam opened its doors to students.[73]

In 2010, the German Council of Science and Humanities [*Wissenschaftsrat*] summed up the academic dominance of Catholic and Protestant theologies up until WWII,

> "[...] Jewish Studies arose in the context of the emancipation of the Jews in the nineteenth century as an attempt to move a scientific self-description of Judaism into the mainstream in the framework of Jewish departments of theology, as well as to be able to train rabbis at German universities. The generally negative

[70] *Mark Knight*, "Wirkungsgeschichte, Reception History, Reception Theory," Journal for the Study of the New Testament 33/2 (2010), 137–146, here: 143.

[71] Cf. *María do Mar Castro Varela* and *Nikita Dhawan*, Postkoloniale Theorie – Eine kritische Einführung (Bielefeld: Transcript, 2015), 11–12.

[72] For a more comprehensive discussion of Jewish attempts to relativise Christianity, see *Walter Jacob*, Christianity Through Jewish Eyes (Cincinnati: Hebrew Union College Press, 1974).

[73] *Abraham Geiger*, "Die Gründung einer jüdisch-theologischen Facultät, ein dringendes Bedürfniß unserer Zeit," in Wissenschaftliche Zeitschrift für jüdische Theologie 2 (1836), 1–21.

reaction of the German universities toward this undertaking led to Jewish Studies programs developing primarily in rabbinical seminaries and Jewish theological universities such as, for example, the Jewish Theological Seminary in Breslau (1854–1938) and the Higher Institute for Jewish Studies in Berlin (1872–1942) until their abolition by the National Socialist dictatorship. The 'Hochschule für Jüdische Studien Heidelberg', which opened in 1979, and the Abraham Geiger Kolleg in Potsdam, established in 1999, are rooted in this tradition."[74]

Thus it was the German Council of Science and Humanities (*Wissenschaftsrat*), and not religious leaders, who demanded that a pluralization of theologies would be a necessary prerequisite for the further development of divinity schools.[75] Three years later, in the winter semester 2013, the first School of Jewish Theology at a German state university opened its doors.[76] The Jewish Quest of the Historical Jesus may, therefore, also be interpreted in the German context as an early catalyst for a third level Jewish theology which sought equal recognition alongside publicly funded Christian divinity schools.

In this respect, the Jewish Quest of the Historical Jesus may be far more than just a question of theological truth, as many presume. It can ultimately be interpreted as a social phenomenon which attempts to overcome the Christian religious, cultural and political hegemony by establishing equality as the pre-condition of an honest dialogue ergo where both partners accept and respect the other party. To paraphrase Christoph Schwöbel, once common ground is structurally established, we should now definitely move on to concentrate on common aims.[77] Pope Francis expressed this for the Catholic Church when he spoke at the Great Synagoge of Jerusalem, *Heichal Shlomo,* on May 26, 2014:

> "We need to do more than simply establish reciprocal and respectful relations on a human level: we are also called, as Christians and Jews, to reflect deeply on the spiritual significance of the bond existing between us. It is a bond whose origins are from on high, one which transcends our own plans and projects, and one which remains intact despite all the difficulties which, sadly, have marked our relationship in the past […] Mutual understanding of our spiritual heritage, appreciation for what we have in common and respect in matters on which we disagree: all these can help to guide us to a closer relationship, an intention which we put in God's hands. Together, we can make a great contribution to the cause of peace; together, we can bear witness, in this rapidly changing world, to the perennial importance of the divine plan of creation; together, we can firmly oppose every form of anti-Semitism and all other forms of discrimination. May the Lord help us to walk with confidence and strength in his ways. *Shalom!*"[78]

[74] Wissenschaftsrat [German Council of Science and Humanities], Recommendations on the Advancement of Theologies and Sciences concerned with Religions at German Universities (29 January, 2010), 30. http://www.wissenschaftsrat.de/download/archiv/9678–10_engl.pdf

[75] The German Council of Science and Humanities (Wissenschaftsrat) is a forum of exchange between the political and the scientific spheres, creating policies for the advancement of science in Germany. The scientists and figures of public life in its ranks work at equal level with representatives of the Federal Government and the Länder governments, maintaining a continuous dialogue between the scientific community and policy-makers on the central issues concerning the German science system. In this way the Wissenschaftsrat mediates not only between scientists and policymakers, but also – in line with the federal structure of German politics – between the Federal Government and the Länder governments.

[76] Cf. *Walter Homolka*, "Der lange Weg zur Errichtung des Fachs Jüdische Theologie an einer deutschen Universität," in Theologie(n) an der Universität, ed. *Walter Homolka* and *Hans-Gert Pöttering* (Berlin: Walter de Gruyter, 2013), 53–77. Idem "Jüdische Theologie – Zur Institutionalisierung eines Faches im Haus der Wissenschaft," in Theologische Literaturzeitung 140/3 (2015), 163–180.

[77] *Christoph Schwöbel*, Gott im Gespräch: Studien zur theologischen Gegenwartsdeutung (Tübingen: Mohr Siebeck, 2011), 139ff.

[78] http://popefrancisholyland2014.lpj.org/blog/2014/05/26/heichal-shlomo-center-courtesy-visit-to-the-two-chief-rabbis-of-israel-jerusalem-26-05-2014/#more-789 (Accessed October 5, 2015)

Pan-chiu Lai

CONFUCIAN UNDERSTANDING OF HUMANITY AND RATIONALITY IN CONVERSATION

A Chinese Christian Perspective[1]

1. Introduction

It is rather well known that right at the heart of Prof. Christoph Schwöbel's theological endeavor is his relational and/or dialogical understanding of the triune God, together with its implications for the understanding of human persons as well as the relationship among people of different religions and worldviews.[2] A few years ago, he took the initiative to launch, together with some theologians from Asia, the East-West Theological Forum, which aims to promote the dialogue among Christian theologians from the Eastern and Western parts of the contemporary globalizing world. This essay attempts to bring these themes together from a Chinese Christian perspective. It will start with an analysis of the theological dialogue between "East" and "West" in the perspective of the current discussion concerning global Christianity. It will then take the Confucian understanding of human persons as an example to illustrate that it is possible and desirable for Christian theologians, especially those from East Asia, to make use of their own cultural heritages for the articulation of Christian theology. It will argue that although there are undeniable differences between the Christian and Confucian understandings of human persons, there are also significant affinities between the relational understanding of the human being advocated by Confucianism and the one implied in contemporary Trinitarian theology.[3] Furthermore, the Confucian understanding of human persons may imply a sort of "rationality in conversation" which may be relevant to the Christian engagement in inter-religious dialogue and living in a religiously diversified world.

[1] This research work published in this essay was supported by a grant gratefully received from the Research Grants Council of Hong Kong (project No.: CUHK14405214). When making reference to Chinese publications, except journal articles with abstracts in English, the family name of the author will be put before the personal name according the Chinese custom, and the English translation of the title will be put in square-bracket after the pinyin transliteration.

[2] See *Christoph Schwöbel*, Gott in Beziehung: Studien zur Dogmatik (Tübingen: Mohr Siebeck, 2002); idem, Christlicher Glaube im Pluralismus: Studien zu einer Theologie der Kultur (Tübingen: Mohr Siebeck, 2003); idem, Gott in Gespräch: Theologische Studien zur Gegenwartsdeutung (Tübingen: Mohr Siebeck, 2011).

[3] See *Christoph Schwöbel*, "Human Being as Relational Being: Twelve Theses for a Christian Anthropology," in Persons, Divine and Human, ed. *Christoph Schwöbel* and *Colin Gunton* (Edinburgh: T & T Clark, 1991), 141–165.

2. Global Christianity and East-West Theological Dialogue

In recent years, "global Christianity" or "world Christianity" has become one of the key concepts in the academic study of Christianity. Based on the demographic distribution of the Christian population in the world, and given especially the rapid growth of the Christian population in the non-western world, many scholars and even the public has become well aware of the fact that Christianity should be considered a global religion rather than a western religion.[4] Some scholars even propose to use the expression "global Christianities" or "world Christianities" in order to highlight that Christianity as a whole is a cross-cultural as well as multi-lingual movement and to highlight that there is significant diversity among the various forms of Christianity in different contexts.[5] This pluralistic understanding of Christianity assumes that no particular form of Christianity should be considered as the ideal form of Christianity. Neither the "Western/Latin" form of Christianity, nor the "Eastern/Greek", nor the earliest Palestinian Christianity, nor the contemporary German Christianity, should be taken as the universal norm to be imposed on the other Christian churches.

Considering the Christian movement from a theological perspective, it might be rather common to emphasize the preservation of the Christian unity by the Holy Spirit (Ephesians 4: 1–6). Without denying this, it is equally important to note that according to the Book of Acts, at Pentecost, it is also the Holy Spirit who made people speak in their own respective languages or dialects, rather than in just one particular language or dialect. Furthermore, the Holy Spirit further dispersed the disciples to different places and thus pluralized the Christian churches in geographical, linguistic, racial, and cultural terms. The unity or ecumenicity of Christianity to be brought forth by the Holy Spirit should thus assume and preserve rather than negate the diversity among the Christian communities. The transmission of the Christian tradition should be primarily about the Spirit of the tradition, rather than a particular historical form of the Christian tradition.[6] The Christian churches in various locations can articulate their theologies according to their own respective cultures, traditions of spirituality, and socio-political contexts; and may share their theological heritages with their fellow Christians from some other contexts through open and friendly theological dialogue on equal footing.

It is undeniable that historically Christian theologies in Asia were influenced by Western Christian theologies in different ways and to various degrees. However, if Christian theologians in Asia simply "copy and paste" the Western theological tradition, they may make their theologies all too "boring" – to borrow the word used by Karl Barth (1886–1968) when advising Christians in Asia not to copy the western theological tradition.[7] Instead of being irresponsible as the "wicked and lazy servant" in the parable of the tal-

[4] *Philip Jenkins*, The Next Christendom: The Coming of Global Christianity (Oxford: Oxford University Press, 2002).

[5] For example see *Dale T. Irvin*, Christian Histories, Christian Thinking: Rendering Accounts (Maryknoll: Orbis Books, 1998).

[6] *Pan-chiu Lai*, "Inheriting the Chinese and Christian Traditions in Global Context: A Confucian-Protestant Perspective," Religion & Theology 10/1 (2003), 1–23; "Sino-Theology, Bible and the Christian Tradition," Studies in World Christianity 12/3 (2006), 266–281.

[7] See *Karl Barth*, "No Boring Theology! A Letter from Karl Barth," The South East Asian Journal of Theology 11 (Autumn 1969), 3–5.

ents (Matthew 25: 14–30), Christian theologians in Asia, especially China, should consider pro-actively how to make use of their cultural, spiritual and theological heritages to make significant contribution to the global development of Christian theology.[8]

3. Confucianism – why and how?

When considering how the Chinese cultural heritage may contribute to the global development of theology, it is quite natural to think about Confucianism. This is the case because Confucianism is an integral part of the cultural heritage of East Asia, and it underwent a certain revival in recent years.[9] It receives tremendous supports from the Chinese government as well as the public. Some people in Mainland China even propose to make Confucianism the state religion or civil religion of China.[10] Beyond the Chinese context, Confucianism is recognized as "a global cultural factor in our own time."[11] Some Confucian scholars endeavor to "globalize" Confucianism by addressing some global public issues, e.g. human rights and environmental protection,[12] and by entering into dialogue with western philosophy, Christian theology, and/or contemporary sciences. For example, some of them suggest that Confucianism is compatible with and even supported by the accounts of the origin of human morality, including altruism, offered by evolutionary biology.[13] The compatibility between the Confucian understanding of the human being and contemporary sciences has also been noticed by some Chinese Christian theologians, and some preliminary comparative studies of the Christian, Confucian and/or evolutionary perspectives on altruism have already been published.[14] Considering the role of Confucianism in human civilization and the number of Christians in East Asia, especially South Korea and Mainland China, how Christian theology may respond to Confucianism should be an important topic for the dialogue among theologians from the "western" and "eastern" parts of the globe.

[8] *Pan-chiu Lai*, "Theological Translation & Transmission between China and the West," Asia Journal of Theology 20/2 (2006), 285–304, here: 299. Similar view can be found in *Pan-chiu Lai*, "Development of Chinese Culture and Chinese Christian Theology," Studies in World Christianity 7/2 (2001), 219–240.

[9] See *Ruiping Fan*, ed., The Renaissance of Confucianism in Contemporary China (Dordrecht: Springer, 2011).

[10] *Chen Ming*, Rujiao yu congmin shehui [Confucian Religion and Civil Society] (Beijing: The Oriental Press, 2013).

[11] *Roger Ames*, Confucian Role Ethics: A Vocabulary (Hong Kong: The Chinese Univ. Press, 2011), 4.

[12] *Wm. Theodore de Bary* and *Wei-ming Tu*, ed., Confucianism and Human Rights (New York: Columbia University Press, 1998); *Mary Evelyn Tucker* and *John Berthrong*, ed., Confucianism and Ecology: The Interrelation of Heaven, Earth, and Humans (Cambridge, MA: Harvard Center for the Study of World Religions, 1998).

[13] *Tu Wei-ming*, Ti shi ruxue: rujia dang dai jia zhi de jiu ci dui hua [Embodied Knowing: Conversations on the Modern Value of Confucianism] (Hangzhou: Zhejiang University Press, 2012), 246–250; *Donald J. Munro*, "Reciprocal Altruism and the Biological Basis of Ethics in Neo-Confucianism," Dao: A Journal of Comparative Philosophy 1/2 (2002), 131–141; A Chinese Ethics for the New Century (Hong Kong: The Chinese University Press, 2005).

[14] *Pan-chiu Lai*, "Altruism and Confucian-Christian Comparison," Hong Kong Journal of Catholic Studies 4 (2013), 168–188 (in Chinese with abstract in English); *Pan-chiu Lai* and *Tao Wang*, "Altruism in Christian, Confucian and Evolutionary Perspectives," Sino-Christian Studies 15 (2013), 183–214 (in Chinese with abstract in English).

Other than its influences, the Confucian understanding of humanity deserves to be studied theologically on its own right. It is interesting to note that even Barth, who is famous for his advocacy of a Christocentric approach to anthropology (in which true humanity is manifested in Jesus Christ rather than Adam),[15] suggests that some of those who do not know Jesus Christ, e.g. Confucius (c. 551–c. 479 BCE), may be able to have true knowledge of humanity and their understandings of humanity may be even more profound than that of many Christians.[16] In line with this hypothesis, this essay attempts to explore briefly whether and how the Confucian understanding of the human person may be relevant to contemporary Christian theology, without going into the fine details of the theological arguments involved. Instead of assuming an "Orientalist" depreciation of Confucianism or an uncritical appreciation of Confucianism, this essay aims to offer a mutually critical dialogue between Confucianism and Christianity.

Based on these considerations, the presentation of Confucianism below will make reference primarily to the interpretations of Confucianism offered by contemporary scholars rather than the ancient Confucian texts. When appropriate, this essay will try to explain some of the Confucian concepts in Christian theological terminology, and mention also how the significance of Confucianism for Christian theology has been preliminarily explored by some Chinese Christian theologians.

4. Body, Heart/Mind & Human Person

Before presenting the Confucian understanding of humanity, it is important to note the distinction between the human *person* and human *nature* drawn by some scholars of Confucianism.[17] Admittedly, theory of human nature (*ren xin lun*) is an important topic in traditional Chinese philosophy. However, this kind of theory tends to assume that there is a sort of quintessence shared by all human beings; it signifies the *sine qua non* of human being, and distinguishes human beings from non-human beings. Since this sort of discussion may overlook the "non-essential" aspect(s) of human person, the discussion below will start with and focus on the concept of the human *person* rather than the human *nature* in order to have a more comprehensive understanding of the Confucian understanding of humanity.

Strictly speaking, the term "person", in terms of etymology, is foreign to Confucianism; this does not mean, however, that Confucianism does not have any conception about the phenomena associated with the concept of person. For instances, in early Confucian thought, the human person is described in terms of body (*ti*), desire (*yu*), emo-

[15] *Barth*, Christ and Adam: Man and Humanity in Romans 5, transl. T. A. Smail (Edinburgh: Oliver and Boyd, 1956), 6, 10.

[16] *Barth*, Church Dogmatics, III/2, transl. H. Knight, G. W. Bromiley, J. K. S. Reid and R. H. Fuller (Edinburgh: T. & T. Clark, 1960), 199, 276.

[17] For this distinction see *Dongfang Shuo* (pen name of *Lin Honxing*), He li xing zhi xun qiu: Xunzi si xiang yan jiu lun ji [Searching for Reasonableness: Studies of Xunzi's Thought] (Taipei: National Taiwan University Press, 2014), 1, 167.

tion (*qing*), will (*zhi*), and heart/mind (*xin*).[18] The Chinese word *xin* is usually translated in English as heart/mind, mind/heart or "heartmind", reflecting the Confucian view that, "The activity of mind cannot be divorced from the feelings of the heart; the cognitive is inseparable from the affective. There are no rational thoughts devoid of feeling, nor any raw feelings lacking cognitive content."[19] Furthermore, the word *xin* (hereafter heartmind) refers primarily to the internal organ commonly called "heart", which, according to Confucianism, is part of human body and under the influence of the vital force (*qi*) from other parts of the body, including the sense organs such as ear and month, although heartmind also has the ability to reflect on one's own life and can direct, through will, the vital force and thus affect our bodily, especially the facial, appearance.[20] In other words, Confucianism affirms the distinctive role heartmind plays in human person and makes a terminological distinction between "body" and "heartmind", but these two concepts refer to two different aspects of human person, and should not be understood dualistically as two different entities belonging to two different realms. Though Confucianism tends to assume that all human beings share this heartmind equally and even explain the distinctive human nature (*xing*) in terms of human heartmind, heartmind refers functionally to the cognitive, emotional and evaluative activities of the human person, rather than metaphysically an eternal soul which is separable and functions independently from the body.[21] The human person is thus not to be solely identified with or reduced to either body or soul. Borrowing the terminology employed in the recent discussion in theological anthropology, for Confucianism, human persons are neither merely "bodies" nor simply "souls" but "spirited bodies."[22]

As some contemporary scholars of Confucianism notice, this understanding of the human person does not only make Confucianism definitely different from the Cartesian mind-body dualism, but also comparable to the contemporary understanding the relationship brain and mind implied in the recent scientific developments, especially neuroscience. For example, Tu Weiming suggests that human knowledge is "embodied knowledge," and the heartmind in Confucianism is comparable to the "brain" in contemporary science.[23] Seok Bongrae provides a much more detailed study arguing that according to Confucianism, our cognitive function, including moral cognition, is "embodied cognition" because "most of ordinary moral judgments and actions are based on moral emotions deriving from involuntary and reactive states of the body."[24] This emphasis on the embodied emotion as a necessary or even essential component of the moral mind and moral dispositions, Seok suggests, is very much in line with the recent scien-

[18] *Kwong-loi Shun*, "Conception of the Person in Early Confucian Thought," Confucian Ethics: A Comparative Study of Self, Autonomy and Community, ed. *Kwong-loi Shun* and *David B. Wang* (Cambridge: Cambridge University Press, 2004), 184–186.

[19] *Ames*, Confucian Role Ethics, 127.

[20] *Shun*, "Conception of the Person in Early Confucian Thought," 188–189.

[21] *Donald J. Munro*, The Concept of Man in Early China (Stanford: Stanford Univ. Press, 1969), 49–83.

[22] *Nancy Murphy*, Bodies and Souls, or Spirited Bodies (Cambridge: Cambridge University Press, 2002).

[23] *Tu*, Embodied Knowing: Conversations on the Modern Value of Confucianism, 241.

[24] *Bongrae Seok*, Embodied Moral Psychology and Confucian Philosophy (Lanham: Lexington Books, 2013), ix.

tific studies of moral cognition that our moral judgments and emotions are dependent on or affected by the body.[25] Seok thus claims,

> "I believe that Confucian philosophy is a unique philosophical tradition of the embodied moral mind, and, with the combination of the body and the heart (the affection towards others), it provides a viable model of moral psychology where embodied emotion serves as the foundation of virtuous dispositions."[26]

The Confucian embrace of this rather "bodily" understanding of the human person, supported by recent scientific developments, is in sharp contrast to the diversified responses given by Christian theology. It is noticeable that the "holistic" or "bodily" understanding of the human person supported by recent developments in sciences, highlighting the crucial role of body in human cognition, may challenge the dualistic understanding of body and soul, especially the independent existence of human soul, which might have been assumed by many Christian theologians, especially their understandings of salvation in terms of human soul. Probably for this reason, while some theologians attempt to take these scientific developments positively and engage in inter-disciplinary dialogue on the relevant issues,[27] many other theologians have certain reservations on the understanding of human being implied in contemporary sciences and continue to debate among themselves on how to respond to the scientific challenges to traditional theological anthropology and the options between and/or beyond dualism and monism.[28] This is not to suggest that the Confucian understanding of the human person is more "scientific" than that of Western Christian theology. It only indicates that the Confucian understanding of the human person can be relevant to the contemporary inter-disciplinary discussion concerning human being involving theology, psychology, biology, etc.[29]

5. Relations, Roles and Becoming a Person

The relationality of the Confucian understanding of the human person is not only embodied in its understanding of the relationship between heartmind and body, but also its emphasis on the social relationship among human persons. As Henry Rosemont, Jr. argues, the Confucian understanding of the human person is mainly in terms of "role-bearing persons" rather than "rights-bearing individuals" which is often associated with modern western culture.[30] According to Rosemont,

[25] Ibid., x.

[26] Ibid.

[27] For example: *Robert John Russell, Nancy Murphy, Theo C. Meyering* and *Michael A. Arbib*, ed., Neuroscience and the Person (Vatican City State: Vatican Observatory Publications, 1999); *Malcolm Jeeves* and *Warren S. Brown*, Neuroscience, Psychology and Religion (West Conshohocken, PA: Templeton Foundation Press, 2009).

[28] For example *John W. Cooper*, Body, Soul & Life Everlasting: Biblical Anthropology and the Monism-Dualism Debate (Grand Rapids: Eerdmans, 1989); *Joel B. Green*, Body, Soul, and Human Life: the Nature of Humanity in the Bible (Grand Rapids: Baker Academic, 2008).

[29] For example *Malcolm Jeeves*, ed., Rethinking Human Nature: a Multidisciplinary Approach (Grand Rapids: Eerdmans, 2011); *J. Wentzel van Huysteen* and *Erik P. Wiebe*, ed., In Search of Self: Interdisciplinary Perspectives on Personhood (Grand Rapids: Eerdmans, 2011).

[30] *Rosemont*, "Rights-bearing Individuals and Role-bearing Persons," in Rules, Rituals, and Responsibility: Essays Dedicated to Herbert Fingarette, ed. Mary I. Bockover (La Salle: Open Court, 1991), 71–101.

"[But] for the early Confucians there can be no me in isolation, to be considered abstractly: I am the totality of roles I live in relation to specific others ... Taken collectively, they weave, for each of us, a unique pattern of personal identity, such that if some of my roles change, others will of necessity change also, literally making me a different person."[31]

This understanding of the human person does not deny the distinctiveness of respective persons or the active role one can play in the interactions with the other persons.

"Moreover, seen in this socially contextualized way, it should become clearer that in an important sense, I do not achieve my own identity, am not solely responsible for becoming who I am. Of course, a great deal of personal effort is required to become a good person. But nevertheless, much of who and what I am is determined by the others with whom I interact, just as my efforts determine in part who and what they are at the same time." [32]

In other words, in this web of inter-dependent relationship, all the persons involved are relationally constituted. Together with this relational understanding of personhood is a dynamic concept of person that personhood is a matter of becoming rather than being. It is because human person is not entirely determined by birth or something to be taken for granted, but is to be shaped by concrete interactions with the other persons and one's own effort. It is thus a moral responsibility for each person to make oneself a better person though fulfilling one's social roles, and to contribute to the well-being of the others, including the actualization of their personhoods.

As Roger Ames puts it,

"In this Confucian model of the constitutive relations of role-bearing persons, then, we are no 'individuals who associate in community,' but rather because we associate effectively in community we become distinguished as relationally constituted individuals; we do not 'have minds and therefore speak with one another,' but rather because we speak effectively with one another we become like-minded and thrive as a family and community; we do not 'have hearts and therefore we empathetic with one another,' but rather because we feel effective empathy with one another we become a whole-hearted, self-regulating community."[33]

The Confucian emphasis on role-bearing persons rather than right-bearing individuals seems to be incompatible with the idea of human rights associated with the individualistic understanding of human being as an autonomous rational being advocated by the Enlightenment. However, the argument for the incompatibility of human rights and Confucianism is actually based on an outdated understanding of human rights and represents merely a minority view or even exceptional case among Confucian scholars, while the majority of Confucian scholars agree that Confucianism and human rights are compatible. [34] According to the Confucian scholars who advocate for a Confucian approach to human rights, unlike the theocentric and individualistic approach adopted by some Western Christian theologians, Confucianism can affirm human rights and global ethic through its understanding of human being. It is assumed that it is part of human nature to have the desire to enjoy (or not to lose) the freedom from persecution, discrimination,

[31] *Rosemont*, "Rights-bearing Individuals and Role-bearing Persons," 90; cf. *Ames*, Confucian Role Ethics, xvi.

[32] *Rosemont*, "Rights-bearing Individuals and Role-bearing Persons," 91; cf. *Ames*, Confucian Role Ethics, xvi.

[33] *Roger T. Ames*, Confucian Role Ethics: A Vocabulary (Hong Kong: The Chinese University Press, 2011), 75–76.

[34] *Joseph C. W. Chan*, "Confucianism and Human Rights," in Religion and Human Rights, ed. *John Witte, Jr.* and *M. Christian Green* (Oxford: Oxford University Press, 2012), 87–102.

etc. Based on the Confucian understanding of human empathy which is articulated in the silver rule or negative golden rule that "do not impose on others whatever you do not desire for yourself", one should love to see other people enjoying similar rights and freedom protected by the same bill of human rights. In this way, Confucianism can offer a relational and anthropological approach to the affirmation of human rights and global ethic through emphasizing human sociality and empathy rather than individuality and individual's rights.[35]

In other words, the Confucian emphasis on "role-bearing persons" rather than "rights-bearing individuals" does not necessarily imply the rejection of human rights. Rather, it can offer an alternative approach to human rights, which may be more acceptable for people without theistic beliefs. The Confucian relational and dynamic understanding of personhood is radically different from the "rights-bearing individual" model of personhood prevalent in modern western culture, but is very much in line with the contemporary Trinitarian theology which tends to understand personhood in term of "relational particularity and communion" rather than "individuality and substantiality."[36]

6. Person – Divine and Human

The relationality of the Confucian understanding of the human person is also reflected in its understanding of the relationship between humanity and Heaven (*tian*), which is the ultimate reality in Confucianism. It is rather well known that Confucianism affirms the unity between Heaven and humanity (*tian ren he yi*). This unity can be understood in both ontological/immanent and economic terms – borrowing the terminology from Christian theology.

In terms of ontological/immanent unity, Confucianism tends to characterize Heaven or the ultimate reality in terms of *ren*, which can be crudely translated as benevolence and is usually taken as the counterpart of the Christian understanding of *agape* for the purpose of comparative study.[37] According to Confucianism, the Heaven's character of *ren* is not only manifested in the production of life or creativity in the universe, but also immanent in human heartmind. Comparable to the Christian concept of image of God (*imago Dei*), Confucianism affirms that Heaven imparts its essence or character of benevolence (*ren*) to human being, and thus human being participate in this same character of benevolence. As *ren* is considered the most important and distinctive character of Heaven as well as human person, some Chinese Christian theologians even propose to use *ren* (or *ren-zhe* which means literally "the one of *ren*") to translate the western concept of personhood.[38] In other words, for Confucianism, both divine and human persons share the same character of *ren*. In fact, Chen Lai, a Confucian scholar from Mainland China, at-

[35] *Pan-chiu Lai*, "Human Rights and Christian-Confucian Dialogue," Studies in Interreligious Dialogue 23/2 (2013), 133–149, here: 133–138.

[36] See *Christoph Schwöbel*, "Introduction," in Persons, Divine and Human, ed. *Christoph Schwöbel* and *Colin Gunton* (Edinburgh: T & T Clark, 1991), 13.

[37] For a comparative study of ren and agape, see *Xinzhong Yao*, Confucianism and Christianity: A Comparative Study of Jen and Agape (Brighten: Sussex Academic Press, 1996, 1997).

[38] *Sze-Chi Chan*, "Theological Basis and Practice of Human Rights: A Study addressing Chinese History and Culture," CGST Journal 8 (1990), 62–102 (in Chinese with abstract in English).

tempts to develop an Ontology of *Ren*, which takes *ren* as the key concept to explain not only the ultimate reality – including the heartmind of Heaven (*tian xin*) and the substance of Logos/Dao (*dao ti*), but also the realities given birth by Heaven – including the heart/mind of all lives (*sheng wu zhi xin*), which are connected with each other and constitute together a cosmic body.[39]

Based on this ontological unity, Confucianism advocates also the unity between Heaven and human being in their activities. Confucianism affirms that human nature is defined by the divine mandate (*tian ming*), which is to assist the great transformation of Heaven and Earth. In other words, human being is not only endowed with the characters of *ren* (or the capacity for love) from Heaven, but also entrusted the task to serve as a created co-creator to assist the transformation or *creatio continua* of the universe or the economic activities of Heaven. It is thus quite right for Roger Ames to describe the Confucian Religiousness in terms of "Co-Creativity."[40]

A corollary of this understanding of the human person is the Confucian idea that "the person of *ren* forming one body with the ten thousand things of heaven and earth" (*ren zhe yu tian di wan wu cheng wei yi ti*). This idea does not merely mean that the same vital force permeates in the whole universe and thus all things are united in one cosmic body, but also that human being can feel commiseration with all living beings as part of his/her own body in an "analogical" way, and thus has moral obligation to a certain extent towards all things in this universe. According to this understanding, human being is thus part of nature rather than separate from nature, and a human person's moral responsibility should include not only one's personal growth which can be understood as the actualization of one's humanity or the participation of the life / virtue of Heaven, but also the enhancement of the familial, social, international, and even cosmic harmony.

The Confucian understanding of the human person can be both an affirmation as well as a rejection of "anthropocentrism." On the one hand, it affirms the crucial or unique role played by human beings in the universe. On the other hand, it refuses to take human being as the sole locus of value in this universe. This understanding of the cosmic significance of humanity is quite similar to the "critical anthropocentrism" implied in some recent scientific developments and advocated by some contemporary Christian theologians.[41] The ecological ethics to be derived from Confucianism may form an alternative approach beyond the two poles of anthropocentrism and eco-centrism.[42] As I argue elsewhere, it is possible to develop an ecological theology by rethinking the Christian doctrines of creation, salvation, *imago Dei*, and Christology in line with this interpretation

39 *Chen Lai*, Ren Xue Ben ti lun [Ren Ontology] (Beijing: SDX Joint Publishing Company, 2014).

40 *Ames*, Confucian Role Ethics, 241.

41 *Christopher L. Fisher*, Human Significance in Theology and the Natural Sciences: An Ecumenical Perspective with Reference to Pannenberg, Rahner, and Zizioulas (Eugene, Ore.: Pickwick Publications, 2010).

42 *Pan-chiu Lai*, "Beyond Anthropocentrism and Ecocentrism: Eco-Theology and Confucian-Christian Dialogue," Ching Feng (New Series) 2/1–2 (2001), 35–55.

of Confucianism.[43] This may be one of the areas in which Chinese Christian theology may make certain contributions to the global development of Christian theology.[44]

Apart from ecological theology, this understanding of the relationship between divine and human persons may shed light on some other theological issues. For example, the Confucian emphasis on the ontological unity and economic cooperation between the divine and human persons seems to be in stark contrast to the Christian understanding of salvation based on the doctrines of *sola gratia*, *sola fide*, etc., which seem to emphasize the role of divine activity at the expense of human activity. In fact, some contemporary Confucians argue that whereas the Confucian path of moral cultivation assumes self-power and rejects the other-power, the Christian approach to salvation is the other way round. This interpretation of Confucianism as a path of self-power, as I argue elsewhere, is misleading and contradicts the relational or "ecological" understanding of human being assumed by Confucianism.[45] Furthermore, although the Confucian understanding of the unity between Heaven and humanity does emphasize their unity in terms of the character or virtue of *ren* or love, as well as their unity in the economic activity, it does not negate the fundamental ontological distinction between Heaven as the ultimate reality and human person as a finite being. In fact, other than the motif of unity between Heaven and humanity, Confucianism, especially in Xunzi (313–238 BCE), also highlights the concept of the bifurcation of human and divine (*tian ren er fen*), which affirms not only the ontological distinction between Heaven as the creative "Creator" and human beings as the created co-creators, but also the distinction between the divine activities of Heaven or Dao, and human activities.[46] In other words, the immanent and economic unity between Heaven and humanity should be understood in terms of unity with distinction though not separation, borrowing the terminology of Chalcedon formula.

Within the Christian circle, whether and in what sense the Christian way of salvation should be characterized as "other-power" needs further deliberation. The stark contrast between Confucianism and the "official" or "orthodox" interpretation of Luther's soteriology is noticed by both Confucian scholars and Chinese Christian theologians.[47] Historically speaking, Chinese Christian theology was influenced more by the Latin-Western theological tradition and less by the Orthodox theological tradition, but in recent years, some Chinese Christian theologians are attracted to Orthodox theology, especially the affinities between the orthodox concept of deification (*theosis*) and the Confucian understanding of the unity between Heaven and humanity.[48] This might due to the assumption that in contrast to the forensic doctrine of justification by faith, which seems to assume that there is no significant role to be played by human being in his/her salvation, the

[43] *Pan-chiu Lai*, "Christian Ecological Theology in Dialogue with Confucianism," Ching Feng 41/3–4 (1998), 309–344; reprinted in Dialogue and Alliance 17/1 (2003), 61–90.

[44] *Pan-chiu Lai*, "God of Life and Ecological Theology: A Chinese Christian Perspective," The Ecumenical Review 65/1 (2013), 67–82.

[45] *Pan-chiu Lai*, "Christian-Confucian Dialogue on Humanity: An Ecological Perspective," Studies in Inter-religious Dialogue 14/2 (2004), 202–215.

[46] For this distinction see *Dongfeng*, Searching for Reasonableness, 69–133.

[47] *Paulos Huang*, Confronting Confucian Understandings of the Christian Doctrine of Salvation (Helsinki: Department of Systematic Theology, University of Helsinki, 2006; Leiden: Brill, 2009).

[48] See further *Alexander Chow*, Theosis, Sino-Christian Theology and the Second Chinese Enlightenment: Heaven and Humanity in Unity (New York: Palgrave Macmillan, 2013).

theory of deification advocated by the Orthodox Church, especially its affirmation of the role played by human being in salvation as well as the unity between the divine and human, should be more compatible with Confucianism.[49] In the recent ecumenical dialogue and studies of the doctrine of deification, it is found that the idea of deification is not entirely foreign to the Latin-Western theological tradition, and the contrast between the so-called Latin-West and the Greek-East theological traditions, in terms of soteriology, might not be absolute.[50] How to consider the role played by human being in salvation remains an important issue for ecumenical dialogue among the Christian churches. Whether and in what way the relational understanding of the unity with distinction between Heaven and humanity advocated by Confucianism may contribute to the Christian theological debate should be a topic for future exploration.

The Confucian understanding of the relationship between divine and human persons is very relational, highlighting their ontological unity as well as participation in activities, but not particularly dialogical. There are certain indications of "personal" communications of Heaven or God in early Confucian texts, but the personalistic character of Heaven is notably in the downward trend in the later development of Confucianism. The prominent place of God (*shangdi*) and/or Heaven (*tian*) was increasingly replaced by some less "personal" concepts such as Principle (*li*). However, as we will discuss later, this might have not hindered the development of "rationality in conversation" or "conversational rationality" in contemporary Confucianism because this development is based primarily on the Confucian understanding of the human person rather than directly on its understanding of Heaven or the divine person. In fact, the Neo-Confucian adoption of the concept of principle (*li*) as the ultimate reality leads to not only the assumption that all entities embody the same metaphysical principle, but also the affirmation that all human beings share the same principle as well as the same heartmind.[51] In other words, it is assumed that some sort of reason or rationality (*li xing*) is manifested in this universe and shared by all human beings. This may provide the ontological basis for a Confucian approach to "rationality in conversation."

7. Confucianism and Rationality in Conversation

During the first half of twentieth century, Confucianism was rejected by many Chinese intellectuals as a stumbling block to modernization, especially the developments of science and democracy. Based on the understanding that western philosophy is abstractly rationalistic, whereas Confucian philosophy is concretely rationalistic,[52] Confucianism was often criticized as lacking the "scientific" rationality required for scientific develop-

[49] *Pan-chiu Lai*, "Renaissance of Orthodox Theology and its Significance for Sino-Christian Theology," Logos & Pneuma 32 (Spring 2010), 247–272 (in Chinese with abstract in English).

[50] *Pan-chiu Lai*, "Shaping Humanity with Word and Spirit: Perspectives East, West and Neither-East-Nor-West," Word and Spirit: Renewing Christology and Pneumatology in a Globalizing World, ed. *Anselm K. Min* and *Christoph Schwöbel* (Berlin: Walter de Gruyter, 2014), 131–149.

[51] This idea is clearly articulated in *Lu Hsiang-shan* (1139–1193). See *Wing-tsit Chan*, A Source Book in Chinese Philosophy (Princeton: Princeton University Press, 1963), 572–587.

[52] See *Chung-ying Cheng*, New Dimensions of Confucian and Neo-Confucian Philosophy (Albany: State University of New York Press, 1991), 294–295.

ment and modernization. In recent years, rationality became one of the hot topics in the contemporary studies of Confucianism. This might have been partially inspired by the theories of rationality proposed by Max Weber (1864–1920) and Jürgen Habermas, especially their critical reflections on the very restricted understanding of rationality related to the Enlightenment. Some scholars of Confucianism attempt to define, differentiate, or defend the Confucian rationality by making critical references to the "western" notion of rationalization, instrumental rationality, communicative rationality, etc.[53] Some even take rationality (*li xing*) or "reasonableness" (*he li xing*) as a key concept to reinterpret the Confucian tradition.

For example, assuming the Confucian emphasis on the intellectual interdependence and interpenetration between knowing and moral growth,[54] Cheng Chung-ying attempts to delineate a Confucian moral rationality. According to Cheng, Confucius gave three different answers to the question what is *ren*. The first one is "love people" and the second "Do not do to others what you would not want others to do to you", which is considered a negative expression of Confucius's own more positive formula that "If one wishes to establish oneself, establish others; if one wishes to attain a good end, help others to attain their good end." The third one is "to control oneself and restore/practice proprieties (*li*) is *ren*."[55] Cheng suggests that putting these three together, one may find that the Confucian moral rationality implies not only a universalization principle that all people should will for the wellbeing of all people, but also a principle of reflective transcendence, which involves self-reflection and thus self-control toward moral actions.[56]

Whereas Cheng Chung-ying's discussion on the Confucian moral rationality is mainly philosophical, some social scientists attempt to articulate a "*Zhongyong* rationality", which is distinctively informed by Confucianism and yet separable in principle from Confucianism,[57] and they give concrete examples in rural China to illustrate how conflicts were resolved with this *zhongyong* mode of rationality.[58] *Zhong* means literally the middle, and *yong* commonplace. Since it is reminiscent of Aristotle's "doctrine of mean", when the book *Zhongyong*, which is one of the four books of Confucianism, was translated into English, it is titled *Doctrine of Means*. However, it remains quite necessary to clarify that the Confucian advice to "adhere to the middle" does not mean spatially the middle point of two poles, but to take appropriation position and to avoid taking extreme measures; in similar vein, "mean" implies situation-specific and timely rather than the mathematical mean, and the word *yong* refers to usefulness, application, etc.[59] According to this understanding of *zhongyong*,

[53] For example, *Xunwu Chen*, "A Rethinking of Confucian Rationality," Journal of Chinese Philosophy 25/4 (December 1998), 483–504.

[54] See *Cheng*, New Dimensions of Confucian and Neo-Confucian Philosophy, 294–295.

[55] *Chung-ying Cheng*, "Confucian Reflections on Habermasian Approaches: Moral Rationality and Inter-humanity," in Perspectives on Habermas, ed. *Lewis Edwin Hahn* (Chicago: Open Court, 2000), 195–233, here 206–207.

[56] Ibid., 208.

57 *Tak-sing Cheung, H. M. Chan, K. M. Chan, Ambrose Y. C. King, C. F. Yan* and *C. Y. Chiu*, "On Zhongyong Rationality: The Confucian Doctrine of the Mean as a Missing Link Between Instrumental Rationality and Communicative Rationality," Asian Journal of Social Science, 31/1 (2003), 107–127, esp. 108, 116, 118–119.

[58] Ibid., 119–124.

[59] Ibid., 113–116.

"In deliberating upon the most appropriate course of action possible, the individual with a *zhongyong* mode of orientation pays special attention to interpersonal dynamics, weighs the possible consequences of different actions, and strives to maintain harmony in the social world. With this holistic perspective in place, the individual is ready to exercise self-discipline even in seeking personal satisfaction."[60]

On the one hand, this *zhongyong* mode of action is "instrumental" because it requires certain calculation and aims at achieving social harmony effectively. On the other hand, it is also communicative. It can thus be interpreted as different from instrumental rationality as well communicative rationality, and yet can serve as a missing link between them.

"To engage in *zhongyong* action, on the other hand, entails the ability to stand outside of oneself. The Confucian expression is to extend oneself towards others. Viewed from this perspective, *zhongyong* rationality shares at least one common ground with communicative rationality, namely to assume a dialogic mode in social interaction." [61]

This articulation of *zhongyong* rationality assumes not only the Confucian moral rationality delineated by Cheng Chung-ying in a slightly different way, but also the Confucian ideal of social harmony.[62] Particularly noteworthy is that this *zhongyong* rationality may "assume a dialogic mode in social interaction," which may imply that it is possible to develop a Confucian approach to conversational rationality or rationality in conversation. In fact, there were some discussions in early Confucianism, particularly the book of *Xunzi*, concerning the proper procedure for reaching rationality through conversation, including expressing one's opinion without hurting the partner's feeling, refraining from taking winning the debate as the goal, and maintaining a humble, open and fair manner in the conversation or debate.[63]

Based on the above discussion, we may find that the Confucian understanding of rationality is very relational and contextual. Human rationality is embedded in human body and thus affected by the bodily emotion and moral disposition. Besides, human rationality is also tremendously shaped by the concrete social relationship as well. However, this does not necessarily imply a sort of nihilistic relativism or relativistic nihilism that excludes the possibility of cross-cultural and inter-personal communication and thus the possibility of solving conflict through dialogue. It is because human rationality is also in a sense originated from Heaven, who or which endowed people with the capacity for *ren* or moral reasoning and thus they can respond to other people with empathy. All these may imply that even though people have diversified values, cultures and religions, there are certain affinities among human beings as persons who are endowed with the capacity for empathy, sympathy, compassion, etc. These two aspects of rationality, namely relationality and commonality, do not contradict each other. In fact, the social harmony advocated by Confucianism is characterized by the motto of "harmony in diversity" (*he er bu tong*) (*The Analects* 13:23). This means that the true or valuable harmony should include and preserve diversity, rather than homogeneity. In other words, the Confucian idea of

[60] Ibid., 116.

[61] Ibid., 117.

[62] For a detailed exploration of the Confucian harmony rationality, see: *Lu Zirong*, Ru xue he xie he li xing: jian yu gong ju he li xing, jiao wang he li xing bi jiao [Confucian Harmony Rationality: With a Comparison with Instrumental Rationality and Communicative Rationality] (Beijing: China Social Sciences Press, 2007).

[63] *Dongfeng*, Searching for Reasonableness, 247–283.

social harmony is not to be understood as or reduced to achieving certain agreement or uniformity in opinion; instead, harmony involves certain tensions.[64]

Perhaps one may suggest that for Confucianism cross-cultural dialogue is necessary because our cultures are diversified and our rationality is relational as well as contextual. Cross-cultural dialogue is possible because our rationality, which is related to morality and emotion, allows us to have certain degree of empathy with other human beings. The aim of cross-cultural dialogue is not to achieve uniformity of opinion, but to maintain the harmony in which we can preserve our diversity and thus identity. This does not assume or require that all human beings are equally rational. It is because the aim of cross-cultural dialogue or conversation is to find out not the most convincing argument through rationalistic debate, but the most acceptable solution which may benefit most of the people involved through dialogue. In this exercise of dialogic mode of social interactions, a sort of propriety (*li*) should be observed and certain self-control or self-discipline is required. In the context of inter-religious encounter or dialogue, this propriety or self-control may include the respect of other's basic human rights as well as the practice of religious tolerance.

This Confucian approach to cross-cultural dialogue can be adopted by Christianity. Though religious tolerance is expected to be observed by all the parties concerned, it is particularly required for those who are in power. In the history of Christianity, there are periods dominated by intolerance towards other religions, but due to its experience and memory of being persecuted, Christianity has the spiritual resources to develop a tolerant and sympathetic attitude, even when it is in power, towards those who are under pressure or suppression. This is not only based on the Christian memory as a persecuted community, but also in line with the Biblical teachings that we should be good to the strangers because we were strangers in Egypt before (Deut. 24:14–22) and that "Always treat others as you would like them to treat you" (Matthew 7:12).[65] It is noticeable that the reasoning behind this advocacy for tolerance echoes the Confucian saying mentioned above that "Do not do to others what you would not want others to do to you." Similarly, when engaging in dialogue with Confucianism on human rights, it is neither necessary nor desirable for Christianity to uphold a theocentric approach to human rights and the superiority of the Christian affirmation of human rights; instead, it can take a theologically informed relational anthropology as the basis for the affirmation of human rights. This approach may be more agreeable to Confucianism and more effective in establishing collaboration with Confucianism for the promotion of human rights.[66]

Admittedly, the Confucian understanding of the human person is highly relational, but it is not particularly dialogic or conversational. It is because, probably due to certain historical reasons, the Confucian understanding of human society was quite hierarchical and patriarchal, and this hierarchical relationship may affect negatively the conversation or communication among human persons. According to the Confucian theory of five cardinal human relationships, which include emperor and subject / officials, father and son,

[64] For the Confucian understanding of harmony, see *Chenyang Li*, The Confucian Philosophy of Harmony (New York: Routledge, 2014).

[65] *Pan-chiu Lai*, "Religious Conviction and Tolerance: Fragmentary Reflections on the History of Christianity," Studies in Interreligious Dialogue 17/2 (2007), 153–170.

[66] *Lai*, "Human Rights and Christian-Confucian Dialogue," 139–147.

husband and wife, elder brother and younger brother, and between friends, are largely dominated by hierarchical order. Even in the relationship among brothers, the emphasis is on the hierarchical order or order of priority between the elder and the younger (*zhang you you xu*), rather than the fraternity or equality of brotherhood. Among these five relationships, only the relationship among friends is relatively more open or equal, and less hierarchical.

Furthermore, Confucianism tends to take "family" as the root metaphor for the understanding of the society or the whole country. It is interesting to note that the most widely used Chinese word for country or nation is "*guo jia*" which combines *guo* (literally meaning country or nation) with *jia* (meaning literally family). Considering it positively, this may mean that even country or nation can be, in a derivative sense, an institution of love, borrowing a term from Prof. Werner Jeanrond's book.[67] However, the negative result is often that the filial piety (*xiao*) towards the parents is often translated into sort of absolute obedience to the emperor or political ruler. This might reinforce, if not absolutize, the authority of the political leader or party (even when there is no more emperor) and the suppression of democracy as well as the development of civil society. This makes the dialogue on free and equal basis among citizens rather difficult, not to say the "dialogue" between the government and the people or the civil society. In China, even the so-called "public sphere" is dominated by the political propaganda originated from the Communist party or its state apparatus. For contemporary Confucianism, it has to face the issue concerning whether to affirm political authoritarianism or liberal democracy or a third alternative. In fact, this is also an important issue facing Christianity in China, and will make the task as well as approach of public theology in China rather different from its counterpart in a western liberal democratic society.

Admittedly, the hierarchical way of thinking is not particular to China. It can be found in Christian theology as well. One of the most heated debates in contemporary Trinitarian theology concerns the seemingly hierarchical concept of the *monarchia* of the Father, a concept defended by orthodox theologians such as John Zizioulas but challenged by the more "equalitarian" model of the Trinity advocated by Jürgen Moltmann and some others. No matter whether and how the *monarchia* of the Father is to be upheld, the Christian Trinitarian understanding of God may cast light on the overcoming of the communication barrier constituted by hierarchical relationship. Particularly relevant here is probably the Christian doctrine of God, together with the doctrine of the Incarnation, which communicates and embodies not only love and forgiveness of sin, but also the willingness from those with power or at the top of the hierarchy to give up one's own power, authority or rights, in order to achieve the reconciled harmony between God and human being.[68] In other words, in order to overcome the negative impact caused by the hierarchical relationship and to achieve meaningful dialogue leading toward peace or reconciliation, some sort of voluntary "accommodation" and/or "kenosis", which is involved in the Christian understanding of the communication between God and human being, is required from those of higher power, status, and/or intelligence. Perhaps this

[67] *Werner Jeanrond*, A Theology of Love (London: T & T Clark, 2010), 173–204.

[68] For a more detailed exploration of these themes, see: *Christoph Schwöbel*, "God as Conversation: Reflections on a Theological Ontology of Communicative Relations," in Theology and Conversation: Towards a Relational Theology, ed. *J. Haers* and *P. De Mey* (Leuven: Peeters, 2003), 43–67.

may be an issue deserving to be further explored in the future dialogue between Christianity and Confucianism.

8. Epilogue

The above discussion is merely a sketch of the relevance of the Confucian understanding of the human person, including rationality, for Christian theology. This is aimed at facilitating further dialogue among Christian theologians as well as the dialogue between Christianity and Confucianism.

Pilgrim W.K. LO

RATIONALITÄT UND GEWISSEN

Ein Dialogversuch zwischen Theologie und chinesischer Moralphilosophie

1. Das Zentralanliegen des Themas

1.1 Ratio und Geist

Mit dem Ausdruck „der Mensch ist *animal rationale*" unterscheidet sich der Mensch von den anderen Tieren. Als Eigenschaften könnte man mehrere wie Technik, Mathematik, Tradition, Kunst, Moral, Religion, Reflexion usw. nennen, die als Sonderbesitz nur im Menschen zu finden seien.[1] Die Vernunft aber ist in der westlichen Anthropologie von einer besonders großen Bedeutung. Etymologisch ist der Mensch Aristoteles nach nicht als *animal rationale* zu definieren,[2] aber doch ist das Wort *logikon* in der Entwicklung der westlichen Kultur weitgehend im Sinne logischer Analyse oder berechtigtes Urteils zu fassen,[3] das als Denkvermögen neben der Vernunft als dem diskursivem Nachdenken auch andere Attribute wie Verstand, also die intuitive Einsicht oder Intellekt dem Menschen zuschreibt.

Ein unerschöpfliches Streitthema über Vernunft und Glaube ist seit der Frage Tertullians[4] „Was hat also Athen mit Jerusalem zu schaffen" bekannt. Trotzdem hat er die Philosophie, vor allem die stoische, auf seine Theologie einwirken lassen.[5] Das Zusammenwirken von Vernunft und Theologie in der Theologiegeschichte ist in Thomas von Aquins Theologie deutlich zu sehen. Seiner Meinung nach sei der Mensch auf Gott hingeordnet, dies überfordere aber seine Vernunft (*comprehensionem rationis excedit*).[6] Wir nehmen auch Notiz von der Meinung anderer bedeutender Theologen wie Petrus Damiani und Luther, die die Nutzanwendung der Vernunft für Gotteserkenntnis heftig kritisiert haben. Dennoch ohne Ausnahme argumentieren sie vernünftigerweise mit ihren Gegnern. Der Vernunft gegenüber hat die abendländische Theologie über tausend Jahre unzweifelhafte Autorität. Umgekehrt auf der Grundlage der Aufklärung, obwohl im Sinne Kants der Mensch als *animal rationale* im System der Natur (*homo phaeno-menon*) nur von geringer Bedeutung ist,[7] beruft sich die Philosophie in der Neuzeit lediglich auf Vernunft gegenüber der Wahrheit des kirchlichen Glaubens. Nämlich, wenn eine Aussage nicht mehr in Übereinstimmung mit der Vernunft zu beweisen ist, dann ist die Annahme nur ein

[1] Vgl. *J.M. Bochenski*, Wege zum philosophischen Denken, Freiburg 1959, 83.

[2] Vgl. *Aristoteles*, Metaphysik, ins Deutsche übertragen von *A. Lasson*, Jena 1907, 6.

[3] Vgl. *J. Hirschberger*, Geschichte der Philosophie, Bd II. Neuzeit und Gegenwart, Frankfurt am Main 2001, 183.

[4] De praescriptione haereticorum, Kap. 7.

[5] Vgl. *W. Pannenberg*, Vernunft und Glaube, in: *Ders.,* Grundfragen systematischer Theologie, Bd. 1, Göttingen 1967, 238.

[6] Summa Theologiae I, 1.

[7] Vgl. *I. Kant*, Die Metaphysik der Sitten, Königsberg 1797, 568f.

Opfer des menschlichen Intellekts.[8] Denn für die Menschen der Neuzeit ist Philosophie als menschliche Wissenschaft zu begreifen, die sich um rein rationale Begründungsverfahren zur Feststellung von Erkenntnis des Wahren bemühen muss. Hinsichtlich dieser Rekapitulation ist es mit Recht, nicht nur für die Philosophen, sondern auch für die Theologen zu sagen, die die Legitimation ihrer Aussage zu gewinnen machen, dass der Anspruch der Vernunft in Arbeitsverfahren nicht weggelassen werden kann. Mit Tillichs eigenen Worten gesagt: Die Leugnung der Vernunft im klassischen Sinn ist unmenschlich, weil dies widergöttlich ist.[9]

In der chinesischen Kultur ist der Mensch nicht als *animal rationale* gefasst, sondern als der Geist aller Seienden. Das besagt aber weder, dass die Chinesen keine Vernunft kennen, noch dass die Vernunft keine wichtige Rolle für Denken oder Wissen spielt. Unter den chinesischen Gelehrten ist man allgemein der Meinung, dass die Deutschen das Volk der Philosophie oder ein vernünftiges Volk seien, und die Chinesen das Volk der Literatur bzw. ein sinnliches Volk. Es ist dies näturlich nur eine Vorstellung, keine wissenschaftliche Aussage. Trotzdem deutet es den vom Altertum her geerbten Charakter der Chinesen an. Es sollte auch nicht das Missverständnis aufkommen, dass die Chinesen keine vernüntigen Lebewesen seien, oder Vernunft für die Chinesen unwesentlich sei. Nun zu der Frage, wie die Chinesen den Begriff Vernunft oder Rationalität verstehen.

1.2 Die Wortbedeutung in den chinesischen Wörterbüchern

„Rationalität" oder „Vernunft" ist in Fachlexika der chinesischen Klassiker kaum zu finden, die in Deutsch-Chinesischen Wörterbüchern oder Nachschlagewerken heute mit „*Lǐxìng* " übersetzt wird. Die Erklärung dieser chinesischen Übersetzung stimmt mit der Bedeutung des Vernunftbegriffs in einem deutschen Wörterbuch überein. Obwohl die antiken Klassiker in ihren Schriften das Wort *Lǐxìng* gelegentlich schreiben, ist *Lǐxìng* nie ein wesentliches Thema in ihrem Denken wie im Abendland. Der Begriffsinhalt von *Lǐxìng* ist leider weder umfassend noch systematisch. Deshalb ist es schwierig, *Lǐxìng* im Sinne der zeitgenössischen Philosophie zu interpretieren. Um den Begriff *Lǐxìng* richtig zu erfassen, muss man die Wortbildung der chinesischen Sprache zur Kenntnis nehmen. *Lǐxìng* ist aus zwei Wörtern zusammengesetzt, nämlich, dem Wort „*Lǐ*" und dem Wort „*Xìng*", die beide für die chinesische Moralphilosophie von wesentlicher Bedeutung sind.

Nach dem *Kangxi-Wörterbuch*[10] bedeutet *Lǐ* vorgezeichnete Ordnung der Materie, der Erde, des Universums, der Natur, der Menschenbeziehung, der Besorgung, sogar des Schicksals. Mit einem Wort ist *Lǐ* in der chinesischen Kultur in einem sehr umfassenden Sinne, also im metaphysischen, irdischen, ethischen usw. zu verstehen.

[8] Vgl. *W. Pannenberg*, Vernunft und Glaube, 243f.

[9] *P. Tillich*, Systematische Theologie, Bd. II, Berlin 1951, 89.

[10] *Kangxi-Wörterbuch* ist ein sehr wichtiges historisches Zeichenlexikon der chinesischen Schrift, das schon in der Qing-Dynastie im Jahr 1716 erschien. Vgl. Auch *U. Ungar*, Grundbegriffe der altchinesischen Philosophie. Ein Wörterbuch für die Klassische Periode, Darmstadt 2000, 55f.

2. Der Begriff Lǐxìng (Rationalität) im Geisteserbe Chinas

2.1 Die Anschauung von Lǐ (Gesetz, Ordnung) im allgemeinen

In *Zhuāngzǐ*, einem klassischen Werk des Taoismus, ist die Idee von *Lǐ* im Zusammenhang mit der Entstehung der Welt aufgestellt: „Im Uranfang war das Nicht-Sein des Nicht-Seins, war das Unnennbare. Daraus erhob sich das Eine. Dieses Eine – in seinem Dasein, aber noch ohne Form, das die Dinge bekommen müssen... Was in seinem Beharren und Bewegen die Dinge erzeugt und in den fertigen Dingen ihr immanentes Gesetz (*Lǐ*) erzeugt, heißt die Form.“[11] In diesem Sinne steht die Analyse des *Lǐ* für Zhuāngzǐ (um 369 v. Chr.–286 v. Chr) im Vordergrund, denn es ist die Grundlage des Schönheitssinns für alle Seienden.[12] Das heißt, wenn man die Schönheit der Dinge unterscheidet, muss man *Lǐ*, nämlich die vorgezeichnete Ordnung kennen. Das *Lǐ* als Ordnung ist nicht nur erkennbar, sondern muss erkannt werden.[13]

Den Gedanken hat Hán Fēizǐ (während der Zeit früherer Qin-Dynastie, vor 221 v. Chr)[14] verfolgt, ein bedeutender Philosoph der Gesetzesschule. Er hat *Lǐ* in Zusammenhang mit der Form der Dinge genauer dargestellt: „Alle Dinge haben ihre eigene Form, kurz oder lang, groß oder klein, viereckig oder rund, fest oder gebrechlich, schwer oder leicht, weiß oder schwarz... Dies heißt *Lǐ*.“[15] Etwa ein Jahrhundert später hat Wáng Bì (226–249), ein bedeutender Kommentator von *Dàodéjīng* sowie dem *I Ging*, dem Wissen von der Welt, mit Nachdruck auf *Lǐ* hingewiesen. Seiner Meinung über den Zusammenhang zwischen Form und Inhalt gemäß ist es zu unterstreichen, dass nichts in der Welt willkürlich ist, das alles nicht unsinnig, sondern vernünftig angeordnet ist. Das ist *Lǐ*.[16] Die Menschen wissen von der Veränderung aller Dinge, das liegt an dem *Lǐ*, das alle Menschen wissen können.[17] Zu dieser Auffassung kann man die Frage stellen, ob das *Lǐ* zur Anlage des Menschen gehört, oder ob das *Lǐ* als Form oder Ordnung vom Menschen abhängt? Es ist auch unklar, ob man aufgrund der chinesischen Klassiker sagen kann, dass der Mensch der Maßstab aller Dinge sei.

2.2 Die konfuzianische Anschauung von Lǐ im Zusammenhang mit der Lehre der Menschennatur

Nach der Lehre der Menschennatur von Menzius (um 370 v. Chr. – um 290 v. Chr.)[18] unterscheidet sich der Mensch von den Tieren nicht dadurch, dass nur der Mensch „*Rén*“ (Menschlichkeit, Liebe, Wohlwollen, Güte, Barmherzigkeit) und „*Yì*“ (Rechtlichkeit, Gerechtigkeit, Pflicht) tut, sondern dass der Mensch in sich die Anlage von *Rén* und

[11] Vgl. *Zhuāngzǐ*, Kap. XII: Himmel und Erde, 8.
[12] Vgl. *Zhuāngzǐ*, Kap. XXXIII: Die vermischten Schriften, 1.
[13] Vgl. *Zhuāngzǐ*, Kap. XVII: Herbstwasser, 5.
[14] Bei den Chinesen steht der Familienname traditionell vor dem Rufnamen.
[15] *Han Feizi*, Kap. XX, 29.
[16] Vgl. Wáng Bì, *Einführung in I Ging mit Beispielen*, Míng Tuàn (Trigram).
[17] Vgl. Wáng Bì, *Kommentar zu I Ging*, Qiānwényán.
[18] An dieser Stelle steht das Thema „Menschennatur“ im Mittelpunkt. Wir wollen hauptsächlich über die konfuzianische Lehre von der Menschennatur arbeiten, weil der Konfuzianismus zur Gestaltung der chinesischen Kultur entscheidend beigetragen hat.

Yì trägt, und dem *Rén* und dem *Yì* gemäß handelt.[19] Etwa vierzehn Jahrhunderte später – in der Zeit der Neokonfuzianer – ist diese Auffassung im anthropozentrischen Sinne ausgelegt. In der Einsicht Lù Jiǔyuāns (1139–1193, auch als Lù Xiàng Shān bekannt) eignet dem Menschen *Rén* und *Yì* als *„Xīn"* (Seele, wörtlich „Herz")[20], und das *Xīn* des Menschen besitzt die vier Kardinaltugenden, nämlich das *Rén* (Menschlichkeit), *Yì* (Rechtlichkeit), „*Lǐ*" (Sittlichkeit), „*Zhǐ*" (Weisheit),[21] die Lù Jiǔyuāns mit *Lǐ* (dem immanenten Gesetz) vereinigt. Mit seinem Wort ausgedrückt: *Xīn* ist *Lǐ*.[22] Zhū Xī (1130–1200), ein Zeitgenosse von Lù Jiǔyuāns und bedeutender Lehrer der rationalistischen Richtung des Neokonfuzianismus vertritt die gleiche Meinung.[23] Er hat aber seine Behauptung etwas anders formuliert: *Xīn* ist *Lǐ* und *Lǐ* ist *Xīn*, weil der Mensch mit der Fähigkeit seiner Seele (*Xīn*) alles von Ordnung und Prinzip (*Lǐ*) ganz gut verstehen kann, einschließlich ethischer Beziehung, politischer Ordnung und natürlichem Gesetz usw.[24] Aus der Sicht der analytischen Philosophie lässt sich sagen, dass das Begriffsverständnis von *Xīn* und *Lǐ* für Zhū Xī nicht einfach im Sinne der Prädikatenlogik zu formulieren ist, vielmehr in aussagenlogischer Weise zu erklären, als er den Begriff *Xīn* mit dem *Lǐ* gleichsetzt. Beachtlich ist aber, dass er an anderer Stelle im Unterschied zu Lù Jiǔyuāns ein anderes Wort für die Auslegung der vier Kardinaltugenden benutzt, nämlich „*Xìng*" (Natur, Wesen, Eigenschaft). Er ist der Ansicht, dass *Xìng* echtes *Lǐ* ist, das die vier Kardinaltugenden besitzt.[25] *Xìng* ist eigentlich das *Lǐ*.[26] „Wo das *Xìng* ist, da ist das *Dào* (Weg, Weltprinzip). Das *Dào* ist im *Lǐ* der Dinge und das *Xìng* ist im *Lǐ* des Menschen selbst. Dennoch ist das *Lǐ* der Dinge bereits im *Lǐ* des Ich."[27]

Es ist schwierig zu sagen, ob die Neokonfuzianer den *Lǐ*-Begriff von den chinesischen Klassikern richtig ergreifen oder irrig interpretieren. In gewissem Grad besteht bei Zhū Xī ein Widerspruch, wenn er sagt, dass es keinen Himmel und keine Erde vor dem *Lǐ* gibt, erst wenn sich das *Lǐ* vorfindet, beginnen der Himmel und die Erde, der Mensch und alle Dinge zu sein.[28] Es sollte aber darauf hingewiesen werden, dass der *Lǐ*-Begriff im Altertum Chinas doch eine metaphysische Bedeutung hat. Ein Jahrhundert früher als Lù Jiǔyuāns und Zhū Xī haben die Brüder Chéng Hào (1032–1085, auch als Chéng

[19] „Wie wenig ist es doch, das den Menschen von den Tieren unterscheidet. Die einfache Leute gehen darüber hinweg; Edle (*Jūnzǐ*) hält es aber fest, somit kann er das Prinzip der Wirklichkeit und die menschliche Beziehungen gut verstehen." *Mèngzǐ*, Kap. VIII, 47.

[20] *Xīn* bedeutet wörtlich „Herz", aber im Sinne konfuzianischer Philosophie besser mit Seele übersetzt. Vgl. *Pilgrim W. K. Lo*, Menschenwürde aus chinesisch-konfuzianischer Sicht, in: Theologische Literaturzeitung 136 (2011) 1, 9.

[21] Ebd.; *Mèngzǐ*, Kap. III, 6.

[22] Lù Jiǔyuān – Gesammelte Werke, Bd. XI, 149.

[23] In diesem Punkt ist Wáng Yáng-Míng mit ihm einig. Für ihn gibt es Nichts außerhalb dem „*Xīn*", kein Wort, kein „*Lǐ*" und keine Rechtlichkeit. Vgl. *Wáng Yáng-Míng,* Gesammelte Werke, Shanghai 1992, 4 Bde., Bd. I, Kap. 4 *Jìngxīnlù* (Meditation) 1, Briefwechsel mit Wáng Chún-Fǔ 1; Kap. 1, *Zhīxínglù* (Wissen und Schaffen) 1, Brauch 2.

[24] *Gespräche Zhūzǐ*, Dàxué (Das Große Lernen), 75.

[25] *Gespräche Zhūzǐ*, Über *Xìng* und *Lǐ*, Teil 2, 14.

[26] *Gespräche Zhūzǐ*, Anmerkung über die vier kanonischen Bücher (des Konfuzianismus), Buch II (Sätze des Zhōng Yōng), 1.

[27] *Gespräche Zhūzǐ*, Shàozǐs Buch, 36.

[28] *Gespräche Zhūzǐ*, Lǐqì, Buch I, 1–2, dazu auch Buch XCV, 23.

Míng Dào bekannt) und Chéng Yí (1033–1107) die Lehre *Tiān Lǐ* (Lehre von der himmlischen Ordnung) aufgestellt. Ihrer Ansicht nach hat das *Lǐ* den Ursprung im Universum. Das Universum oder der Himmel bedeutet *Lǐ*.[29] Deshalb ist alles unter dem Himmel nicht von Menschen geordnet. Die Ordnung aller Dinge selbst ist vielmehr ganz natürlich,[30] so wie Bienen und Ameisen von sich selbst es kennen, ihre Königin zu schützen.[31] Wenn man das *Lǐ* (Ordnungsprinzip) in einem Ding sieht, ist auch das *Lǐ* aller Dinge zu sehen.[32] Aus dieser Auffassung ergibt sich die Folgerung, dass das *Lǐ* ein metaphysische Prinzip oder Axiom ist, das über alle natürliche Beschaffenheiten verfügt.[33] Wer sich diesem Ordnungsprinzip gegenüber fügt gedeiht; wer zuwiderhandelt, geht zugrunde.[34]

Wie erwähnt ist das Wort *Lǐ* nicht allein die fachliche Übersetzung von Rationalität oder Vernunft, sondern „*Lǐ-Xìng*". Das zweite Wort „*Xìng*", das zusammen mit *Lǐ* die Bedeutung von Rationalität und Vernunft aufzeigt, spielt eine wesentliche Rolle. Etymologisch bedeutet *Xìng* die angeborene Innennatur, wird jedoch in verschiedenen Schulen nicht eindeutig verwendet. Für Wáng Chōng (27–97) zum Beispiel, einen materialistisch geprägten Philosophen in der Han-Dynastie, liegt die Betonung auf der Beschaffenheit des Materials, wenn er sagt, dass das Herunterfließen die Natur des Wassers ist und das Hinaufsteigen die Natur des Feuers.[35] Die Taoisten weisen mit Nachdruck auf die natürliche Eigenschaft hin, die die Innennatur der Dinge gestaltet. Zhuāngzǐ hat beispielsweise die natürliche Eigenschaft mit Wasser erläutert: Klarheit, Ruhe und Fluss sind die natürliche Eigenschaft des Wassers. Aber Gemisch macht keine Klarheit, Rühren macht keine Ruhe und Verstopfung erlaubt keinen Fluss.[36] Bei den Konfuzianern ist *Xìng* unbedingt im moralischen Sinne zu verstehen, nämlich dass das Mandat des Himmels *Xìng* ist,[37] und dem Wesen des Menschen nach das Mandat des Himmels zu erkennen ist.[38] Konfuzius (551 v. Chr.–479 v. Chr.) selbst hat nicht viel über *Xìng* geredet. Unbestritten ist bei ihm aber die Meinung zu finden, dass alle Menschen ihrem Wesen nach gleich seien, wenn er sagt: Dem Wesen nach stehen alle Menschen einander nahe, jedoch durch Gewöhnung entfernen sich die Menschen voneinander.[39]

[29] Testament der Familie Chéng von Hénán, Bd. XI, 169.
[30] Testament der Familie Chéng von Hénán, Bd. XI, 48.
[31] Testament der Familie Chéng von Hénán, Bd. XVII, 59.
[32] Testament der Familie Chéng von Hénán, Bd. XVIII, 51; Bd. IIA, 4.
[33] Testament der Familie Chéng von Hénán, Bd. XV, 134.
[34] Testament der Familie Chéng von Hénán, Bd. XI, 73.
[35] Wáng Chōng, *Lùnhéng*, Kap. 32, 16.
[36] *Zhuāngzǐ*, Kap. XV: Vorsatz, 2.
[37] „Der Natur gemäß ist das Mandat des Himmels." *Lǐjì*, Kap. 31 (Zhōngyōng), 1.
[38] *Lùnyǔ* (Gespräche), Kap. II, 4. Dazu auch *Kommentar zu Lùnyǔ*, Kap. VII, 12.
[39] *Lùnyǔ* (Gespräche), Kap. XVII, 2.

3. Rationalität und Gewissen

3.1 Das moralische Menschenwesen

Über das Menschenwesen sind sich die Schüler von Konfuzius untereinander nicht einig. Bekannt ist die Lehre von Menzius. Er hat die Wesenslehre von der guten Veranlagung des Menschen aufgestellt.[40] Genauer gesagt ist das Menschenwesen für Menzius eigentlich gut. Im Gegensatz zu Menzius vertritt Xúnzǐ (313 v. Chr–238 v. Chr) die Lehre, dass der Mensch vom Wesen aus böse ist.[41] Außerdem gibt es gemäßigte Meinungen, wie „das Menschenwesen sei gut und böse zugleich." (Shìshuò, um 540 v. Chr.–?)[42]; das Menschenwesen sei weder gut noch böse oder könnte gut zugleich böse sein. (Gàozǐ, Konfuzianer in der Zeit der Streitenden Reiche, 475 v. Chr.–221 v. Chr.)[43] Dieser Meinungsstreit geht bis heute weiter. Für unser Thema von Gewicht ist aber der Gesichtspunkt, dass das *Xìng* selbst kein eigener Besitz des Menschen und dem menschlichen Zugriff entzogen ist. Vielmehr ist es dem Menschen zuteil geworden, bzw. vom Himmel verliehen.[44] Das ist im Allgemeinen die Übereinstimmung der chinesischen Gelehrten.

Wenn wir auf die Wortbildung des Begriffs zurückgreifen, ist zu beachten, das weder *Lǐ* noch *Xìng* als eigener Besitz des Menschen betrachtet werden sollte. Ferner liegt dem Begriff *Lǐxìng* der Begriff Himmel zugrunde. Und der Himmel hat für die Konfuzianer den Charakter einer göttlichen Instanz, wie auch bei den anderen Klassikern der Himmel im allgemeinen metaphysisch zu erfassen ist. In diesem Sinne verknüpft sich das *Lǐxìng* des Menschen mit dem Himmel. Dem Menschen ist das *Xìng* gegeben, um die Erkenntnis des *Lǐ* zu gewinnen. *Lǐ* als metaphysisches Prinzip oder Axiom ist die Verhüllung der himmlischen Ordnung,[45] die alle Ordnungen unter dem Himmel umfasst. Dem Gedanken Kants zufolge wäre das *Lǐ* im Sinne *a priori* zu erkennen. Entscheidend ist aber, dass das *Lǐ* nicht nur die vorgezeichnete Ordnung der Materie, der Erde und der Natur bedeutet, sondern dass für die chinesische Philosophie die *Lǐ*-Frage im Mittelpunkt der Beziehung des Menschen zu Mitmenschen und zur Welt steht. Deshalb ist die Moralität des Menschen für die Chinesen die angeborene Moralität und der Himmel der moralische Himmel. Aus dieser Auffassung folgt, dass das *Lǐ* unerlässlich im Sinne *a posteriori* zu erfassen ist.

Die Einheit des *a priori Lǐ* mit dem *a posteriori Lǐ* ist in der Lehre der vier Kardinaltugenden von Menzius deutlich zu sehen:

[40] *Mèngzǐ*, Kap. XI, 6.

[41] *Xúnzǐ*, Kap. XXIII, 1.

[42] *Lùnhéng*, Kap. 13 (Eigenschaft), 2.

[43] *Mèngzǐ*, Kap. XI, 6.

[44] Hier zu nennen ist das Beispiel von Xúnzǐ. *Xìng* entsteht aus dem Himmel. Das, was dem Menschen innewohnt und weder gelernt noch beeinflusst werden kann, das nennen wir *Xìng*. Vgl. *Xúnzǐ*, Kap. XXIII, 4. Dazu: *Xìng* ist das, was angeboren ist. *Xúnzǐ*, Kap. XXII, 2.

Im Sinne Zhuāngzǐ ist *Xìng* die angeborene Qualität. Vgl. *Zhuāngzǐ*, Kap. XXIII: Leben und Werk Qēngsāngchǔ, 17; vgl. auch *Hànshū*, Buch VI, Kap. XXIV, 10. Für Wáng Chōng hat das *Xìng* seinen Ursprung in der Natur. *Lùnhéng*, Kap. 13, 4.

[45] Vgl. *Wángfūzhī*, Kommentar zu Zhèng Méng von Zhāng Zǐ, Buch III, 246.

„Menzius sagt, jeder Mensch ist barmherzig [...]. Wenn Menschen ein Kleinkind plötzlich bemerken, das im Begriff ist, in einen Brunnen hineinzufallen, so regt sich in aller Herzen Furcht und Mitleid. Nicht weil sie mit den Eltern des Kindes intimen Umgang wollten, nicht weil sie Lob von Nachbarn und Freunden gewinnen wollten, nicht weil sie üble Nachrede fürchteten, zeigen sie sich so. Daraus ersehen wir, dass kein Mensch ohne ein Gefühl[46] für Mitleid, oder Schamgefühl, oder Gefühl der Rücksichtnahme, oder Gefühl für Recht und Unrecht ist. Das Gefühl des Mitleids ist der Beginn der Menschlichkeit, das Schamgefühl der Ursprung der Rechtlichkeit, die Rücksichtnahme der Anfang der Sittlichkeit, und der Sinn für Recht und Unrecht ist der Wurzel der Weisheit. Jeder Mensch trägt in sich selbst diese vier Ursprünge, ebenso wie er vier Gliedmaßen besitzt".[47]

Mit diesem Gleichnis wollte Menzius zeigen, dass in allen menschlichen Herzen die vier Tugenden angelegt sind, welche er als moralisches Gut betrachtet, um die Behauptung seiner Wesenslehre von der guten Veranlagung des Menschen zu beweisen. Diese Erkenntnis gewann Menzius durch unmittelbare sinnliche Anschauung ohne Überlegung oder Spekulation, oder in der Sprache der philosophischen Romantik: durch intellektuelle Anschauung. Mit anderen Worten ist die Behauptung Menzius' nicht begründet durch übersinnlich-vernehmende Vernunft. Es ist kein Resultat von Reflexion über die empirische Anschauung, sondern ein intuitives Wissen. Es lässt sich sagen, dass Menzius die Erkenntnis über die guten Anlagen des Menschen durch das intuitive Vermögen, also durch den Verstand gewinnt. Auf der anderen Seite, wenn Menzius seine Wesenslehre des Menschen aufstellt, argumentierte er auch mit logischem Denken, also Urteilsbildung durch Vernunft.

3.2 Wissen und Handeln in Gewissen

Im Anschluss an seine Lehre vom Menschenwesen hat Menzius einen anderen bedeutenden Begriff in die Diskussion gebracht, nämlich das *Liáng-Zhī*[48] oder *Liáng-Xīn*.[49] In Deutsch-Chinesischen Wörterbüchern ist das Wort Gewissen mit *Liángzhī* oder *Liángxīn* übersetzt, oder umgekehrt. Hier wollen wir zuerst den Begriff gemäß der Wortbildung erklären. Der Begriff ist wieder durch zwei Wörter zusammengesetzt – *Liáng* und *Zhī*, oder *Liáng* und *Xīn*. *Liáng* heißt einfach die Güte. *Zhī* bedeutet wörtlich „Wissen", und *Xīn* „Herz". Buchstäblich kann man *Liángzhī* mit „Wissen vom Guten" übersetzen, und *Liángxīn* als unversehrtes Herz oder die natürliche Seelengüte[50] verstehen. Im Unterschied zu den meisten Philosophen des Abendlandes brauchen die Chinesen für das Wissen und Denken nicht das Gehirn oder den Kopf im biologischen Sinne, sondern symbolisch das Herz. Deshalb sind *Liángzhī* und *Liángxīn* Synonym. In manchen Chinesisch-Deutschen Lexika ist *Liángzhī* ziemlich richtig als Apriorizität übersetzt.[51] Da *Liángzhī* für die Chinesen aprioristisches Wissen ist, wie es bekannt bei Menzius darge-

[46] Hier gemeint ist die Regung des Herzens, die nicht mit den Sinnesorganen zusammengehört.

[47] *Mèngzǐ*, Kap. III, 6.

[48] *Mèngzǐ*, Kap. XIII, 15.

[49] *Mèngzǐ*, Kap. XI, 8.

[50] Für Zhūzǐ ist *Liáng-Xīn* nicht anders als Menschlichkeit und Rechtlichkeit zu verstehen. Vgl. *Zhūzǐ*, Anmerkung über über die vier kanonischen Bücher (des Konfuzianismus), Buch VI (Anmerkung über *Mèngzǐ*), Kap. XII, 8. Dazu auch *Mèngzǐ*, Kap. XI, 8.

[51] Siehe Chinesisch-Deutschen Lexikon der Chinesischen Philosophie, Übersetzt aus dem *Cíhǎi* von *L. Geldsetzer* und *Hónghàndīng*, Darmstadt: Scientia Verlag Aalen, 1986, 20.

stellt ist: Was die Menschen können ohne es gelernt zu haben, das ist ihr *Liáng-Néng* (gutes Können). Was die Menschen wissen, ohne es zu überlegen (oder darüber zu reflektieren), das ist ihr *Liángzhī*.[52] Mit anderen Worten bedeutet *Liángzhī* das spontane Bewusstsein der moralischen Idee.

Wáng Yáng-Míng (1472–1529, auch als Wáng Shǒu-Rén bekannt) ist mit dem Gedanken Menzius von *Liángzhī* völlig einig.[53] Er setzte aber den Akzent auf die Vereinigung von Wissen und Handeln und gab dem Wissen den Vorrang.[54] Denn für ihn ist die Essenz des Menschengewissens eigentlich die himmlische Ordnung,[55] und alle Ordnungen und Prinzipien unter dem Himmel gehen nicht über das *Xīn* (Menschengewissen) hinaus.[56] Wenn man die himmlische Ordnung erkannt hat, kann der Mensch alles.[57] Im Grunde genommen ist *Liángzhī* das Wissen, das Gute von dem Bösen zu unterscheiden, damit man richtig handeln kann.[58] Zu bemerken ist aber, dass das gute Handeln die zwangsläufige Folge des *Liáng-Zhī* ist. Insofern muss *Liángzhī* als intuitiv-inneres Wissen nach außen gewendet werden. Das nennt Wáng Yáng-Míng *Zhì-Liáng-Zhī*, nämlich die Vereinigung von Wissen und Handeln.[59] Genauer gesagt, ist die Einheit von *Lǐ* und *Xīn* nur durch die Vereinigung von Wissen und Handeln zu verwirklichen. Mit einer Antwort auf die Frage, „Was hat es mit dem *Xīn* zu tun, dass Blumen und Bäume im Wald selbst wachsen und verblühen", erklärte Wáng Yáng-Míng, wenn man die Blumen nicht sieht, blieben die Blumen wie auch das *Xīn* des Menschen ruhig, wenn man aber die Blumen sieht, ist die Buntheit der Blumen zu erkennen. Deswegen weiß man, dass die Blumen nicht außerhalb des Menschen-*Xīn* bleiben.[60]

Obwohl Wáng Yáng-Míng das *Lǐ* als metaphysisches Prinzip oder himmlische Ordnung verstanden hat, im Unterschied zu den klassischen Konfuzianern wie Konfuzius und Menzius, hat er als bedeutender Neokunfuzianer die Lehre von *Lǐ* und *Zhī* viel anthropozentrischer aufgestellt. Das Wort „Gewissen" hat den Wortstamm „Wissen", wie auch „*conscientia*" die „*scientia*", die beide „gewisse Kenntnis" bedeuten. In der deutschen Sprache hat aber das Präfix „Ge" keine moralische Bedeutung wie das chinesische Wort „*Liáng*". Die Zusammensetzung vom Stammwort „Wissen" mit dem Präfix „Ge" jedoch wie von dem lateinischen „*scientia*" mit „*con*" erklärt sich wörtlich damit, dass das Wort Gewissen das gemeinsame Wissen bedeutet. In diesem Sinne steht der deutsche Gewissens-Begriff im Einklang mit dem *Liángzhī*. Andererseits ist Gewissen für viele Denker, vor allem für Soziologen und Psychologen, nicht von Geburt an vorhanden, sondern entwickelt sich langsam in den einzelnen Menschen durch Reflexion über ihre Tat. Diese Reflexion darf aber keine Orientierung verlieren. Gewissen könnte von Mensch zu Mensch verschieden definiert werden, muss aber trotzdem als bewusstes ge-

[52] *Mèngzǐ*, Kap. XIII, 15.

[53] Vgl. *Wáng Yáng-Míng*, Ges. Werke, Shanghai 1992, 4 Bde., Bd. II , Kap. 35 *Shùnshēnglù* (Lebensbefolgung), Chronik 3.

[54] Vgl. *Wáng Yáng-Míng*, Ges. Werke, Bd. II, Kap. 27, *Jìngxīnlù* (Meditation), Fortsetzung 2.

[55] Siehe *Wáng Yáng-Míng*, Ges. Werke, Bd. I, Kap. 5, *Jìngxīnlù* (Meditation), Notizen 2.

[56] Siehe *Wáng Yáng-Míng*, Ges. Werke, Bd I, Kap. 2, *Zhīxínglù* (Wissen und Handeln), Brauch 2.

[57] Siehe *Wáng Yáng-Míng*, Ges. Werke, Bd I, Kap. 3, *Zhīxínglù* (Wissen und Handeln), Brauch 3.

[58] Siehe *Wáng Yáng-Míng*, Ges. Werke, Bd I, Kap. 3, *Zhīxínglù* (Wissen und Handeln), Brauch 3.

[59] Siehe *Wáng Yáng-Míng*, Ges. Werke, Bd. II, Kap. 41, *Jìngxīnlù* (Meditation), Vorwort.

[60] Siehe *Wáng Yáng-Míng*, Ges. Werke, Bd I, Kap. 3, *Zhīxínglù* (Wissen und Handeln), Brauch 3.

meinsames Wissen des Menschen Normen für das gemeinsame Leben des Menschen bilden – vernünftig oder intuitiv. Insofern gewinnt Gewissen die ethische und moralische Bedeutung, so wie bei Fichte, das unmittelbare Bewusstsein unserer bestimmten Pflicht.

Unbestritten ist nun, dass man das *Liángzhī* nicht mit Gewissen gleichsetzen soll, obwohl man die entsprechende Übersetzung als solche im Wörterbuch findet. Denn es gibt viele unterschiedliche Gewissensvorstellungen unter den Deutschen, wie auch unter den Chinesen. Jedoch für die Theologen des Abendlandes ist Gott der christlichen Überlieferung nach unbezweifelt in der katholischen und der protestantischen Theologie der letzte Grund des Gewissens. Denn die Wahrheit und die Güte sind als das Attribut Gottes angesehen, trotz Ansprüche aller vernünftigen Beweise. Seine Wahrheit und seine Güte sind dem Menschen ohne vernünftige Begründung offenbart.[61] In diesem Sinne ist die Lehre von *Lǐxìng* und von *Liángzhī* auf gemeinsamer Grundlage mit der Theologie, obwohl der Himmel aus Sicht der Konfuzianer nicht als Person angesehen wird. Hier haben wir zwei Begriffe mit vier Wörtern zusammengestellt: *Lǐxìng* (Rationalität) mit *Lǐ* und *Xìng*; *Liángzhī* (Gewissen) mit *Liáng* und *Zhī*. Bedenkenswert können wir diese Wörter anders gruppieren. Die Gruppe von *Lǐ* als der Wahrheit und *Liáng* als der Güte sollte zu Gott oder zu Himmel gehören, so wie die Gruppe von *Xìng* als Eigenschaft und *Zhī* als gewisse Kenntnis zu Menschen.

Zusammenfassend wollen wir die Entwicklung des *Lǐxìng*-Begriff im Zusammenhang mit *Liángzhī* kurz schildern. *Lǐxìng* ist dem Menschen von Geburt an selbst eigen, jedoch ist das *Lǐ* an sich nicht der Besitz des Menschen. *Xìng* als Menschenwesen muss moralisch verstanden werden. Denn *Xìng* ist nicht irgend eine angeborene Qualität, sondern vom *Xìng* ist dem Menschen die Fähigkeit gegeben, das Gute und das Böse vom Himmel zu unterscheiden. Obwohl das *Lǐ* unter dem Gesichtspunkt Wáng Yáng-Míng ganz anthropozentrisch in dem Menschen-*Xīn* bleibt, und neben dem Menschen-*Xīn* (Herz) *Lǐ* nicht zu begreifen ist, ist es zu einfach zu sagen, dass *Lǐ* für die Chinesen dem *Xīn* untergeordnet sei, oder der Mensch das Ordnungsprinzip des Himmels bestimme. Zunächst wird es bei den klassischen Konfuzianern nicht behauptet, außerdem ist das *Lǐ* immer dem Menschen vom Himmel verliehen. Was Wáng Yáng-Míng über die entscheidende Bedeutung des *Xīn* und dessen Beziehung mit dem *Lǐ* gelehrt hat, ist nur im Sinne des Erwerbs der Menschenkenntnis zu verstehen. Hier wollen wir aber nicht verneinen, dass das Verständnis von *Lǐxìng* in der Gegenwart unter den Chinesen sehr anthropozentrisch orientiert ist. Das lässt sich durch die Entwicklung der Lehre vom Menschenwesen von den klassischen Konfuzianern bis zu den Neokonfuzianern erkennen.

[61] Beispielsweise findet man eine ähnliche Meinung bei Schleiermacher, wenn er über die höchste Güte redet: "The ethical process is set in motion once the ideal principle has been given to the real as inherent in the form of perfect consciousness, that is, as cognition and hence reason." *F. Schleiermacher*, Lectures on Philosophical Ethics (Cambridge: Cambridge University Press, 2002), 13

4. Schluss: Die Zusammanangehörigkeit von Vernunft und Verstand für Theologie und chinesische Moralphilosophie

Am Anfang haben wir die vorrangige Stellung der Vernunft für die Philosophie dargestellt. Unübersehbar ist auch die Funktion der Vernunft für die theologische Arbeit. Es bricht bereits im 17. Jh. auf, dass die Kirche ihre dogmatische Autorität langsam verliert, nicht nur durch die Kritik der aufgeklärten Denker, sondern auch durch die Einwirkung der Vernunft auf das Denken der Menschen. Für viele Theologen in der Neuzeit muss die theologische Aussage auch in einer nachprüfbaren Weise mit dem Sachverhalt übereinstimmen. Sonst ist es keine wahre theologische Erkenntnis. Obwohl die Theologen des Abendlandes und die chinesischen Philosophen getrennte Wege gehen, um die theologische Erkenntnis durch Vernunft, oder das himmlische Ordnungsprinzip durch Intuition, also durch Verstand zu erwerben, muss man der Tatsache Beachtung schenken, dass Rationalität weder exklusiv Vernunft bedeutet, noch lediglich als Verstand zu definieren ist. Genauer gesagt, Rationalität schließt zugleich Vernunft und Verstand ein.

Unserer Untersuchung nach hebt die chinesische Moralphilosophie im Vergleich zur westlichen Theologie umgekehrt hervor, dass der Verstand als das oberste Erkenntnisvermögen der Vernunft übergeordnet ist. Dennoch ist diese Stellungnahme heute unter den chinesischen Gelehrten sehr fraglich. Beispielsweise hat Qiū Zhèn-Hǎi vor drei Jahren eine große Arbeit mit scharfer Kritik an der chinesischen Kultur veröffentlicht.[62] Er hat die Entwicklungsgeschichte Chinas bzw. im Mittelpunkt der Reform nach Mao analytisch untersucht. Seiner Schlussfolgerung nach machten die Chinesen zwei Fortschritte und einen Rückschritt zugleich. Er argumentiert nachdrücklich, dass das größte Problem Chinas grundsätzlich in der Beschränkheit des Geists der Vernunft liegt.[63] Man sagt, dass es Logik in zwei verschiedenen Formen gäbe, deren eine „Allgemeinlogik" heißt, und die andere „chinesische Logik". Zum Unterschied von der Allgemeinlogik hätte die chinesische Logik keine vernünftigen Gesetze und gälte nur in China. Vernunft bedeutet für Qiū Zhèn-Hǎi sich von Verdunkelung, von Aberglaube und Emotion abzugrenzen. Vernunft als Kriterium der Kenntnis für das Abendland hat ihr Fundament in der Logik. Das ist gerade das, was dem chinesischen Volk fehlt.[64] Qiū Zhèn-Hǎi hat in gewissem Grad recht. Als Chinese bin ich auch der Meinung, dass das chinesische Volk überhaupt mehr Vernunft zum Handeln, wie auch für wissenschaftliche Arbeit annehmen sollte. Trotzdem gibt es keinen unüberbrückbaren Gegensatz zwischen Vernunft und Verstand. Wir wollen darauf hinweisen, dass die Wahrheit nicht auf das allgemeine Wahre,[65] das man auf Vernunft und logische Folgerichtigkeit stützt, begrenzt ist. Aus Sicht der Vernunft könnte die durch Intuition gewonnene Kenntnis durchaus nicht stichhaltig sein. Es ist aber auch nicht durch Vernunft zu widerlegen, dass man durch Intuition Kenntnis gewinnen kann. In diesem Zusammenhang hat der Begriff Rationalität für den Dialog zwischen Theologie und chinesischer Moralphilosophie eine große Bedeutung.

[62] *Qiū Zhèn-Hǎi*, Sind die Chinesen reif geworden? Hong Kong 2013.

[63] Siehe *Qiū Zhèn-Hǎi*, Sind die Chinesen reif geworden?, 163.

[64] Siehe *Qiū Zhèn-Hǎi*, Sind die Chinesen reif geworden?, 161.

[65] Vgl. *I. Kant*, Kritik der reinen Vernunft, in: *Ders.*, Werke in zwölf Bänden, Bd. 3, hg. v. W. Weischedel, Frankfurt am Main 1977, 327.

Gijsbert van den Brink

IS IT NATURAL FOR HUMANS TO BELIEVE IN GOD?

Religion, Science and General Revelation

1. *Religion and Human Nature*

Ever since the Enligthenment, religion has more and more generally come to be seen as irrational and unnatural in Western culture. The dominant narrative is that the religious outlooks that are still prevalent, stemming from pre-modern times, should be stripped off so that our real human nature can finally emerge. Canadian philosopher Charles Taylor has aptly coined the term 'subtraction stories' in this connection, meaning by that

> '[…] stories of modernity in general, and secularity in particular, which explain them [i.e. modernity and secularity] by human beings having lost, or sloughed off, or liberated themselves from certain earlier, confining horizons, or illusions, or limitations of knowledge. What emerges from this process – modernity or secularity – is to be understood in terms of underlying features of human nature which were there all along, but had been impeded by what is now set aside.'[1]

According to many, being non-religious is the default position – a view that is fobbed off on us time and again, for example by the media. To be religious is to be strange, weird, abnormal. And to the extent that theology, however one wants to define that concept, engages in an explication – let alone a defence – of religion and religious truth claims, it shares this fate.

In such a situation, it is difficult for both theologians and religious believers to be taken seriously as partners in dialogue, since rationality is supposed to reside unilaterally with those who have left the religious outlook behind, like belief in Santa Clause is universally left behind by children of a certain age. The core idea that religion distorts human nature has been forcefully exploited and disseminated in the past decades by the so-called 'new atheists'. According to them, religions are 'viruses of the mind', to which poor little children with minds like sponges are especially vulnerable.[2] Once such children are brainwashed with religious ideas, it turns out to be very hard for them to get rid of these. The religious education of children is therefore sometimes even compared to sexual abuse.[3] At the very least, the continued existence of religion is seen as the result of ongoing processes of spiritual pollution.

What if, however, religion(s) and religiosity were much more natural phenomena – not impregnated on our minds by others with twisted ideas but, on the contrary, deeply connected to what it is to be human? If the religious impulse emerges from our deepest selves, either from within or as a spontaneous response to stimuli from outside, or both, there might still be sound reasons to distrust religions, their truth claims and practices,

[1] *Charles Taylor*, A Secular Age (Cambridge: Belknap Press of Harvard University Press, 2007), 22.

[2] Cf. *Richard Dawkins*, The God Delusion (London: Bantam, 2006), 176, 311–344.

[3] Cf. *Dawkins*, 'Religion's Real Child Abuse', Free Inquiry 22.4 (2002), 9–12; the paper used to be posted on Dawkins' website (www.richarddawkins.net), but for some reason it has been removed from there.

since obviously not everything which spontaneously comes up in our minds is by definition true or worthwhile. It would not be self-evident, however, that distrust is the most rational attitude towards religion. For clearly, other faculties and tendencies with which we are born or which come to us naturally are not *prima facie* wrong or misleading either. One can think of typically human phenomena like loving art, being moral, thinking and acting in rational ways, and even believing that other minds exist (for which we have no direct empirical evidence). As Wentzel van Huyssteen has pointed out: '[…] the naturalness of religious ideas actually supports religious claims rather than undermines them: if religious beliefs are largely produced by normal human cognitive systems and if we generally trust these systems, then we should not suspect them in the case of religious beliefs.'[4] At the very least we would need some additional reason or reasons to distrust our religious beliefs. Thus, there would be a basis for conversation and dialogue on the credentials of religion in this scenario, since rationality would no longer self-evidently reside with secularity and the burden of proof with religion.

Interestingly, from a scientific perspective it has become more and more plausible that religion is a phenomenon that comes to us quite naturally indeed. Though opinions about the precise natural mechanisms – evolutionary ones or otherwise – that are conducive to the rise of religion still vary greatly, a lot of recent empirical research has confirmed that important components of the religious outlook are as it were built into the fabric of our human constitution. Examples of this are belief in supernatural powers, a preference for teleological explanations of natural phenomena (i.e. explanations which presuppose belief that these phenomena have been created with a particular purpose) and belief in an afterlife. On the basis of psychological experiments among young children, especially children who had not been in touch with religious ideas before, some scholars have even tentatively concluded that children are 'intuitive theists'.[5] Others agree that a predisposition to see the natural world as designed and intended by a supernatural intelligent being is part of the natural make-up of children's minds. According to cognitive scientist of religion Justin Barrett, '[i]f we threw a handful [of children] on an island and they raised themselves I think they would believe in God'.[6]

Such findings are hardly amazing when we realize that by far the largest part of the world's population continues to be religious over time. Instead of becoming gradually less religious, as the secularization thesis wanted us to believe, the world seems to become even more religious than it used to be. In any case, religions and other expressions of religiosity belong to the most normal things on earth. Religion is found in all times and cultures; until today it captures the imagination of the vast majority of human beings. As Christoph Schwöbel has suggested, the 21st century may even become 'the cen-

[4] *Wentzel J. van Huyssteen*, 'From Empathy to Embodied Faith? Interdisciplinary Perspectives on the Evolution of Religion', in Evolution, Religion, and Cognitive Science, eds. *Fraser Watts* and *Léon Turner* (Oxford: Oxford Univ. Pr., 2012), 149. See also *Aku Visala*, Naturalism, Theism, and the Cognitive Science of Religion: Religion Explained? (Farnham: Ashgate, 2011), 185; *Justin Barrett*, Why Would Anyone Believe in God? (Walnut Creek, Calif.: AltaMira Press, 2004), 95–105.

[5] Cf. *Deborah Kelemen*, 'Are Children Intuitive Theists? Reasoning about Purpose and Design in Nature', Psychological Science 15 (2004), 295–301.

[6] *Justin M. Barrett*, 'Born Believers'; lecture at Faraday Institute Cambridge (2008), as quoted in The Telegraph (November 24, 2008); cf. *Justin M. Barrett*, Born Believers: The Science of Children's Religious Belief (New York, N.Y.: Free Pr., 2012).

tury of the religions'. The scientific era that was announced by August Comte has arrived indeed, but instead of ushering in the expected end of religion it brought 'an enormous renaissance of the religious', expressed in a confusing multitude of religions.[7] In light of this, the theory that the religious is somehow intrinsically connected to human nature is not far-fetched.

Schwöbel has even convincingly argued that the plurality of religious and pseudo-religious views of life is in the end irreducible; we do not and will not have one dominant secular master narrative at the fringes of which a couple of obsolete religions will gradually wither away. Instead, what we have is a process in which pluralism becomes more and more fundamental, to the extent of including our most basic convictions.[8] There is no God's eye point of view which transcends the multitude of views of life and from which we can make rational judgements; rather we are always part of our profoundly pluralist world from the very beginning. Thus, '[e]very interpretation of reality is radically perspectival', and Schwöbel rightly infers from this that is incumbent on Christians to understand this situation from the perspective of their Christian faith.[9]

At times, Schwöbel even suggests that this perspectivism might also apply to the natural sciences, arguing that 'all our knowledge is fundamentally and unavoidably perspectival, shaped by basic presuppositions that [...] have a view-of-life character.'[10] True as this may be, Schwöbel is careful enough not to overstate his point here, immediately adding that he does not want to deny the 'objectivity of knowledge'.[11] Indeed, one of the amazing characteristics of science is that as people from very different views of life we can agree about the overwhelming majority of its methods and outcomes – and if we disagree about these it is often for intrinsically scientific reasons rather than for reasons that have to do with our views of life. In line with this, it should not be excluded that we might come to agree beyond the boundaries of religious and atheistic views of life about the experimental evidence for the naturalness of religion, thus creating a new space for discussing its rationality. But would Christian theology allow for a positive evaluation of such a result? Or would it rather have to distrust the type of religion that comes naturally with us humans? That is the question we will investigate in this contribution.

2. Science and Theology on the Naturalness of Religion

Thus far we have seen that science more and more comes to acknowledge the naturalness of the religious impulse. Of course this does not mean that all religions are equally valid, true or helpful. It does help, however, in creating a level playing field for the debate on the rationality of religion, thus fostering the idea that rationality can only prosper

[7] *Christoph Schwöbel*, Gott im Gespräch. Studien zur theologischen Gegenwartsdeutung (Tübingen: Mohr Siebeck, 2011), 167 ('das Jahrhundert der Religionen'), 168 ('eine gewältige Renaissance des Religiösen').

[8] *Schwöbel*, Christlicher Glaube im Pluralismus. Studien zu einer Theologie der Kultur (Tübingen: Mohr Siebeck, 2003), 33.

[9] *Schwöbel*, Christlicher Glaube im Pluralismus, 188.

[10] *Schwöbel*, Christlicher Glaube im Pluralismus, 393; cf. 32: 'Die radikalste Form des Pluralismus greift dort Platz, wo auch die Wissenschaft sich pluralisiert [...]'.

[11] Ibid. ('Damit soll weder die Objektivität der Erkenntnis [...] bestritten worden'; note that 'Objektivität' is a pretty strong term here – Schwöbel subsequently unpacks it in terms of inter-subjectivity).

in conversation. At first sight, it may seem that Christian theology should welcome this development. After all, the classical theological notion of a *sensus divinitatis*, a general human awareness of God or the transcendent, may not have been far off the mark. This notion, which figured most notably in John Calvin's theology, was considered to function in the context of the book of nature: the natural awareness of God was thought to be spontaneously elicited in our minds when seeing the wonders of the created world. Its roots can be traced back at least as far as St. Paul, who wrote in his letter to the Romans: "Ever since the creation of the world his [= God's] eternal power and divine nature, invisible though they are, have been understood and seen through the things he has made" (Rom.1:20). In Christian theology, this text – or, more precisely, the passage in which it occurs: Romans 1:18–21 – has traditionally functioned as an important proof-text for the notion of a natural knowledge of God. Remarkably, however, in 20th century Protestant theology it became a vexed question how the text should be interpreted. Does it indeed convey the idea that cross-culturally humans have an innate awareness of God, and thus a religious impulse? And if so, how should this innate awareness of God be valued?

In the remainder of this chapter we will examine the answers given to these questions by three influential late modern systematic theologians: Herman Bavinck (1854–1921), Karl Barth (1886–1968) and Wolfhart Pannenberg (1928–2014). We include the Dutch Reformed theologian Bavinck since in some sense he can be seen as the apex of orthodox Protestant thinking on the issue. The affirmation of a natural or general revelation of God may be seen as a cornerstone of his theological thinking. In his Stone-lectures, *The Philosophy of Revelation*, Bavinck argued that by virtue of human nature every human being believes in God, so that atheism is 'an intellectual […] abnormality'.[12] To be sure, Bavinck opposed the tendency to isolate general revelation (as he preferred to say) from God's special revelation in Christ. Nevertheless, he holds that Christian theology never wholly thought through the notion of general revelation, nor fully made clear its rich significance for the whole of human life.[13] Accordingly, in the course of his lectures Bavinck tried to show extensively how God's revelation encounters us in nature, history, culture, the religions, etc. The leading idea here is that general revelation leads us to special revelation, whereas special revelation refers back to general revelation.[14] There seems to be a harmonious and largely unbroken relationship between the two.

Next, we examine Barth's exegesis of the passage in various stages of his life. As is well-known, in his resistance against natural theology Barth went so far as to deny any natural awareness of God. According to Barth there is no general revelation at all, and in the second half of the twentieth century this view more or less won the day. Even theologians who were critical of other aspects of Barth's theology were often convinced by

[12] *Herman Bavinck*, The Philosophy of Revelation (London: Longmans & Green, 1909), 79: 'Thus, when man grows up and develops in accordance with the nature implanted in him […], he attains as freely and as inevitably to the knowledge and service of a personal God as he believes in his own existence and that of the world. He does not invent the idea of God nor produce it; it is given to him and he receives it. Atheism is not proper to man by nature, but develops at a later stage of life, on the ground of philosophic reflection; like scepticism, it is an intellectual and ethical abnormality […].'

[13] *Bavinck*, Philosophy of Revelation, 26.

[14] *Bavinck*, Philosophy of Revelation, 28. 'General revelation leads to special, special revelation points back to general. The one calls for the other, and without it remains imperfect and unintelligible. Together they proclaim the manifold wisdom which God has displayed in creation and redemption'.

his view that no human knowledge of God is possible apart from God's special revelation in Jesus Christ as testified in Holy Scripture.[15] It was even considered to be dangerous to think otherwise, as the fate of the *Deutsche Christen* showed. So it seems that Barth succeeded in showing Bavinck's adherence to the notion of a general revelation and a natural awareness of God to be both wrong and naïve. Although Barth does not mention Bavinck in his devastating critique of natural theology, it can hardly be doubted that Bavinck fell under his judgement as well as many others. Are Bavinck's Stone-lectures, as well as the entire tradition of both Protestant and Roman Catholic thinking encapsulated in it, indeed characterized by a theological method that has to be rejected as obsolete and sub-Christian?

At this point we will turn to Wolfhart Pannenberg and his response to Barth's reading of the *locus classicus* in Romans 1. The American Bavinck-scholar John Bolt has suggested (without elaborating this point) that 'formally Bavinck's project is comparable to that of Wolfhart Pannenberg', in that both wanted to maintain the unity of Christian faith and human knowledge.[16] It is interesting to test this claim – however partially and provisionally – by looking at the conclusions both theologians have drawn from Paul's seminal passage in Romans 1. We shall tentatively conclude that Barth should be seen as the exception rather than as the rule when it comes to delineating a Christian view on the naturalness of religion and the general human awareness of God. There may be very sound reasons for allowing exceptions and they may even be vital from time to time – but exceptions should not be turned into the rule.[17] As Christoph Schwöbel has boldly argued (drawing on Eberhard Jüngel here), today in its dialogue with the natural sciences the church should incorporate the questions of natural theology in its discourse once again.[18]

3. Bavinck and Romans 1

It is characteristic of Bavinck's method of doing theology that one finds little exegesis in his work. The index of biblical places 'that are more or less explained' at the end of the final volume of his *Reformed Dogmatics* is remarkably small.[19] Romans 1:18–21 does not belong to these passages. Neither do we find an explanation of its meaning in *The Philosophy of Revelation*. Usually, when Bavinck wants to seek biblical support for some dogmatic thesis, he simply enumerates quite a number of biblical texts without interpreting them

[15] *G.C. Berkouwer* is an example here; cf. e.g. his General Revelation (Grand Rapids, Mich.: Eerdmans, 1955), e.g. 285.

[16] *John Bolt*, 'An Opportunity Lost and Regained: Herman Bavinck on Revelation and Religion', Mid-America Journal of Theology 24 (2013), 85.

[17] See for a similar evaluation *Gerhard Sauter*, 'Theologisch miteinander streiten – Karl Barth's Auseinandersetzung mit Emil Brunner' in Karl Barth in Deutschland (1921–1935): Aufbruch – Klärung – Widerstand, ed. *Michael Beintker* et al. (Zürich: Theol. Verl., 2005), 279.

[18] *Schwöbel*, Christlicher Glaube im Pluralismus, 383: 'Eine der ersten Konsequenzen der Öffnung der Kirchentüren für ernsthafte Gespräche mit den Naturwissenschaften könnte die Reintegration der Fragen der natürlichen Theologie in den Diskurs der Kirche sein'; it should be carefully noted here that 'the questions of natural theology' is not the same as natural theology itself. Asking whether it is natural for humans to believe in God implies taking up the questions of natural theology but not necessarily natural theology itself.

[19] *Herman Bavinck*, Gereformeerde Dogmatiek, Vol. 4 (Kampen: Kok, 1930), 717 (this list has not been copied in the English translation: Reformed Dogmatics Vol. 4, Grand Rapids: Eerdmans 2008).

from within their context. In this respect Bavinck's way of doing theology belongs to the past. For good reasons we no longer follow the classical scholastic proof-texting method, which ran the risk of taking biblical texts at face value.

This being so, we can reconstruct Bavinck's interpretation of Romans 1:18–21 by looking at the way in which he used it. In the *Philosophy of Revelation* we find both an explicit reference to the Romans-passage and an implicit one.[20] The explicit reference is in the very first chapter. Here, Bavinck contrasts what he calls the supra-natural worldview that characterizes both orthodox Christianity and the other religions (17) with the pantheistic monism after Hegelian fashion that was propagated by contemporary British theologians such as R.J. Campbell. This modern pantheistic world-view tends to identify revelation with 'the development of all that exists, with nature and history, with all nations and religions' (14–15). Bavinck rejects this identification, first of all because '[a] religion which has nothing to offer but an immanent God, identical with the world [...], can never satisfy man's religious and ethical needs' (16–17). Secondly, however, Scripture itself makes a sharp distinction between God's ongoing revelation to the pagans through nature and 'the false religion to which the heathen have abandoned themselves' (19). And here, of course, the reference to Romans 1 comes in. Bavinck refers to the passage in order to make clear that not all religion is worship of the true God, since only the God of Israel, who revealed himself to Moses and the prophets, is the living God.

As so often in Bavinck, however, when we read on it turns out that he was more sensitive (some might even say vulnerable) to the intellectual force of the ideas he contested than at first sight one would have thought. For example, he goes on to emphasize that Scripture clearly teaches God's *immanence* in creation. Even when it is said that God has heaven for his dwelling-place, this does not count against God's immanence, since 'heaven is part of the created universe' (21). Further, according to Bavinck our eyes are nowadays more and more opened to the fact that God's revelation – and here he clearly means special revelation – is in many ways mediated by historical and psychological processes: special revelation has taken over 'numerous elements' from God's general revelation. At the end of the first chapter, it even appears that the very project of developing a philosophy of revelation is intended by Bavinck as an attempt to restore the unity between these two modes of God's revelation. That is why he wants 'to trace on all sides the lines of connection established by God himself between revelation and the several spheres of the created universe' (24).

It is not surprising, then, that later on Bavinck returns to the famous passage from Romans 1 in a more positive mode. Improving on Schleiermacher, Bavinck argues at the end of his third lecture that human self-consciousness includes both a sense of dependence and of freedom. It is this twofold testimony of self-consciousness which forms the basis of religion, because '[i]t leads man everywhere and always, and that quite freely and spontaneously, to belief in and service of a personal God' (78). According to Christian theism, this is not the result of some innate idea of God, however; rather, it has to do with the fact that 'God's eternal power and divinity [is] revealed in the works of his hands' (78) – and here we have an implicit reference to Romans 1. Alluding to Acts 14:17 (another *locus classicus* for the notion of a general revelation), Bavinck adds that

[20] Page numbers within brackets in this section refer to Bavinck's Philosophy of Revelation.

God as the world's creator has not left himself without witness, but speaks to humanity 'through all nature', i.e. both through our human nature (by which Bavinck probably means our conscience) and through the external world. As a result, '[b]y nature, in virtue of his nature, every man believes in God' (79). According to Bavinck this belief is not just theoretical but implies the practice of worship: this 'revelation alone accounts for this impressive and incontrovertible fact of the worship of God' (79).

Talk of false religion, idolatry and image-worship has almost disappeared by now. And although Bavinck is keen not to treat general revelation in isolation from God's special revelation in Christ but closely connects the two (see e.g. 27–28), he now uses the passage from Romans 1 (amongst other passages) in order to underline the *universality of God's revelation* and the positive fruits which follow from it. That this is indeed Bavinck's leading idea, is confirmed when we compare our findings with the sections on general revelation in his *Reformed Dogmatics* and his *Magnalia Dei*.[21] From these larger works it becomes clear that according to Bavinck general revelation enables us to acknowledge 'all elements of truth that are present also in pagan religions.'[22] The great world religions can be evaluated positively, especially as compared to the more primitive forms of religion from which they proceeded. In this connection, Bavinck gives praise to the upright intentions of religious leaders such as Zarathustra, Confucius, the Buddha and Muhammed.[23] Although the religious knowledge that is available to adherents of non-Christian religions continues to be insufficient for attaining salvation (because it is abused for idolatry rather than used to thank and glorify God), the fundamental connection between God's general revelation and the human religions warrants a basically positive attitude towards the latter.[24] According to Bavinck, '[t]his general revelation has at all times been unanimously accepted and defended in Christian theology. It was particularly upheld and highly valued by Reformed theologians'.[25] Together with quite a number of other biblical texts, Romans 1:18–21 plays an important role when Bavinck elaborates and substantiates this view.[26]

4. Barth on Romans 1

In the famous second edition of his *Letter to the Romans* (1922) Karl Barth explains Romans 1:18–21 in accordance with the main emphasis in this 'hermeneutical manifesto'

[21] *Herman Bavinck*, Reformed Dogmatics, vol. 1 (Grand Rapids: Baker, 2003; orig. ed. Kampen: Kok, 1928[4]), 301–322; id., Magnalia Dei (Kampen: Kok, 1931[2]), 22–50. In both works, 'general revelation' figures as a separate locus of theology.

[22] *Bavinck*, Reformed Dogmatics 1, 318.

[23] *Bavinck*, Magnalia Dei, 48–49.

[24] Cf. *H. van den Belt*, 'Religion as Revelation? The Development of Herman Bavinck's View from a Reformed Orthodox to a Neo-Calvinist Approach', The Bavinck Review 4 (2013), 9–13. As *Van den Belt* points out, the positive way in which Bavinck, especially in his Reformed Dogmatics, speaks about the non-Christian religions is quite remarkable.

[25] *Bavinck*, Reformed Dogmatics 1, 311.

[26] 'Positive' references or allusions are to be found in *Bavinck*, Reformed Dogmatics 1, 307, 310, 321 and in *Bavinck*, Magnalia Dei, 43; 'negative' ones in Reformed Dogmatics 1, 313, 315 and in Magnalia Dei, 45, 51. Interestingly, in the exposition in his Reformed Dogmatics Bavinck uses a kind of sandwich-model: first he emphasizes the positive meaning of general revelation, next he goes on to elaborate its insufficiency, but then again he ends his discussion by underlining its 'rich significance' (322).

(Gadamer): God is God and humans are humans. There is an infinite distance between God and humanity. The human predicament, however, is that we deny this distance and treat God as if He were one of our fellows. 'We allow ourselves to enter into a normal relationship with Him. We allow ourselves to count on God, as if this were nothing special. [...] We exchange time and eternity. That is the irreverence in our relation to God'.[27] From Paul's words in Romans 1, Barth concludes that this is not 'the necessary state of affairs between God and us' (22). For clearly, it is especially God's *invisibility* that is visible to the eye of reason from the creation of the world. That is: A calm, sober, religiously unbiased approach might have learnt us that God is invisible to us, that we cannot know anything about Him, that we aren't God ourselves. Barth refers to Job in this connection, who heard God speaking in the thunderstorm, and conceded that in talking about God he had talked about things he did not understand, about marvels that were to great for him to know.

Thus, Barth emphasizes that it is the invisibility of God that might have been clear to us from God's work ever since the creation of the world. Clearly, he equates this invisibility with God's infinity, with the 'infinite qualitative difference' (a phrase he borrowed from Kierkegaard) between God and humanity. In a remarkable exegetical move, he argues that God's eternal power and divinity is nothing else than this invisibility. He even translates the text of Romans 1:19 in this way: 'For his invisibility (and this is precisely his eternal power and divinity) is from the creation of the world visible to the eye of reason through His works' (21). Thus, it is not the case that we could know already some of God's attributes, viz. God's power and majesty, from his works in creation. The only thing we could have known is that God is God, i.e. that in no way God can be comprehended or understood by the human mind. But it is precisely this knowledge that we suppress when we align God with the natural powers in the world that we can manipulate. That is why we are inexcusable: we could have known and loved our Judge, but we did not (and do not) do so (22). Barth even says that we could have known God's invisibility 'always', 'throughout the entire history' (22). Thus, it is clear that he interprets Paul as drawing on a possible knowledge of God that is prior to and independent of God's revelation in Christ.

Interestingly, this is different when we read Barth's later interpretation of the Pauline passage in his *Church Dogmatics*. Both in the famous section on 'Religion as Unbelief' in I/2 and in his exposition on the knowability of God in II/1, Barth argues that in Romans 1 Paul is not speaking of the heathen in themselves and in general, but as people who have been confronted with the gospel of Jesus Christ.[28] When Paul in 1:18 points to the revelation of God's wrath, he does not mean another revelation than the one he had mentioned in the preceding verse: that of God's righteousness as proclaimed in the gospel of Jesus Christ. The revelation of God's wrath in verse 18 is nothing else than a 'shadow side' (*Schattenseite*) of the revelation of God's grace in Jesus Christ.[29] This shad-

[27] *Karl Barth*, Der Römerbrief (Zürich: Theol. Verl., 1999), 20; page numbers in brackets refer to this edition, which is based on the second printing of the second edition, München: Kaiser, 1922 (the English translation is mine).

[28] *Karl Barth*, Church Dogmatics I/2 (Edinburgh: T&T Clark, 1956), 304ff.; Church Dogmatics II/1 (Edinburgh: T&T Clark, 1957), 119–123.

[29] *Barth*, Church Dogmatics II/1, 120.

ow side is the theme of the entire first part of the epistle to the Romans (1:18–3:20). So the passage 1:18–21 must be understood as an integral component of Paul's evangelical kerygma: if the shadow side is not known, the light side becomes unintelligible (*ibid.*). Therefore, in these verses Paul reminds us of the fact that precisely when we are told about the grace that has come to us in Christ, we also have to see and believe that we are fully subject to God's judgement.[30] It is from Golgotha that this judgement becomes clear. From Golgotha it becomes clear that the heathen, like the Jews, have always sinned against God.

At this point, Barth concedes that the heathen knew the truth so well since 'God was revealed to them from the very first. The world which always surrounded them was always His creation and spoke of His great works and therefore of Himself' (II/1, 120). This does not mean, however, that they also knew *God.* On the contrary, Paul argues that since they denied and betrayed this truth, the wrath of God comes upon them justly. Barth is therefore quick to add that all this is not the content of a knowledge which they already possessed when they came to hear the Gospel. Rather, 'it is all ascribed, reckoned, and imputed to the heathen as the truth about themselves in consequence of the fact that in and with the truth of God in Jesus Christ the truth of man has been revealed' (II/1, 121). So Paul does not suggest for a moment that in the proclamation of Jesus Christ he is talking about things which the heathen knew already on the basis of a pristine revelation.[31] 'It is impossible to draw from the text [of Romans 1] a statement (which can then be advanced as timeless, general and abstract truth) concerning a natural union with God or knowledge of God on the part of man in himself and as such' (II/1, 121). What Paul says about the heathen in this passage cannot be understood in isolation from the apostolic proclamation about the incarnation of the Word (I/2, 306). For clearly, it is only in and through Christ that we come to know God.

This is how Barth dealt with Romans 1 in the first volumes of his *Church Dogmatics.* There are signs, however, that later in his life Barth mitigated his Christological reading of the passage to some extent. To be sure, in his *Shorter Commentary on Romans*, a study of Paul's letter dating from the early forties but prepared for publication only in 1959, Barth still argues that Paul speaks of the Gentiles as confronted with the Gospel. The argument seems to unfold in more or less the same way as in the *Church Dogmatics.* Barth even elucidates it further, for example when he adds that Paul speaks about something 'which certainly concerns the Gentiles, but which was by no means known to them, which was entirely unknown to them: he tells the Gentiles […] the greatest news concerning them: that God has in fact for a long time, yea always, since the creation of the world been declaring and revealing himself to them'.[32] But then all of a sudden Barth goes on to state: 'Objectively the Gentiles have always had the opportunity of knowing God, his invisible being, his eternal power and godhead. And again, objectively speaking, they have also

30 *Barth*, Church Dogmatics I/2, 306.

31 *Barth*, Church Dogmatics I/2, 307.

32 *Karl Barth*, A Shorter Commentary on the Romans (Aldershot: Ashgate, 2007; orig. ed. 1959), 15.

always known him. […] God as the Creator of all things has always been, objectively speaking, the proper and real object of their knowledge.'[33]

Although it is unclear how exactly these statements relate to Barth's earlier expositions, what *is* clear is that Barth now interrupts his rejection of all human possibilities to know God outside of Christ by some more positive utterances about the Gentile religions. No doubt it is no coincidence that in that same year 1959 Barth published the first half of *Church Dogmatics* IV/3, in which he developed his so-called *Lichterlehre*: Subordinate to the one true Light Jesus Christ, the world contains a number of lesser lights that reflect (however weakly) the glory of God. Thus, it is suggested that God's revelation in Christ not only sheds a radically negative light on what is going on in the religions, but may also be seen as connected with them in a more positive way. Still, however, Barth cautions that we have to avoid expressions such as 'revelation of creation' and 'primal revelation'.[34]

In conclusion, we can see the development of Barth's thinking on revelation and religion neatly reflected in the subsequent expositions on the *locus classicus* in Romans 1 which he published throughout the years. However, Barth never revoked the unique Christological exegesis that he elaborated in the first volumes of the *Church Dogmatics*. Therefore, Barth's answer to the question that figures in our title ('Is it Natural for Humans to Believe in God?') remains predominantly negative: by nature human beings do not believe in God, since they do not (at least subjectively speaking, i.e. consciously) know Him.

5. Pannenberg on Romans 1

Eighty years after Bavinck's Stone-lectures and some fifty years after Barth's first expositions on Romans 1 in the *Church Dogmatics*, Wolfhart Pannenberg joined the discussion in the first volume of his *magnum opus*, *Systematic Theology*. In the second chapter of this work Pannenberg starts his exposition of the Romans-passage by substantiating a claim that we already heard Bavinck making, viz. that general revelation has at all times been unanimously accepted and defended in Christian theology. As to Protestant theology, up to the early part of the 20th century nobody 'ever disputed […] the fact that we have here a different form of knowledge of God from that of the historical revelation in Christ.'[35] The implicit reference to Barth in this sentence is soon made explicit: Although '[e]ven Barth, in his exposition of Rom.1:20–21' conceded that as human beings we know God from creation, Barth grounded this knowledge in the event of God's revelation in Christ.[36] In fact, it is not a knowledge that we have in ourselves, but one that is ascribed

[33] *Barth*, Shorter Commentary, 15;. the 'objectively speaking' seems to imply that the Gentiles knew God without being, subjectively speaking, aware of that fact. Cf. *Bruce A. Demarest*, General Revelation: Historical Views and Contemporary Issues (Grand Rapids, Mich.: Zondervan, 1982), 125

[34] *Barth*, Church Dogmatics IV/3, 140.

[35] *Wolfhart Pannenberg*, Systematic Theology, vol. 1 (Edinburgh: T & T Clark, 1991), 73. Pannenberg substantiates these claims by means of quotations from Thomas Aquinas, Luther, Calvin and Melanchthon. He points out that Schleiermacher was one of the first theologians who came to criticize the notion of natural theology – but without contesting the notion of a natural knowledge of God.

[36] *Pannenberg*, Systematic Theology 1, 74.

to us from outside (that is, one might add: in the apostolic preaching of the Christ-event). Only in this way Barth can remain faithful to his view that the revelation in Christ is the only revelation of God.

It is precisely with this basic presupposition of Barth that Pannenberg has problems, however. For might it not be characteristic of God's revelation in Christ 'that it presupposes the fact that the world and humanity belong to, and know, the God who is proclaimed by the gospel, even though a wholly new light is shed on this fact by the revelation in Christ'?[37] Here Pannenberg refers to another famous passage, viz. John 1:11, where it is stated that in the incarnation the Logos 'came to his own', so that, painfully enough, those who did not receive him were not strangers but his own people.[38] In that case, however, they must already have been aware of God before the incarnation – and this is exactly what according to Pannenberg Paul argues in Romans 1:20. For Paul points out here that God has given humans a knowledge of his deity 'from the creation of the world', which is 'long before the historical revelation of God in Jesus Christ'.[39] It is not even a *disposition* to know God which God has given us (which must still be actualized), but an *actual knowledge*. It is because of this knowledge that we become guilty when we turn to idolatry.

Pannenberg goes on to argue that Paul's statement that God – the God of the gospel – is known to all people by nature, although not, as Barth had rightly observed, a statement of natural theology (by which Pannenberg means the realm of rational arguments for the existence of God), nevertheless refers to what traditional dogmatics had called the 'natural knowledge' of God. For if no real and generally available human knowledge corresponded to these sayings, it would become unintelligible how such knowledge might leave us 'without excuse' if we don't use it for worshiping the true God.

In an intriguing train of thought, Pannenberg now develops this classical notion of a natural knowledge of God as grounded in Romans 1 into his own notion of a 'nonthematic awareness' of God. According to the older Protestant dogmatics, our natural knowledge of God can be of two kinds: either it is innate, or it is acquired. Luther and Melanchthon intuitively opted for the first possibility, because acquired knowledge of God seemed to involve the proper use of reason, which was of course distrusted especially by Luther. In his 1532 commentary on Romans, however, Melanchthon could not escape noticing that Paul associated the natural knowledge of God with our experience of the created world. Therefore he no longer ruled out that our original knowledge of God is acquired rather than inborn, but still he continued to see some form of innate knowledge as its basis.[40]

Now Pannenberg concurs with Melanchthon here. Indeed, according to Romans 1 the knowledge of God is gained by our experience of the world, so in that sense it is acquired. Still, however, an innate knowledge underlays it, viz. an intuition of 'a mystery of

[37] *Pannenberg*, Systematic Theology 1, 75.

[38] *Pannenberg*, Systematic Theology 1, 75; interestingly, in the Shorter Commentary on Romans, Barth also argued that the Gentiles cannot 'exculpate themselves by saying that God is a stranger to them' (16), so it may seem that Pannenberg's criticism of Barth misses the point; but then here again Barth grounds this observation in God's revelation in Jesus Christ, especially in Christ's death on the cross (17).

[39] *Pannenberg*, Systematic Theology 1, 75.

[40] *Pannenberg*, Systematic Theology 1, 109.

being which transcends and upholds human life, and gives us the courage to trust it'.[41] Pannenberg (following Rahner here) calls this an 'unthematisches Wissen von Gott'.[42] It cannot properly be named knowledge of God since it is inarticulate. Like according to Exodus 6:3 the patriarchs worshiped YHWH without knowing this name (which was only revealed later to Moses), God 'is present to all of us from the very first and known by us, although not as God'.[43] Pannenberg hints at the psychological notion of a child's 'basic trust' in this connection, which also precedes the conscious differentiation between mother and child. Similarly, only in the course of our growing experience of the world, we start to differentiate between an infinite God and the finite world – not by actualizing some disposition that we have, but simply by becoming conscious of what has been the case all the time. This, according to Pannenberg, is what Paul has in mind in Romans 1:20:

> 'There has not been a philosophical natural theology from the beginning of creation. But in the history of humanity there has always been in some form an explicit awareness of God that is linked to experience of the works of creation.'[44]

Thus, unlike Barth, Pannenberg answers our title question in the affirmative: it is natural for human beings to believe in God and to know him, even though they can distort this knowledge in a myriad of ways.

It is this rehabilitation of the traditional doctrine of a natural knowledge of God that leads Pannenberg to a more positive evaluation of what is going on in the religions than we encountered with Barth until the end of his career. At the very least, we cannot conclude, says Pannenberg, that the religions 'are all from the root up no more than idolatry' (as Barth had phrased it).[45] On the contrary, we have to recognize that there is knowledge of the true God in them, as acquired from creation – although at the same time there is also 'the exchanging of the incorruptible God for creaturely things' (Romans 1:23, 25).[46] This conclusion leads Pannenberg in the third chapter of his book to have a closer look at the religions, and even to ground his dogmatics not in the religions as such but in a theological analysis of their significance for Christian theology – thus overcoming the old opposition between Schleiermacher (who started from the religions while ignoring that we can only know God from revelation) and Barth (who started from revelation while dismissing the religions).

6. Conclusion

We have seen that the expositions on Romans 1 in the works of Bavinck, Barth and Pannenberg form a mirror in which their respective doctrines of the revelation and

[41] *Pannenberg*, Systematic Theology 1, 117.

[42] *Pannenberg*, Systematische Theologie 1 (Göttingen: Vandenhoeck u. Ruprecht, 1988), 129. (I use the German original here because 'Wissen' is much vaguer and less articulate than its usual English translation – 'knowledge' – suggests).

[43] *Pannenberg*, Systematic Theology 1, 117.

[44] *Pannenberg*, Systematic Theology 1, 117.

[45] *Pannenberg*, Systematic Theology 1, 117; in Church Dogmatics I/2, 307, Barth had argued that the pagan way of sensing, thinking and doing 'already in its root does not have God as its object'.

[46] *Pannenberg*, Systematic Theology 1, 118.

knowability of God is clearly reflected. It turned out that there is more similarity between Bavinck's and Pannenberg's views on general revelation and the knowledge of God than between either of them and Karl Barth. Both Bavinck and Pannenberg accept some form of general revelation, but neither of them isolates it from God's special revelation in Jesus Christ; similarly, contrary to Barth, both Bavinck and Pannenberg acknowledge the existence of a natural human knowledge of God. Both of them think that it is natural for human beings to believe in God, so that atheism is a much stranger phenomenon than religiosity. Here, they are perfectly in line with present-day empirical research as briefly surveyed in section 1 above. Finally, both Bavinck and Pannenberg read off from Romans 1 a nuanced evaluation of what is going in the religions, taking into account both positive and negative aspects from a Christian theological perspective. In Barth a negative evaluation dominates. Barth goes to great lengths to elaborate a new, unprecedented exegesis of Romans 1:18–21, but despite its ingenuity this exegesis cannot but strike the impartial reader as artificial. Both Bavinck and Pannenberg explain the passage in what seems to be a much more 'natural' and therefore convincing way.

Finally, Christoph Schwöbel, for one, has attempted to overcome the dialectics underlying these diverging evaluations by carefully elaborating the intricate relationship between the irreducible particularity of God's revelation in Christ and the universality of human experience, including human *religious* experience. Schwöbel has especially unpacked the hidden potential of the doctrine of the Trinity for adequately construing this relationship.[47] Thus, Schwöbel has made clear in his own way that endorsing the universal dimensions and implications of God's revelation is not at odds with the particularity of the Christian message. Rather, both are inextricably linked up with each other. Therefore, Christian theologians need not be surprised when this universality is more and more confirmed by scientific research showing that religion is by and large a natural and universal human phenomenon. They might instead grasp the opportunity for a new conversation on the rationality of the religious impulse, behind which they may surmise an existential longing (however distorted) for the God and Father of Jesus Christ.[48]

[47] Cf. e.g. *Christoph Schwöbel*, God: Action and Revelation (Kampen: Kok, 1992), 83–120 (esp. 118–119), and the extended German equivalent of this chapter in Gott in Beziehung. Studien zur Dogmatik (Tübingen: Mohr Siebeck, 2002), 53–130, here: 111. Schwöbel clearly starts from God's particular revelation in the Christ-event here, but then argues that precisely this revelation opens up the conditions of the possibility of all human experience.

[48] Research for this publication was made possible in part through the support of a grant from Templeton World Charity Foundation. The opinions expressed in this chapter are those of the author and do not necessarily reflect the views of Templeton World Charity Foundation.

Vincent Brümmer

RATIONALITY IN DIALOGUE WITH SECULAR SOCIETY

1. A secular world

In many ways the centre of gravity of Christianity has moved in recent years from Europe to the Third World. Especially in Africa and South America Christianity has grown markedly whereas in Europe it is on the retreat. It is significant that since its founding in 1948 in Amsterdam, the World Council of Churches has gradually been transformed from a Eurocentric movement to a movement where Third World churches play a dominant role. In Europe churches are growing empty and Christianity has lost the undisputed influence it once had in society. For many contemporary Europeans the Christian faith has become irrelevant for the way they structure their lives. Their view on life has become so secularised that they do not even feel a need to oppose Christianity. They look on Christianity as a private hobby of some people, in which they do not participate and for which they have no interest. They have lost all interest in Christianity because for them, in the words of my late Leiden colleague H. J. Adriaanse, 'theism in its traditional form has lost its credibility.'[1]

But why has religion lost its credibility for many in European society but not in Africa or Asia or South America? According to Adriaanse, *loss of plausibility* is crucial at this point. However, plausibility is a person-relative concept. Nothing is plausible in itself. It is always plausible *for someone*, and what is plausible for one person is not necessarily plausible for someone else. What is plausible for someone is largely determined by the 'plausibility structures' in the culture into which someone has been socialized. Cultural changes in a society can therefore bring about changes in these plausibility structures with the result that what was once plausible for members of the society, is no longer so at present. When these changes become a mindset, it is very difficult to deviate from them.

According to Adriaanse the advent of modernity in European society has radically changed the plausibility structures in European culture. European thinking has become secularized. For many Europeans the world of our senses (the *saeculum*) has become self-sufficient and generates it meaning within itself. A transcendent perspective on reality has become superfluous and has therefore lost its plausibility. Following Peter Berger's secularization thesis,[2] Adriaanse argues that the process of secularization in modern society arose in those sectors of the economy that have been formed by capitalistic and industrial processes.

[1] *H. J. Adriaanse*, "After theism," in Traditional Theism and its Modern Alternatives, ed. *Svend Andersen* (Aarhus: Aarhus University Press, 1994), 130.

[2] *Peter L. Berger*, The Sacred Canopy: Elements of a Sociology of Religion (Garden City N.Y.: Doubleday Anchor Books, 1967).

'A modern industrial society requires the presence of large cadres of scientific and technological personnel whose training and ongoing social organization presupposes a high degree of rationalization, not only on the level of infrastructure but also on that of consciousness.'[3]

In this process of rationalization of consciousness, the transcendent perspective of religion has also been swept away. A transcendent God has become superfluous and belief in God has lost its plausibility. We have now come to live in a secularized world without God.

I agree with Adriaanse that the secularization of thought in European society is one of the most important effects of the process of modernization in European culture. However, I think that the economic developments to which Adriaanse and Berger appeal are effects rather than the causes of the process of modernization. The advent of modernity and the concomitant secularization of European culture goes back to the Enlightenment. That a large section of European society lives in a world without God is one of the fruits of the so-called 'Enlightenment project' that has had a determining influence on European thought. The Enlightenment project has shaped the mind-set of modernity.

Is a meaningful dialogue between religious believers and secular society possible within this mind-set? The problem is that this mind-set dictates the kind of rationality in terms of which such a dialogue is to take place, and in a modern secular society that is the epistemic rationality of the Enlightenment project. What is the nature of this project and of the kind of rationality it assumes? And why does this exclude a meaningful dialogue about religion?

2. The epistemic rationality of the Enlightenment project

The Enlightenment project originated with René Descartes. In the opening lines of his *Meditations*, Descartes states that

'many years have passed since I first noticed how many false opinions I had accepted as true from my earliest years, and how flimsy a structure I had erected on this treacherous ground; and so I felt that I must one day rid myself of all the opinions I had hitherto adopted, and start the whole work of construction again from the very foundation, if I aspired to make some solid and lasting contribution to knowledge.'[4]

Two central features of this project are worth noting since they are characteristic features of modernity as such. First of all, this project has an exclusively epistemic focus. Descartes aspires 'to make some solid and lasting contribution to knowledge.' When this perspective becomes the mind-set of our intellectual culture, the search for knowledge tends to become paradigmatic for all our thinking. Other questions in life are all taken to be epistemic in some way or other. The central question in all our thinking becomes: 'how do you know?' not in the generic sense of 'how do you come to know?' but in the critical sense of 'on what grounds do you base your claim to know?'

This points to the second characteristic feature of the Enlightenment project: its critical aim. The epistemic focus of Descartes' project determined the kind of rationality required here, namely the epistemic rationality relevant to our claims to know. Descartes

[3] *Adriaanse*, "After theism," 138.

[4] *René Descartes*, Discourse on Method and Other Writings, transl. *Arthur Wollaston* (Harmondsworth: Penguin, 1960), 101.

was very much aware of the fact that the epistemic intuitions on which we tend to base our knowledge claims are not only fallible but far too often false. The result is that our knowledge claims are often no more than a 'flimsy structure erected on treacherous ground.' The remedy sought within the Enlightenment project was always some form of what is known today as 'foundationalism': we should examine the foundations of our knowledge claims critically and seek to derive these claims only from firm and dependable grounds. Descartes went so far as to try and derive his whole body of knowledge from grounds that were logically indubitable. Unfortunately these foundations were too narrow to bear the edifice he would have liked to build on it. Later supporters of the Enlightenment project tried in various ways to broaden the foundations on which we may dependably build the edifice of knowledge.[5]

Descartes' proposal did however provide an important clue to the nature of dependable foundations for the edifice of knowledge. Logically indubitable grounds are indubitable *for everybody*. Such grounds are not private but accessible to all. In this way supporters of the Enlightenment project insisted that we base our knowledge claims on grounds that are universally accessible and therefore open to critical appraisal by everybody. Thus we should not base our knowledge claims on some authority that is not generally recognised or on our own private prejudices or interests but rather on rational grounds and intersubjective experience.

The Enlightenment project, and especially its foundationalism, has come under increasing criticism recently.[6] Nevertheless, this should not blind us for the beneficial fruits it produced for Western culture. Its epistemic focus and its critical aim have undoubtedly fostered a critical intellectual climate that has given rise to the flowering of modern scientific inquiry. Scientific theories need to be justified by intersubjective rational criteria and sophisticated methods of scientific inquiry have been developed and refined to do just that. Thus scientists try to develop theories that generate hypotheses that in turn can be experimentally tested in the light of intersubjective empirical experience. Such theories enable us to explain, predict and control as never before the occurrence of observable states of affairs in the world in which we live.[7] In this way the Enlightenment project has given rise to an unparalleled growth of our knowledge of the workings of our physical environment. The success of scientific inquiry has had the effect that for many of us science has become the paradigm for all our thinking. In this way the mind-set of modernity has been strongly reinforced in Western culture.

The fruits of the Enlightenment project for religious thinking have been more ambiguous, however. On the one hand it has provided an important antidote against religious bigotry and against all forms of religious fideism in which religious believers are tempted to withdraw into a private intellectual ghetto where they seek protection against external criticism. Religious beliefs, like all other human beliefs, remain fallible and therefore

[5] Elsewhere I have discussed these difficulties with Descartes' strict form of rationalism in more detail. See my Theology and Philosophical Inquiry (London: Macmillan, 1981), chapter 14.

[6] See for example *N. Murphy & J. W. McClendon*, "Distinguishing modern and post-modern theologies," Modern Theology 5 (1989), 191–214, and *D. Z. Phillips*, Faith after Foundationalism (London: Routledge, 1988). See also my Brümmer on Meaning and the Christian Faith. Collected Writings of Vincent Brümmer (Aldershot: Ashgate Publishers, 2006), chapters 15 and 16.

[7] Elsewhere I discuss in more detail the way in which science enables us to explain, predict and control our physical environment. See my Meaning and the Christian Faith, chapter 8.

open to criticism. Instead of withdrawing into a private intellectual area of faith, religious believers must be able to appeal to common standards of meaning and rationality for the claims they defend. On the other hand, the Enlightenment project had a disastrous effect on the way in which both the meaning and the rationality of faith are understood.

The exclusive epistemic focus of the Enlightenment project has far reaching consequences for all areas of thought. If the relation between human persons and the world is understood primarily as an epistemic one, then our views in both anthropology and cosmology are reduced to their epistemic dimensions: human beings are understood primarily as knowing subjects and the world as the object of knowledge. Faith is reduced to propositional belief, religious believers are reduced to knowing subjects and the aim of religion is reduced to that of providing knowledge about the world, humanity and God. Religion becomes a theory based on such inadequate grounds, that it is irrational to accept it. Here Mark Twain's schoolboy definition applies: 'Faith is believing what you know ain't so.'[8]

In their debate with secular society, believers have often assumed the mind-set of the Enlightenment and tried to carry on the debate on the basis of the epistemic rationality of this project. In this mind-set faith becomes propositional belief and the aim of the debate is to prove the truth of such beliefs. This was done in two ways. On the one hand fundamentalists admit that their beliefs contradict generally accepted scientific theories as well as the beliefs held in rival religions. They nevertheless hold these beliefs with passionate certitude since these are derived from the infallible factual information about God, the world and the course of history revealed in the Bible. Since the theories accepted by scientists and the beliefs held in other religions contradict this infallible source of factual information, such theories and beliefs are simply false. Unfortunately this kind of revealed theology appeals to criteria not recognized by its secular opponents and therefore ends in a fideistic withdrawal from the debate.

The other kind of response is that of natural theology. While revealed theology tries to derive the truth claims of religion from a revelation only accessible to believers, natural theology tries to justify religious truth claims by deriving them from universal grounds of reason and experience that are in principle accessible to everybody. In this way natural theology tries to *prove* the truth claims of religion by basing them on grounds which are acceptable to both believers and non-believers. The project of natural theology also faces grave difficulties. On the one hand, as I will argue below, it necessarily fails in the end to provide the required universally acceptable grounds to justify believing such propositional beliefs. On the other hand, it tends to reduce Christian doctrine to the lowest common denominator shared by all forms of theism. In its search for universally acceptable knowledge of God, it tries to defend knowledge claims that are not distinctive for any specific religion but are accessible to all who are endowed with 'observation and reason.' But then, as Norman Kretzmann points out, all central doctrines of any specific religion are beyond the reach of natural theology. Thus

[8] *Mark Twain*, Mark Twain's Notebook, ed. Albert Bigelow (New York: Harpers, 1935), 237.

'all the distinctively Christian doctrines are [...] initially inaccessible to observation and reason. And so, because the strictures of natural theology preclude it's considering the doctrines which are the very differentiae of Christianity, the philosophy that is natural theology is at best adjacent to Christianity, not in it.'[9]

In appealing exclusively to universally acceptable grounds, natural theology fails to achieve the knowledge of God distinctive for the Christian tradition. In this way natural theology falls outside the bounds of classical Christian theology.

In his masterly response to Adriaanse's paper on 'After theism' referred to above, Christoph Schwöbel has shown persuasively that the kind of natural theology referred to here, arose in the seventeenth and eighteenth centuries in response to the religious wars and to the renewal of an atheistic critique of Christian faith after the Reformation. Faced with the socially disastrous effects of warring confessional factions in European society, this response tried to produce a common rational theistic concept of God transcending the confessional pluralism of the Christian tradition. This common concept of God could then serve as the basis for unity in European society. The result was 'a *decontextualization* of the Christian concept of God which is abstracted from its conceptual setting in the doctrinal scheme of Christian theology and from its context in the practice of Christian faith.'[10]

The fundamental difficulty underlying a debate with secular society on the basis of the mindset of modernity is that it misrepresents both the *meaning* and the *rationality* of faith. It misrepresents the meaning by reducing faith to religious belief. Faith then becomes an epistemic phenomenon and the debate becomes one about the truth of propositions. This kind of debate requires an epistemic rationality such as that provided by the Enlightenment project. The question we have to ask is whether faith is in fact an epistemic phenomenon and therefore whether the rationality of the Enlightenment project is appropriate in a debate on religion.

3. The meaning of religion

In the mind-set of the Enlightenment, the meaning of religion in human life and thought is often understood in purely epistemic terms. Like science, religion then has what Adriaanse calls an 'informative result-orientation'[11] since it is aimed at providing us with knowledge about the world, human existence and God. Religious beliefs about these matters are taken to be factual hypotheses of a sort that theology is required to test in order to demonstrate their epistemic legitimacy. The key issue to be resolved is then whether these hypotheses have to be tested in the light of 'revelation' (as is held in revealed theology) or in the light of observation and reason (as is held in natural theology).

This view seriously misrepresents the role of religion in human life and thought. I agree with Mikael Stenmark's comment that

[9] *Norman Kretzmann*, "Reason and mystery," in The Philosophy of Christianity, ed. *G. Vesey* (Cambridge: Cambridge University Press, 1989), 16.

[10] *Christoph Schwöbel*, "After 'post-theism,'" in Traditional Theism and its Modern Alternatives, ed. *Svend Andersen* (Aarhus: Aarhus Univ. Pr., 1994), 160–196, here: 179.

[11] *Adriaanse*, "After theism," 175.

'since the relevant aim of religion is then taken to be merely epistemic, the "theist" whose beliefs are examined, in fact turns out to be a purely epistemic being (a being whose sole concern is believing as many truths and as few falsehoods as possible). But the problem is that actual religious believers – whether Christian or not – are not purely epistemic beings, and it would be irrational for them to be so! [...] Actual religious believers are the kind of creatures who live in a world that has dangerous surprises from which their well-being must be secured [...] The job religion does is (among other things) to help them find a way of getting through the barriers of suffering and death, guilt and meaninglessness.'[12]

Actual religious believers are people who try to make sense of their lives and of their experience of the world by interpreting these in terms of the faith which has been handed down to them in the religious tradition with which they can identify with integrity. They understand the meaning of things by looking on them with the eyes of faith. In this way faith is hermeneutical rather than epistemic. It is not primarily a way of knowing but a way of interpreting the things we know. Through this interpretation believers come to understand the meaning and significance of life and the world.

Let me explain the nature of this kind of interpretation in the light of Chesterton's statement that 'all good things look better when they look like gifts.'[13] This statement illustrates three important features of the nature of faith: (1) Faith is *hermeneutical* – good things are interpreted as gifts; (2) this hermeneutic calls for a *response* – gifts call for gratitude; and (3) the interpretation and the response entail *assumptions* about the nature of reality – gifts and gratitude both assume the reality of a giver. Let me expand on these three features.

1. *Hermeneutics.* Human life requires that we come to know the facts about life and the world in which we live. However, human life requires more than mere knowledge of the facts. We also need to determine what meaning or significance we are to bestow on the facts. Understanding the meaning or significance of things requires us to interpret them. Thus good things become meaningful when we interpret them as gifts. Such understanding is therefore hermeneutical. It is here that religion comes in. Religious believers understand the meaning of life and the world by looking on these with the eyes of faith. Thus Christians understand their lives as meaningful because these are lived in fellowship with God. We are significant beings because God loves us. Our experience of the world is also meaningful because of the many ways in which God is involved in the things we experience. Thus many events are experienced as acts in which God realises his purposes and for which he is to be thanked whereas others are experienced as contrary to God's will and therefore to be opposed. Thus life and the world are meaningful because of the way these are related to God.

Such interpretation requires the use of interpretative metaphors. Thus believers understand the complex relationship between God, themselves and the world in terms of the heritage of conceptual models, metaphors and narratives (expanded metaphors) which has been handed down to them in their own religious tradition.[14] This heritage

[12] *Mikael Stenmark*, "The end of the theism-atheism debate? A response to Vincent Brümmer," Religious Studies 34 (1998), 278.

[13] *G. K. Chesterton*, St. Francis of Assisi (New York, N.Y.: Image Books, 1957), 78.

[14] Elsewhere I have discussed the role of metaphor in religious understanding more extensively than is possible here. See chapter 13 on 'metaphorical thinking' in my Meaning and the Christian Faith. On the hermeneutical nature of faith, see also my What are we doing when we Pray? (Aldershot: Ashgate, 2008), chapter 9.

provides a comprehensive interpretative framework in terms of which they understand life and the world as meaningful. Of course not all people understand the meaning of life and the world in terms of the heritage of Christianity. The traditions of different religions provide their adherents with different comprehensive interpretative frameworks for interpreting life and the world. This is not only true of religions but also applies to secular society. Thus in a recent lecture in Utrecht the Dutch humanist Harry Kunneman argued that in a 'post-secular' culture such as ours we cannot be satisfied with the theories of science. We all need metaphors and narratives in terms of which we can make sense of our lives. This does not merely apply to religions but is also true of secular views of life such as humanism. All views of life, both religious and secular, are therefore hermeneutical and in need of an interpretative framework of metaphors and narratives. However, according to Kunneman, such metaphors and narratives need not entail a transcendent reference to God. They can just as well have a horizontal reference as in humanism. This is also true of an atheist such as Richard Dawkins. In the end Darwinian evolution is not merely a very productive explanatory theory for him but also functions as a hermeneutical narrative in terms of which he tries to make sense of life and experience.[15]

Understanding the world in terms of the hermeneutics of faith does not come naturally to us. In the words of John Calvin,

> 'with regard to the knowledge of God, the knowledge of his paternal favour, which constitutes our salvation [...], the most ingenious are blinder than moles. [...] Their discernment was not such as to direct them to the truth, far less to enable them to attain it, but resembles that of the bewildered traveller, who sees the flash of lightning glance far and wide for a moment, and then vanish into the darkness of the night, before he can advance a single step.'[16]

I think that Calvin is rather optimistic here. Most of his travellers today are not even aware of the fact that they are bewildered! Even the flash of lightning remains hidden from them. Seeing the world with the eyes of faith therefore requires spiritual training.

It is at this point that the role of spirituality as a form of spiritual training comes in. Spirituality can be defined partly as a form of training in the hermeneutics of faith. In our spirituality we are *trained* to see our lives and experience of the world with the eyes of faith. Antti Alhonsaari explains this point as follows:

> 'When praying, the believer is [...] repeatedly making himself see the world in a certain way in which everyday experiences are fitted into what he thinks is the proper reality; he is repeatedly bending his emotional life and his behaviour to conform to this reality.'[17]

In different forms of prayer we consciously face up to various aspects of our life in fellowship with God, and in this way train ourselves to experience life and the world in terms of this fellowship. Thus in *petition* we face up to our own dependence on God and so come to experience the providential actions of God on which we depend. In *intercession* we face up to our own concern (or lack of concern) for the needs of others and come to experience this in terms of our fellowship (or lack of fellowship) with God. In

[15] On Dawkins see my paper on "Dawkins' religion," Neue Zeitschrift für Systematische Theologie und Religionsphilosophie 52 (2010), 177–192.

[16] *John Calvin*, Institutes of the Christian Religion (London: James Clarke, 1953), II.2.18.

[17] *Antti Alhonsaari*, Prayer: An Analysis of Theological Terminology (Helsinki: Luther Agricola, 1973), 47–48.

penitence we come to look upon our own failings as sins in which our fellowship with God is being undermined. In prayers of *dedication* we become aware of our own commitment (or lack of commitment) to doing God's will. In *praise* we look upon the world as an expression of God's goodness, holiness and glory. In *thanksgiving* we look upon our own capacities and opportunities and the fulfilment of our needs as gracious gifts from God. In this sense prayer is a form of *meditation* in which we consciously train ourselves to experience the ways in which we relate to God, to ourselves, to the world and to other people in our actions and attitudes in terms of our faith. In this way prayer is, in the words of John Drury, a 'school of seeing'[18] Of course this does not only apply to prayer but also more generally to liturgy and to all forms of spirituality.

2. *Response.* Interpreting life and the world in the light of faith calls for a response in our actions and attitudes. Looking on good things as gifts, calls for the response of gratitude. Thus spirituality and religious understanding also have a life-transforming moral dimension. They do not only determine the way we understand our lives and the world in which we live, but also our actions and attitudes in relation to our lives and the world. I cannot experience my life as fellowship with God without acting in fellowship with God. I cannot experience events in the world as realizations of God's perfect intentions without committing myself to furthering the occurrence of such events, and I cannot experience events as contrary to the divine will without opposing them in my actions and attitudes. Thus, spirituality is not merely a school of seeing but also a school of doing. In the words of Alhonsaari quoted above, spirituality is not merely a way in which we repeatedly make ourselves 'see the world in a certain way' but also repeatedly 'bend our emotional life and our behaviour' to conform to this way of seeing. Faith is not merely a way of seeing but also a way of living and acting. Hence spirituality has not only to train believers in religious understanding. It should also further the sanctification of their lives in fellowship with God.

However, its significance goes further than merely being a means to this end. In spirituality believers *practice* their fellowship with God. They are not merely *practicing for* it. The practice of spirituality is not like practicing swimming strokes without going into the water. In the exercise of spirituality believers aim at *really* establishing, restoring and acknowledging their fellowship with God and bending their attitudes and actions accordingly. The relation between spirituality and the moral life of the believer is therefore an *internal* one in the sense that spirituality and the life of fellowship with God are impossible without each other. [19]

3. *Assumptions.* The hermeneutics of faith entails assumptions about the nature of reality. Thus I logically cannot look on all good things as gifts which call for a response of gratitude without assuming the reality of a giver to whom I owe this gratitude. Thus Chesterton can say that 'the worst moment for the atheist is when he is really thankful and has nobody to thank.'[20] The claim that religious belief is primarily hermeneutical rather than epistemic therefore does not entail a non-realist or non-cognitive view of reli-

[18] *John Drury*, Angels and Dirt: An Enquiry into Theology and Prayer (London: Darton, Longman & Tod, 1972), chapter 1.

[19] For a more extended analysis of the relationship of prayer and spirituality to the moral life of believers, see my What are we Doing when we Pray? chapter 7.

[20] *Chesterton*, St. Francis of Assisi, 78.

gious belief. Religious belief is primarily a way of understanding, but this way of understanding entails a variety of truth claims about the world, human existence and God. It is important to distinguish here between three kinds of truth claims involved in such religious understanding: empirical claims, claims regarding religious experience and metaphysical claims concerning the existence and attributes of God.

Empirical truth claims are claims which in principle can be (or could have been) verified empirically by anyone. Although empirical claims are not strictly speaking religious claims, religious understanding often entail such empirical claims. Understanding events in our own lives and experience or in history in terms of our faith presupposes that these events really occurred. Thus Archbishop Usher's religious claim that God created the universe 6000 years ago entails the empirical claim that the universe is 6000 years old. The religious claim that God led the people of Israel out of Egyptian bondage to a Promised Land entails the empirical claim that the Israelites migrated from Egypt to Palestine. The acceptability of such empirical claims does not depend on religious faith but on empirical tests. If any of these should prove to be mistaken, believers will have to reinterpret their religious beliefs in such a way that they no longer entail such mistaken empirical claims. If such reinterpretation should prove to be impossible, the religious claims in question will lose their credibility. Thus Usher's claim about the age of the universe has been effectively falsified by the findings of astronomy, geology and palaeontology and most believers today have come to interpret their belief in divine creation in ways that are consistent with scientific findings about the age of the universe. Here too empirical claims regarding such events neither presuppose nor entail any religious belief. It follows that religious truth claims cannot simply be derived from empirical experience as natural theology supposes. Such an inference will only be possible if our empirical experience has first been understood in terms of faith. Here too religious experience is hermeneutical rather than epistemic. But then the 'proofs' provided by natural theology are circular since the experience on which they are based presuppose the faith which it tries to prove. For this reason, as we stated above, natural theology fails in the end to deliver the promised universally acceptable grounds to justify believing such propositional beliefs.

Unlike empirical claims, claims about religious experience do presuppose religious belief. In fact it is only with the 'eyes of faith' that believers can experience events as expressions of divine grace in their lives and in the world, rather than as mere inexplicable but fortunate anomalies or coincidences. Religious experience is therefore religiously interpreted experience and as such it is not open to empirical verification. For this reason religious experience cannot provide the universally shared grounds which natural theology requires for its attempt to prove the truth of religious beliefs. This does not mean that such religious interpretations are immune to criticism. Such criticism is however internal to the religious beliefs in terms of which the interpretation takes place. Within the religious tradition it remains a point of discussion whether the interpretation is valid or not. Thus for example it always remains an open question whether it is consistent with the faith to understand an event as one in which God realises his purposes.

Metaphysical claims about the existence and nature of God are obviously not open to empirical verification since God is not an empirically observable object. Since God 'lives in an unapproachable light', no one has ever seen or can ever see him (I Timothy 6:16, John 1:18). Neither can such claims be derived from empirical experience as natural theology supposes. For the same reason such claims about God are also not claims about religious experience in the above sense. In the light of faith we could experience the world as an expression of the grace of God or as the context within which we are called to do God's will, but not as an experience of God as such. In this respect too he 'lives in an unapproachable light'. Nevertheless such claims about God can be derived from religious experience of our lives and the world, in the sense that they are the constitutive presuppositions of such experience and of the way of life entailed by it.[21] I logically cannot claim to live my life in fellowship with God without presupposing that God really exists and is the kind of being with whom such fellowship is possible. Also I logically cannot experience the world as an expression of God's grace and as the context in which I am called to do God's will, without presupposing that God exists[22] and is in some way active as an agent in the world.[23] Although such claims about the existence and agency of God are not empirical claims open to empirical verification or falsification, this does not mean that they are immune to criticism. Such criticism is however internal to the religious understanding and way of life which is constituted by these claims. Within a religious tradition it always remains a point of discussion whether our beliefs about God are indeed such as are constitutive for the way of life and understanding which is given in the faith.

Distinguishing and critically evaluating these various kinds of religious truth claims always takes place within the context of the tradition of faith in terms of which believers make sense of their lives and experience. The critical question is always whether *this* religious interpretation of experience or *that* metaphysical claim about the existence and nature of God is coherent with the tradition of faith. These truth claims cannot be decontextualized and evaluated as though they were simple empirical claims. Clearly the epistemic rationality of the Enlightenment project is not appropriate here. What is required here is the hermeneutical rationality of religious understanding.

4. Hermeneutical rationality and dialogue

Although the truth claims of religion can only be justified within the context of a tradition of faith, this does not entail a form of fideism since the tradition of faith as such is not immunised from criticism, doubt and rejection. That would only be the case if a tradition of faith were an immutable and indubitable system of ideas, and if furthermore it were somehow isolated from and thus unaffected by all other aspects of human life and thought in a way that would isolate it from outside influences. This would however be a serious misunderstanding of the nature of religious traditions. The interpretative framework of a religion is always embedded in an ongoing religious tradition. Such a tradition is a historical process of transmission with a *Wirkungsgeschichte* and as such characterised by pluralism and change. In a process of socialisation religious believers receive from the past a religious heritage in the form of rites and practises, beliefs and norms, ideas and ideals, group pressures and family influences, vocabulary, metaphors and conceptual

[21] On 'constitutive presuppositions' see my What are we doing when we Pray? chapter 10.

[22] On the concept of 'existence' applied to God, see my Meaning and the Christian Faith, chapter 17.

[23] On the concept of divine agency, see my Meaning and the Christian Faith, chapters 8 and 26.

models, assumptions, social institutions, etc. This heritage constitutes the interpretative framework in which their predecessors expressed in thought and action the faith that they in turn had received from their predecessors and in terms of which they interpreted their own lives and experience meaningfully. The heritage which they handed down to their successors was however not identical with what they had received. Changes in the circumstances and demands of life require changes and shifts in the way they understand their faith. Other aspects of the heritage of faith become relevant and necessary for believers to make sense of their lives and experience, and to do this adequately, they may also come to interpret these aspects of the heritage in ways which differ from their predecessors. By appropriating the heritage of faith and by expressing it again in their own time and circumstances, believers reconceptualise the heritage by adding their own conceptual form to it.

It is clear that every tradition of faith, if it is to remain alive, must have the capacity for reconceptualising its heritage in ways that are logically coherent, relevant and adequate to the changing circumstances and demands of life, intelligible to the community of believers, and credible in the light of the current state of knowledge.[24] If for some reason it should lose this capacity for renewal, it will become obsolete and forgotten. In the words of Erich Fried, those who want the world to stay as it is, do not want it to stay.[25] In this way the ancient fertility cults in the Mediterranean basin, were so strongly embedded in an agrarian way of life, that they could not survive the rise of trade, industry and the urbanisation of society. They proved quite inadequate as means of making sense of these changed circumstances in the lives of people.[26] On the other hand, those world religions that have remained relevant throughout the ages in spite of great changes in the culture and circumstances in the lives of their adherents, could only remain so to the extent that they had the capacity for change and reconceptualisation.

To a greater or lesser extent the traditions of all the great world religions, allow for amendment and creative reinterpretation by which they can remain credible, intelligible, relevant and adequate. In this way these traditions have continued to allow for coherent conceptualisation of their heritage and have remained intelligible and credible to their adherents as well as relevant and adequate throughout the ages. It is only when believers refuse or are unable to respond adequately to this challenge, that the heritage of their faith will become obsolete and forgotten.

The challenge to reconceptualise the heritage of faith requires a continuing dialogue within the community of believers about the most adequate ways to do so. It is here that theology can serve the community of believers by not merely describing and analysing the heritage of faith, but also producing innovative proposals for conceptualising this heritage in ways that are coherent, credible and intelligible as well as relevant and adequate to the changing demands of life. These criteria are sufficiently intersubjective to enable theologians to defend their proposals not only within the community of believers but also within society and the academy.[27] Different criteria are especially relevant to

[24] On the need for such reconceptualisation, see my Meaning and the Christian Faith, Chapter 35.

[25] *E. Fried*, quoted by *Walter Godijn* in N. R. C Handelsblad (August 1, 1994).

[26] *H. M. Kuitert*, Wat heet geloven? (Baarn: Ten Have, 1977), 144–145.

[27] *David Tracy* argues that theologians are accountable to three distinct 'publics': the church, society and the academy. See his The Analogical Imagination (London: SCM Press, 1981), chapter 1. Elsewhere I have

each of these 'publics.' Thus the academy is especially interested to see whether the proposed conceptualisations of the heritage of faith are *credible* and in accordance with the logical criteria of *consistency and coherence.* Society requires the proposals to be *relevant* and *adequate* to the demands of life faced in society as well as being *intelligible* for its members. Apart from fulfilling these criteria, the community of believers also requires that such proposals show sufficient *continuity with the tradition* in order to do justice to the identity of their faith.

The dialogue between religious believers and secular society should therefore deal primarily with the coherence, intelligibility, relevance and adequacy of the religious form of life and understanding as such and only in a secondary or derived sense with the truth of its constitutive presuppositions. This dialogue is therefore primarily one about the legitimacy of a framework of understanding and not about the truth of propositions as in the Enlightenment project. It is a hermeneutical and not an epistemic debate. In this debate secular atheists should also be called upon to account for their alternative secular framework of understanding. A secularist view of life should also answer to the hermeneutical criteria that apply to the faith of religious believers. Both believers and secularists are required to demonstrate that their framework of understanding and the beliefs it entails are theoretically justified since they fulfil the common criteria of hermeneutical rationality.

Of course such a justification does not amount to a knock down proof which would force the outsiders to accept a framework of understanding. Although coherence, credibility, intelligibility, relevance and adequacy are necessary conditions for accepting such a framework, they are not sufficient. In the end the decision to subscribe to the heritage of faith is not merely intellectual but also existential. Everyone must personally come to recognise that he or she can appropriate the heritage of faith with integrity. No amount of intellectual argument can *force* this recognition on anybody.[28]

In the end secular atheists who reject the claim that a religious understanding is coherent, intelligible and credible or that it is relevant and adequate for coping with the demands of life, feel no need for the presupposition that God exists that is constitutive for this faith. It is up to them, however, to account for the form of life and understanding they could authentically adopt, and on the presuppositions which are constitutive of it. Christians hold that the heritage of the Christian faith can be coherently, intelligibly and credibly conceptualized in a form which is both relevant and adequate for making sense of the demands with which life confronts them. If for this reason they can authentically make this form of life and understanding their own, then it is for them absurd to deny its constitutive presupposition, namely that the God to who they pray and in whose sight they live and move and have their being, exists in reality.

discussed this task of theology and the criteria that are relevant for judging the proposals developed by theologians in more detail. See my Meaning and the Christian Faith, chapters 40 and 41.

[28] Elsewhere I have discussed the limits of rational argument in more detail. See my Theology and Philosophical Inquiry, 136–142, and my Meaning and the Christian Faith, chapter 40.

Susanne Heine

DER GOTTLOSE GLAUBE DES ROBERT MUSIL

Eine Herausforderung zum Gespräch mit der Theologie

1. Tonka und der Ruf

Im Mittelpunkt der Werke von Robert Musil steht die Unmöglichkeit, an etwas Bestimmtes zu glauben. Dem hat er in der kleine Novelle „Tonka" durch zwei Figuren Ausdruck gegeben, die einander gegenüberstehen: auf der einen Seite ein namenloser Mann, Chemiker und „Jünger" des „neuen Ingenieurgeistes" (T 283)[1], der mit seinen Erfindungen Erfolg hat und für die Real- bzw. Einzelwissenschaften und ihre Rationalität steht, die Musil Verstand nennt. Auf der anderen Seite eine Frau, Verkäuferin in einem Stoffgeschäft, die nicht denken gelernt hat (T 277), sich nicht ausdrücken kann (T 275) und „irgend eine Sprache des Ganzen" spricht (T 276), mit der „sie alles Rohe, Ungeistige und Unvornehme auch in Verkleidungen ablehnte, ohne sagen zu können warum" (T 285). Tonka steht für das, was Musil später in seinem unvollendeten Roman „Der Mann ohne Eigenschaften" den „anderen Zustand" nannte.

Etwas Unbegreifliches geschieht

Tonka wurde schwanger und von einer „entsetzlichen schweren, schleichenden Krankheit" befallen, die „entweder vom Kind ins Blut der Mutter getragen wird oder ohne diesen Umweg vom Vater".[2] Aber dies fiel in eine Zeit, in welcher der Mann auf Reisen und daher abwesend war, ohne dass ein anderer Mann damit ernsthaft in Zusammenhang gebracht werden konnte: Es „verstrickte ihn also entweder ein mystischer Vorgang mit Tonka oder sie hatte eine gemeine irdische Schuld auf sich geladen" (T 288).

Tonka wies jede Untreue von sich, aber nach menschlichem Ermessen kam er als Vater und Verursacher der Erkrankung nicht in Frage. Immer wieder versuchte der Mann Tonka das Geständnis ihrer Untreue zu entreißen. „Aber sie hatte immer die eine Antwort: schick mich fort, wenn du mir nicht glauben willst". Sie konnte sich mit Gründen nicht verteidigen und „vermochte für die Wahrheit ihrer Worte nur mit der Wahrheit ihrer Person einzustehen" (T 295).

[1] Alle Zitate wurden an die neue Rechtschreibung angepasst und stammen aus der Ausgabe: *R. Musil*, Gesammelte Werke in 9 Bänden, hg. v. *A. Frisé*, Hamburg 1978. Abkürzungen: T=Tonka: Bd. 6, M=Der Mann ohne Eigenschaften: Bde. 1–4, E=Essays: Bd. 8.

[2] Vieles in Musils Werken steht in Verbindung mit seiner Biografie, so auch die Figur der Tonka mit Herma Dietz, mit der Musil einige Jahre zusammengelebt hatte, und die an einer syphilitischen Fehlgeburt starb. Da Musil an Syphilis erkrankt war, sieht der Musil-Biograf Karl Corino in der Novelle den Versuch einer Rechtfertigung angesichts der Möglichkeit, Herma mit Syphilis angesteckt zu haben, in: *K. Corino*, Robert Musil. Eine Biographie, Hamburg 2003, Kap. 9; 303. Zwar entspricht es dem menschlichen, geschichtlichen Dasein, dass persönliche Erfahrungen in ein Werk eingehen, aber ein Werk als geistiges Produkt lässt sich nicht aus Biografischem ableiten.

Der nicht gesprochene bestimmte Satz

Tonkas Zustand verschlimmerte sich, und sie kam ins Spital. Er saß an ihrem Bett,

> „war lieb und gut zu ihr, aber er sprach nie das Wort aus: ich glaube dir. Obgleich er längst an sie glaubte. Denn er glaubte ihr bloß so, dass er nicht länger ungläubig und böse gegen sie sein konnte, aber nicht so, dass er für alle Folgen daraus auch vor seinem Verstand einstehen wollte." (T 304).

Auch in seinen leidenschaftlichen Briefen, die er nicht abschickte, machte er vor dem Satz: Ich glaube an dich! halt (T 304). Denn das hätte bedeutet, an etwas Bestimmtes zu glauben, an eine Person und ihr Wort, ohne dass sich dies objektiv beweisen ließe: „Etwas Unbegreifbares fehlte, um die Überzeugung zur Überzeugung zu machen" (T 297). „Er hielt sich noch an der Erde fest und hatte den Gedanken: ich glaube an dich! noch nicht mit Überzeugung ausgesprochen, er sagte noch: und wenn alles auch so wäre, wer könnte es denn wissen, da war Tonka tot" (T 306).

Die Wahrheit des Verstandes

In der Tonka-Novelle zeigt sich das grundlegende Dilemma, mit dem Musil sich auseinandersetzt: eine Rationalität, für die nur Tatsachen gelten, gegenüber „etwas anderem", das sich bemerkbar macht, aber rational nicht fassen lässt, und damit durch die Maschen eines Verstandes fällt, der von Tatsache zu Tatsache geht: „Darin liegt ja das Wesen unserer Objektivität, sie verbindet die Dinge untereinander, und selbst wo sie uns zu ihnen in Beziehung setzt oder – wie in der Psychologie – uns selbst zum Gegenstand hat, tut sie es unter Ausschluss der Persönlichkeit." Musil versteht unter Wahrheit das objektiv Fassbare, und dann stimmt der Satz, den er aus einem Aufsatz von Walther Strich „Der Fluch des objektiven Geistes" zitiert: „Für eine Wahrheit kann man nicht mit der Person einstehen", da diese Wahrheit als eine faktische für sich selbst spricht und sprechen können muss (E 1092). Tonka aber steht mit der Wahrheit ihrer Person für ihre Worte ein, der Mann kann freilich vor seinem Verstand, der mit der Wahrheit des Faktischen zu tun hat, für diese Worte nicht einstehen. Dies ließ den Mann zu dem Schluss kommen: „Das war gar nicht Tonka, mit der er gelebt hatte, sondern es hatte ihn etwas gerufen" (T 306), etwas, das er nicht bestimmen konnte, wie Botaniker Pflanzen bestimmen. Es musste unbestimmt bleiben und rätselhaft.

2. *Rationalität und Leben*

Robert Musil, selbst ausgebildeter Ingenieur, der dann in Berlin bei Carl Stumpf über Ernst Mach promoviert hatte, war sich der Grenzen der empirischen Wissenschaften bewusst und beständig auf der Suche nach etwas „Anderem", das er „Seele" nennt. Im Roman „Der Mann ohne Eigenschaften" ist von „Genauigkeit und Seele" die Rede, aber Musil meint mit Seele nicht psychische Phänomene, die sich statistisch erfassen lassen, denn das würde wieder in die Rubrik der Genauigkeit fallen. Musil war klar, dass die einzelwissenschaftliche Rationalität, die auch die Geschichtswissenschaft erfasst hatte, dem Kausalitätsprinzip folgt, Empirisches aus Empirischem erklärt und Tatsachen aus Tatsachen herleitet (E 990, E 1048). Auch aus eigener Erfahrung war ihm ebenso klar, dass diese Rationalität den Bezug zum Leben verloren hat, den er sucht.[3]

Jedoch die „Tatsachenfülle wuchs zur Überfülle, die Geschichtsforschung wurde, einem Übermaß von Tatsachen gegenüber, notgedrungen immer pragmatischer und exakter: Ergebnis ein Alpdruck, ein stündlich wachsender Berg von Tatsachen, Gewinn an Wissen, Verlust an Leben" (E 1083). Dieser Tatsachenmensch müsse gebändigt werden, um „in diesem Chaos Ordnung zu schaffen" durch das „Amt der Sinngebung, der Lebensdeutung" (E 1086). Denn Musil sieht selbst im Durchschnittsmenschen einen „viel eifrigeren Metaphysiker", als dieser zugibt: „Der persönliche Tod, die Winzigkeit des Erdkügelchens im Kosmos, Sinn und Sinnlosigkeit des Daseins, das sind die Fragen, [...] die er [...] wie Wände eines Raumes sein ganzes Leben umschließen fühlt" (E 1357).

Musil will „ein anderes Verhalten zur Welt" (E 1141), was voraussetzt, anders zu denken. Er sucht nach Formen von Rationalität, die „dem Gefühl neue und kühne Richtungen gäben, auch wenn sie selbst vielleicht nur bloße Plausibilitäten blieben, eine Vernunft also, für die das Denken nur dazu da wäre, um irgendwelchen noch ungewissen Weisen Mensch zu sein ein intellektuelles Stützgerüst zu geben" (E 989). Deshalb hatte Musil seine wissenschaftliche Karriere ausgeschlagen und wurde ein Dichter.

Der Verstand frisst um sich

Bei Musil verbindet sich die Kritik an der empirischen Rationalität, die er mit Wissenschaft und Verstand gleichsetzt, mit deren Hochachtung als einer neuen großen menschlichen Leistung, hinter die man nicht zurück, und auf die man keinesfalls verzichten könne.[4] Denn ebenso kritisch ist er auch gegenüber Versuchen, dem Alpdruck zu entkommen, indem man ihn nur beklagt und ihm nichts entgegenhält: „Der Geist der Tatsachen und der Zahlen wird bekämpft [...], ohne dass man ihm mehr als die Negation entgegensetzt. Denn wenn man verkündet [...], unserer Zeit fehle die Synthese oder die Kultur oder die Religiosität oder die Gemeinschaft, so ist das kaum mehr als ein Lob der ‚guten alten Zeit', da niemand zu sagen vermöchte, wie eine Kultur oder eine Religion oder eine Gemeinschaft heute aussehen müssten, falls sie die Laboratorien und Flugmaschinen [...] wirklich in ihre Synthese aufnehmen und nicht bloß als überwunden voraussetzen wollten" (E 1087).[5]

[3] Musil hat sich mit vielen geistigen Strömungen seiner Zeit auseinandergesetzt, wobei die Nietzsche-Rezeption damals en vogue war: mit der „Lebensphilosophie", mit Ernst Mach, aber auch mit Naturphilosophie und Romantik und vor allem mit der Gestaltpsychologie (vgl. E 1218f), die er durch seinen Lehrer Carl Stumpf und dessen Kreis kennengelernt hatte. Stumpf, der zunächst Priester werden wollte, aber an der Dogmatik gescheitert ist, verband eine langjährige Freundschaft mit William James, den seine Arbeit als Empiriker in eine ähnliche Krise führte wie Musil. James befiel die Angst, als denkende und handelnde Person in der Welt von Ursache und Wirkung unterzugehen; vgl. *S. Heine*, Grundlagen der Religionspsychologie, Göttingen 2005, Kap. 2 und Kap. 4; 115. Im Rahmen eines kleinen Artikels kann weder auf die geistesgeschichtlichen Referenzen Musils, noch auf eine Diskussion mit der Fülle der in den letzten Jahren erschienenen Sekundärliteratur zu Musil eingegangen werden.

[4] Mit dieser Hochachtung unterscheidet sich Musils Denken vom Paradigma der Romantik.

[5] Literarisch-ironisch liest sich das so: „Es gibt also in Wirklichkeit zwei Geistesverfassungen, die einander nicht nur bekämpfen, sondern die gewöhnlich, was schlimmer ist, nebeneinander bestehen, ohne ein Wort zu wechseln [...]. Die eine begnügt sich, genau zu sein, und hält sich an die Tatsachen; die andere begnügt sich nicht damit, sondern schaut immer auf das Ganze und leitet ihre Erkenntnisse von sogenannten ewigen und großen Wahrheiten her. Die eine gewinnt dabei an Erfolg, und die andere an Umfang und Würde. Es ist klar, dass ein Pessimist auch sagen könnte, die Ergebnisse der einen seien nichts wert und

Wonach Musil sich ausstreckt, benennt er mit verschiedenen Begriffen: Seele, Gefühl, Tiefe, Geist, das Nicht-Ratioïde, das Ganze oder der andere Zustand. Damit bezieht er sich jedoch nicht auf Eigenschaften, wie gefühlvoll oder geistreich, die sich an alles mögliche Seelenlose heften können, sondern fordert das Denken ein (E 1056, E 1146). Die gesuchte Synthese habe mit Güte, Kontemplation, Religion oder Mystik zu tun, sei aber dann dem Aneinanderreihen von Tatsachen zum Opfer gefallen (E 1144). In der Urzeit aber „waren sowohl unsere Gefühle als auch unsere Sinnesempfindungen in der gleichen Wurzel vereinigt, nämlich in einem das ganze Geschöpf beteiligenden Verhalten" (M 1193). Jeder Mensch denkt ja „ursprünglich über das ganze Leben nach" (M 264). Wollte man dorthin wieder zurück, wäre allerdings nichts gewonnen, denn dieses Denken sei unterentwickelt geblieben, eine Karikatur der Seele: „Sieht man im Empiristen nur den von Gott in die Tiefe gebannten Luzifer, so möge man doch nicht vergessen, was das Hauptargument für ihn ist: die Unzulänglichkeit aller philosophischen Engel" (E 1049).[6]

Daher müsse weitergedacht werden, denn „nicht-ratioïde Komplexe" bauen sich „auf solcher rationalen Überzeugung" auf (E 1056). Wie das vor sich gehen kann, wird unterschiedlich beschrieben. Musil spricht von einem „Plus", „einem Plan, einer Arbeitsrichtung" (E 1059). Die Menschen müssen etwas tun, und es sollte gelingen, „die Vorzüge einer vorurteilslosen Laboratoriumstechnik endlich aus den Naturwissenschaften auch auf die Moral zu übertragen" (E 1011): „Der naturwissenschaftliche Verstand mit seinem strengen Gewissen, seiner [...] Entschlossenheit, jedes Ergebnis von neuem in Frage zu stellen, sobald der geringste geistige Vorteil möglich ist, tut auf seinem Interessengebiet zweiten Ranges das, was wir in den Fragen des Lebens tun sollten" (E 1011). Denn im Verstand selbst stecke die Tiefe, und auch wenn er sich derzeit noch auf das Wissenschaftliche beschränke, „frisst [er] um sich und sobald er das Gefühl erfasst, wird er Geist" (E 1007).

Abstraktion und der „andere Zustand"

Musil kritisiert die Vernunft der Einzelwissenschaften mit ihren Tatsachen, ihrem Messen und Rechnen, ihrem Prinzip der Abstraktion; freilich nicht weniger heftig die gewöhnliche Reaktion darauf, die er Kultur nennt mit ihrer Ideologie und ihren Wesenheiten, sei es Moral oder Güte (E 1091), Nation oder Rasse (E 1087) oder sonstige Ganzheitsideen und Metaphysiken; diese Kultur sei längst diffus geworden (E 1057). Die Gegnerschaft dürfe sich jedoch „nicht gegen das Denken richten, sondern müsse sich von dem praktischen und faktistischen Normalzustand des Menschen zu befreien versuchen. Geschieht jedoch dies, so bleibt nichts als das dunkle Gebiet des ‚anderen Zustands', in dem vorläufig alles aufhört" (E 1146f).

Diesen Zustand nennt Musil oft „das Ganze", meint damit aber weder etwas, das aus Teilen zusammengesetzt ist (E 1048), noch eine Ganzheitsidee (E 1009), sondern das Absehen von den Teilen, von einzelnen Gegenständen, Ideen und Eigenschaften, wie

die der anderen nicht wahr. Denn was fängt man am Jüngsten Tag, wenn die menschlichen Werke gewogen werden, mit drei Abhandlungen über die Ameisensäure an [...]? Andererseits, was weiß man vom Jüngsten Tag, wenn man nicht einmal weiß, was alles bis dahin aus der Ameisensäure werden kann" (M 248)?

[6] Musil kann durchaus würdigende Worte finden für Aristoteles und die Scholastik (E 991), für Platon und Hegel (E 1051), Metaphysik und Idealismus, für Gott und den Glauben, aber diese seien noch nicht durch die wissenschaftliche Vernunft zur Reife gebracht worden.

auch der literarische Protagonist Ulrich ein „Mann ohne Eigenschaften" ist. Musils Versuch, das Leben wiederzugewinnen, bleibt auf der Linie empirischer Rationalität und besteht in einem konsequenten und radikalisierten Abstraktionsprozess. Er formuliert das immer wieder auch selbst: „Die Welt zersetzt sich. Mit Notwendigkeit. Ihre beste Kraft steckt gerade in dieser Zersetzung. Deshalb sind alle Versuche, die Welt durch ein Zurückgreifen auf frühere Bindungen (regressiv) zu sanieren, wider den Sinn und die Kraft der Entwicklung."[7] Von der Höhe des derzeitigen Wissens müsse etwas „auffliegen" (M 826). Es gehe darum, „die Entwicklung, die bisher geführt hat, noch [zu] übertreiben" (E 1013). Das lässt sich verstehen als ein Weg nach vorne, indem die Abstraktion auf die Spitze getrieben wird, um frei zu werden für den anderen Zustand: „Schönheit und Erregung kommen in die Welt, indem man fortlässt" (M 573).

In der „Tonka" wird dieser Zustand am Ende nur kurz gestreift mit der Wendung von der „Binde der Blindheit", die für einen Augenblick von den Augen des Mannes gesunken schien (T 306), im „Mann ohne Eigenschaften" dann vielfältig ausgeführt: „Man vergisst manchmal das Sehen und Hören, und das Sprechen vergeht einem ganz. Und doch fühlt man gerade in solchen Minuten, dass man für einen Augenblick zu sich gekommen ist" (M 751). Musil betont immer wieder, dass es auch hier um das Denken geht, um ein „ahnendes und sinnendes Denken", ein reines Denken, das sich auf nichts bezieht, ein „Denken ohne Erkennen [als Wissen von etwas]" (M 1325); er nennt es Kontemplation (M 1325).[8] Diese „reine Zuständlichkeit" ist für Musil reines Ereignis, „reine Aktualität" und „Erregtheit durch das Leben" (E 1152f), eine „Kraftquelle, deren Inhalt von ihr fortfließt" (E 1152); eine stumme „außerbegriffliche Korrespondenz des Menschen mit der Welt" (E 1141), ohne Bilder und Vorstellungen, ohne Begehren, ohne Zweck und Ursache (E 1144), nichts Allgemeines, nur je Einmaliges (E 990), schöpferisch (M 1427), ohne Wunsch, Erfahrung zu werden, die an Begriffen hängt (E 1151f). Alle Differenzen wie zwischen Gut und Böse, Schön und Hässlich, Mann und Frau, alles Entweder-Oder sind aufgehoben; alles ist ein Ja ohne Plicht (M 827), „grenzenlose Selbstlosigkeit" (M 1085), das „Fragment eines anderen Lebens" (M 1087).

Es ließe sich sagen, der Mensch müsse um den Verstand gebracht werden (vgl. E 1145). Denn würde sich irgendetwas Bestimmtes einmischen, ein Wissen oder Erfahren von etwas, verliere dieser Zustand seinen Charakter (E 1153), der für Musil keine andere Welt jenseits unserer Welt, sondern in der Welt ist als inneres Erleben, das der Erfahrung die Richtung anzeigt (E 1152f). Dieser Weg hat durchaus Züge eines Heilsweges. Musil spricht vom anderen Zustand gleichnishaft von einer Wüste, aber: „Die Wüste ist kein Einwand, sie ist seit je eine Geburtsstätte himmlischer Gesichte gewesen" (M 1092).

[7] Zitat in: *W. Fanta*, Die Entstehungsgeschichte des „Mann ohne Eigenschaften" von Robert Musil, Wien/Köln/Weimar 2000, 308.

[8] Musil hat zwar selbst die Kontemplation mit der Mystik verbunden, lehnt aber deren geschichtliche Ausprägungen ab, da diese mit etwas Bestimmtem, mit Gott und Metaphysik zu tun haben (E 1337). Vielmehr sieht er in der Mystik das Prinzip der Abstraktion vorgezeichnet, das auf alle bestimmten Religionen angewendet werden müsse (E 1360).

3. Nichts Bestimmtes: Gott, Glaube und Dichtung

Von diesem angestrebten Zustand her gesehen, wird nachvollziehbar, warum es für Musil nichts Bestimmtes geben darf, und er alle Aussagen, die sich auf „etwas" beziehen, gleich wieder ironisiert, negiert oder ins Gegenteil verkehrt. Der andere Zustand erscheint starr, ist für Musil aber voll innerem Leben, weil an keine Dinge gekettet. Wollte man einwenden, dass Tugenden, Ideen oder Glaube ja keine Dinge sind, würde Musil sagen, dass das wohl stimme, aber durch ihre Verwirklichung im Handeln zu Dingen werden, wie es Maschinen oder die Ameisensäure sind. Daher ist es kein Zufall, dass Ulrich nicht zum Handeln kommt, auch gar nicht kommen will, sondern sich ausstreckt nach dem anderen Zustand, in dem alle Handlungen grundlos schweben (M 827).

Denn eine Idee zu verwirklichen, bedeutet für Musil, sie in die Welt der Tatsachen und Sachzusammenhänge (M 150) zu versetzen und damit zu zerstören: „Alle Verwirklichungen sind Zerrbilder" (E 1055). Dann werde Tugend zur Norm eines Gesetzes, Idee zu „Metaphysik als Nobilitierung und heraldische Spekulation, die die entleibte Haut des Erlebnisses an die Sterne hängt" (E 1019), und der Glaube zu Kirchenangelegenheiten, zum Dogma und zur Rechtgläubigkeit (E 988, 1153). Musil nennt das völlig verworrene und korrupte „Abformen" des anderen Zustands, die mit „ungeheurer Mächtigkeit in unser Dasein hereinragen" (E 1145) und zur Gewalt neigen (E 1388).[9] Normen, Metaphysiken und Dogmen mischen sich dann austauschbar unter die Gegenstände: „Nationale Tugenden, christliche, humanistische waren an der Reihe gewesen, einmal Edelstahl und ein andermal Güte, bald Persönlichkeit und bald Gemeinschaft" (M 825). Wir zerstören unsere Gefühle selbst, lässt Musil die Figur der Agathe, der Zwillingsschwester von Ulrich, sagen, „indem wir uns von ihnen dazu bewegen lassen, zu handeln, Tatsachen zu schaffen, Werke zu tun, Ideen und Eigenschaften anzunehmen" (M 1327).

Alles unbestimmt

In dem Moment, in dem sich für Musil ein Mensch auf „etwas Bestimmtes" außerhalb seiner selbst im anderen Zustand einlässt, gerate er in die Mühle der Tatsachen, und entkomme dem nur, wenn er von allem Bestimmten absieht, auch von einem bestimmten Glauben, mindestens darf der Glaube „nicht eine Stunde alt sein" (M 755):

> „Ohne Zweifel war er [Ulrich] ein gläubiger Mensch, der bloß nichts glaubte: seiner größten Hingabe an die Wissenschaft war es niemals gelungen, ihn vergessen zu machen, dass die Schönheit und Güte der Menschen von dem kommen, was sie glauben, und nicht von dem, was sie wissen. Aber der Glaube war immer mit Wissen verbunden gewesen, wenn auch nur mit einem eingebildeten, seit den Urtagen seiner zauberhaften Begründung. Und dieser alte Wissensteil ist längst vermorscht und hat den Glauben mit sich in die gleiche Verwesung gerissen: es gilt also heute, diese Verbindung neu aufzurichten. Und natürlich nicht etwa bloß in der Weise, dass man den Glauben ‚auf die Höhe des Wissens' bringt; doch wohl aber so, dass er von dieser Höhe auffliegt. [...] Denn er meinte mit dem Wort Glauben ja nicht sowohl jenes verkümmerte Wissenwollen, die gläubige Unwissenheit, die man gemeinhin darunter versteht, als vielmehr die wissende Ahnung, etwas, das weder Wissen, noch Einbildung ist, aber auch nicht Glaube, sondern eben ‚jenes andere', das sich diesen Begriffen entzieht" (M 826).

[9] Musil wuchs in der römisch-katholisch geprägten Kultur Österreichs auf, konvertierte 1911 zum Protestantismus, sieht aber beide Kirchen von der (klein)bürgerlichen Vernunft durchdrungen, die „wider die Vernunft gleichwie gegen das Religiöse gerichtet" ist, „die Zeitung liest und ein gewisses Verständnis für soziale Fragen bekundet". Die Kirchen hätten kein Verständnis „für den ungeheuren noch unausgelebten Wert ihrer Unvernunft" (E 987–989).

Ohne bestimmten Glauben muss freilich auch Gott ebenso unbestimmt bleiben wie das, was er geschaffen hat: „Gott macht die Welt und denkt dabei, es könnte ebensogut anders sein" (M 19). Musil hat nichts gegen Gott, denn das wäre auch in der Negation wieder ein Bezug auf etwas Bestimmtes, vielmehr denkt er „gottfrei" und an die Wissenschaft. Denn immerhin sind „die handgreiflichsten Erfolge des Menschengeistes schier erst entstanden, seit er [der Mensch] Gott aus dem Weg geht" (M 1092). Auch „Gott meint die Welt keineswegs wörtlich; [...] wir dürfen ihn nicht beim Wort nehmen, wir selbst müssen die Lösung herausbekommen, die er uns aufgibt" (M 357f).

So gab dann für Musil auch die Wissenschaft die entscheidende Methode der Abstraktion an die Hand, um das unpersönlich und mechanisch gewordene Leben so lange zu zersetzen, bis der andere Zustand sich daraus erhebt wie der Phönix aus der Asche. Daraus bildet sich für Ulrich/Musil der Gedanke: „Denn wie, wenn Gott selbst es wäre, der die Welt entwertet? Gewänne sie damit nicht auf einmal wieder Sinn und Lust?" Und: „Wie, wenn nun gerade dieses Ungöttliche nichts wäre als der zeitgemäße Weg zu Gott" (M 1092)?!

Dichtung als künstlerische Erregung

Wo Unbestimmtes ist, da ist Möglichkeit, die Musil mit dem „potenziellen Menschen" (M 251), einem „Leben, wie es sein könnte" (M 1316) und mit einer Utopie zusammenbringt, die sich als der andere Zustand ausmachen lässt: „Das Mögliche umfasst jedoch nicht nur die Träume nervenschwacher Personen, sondern auch die noch nicht erwachten Absichten Gottes" (M 16). Der Zustand lasse sich aber in der Gesellschaft nicht verwirklichen, weil alle innere Erregung dann nur erstarren und verdorben würde; er lässt sich auch nicht festhalten: „Bekanntlich ist dieser Zustand, außer in krankhafter Form, niemals von Dauer; ein hypothetischer Grenzfall, dem man sich annähert, um immer wieder in den Normalzustand zurückzufallen" (E 1154).

Der andere Zustand kann für Musil daher seinen Ort nur in der Dichtung finden, da diese selbst sich einer „tieferen künstlerischen Erregung" verdankt, die „Tatsachen und die Verknüpfung von Tatsachen durch Figuren [auflöst], die man nicht ordnen und einordnen kann" (E 1334f). So verhalte es sich in der Kunst wie in der Wissenschaft: Die Kunst befreit durch Abstraktion „vom Leben und seinen Bindungen" (E 1254), „aus der Formelhaftigkeit der Sinne und Begriffe; allerdings lässt sich dieser Zustand nicht zur Totalität ‚strecken'" (E 1147). Mit seiner Dichtung will Musil den anderen Zustand evozieren, um dazu herauszufordern, die Hand nach ihm auszustrecken; er versteht das als seine „Sendung" (E 1029).

4. *Erregung oder Erkennen*

Musil ist darauf bedacht, alles Gegenständliche und gegenständlich Gewordene, die „Abformen" des anderen Zustands, durch das Feuer der Abstraktion zu schicken, um das Gold dieses Zustands herauszuschmelzen. Zugleich kritisiert er die einzelwissenschaftliche Rationalität, die aufgrund der Methode der Abstraktion vom Leben absieht und durch ihre Beschränkung auf Teilbereiche das Ganze verfehlt. Es lässt sich aber schwer denken, wie eine solche Rationalität, der die Reduktion eigen ist, das Gefühl erfassen könnte, von dem sie ja gerade absieht, um ihre Arbeit tun zu können; wie nicht-ratioïde

Komplexe auf etwas aufbauen könnten, das diese von vornherein ausschließt; wie der Verstand unter diesen Voraussetzungen um sich fressen, sich zum Ganzen durchfressen könnte. Dieser Verstand kann nicht Verursacher des Chaos und zugleich Vehikel sein, dem zu entkommen. Im Feuer der Abstraktion verbrennt gerade das, worauf es Musil ankommt: das Leben.

Das Leben ersteht aber auch im anderen Zustand nicht wieder auf, hält man sich dessen Schilderung der reinen Aktualität vor Augen. Dieses Leben ist schwere- und körperlos, und die mögliche leibliche Verbindung von Ulrich und Agathe wird als Versuchung verstanden, deren Realisierung aus dem Paradies des anderen Zustands vertreibt. Der Zustand trägt auch etwas Trauriges in sich, die „nicht antwortende Einöde des Meeres", eine „geheimnisvolle Dämonie des gemalten Lebens", wie sie Stillleben, den *nature morte*, eigen ist (M 1229f). Mensch und Welt begegnen sich in „außerbegrifflicher Korrespondenz" und nicht in sprachlicher Kommunikation.

Die Flüchtigkeit dieses Zustands ist für Musil Leben, und das „gewöhnliche" Leben formelhaft erstarrt, d.h.: Wie die Welt der Tatsachen vom Gefühl absieht, sieht der innere Zustand von allem Gegenständlichen ab – dieselbe Methode in je anderen Teilbereichen. Mit seinem Denken bleibt Musil der einzelwissenschaftlichen Rationalität verhaftet, die er überwinden will.

Vielleicht doch noch „etwas"?

Aber Musils Begrifflichkeit changiert; denn an manchen Stellen verbindet er Erkennen mit *Wissen*, das sich auf Gegenständliches bezieht und damit verdirbt; an anderen Stellen aber mit *Denken* in dem Sinne, dass in einem Menschen etwas unwillkürlich geboren wird: „die unvergleichliche Geburt des Geistes aus dem Dunkel, die der Mensch in einem neuen Gedanken erfährt" (M 1084); ein Gedanke aber ist nicht nichts, sondern „etwas".

Charakteristisch sind die Formulierungen im Passiv: „Es gibt ein Denken, das Wahrheit schafft; klar wie eine Nähmaschine setzt es Stich neben Stich. Und es gibt ein Denken, das glücklich macht. Das ungeduldig in dich hineinfährt, so dass deine Beine zittern. [...]: es reißt dich plötzlich einen Berg hinauf, von wo du deine innere Zukunft mit seliger Weite und Gewissheit siehst" (E 1009). Musil spricht davon, dass man umgedreht wird (M 737), in religiöser Sprache: „beinahe ein Zustand der Bekehrung, der Umkehrung" (M 155), das Gefühl, „von einer Welle der Schöpfung gehoben zu werden" (M 246).

Nun tut Musil etwas und will damit auch etwas Bestimmtes: Er dichtet, denn Dichten heißt „über das Leben nachdenken" (E 1000). Mit seinem literarischen Werk will er dazu Anstöße geben und damit auf die „Lebenssituation" einwirken. Das kann aber nichts anderes heißen, als dass er den anderen Zustand als Fragment eines anderen Lebens mit der Wirklichkeit zu verbinden sucht, die er voraussetzen muss. Wie das geschieht, schildert Musil am Beispiel des Gedichts, das „wenige Menschen auf den ersten Blick verstehen [...]; „später ‚dämmert', wie der sehr gute Ausdruck sagt, der Sinn auf; am Höhepunkt mischen sich erkannte Bedeutung, wahrgenommene sinnliche Gestalt und Gefühlserregung; in der Nachwirkung wird das Erlebnis teils begrifflich assimiliert und fixiert, teils hinterlässt es eine vage, gewöhnlich unbewusste Disposition, die in irgendeiner späteren Lebenssituation plötzlich wieder lebendig werden, aber auch einen unmerkbaren Dauereinfluss ausüben kann“ (E 1150). Die Begriffe: verstehen, Sinn, Bedeutung, sind aber nicht denkbar, ohne dass sie sich auf „etwas“ beziehen.

Musils Werk lässt sich daher auch als Versuch lesen, literarisch zu fassen, dass Erkennen ein passives Empfangen bedeutet, das sich nicht absichtlich herstellen lässt: der „Offenbarungscharakter“ des Erkennens als erkenntnistheoretisches Prinzip. Dies ereignet sich nicht nur im religiösen Bereich, sondern überall, wo Menschen die Welt denkend zu erfassen suchen, auch in den Naturwissenschaften oder der Mathematik. So besteht auch Musil darauf, „dass es auch rein rational eine Intuition gibt. Der entscheidende Einfall, mag er noch so methodisch vorbereitet worden sein, springt auch da wie von außen plötzlich vor das Bewusstsein. [...] Oder man denke an jene Erkenntnisse, die ‚mit einem Schlage das Leben erhellen‘“ (E 1053). Aber innerhalb der empirischen Wissenschaften bezieht sich der schöpferische Einfall auf methodisches Vorgehen und vermag dadurch gerade nicht das (ganze) Leben zu erhellen.

Erkennen als passives Empfangen ist der menschlichen Rationalität inhärent und geht im Moment des Empfangens durchaus mit Gefühlen einher. Freilich verbindet sich damit, dass immer etwas Bestimmtes erkannt wird, und nicht nur ein Gefühl da ist, das in den anderen Zustand versetzt. Erkennen kann erregen, aber nicht umgekehrt, jene „einzigartige Erregtheit“ (E 1153), die gegenstandslos bleibt, führt nicht zum Erkennen von etwas. An manchen Stellen scheint Musil sein auf die Abstraktion eingeschränktes Verständnis von Rationalität aufzubrechen, aber doch dabeizubleiben, dass Erkenntnis Wissen prätendiert, „während wir für den Essay nur menschliche Umbildung beanspruchen“ (E 1337).[10]

5. Kommunikative Rationalität

Für Musil gehören zum Gegenständlichen nicht nur Maschinen oder die Ameisensäure, sondern auch philosophische und theologische Traditionen. Daher ist für ihn Theologie mit totem Wissen identisch (E 1092), als da sind: Bibel, Lehre, Dogmen. Der geschilderte Versuch, die darin eingeschlossenen und noch nicht entfalteten Wahrheiten und Weisheiten durch abstrahierendes Denken herauszulösen, führt allerdings dazu, alles Bestimmten ledig zu werden.

Denken hat aber wesentlich mit Erkennen zu tun und damit, dass etwas Bestimmtes *als* etwas Bestimmtes erkannt wird von einem und für einen bestimmten Menschen, der von einer bestimmten Fragestellung ausgeht, für die er eine Lösung sucht. Erkennen kann in einem bestimmten Rahmen erfolgen, wie in der Mathematik oder der Naturwissenschaft, und hat dann den Charakter einer Teilerkenntnis. Von einer Erkenntnis „im Detail“ führt jedoch kein Weg zu einem Ganzen, um das es Musil geht: um das Ganze eines menschlichen Lebens, um Tod und Kosmos, Sinn des Daseins, um Liebe, Güte und Ordnung und eine Wahrheit, die in der Gestalt eines Menschen, wie der Tonka, ruft.

[10] Musil will das „unsichere Wort Hypothese“ verlassen und setzt an dessen Stelle den Essay als einen Denkstil ohne Systemzwang, der „in der Folge seiner Abschnitte ein Ding von vielen Seiten nimmt, ohne es ganz zu erfassen, – denn ein ganz erfasstes Ding verliert mit einem Male seinen Umfang und schmilzt zu einem Begriff ein“ (M 250).

Er ist davon überzeugt, dass wenige Menschen davon unberührt bleiben, „dass es statt ihres Lebens auch ein anderes gäbe, wo „sie Sinn haben, nicht nur Ursachen“ (E 1357).

Ontologische Voraussetzungen des Menschseins[11]

Das ganze Leben, das Musil sucht, ist jedoch allem Denken vorausgesetzt im Dasein, im In-der-Welt-Sein des Menschen. Dieses Dasein lässt sich nicht durch „Übertreibung“ der Abstraktion gewinnen, und die inneren Zustände des Erlebens und der Erregung sind nur ein möglicher Teilaspekt innerhalb des Ganzen des Daseins. Freilich kann Musil das nicht wahrhaben, auch nicht, dass dieses Dasein sprachlich konstituiert ist. Aber der Mensch findet sich in der Sprache vor, die deshalb niemand erfinden kann wie eine Glühbirne. Verstummen, sprachlos werden und keine Worte mehr finden, setzt Sprachlichkeit voraus. Moleküle, Energie, Korrelation sind von vornherein stumm, weshalb kein Mensch sich mit ihnen über Sinn, Liebe oder Güte unterhalten kann. Wenn Musil den anderen Zustand eine stumme „außerbegriffliche Korrespondenz des Menschen mit der Welt“ (E 1141) nennt, dann ist das gerade kein anderer Zustand, sondern der Zustand eben derjenigen Welt, in welcher der abstrahierende Geist herrscht, dem die Fülle des Lebens abhandengekommen ist.

Als sprachliches Wesen steht der Mensch nun nicht in a-personaler Korrespondenz zur Welt, sondern in personaler Kommunikation mit ihr, wird angesprochen und spricht, fragt, denkt über das Gehörte nach und antwortet, denn die Sprache hat reflexiven Charakter. Dadurch tritt er in Beziehung zu anderen Menschen und zu den „Dingen“ als Beziehungswesen, als Person, als Ich, das ein ansprechbares Du voraussetzt; nicht zufällig vermisst Musil das Persönliche. Die gegebene Sprachlichkeit mit ihrem Zeichensystem strukturiert das menschliche Dasein vermittels der Vernunft als zum Menschen gehörendes Vermögen, das sich weder als eine abgesonderte, „in“ ihm eingekapselte ungeschaffene „reine“ Entität verstehen lässt, noch als ein fallweises individuelles empirisches Gefühl. Weil auch die Vernunft eine gegebene ist, kann sich der Mensch von ihr nicht befreien und sich nicht entziehen, sein Dasein denkend zu erhellen, indem er mit allem kommuniziert: eine dialogische Rationalität. So lässt sich die Aussage von Musil verstehen, dass der Mensch über das ganze Leben nachdenkt (M 264); allerdings liegt ihm fern, die Vernunft als eine kommunikative aufzufassen.

Die bekleidete Vernunft

Das Dasein des Menschen ist nun immer zugleich ein bestimmtes Dasein in einer bestimmten Zeit, an einem bestimmten Ort mit einer bestimmten Biografie, und nie davon losgelöst, also ein geschichtliches Dasein. Das gilt daher auch für die Vernunft, die immer als eine bestimmte, konkrete Vernunft tätig ist, sich daher von bestimmten Kontexten und Traditionen nicht lossagen kann. Oder mit Christoph Schwöbel gesagt: Die Vernunft ist niemals nackt, sondern immer bekleidet.[12] Als eine nackte, „reine“, universa-

[11] Die folgenden Ausführungen geben Anlass, Christoph Schwöbel für die theologischen Anstöße in vielen Gesprächen zu danken, die auf eine mehrjährige Zusammenarbeit in einem Projekt zurückgehen, dessen Ergebnisse 2014 als Buch im Verlag Gütersloh erschienen sind unter dem Titel „Christen und Muslime im Gespräch. Eine Verständigung über Kernthemen der Theologie“.

[12] *C. Schwöbel*, Gott im Gespräch, Tübingen 2011, 31.

le Vernunft gedacht, ist sie das Ergebnis eines Abstraktionsprozesses, der in der Neuzeit dominant wurde.

Dafür ist Musil ein Beispiel, denn er erhebt einen Teilaspekt des denkenden Vollzugs, den abstrahierenden Verstand, in den Adelsstand des Ganzen und meint, damit Leben und Sinn zu erreichen. Das ist aber nicht denkbar und möglich, weil das Ganze, das Leben, einerseits vorausgesetzt bleibt, andererseits sich nicht aus der „besudelnden" Geschichte herausziehen kann. Musil verharrt im Gegensatz von Entität und Realität, und als Feind jeder Ontologie bzw. Metaphysik darf der andere Zustand für ihn keine Entität sein; er muss eine Realität sein, aber eine, die über die Realität hinaushebt, somit nicht von dieser Welt ist. Aber was nicht von dieser Welt ist, kann allem Bestimmten nur vorausgesetzt sein. Durch Negieren alles Bestimmten geht kein Weg zum Vorausgesetzten, sondern das Leben verloren; Welt und Dasein in der Welt verlöschen wie ein Komet an der Atmosphäre. Es verwundert daher nicht, dass Musil seine Figuren die Selbsttötung in Erwägung ziehen lässt.

Nur unter der Voraussetzung einer gegebenen, sprachlich konstituierten Vernunft lässt sich von einem unvernünftigen Menschen sprechen, der seine Vernunft nicht angemessen gebraucht, nämlich einem Bestimmten angemessen. Für Musil sind die großen Erfolge des Menschengeistes zustande gekommen, *seit* man von Gott abgesehen hat. Besser wäre zu sagen: *weil* man von Gott abgesehen hat, und zwar für die Zeit etwa eines chemischen Experiments. Von Leben, Sinn oder Gott abzusehen, ist angemessen in Bezug auf die praktische Anwendung von Methoden, die Stoffe analysieren oder die Bahnen von Flugkörpern berechnen, aber nicht angemessen, wenn es um die Frage von Sinn und Bedeutsamkeit des ganzen Lebens geht.

Bestimmter Glaube

Musil ist von Religion fasziniert, und er arbeitet mit einer Fülle vor allem christlicher Begriffe, Zeichen und Bilder. Auch die Kirche übt auf ihn eine Anziehungskraft aus, denn „eine Wahrheit kann 2000 Jahre überdauern, nicht aber eine Ideologie" (E 1357). Diese Wahrheit lässt sich vom Menschen aber ebenso wenig herstellen, wie dessen Sprachlichkeit, und zählt ebenso wie diese zu Voraussetzungen ontologischen Charakters.

Mit dem Judentum geht das Christentum (auch der Islam) davon aus, dass Gott zu den Menschen gesprochen hat, die aufgrund ihrer Konstitution auf andere Weise nichts vom ihm vernehmen könnten. Was Gott zu verstehen gibt, hat sich in den Worten und der Geschichte derer niedergeschlagen, die ihn gehört und verstanden haben, mithin in der biblischen Überlieferung. Da dieser eine Offenbarungsstruktur eignet, kann menschliches Denken nicht von sich aus dorthin gelangen, denn das würde bedeuten, etwas erschaffen zu wollen, das vorausgesetzt ist.[13] Diese Überlieferung lässt sich daher nur dann denkend erschließen, wenn sie vorausgesetzt bleibt, und die Erschließung erfolgt über jenes Erkennen, das als passives Empfangen der Vernunft inhärent ist.

[13] Für Musil hingegen ist es der Mensch, der das schafft, der selber den Ausschlag gibt (E 1082), die Lösung finden muss (M 357f), z.B. durch einen Arbeitsplan (E 1059). Musil will den inneren Menschen „erfinden" (E 1029, E 1009), kritisiert zu Recht eine Metaphysik, die das Jenseits als wirklich erweisen will, setzt aber dagegen, dass es darum gehe, dieses in der Welt möglich zu machen (E 991). Hier spiegelt sich das neuzeitliche Verständnis des Menschen als individuelles autonomes Subjekt.

Empfangen wird freilich immer etwas *als* etwas Bestimmtes, in diesem Fall der Sinn von Gottes Wort und seiner Geschichte mit den Menschen. Diese Unverfügbarkeit des Erkennens verdankt sich, in biblischer Sprache, dem Heiligen Geist, sofern es Gott ist, der sich in Wort und Geschichte als ein bestimmter Gott mit einem bestimmten Willen und bestimmten Verheißungen zu erkennen gibt. Solches Erkennen stiftet Vertrauen in Gott im Herzen als einen bestimmten lebendigen Glauben, den Musil vergeblich gesucht hat.

Indem Menschen als sprachliche Wesen einander mitteilen, was sie durch Gott erkannt haben, fordern sie wiederum das Erkennen heraus, das sich am Mitgeteilten entzünden kann. Solche Mitteilung heißt in biblischer Sprache Verkündigung. Musils „gläubiger Mensch, der bloß nichts glaubte" erinnert an die Erzählung von einem Altar auf dem Areopag in Athen, auf dem geschrieben stand: Dem unbekannten Gott. Paulus, der dort eine Rede hält, sagt dazu: „Was ihr da verehrt, ohne es zu kennen, das verkündige ich euch." Konkret spricht er von dem Gott, „der die Welt geschaffen hat und alles, was darin ist" (Apg 17,23f), und dazu gehört das Dasein des Menschen, seine Sprachlichkeit und kommunikative Vernunft. Der Prozess des Erkennens kann demnach nur dann ins Rollen kommen, wenn Menschen sich mit dem befassen, was sie gesagt bekommen, indem sie sich denkend und kritisch damit auseinandersetzen und gemeinschaftlich darüber kommunizieren. Ob dann der Geist Gottes, der Heilige Geist, die Herzen zu einem lebendigen Glauben öffnet, bleibt unverfügbar.

Denken als Erschließen vorausgesetzter Tradition

Die denkende Auseinandersetzung mit der biblischen Überlieferung hat auch zur Ausbildung reflektierter Theologie geführt, die dann in Lehrsätzen und Dogmen festgehalten wurde. Diese sind für Musil ein besonderer Dorn im Auge, und stehen dem entgegen, was er sucht, wenn auch mit Mitteln, die dem „Gegenstand" nicht angemessen sind: „Sinnvolles Erfassen ist etwas anderes als nüchternes Verstehen. Es ist nicht nur Verstandes-, sondern in erster Linie Gefühlsordnung. Sinngebung ist jedenfalls auch innere Lebensgebung. Ohne Frage, sie ist [...] mit dem Religiösen verwandt; sie ist ein religiöses Unterfangen ohne Dogmatik, eine empiristische Religiosität. Eine fallweise".[14] Um die Dogmatik loszuwerden, referiert Musil auf Gefühl und Erregung und beschränkt sich damit auf eine einzelne, mögliche, unbeständige ekstatische Ausdrucksform von Religiosität. Damit ist aber nicht das Ganze erfasst, weder des Menschen noch dessen, worauf sich der Glaube bezieht.

Dass ein lebendiger Glaube in Dogmatik erstarren kann, ist keine Frage, und Musil weiß das anschaulich zu schildern. Er lässt Ulrich vor einer Kirche stehen, einer „zu Millionen Zentnern Stein verhärtete[n] Welt", „so vollständig und fertig, dass man ein überflüssiger Nebel daneben ist, ein ausgestoßener kleiner Atemzug, um den sich Gott weiter nicht kümmert" (M 130). Musil meint, diese verhärtete Welt durch das Gefühl erweichen zu können, das alles, was mit Tradition zu tun hat, hinter sich lässt; zugleich will er die Wahrheit aus den religiösen Traditionen herausdestillieren. Das kann jedoch nur durch die gemeinschaftliche kritische Reflexion der vorausgesetzten Traditionen geschehen, deren Wahrheit sich im unverfügbaren Akt des Erkennens erschließt; daher ist solche

[14] Zitat in: http://gutenberg.spiegel.de/buch/skizzen-zu-einer-autobiographie-6884/1 (24.08.2015).

Erschließung auf beides angewiesen, auf Überlieferung und empfangene Einsicht.[15] Eine Theologie, die das nicht sieht und den Glauben mit einer Gehorsamsleistung gleichsetzt (vgl. E 998), verfehlt ihren Sinn und sich selbst.

Handeln und Freiheit

Musil verweigert sich dem Handeln, da jede Verwirklichung von Ideen oder Glaubensinhalten notwendig dazu führe, dass diese in Sachzusammenhänge (M 150) geraten und erstarren. Dahin geraten können sie aber nur, wenn man unter Handeln die Anwendung einer Regel bzw. Methode versteht, die sich, zusammen mit den daraus resultierenden Ergebnissen, als Wissen weitergeben lässt (E 1055). Musil sucht freilich etwas anderes, das er Motivation nennt, die er andeutungsweise mit Willen und Erkennen verbindet, aber zugleich in einen Gegensatz bringt (E 1052).

Es ist aber gerade das Erkennen, das den Willen zum Handeln motiviert. Der „reine" Wille reicht nicht aus, er benötigt einen Beweggrund, der den Anstoß zum Handeln gibt; er gewinnt diesen durch das Erkennen und wird dadurch zu einem bestimmten Willen, der dazu motiviert, nach Möglichkeiten der Verwirklichung des Gewollten Ausschau zu halten. Nicht die Sachzusammenhänge wirken korrumpierend, sondern die „Korruption" folgt daraus, dass es für menschliches Handeln keine methodische Regel gibt, die ausschließt, dass das nach bestem Wissen und Gewissen Gewollte verfehlt oder sogar ins Gegenteil verkehrt wird. Wo keine Regel herrscht, ist Freiheit, und die menschliche Freiheit liegt darin begründet, dass das Handeln als motiviertes nicht der Anwendung einer Regel folgt und sich daher verfehlen kann.

Daraus ergibt sich die Erfahrung, dass das wirklich gelebte Leben sich weit vom erhofften entfernt, viele Möglichkeiten ungelebt bleiben, und Strebungen, die Musil „appetithaft" nennt (M 1236), sich in alles einmischen und Erkenntnis und Willen trüben. Dieses Dilemma besteht in der Differenz zwischen „allem irdischen friedlosen und zweifelvollen Geschehen" und der Sehnsucht, „die dem Leben einen Sinn ohne Wandel gibt" (M 1426; vgl. E 1088). Dem Wandel will Musil entgehen, indem er alles Bestimmte scheut, demnach nicht zum Handeln kommt, damit aber auch nichts verfehlen kann. Mit seinem traumhaften anderen Zustand sucht er dem Dilemma und der Verfehlung zu entgehen, sistiert jedoch mit der Freiheit auch jede Verantwortung.

Der Zustand der Welt und ein anderes Leben

Dass ein Leben ohne Verfehlung nicht möglich ist, hat den Grund darin, dass Dasein, Sprache, Vernunft, Wille und Freiheit nicht absolut sind, weil es sich dabei um etwas Gegebenes, nicht von Menschen Geschaffenes und zugleich geschichtlich Eingekleidetes handelt. Davon ist auch das Gefühl nicht ausgenommen, das wie alles andere in die Irre gehen kann. Jedes Erkennen ist in eine Grenze gesetzt, ist bedingt und nicht unbedingt, und kann daher nur im Rahmen des Begrenzten erfolgen, somit auch einem Schemen

[15] Mein philosophischer Lehrer Erich Heintel, der 2000 verstarb, spricht in diesem Zusammenhang von der „denkenden Aneignung der traditionellen Glaubensinhalte", z.B. in: *E. Heintel*, Gesammelte Abhandlungen, Bd. 4: Zur Theologie und Religionsphilosophie II, Stuttgart–Bad Cannstatt 1994, 13. Mit dieser Aneignung ist nicht schon der Glaube selbst gemeint, vielmehr setzt solche Reflexion die geschichtliche Wirklichkeit bestimmten Glaubens voraus, die nur der Geist Gottes als „meinen" bestimmten Glauben zu stiften vermag.

oder einem Irrtum aufsitzen, etwas falsch einschätzen oder ein Fehlurteil fällen. Nun ist auch die Verfehlung keine abstrakte Angelegenheit, sondern immer eine bestimmte Schuld von Personen, die zugleich als Beziehungswesen mit anderen Personen und der Welt im Ganzen verbunden sind. Daraus, dass Menschen ihre Grenzen und Fehlbarkeit sowie ihr Dasein in Beziehung nicht wahrhaben, resultiert eine Verstrickung in einen unheilvollen Zustand, in biblischer Sprache: in den Zustand der Welt unter der Macht der Sünde. Demgegenüber erscheint Musils anderer Zustand als Versuch, in ein Zurück vor dem Sündenfall zu gelangen, und nicht zufällig sind für ihn Schuld oder Vergebung kein Thema.

Um des realistischen Zustands dieser Welt gewahr zu werden, und sich selbst zu durchschauen, bedarf es wiederum eines Erkennens, hier einer von Gott geschenkten Einsicht, in der Gott dem Menschen zugleich seinen Vergebungs- und Rettungswillen zu erkennen gibt.[16] Im Unterschied zu Musils anderem Zustand, in dem sich das Leben verflüchtigt, führen Vergebung und Rettungszusage in das Leben zurück. In einem solchen Leben kann der Mensch seine bedingte Geschöpflichkeit anerkennen und muss seine Fehlbarkeit nicht verleugnen durch eine Selbstgerechtigkeit, die ihn anderen Menschen gegenüber verschließt; er kann sich seinen Mitmenschen und der Gestaltung der Welt in Verantwortung zuwenden, ohne nach den Musilschen Sternen einer „grenzenlosen Selbstlosigkeit" (M 1085) zu greifen. Auch ein Leben aus Glauben kann die in Sünde verstrickte Welt nicht aus den Angeln heben; das bleibt Gott überlassen und ist keine menschliche Sache. Aber im Glauben kann der Mensch sein Dasein in Beziehung und seine geschaffene kommunikative Vernunft realisieren, indem er sich ansprechen lässt von Gott und den Menschen, und ihnen antwortet. Dadurch können nicht im Ganzen, das Gott vorbehalten ist, aber da und dort Oasen eines gelingenden Lebens entstehen.

6. Ein religiöser Dichter ohne Glauben

Unter der Voraussetzung, dass Themen und Fragestellungen eines Dichters auch diejenigen der Religion sind, spricht Christoph Schwöbel von einem religiösen Dichter, auch wenn dieser selbst sich nicht als einen gläubigen Dichter betrachtet.[17] Das trifft auch auf Musil zu, dessen Werk sich als Suche nach Sinn und beständiger Gewissheit lesen lässt.

Musil gilt als Repräsentant eines neuzeitlichen Bewusstseins, für das Vernunft und Glaube einander ausschließen. Dies lässt sich dann nicht leugnen, wenn die Lösung der

[16] Dass dies im Christentum in und durch Jesus Christus geschieht, kann im begrenzten Rahmen dieses Artikels nicht weiter ausgeführt werden.

[17] *C. Schwöbel*, Die Religion des Zauberers, Tübingen 2008, 12f. Hier geht es um theologische Lektüren der Romane von Thomas Mann, die mit denjenigen Musils die Auseinandersetzung mit dem neuzeitlichen Bewusstsein gemeinsam haben, aber bei Musil dominiert die Bedeutung, welche die empirischen Wissenschaften mit ihrem Abstraktionsprinzip für ihn haben. Öffentlich zollten sie einander Respekt, aber während Musil nicht anerkannt war und 1942 in großer Armut verstarb, war Mann erfolgreich und erhielt 1929 den Nobelpreis. Mann hatte für Musil den zweifelhaften Charakter eines „Großschriftstellers", der für alle, für „hoch und niedrig" schreibt und, im Unterschied zu Musil, von allen verstanden wird (M 430; vgl. E 998). Vgl. *H.-G. Plott*, Zauberer/Entzauberer. Thomas Mann und Robert Musil – Politik und Kultur im 20. Jahrhundert, in: *M. Albracht* (Hg.), Düsseldorfer Beiträge zur Thomas Mann-Forschung, Bd. 2, Duisburg 2013, 37–59.

Lebensfragen durch die Methode der Abstraktion gesucht wird, wie Musil das tut. Aber die Vernunft hat nicht nur die Fähigkeit, abstrahierend zu denken, sondern ist ihrem Wesen nach sprachlich und kommunikativ verfasst, kann in der Kommunikation mit etwas Vorausgesetztem Erkenntnis empfangen, je nachdem, womit sich ein Mensch befasst; befasst er sich mit religiösen Traditionen, kann deren Wahrheit durch Gottes Geist einleuchten und das Leben sinnstiftend ergreifen. Solche Traditionen sind über Texte vermittelt, aber sofern hinter deren Buchstaben Personen stehen, die bereits ergriffen worden waren, können sie, wie die Tonka, für die Wahrheit ihrer Worte „nur" mit der Wahrheit ihrer Person einstehen (T 295), als Zeugen, freilich ohne sprachlos zu sein.

Musil steckt in einem Dilemma: Er gibt das abstrahierende Denken nicht auf (E 1254f), und beklagt zugleich die „Ungläubigkeit unserer Zeit", die nur an Tatsachen glaubt (E 1382); er will dieses Kleben an den Tatsachen überwinden, und lehnt zugleich alle anders fundierten philosophischen und religiösen Traditionen ab, weil diese dem abstrahierenden Denken vorausgehen, daher unterentwickelt seien, und zu einer Flucht in den Romantizismus verleiten (E 1367). Solche Denkwege fordern zu einer kritischen Betrachtung heraus, lassen sich aber nicht einfach ad acta legen, weil sie den „Zeitgeist" nach wie vor prägen. Dies gibt auch der Theologie zu denken, deren „Geschäft" damit vor einer spezifischen Herausforderung steht. Musil verstand sich jedoch nicht als Systematiker, sondern als „Anreger" (E 1304), und hat eines zutreffend erkannt (E 1363): „Man kann nicht mit Absicht glauben."

Hans Wißkirchen

VON DER ÄSTHETISCHEN ZUR RELIGIÖSEN REDE

Thomas Manns Kampf gegen Adolf Hitler

Seit den späten zwanziger Jahren hatte Thomas Mann als einer der wenigen deutschen bürgerlichen Autoren die Bedrohung erkannt, die von den Nationalsozialisten ausging. Er hatte auch speziell die Rolle des Führers Adolf Hitler und die von ihm ausgehende Gefahr bemerkt und analysiert. Dies setzt sich fort bis in das Jahr 1945. Hitler ist die zentrale Gegenfigur Thomas Manns, die er in der Kunst, in seinen Essays, seinen Briefen und Tagebüchern immer wieder in den Blick nimmt. Thomas Manns Rede über Hitler lässt sich grob in zwei Phasen unterteilen. Die erste Phase ist von dem ästhetischen Blick auf Hitler geprägt. Die Kategorie des *Interesses* ist hier von erkenntnisleitender Bedeutung. Im Mittelpunkt steht dabei die Frage, wie es dazu kommen konnte, dass dieser Mann ab 1933 die Macht im Deutschen Reich so vollständig an sich reißen konnte. In der zweiten Phase ist es der Hass auf Hitler, der seine Rede steuert. Das grundierende Element ist nunmehr die religiöse Rede. Immer stärker schiebt sich hier, speziell in den Jahren nach Kriegsbeginn 1939, die Frage in den Vordergrund, wie ein Ende der nationalsozialistischen Herrschaft erreicht werden kann.

Das soll im Folgenden an zwei Beispieltexten erläutert werden: dem 1938 erschienenen Text „Bruder Hitler“[1] und den zwischen 1940 und 1945 im deutschen Programm der BBC ausgestrahlten Radioansprachen „Deutsche Hörer!“[2].

1. Die ästhetische Rede: Hitler als „Viertelskünstler“

„Soll man ‚abreisen’, wenn das Leben sich ein bisschen unheimlich, nicht ganz geheuer oder etwas peinlich und kränkend anlässt? Nein doch, man soll bleiben, soll sich das ansehen und sich dem aussetzen, gerade dabei gibt es vielleicht etwas zu lernen.“[3]

Es mag verwundern, wenn ich diese Äußerung des Erzählers aus Thomas Manns Novelle „Mario und der Zauberer. Ein tragisches Reiseerlebnis“ an den Anfang meiner Ausführungen setze. Aber es hat seine Berechtigung – es führt ins Zentrum dessen, was ich darstellen will. Denn es ist der Dreischritt von „bleiben“, „ansehen“ und „aussetzen“, der in der ersten Phase eine der prägenden Determinanten für Thomas Manns

[1] *T. Mann*, Bruder Hitler, in: *Ders.*, Gesammelte Werke in 13 Bänden, Band XII: Reden und Aufsätze 4, 2., durchgesehene Auflage (Nachdruck 1990), Frankfurt/Main 1974, 845–852.

[2] *T. Mann*, Deutsche Hörer! Fünfundfünfzig Radiosendungen nach Deutschland, in: *Ders.*, Gesammelte Werke in 13 Bänden, Band XI: Reden und Aufsätze 3, 2., durchgesehene Auflage (Nachdruck 1990), Frankfurt/Main 1974, 983–1123.

[3] *T. Mann*, Mario und der Zauberer. Ein tragisches Reiseerlebnis, in: *Ders.*, Gesammelte Werke in 13 Bänden, Band VIII: Erzählungen, 2., durchgesehene Auflage (Nachdruck 1990), Frankfurt/Main 1974, 658–711, hier: 669.

Verhältnis zum Faschismus und – in der bei ihm dominierenden personalisierenden Form – zu Adolf Hitler darstellt.

Zur Erinnerung: „Mario und der Zauberer" ist die retrospektive Schilderung eines Ferienaufenthaltes, den der Erzähler mit seiner Familie in Italien verbringt. Erzählt wird die Geschichte von Cipolla, einem Zauberer, oder besser: Hypnotiseur, der das Publikum in dem italienischen Ferienort in seinen Bann zieht. Er tut dies auf eine menschenverachtende Art und Weise, da er am Ende seiner Vorstellung den Kellner Mario dazu bringt, ihn zu küssen, indem er ihm suggeriert, seine Freundin zu sein. Das ist nur auf der Oberfläche banal, denn Thomas Mann führt in diesem Text die Auslöschung von Identität durch eine grandiose Rednergabe vor. Die Novelle ist von der Faszination durchzogen, die Cipolla ausübt – jenseits aller moralischen Verwerflichkeit seines Tuns. Der Novellenheld und seine Familie sind angewidert, aber sie verlassen die Vorstellung nicht, sondern bleiben und setzen sich dem Geschehen aus. Und der Erzähler, der hier viel mit dem Autor gemein hat, schaut ganz genau hin, weil er die Mechanismen der Macht erkennen will. Was er dabei vor allem lernt, ist, dass es nicht reicht, etwas einfach nicht zu wollen, sich dem Werben des Redners und Zauberers zu widersetzen. Der „Mario"-Text führt vor, wie diese rein passive Abwehrhaltung zur Niederlage führt und damit zum Sieg des Zauberers.

Was Thomas Mann hier 1930 in einem literarischen Text, der auf einem tatsächlichen Ferienerlebnis im faschistischen Italien des Jahres 1926 basiert, vorführt, hebt er acht Jahre später auf die große Bühne – und zwar im kleinen Essay „Bruder Hitler". Vieles aus der Versuchsanordnung im „Mario"-Text finden wir hier wieder, aber es wird fortentwickelt, nicht zuletzt vor dem Hintergrund der realen geschichtlichen Ereignisse, von der Machtübernahme Hitlers 1933 bis hin zum Anschluss Österreichs und dem immer deutlicher werdenden Drohen eines großen Krieges.

„Ohne die entsetzlichen Opfer, welche unausgesetzt dem fatalen Seelenleben dieses Menschen fallen, ohne die umfassenden moralischen Verwüstungen, die davon ausgehen, fiele es leichter, zu gestehen, daß man sein Lebensphänomen fesselnd findet."[4] So der Beginn des Aufsatzes, der zeigt, dass Thomas Mann schon 1938 zu einer Haltung kommt, die über die historischen Tatsachen hinaus nach dem Phänomen des Mannes Hitler fragt, nach den Gründen seines Erfolgs. Und er macht durch das genaue Hinsehen noch einen zweiten Schritt: Er nimmt Hitler als historische Figur ernst. Wie kann das gehen? Lesen wir weiter: „Der Bursche ist eine Katastrophe; das ist kein Grund, ihn als Charakter und Schicksal nicht interessant zu finden. Wie die Umstände es fügen, daß das unergründliche Ressentiment, die tief schwärende Rachsucht des Untauglichen, Unmöglichen, zehnfach Gescheiterten, des extrem faulen, zu keiner Arbeit fähigen Dauer-Asylisten und abgewiesenen Viertelskünstlers, des ganz und gar Schlechtweggekommenen sich mit den (viel weniger berechtigten) Minderwertigkeitsgefühlen eines geschlagenen Volkes verbindet, […] und aus dem nationalen Gemütsleiden das Vehikel seiner Größe, seines Aufstiegs zu traumhaften Höhen, zu unumschränkter Macht, zu ungeheueren Genugtuungen und Über-Genugtuungen macht […]: das alles ist durchaus einmalig,

[4] *T. Mann*, Bruder Hitler, a.a.O., 845.

dem Maßstabe nach neu und eindrucksvoll; man kann unmöglich umhin, der Erscheinung eine gewisse angewiderte Bewunderung entgegenzubringen."[5]

Was Thomas Mann hier unternimmt, ist nichts anderes als der Versuch einer Historisierung der Figur Adolf Hitlers. Sie kommt natürlich nicht mit den rationalen und abgewogenen Argumenten daher, wie sie die Faschismus- und speziell die Hitlerforschung in den letzten zwanzig Jahren entwickelt hat, aber sie basiert auf demselben Kerngedanken. Thomas Mann schaut hin und begreift schon sehr früh, dass die geschichtliche Größe Hitlers – und er scheut sich nicht, das so zu nennen – in der Fähigkeit gründet, die Mentalitäten der Deutschen in den zwanziger Jahren aufzugreifen und zum Ausdruck zu bringen. Seine Größe wäre ohne das „nationale Gefühlsleiden", ohne die Bereitschaft der Menschen, ihm zu folgen, ihn zu unterstützen, weil er an das anknüpfte, was sie bedrückte, weil er ihnen das versprach, wonach sie sich sehnten, schlicht unmöglich gewesen.

In der Hitler-Biographie von Ian Kershaw, der auf diesem Feld dominierenden Arbeit des letzten Jahrzehnts, ist das zu einer der zentralen Leitfragen geworden. Kershaw gebraucht dafür die Formel: „Dem Führer entgegen arbeiten"[6]. Darauf basierte die Herrschaft Adolf Hitlers und das erkannte Thomas Mann schon sehr früh. Schon in den dreißiger Jahren begriff Thomas Mann, dass es keinen Sinn macht, Hitler etwa durch die Analyse seiner Reden zu *erledigen*. Wenn andere Intellektuelle – als Beispiel sei etwa Victor Klemperer genannt[7] – meinten, Hitler beikommen zu können, indem man auf die mangelhafte Grammatik seiner Reden, die schale und eingegrenzte Wortwahl, den stümperhaften Umgang mit der geistesgeschichtlichen Tradition verwies, so geht Thomas Mann schon damals einen Schritt weiter. Natürlich finden sich auch in seinen Texten und Tagebüchern solche Analysen und Urteile. Der Hass benötigte ein Ventil und man musste sich immer wieder der Unterschiede bewusst werden, sie gleichsam zur Stabilisierung der eigenen Existenz markieren. Aber Thomas Mann weiß, dass dies nicht ausreicht und er sagt das auch deutlich: „Dennoch fühle ich, daß es nicht meine besten Stunden sind, in denen ich das arme, wenn auch verhängnisvolle Geschöpf hasse."[8]

Und so existieren bei Thomas Mann von Beginn an auch andere Sichtweisen. Etwa eine, die man heute die *Performative* nennen würde. Er begreift Hitler als Bruder, als Künstler, und erkennt daher, dass seine Reden, die ihn zum Politiker machen und seine Herrschaft erst ermöglicht und dann bis in die beginnenden vierziger Jahre zementiert haben, nur als performativer Akt, als Inszenierung zu verstehen und zu begreifen sind – als ein Zusammenspiel von Choreographie, Gestik, Licht, Ton, ja, Tageszeit, Sprachgebrauch, Zeitregie, um nur einige Aspekte zu benennen. Dieser ästhetische Blick mit all seinen Einseitigkeiten und Einschränkungen, die er in streng historiographischer Betrachtungsweise natürlich aufweist, weil er vieles gar nicht berücksichtigen kann und will,

[5] Ebd., 846f.

[6] *I. Kershaw*, Hitler. 1889–1936, Stuttgart 1998, 663–744.

[7] *V. Klemperer*, LTI–Notizbuch eines Philologen, 24., völlig neu überarbeitete Auflage, Dietzingen 2010. Schon im Dezember 1946 veröffentlichte Victor Klemperer seine „LTI–Notizbuch eines Philologen", eine Analyse unterschiedlichster Aspekte der Sprache des Dritten Reiches, der „Lingua Tertii Imperii".

[8] *T. Mann*, Bruder Hitler, a.a.O., 846f.

ist eine der bleibenden Leistungen der Analyse Hitlers und des Faschismus bei Thomas Mann.[9]

Mit der Verwendung des Begriffes des *Performativen* nutze ich eine lange nach Thomas Mann entwickelte kulturwissenschaftliche Theorie zur Beschreibung. Thomas Mann dachte in anderen Kategorien, die freilich so weit nicht davon entfernt waren. Sucht man eine Formel, die aus seiner Zeit, aus seinem Gedankenkontext stammt, dann ist es die vom *Gesamtkunstwerk* – dem Gesamtkunstwerk Wagnerscher Provenienz. Wagner war es, der diesen Begriff kreiert hat, und er war es, der die Einheit von Sprache, Musik und Aufführung auf der Bühne umgesetzt hat. Das Richard-Wagner-Festspielhaus in Bayreuth ist die architektonische Umsetzung dieser Idee vom Gesamtkunstwerk und wer sich in den Quellen umschaut, wie geradezu manisch Wagner sich bei den Inszenierungen um die letzten Kleinigkeiten, das Licht, den Ton und alle anderen Aufführungsdetails gekümmert hat, der mag eine erste Ahnung bekommen, woher Thomas Mann sein Wissen um den Künstler-Politiker Adolf Hitler eigentlich hat. In „Bruder Hitler" deutet er dies selbst – wenngleich etwas versteckt – an, wenn er über die politischen Erfolge Hitlers schreibt: „Märchenzüge sind darin kenntlich [...]: Das Thema vom Träumerhans, der die Prinzessin und das ganze Reich gewinnt, vom ‚häßlichen jungen Entlein', das sich als Schwan entpuppt, vom Dornröschen, um dessen Schlaf die Brünnhilden-Lohe zu Rosenhecken geworden ist und das unter dem weckenden Kusse des Siegfriedhelden lächelt. ‚Deutschland erwache!' Es ist abscheulich, aber es stimmt. Dazu der ‚Jude im Dorn' – und was nicht noch alles an Volksgemüt, vermischt mit schändlicher Pathologie. Wagnerisch, auf der Stufe der Verhunzung, ist das Ganze, man hat es längst bemerkt und kennt die gut begründete, wenn auch wieder ein bißchen unerlaubte Verehrung, die der politische Wundermann dem künstlerischen Bezauberer Europas widmet, welchen noch Gottfried Keller ‚Friseur und Charlatan' nannte."[10]

Hans Rudolf Vaget hat zu Recht darauf hingewiesen, dass Thomas Mann mit dieser Ausführung sehr elegant die persönliche Betroffenheit gleichsam historisiert und objektiviert. Von „man hat es längst bemerkt" kann eigentlich keine rechte Rede sein. Thomas Mann hat es bemerkt! Und er hat es mit großem Schrecken bemerkt. Der Schrecken rührt daher, dass er die Aufrichtigkeit der Wagner-Verehrung Hitlers erkennt und an der guten Begründung dafür nicht rütteln kann und will. Dem steht die eigene Wagner-Begeisterung gegenüber, oder sollte man vielleicht sagen: beiseite? Das führt in hochproblematisches Terrain.

Dass man Thomas Mann und Adolf Hitler aufeinander beziehen kann, ja, sogar beziehen muss, wenn man angemessen über das Deutschland des 20. Jahrhunderts reden und nachdenken will, das hat kein geringerer als Marcel Reich-Ranicki auf den sprichwörtlichen Punkt gebracht, wenn er in seinem Festvortrag anlässlich der Verleihung der Ehrendoktorwürde durch die Freie Universität Berlin am 9. Januar 2006 von einem für seine Biographie einschneidenden Erlebnis zu Beginn des Jahres 1937 spricht: der in einem privaten Rahmen stattfindenden Verlesung des Briefes Thomas Mann an den Dekan der Philosophischen Fakultät der Universität Bonn, mit dem er sein Bekenntnis zum

[9] Wie sich das im Exil ausnimmt, untersuche ich auch in meinem Aufsatz: Gegen Hitler–Thomas Manns mediale Strategien auf dem Weg zum Repräsentanten des anderen Deutschland, in: Thomas Mann Jahrbuch Bd. 23, Frankfurt/Main 2011, 91–104.

[10] *T. Mann*, Bruder Hitler, a.a.O., 847f.

Exil öffentlich gemacht hatte. Reich-Ranicki resümiert: „Ich habe damals etwas geahnt, aber noch nicht begriffen. Deutschland wird im 20. Jahrhundert durch zwei Figuren personifiziert: Adolf Hitler und Thomas Mann. Und ich habe später erst begriffen, dass es ein Unglück für Deutschland wäre, wenn man einen von beiden vergessen oder verdrängen wollte."[11]

Hitler und Thomas Mann, das sind Marcel Reich-Ranicki zufolge zwei Seiten einer Medaille, zwei Pole der deutschen Geschichte im 20. Jahrhundert. Darüber kann man sicherlich streiten, aber mir geht es darum, das Produktive, Zeitdiagnostische dieses Gedankens zu zeigen; darzulegen, dass man auch von Wagner sprechen muss, der den geheimen Kitt dieser Verbindung zwischen Thomas Mann und Adolf Hitler, bezogen auf die Deutsche Frage im 20. Jahrhundert, darstellt. Konkret heißt das: Nicht nur hat Thomas Mann von Wagner gelernt, wie man Hitler sehen sollte, sondern Hitler hat seine Machtinszenierungen von Wagner hergeleitet. Und weil beide Wagnerianer sind, Hitler und Thomas Mann, sprechen sie eine ästhetische Sprache, die den Wagnerianer Thomas Mann dazu befähigt, den Wagnerianer Hitler auf eine Weise zu begreifen, wie dies ab 1933 nur wenigen zeitgenössischen Intellektuellen möglich war. Das „Ansehen", um noch einmal auf das Anfangszitat zurück zu kommen, geschieht im Angesicht Wagners.

Was aber, so muss man fragen, hat Wagner hier zu lehren? Thomas Mann selbst gibt die Antwort in seinem fragmentarischen Essay „Geist und Kunst": „Was gegen Wagner am instinktmäßigsten revoltierte, war die kunst*aristokratische* Kritik, die dem Volke ‚gar unbelehrt' kein Wahlrecht in Kunstdingen zugestehen wollte. Ich verstehe den politischen Fachmann, der in Bülow einen Dilettanten und Demagogen sieht."[12]

Thomas Mann, und das ist auch für seine spätere Hitlerkritik von Bedeutung, macht eine Übertragung aus dem ästhetischen in den politischen Bereich. Wagners Erfolg – so seine auf Nietzsche basierende These – resultiert aus der Ausweitung des Publikums. Es sind nicht nur die „Geistesaristokraten", das kunstinteressierte Bildungsbürgertum, auf die er abzielt, sondern auch die große und weniger kulturaffine Masse der Bevölkerung – eben jene Kreise, die normalerweise keine Musik von der Qualität Wagners hören.

Diese Übertragung lässt sich in die Zukunft verlängern. Als einen Dilettanten und Demagogen bezeichnet Thomas Mann nicht nur Bülow, sondern Jahre später auch Hitler. Und seine Äußerung, Wagner habe Musik für Unmusikalische gemacht, greift Joachim Fest später in seiner Hitler-Biographie in der Analogie auf, Hitler habe Politik für Unpolitische gemacht. Hier wird deutlich, dass Thomas Manns bleibende politische Analysen ihre Wucht und Eindringlichkeit einer spezifischen ästhetischen Grundierung verdanken. Wir haben es dabei mit einer Wirkungsästhetik zu tun, die Thomas Mann mit dem Beiwort *romantisch* bezeichnet hat. Denn nur „im Romantischen vereinigen sich die Möglichkeiten von Popularität *und* letzter Ausgesuchtheit"[13] – so Thomas Mann 1933 in „Leiden und Größe Richard Wagners". Und in genau diesem Sinne beschreibt er die

[11] *M. Reich-Ranicki*, „Berlin und ich". Festvortrag anlässlich der Verleihung der Ehrendoktorwürde des Fachbereichs Philosophie und Geisteswissenschaften der Freien Universität Berlin am 9.1.2006.

[12] *T. Mann*, Fragmente zu „Geist und Kunst", zitiert nach: Im Schatten Wagners. Thomas Mann über Richard Wagner. Texte und Zeugnisse. 1895–1955. Ausgewählt, kommentiert und mit einem Essay von *H. R. Vaget*, 2. Auflage, Frankfurt/Main 2005, 35.

[13] *T. Mann*, Leiden und Größe Richard Wagners, in: *Ders.*, Gesammelte Werke in 13 Bänden, Band IX: Reden und Aufsätze 1, 2., durchgesehene Auflage (Nachdruck 1990), Frankfurt/Main 1974, 363–426, hier: 403.

Wirkung der Kunst Richard Wagners auf das Publikum: „Das Romantische – im Bunde mit der Musik nun gar, nach der es von Grund aus trachtet und ohne die es sich nicht zu erfüllen vermochte – kennt keine Exklusivität, kein ‚Pathos der Distanz', es bedeutet niemandem: ‚Das ist nichts für Dich'; mit einer Seite seines Wesens ist es auch für den Letzten, und man sage nicht, daß das bei aller großen Kunst so sei. Das Kindliche mit dem Erhabenen zu vereinigen, mag großer Kunst auch sonst wohl gelungen sein; die Vereinigung aber des Märchentreuherzigen mit dem Ausgepichten, der Kunstgriff, das Höchstgeistige als Orgie des Sinnenrausches zu verwirklichen und ‚populär' zu machen, die Fähigkeit, das Tiefgroteske in Abendmahlsweihe und klingelnden Wandlungszauber zu kleiden, Kunst und Religion in einer Geschlechtsoper von größter Gewagtheit zu verkoppeln und derlei heilige Künstlerunheiligkeit mitten in Europa als Theater-Lourdes und Wundergrotte für die Glaubenslüsternheit einer mürben Spätwelt aufzutun, – dies alles ist *nur* romantisch, es ist in der klassisch-humanen, der eigentlich vornehmen Kunstsphäre durchaus undenkbar."[14]

Das ist 1933 geschrieben und man kann konstatieren: Wagner bildet die medialen Sensoren aus, die Thomas Mann sehr früh schon erkennen lassen, was mit Hitler an Neuem und Einzigartigem in die Welt kam. Das ist auch gegen die eigenen Anfänge gesprochen, denn die Nietzsche-Formel vom „Pathos der Distanz" war ihm jahrelang geradezu heilig, prägte sein frühes Schreiben. Thomas Mann spricht hier über die Publikums-Strategien zweier Künstler – über die romantische Wirkungssucht Wagners und der eigenen Person –, doch muss im Hintergrund schon ein anderer, ein Dritter mitgedacht werden: Hitler. Im Sinne dieser sehr komplexen Verschränkung ist dann auch die vielfach falsch interpretierte Formel Thomas Manns zu verstehen, es sei „viel ‚Hitler' in Wagner"[15]. Keinesfalls wollte Thomas Mann mit dieser Äußerung das Verhältnis Hitler-Wagner auf ein simples Ursache-Wirkungs-Schema reduzieren, als sei Wagner ein Vorläufer Hitlers. Allerdings erkannte er durchaus, dass Hitler viele der Mechanismen Wagners übernahm – freilich ohne dessen Qualitäten zu haben.

Die Liebe Hitlers zu Wagner, die Gründung wesentlicher Teile seiner Wirkung darauf – das war für Thomas Mann ein zentrales Lebensproblem ab 1933. „Wenn zweien dasselbe gefällt und einer davon ist minderwertig – ist es dann auch der Gegenstand?"[16] – Das war im Jahre 1939 ein Wagner-Bekenntnis, das die eigene Person mit einbezog, mit einbeziehen musste. Denn das gilt es in aller Deutlichkeit zu sagen: Thomas Manns Kampf gegen Hitler folgte nicht nur den medialen Strategien Wagners, es war auch ein Kampf um die eigene Identität als Künstler und Mensch, der Wagner Entscheidendes verdankte und nun mit Erschrecken feststellen musste, dass auch Hitler große Teile seines Systems auf Wagner gründete.[17]

[14] Ebd., 404.

[15] *T. Mann*, Wagner und kein Ende. An Emil Preetorius, in: *Ders.*, Gesammelte Werke in 13 Bänden, Band X: Reden und Aufsätze 2, 2., durchgesehene Auflage (Nachdruck 1990), Frankfurt/Main 1974, 925–927, hier: 926.

[16] *T. Mann*, Zu Wagners Verteidigung, in: *Ders.*, Gesammelte Werke in 13 Bänden, Band XIII: Nachträge, 2., durchgesehene Auflage, Frankfurt/Main 1990, 351–359, hier: 352.

[17] Vgl. dazu meinen Aufsatz: Zweifelnde Liebe. Zu Thomas Manns Wagner Essayistik zwischen 1933 und 1939, in: Thomas Mann als Essayist. Internationales Forschungskolloquium Messina 2012, hrsg. von *J. Lindner und T. Sprecher*, Frankfurt/Main 2014 (= Thomas-Mann-Studien, Bd. 48), 99–114.

Zentral ist hier die Kategorie der *Verhunzung*. Dies meint, dass die romantischen Mechanismen auf einen tief herabgesunkenen Gegenstand angewandt werden, dass romantische Werte wie Innigkeit, Tiefe, Musik zwar als Formeln benutzt, aber mit der menschenverachtenden Ideologie der Nationalsozialisten gefüllt werden. Für die Strategie im Kampf gegen die Nationalsozialisten hatte diese Auffassung Konsequenzen. Für Thomas Mann war Hitler vor allem im Wagnerschen Sinne zu kritisieren: Als Künstler, als genialer Menschenverführer, der den Deutschen vorgaukelte, sich in ihrer ureigenen Tradition zu bewegen, was aber nur auf den ersten, oberflächlichen Blick stimmte.

2. Die religiöse Rede: Hitler als das „schlechthin Teuflische"

All diese Argumente finden sich auch noch in Thomas Manns Radioreden „Deutsche Hörer!", die über die BBC zwischen 1940 und 1945 nach Deutschland ausgestrahlt wurden. Sie bilden aber nicht mehr die Hauptlinie. Zwei Faktoren waren es, die bei Thomas Mann zu einer Änderung im Kampf gegen Adolf Hitler führten; zwei Faktoren, die in einem kausalen Abhängigkeitsverhältnis standen: Der Ausbruch des Zweiten Weltkriegs und die endgültige Übersiedlung in die USA. Eine primär ästhetische Position gegenüber Hitler, die ihre Stärke in der Analyse hatte und auf Wagner, Schopenhauer und Nietzsche gründete, war nun angesichts der historischen Wirklichkeit moralisch nicht mehr haltbar. In seinem „Bruder Hitler"-Essay hatte Thomas Mann die realpolitische Situation zwar mit einbezogen und zu Beginn die „entsetzlichen Opfer" erwähnt, die eine ästhetische Sicht auf Hitler schwierig machten, was aber nicht dazu führte, diesen Blick auf Hitler aufzugeben. Jetzt aber waren der Opfer zu viele geworden, als dass die ästhetische Argumentation gegen das Dritte Reich und seinen Führer noch genügen konnte.

Zwar gibt Thomas Mann seine Sicht der Dinge damit nicht vollständig auf. Noch in seinen Radioansprachen wird nie vergessen, dass Hitler Politik macht und Krieg führt, „unter einem höchst persönlichen Gesichtspunkt, dem Gesichtspunkt seiner Biographie, einer Schwindlerlaufbahn, die ihm ein Heldenleben dünkt und deren Abenteuerlichkeit ihm den schwachen Kopf berückt."[18] Was auf den ersten Blick wie eine Fortsetzung der Argumentation aus „Bruder Hitler" wirkt, ist nunmehr aber lediglich ein Anfang, der unmittelbar von einer Reihe radikal moralischer Argumente begleitet wird: „Möchte er sich doch überzeugen lassen, daß das Individuum Hitler in seiner unergründlichen Verlogenheit, seiner schäbigen Grausamkeit und Rachsucht, mit seinem unaufhörlichen Haßgebrüll, seiner Verhunzung der deutschen Sprache, seinem minderwertigen Fanatismus, seiner feigen Askese und armseligen Unnatur, seiner ganzen defekten Menschlichkeit, die jeden kleinsten Zug von Großmut und höherem seelischem Leben vermissen läßt, die abstoßendste Figur ist, auf die je das Licht der Geschichte fiel."[19]

Das ist deutlich gesprochen. Hier sind die moralischen Bewertungen ganz eindeutig und sie sind es von nun an in seinen Reden an die deutschen Hörer in aller Drastik. Allerdings gerät Thomas Mann damit in ein Dilemma. Es ist das Dilemma, das in der Frage kulminiert, wie es um die Zukunft der Welt und der Situation in Deutschland bestellt ist.

[18] *T. Mann*, Deutsche Hörer!, a.a.O., 1001.
[19] Ebd.

Ein solcher Blick auf Hitler macht eine Perspektive nicht einfach – gerade weil es außerhalb aller moralischen Begrifflichkeiten keinen argumentativen Halt mehr gibt. Verstärkt wird das Dilemma durch die historischen Tatsachen, durch die militärischen Siege Nazi-Deutschlands an allen Fronten. Auch die eigenen Hausgötter Wagner, Nietzsche und Schopenhauer versagen hier den Dienst. Wie geht Thomas Mann nun mit diesem Problem um? Das wird beispielhaft deutlich in dem weiteren Verlauf seiner Radioansprache, in der er Hitler selbst als Instrument darstellt: „Allenfalls ist er ein Werkzeug, dessen sich der Weltwille zur Erreichung von Zwecken und Zielen bedient, die ganz außerhalb seines dumpfen Bewußtseins liegen. Sind sie erfüllt, so wird das nur zum Zerstören taugliche Werkzeug weggeworfen werden und rasch vergessen sein.“[20]

Das ist eine seltsame Argumentation, die nach den zugespitzten moralischen Verdikten gegen Hitler mit ihrer Systematik und Klarheit überrascht. Sie ist nur zu verstehen, wenn man einen Blick in Schopenhauers „Die Welt als Wille und Vorstellung“ wirft, ein Buch, das Thomas Mann von Jugend an vertraut war und seinen geistigen Kosmos entscheidend geprägt hat. Dann wird deutlich, dass Thomas Mann hier mit Schopenhauer argumentiert, für den der richtungslose „Wille zum Leben“ der Urgrund seiner philosophischen Weltbetrachtung ist. Die Stelle, auf die Thomas Mann sich bezieht, lautet folgendermaßen: „Das Individuum hingegen hat für die Natur nur einen indirekten Werth, nämlich nur sofern es das Mittel ist, die Gattung zu erhalten. Außerdem ist ihr sein Daseyn gleichgültig, ja, sie selbst führt es dem Untergang entgegen, sobald es aufhört zu jenem Zwecke tauglich zu seyn.“[21]

Mit dieser Argumentation wertet Thomas Mann Hitler entscheidend ab. Dass er nur ein Teil des Weltwillens ist, der seine Rolle spielt, ohne in irgendeiner Form selbstbestimmt handeln zu können, weil er nichts anderes tun kann, als den blinden Drang des Weltwillens als Werkzeug zum Ausdruck zu bringen, ist eine Sicht der Dinge, die der Selbstwahrnehmung des Diktators diametral entgegensteht. Und nicht nur das: Es ist auch innerhalb des Schopenhauerschen Denkgebäudes eine Abwertung, denn dieser kennt durchaus Ausnahmen in seinem System, die den Weltwillen zum Ausdruck bringen. Das sind die Genies, denen er ein eigenes Kapitel gewidmet hat. Als solches sieht Thomas Mann Hitler natürlich nicht und in seinen Reden an die deutschen Hörer ist dies ein wichtiger Argumentationsstrang. Immer wieder ist es Napoleon, den er Hitler gegenüberstellt: Napoleon sei geradezu ein „Halbgott im Vergleich mit dem blutigen Duckmäuser, den ihr Deutsche eine Weile für einen großen Mann gehalten habt.“[22] Falls man überhaupt einen Vergleich zwischen Hitler und Napoleon oder anderen historischen Persönlichkeiten – an anderer Stelle nennt er noch „Cäsar, Friedrich“ und „Karl, der Große“[23], – anstellen könne, dann nur mit dem zwangsläufigen Ergebnis, dass Hitler das Ende eines bestimmten historischen Typus darstellt: „Das Phänomen, dessen Zeugen wir sind, indem wir den Hitler erleben, ist der Verfall, das hoffnungslose Auf-den-Hund-gekommen-Sein des Eroberertums. Er ist die letzte, ekelhafte Erscheinungsform des Erobertyps. So sieht der heute aus. Seine Verkommenheit beweist, daß er nicht mehr

[20] Ebd.

[21] *A. Schopenhauer*, Die Welt als Wille und Vorstellung II. Erster Teilband, in: Arthur Schopenhauer. Zürcher Ausgabe. Werke in zehn Bänden, Band III, Zürich 1977, 411.

[22] *T. Mann*, Deutsche Hörer!, a.a.O., 1016.

[23] Ebd., 990.

zeitgemäß ist. Nach Hitler wird es keinen Eroberer mehr geben. Er hat das Handwerk so heruntergebracht, daß die Menschheit endgültig fertig damit sein wird."[24]

Aber auch diese Sicht der Dinge bringt Thomas Mann in ein Dilemma. Die Philosophie Schopenhauers ist in ihren Grundzügen eine pessimistische. Sie geht ausdrücklich nicht davon aus, dass das moralisch Gute sich in der Geschichte durchsetzt. Sie kann damit zwar das Phänomen Hitler jenseits aller moralischen Fragen kühl in den Blick nehmen und ihm eine Rolle in der Welt zuweisen, sie kann jedoch keine Perspektive eröffnen. Es entsteht die Gefahr eines fatalistischen Gewährenlassens. Dies merkt man auch Thomas Manns Radiorede an, die zwar in zuversichtlicher Verheißung den Tag von Hitlers Fall feiert und schildert, wie die „Menschen mit Freudentränen einander in die Arme sinken"[25] werden, dann aber in eine auf Schopenhauer gründende Akzeptanz des Faktischen zurückfällt: „Um wen es so steht, wer so zu seinem eignen und aller Welt Unheil geboren ist, der sollte, wenn er denn schon *sein* muß, wenigstens nicht von sich *reden*."[26]

Hitler als jemand, der „sein muss" – das ist ein auf der Weltsicht Schopenhauers basierender Gedanke, der von der moralischen Indifferenz der Welt ausgeht. Hier ist eine Grenze erreicht. Weiter kann man mit einer solchen Sicht der Welt nicht gelangen. Hitler ist das Außermoralische, die Ausnahme. Er ist nicht im Rahmen der normalen Begrifflichkeiten zu fassen und zu werten. Thomas Mann merkt, dass seine bisherigen Instrumentarien des Denkens alleine nicht mehr taugen und er sie um eine weitere Dimension ergänzen muss. Beispielhaft verdichtet findet sich die Skizzierung des Problems und der Weg zu einer Lösung in dem folgenden Zitat aus seiner „Ansprache an die Amerikaner deutscher Herkunft" vom 15. Oktober 1942: „Einen Menschen meiner Art, einen unpolitischen Menschen im Grunde, hätte aus Deutschland nichts, kein Regierungswechsel, keine politische Veränderung, keine Revolution vertreiben können, – nichts in der Welt wäre dazu imstande gewesen als nur gerade dies Eine, nur das, was sich Nationalsozialismus nennt, einzig nur Hitler und seine Bande. Denn das ist keine Politik und kein Staat und keine Gesellschaftsform, das ist die Bosheit der Hölle, und der Krieg dagegen ist die heilige Notwehr der Menschheit gegen das schlechthin Teuflische."[27]

Hier ist ein Übergang von der politischen zur religiösen Rede markiert, der auch ganz eng an die Biographie Thomas Manns gebunden ist. Die von ihm gewählten Beispiele für politisches Handeln sind ganz bewusst extrem gewählt. Selbst eine Revolution, so muss man das lesen, bleibt noch innerhalb der politisch-gesellschaftlichen Denkkategorien verhaftet und unterscheidet sich damit fundamental von dem, was Hitler tut. Er und seine Bande sind einzigartig in dem Sinne, dass sie außerhalb allem bisher Dagewesenem stehen. Sie haben ihre eigenen Maßstäbe. Die Rede über Hitler kann, so Thomas Mann, deshalb keine politische Rede, keine soziologische Rede, keine irgendwie geartete philosophische oder ästhetische Rede sein. Was bleibt, ist die religiöse Rede, weil nur diese die „Bosheit der Hölle" fassen kann. Hitler als das „schlechthin Teuflische" kann einzig in der religiösen Sprache begriffen und gewertet werden. Das „Teuflische" ist dann auch ein Begriff, der im Verlauf der Reden häufig für Hitler gebraucht wird. „Nicht mit Faus-

[24] Ebd., 1061.
[25] Ebd., 1001.
[26] Ebd., 1002.
[27] Ebd., 1056.

tens Seele, der Seele der Menschheit, wird dieser stupide Gottseibeiuns zur Hölle fahren, sondern *allein.*“[28] Und etwas später ist die Rede vom „höllischen Strizzi“[29].

Dass Thomas Manns Radioansprachen von einem geradezu alttestamentarischen und prophetischen Duktus geprägt sind, das ist in der Forschung schon bemerkt worden. Immer wieder finden sich Formulierungen wie: „Es wird Fürchterliches über Deutschland kommen“ oder: „Geht ihr mit Hitler durch dick und dünn bis ans Ende, so wächst eine Rache heran, vor der jedem graut, der es gut meint mit Deutschland.“[30] Klaus Harpprecht hat dies in seiner großen Thomas Mann-Biographie kritisch vermerkt und als Abwendung von der zeitgenössischen Wirklichkeit beschrieben. Er spricht davon, dass in die öffentlichen Kommentare Thomas Manns „dunkel-fromme Worte und theologische Begriffe Einzug“ hielten: „[…] immer häufiger und immer eindringlicher sprach er von ‚Reue', ‚Sühne' und ‚Buße'. Seine Reden an die Hörer im Reich gerieten ihm, ob er es wollte oder nicht, mehr und mehr zu Predigten.“[31]

Dass man das prophetisch-religiöse Reden als ein zentrales Element der Rede Thomas Manns im positiven Sinne verstehen kann, betont Sonja Valentin in ihrer aktuellen Arbeit zu Thomas Manns Radioansprachen „Deutsche Hörer!“. Sie weist darauf hin, dass sich Thomas Mann häufig „einer biblischen Sprache“ bedient, die seinen Reden „die charakteristischen Züge einer Predigt“[32] verleihe. So im Mai 1941, als Thomas Mann im Moment der größten militärischen Triumphe ausruft: „Man mag über die Menschheit noch so höhnisch und bitter-zweifelhaft denken – es ist, unter aller Erbärmlichkeit, unverleugbar und unauslöschbar, ein göttlicher Funke in ihr, der Funke des Geistes und des Guten. Den endgültigen Triumph des Bösen, der Lüge und Gewalt, kann sie nicht hinnehmen – sie kann damit einfach nicht leben.“[33]

Valentin interpretiert diese Aussage jedoch als nur vordergründig religiös: „In dieser Überzeugung drückt sich weniger eine religiöse als vielmehr eine ethisch-moralische Grundhaltung aus, die im Zusammenhang mit seinem Verständnis von Humanismus und Demokratie zu sehen ist.“[34] Bei ihrer Argumentation, dass die religiösen Vokabeln kein tieferes theologisches Fundament haben, sondern Ausdruck eines ethisch gegründeten Humanismus sind, beruft sich Valentin auf Heinrich Detering, der Thomas Manns Verhältnis zu den Unitariern in den USA eine grundlegende Studie gewidmet hat.[35] Detering weist erstmals den großen Einfluss nach, den die unitarische Kirche in Los Angeles auf Thomas Mann in den Jahren ab 1940 gehabt hat. Er sieht in der Beschäftigung mit den Unitariern einen der wesentlichen Gründe dafür, dass der Kulturprotestantismus Thomas Manns aus seiner Lübecker Jugend durch ein neues, stärker amerikanisches und damit demokratisches Verständnis von Religion ergänzt wird. Durch die Unitarier sei es Thomas Mann möglich geworden, sein im Deutsch-Romantischen wurzelndes Denken

[28] Ebd., 1045.

[29] Ebd.

[30] Ebd., 1010.

[31] *K. Harpprecht*, Thomas Mann. Eine Biographie, Reinbek 1995, 1404.

[32] *S. Valentin*, „Steine in Hitlers Fenster“. Thomas Manns Radiosendungen Deutsche Hörer! 1940–1945, Göttingen 2015, 115.

[33] *T. Mann*, Deutsche Hörer!, a.a.O., 1004.

[34] *Valentin*, a.a.O., 116.

[35] *H. Detering*, Thomas Manns amerikanische Religion. Theologie, Politik und Literatur im kalifornischen Exil, Frankfurt/Main 2012.

um einen modernen, in der amerikanischen Gegenwart der vierziger Jahre verwurzelten Pragmatismus zu erweitern. Für den hier verhandelten Zusammenhang ist auffällig, dass Detering Thomas Manns politische Publizistik der vierziger Jahre sehr ausführlich und überzeugend mit dem unitarischen Denken in einen intellektuellen Zusammenhang bringt. Auf die Radioansprachen an die deutschen Hörer geht er jedoch kaum ein. Es stellt sich daher die Frage, ob die religiöse Rede in diesen Radiobotschaften nicht doch ernster genommen werden muss, als die Forschung es bislang getan hat.

Ich plädiere dafür, die religiöse Rede im Sinne von Christoph Schwöbel als den Kitt zu verstehen, der die Radiobotschaften „Deutsche Hörer!" argumentativ zusammenfügt, der ihnen insofern ein Fundament verschafft, als dass die religiöse Rede als einzige in der Lage ist, dem Exzeptionellen an Hitler, das alle anderen intellektuellen Reden gleichsam außer Kraft gesetzt hat, einen Gegenpart zu bieten. Das meint, dass die religiöse Rede in den Radiobotschaften nicht metaphorisch zu verstehen ist, sondern als religiöses Zeichen ernst genommen werden will. Wie dies zu verstehen ist, hat Christoph Schwöbel am „Doktor Faustus" eindrucksvoll deutlich gemacht. Er hat gezeigt, dass der Roman mit den unterschiedlichsten Zeichensystemen arbeitet, mit dem des Musik-, des Nietzsche-, des Deutschland-, des Faust-, und des Theologieromans, dass aber die religiösen Zeichen die zentrale Perspektive darstellen. In seinen Worten: „Der ‚Doktor Faustus' konfrontiert seine Leser und Leserinnen mit einer komplexen Zeichenwelt. Unterschiedliche historische Epochen werden ineinander verschoben, verschiedene auch nichtsprachliche Zeichensysteme in die Zeichenwelt des Romans hineingeholt, allen voran die Musik [...], aber auch die Mathematik. Indem diese unterschiedlichen Zeichensysteme mit den in theologischer Begrifflichkeit gedeuteten religiösen Zeichen verbunden werden, wird durch diese in den verschiedenen Zeichensystemen die Tiefendimension letzter Fragen aufgedeckt. Darin besteht die Unersetzbarkeit der religiösen Zeichen."[36]

Blickt man mit diesem Wissen auf die Reden, dann wird deutlich, dass sie von religiösem Vokabular durchzogen sind und dass dieses Vokabular den Kitt darstellt, der Thomas Mann immer wieder gegen Hitler und damit bis kurz vor Kriegsende gegen die Fakten anschreiben lässt; gegen das Faktum, dass die Verbindung von Hitler und dem deutschen Volk bis in den Untergang hinein nicht aufgelöst wird[37]; gegen das Faktum, dass es trotz aller Ermahnungen Thomas Manns keine Änderung im Verhalten gegenüber Hitler gibt. Dabei ist Thomas Manns Blick weiterhin von scharfer analytischer Kraft und er weiß, dass Hitler besonders die christlichen Werte fürchtet und auch hier den Versuch unternimmt, den Nationalsozialismus als „neue Religion" zu etablieren. Und er weiß ebenso, dass Hitler dies in weiten Teilen der Bevölkerung tatsächlich auch gelungen ist. Darin sieht er eine große Gefahr, weil diese religiöse Grundierung zum Machterhalt der Nationalsozialisten entscheidend beiträgt: „Grenzenlos und unverzeihlich ist euer Glaube, will sagen: eure Leichtgläubigkeit. [...] Ihr glaubt ihm, daß er der Mann der Jahrtausende sei, gekommen, sich an Christi Stelle zu setzen und die Heilands-

[36] *C. Schwöbel*: „... alles ist und geschieht in Gott, besonders auch der Abfall von ihm ...". Theologisches in Thomas Manns ‚Doktor Faustus', in: *Ders.*, Die Religion des Zauberers. Theologisches in den großen Romanen Thomas Manns, Tübingen 2008, 250f.

[37] Vgl. zur Analyse dieser Situation aus Sicht des wohl besten Hitler-Kenners in der internationalen Forschung: *I. Kershaw*, Das Ende. Kampf bis in den Untergang. NS Deutschland 1944/45, München 2011.

lehre der Menschenbrüderlichkeit unter Gott abzulösen durch die Lehre Körper und Seelen mordender Gewalt."[38]

Thomas Mann setzt weiter darauf, dass einzig die religiöse Rede die Deutschen zur Umkehr bringen kann. In vielen seiner Reden gipfelt der Text am Ende in einem von prophetischer Sprache geprägtem Appell, der dann im Religiösen sein letztes Fundament hat. So auch in der oben zitierten Rede, die ausdrücklich die Leichtgläubigkeit der Deutschen konstatiert und kritisiert hatte und in der Thomas Mann zum Ende ausruft: „Deutsche, rettet euch! Rettet eure Seele, indem ihr euren Zwingherren, die nur an sich denken und nicht an euch, Glauben und Gehorsam kündigt!"[39] Es ist die Welt des Religiösen, die als letzte Instanz gegen das historische Geschehen, gegen die Macht des Faktischen aufgerufen wird. Hier findet Thomas Mann immer wieder einen letzten Rückhalt, der ihn befähigt, weiter gegen Hitler zu agieren. So etwa im März 1941, als er darüber sinniert, was aus den Deutschen werden soll, die sich von den „im letzten und tiefsten Sinne des Wortes *schlechten* Menschen"[40] führen lassen und damit „alle Rachegeister der Welt"[41] gegen sich aufbringen. Und dann steigert er sich, solcherart vorbereitet, wieder in einen prophetisch-religiösen Duktus: „Man mag über Geschichte und Menschheit so trübe und skeptisch denken wie man will; daß aber die Welt den Endsieg des Bösen anerkennen, daß sie es ertragen würde, zu einem einzigen Gestapo-Keller, einem einzigen Konzentrationslager gemacht zu werden, worin ihr Deutsche die SA-Wache abgäbet, – das kann auch der Ungläubigste nicht glauben."[42]

Es ist der Pessimismus Thomas Manns, der auf Schopenhauer und Nietzsche basiert und der auch in diesen Krisenzeiten keineswegs außer Kraft gesetzt wird, von dem sein Gedanke ausgeht. Aber es ist der christlich grundierte Glaube, der hier *ex negativo* als die einzige Kraft aufgerufen wird, die den „Endsieg des Bösen" verhindern kann. Die religiöse Rede schafft eine neue Dimension, die auch die pessimistische Sicht auf die Welt als eine relative ausweist und, wie Christoph Schwöbel es nennt, eine „Dimension der Letztgültigkeit"[43] aufdeckt. Diese theologische Letztgültigkeit scheint in den Ansprachen Thomas Manns an die deutschen Hörer immer wieder auf. Er bezieht sich etwa auf den Tagesbefehl Hitlers, mit dem dieser im Dezember 1941 die Generäle absetzt, die seiner Ansicht nach vor Stalingrad versagt haben. All die Lügen und Schurkereien Hitlers kulminieren für Thomas Mann in einer besonderen Grenzüberschreitung: „Und wen ruft er schließlich zum Schirm und Zeugen an in seinem Edikt? Gott, den Allmächtigen. Die *gottloseste aller Kreaturen*, die zu Gott, dem Herrn, in keiner anderen Beziehung steht als der, eine *Gottesgeißel* zu sein, entblödet sich nicht, den Namen dessen im Munde zu führen, zu dem Millionen seiner gequälten Opfer schreien. *Den* Namen laß *uns*, Schurke, daß wir aus tiefstem Herzen sprechen: Gott im Himmel, vernichte ihn!"[44]

Thomas Manns Empörung und seine Verfluchung Hitlers sind hier ganz ernst und konkret zu verstehen. Wer so wie Hitler auch die Rede über Gott zu „verhunzen" sucht,

[38] *T. Mann*: Deutsche Hörer!, a.a.O., 993.
[39] Ebd., 994.
[40] Ebd., 997.
[41] Ebd., 998.
[42] Ebd., 999.
[43] *Schwöbel*, a.a.O., 250.
[44] *T. Mann*, Deutsche Hörer!, a.a.O., 1024.

eine Kategorie die Thomas Mann anwendet, um die Umwertung aller Werte bei Hitler zu brandmarken, dem kann einzig der göttliche Zorn noch beikommen. Der Fluch, den er ausspricht, ist daher die logische Konsequenz der blasphemischen Verirrungen Hitlers.

Seine Ansprache vom 29. August 1943 schließt Thomas Mann mit den folgenden Worten: „Was soll aus Deutschland werden? Man hat kein Recht zu dieser Frage nach allem, was schon aus Europa geworden ist, und doch, da Deutschland einem nun einmal Heimat war, fragt man sich so, und das Herz schnürt sich einem zusammen. Die Nazis wissen, daß sie verloren sind. Ihr größenwahnsinniger Satanismus will, daß *so* noch niemand und nichts untergegangen sein soll wie sie. Es soll ein Untergang sondergleichen, eine Katastrophe nie dagewesenen Stiles sein, und mit sich zur Hölle wollen sie reißen, was sich nur irgend in Blut und Flammen mit hinabreißen läßt. Für die Höllengroßartigkeit des Abganges dieser Brut kämpft heute allein noch das deutsche Volk, setzt es einen Krieg fort, aus dem ihm nichts mehr, aber auch nichts als äußerstes Elend erwachsen kann. Ein Vers, ein Herzensschrei aus einem bei euch verbotenen Stück drängt sich einem auf die Lippen: Wann wird der Retter kommen diesem Lande?“[45]

Was auf den ersten Blick wie ein „Rückfall“ in die ästhetische Rede gegen Hitler aussieht, das Schlusszitat stammt aus Friedrich Schillers „Wilhelm Tell“, führt auf den zweiten Blick wieder zur religiösen Rede. Denn Tell, der Retter der Schweiz, ist in Schillers Werk zu all seinen Taten nur in der Lage, weil er sich als Werkzeug Gottes versteht und als ein solches auch von den anderen Figuren des Stückes immer wieder gesehen wird. „Gerechtigkeit des Himmels“[46], sagt der Fischer Ruodi im Stück, ehe er nach dem Retter verlangt. Und als es Tell gelingt, vom Boot des Landvogts Gessler zu fliehen, konstatiert der Fischer: „Tell, Tell, ein sichtbar Wunder hat der Herr /An Euch getan, kaum glaub' ich's meinen Sinnen – “[47].

Aber die religiöse Rede wird in Thomas Manns Radioreden sogar noch deutlicher akzentuiert. In seiner Ansprache vom 25. April 1943 fügt er ein Stück aus seiner Novelle „Das Gesetz“ ein. Er spricht von den zehn Geboten, „die in Urzeiten der Menschheit gegeben wurden als ihr sittliches Grundgesetz“[48]. Und ganz explizit fügt er hinzu, dass die Worte, mit denen Moses die Zehn Gebote vom Berg Sinai verkündete, „sich durchaus in den Rahmen meiner Sendungen an euch, deutsche Hörer, fügen“[49]. Immer wieder finden sich in seinen Botschaften zudem Warnungen, die sich in Bibelzitate kleiden. So etwa am 29. Mai 1944: „Die deutsche Bevölkerung weiß im Grunde, daß Deutschland nur empfängt, was es ausgeteilt hat, und sie erinnert sich des Wortes, daß, wer da Wind sät, Sturm ernten wird.“[50]

Es ließen sich viele weitere Beispiel nennen, die zeigen, wie lohnend es ist, Thomas Manns Radioansprachen „Deutsche Hörer!“ als Texte zu lesen, in denen das Religiöse ein Kernbestand seiner Argumentation ist. So nimmt es nicht wunder, dass auch das zentrale religiöse Argument aus seinem „Doktor Faustus“ in den Reden präsent ist. Im Roman ist das die Gedankenfigur der „Hoffnung jenseits der Hoffnungslosigkeit“, die

[45] Ebd., 1083f.
[46] f. *Schiller*, Wilhelm Tell. 1. Aufzug, 1. Szene.
[47] f. *Schiller*, Wilhelm Tell. 4. Aufzug, 1. Szene.
[48] *T. Mann*, Deutsche Hörer!, a.a.O., 1070.
[49] Ebd., 1071.
[50] Ebd., 1102.

zweimal aufscheint. Zum einen am Ende von Adrian Leverkühns letzter Kantate, wenn der abschließende Ton, „das hohe g eines Cellos", vom „Ausklang der Trauer" zum „Licht in der Nacht"[51] wird. Was sich hier auf der ästhetischen Ebene zeigt, wird im letzten Satz des Romans auf eine politisch-religiöse Ebene transponiert. Dort heißt es über das in die Niederlage und den Untergang taumelnde nationalsozialistische Deutschland: „Wann wird aus letzter Hoffnungslosigkeit, ein Wunder das über den Glauben geht, das Licht der Hoffnung tagen? Ein einsamer Mann faltet seine Hände und spricht: Gott sei eurer armen Seele gnädig, mein Freund, mein Vaterland."[52]

In der Sondersendung zur Kriegsweihnacht 1941 spricht Thomas Mann diesen Gedanken auch gegenüber seinen deutschen Hörern aus – und zwar nicht als nebensächliche Reflexion, sondern als das für sein Verhältnis zu Deutschland zentrale Thema. Was ihn in den Jahren zwischen 1939 und 1945, bis zum Ende des Krieges, unaufhörlich umtreibt, ist die Frage: Steht Hitler mit seiner Partei für einen kleinen Teil Deutschlands und ist der große Rest von ihm gleichsam unterjocht und verführt worden? Und: Gibt es eine nationalsozialistische Disposition in Deutschland? Und konkret auf seine eigenen Anstrengungen bezogen: Werden seine Appelle an die Deutschen, sich der nationalsozialistischen Herrschaft zu entledigen, gehört werden? Und noch konkreter: Wie ist ein Ende des Nazi-Regimes zu denken? Thomas Mann glaubt immer weniger an ein aktives Eingreifen der Deutschen und er hält dennoch an der sicheren und notwendigen Überwindung des Nationalsozialismus fest. Das liest sich dann, ganz im Sinne des im „Doktor Faustus" entwickelten und ebenso ganz im Sinne der religiösen Grundsubstanz seiner Reden an die deutschen Hörer so: „Seht um euch, was ihr getan habt! In Griechenland sterben täglich zweihundert Menschen Hungers – das ist nur ein Einzelbeispiel für das zum Himmel schreiende Elend, das Völkersterben, die Menschenschändung, die Agonien des Leibes und der Seele rings um euch her, die eure Verführbarkeit, eure schreckliche Folgsamkeit verschuldet haben. Was soll aus Europa, was aus euch selber werden im Laufe des ‚langen und harten' Krieges, den man euch mit falscher Redlichkeit ankündigt? Wenn Verzweiflung begönne, sich in eure Seelen zu schleichen, es wäre gut, Deutsche, es wäre der Anfang des Guten. Verzweiflung ist gut, sie ist besser als feige Prahlerei. Aus der Verzweiflung, ist sie nur tief genug, kommt der Erhebung, die neue Hoffnung, die Wiedergeburt des Lichtes."[53]

[51] *T. Mann*, Doktor Faustus. Das Leben des deutschen Tonsetzers Adrian Leverkühn, erzählt von einem Freunde, Große kommentierte Frankfurter Ausgabe, Band 10.1, Frankfurt/Main 2007, 711.

[52] Ebd., 738.

[53] *T. Mann*, Deutsche Hörer!, a.a.O., 1022.–Vgl. dazu auch meinen Aufsatz: Der Doktor Faustus als Roman des Endes, in: Thomas Manns Doktor Faustus–Neue Ansichten, neue Einsichten, hrsg. von *H. Detering*, *F. Marx* und *T. Sprecher*, Frankfurt/Main 2013 (= Thomas-Mann-Studien, Bd. 46), 205–218.

Friedrich Schweitzer

THEOLOGISCHE RATIONALITÄT IM DIALOG – MIT JUGENDLICHEN UND IN DER THEOLOGIE

Herausforderungen, Gesprächsabbrüche und neue Chancen

Mit dem Bezug auf „theologische Rationalität" verbindet sich hier nicht die zumindest in bestimmter Hinsicht problematische Auffassung, die Theologie verfüge über eine eigene Rationalität, die sie von Rationalität im Allgemeinen unterscheidet. Vielmehr soll bereits an dieser Stelle auf die bei heutigen Jugendlichen verbreitete Auffassung hingewiesen werden, dass sich religiöse Fragen grundsätzlich dem rationalen Diskurs entziehen. Die Rede von theologischer Rationalität würde dann einen Widerspruch in sich selbst bedeuten. Um diesen Widerspruch soll es im Folgenden gehen.

Deshalb ist im Titel des vorliegenden Beitrags auch sogleich von „Gesprächsabbrüchen" die Rede, von denen in dieser Hinsicht aus der schulischen und kirchlichen Praxis vielfach berichtet wird. Bei religiösen Fragen müsse eben jeder selber wissen, was er oder sie glauben möchte und was nicht. Eine wie auch immer kommunikativ aufzuweisende Verbindlichkeit könne es hier doch von vornherein nicht geben. Deshalb sei es besser, über religiöse Fragen gar nicht erst zu streiten, da produktive Lösungen ohnehin nicht zu erreichen sind, am wenigsten mithilfe rationaler Argumente.

Dass solche Gesprächserfahrungen in der Praxis häufig als Ende der Gesprächsmöglichkeiten erfahren werden, stellt einen wesentlichen Ausgangspunkt für den vorliegenden Beitrag dar. Angesichts der Frustration, die solche Erfahrungen bei Religionslehrkräften oder bei Pfarrerinnen und Pfarrern auslösen können, soll gefragt werden, ob und wie es gelingen kann, solche Gesprächsabbrüche zu Gunsten neuer Chancen für religiöse Bildungsprozessen zu überwinden.

Zugleich bezieht sich der Beitrag auf ein zweites Dialogproblem, das anders gelagert ist als das erste. Gemeint ist der innertheologisch-interdisziplinäre Dialog zwischen Systematischer Theologie und Religionspädagogik. Von einem Problem ist hier insofern zu sprechen, als es offenbar noch immer nicht gelingt, diesen Dialog ausreichend zu führen und zu pflegen sowie zu gemeinsamen Arbeitsformen zu kommen.[1] Meiner Erfahrung nach liegt dies heute, anders als vielleicht in früheren Zeiten, nicht mehr an einer mangelnden wechselseitigen Anerkennung der theologischen Fächer oder an der Erwartung, die Religionspädagogik möge die in anderen theologischen Disziplinen gewonnenen Erkenntnisse möglichst effektiv in die Praxis transportieren (klassisch ausgedrückt: „von der Exegese zur Katechese"). Dialog- und Kooperationsprobleme erwachsen in der Gegenwart vielmehr primär daraus, dass die Disziplinen jeweils in unterschiedliche Sprachspiele sowie kommunikative und theoretische Bezüge eingebunden sind, die eine Verständigung über die Grenzen der eigenen Disziplin hinaus erschweren. So zeigen auch

[1] Als Hintergrund sowie damit verbundenen Außenperspektiven vgl. *F. Schweitzer/C. Schwöbel* (Hg.), Gestalt und Zukunft Theologischer Fakultäten. Veröffentlichungen der WGTh 31, Gütersloh, 2007.

die systematisch-theologischen Beiträge des vorliegenden Bandes, dass sich diese Disziplin nach wie vor in besonderer Weise auf die Philosophie bezieht, während die Philosophie heute sowohl für die Erziehungswissenschaft als auch für die Religionspädagogik kaum mehr eine Rolle spielt. Gab es früher beispielsweise noch eine betont philosophische Pädagogik, so sind es heute eher die empirisch ausgerichteten Sozialwissenschaften, die als maßgebliche Bezugsdisziplinen für den pädagogischen Bereich angesehen werden. Das gilt weithin auch für die Religionspädagogik.

Im vorliegenden Falle, also beim Thema Rationalität im Dialog, kann dies insofern als besonders herausfordernd wahrgenommen werden, als die Rede von Rationalität im Dialog geradezu als ein Synonym oder Äquivalent für Bildung aufgefasst werden kann. Denn Bildung vollzieht sich bekanntlich nicht anders als im Gespräch[2], und Rationalität macht zwar nicht das Ganze von Bildung aus, aber Bildung ohne Rationalitätsansprüche ist ebenfalls kaum denkbar.

Im Blick auf diese zweite Schwierigkeit, d.h. den interdisziplinären Dialog, soll im Folgenden der Versuch unternommen werden, die im religionspädagogischen Bereich beobachteten Gesprächsabbrüche noch einmal genauer zu analysieren, um auf diese Weise Anschlussmöglichkeiten für die mit dem Thema Rationalität im Dialog verbundenen Argumente zu gewinnen. Diese Anschlussmöglichkeiten sollen dann in zwei weiteren Schritten dazu genutzt werden, theologische Rationalität zum einen als Unterrichtsthema zu konturieren und zum anderen Perspektiven für eine entsprechende Gesprächspraxis als Theologie mit Jugendlichen aufzuzeigen. Darauf aufbauend können dann auch Thesen zur interdisziplinären Kooperation in der Theologie formuliert werden, ehe es am Schluss noch einmal um die Jugendlichen gehen muss. Spätestens an dieser Stelle sollte auch deutlich sein, wie die beiden angesprochenen Problembezüge – der Dialog mit Jugendlichen und in der Theologie – aufeinander bezogen werden können.

1. „Das muss doch jeder selber wissen!" Problematische Wahrnehmungen und sachgemäße Intuitionen Jugendlicher

Es ist an dieser Stelle nicht beabsichtigt, die mit den genannten Gesprächsabbrüchen verbundenen Sichtweisen Jugendlicher mithilfe empirischer Verfahren genauer zu erfassen, obwohl vor allem qualitative Untersuchungen dazu durchaus sinnvoll wären bzw. zum Teil bereits verfügbar sind. Meine Absicht zielt hier jedoch nicht auf empirische Einzelbelege, sondern auf eine gleichsam prinzipielle Deutung – in Kenntnis entsprechender empirischer Befunde, aber doch gleichsam oberhalb einzelner Studien im Sinne einer zusammenfassenden verallgemeinernden Interpretation. Auf diese Weise sollen Anschlussmöglichkeiten an theologische und philosophische Deutungen erreicht werden.

In einem ersten Schritt soll gefragt werden, in welchem Sinne die in der in der Überschrift zitierten Aussage („Das muss doch jeder selber wissen!") enthaltenen Sichtweisen

[2] Vgl. dazu *C. T. Scheilke/F. Schweitzer*, „Bildung und Autonomie der Schule", in Bildung, Glaube, Aufklärung. Zur Wiedergewinnung des Bildungsbegriffs in Pädagogik und Theologie, hg. v. *Reiner Preul* u.a., Gütersloh 1989, 333–351, 337ff zu „Bildung als Gespräch".

als problematisch und defizitär anzusprechen sind, während sich ein zweiter Schritt umgekehrt darauf bezieht, welche richtigen Intuitionen darin gleichwohl zu entdecken sind.

Zunächst also zur Defizitanalyse:

- Problematisch ist zunächst die Auffassung, bei religiösen Überzeugungen handele es sich um rein individuelle Sichtweisen. Individuell bedeutet hier nämlich, dass ein Austausch mit anderen im Blick auf solche Sichtweisen von vornherein als sinnlos angesehen wird. Religiöse Überzeugungen sind gleichsam so an die eigene Person gebunden, dass sie mit anderen nicht geteilt werden können. Dadurch wird, zugespitzt formuliert, jede Form der religiösen Kommunikation und weiterreichend auch der religiösen Gemeinschaft abgelehnt. Auch wenn der aus der Soziologie bekannte Individualisierungsbegriff weniger weitreichende Implikationen besitzt[3], kann hier deshalb in einem zugespitzten Sinne von einer religiösen Individualisierung gesprochen werden, die deutlich Züge eines ausgesprochenen Individualismus aufweist.
- Eng verwandt mit der Tendenz einer solchen individualisierend-individualistischen Sicht von Religion ist als zweites die Subjektivierung. In diesem Verständnis ist Religion so stark an das Subjekt gebunden, dass jede Form eines objektivierenden Umgangs mit ihr abgelehnt wird. Insofern besteht hier auch eine besondere Nähe zu einer Emotionalisierung von Religion, für die religiöse Überzeugungen nicht mit dem Kopf, sondern mit dem Bauch, nicht mit der Rationalität, sondern mit dem Gefühl im psychologischen Sinne verbunden sind. Auch in diesem Falle erscheint Kommunikation über Religion sinnlos – insbesondere dann, wenn sie argumentativ sein soll.
- Stattdessen liegt hier eine Verbindung zwischen Religion und Ästhetik besonders nahe, zumindest in einem bestimmten – ebenfalls problematischen – Sinne: Religion wird zu einer Angelegenheit bloß des persönlichen Geschmacks und der individuellen Präferenz – und damit zu einer Angelegenheit, über die man bekanntlich nicht gut streiten kann. Insofern ist es treffend, von einer Ästhetisierung von Religion zu sprechen, auch wenn der Begriff der Ästhetisierung sonst keineswegs negativ verstanden werden muss.[4]
- Es liegt auf der Hand, dass solche Sichtweisen von Religion gleichsam automatisch auf einen Relativismus hinauslaufen, obwohl hier – das mag paradox erscheinen – durchaus auch von einem Fundamentalismus gesprochen werden könnte. Dieser Fundamentalismus bezieht sich allerdings nicht auf bestimmte religiöse Traditionen oder inhaltliche Glaubensüberzeugungen, sondern auf die persönliche religiöse Orientierung, die dem Diskurs prinzipiell entzogen wird. Gleichwohl muss zugleich von einem Relativismus gesprochen werden, vor allem angesichts der genannten Gesprächsabbrüche.

Die vier Deutungen – Individualisierung, Subjektivierung, Ästhetisierung und religiöser Relativismus – gehen den Wahrnehmungen in der religionspädagogischen Praxis durchaus konform. Sie bringen insofern auf den Begriff, was im religionspädagogischen Alltag häufig als problematisch erfahren wird und was auch an dieser Stelle als defizitär zu

[3] Zumindest gilt dies etwa für *U. Beck*, Risikogesellschaft. Auf dem Weg in eine andere Moderne, Frankfurt/M. 1986.

[4] Es ist hier also ausdrücklich nicht die produktive Beziehung der Religionspädagogik oder Praktischen Theologie auf die Ästhetik gemeint; dazu noch immer grundlegend: *A. Grözinger*, Praktische Theologie und Ästhetik. Ein Beitrag zur Grundlegung der Praktischen Theologie, München 1987. Daran hat sich eine breite Diskussion angeschlossen, auf die hier nur allgemein verweisen werden kann.

kennzeichnen war. Demgegenüber muss es von vornherein als gewagt erscheinen, in diesem Zusammenhang nun auch von richtigen Intuitionen zu sprechen, die bei den Jugendlichen zu finden seien. Und doch soll genau dies im Folgenden versucht werden. Denn nur unter dieser Voraussetzung ist so etwas wie ein Dialog sinnvoll und pädagogisch erreichbar. Wo Jugendliche ausschließlich als defizitär und ihre Auffassungen als falsch wahrgenommen werden, wird sich kein Dialog mehr einstellen können, schon aus pädagogisch-sozialpsychologischen Gründen. Genau genommen wäre ein Dialog dann auch überflüssig und besser durch effektive Formen der Vermittlung zu ersetzen. Für Rationalität im Dialog bliebe gewiss kein Raum.

Worin also könnten bei den Jugendlichen richtige Intuitionen bestehen? Vier Hinsichten, die hier nur angerissen werden können, liegen besonders nahe:

- Der Glaube ist keine Frage logischer Ableitung oder intersubjektiv zwingender Beweise. Er beruht vielmehr auf der besonderen Form von Gewissheit, die gerade nicht auf das eigene Bemühen um den Gewinn einer solchen Gewissheit zurückgeführt werden kann, sondern auf Gottes Wirken im Menschen. Eine solche Sicht entspricht insbesondere einem lutherischen Verständnis von Glaube, das aus diesem Grund auch eine Lehrbarkeit von Glaube oder Religion ausschließt.[5]
- Der Glaube ist theologisch insofern auch als subjektiv zu beschreiben, als er nicht einfach aus der Beschäftigung mit der äußeren Welt erwächst, sondern aus einer den inneren Menschen berührenden Erfahrung. Die Hervorhebung des inneren Menschen ist zumindest in bestimmten Hinsichten besonders mit der Geschichte des Christentums verbunden. In der reformatorischen Theologie besitzt sie ebenfalls einen deutlichen Anhalt. Genannt sei als grundlegendes Beispiel nur Luthers Freiheitsschrift.[6]
- Als Beziehungsgeschehen ist der Glaube individuell, weil es im Glauben nicht einfach um eine Beziehung zwischen Gott und Mensch geht, sondern in unvertretbarer Weise um die je eigene Beziehung. In Luthers Kleinem Katechismus wird dies durch entsprechende Formulierungen etwa zum Schöpfungsglauben deutlich zum Ausdruck gebracht: „Ich glaube, dass *mich* Gott geschaffen hat".[7]
- Auf den Glauben bezogene Diskurse sind an ein Wahrheitsverständnis gebunden, das für existenzielle und persönliche Fragen und Erfahrungen offen ist. Wahrheitstheorien, die etwa in einem naturwissenschaftlichen Sinne allein auf die Objektivität der Wahrheit abheben, führen hier nicht weiter.[8]

In mindestens diesen vier Hinsichten enthalten die Sichtweisen Jugendlicher, so meine These, zumindest richtige Intuitionen, auch wenn Jugendliche ihre Auffassungen nicht in einer theologischen oder philosophischen Sprache ausdrücken würden oder ausdrücken können. Deshalb spreche ich von Intuitionen, die nicht mit artikulierten Auffassungen

[5] Vgl. etwa *C. Schwöbel*, „Art. Bildung", Taschenlexikon Religion und Theologie Bd. 1, Göttingen 2008, 172–175

[6] *M. Luther,* Von der Freiheit eines Christenmenschen. 1520, in: Martin Luther. Ausgewählte Schriften, hg. v. *K. Bornkamm/G. Ebeling*, Bd. 1: Aufbruch zur Reformation, Frankfurt/M. ²1983, 238–263.

[7] *M. Luther*, „Der kleine Katechismus", in: Die Bekenntnisschriften der evangelisch-lutherischen Kirche, hg. im Gedenkjahr der Augsburgischen Konfession 1530, Göttingen ⁷1976, 499–544, 510 (Hervorhebung durch mich).

[8] Zu dieser Diskussion vgl. *W. Härle/M. Heesch/R. Preul* (Hg.), Befreiende Wahrheit. FS für Eilert Herms zum 60. Geburtstag, Marburg 2000, darin aus religionspädagogischer Perspektive *F. Schweitzer*, „Bildung und Wahrheit", 563–575.

zu verwechseln sind, die sich jedoch in systematisch-theologischen Deutungen gleichsam spiegeln lassen.

Schon eine Wahrnehmung Jugendlicher, die mit solchen Intuitionen rechnet, kann religionspädagogisch insofern hilfreich sein, als sie über eine bloße Negativwahrnehmung hinausführt. Die genannten Gesprächsabbrüche sind damit aber noch nicht überwunden, denn auch ein verändertes religionspädagogisches Bewusstsein führt noch nicht automatisch dazu, dass auch Jugendliche über die Position „Das muss doch jeder selber wissen!" hinausgelangen. Dazu sind vielmehr weitere Schritte erforderlich.

2. Rationalität im Dialog als Thema für den Religionsunterricht

Sollen die richtigen Intuitionen, die dem im letzten Abschnitt entwickelten Arguments zufolge in den Überzeugungen vieler Jugendlicher in der Gegenwart wahrzunehmen sind, religionspädagogisch aufgenommen und weitergeführt werden, um die darin enthaltenen Chancen für religiöse Dialog- und Bildungsprozesse tatsächlich nutzen zu können, so kann ein nächster Schritt darin bestehen, die damit verbundenen Fragen im Unterricht zu thematisieren. Darauf zielt der Vorschlag, Rationalität im Dialog als Unterrichtsthema zu verstehen.

Allerdings käme wohl niemand auf den Gedanken, beispielsweise die im vorliegenden Band enthaltenen Beiträge nun einfach Jugendlichen vorzulegen und sie mit ihnen besprechen zu wollen. Schon die Themenformulierungen wären kaum geeignet, bei Jugendlichen Interesse zu wecken oder gar ihr Verständnis zu finden. Insofern geht es nicht um die Texte, sondern um ihren Gehalt, der freilich in eine jugendgemäße Gestalt umgewandelt werden muss. Dies allerdings – so meine These – ist durchaus möglich. In meiner Begrifflichkeit müssen die Inhalte dazu elementarisiert werden, was freilich von vornherein mehr bedeutet als Vereinfachung.[9] Gesucht und gefunden werden müssen vielmehr Verbindungen zur Erfahrungs- und Lebenswelt Jugendlicher, zu ihren Fragen und Deutungsweisen sowie zu dem, was für ihre Lebensorientierung bedeutsam ist.

Vielleicht am nächsten liegen in diesem Sinne die Fragen nach der Lesbarkeit der Welt sowie nach schöpfungstheologischen Grundlagen des Verständnisses kommunikativer Vernunft.[10] Es gehört in meiner Sicht zu den herausforderndsten Befunden unserer aktuellen Tübinger religionspädagogischen Forschung, dass der Schöpfungsglaube heute selbst bei evangelischen Jugendlichen im Alter von 14 Jahren nicht mehr mehrheitsfähig ist. Bei der aktuellen Konfirmandenstudie sind es noch 46% der Jugendlichen, die der Aussage zustimmen: „Gott hat die Welt geschaffen".[11] In anderen europäischen Ländern, etwa in Schweden, sind es im Übrigen noch deutlich weniger, nämlich gerade ein-

[9] Vgl. dazu *F. Schweitzer*, Elementarisierung im Religionsunterricht. Erfahrungen, Perspektiven, Beispiele, mit weiteren Beiträgen von Karl Ernst Nipkow u.a., Neukirchen-Vluyn ^{4}2013.

[10] Vgl. dazu den Eröffnungsbeitrag *A. F. Koch*, „Rationalität in Gespräch: Grundlegendes aus philosophischer Sicht", in: *M. Mühling u.a.* (Hg.) Rationalität im Gespräch – Rationality in Conversation, Leipzig 2016, 13–22 der sich seinerseits auf *C. Schwöbel*, Gott im Gespräch. Theologische Studien zur Gegenwartsdeutung, Tübingen 2011, 1–18 bezieht.

[11] Vgl. *F. Schweitzer u.a.* (Hg.), Konfirmandenarbeit im Wandel – Neue Herausforderungen und Chancen. Perspektiven aus der zweiten bundesweiten Studie, Gütersloh 2015, 296.

mal noch 22% der Jugendlichen, die hier zustimmen.[12] Es handelt sich also nicht einfach um eine Momentaufnahme, sondern um einen internationalen Trend, zumindest in der westlichen Welt. Bildung ist dabei ein Faktor, der zu einer weiteren Rückläufigkeit des Schöpfungsglaubens beiträgt: Bei den Jugendlichen in Deutschland, die einen gymnasialen Schulabschluss (Abitur) anstreben, liegt die Zustimmungsrate deutlich unter dem Durchschnitt der Konfirmandinnen und Konfirmanden insgesamt.[13] Das entspricht ganz dem schon vor Jahrzehnten von Ernst Lange diagnostizierten Trend, dass Bildung sich als Faktor der Kirchendistanzierung auswirkt, besonders wenn und weil kirchliche Lehren die Gebildeten nicht überzeugen.[14]

Im Hintergrund der offenbar weit verbreiteten kritisch-zweifelnden Anfragen an den biblisch-christlichen Schöpfungsglauben dürfte in vielen Fällen eine ungelöste Spannung zwischen Schöpfungsglaube und Evolutionstheorie stehen.[15] Weit mehr als im Religionsunterricht bislang der Fall sollte diese Spannung deshalb ausdrücklich thematisiert und sollten Möglichkeiten aufgezeigt werden, wie beide Sichtweisen sinnvoll miteinander verbunden werden können. Darüber hinaus dürfte es sich als weiterführend erweisen, wenn grundlegende Fragen nach der Bedeutung von Rationalität oder Vernunft mit den Jugendlichen bearbeitet werden.

Beispielsweise könnten dabei folgende Aussagen aus dem vorliegenden Band auch im Unterricht den Ausgangspunkt darstellen:

„Vollständigkeit und Widerspruchsfreiheit vertragen sich nicht, weder im Wollen noch im Denken noch im Rechnen."[16]

Oder – das müsste für Jugendliche allerdings neu formuliert werden:

Der „Grundakt kommunikativer Vernunft" nimmt als „unhintergehbar und unübersteigbar vorgegeben in Anspruch [...] das Geschehen, welches diese unsere Welt in ihrer Bestimmtheit realisiert und erhält, und zwar in einer Weise, die logisch wie sachlich nicht widersprüchlich ist".[17]

Solche Aussagen bzw. ihre jugendgemäßen Umformulierungen eignen sich in ihrer Prägnanz dazu, die Bedeutung von Rationalitätsansprüchen und auch deren Reichweite bewusst zu machen.

Ebenso spannend könnte für Jugendliche aber auch die Frage sein, unter welchen Voraussetzungen religiöse Aussagen überhaupt Geltung beanspruchen können. In diesem Sinne ließen sich Hans-Joachim Ecksteins Überlegungen zu „Evangelium und Glaube als Gespräch"[18] aufnehmen und gerade auch didaktisch gut an der von Eckstein gewählten

[12] Vgl. *F. Schweitzer* u.a. (Hg.), Youth, Religion and Confirmation Work in Europe: The Second Study, Gütersloh 2015, 367.

[13] Vgl. *Schweitzer u.a.*, Konfirmandenarbeit im Wandel, 203.

[14] Vgl. *Ernst Lange*, Bildung als Problem und als Funktion der Kirche, in: Erneuerung der Kirche – Stabilität als Chance? Konsequenzen aus einer Umfrage, hg. von *J. Matthes*, Gelnhausen/Berlin 1975, 189–222.

[15] Vgl., auch als Beispiel m.E. gelungener interdisziplinärer Zusammenarbeit, dazu *B. Janowski/F. Schweitzer/C. Schwöbel* (Hg.), Schöpfungsglaube vor der Herausforderung des Kreationismus, Neukirchen-Vluyn 2010.

[16] *Koch*, Rationalität in Gespräch, 13–22.

[17] *E. Herms*, Kommunikative Vernunft. Grundlegendes aus theologischer Perspektive, in: *M. Mühling u.a.* (Hg.), Rationalität im Gespräch – Rationality in Conversation, Leipzig 2016, 43–57.

[18] *H.J. Eckstein*, Gott im Gespräch. Evangelium und Glaube als Gespräch, in: *M. Mühling u.a.* (Hg.), Rationalität im Gespräch – Rationality in Conversation, Leipzig 2016, 211–230.

Gestalt des Paulus exemplifizieren. Die exegetisch-neutestamentlich dazu rekonstruierbaren Antworten werden im Unterrichtsgespräch allerdings weiteren Rückfragen ausgesetzt sein. Der von Paulus formulierte Anspruch einer Berufung durch Gott etwa wird bei Jugendlichen nicht einfach Zustimmung finden, sondern er wird beispielsweise den Einwand provozieren, wodurch sich ein solches Selbstbewusstsein vom religiösen Wahn religiöser Märtyrer in der Gegenwart unterscheiden lässt. Wo solche Fragen nicht einfach als respektlos zurückgewiesen werden, sondern als ein zwar herausfordernder, religionspädagogisch aber dennoch erfreulicher Beleg für die Bereitschaft zu eigenem Nachdenken, können sie zu weiteren Klärungen der Möglichkeit autoritativer Aussagen im Bereich von Glaube und Religion führen. Über den neutestamentlichen Befund hinaus könnte und müsste dazu wohl auch auf systematisch-theologische Argumente zurückgegriffen werden, um die Möglichkeit religiöser Geltungsansprüche im Allgemeinen genauer zu fassen.

Eine interessante Möglichkeit für den Unterricht böte auch der Beitrag von Pan-chiu Lai zum Verhältnis zwischen Konfuzianismus und Christentum.[19] Pan-chiu Lai stellt dabei nicht eine interreligiöse Perspektive in den Vordergrund – der Konfuzianismus wird vielmehr als eine kulturelle Überlieferung, Weltanschauung oder Philosophie im Sinne des chinesischen Kulturerbes aufgenommen. Sein Beitrag lässt sich so lesen, dass es um verschiedene – westliche und östliche – Ausdrucksmöglichkeiten für den christlichen Glauben geht. Dies entspricht nicht nur der neuerdings in der Religionspädagogik zu Recht erhobenen Forderung, dass im Religionsunterricht auch bislang vernachlässigte Entwicklungen im weltweiten Christentum verstärkt beachtet werden sollten.[20] Vielmehr könnte sich Jugendlichen an einem solchen Beispiel erschließen, dass die Suche nach Gesprächs- und Verständigungsmöglichkeiten selbst bei so weit reichenden Unterschieden wie denen zwischen östlichen und westlichen Kulturen und Traditionen keineswegs von vornherein sinnlos oder ausweglos sein muss. Darüber hinaus läge in der Beschäftigung mit dem Konfuzianismus auch ein eigener Reiz und stellt sich das Thema angesichts wachsender Beziehungen zwischen China bzw. dem Fernen Osten insgesamt und Europa als zunehmend bedeutsam dar.

Doch sind die im vorliegenden Band anzutreffenden Themen für den hier vorgeschlagenen Versuch, Rationalität im Dialog als Unterrichtsthema aufzunehmen, natürlich keineswegs erschöpfend. Beispielsweise verweist Christoph Schwöbels Band „Gott im Gespräch“[21], der als einer der wesentlichen Ausgangspunkte für die vorliegende Veröffentlichung bezeichnet werden kann, auf eine ganze Reihe weiterer Themen, die religionspädagogisch ähnlich zentral sind wie für die Systematische Theologie. Das gilt in mehreren Beziehungen:

- Dialoge im Sinne weltweiter Ökumene, bei denen sich theologische mit interkulturellen Aspekten in einem globalen Horizont verbinden.[22]

[19] *Pan-chiu Lai*, Confucian Understanding of Humanity and Rationality in Conversation: A Chinese Christian Perspective, in: *M. Mühling u.a.* (Hg.), Rationalität im Gespräch – Rationality in Conversation, Leipzig 2016, 333–345.

[20] Vgl. *H. Simojoki*, Globalisierte Religion. Ausgangspunkte, Maßstäbe und Perspektiven religiöser Bildung in der Weltgesellschaft, Tübingen 2012, 309ff.

[21] *Schwöbel*, Gott im Gespräch.

[22] Vgl. *Schwöbel*, Gott im Gespräch.

– Interreligiöse Dialoge, die nun auch für die Religionspädagogik in Deutschland immer mehr in den Vordergrund treten und die etwa angesichts wachsender Immigration gleichsam täglich an Bedeutung gewinnen.[23]
– Verständigungsbemühungen auch im Blick auf Konfessionslose, wobei hier allerdings nicht von einer in sich geschlossenen Gruppe auszugehen ist und einem Dialog insofern besondere Schwierigkeiten begegnen.[24]

Damit sind drei weitere Themenkreise genannt, die sich auf unterschiedliche Art und Weise zur unterrichtlichen Behandlung von Rationalität im Dialog eignen. Dafür müssten diese Themenkreise natürlich didaktisch weiter konkretisiert und in den Horizont Jugendlicher eingetragen werden.

Bei all diesen Beispielen bleibt Rationalität im Dialog ein Unterrichtsthema, das – vielleicht auch bei den Jugendlichen selbst – die Frage ausgelöst, wie in diesem Falle Inhalt und Form des Unterrichts stärker in Übereinstimmung miteinander gebracht werden können. Deshalb ist nun noch ein weiterer Schritt erforderlich:

3. Jugendtheologie: Theologische Rationalität in der Gesprächspraxis mit Jugendlichen

Dass Rationalität sich im Dialog entwickelt, muss sich in der Gesprächspraxis erweisen. Das entspricht nicht nur grundsätzlich dem Verständnis von Bildung als Gespräch, sondern in besonderer Weise dem Anliegen der Jugendtheologie, die deshalb an dieser Stelle aufgenommen wird.

Der Ansatz der Jugendtheologie ist noch vergleichsweise neu. Er hat sich erst vor wenigen Jahren, in konsequenter Fortsetzung und zugleich Unterscheidung von der Kindertheologie, herausgebildet.[25] Nicht nur Kinder sind demnach als Theologen wahrzunehmen, sondern auch Jugendliche, obwohl es leichter fällt, den theologischen Gehalt von Kinderfragen zu erkennen als Jugendliche zu Äußerungen zu bewegen, die ihre religiösen oder theologischen Fragen und Antworten betreffen. Dies erklärt auch, warum der jugendtheologische Ansatz noch deutlich weniger etabliert ist als die inzwischen weit verbreitete Kindertheologie. Deshalb muss im Folgenden auch die Frage nach der theologischen Legitimität der Jugendtheologie mit im Blick sein.

In dem von mir und inzwischen auch von anderen zu Grunde gelegten Verständnis schließt Jugendtheologie, darin ähnlich der Kindertheologie, drei miteinander verbundene Perspektiven ein[26]:

– die von den Jugendlichen selbst hervorgebrachte Theologie (*Theologie von Jugendlichen*), im Sinne des eigenen Nachdenkens, Fragens und Antwortens Jugendlicher im Blick auf religiöse Überzeugungen und Praxisvollzüge;

[23] Vgl. *F. Schweitzer*, Interreligiöse Bildung. Religiöse Vielfalt als Herausforderung und Chance, Gütersloh 2014.

[24] Vgl. *D. Käbisch*, Religionsunterricht und Konfessionslosigkeit, Tübingen 2014.

[25] Vgl. exemplarisch und als erste Monographie zum Thema *T. Schlag*/*F. Schweitzer*, Brauchen Jugendliche Theologie? Jugendtheologie als Herausforderung und didaktische Perspektive, Neukirchen-Vluyn 2011.

[26] Vgl. ebd. Zur Unterscheidung der drei Perspektiven vgl. *F. Schweitzer*, Kindertheologie und Elementarisierung. Wie religiöses Lernen mit Kindern gelingen kann, Gütersloh 2011.

– die den Jugendlichen gezielt angebotenen theologischen Impulse (*Theologie für Jugendliche*), die so gestaltet sein müssen, dass sie die eigene Theologie der Jugendlichen anregen und unterstützen anstatt sie durch fertige Lösungen ersetzen zu wollen;
– das theologische Gespräch mit Jugendlichen (*Theologie mit Jugendlichen*), als Form des gemeinsamen Nachdenkens über religiöse und theologische Fragen.

Im vorliegenden Zusammenhang ist besonders die dritte Dimension von zentralem Interesse. In ihr realisiert sich Rationalität im Dialog in einem unmittelbar praktischen Sinne. Ob die Rede von theologischer Rationalität im Dialog Jugendlichen einsichtig werden kann, hängt von solchen Gesprächserfahrungen ab.

Zumindest in gewisser Weise lässt sich deshalb auch sagen, dass die Jugendtheologie als Theologie mit Jugendlichen durch das systematisch-theologische Verständnis von Rationalität im Dialog eine weitere wichtige Begründung findet. Legitimiert wird der jugendtheologische Ansatz demnach nicht nur durch religionspädagogische Argumente, sondern auch von der (Systematischen) Theologie her. Insofern gibt es eine inhaltliche Entsprechung zwischen dem für die Theologie maßgeblichen Rationalitätsverständnis und der Theologie mit Jugendlichen.

Jugendtheologische Gespräche sind damit die Form, in der sich die im letzten Abschnitt beschriebenen Themen so aufnehmen lassen, dass Jugendliche erfahren können, dass theologische Rationalität ein sinnvoller, den Dialog ermöglichender Begriff ist. Diese über die bloße Erkenntnis hinausführende Erfahrung dürfte in der Praxis in hohem Maße davon abhängig sein, dass das für die Jugendtheologie entscheidende Kriterium der Anerkennung von Jugendlichen als Theologen berücksichtigt wird. Grundlage für eine solche Anerkennung kann zumindest unter anderem die im ersten Abschnitt oben beschriebene Wahrnehmung sein, dass Jugendliche auch in theologischer Hinsicht durchaus über richtige Intuitionen verfügen – selbst in Zusammenhängen, in denen es häufig zu Gesprächsabbrüchen kommt.

Damit theologische Gespräche mit Jugendlichen gelingen, müssen darüber hinaus die in der wissenschaftlichen Theologie erreichten Klärungen gleichsam noch einmal verflüssigt oder, anders ausgedrückt, neu aufs Spiel gesetzt werden – im Dialog mit Jugendlichen, die mit theologischen Fertigprodukten nur wenig anfangen dürften. Als hilfreiche Voraussetzung dafür können sich in Zusammenarbeit zwischen Religionspädagogik und Systematischer Theologie zu gewinnende Einsichten erweisen, weshalb noch einmal auf die Fragen interdisziplinärer Kooperation in der Theologie zurückzukommen ist. Schon jetzt kann die Jugendtheologie – und zuvor auch die Kindertheologie – als ein neuer Ort der Begegnung zwischen Systematischer Theologie und Religionspädagogik angesprochen werden. Es ist bemerkenswert, wie viele Systematische Theologinnen und Theologen Beiträge zu den entsprechenden Jahrbüchern für Kinder- oder Jugendtheologie beigesteuert haben.

4. Systematische Theologie und Religionspädagogik: Dialog und Kooperation in der Theologie

Dialog und Kooperation zwischen den theologischen Disziplinen fallen schwer, so wurde eingangs festgehalten. Auch der vorliegende Beitrag kann zunächst so gelesen werden, dass er weiter verdeutlicht, in welchem Sinne für die verschiedenen Disziplinen von unterschiedlichen Sprachspielen und Denkhorizonten sowie von verschiedenen Dialogpartnern im Sinne nicht-theologischer wissenschaftlicher Bezugsdisziplinen gesprochen werden muss. Das unterstreichen auch die verschiedentlich unternommenen Versuche, die Zusammenarbeit zwischen der Religionspädagogik und anderen theologischen Disziplinen zu intensivieren, die trotz zum Teil interessanter Impulse aufs Ganze gesehen doch kaum eine Veränderung der Situation erreicht haben.[27] Allerdings wird dabei doch – wie auch im vorliegenden Beitrag – erkennbar, dass sich die Problembezüge, die von den verschiedenen theologischen Disziplinen thematisiert werden, gleichsam übersetzen und wechselseitig fruchtbar machen lassen. Der Frage einer solchen Übersetzbarkeit soll deshalb an dieser Stelle noch etwas genauer nachgegangen werden.

Wie sich in den vorangehenden Abschnitten mehrfach gezeigt hat, sind die in der Systematischen Theologie beim Thema Rationalität im Dialog verhandelten Problemstellungen für die Religionspädagogik keineswegs ohne Relevanz, auch wenn sie sich nicht ohne Weiteres in den religionspädagogischen Diskurs einführen lassen. Unter der Voraussetzung, dass die jugendspezifischen Zugangsweisen sowie die lebensweltlichen Erfahrungen Jugendlicher als Horizonte sowohl des Verstehens als auch der Relevanzwahrnehmung so aufgenommen, beschrieben und interpretiert werden, dass sich systematisch-theologische Argumentationen darauf beziehen lassen, kann jedoch auch die religionspädagogische Relevanz dieser Argumentationen erkennbar werden. Als These kann formuliert werden, dass es der Bezug auf solche Erfahrungshorizonte ist, der eine Übersetzung zwischen den Disziplinen erlaubt und der damit Dialog und Kooperation ermöglicht.

Ein Übersetzen zwischen den theologischen Disziplinen meint so gesehen nicht einfach das Übertragen von Aussagen in eine andere Sprache oder Begrifflichkeit – das bliebe ein abstraktes Unterfangen, das kaum zu produktiver Zusammenarbeit motivieren könnte. Übersetzen meint hier vielmehr die Identifikation von gemeinsamen Problembezügen im Blick auf menschliche Erfahrungshorizonte. Im vorliegenden Falle ist dabei exemplarisch an die Erfahrungen Jugendlicher zu denken. Diese Erfahrungen stehen durchaus unter denselben, etwa von Moderne und Aufklärung geprägten Bedingungen wie die philosophischen oder systematisch-theologischen Modelle und Deutungen. Insofern ist auch zu erwarten, dass sich in den Wahrnehmungen Jugendlicher Parallelen zu den systematisch-theologischen und philosophischen Argumentationen erkennen lassen. Dabei muss jedoch von vornherein bewusst sein, dass zugleich mit jugendspezifischen Deutungen zu rechnen ist, die solche Parallelen gleichsam verdecken oder jedenfalls nicht immer leicht erkennen lassen.

In der Haltung des „Das muss doch jeder selber wissen!" das evangelische Glaubensverständnis oder jedenfalls eine Transformationsgestalt dieses Verständnisses zu entdecken, fällt notwendig schwer. Eine solche Deutung bleibt auch immer ein Stück weit gewagt, wie besonders deutlich in der religionspädagogischen Diskussion um abduktiv-didaktische Verfahren zu Recht hervorgehoben worden ist.[28] Denn ob die Deutung dann wirklich von Jugendlichen angeeignet werden kann und ob sie zugleich theologische Anschlüsse aktiviert, bleibt eine offene Frage, die sich nicht generell beantworten lässt. Ge-

[27] Vgl. etwa *M. Rothgangel/E. Thaidigsmann* (Hg.), Religionspädagogik als Mitte der Theologie? Theologische Disziplinen im Diskurs, Stuttgart 2005.

[28] Vgl. *H.-G. Ziebertz* u.a. (Hg.), Abduktive Korrelation. Religionspädagogische Konzeption, Methodologie und Professionalität im interdisziplinären Dialog, Münster 2003.

sprochen werden kann auch von einem dialogisch-religionspädagogischen Deutungsangebot für Jugendliche, durch das lebensweltliche Erfahrungszusammenhänge mit theologischen Interpretamenten allererst in Verbindung gebracht werden. Auch dies entspricht im Übrigen einer der im Zusammenhang der Jugendtheologie entwickelten Perspektiven.

Ähnlich lässt sich dies von der oben angesprochenen Elementarisierungsaufgabe her formulieren: Eine Elementarisierung, die der Übersetzung systematisch-theologischer Argumentationen für die religionspädagogische Praxis dienen soll, kann nicht nur – einem geläufigen Missverständnis folgend – Vereinfachung bedeuten. Die Aufgabe von Auswahl und Konzentration gehört zur Elementarisierung zwar konstitutiv mit hinzu, aber dazu kommen ebenso grundlegend weitere Elementarisierungsaufgaben im Blick auf Deutungs- oder Zugangsweisen junger Menschen sowie ihre Erfahrungshintergründe. Auch dabei ist deshalb eher von einer Verflüssigung systematisch-theologischer Aussagen zu sprechen als von einer bloßen Vereinfachung, eben weil diese Aussagen auf neue Zusammenhänge bezogen und angesichts dieser neu gefasst werden müssen.

Insofern kann das erforderliche Übersetzen zwischen den theologischen Disziplinen auch kein einmaliger Vorgang sein, mit dem es gleichsam ein für alle Mal erledigt wäre. Eher ist von einem kreativen, offenen und mehrschichtigen Prozess auszugehen, der angesichts bestimmter Lerngruppen und Situationen immer wieder neu in Gang gesetzt werden muss. Der Religionspädagogik kommt dabei die Aufgabe zu, Frage- und Erfahrungshorizonte von Jugendlichen – in anderen Zusammenhängen natürlich auch von Kindern und Erwachsenen – so zu präsentieren, dass sie auch außerhalb der eingespielten religionspädagogischen Diskurse in ihrem theologischen Gehalt wahrgenommen werden können. Die Aufgabe der Systematischen Theologie lässt sich komplementär so beschreiben, dass sie ihre Deutungen konkretisierend auf die Erfahrungswelt Jugendlicher bezieht. Darin würde eine für die Religionspädagogik der letzten 50 Jahre maßgeblich gewordene Einsicht wiederholt, der gemäß der Bezug auf „den modernen Menschen", der in den 1960er Jahren ein erster und grundlegender Fortschritt für die Religionspädagogik war, immer wieder konkretisierend im Blick auf unterschiedliche Lebensalter, Lebenslagen usw. überschritten werden muss.

Rationalität im Dialog gelingt dabei auch innerhalb der Theologie am besten im Team, wie es der Dialogbegriff impliziert. Problemstellungen können dann gemeinsam disziplinübergreifend formuliert und Lösungen können unter Berücksichtigung der Erfordernisse in verschiedenen Disziplinen gemeinsam identifiziert oder entwickelt werden. Insofern ist auch der vorliegende Text gleichsam nur ein erstes Teilstück, das auf seine dialogisch-interdisziplinäre Ergänzung und Weiterführung wartet.

5. Und die Jugendlichen?

Am Ende muss sich der Blick noch einmal auf die Jugendlichen richten. In dieser Hinsicht war und ist die zentrale Frage für diesen Beitrag: Wie können Gesprächsabbrüche angesichts theologischer Rationalität zu Gunsten von Chancen für religiöse Bildungsprozesse überwunden werden?

Dazu wurden drei Vorschläge erörtert: Zunächst – und keineswegs nur als Voraussetzung zu verstehen – wurde auf das Erfordernis einer veränderten Wahrnehmung Jugendlicher hingewiesen, so dass nicht nur ihre aus theologischer Sicht zu kritisierenden

Defizite im Blick sind, sondern von Anfang an auch mit richtigen Intuitionen Jugendlicher gerechnet wird. Als zweites sollte dazu der Versuch kommen, theologische Rationalität als eigenes Unterrichtsthema aufzunehmen und sich damit den kritischen Rückfragen und Einwänden Jugendlicher weit mehr auszusetzen, als dies im Unterricht bislang wohl weithin der Fall ist. Drittens ist dies auch prozessbezogen im Sinne einer Theologie mit Jugendlichen auszugestalten, so dass über die beim Thema Rationalität im Dialog zu gewinnenden Einsichten hinaus auch die Erfahrung kommen kann, als Jugendliche im Gespräch ernst genommen zu werden.

Ob die damit verbundenen Zielsetzungen wirklich erreicht werden, lässt sich nun noch einmal anders beleuchten. Für Jugendliche werden die angesprochenen und angestrebten religiösen Bildungsprozesse nur dann zu überzeugenden Ergebnissen führen, wenn ihnen selbst deutlich wird, dass ihre oben als richtige Intuitionen bezeichneten Auffassungen der Weiterführung und Präzisierung bedürfen – im Sinne von für sie selbst bewussten und dann auch formulierbaren Überzeugungen. In dem Maße, in dem dies realisiert wird, kann von gelingenden religiösen Bildungsprozessen gesprochen werden.

Dabei muss durchweg beachtet werden, wie Jugendliche sich selber wahrnehmen: Jugendlichen bedeutet es heute wenig bis gar nichts, wenn ihnen mitgeteilt wird, dass bestimmte Sichtweisen theologisch als problematisch oder vielleicht sogar als defizitär zu bezeichnen sind. Für sie bleibt entscheidend, welche Konsequenzen sich daraus für ihr eigenes Leben sowie für das Zusammenleben mit anderen ergeben, etwa in der Gruppe der Gleichaltrigen. Deshalb muss für sie der Gewinn eines veränderten Verständnisses theologischer Rationalität einsichtig und zugleich erfahrbar werden – im Dialog.

AUTORENVERZEICHNIS

Gijsbert van den Brink, Professor für Theologie und Wissenschaft an der Vrije Universiteit Amsterdam. Dissertation: Almighty God. A Study of the Doctrine of Divine Omnipotence, Kampen ²1996. Weitere Monographien: Oriëntatie in de filosofie. Westerse wijsbegeerte in wisselwerking met geloof en theologie, Zoetermeer 2000; Een publieke zaak. Theologie tussen geloof en wetenschap, Zoetermeer 2004; Philosophy of Science for Theologians, Frankfurt et al. 2009; Christelijke dogmatiek. Een inleiding, Zoetermeer ⁵2015.

Vincent Brümmer, Extraordinary Professor in Systematic Theology at Stellenbosch University and Emeritus Professor in Philosophy of Religion at Utrecht University. His writings include Theology and Philosophical Inquiry, London 1981; Speaking of a Personal God, Cambridge 1992; The Model of Love, Cambridge 1993; Atonement, Christology and the Trinity. Making Sense of Christian Doctrine, Aldershot 2005; Brümmer on Meaning and the Christian Faith. Collected Writings of Vincent Brümmer, Aldershot 2006; What are we Doing when we Pray? On Prayer and the Nature of Faith, Aldershot 2008.

Christina Drobe, Wissenschaftliche Angestellte am Institut für Hermeneutik und Dialog der Kulturen an der Ev.-theol. Fakultät Tübingen. Dissertation: Menschsein als Selbst- und Fremdbestimmung. Eine theologische Reflexion philosophischer, literarischer und sozialwissenschaftlicher Zugänge zur Identitätsfrage, Berlin 2016; Habilitationsprojekt: Was ist der Sinn der Geschichte? Theologische Reflexionen zur Eschatologie von Paul Tillich. Weitere Veröffentlichung: „If nothing we do matters, then all what matters is what we do." – Traditionelle Erlösungsvorstellungen vs. Science Fiction?, in: Hassel, J./ /Schärtl, T. (Hg.): Nur Fiktion? Religion, Philosophie und Politik im Science-Fiction-Film der Gegenwart, Münster 2015, 145–183.

Hans-Joachim Eckstein, Professor für Neues Testament an der Evangelisch-theologischen Fakultät der Universität Tübingen. Dissertation: Der Begriff Syneidesis bei Paulus. Eine neutestamentlich-exegetische Untersuchung zum ‚Gewissensbegriff', Tübingen 1983; Habilitation: Verheißung und Gesetz. Eine exegetische Untersuchung zu Gal 2,15–4,7, Tübingen 1996; Der aus Glauben Gerechte wird leben. Beiträge zur Theologie des Neuen Testaments, Münster u.a. ²2007; Kyrios Jesus. Perspektiven einer christologischen Theologie, Neukirchen-Vluyn ²2011; Glaube als Beziehung. Von der menschlichen Wirklichkeit Gottes, Grundlagen des Glaubens 2, Holzgerlingen ³2010.

Dirk-Martin Grube, Lehrstuhl Religious Diversity and the Epistemology of Religion/Theology, Vrije Universiteit Amsterdam. Dissertation: A Narrative on the Is/Ought Problem and its Ramifications for New Testament Ethics. An Investigation into the Relationships between Belief Systems and Morality, and the Close Connection between Weltbild and Morality in the Case of Paul and the Historical Jesus, Ann Arbor (MI) 1991; Habilitation: Unbegründbarkeit Gottes? Paul Tillichs und Karl Barths Erkenntnistheorien im Horizont der gegenwärtigen Philosophie, Marburg 1998, Wichtige Bücher: Ostern als Paradigmenwechsel. Eine wissenschaftstheoretische Untersuchung zur Entstehung des Christentums und deren Konsequenzen für die Christologie, Neukirchen 2012; Interpretation and Meaning in Philosophy and Religion (als Hg.), Leiden – Boston (im Erscheinen); Pragmatism, Metaphysics and Culture. Reflections on the Philosophy of Joseph Margolis (als Hg. zus. M. Robert Sinclair), Helsinki 2015.

Wilfried Härle, emeritierter Professor für Systematische Theologie und Ethik an der Ruprecht-Karls-Universität Heidelberg und Seelsorger an einem Seniorenwohnstift in Stuttgart. Dissertation: Die Theologie des „frühen" Karl Barth in ihrem Verhältnis zur Theologie Martin Luthers, Bochum 1969; Habilitation: Sein und Gnade. Die Ontologie in Karl Barths Kirchlicher Dogmatik, Berlin – New York 1975; wichtige Bücher: Dogmatik, Berlin – New York 4. Aufl. 2012; Ethik, Berlin – New York 2011; Warum Gott? Für Menschen, die mehr wissen wollen, Leipzig, 2. Aufl., 2014.

Jens Halfwassen, Ordinarius für Philosophie an der Ruprecht-Karls-Universität Heidelberg, Mitglied der Heidelberger Akademie der Wissenschaften und der Academia Platonica Septima Monasteriensis, Ehrendoktor der Universität Athen. Dissertation: Der Aufstieg zum Einen. Untersuchungen zu Platon und Plotin, München – Leipzig ²2006; Habilitation: Hegel und der spätantike Neuplatonismus. Untersuchungen zur Metaphysik des Einen und des Nous in Hegels spekulativer und geschichtlicher Deutung, Hamburg ²2005. Weitere wichtige Monographien: Geist und Selbstbewusstsein. Studien zu Plotin und Numenios, Mainz – Stuttgart 1994; Plotin und der Neuplatonismus, München 2004; Auf den Spuren des Einen. Studien zur Metaphysik und ihrer Geschichte, Tübingen 2015.

Susanne Heine, Professorin em. für Praktische Theologie und Religionspsychologie an der Universität Wien. Dissertation (1973): Leibhafter Glaube. Ein Beitrag zum Verständnis der theologischen Konzeption des Paulus, Wien – Freiburg 1976; Habilitation: Biblische Fachdidaktik – Neues Testament, Wien – Freiburg 1976. Wichtige Publikationen: Grundlagen der Religionspsychologie. Modelle und Methoden, UTB 2528, Göttingen 2005; Erdenschwere – Gottessuche. Lebensnerven Praktischer Theologie, Wien – Berlin 2010; Christen und Muslime im Gespräch. Eine Verständigung über Kernthemen der Theologie, Susanne Heine, Ömer Özsoy, Christoph Schwöbel, Abdullah Takim (Hg.), Gütersloh 2014.

Friedrich Hermanni, Ordinarius für Systematische Theologie an der Ev.-Theologischen Fakultät der Eberhard-Karls-Universität Tübingen, kooptiert an der dortigen Philosophischen Fakultät; wichtige Veröffentlichungen: Die letzte Entlastung. Vollendung und Scheitern des abendländischen Theodizeeprojektes in Schellings Philosophie, Wien 1994; Das Böse und die Theodizee. Eine philosophisch-theologische Grundlegung, Gütersloh 2002; Metaphysik. Versuche über letzte Fragen, Tübingen 2011 (Studienausgabe 2012).

Eilert Herms, Professor für Systematische Theologie an der Ev.-theologische Fakultät der Universität Tübingen, seit 2009 im Ruhestand- Dissertation: Herkunft, Entfaltung und erste Gestalt des Systems der Wissenschaften bei Scheleirmacher, Gütersloh 1974; Habilitation: Radical Empiricism. Studien zur Psychologie, Metaphysik und Religionstheorie William James', Gütersloh 1977; Ausgewählte Veröffentlichungen: Einheit der Christen in der Gemeinschaft der Kirchen. Die ökumenische Bewegung der römischen Kirche im Lichte der reformatorischen Theologie. Antwort auf den Rahner-Plan, Göttingen 1984; Luthers Auslegung des Dritten Artikels, Tübingen 1987; Systematische Theologie. Das Wesen des Christentums: In Wahrheit und aus Gnade leben, Tübingen 2016.

Rabbiner *Walter Homolka,* Professor für Jüdische Religionsphilosophie der Neuzeit – Schwerpunkt Denominationen und interreligiöser Dialog – und geschäftsführender Direktor der School of Jewish Theology der Universität Potsdam, Rektor des Abraham Geiger Kollegs und Direktor des Ernst-Ludwig-Ehrlich-Studienwerks. Dissertation 1: Jüdische Identität in der modernen Welt – Leo Baeck und der deutsche Protestantismus, Gütersloh 1994; Jewish Identity in Modern Times – Leo Baeck and German Protestantism, Oxford 1995. Dissertation 2: Jewish Jesus Research and its Challenges for Christology Today, Leiden 2016. Wichtige Monographien: Das Jüdische Eherecht, Berlin 2008; Der moderne Rabbiner: Ein Rollenbild im Wandel, Berlin 2012; Jesus Reclaimed – Jewish Perspectives on the Nazarene, Oxford – New York 2015.

Werner G. Jeanrond, Master of St. Benet's Hall und Professor für Systematische Theologie an der Universität Oxford. Dissertation: Text und Interpretation als Kategorien theologischen Denkens, Tübingen 1986; engl. Dublin/New York 1988 sowie Eugene, Oregon 2005. Wichtige Monographien: Theological Hermeneutics. Development and Significance, London – New York 1991 und 1994; Im Feuer des Dornbuschs. Unser Glaube an Gott und die Zukunft der Kirche, Mainz 1999; A Theology of Love, London – New York 2010.

Robert W. Jenson, Emeritus Professor of St. Olaf College, Northfield and Senior Scholar at the Center of Theological Inquiry, Princeton. Doctoral dissertation: Cur Deus Homo? The Election of Jesus Christ in the Theology of Karl Barth, Heidelberg 1959. Selected books: Systematic Theology, vol. 1–2, Oxford – New York 1997–1999; On Thinking the Human: Resolutions of Difficult Notions, Grand Rapids 2003; Theology as Revisionary Metaphysics: Essays on God and Creation, Eugene 2014.

Anton Friedrich Koch, Professor für Philosophie an der Ruprecht-Karls-Universität Heidelberg, Dissertation: Vernunft und Sinnlichkeit im praktischen Denken. Eine sprachbehavioristische Rekonstruktion Kantischer Theoreme gegen Sellars, Würzburg 1980; Habilitation: Subjektivität in Raum und Zeit, Frankfurt/M. 1990. Neuere Bücher: Wahrheit, Zeit und Freiheit, Münster [2]2013; Die Evolution des logischen Raumes. Aufsätze zu Hegels Nichtstandard-Metaphysik, Tübingen 2014; pseudonym: Jakob Becker, Daniel Zimmermann, Es war, wie geschrieben steht. Jesu Leben nach den Evangelien neu erzählt und kontrovers gedeutet, Heidelberg 2015; Hermeneutischer Realismus, Tübingen 2016.

Alexander Kupsch, Wissenschaftlicher Mitarbeiter am Institut für Hermeneutik und Dialog der Kulturen, Eberhard Karls Universität Tübingen. Dissertationsprojekt zum Schriftgebrauch Luthers in Gottesdienst, Öffentlichkeit und Universität.

Pan-chiu Lai, Professor, Department of Cultural and Religious Studies, the Chinese University of Hong Kong. Doctoral dissertation: Towards a Trinitarian Theology of Religions: A Study of Paul Tillich's Thought, Kampen 1994. Representative publications (in Chinese): Mahayana Christian Theology: Experiments of Sino-Christian Theology, Hong Kong 2011; Plurality, Diversity and Identity: Explorations in Theology and Culture, Taiwan 2011; Sino-Christian Theology in the Public Square, Hong Kong 2014.

Volker Leppin, Professor für Kirchengeschichte in Tübingen, korr. Mitglied der Sächsischen Akademie der Wissenschaften und ord. Mitglied der Heidelberger Akademie der Wissenschaften. Dissertation: Geglaubte Wahrheit. Das Theologieverständnis Wilhelms von Ockham, Göttingen 1995; Habilitation: Antichrist und Jüngster Tag. Das Profil apokalyptischer Flugschriftenpublizistik im deutschen Luthertum 1548–1618, Gütersloh 1999. Wichtigste Publikationen: Martin Luther, Darmstadt 2006. [2]2010; Geschichte des mittelalterlichen Christentums, Tübingen 2012; Die fremde Reformation. Luthers mystische Wurzeln, München 2016.

Wing-Kwong Pilgrim LO, Professor für Systematische und Historische Theologie, und Dekan am Lutheran Theological Seminary (Hong Kong). Dissertation: Das Werk des Menschen und die Gnade Gottes in Karl Barths Sakramentstheologie, Frankfurt/M. 1994.

Anselm K. Min, Professor of Religion at Claremont Graduate University with specialization in Philosophy of Religion and Theology. Dissertation: Praxis and Liberation. Toward a Theology of Concrete Totality, Vanderbilt University 1989; Publications: Dialectic of Salvation, Issues in Theology of Liberation, Albany 1989; The Solidarity of Others in a Divided World. A Postmodern Theology after Postmodernism, London et al. 2004; Paths to the Triune God. An Encounter between Aquinas and Recent Theologies, Notre Dame (IN) 2005.

Jürgen Moltmann, Professor emeritus für Systematische Theologie der Evangelisch-theologischen Fakultät der Eberhard-Karls-Universität Tübingen. Wichtige Werke: Theologie der Hoffnung, Gütersloh [15]2016; Der gekreuzigte Gott, Werkausgabe Gütersloh 2016; Der lebendige Gott und die Fülle des Lebens, Gütersloh 2014; Hoffen und Denken. Beiträge zur Zukunft der Theologie, Neukirchen 2016.

Markus Mühling, Professor für Systematische Theologie und Religionsphilosophie an der Leuphana Universität Lüneburg. Dissertation: Gott ist Liebe. Studien zur Liebe als Modell trinitarischen Redens von Gott, Marburg [2]2005; Habilitation: Versöhnendes Handeln – Handeln in Versöhnung. Gottes Opfer an die Menschen, Göttingen 2005. Neuere Monographien: Liebesgeschichte Gott. Systematische Theologie im Konzept, Göttingen – Bristol (CT) 2013; Resonances: Neurobiology, Evolution and Theology. Evolutionary Niche-Construction, the Ecological Brain and Relational-narrative Theology, Göttingen – Bristol (CT) 2014; The T&T Clark Handbook of Christian Eschatology, London et al. 2015.

Paul Silas Peterson, PD Dr. theol.; Wissenschaftlicher Mitarbeiter an der Theologischen Fakultät der Universität Heidelberg und an der Evangelisch-theologischen Fakultät der Universität Tübingen. Dissertation: The Early Hans Urs von Balthasar: Historical Contexts and Intellectual Formation, Berlin 2015; Habilitation: Karl Barth in Historical Context, 1906–1935 (forthcoming); Associate Editor: Cotton Mather, Biblia Americana, Bde. 4–5, Tübingen 2014–15; Übersetzung: Peter Schäfer, Anziehung und Abstoßung. Juden und Christen in den ersten Jahrhunderten ihrer Begegnung – Attraction and Repulsion. Jews and Christians in the First Centuries of their Encounter, Jürgen Kampmann (Hg.), P. S. Peterson (Übers.), Tübingen 2015.

Marcel Sarot, Dean and Professor of Fundamental Theology, School of Catholic Theology, Tilburg University. Dissertation: God, Passibility and Corporeality, Kampen 1992. Books: Living a Good Life in Spite of Evil, Frankfurt/M. 1999; De Goddeloosheid van de wetenschap. Theologie, geloof en het gangbare wetenschapsideaal, Zoetermeer 2006; Belijdenis en katholiciteit, Tilburg 2013.

Friedrich Schweitzer, Professor für Praktische Theologie/Religionspädagogik an der Evangelisch-theologischen Fakultät der Universität Tübingen. Dissertation: Identität und Erziehung. Was kann der Identitätsbegriff für die Pädagogik leisten? Weinheim – Basel 1985; Habilitation: Die Religion des Kindes. Zur Problemgeschichte einer religionspädagogischen Grundfrage. Güterloh 1992; Wichtige Monographien: Bildung, Neukirchen-Vluyn 2014; Interreligiöse Bildung. Religiöse Vielfalt als religionspädagogische Herausforderung und Chance, Gütersloh 2014; Das reformatorische Bildungserbe, Gütersoh 2016.

Alan J. Torrance, Professor of Systematic Theology, University of St. Andrews. Dissertation: Persons in Communion. Trinitarian Description and Human Participation, Edinburgh 1996; Selected Publications: The Theological Grounds for Advocating Forgiveness and Reconciliation in the Sociopolitical Realm, Belfast 2006; The Doctrine of God and Theological Ethics, ed. with M. Banner, Edinburgh 2006; Scripture's Doctrine. Studies on the New Testament's Normativity for Christian Dogmatigs, ed. with M. Bockmuehl, Grand Rapids 2008.

John Webster, Professor of Divinity, University of St. Andrews. The Domain of the Word. Scripture and Theological Reason, London 2012; Word and Church. Essays in Christian Dogmatics, London ²2015; Confessing God. Essays in Christian Dogmatics II, London ²2015; God Without Measure. Working Papers in Christian Theology, Vol 1: God and the Works of God, Vol 2: Virtue and Intellect, London 2015.

Michael Welker, Seniorprofessor für Systematische Theologie und Direktor des Forschungszentrums Internationale und Interdisziplinäre Theologie (FIIT) an der Ruprecht-Karls-Universität Heidelberg. Honorarprofessor an der Seoul Theological University. Theologische Dissertation: Der Vorgang Autonomie. Philosophische Beiträge zur Einsicht in theologischer Rezeption und Kritik, Neukirchen-Vluyn 1975; philosophische Dissertation: Das Verfahren von Hegels ‚Phänomenologie des Geistes' und die Funktion des Abschnitts: ‚Die offenbare Religion'. Heidelberg 1978; Habilitation: Universalität Gottes und Relativität der Welt. Theologische Kosmologie im Dialog mit dem amerikanischen Prozeßdenken nach Whitehead, Neukirchen-Vluyn ²1988. Wichtige Veröffentlichungen: Gottes Geist. Theologie des Heiligen Geistes, Neukirchen-Vluyn ⁶2015; Was geht vor beim Abendmahl?, Gütersloh ⁵2015; Gottes Offenbarung. Christologie, Neukirchen-Vluyn ³2016.

Martin Wendte, Privatdozent für Systematische Theologie an der Eberhard Karls Universität Tübingen und Pfarrer der Württembergischen Landeskirche, Dissertation: Gottmenschliche Einheit bei Hegel. Eine logische und theologische Untersuchung, Berlin – New York 2007, Habilitation: Die Gabe und das Gestell. Luthers Metaphysik des Abendmahls und die technische Spätmoderne, Tübingen 2013. Wichtige Veröffentlichungen: Viele Kulturen – ein Christus. Wie normativ sind westliche Christologien im globalen Kontext?, NZSTh 57 (2015), 155–178; Raumzeitimplosion und Schöpfungsfülle. Soziologisches, Philosophisches und Theologisches zur gesellschaftlichen Gestaltung von Raum und Zeit in der Spätmoderne, in Gräb-Schmidt, E. (Hg.), Konzeptionen der Natur, Leipzig 2015, 55–83; „...sitzend zur Rechten Gottes, des allmächtigen Vaters". Allmächtige Herrschaft und die Freiheit der Christgläubigen, in Frey, J./Herzer, J./Käfer, A. (Hg.), Die Rede von Christus als Glaubensaussage – zwischen Bibelwissenschaft und Dogmatik, Leipzig 2016 (im Druck).

Maarten Wisse, Dozent für Systematische Theologie an der Vrije Universiteit Amsterdam und Privatdozent an der Eberhard-Karls-Universität Tübingen. Dissertation: Scripture between Identity and Creativity. A Hermeneutical Theory Building upon Four Interpretations of Job, Utrecht 2003; Habilitation: Trinitarian Theology beyond Participation. Augustine's De Trinitate and Contemporary Theology, London 2011. Wichtige Veröffentlichung: Scholasticism Reformed. Essays in Honour of Willem J. van Asselt (Hg mit Marcel Sarot und Willemien Otten), Leiden 2010.

Hans Wißkirchen, Honorar-Professor für Neuere Deutsche Literaturwissenschaft an der Universität zu Lübeck, Leitender Direktor der Lübecker Museen, Dissertation: Zeitgeschichte im Roman. Zu Thomas Manns Zauberberg und Doktor Faustus, Bern 1986. Wichtige Monographien: Spaziergänge durch das Lübeck von Heinrich und Thomas Mann. Hamburg – Zürich 1996; Die Familie Mann. Reinbek ⁷2012, Der Zauberberg – die Welt der Wissenschaften in Thomas Manns Roman. Stuttgart – New York 2003 (Gemeinsam mit Dietrich von Engelhardt).

Lubomir Žak, Professor für Fundamentaltheologie mit Schwerpunkt theologischer Erkenntnislehre an der Päpstlichen Lateranuniversität Rom. Dissertation: Verità come ethos. La teodicea trinitaria di P.A. Florenskij, Rom 1998; Habilitation: Trinità, essere e storia. Riflessioni sul mistero trinitario di Dio e sulla sua centralità teologica. Contributo per un progetto di ontologia trinitaria, Olmütz 2003. Wichtige Publikationen: Sakrament und Wort im Grund und Gegenstand des Glaubens nach römisch-katholischer und evangelisch-lutherischer Lehre. Theologische Studien (hg. mit E. Herms), Tübingen 2011; Trindade e imagem. Aspectos de teologia mística de Vladimir Losskij, São Paulo 2012.

REGISTER

MARBURGER THEOLOGISCHE STUDIEN

begründet von

Hans Graß und Werner Georg Kümmel

ab Band 19 herausgegeben von
Wilfried Härle und Dieter Lührmann

ab Band 100 herausgegeben von
Friedhelm Hartenstein und Michael Moxter

ERHÄLTLICHE TITEL

Band 126: Rationalität im Gespräch – Rationality in Conversation. Philosophische und theologische Perspektiven – Philosophical and Theological Perspectives. Hrsg. von Markus Mühling, 2016.

Band 125: Marburger Jahrbuch Theologie XXVIII. „Wunder". Hrsg. von Elisabeth Gräb-Schmidt und Reiner Preul, 2016.

Band 124: Fickert, Valerie: Erfahrung und Offenbarung, Ingolf U. Dalferths Beitrag zur Debatte, 2016.

Band 123: Leibhaftes Personsein, Theologische und interdisziplinäre Perspektiven. Hrsg. von Elisabeth Gräb-Schmidt, Matthias Heesch, Friedrich Lohmann, Dorothee Schlenke, Christoph Seibert, 2016.

Band 122: Marburger Jahrbuch Theologie XXVII. „Natur". Hrsg. von Elisabeth Gräb-Schmidt und Reiner Preul, 2015.

Band 121: Marburger Jahrbuch Theologie XXVI. „Gemeinwohl". Hrsg. von Elisabeth Gräb-Schmidt und Reiner Preul, 2014.

Band 120: Lührmann, Dieter: Theologische Exegese im Horizont von Text und Geschichte. Gesammelte Aufsätze. Hrsg. von Egbert Schlarb, 2014.

Band 119: Marburger Jahrbuch XXV. „Das Alte Testament in der Theologie". Hrsg. von Elisabeth Gräb-Schmidt und Reiner Preul, 2013.

Band 118: Mätzke, Verena: Gerechtigkeit als "fromkeit". Luthers Übersetzung von *iustia dei* und ihre Bedeutung für die Rechtfertigung heute, 2013.

Band 117: Feindschaft. Theologische und philosophische Perspektiven. Hrsg. von Markus Firchow und Michael Moxter, 2013.

Band 116: Marburger Jahrbuch Theologie XXIV. "Auferstehung". Hrsg. von Elisabeth Gräb-Schmidt und Reiner Preul, 2012.

Band 115: Werries, Holger: Alles Handeln ein Handeln der Kirche. Schleiermachers Ekklesiologie als Christologie, 2012.

Band 114: Tippmann, Cornelia: Die Bestimmung des Menschen bei Johann Joachim Spalding, 2011.

Band 113: Marburger Jahrbuch Theologie XXIII. "Christologie". Hrsg. von Elisabeth Gräb-Schmidt und Reiner Preul, 2011.

Band 112: Selbstbestimmung in der Perspektive theologischer Ethik. Hrsg. von Frank Martin Brunn und Alexander Dietz, 2011.

Band 111: Marburger Jahrbuch Theologie XXII. "Ästhetik". Hrsg. von Elisabeth Gräb-Schmidt und Reiner Preul, 2010.

Band 110: Anknüpfung und Aufbruch. Hermeneutische, ästhetische und politische Perspektiven der Theologie. Hrsg. von Cornelia Richter, 2011.

Band 109: Warnemann, Alexander: Der Marburger Theologe Hans Graß. Die entmythologisierte Dogmatik, 2012.

Band 108: Zerrath, Martin: Vollendung und Neuzeit. Transformation der Eschatologie bei Blumenberg und Hirsch, 2011.

Band 107: Marburger Jahrbuch Theologie XXI. "Wahrheit". Hrsg. von Wilfried Härle und Reiner Preul, 2009.

Band 106: Riede, Peter: Schöpfung und Lebenswelt. Studien zur Theologie und Anthropologie des Alten Testaments, 2009.

Band 105: Marburger Jahrbuch Theologie XX. „Sünde". Hrsg. von Wilfried Härle und Reiner Preul, 2008.

Band 104: Dahnelt, Rainer: Funktion und Gottesbegriff. Der Einfluss der Religionssoziologie auf die Theologie am Beispiel von Niklas Luhmann und Falk Wagner, 2009.

Band 103: Sparn, Walter: Frömmigkeit, Bildung, Kultur. Theologische Ausätze I: Lutherische Orthodoxie und christliche Aufklärung in der frühen Neuzeit, 2012.

Band 102: Preul, Reiner: Die soziale Gestalt des Glaubens. Aufsätze zur Kirchentheorie, 2008.

Band 101: Marburger Jahrbuch Theologie XIX. „Personalität Gottes". Hrsg. von Wilfried Härle und Reiner Preul, 2007.

Band 100: Menschenbild und Theologie. Beiträge zum interdisziplinären Gespräch. Hrsg. von Frank Martin Brunn, Alexander Dietz, Christian Polke, Sibylle Rolf und Anja Siebert, 2007.

Band 99: Härle, Wilfried: Willensfreiheit und Prädestination, 2009. *vergriffen*

Band 98: Haigis, Peter: Pluralismusfähige Ekklesiologie. Zum Selbstverständnis der evangelischen Kirche in einer pluralistischen Gesellschaft, 2008.

Band 97: Ethik im Kontinuum. Beiträge zur relationalen Erkenntnistheorie und Ontologie. Hrsg. von Wilfried Härle, 2008.

Band 96: Stock, Konrad: Die Gegenwart des Guten. Schriften zur Theologie, 2006.

Band 94: Marburger Jahrbuch Theologie XVIII. „Verstehen über Grenzen hinweg". Hrsg. von Wilfried Härle und Reiner Preul, 2006.

Band 93: Bäder-Butschle, Ivo: Interpretation der moralischen Welt. Michael Walzers Phi-losophie der moralischen Praxis als Impuls für die theologische Ethik, 2006.

Band 92: Lehmeier, Karin: Oikos und Oikonomia. Antike Konzepte der Haushaltsführung und der Bau der Gemeinde bei Paulus, 2006. *vergriffen*

Band 91: Künstliche Intelligenz und menschliche Person, Hrsg. von Wolfgang Achtner, Johannes Dittmer, Anja Haag, Christoph Keil, Martin Jung, Heike Preising, Axel Schumann-Luck und Vladislav Soskin, 2006.

Band 90: Theologie zwischen Pragmatismus und Existenzdenken. FS für Herrman Deuser. Hrsg. von Gesche Linde, Richard Purkarthofer, Heiko Schulz und Peter Steinacker, 2006.

Band 89: Marburger Jahrbuch Theologie XVII. „Menschenwürde". Hrsg. von Wilfried Härle und Reiner Preul, 2005.

Band 88: Spengler, Franziska Friederike: Kindsein als Menschsein. Beitrag zu einer integrativen theologischen Anthropologie, 2005.

Band 87: Holtmann, Thomas: Die Magier vom Osten und der Stern. Mt 2,1-12 im Kontext frühchristlicher Traditionen, 2005.

Band 86: Russische Religionsphilosophie und Theologie um 1900. Hrsg. von Karl Pinggéra, 2005.

Band 85: Patristica et Oecumenica. Festschrift für Wolfgang A. Bienert. Hrsg. von Peter Gemeinhardt und Uwe Kühneweg, 2004.

Band 84: Marburger Jahrbuch Theologie XVI. Das Selbst in der Evolution. Hrsg. von Wilfried Härle und Reiner Preul, 2004.

Band 83: Latzel, Thorsten: Theologische Grundzüge des Heidelberger Katechismus. Eine fundamentaltheologische Untersuchung seines Ansatzes zur Glaubenskommunikation, 2004.

Band 82: Kutting, Dirk: Gesinnungsbildung. Die humanistische Schul- und Bildungstheorie Hartmut von Hentigs in theologischer Sicht, 2004.

Band 81: Volkmann, Stephan: Der Zorn Gottes. Studien zur Rede vom Zorn Gottes in der evangelischen Theologie, 2004.

Band 80: Systematisch praktisch. Festschrift für Reiner Preul. Hrsg. von Wilfried Härle, Bernd-Michael Haese, Kai Hansen und Eilert Herms, 2005.

Band 79: Janssen, Bernd-Holger: Die Inkarnation und das Werden der Menschheit. Eine Interpretation der Weihnachtspredigten Friedrich Schleiermachers im Zusammenhang mit seinem philosophisch-theologischen System, 2003.

Band 78: Schwöbel, Marlene: Kirche auf dem Prüfstand. Eine Untersuchung zu den theologischen Orientierungen kirchlicher Strukturplanung, 2003.

Band 77: Charbonnier, Ralph: Technik und Theologie. Ein theologischer Beitrag zum interdisziplinären Technikdiskurs unter besonderer Berücksichtigung der Theologie F.D.E. Schleiermachers, 2003.

Band 76: Die bleibende Gegenwart des Evangeliums. Festschrift für Otto Merk. Hrsg. von Roland Gebauer und Martin Meiser, 2003.

Band 75: Theologie und Kirchenleitung. Festschrift für Peter Steinacker. Hrsg. von Her-mann Deuser, Gesche Linde und Sigurd Rink, 2003.

Band 74: Marburger Jahrbuch Theologie XV. Religion. Hrsg. von Wilfried Härle und Reiner Preul, 2003. *vergriffen*

Band 73: Harbeck-Pingel, Bernd: Gesellschaft und Reich Gottes. Studien zu Alterität, Kommunikation und Handlung, 2003.

Band 72: Reinhardt, Ursula: Religion und moderne Kunst in geistiger Verwandtschaft. Robert Musils Roman „Der Mann ohne Eigenschaften" im Spiegel christlicher Mystik, 2003.

Band 71: Marburger Jahrbuch Theologie XIV. Ethik und Recht. Hrsg. von Wilfried Härle und Reiner Preul, 2002.

Band 70: Leben und Kirche. Festschrift für Wilfried Härle. Hrsg. von Uta Andrée, Frank Miege und Christoph Schwöbel, 2001.

Band 69: Gebhardt, Rüdiger: Heil als Kommunikationsgeschehen. Analysen zu dem in Luthers Rechtfertigungslehre implizierten Wirklichkeitsverständnis, 2002.

Band 68: Herms, Eilert: Von der Glaubenseinheit zur Kirchengemeinschaft II, 2003.

Band 67: Marburger Jahrbuch Theol. XIII. Woran orientiert sich Ethik? Hrsg.: W. Härle u. R. Preul, 2001.

Band 66: Beiner, Melanie: Intentionalität und Geschöpflichkeit. Die Bedeutung von Martin Luthers Schrift „Vom unfreien Willen“ für die theologische Anthropologie, 2000.

Band 65: Lippert, Stefan: Recht und Gerechtigkeit bei Thomas von Aquin. Eine rationale Rekonstruktion im Kontext der Summa Theologiae, 2000.

Band 64: Marburger Jahrbuch Theologie XII. Ökumene. Hrsg. von Wilfried Härle und Reiner Preul, 2000.

Band 63: Mohri, Erika: Maria Magdalena. Frauenbilder in Evangelientexten des 1. bis 3. Jahrhunderts, 2000.

Band 62: Das Wesen des Christentums. Hrsg. von Dietrich Korsch und Cornelia Richter, 2002.

Band 61: Schuck, Martin: Staatstheorie und Wirklichkeitsverständnis. Studien zu den kategorialen Voraussetzungen des Staatsdenkens deutscher Juristen aus theologischer Sicht am Beispiel der Kulturstaatsdebatte, 2000.

Band 57: Wohlers, Michael: Heilige Krankheit. Epilepsie in antiker Medizin, Astrologie und Religion, 1999.

Band 56: Schlapkohl, Corinna: Persona est naturae rationabilis individua substantia. Boethius und die Debatte über den Personbegriff, 1999.

Band 55: Bienert, Wolfgang A.: Werden der Kirche – Wirken des Geistes. Beiträge zu den Kirchenvätern und ihrer Nachwirkung. Hrsg. von Uwe Kühneweg, 1999.

Band 54: Im Kontinuum. Annäherungen an eine relationale Erkenntnistheorie und Ontologie. Hrsg. von Wilfried Härle, 1999.

Band 53: Marburger Jahrbuch Theologie XI. Reich Gottes. Hrsg. von Wilfried Härle und Reiner Preul, 1999.

Band 52: Vetter, Martin: Zeichen deuten auf Gott. Der zeichentheoretische Beitrag von Charles S. Peirce zur Theologie der Sakramente, 1999.

Band 50: Text und Geschichte. Facetten theologischen Arbeitens aus dem Freundes- und Schülerkreis. FS für Dieter Lührmann. Hrsg. von Stefan Maser und Egbert Schlarb, 1999.

Band 48: Braungart, Christiane: Mitteilung durch Darstellung. Schleiermachers Verständnis der Heilsvermittlung, 1998.

Band 46: Goertz, Harald: Allgemeines Priestertum und ordiniertes Amt bei Luther, 1997.

Band 27: Herms, Eilert: Von der Glaubenseinheit zur Kirchengemeinschaft. Plädoyer für eine realistische Ökumene, (1989) [2]2004.